OCÉANO

ATLÁNTICO

Estrecho de la Florida

LAS BAHAMAS

La Habana · Matanzas

ar del Río

Cienfuegos **CUBA**

al de Yucatán

Camagüey

Guantánamo

mel

Santiago
de Cuba

Kingston

JAMAICA

**REPÚBLICA
DOMINICANA**

HAITÍ

Port-au-
Prince

Santo
Domingo

Mayagüez

San
Juan

Ponce

**PUERTO
RICO**

*Islas
Vírgenes*

Antigua

Guadalupe

Dominica

Martinica
Santa Lucía

Antillas Menores

Barbados

San Vicente

Granada

Mar Caribe

Curaçao

Aruba

Bonaire

*Isla
Margarita*

Trinidad y
Tobago

NDURAS

igalpa

NICARAGUA

Managua

L. de Nicaragua

tarenas

**COSTA
RICA**

San José

*Canal de
Panamá*

Colón

PANAMÁ

Panamá

*Golfo
de
Panamá*

Caracas

VENEZUELA

GUYANA

Río Orinoco

COLOMBIA

Río Magdalena

Bogotá

BRASIL

ECUADOR

PERÚ

PEARSON
myspanishlab ¡Hola!

Part of the award-winning MyLanguageLabs suite of online learning and assessment systems for basic language courses, MySpanishLab brings together—in one convenient, easily navigable site—a wide array of language-learning tools and resources, including an interactive version of the *¡Arriba!* student text, an online Student Activities Manual, and all materials from the audio and video programs. Chapter Practice Tests, tutorials, and English grammar Readiness Checks personalize instruction to meet the unique needs of individual students. Instructors can use the system to make assignments, set grading parameters, listen to student-created audio recordings, and provide feedback on student work. MySpanishLab can be packaged with the text at a substantial savings. For more information, visit us online at www.mylanguagelabs.com/books.html.

A GUIDE TO ¡ARRIBA! ICONS

✓	**Readiness Check for MySpanishLab**	This icon, located in each chapter opener, reminds students to take the Readiness Check in MySpanishLab to test their understanding of the English grammar related to the Spanish grammar concepts in the chapter.
¡Hola!	**MySpanishLab**	This icon indicates that additional resources for pronunciation and culture are available for students in MySpanishLab.
🔊	**Text Audio Program**	This icon indicates that recorded material to accompany *¡Arriba!* is available in MySpanishLab, on audio CD, or on the Companion Website.
👥	**Pair Activity**	This icon indicates that the activity is designed to be done by students working in pairs.
👥	**Group Activity**	This icon indicates that the activity is designed to be done by students working in small groups or as a whole class.
👥	**Information Gap Activity**	This icon indicates that the activity is designed to be done in pairs, with each student having different information. The information for Student A is included in the chapter; Student B's information is found in Appendix 1, pp. A-1–A-23.
🌐	**Web Activity**	This icon indicates that the activity involves use of the Internet.
🎬	**Video**	This icon indicates that a video episode is available for the *¡Pura vida!* video series that accompanies the *¡Arriba!* text. The video is available on DVD and in MySpanishLab.
📖	**Student Activities Manual**	This icon indicates that there are practice activities available in the *¡Arriba!* Student Activities Manual. The activities may be found either in the printed version of the manual or in the interactive version available through MySpanishLab. Activity numbers are indicated in the text for ease of reference.
🌍	**Interactive Globe**	This icon indicates that additional cultural resources in the form of videos, web links, interactive maps, and more, relating to a particular country, are organized on an interactive globe in MySpanishLab.
Media Share	**MediaShare**	This icon, presented with all *¿Cuánto saben?* boxes, refers to the video-posting feature available on MySpanishLab.

Dedicado a
Mabel J. Cameron
(1914–2004)

Y a Manuel Eduardo
Zayas-Bazán Recio
(1912–1991)

"Y aunque la vida murió,
nos dejó harto
consuelo su memoria"
—JORGE MANRIQUE

Every fall, millions of monarch butterflies rise from their summer homes in North America and begin a thousand-mile migration to the warm and welcoming habitats of Mexico and Latin America. It's an amazing journey! Their trip is also an apt metaphor for what you will experience as a student of Spanish: as you ascend in language proficiency, you will cross borders to gain a butterfly's-eye view of the people, the history, the arts, and the ways of living that define the fascinating cultures of the 21 Spanish-speaking countries around the world.

Annotated Instructor's Edition

¡ARRIBA!

Comunicación y cultura   SIXTH EDITION

Eduardo Zayas-Bazán

Emeritus, East Tennessee State University

Susan M. Bacon

Emerita, University of Cincinnati

Holly J. Nibert

Western Michigan University

Prentice Hall

BOSTON   COLUMBUS   INDIANAPOLIS   NEW YORK   SAN FRANCISCO   UPPER SADDLE RIVER

AMSTERDAM   CAPE TOWN   DUBAI   LONDON   MADRID   MILAN   MUNICH   PARIS   MONTRÉAL   TORONTO

DELHI   MEXICO CITY   SÃO PAOLO   SYDNEY   HONG KONG   SEOUL   SINGAPORE   TAIPEI   TOKYO

Executive Editor, Elementary Spanish: Julia Caballero
Editorial Assistant: Samantha Pritchard
Executive Marketing Manager: Kris Ellis-Levy
Senior Marketing Manager: Denise Miller
SenioMarketing Coordinator: Bill Bliss
Development Editor: Celia Meana
Development Editor for Assessment: Melissa Marolla Brown
Senior Managing Editor for Product Development:
  Mary Rottino
Associate Managing Editor (Production): Janice Stangel
Senior Production Project Manager: Nancy Stevenson
Executive Editor, MyLanguageLabs: Bob Hemmer
Senior Media Editor: Samantha Alducin
Media/Supplements Editor: Meriel Martínez

Associate Design Director: Leslie Osher
Art Director: Miguel Ortiz
Text & Cover Designer: Anne DeMarinis
Senior Art Director: Pat Smythe
Art Director: Miguel Ortiz
Senior Manufacturing & Operations Manager: Nick Sklitsis
Operations Specialist: Cathleen Petersen / Brian Mackey
Full-Service Project Management: Melissa Sacco,
  PreMediaGlobal
Composition: Courier/Kendallville
Printer/Binder: Lehigh - Phoenix Color
Cover Printer: Lehigh - Phoenix Color
Publisher: Phil Miller

This book was set in Minion 10/12.

Credits and acknowledgments borrowed from other sources and reproduced, with permission, in this textbook appear on appropriate page within text (or on pages A-79–A-80).

Library of Congress Cataloging-in-Publication Data
Zayas-Bazán, Eduardo.
  Árriba! : comunicación y cultura / Eduardo Zayas-Bazán, Susan M. Bacon, Holly J. Nibert. — 6th ed.
    p. cm.
  Includes bibliographical references and index.
  ISBN-13: 978-0-205-74037-6 (alk. paper : student ed.)
  ISBN-10: 0-205-74037-5 (alk. paper : student ed.)
  1. Spanish language—Textbooks for foreign speakers—English. I. Bacon, Susan M. II. Nibert, Holly J. III. Title.
  PC4112.Z38 2010
  468.2'421—dc22

                   2010004409

10 9 8 7 6 5 4 3 2 1

Prentice Hall
is an imprint of

www.pearsonhighered.com

Student Edition, ISBN-10: 0-205-74037-5
Student Edition, ISBN-13: 978-0-205-74037-6
Brief Edition, ISBN-10: 0-205-78315-5
Brief Edition, ISBN-13: 978-0-205-78315-1
Annotated Instructor's Edition, ISBN-10: 0-205-82753-5
Annotated Instructor's Edition, ISBN-13: 978-0-205-82753-4

Brief Contents

Chapter 5
• **Reflexive constructions: pronouns and verbs** are presented in this chapter along with **The present progressive** in a complementary fashion, allowing students to learn the uses of each structure and later encouraging them to use both simultaneously.

Preface

¡Arriba! brings Spanish to life!

We were very pleased by the enthusiastic response to the changes we made in the fifth edition of *¡Arriba!,* and our aim has been to make the sixth edition an even more complete and flexible program for first-year Spanish courses, one that instructors with varying teaching styles can adopt with confidence. With help from a core panel of reviewers, we have made many important refinements in the student text. But we have also extensively revised the other components of the *¡Arriba!* program, with the goal of creating a completely integrated whole that will allow students to have a successful and rewarding learning experience.

Since it was first published in 1993, *¡Arriba! Comunicación y cultura* has been used successfully by thousands of instructors and hundreds of thousands of students throughout North America. Originally conceived to address the need for an elementary Spanish text that went beyond grammar drills to develop cultural insight and communication skills, it has come to be known as a **highly flexible program**—one that can be used effectively in a wide range of academic settings by instructors who teach the course in different ways and use technology to varying degrees. Adopters have consistently praised *¡Arriba!* for its clarity and for providing materials that are both motivating and easy to use in the classroom. We believe that they will find those qualities reflected in the sixth edition as well.

New to This Edition

Drawing on the success of previous editions, the sixth edition of *¡Arriba!* has been carefully crafted to introduce another generation of students to Spanish language and culture. Like its predecessors, the new edition has been designed as an eclectic and flexible text that is clear, easy to use, and motivating to students—and as a text that reflects the diversity (of gender, ethnicity, age, and lifestyle) in today's society. But while the goals remain the same, many refinements and additions have been made. The comprehensive array of supplemental materials has also been carefully reviewed and revised, and several new features have been added to the program. Specific changes include the following:

- **Shorter dialogs and new visuals aid and motivate vocabulary learning.** The *¡Así lo decimos!* sections now feature two to three shorter dialogs, each accompanied by new line drawings, replacing the longer dialogs and readings of the previous edition. Dividing the content into smaller chunks and providing mulitple contexts makes the presentation more manageable. All new dialogs reflect authentic use of language and preview chapter vocabulary and grammar structures. Audio recordings of all the dialogs and vocabulary items in this section are available in the text audio program.

- New **margin boxes offer new opportunities for cross-cultural learning.**
  - **Regional variations** in the Spanish-speaking world are presented in *Variaciones* boxes and appear in each vocabulary section. They offer alternate words and expressions without adding more words to the active vocabulary list.
  - **Cultural contrasts and practical facts** of interest about the Spanish-speaking world are presented in *Cultura en vivo* boxes throughout the chapter. They seamlessly integrate culture and ask students to make comparisons

> Variaciones
>
> Names for technology also vary: *laptop* is **la (computadora) portátil** in Latin America and **el (ordenador) portátil** in Spain. Cell phone is generally **el (teléfono) celular** in Latin America and **el (teléfono) móvil** in Spain.

with their own experiences. Podcasts relating to the cultural content will also be available in MySpanishLab.

— **The Spanish-speaking population of the United States and Canada** is represented in *Presencia hispana* boxes where cultural, historical, and/or political facts of interest help to bring Hispanic culture to the forefront while making the cultural learning experience personal and relevant.

¡Hola!
Cultura en vivo
Students in Mexico, as in many parts of the world, begin their specializations very early in their university careers. The curriculum is usually fixed and the number of courses students must take varies with the *facultad*. During their final semesters students have more choice, but still mostly within their majors. In your opinion, what are advantages and disadvantages of this type of curriculum?

Presencia hispana
Mexican Americans are U.S. residents who trace their ancestry to Mexico. They are variously known as *chicanos, xicanos, mexicanos,* or Mex-Americans, although *chicano* is the preferred identification for many. In the U.S. there are currently 25 million legal residents of Mexican heritage, and an estimated 6 to 7 million undocumented immigrants. Mexico allows its citizens to maintain dual citizenship with the U.S. How does this law benefit Mexican Americans?

• **New two-page cultural spread gives students a personal and authentic glimpse into the cultures of the Hispanic world.** *Perfiles* is a **new** two-page spread at the end of *Primera parte* that replaces *Comparaciones* from the previous edition. The spread is divided into two sections, *Mi experiencia* and *Mi música.*

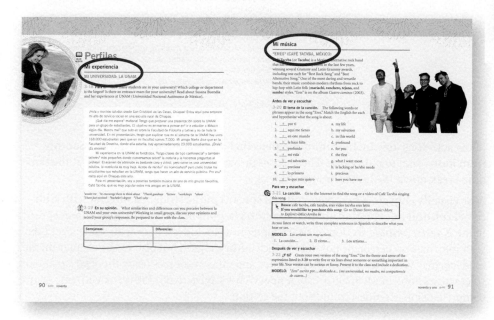

— Written in the **first person**, *Mi experiencia* is a personal account of a young person's experience in the culture and country of focus. Young people share their perspectives in the form of postings on blogs, message boards, and so on, to report culture in a context that is relevant to students.

— All-new music selections chosen from the country/region of focus are featured in *Mi música.* Replacing *Ritmos* from the previous edition, the song selections reflect the musical preferences of the person featured in *Mi experiencia.* Students are directed to search online to view videos or listen to the song selection on their own. All songs are available for purchase online in a specially created *¡Arriba!* playlist.

• **New Section-ending self-checks now include situations that give students the opportunity to demonstrate their understanding of the concepts presented in each section.** The communicative objectives of each chapter are collected in new *¿Cuánto saben?* boxes at the end of each *parte* and assist students in determining how well they have mastered the material. Instructors may also choose to use them to measure student success as part of the Student Learning Outcomes. Boxes have been expanded to include role plays with cues in *Para empezar* to help students get started. Check boxes remain for students to check off as they accomplish each communicative objective. Students can use the  MediaShare feature available in MySpanishLab to post videos of their role-plays for the class.

¿Cuánto saben?

First, ask yourself if you can perform the following functions in Spanish. Then act out the scenarios with two or three classmates. Ask and respond to at least three questions in each situation.

✓ CAN YOU . . .

□ exchange information about classes?

□ talk about things that belong to you?

□ talk about how you and others feel?

WITH YOUR CLASSMATE(S) . . .

Situación: En el centro estudiantil
Talk about your classes, say what you are studying and ask the others about their classes and what they are like.
Para empezar: *¿Qué estudias?¿Cómo es tu clase de...?*

Situación: En clase
Use possessive adjectives to discuss who owns the things you have in front of you.
Para empezar: *¿De quién es...?*

Situación: En un café
Talk about how you feel by using expressions with **tener** such as **tener hambre, sueño, ganas de,** etc. and then explain why you feel that way.
Para empezar: *Tengo ganas de... porque...*

- **Many activities now include multiple steps that allow students to move smoothly from individual to pair work.** These *Pasos* provide better sequencing while at the same time break down the task into smaller steps.

- New **visually engaging, two-page cultural spreads pique students' interest with additional cultural information about the country/region of focus.** The *Panoramas* spread in the *Nuestro mundo* section of each chapter now includes a map with a **new** Fact Box with information pertinent not only to the country/region but also to the chapter theme. Students may view the *Vistas culturales* video and other resources using the 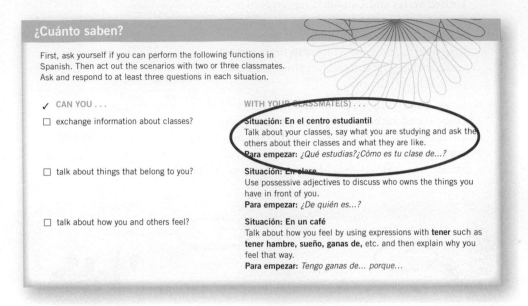*Panoramas* Interactive Globe in MySpanishLab. A **new** Web-based activity, *Proyecto,* with one or two comprehension activities, rounds out the section.

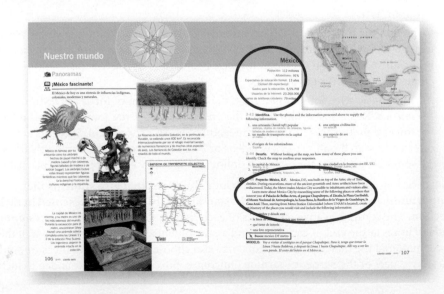

- **Eight new readings reflect current events and create balance in the text between cultural and literary readings.** The new readings, found in the *Páginas* sections, include "Cuando era puertorriqueña (fragmento)" by Esmeralda Santiago, "En solidaridad" by Francisco Jiménez, and "La azucena del bosque" (a Guaraní legend).

- **Changes to the scope and sequence and appendices create a better balance of grammatical topics across chapters.** Specific changes include the following:
  — In *Capítulo 4,* the present tense of *poner, salir,* and *traer* has been moved to *Segunda parte* to balance better the grammatical load.
  — Coverage of the subjunctive with impersonal expressions is now presented within their semantic group. For example, with verbs of volition we include *es necesario, es importante,* and so on, and with doubt and denial, *es increíble, es dudoso,* etc.
  — Formal commands have been moved to *Capítulo 10* from *Capítulo 11* to place them physically and conceptually closer to the subjunctive.
  — Informal commands are now presented in *Capítulo 11.* In addition, the subjunctive and the indicative with adverbial clauses has been moved to *Primera parte* while the subjunctive with indefinite and nonexistent antecedents can now be found in *Capítulo 11,* moved from *Capítulo 15.*
  — *Nosotros* commands now appear in *Capítulo 14,* moved from *Capítulo 10* for a better balance of grammar topics in later chapters.

- **New *Expansión gramatical*** (Appendix 2) includes the grammar points that were previously incorporated in *Capítulos 10–15.* In this way, we lighten the grammar load and are able to include more language input to reinforce and expand students' lexicon and cultural understanding. Grammar topics include:
  — Indirect commands
  — The present perfect subjunctive
  — The future perfect and the conditional perfect
  — Pluperfect subjunctive and the conditional perfect
  — The passive voice

- **New orthographic changes, recently instituted by the Spanish Royal Academy, are now included.** In addition to eliminating the accent from the adverb *solo* and the demonstrative pronouns, changes to the alphabet and new spelling rules have been added. Teacher annotations explaining the changes accompany each new feature.

- **New annotations in the Annotated Instructor's Edition provide a wealth of additional suggestions to help instructors get the most out of each chapter.** The new annotations were added to provide more support to instructors, to facilitate different teaching styles, to assist in measuring Student Learning Outcomes, and to provide clear direction for lesson planning. A new annotation in the chapter opener lists all sections and activities corresponding to each of The Five C's. All these annotations enhance activities in the text by offering ideas for pre-activity warm-ups and tips on implementation, as well as suggestions for wrap-up and expansion. The new annotations likewise include optional activities made available for extra practice or as alternatives to activities in the text. These activities are clearly labeled to help instructors know when best to use them, time permitting. They can be easily downloaded from the Instructors Resource Center (IRC). In addition, various notes are included that suggest ways an instructor can deepen student understanding of certain structures in the target language. Finally, numerous new annotations provide additional cultural information which the instructor may choose to share with the class.

Organization and Pedagogy

Like its predecessors, the sixth edition of *¡Arriba!* consists of 15 thematically organized chapters. The first 12 chapters present essential communicative functions and structures, along with basic cultural information about the countries that make up the Hispanic world. The last 3 chapters present more advanced structures together with thematically focused cultural material. Besides the full edition, a brief version of the text, consisting of the first 12 chapters only, is also available. We also offer a loose-leaf, 3-hole-punched version that offers an upfront savings to your students.

All chapters have the same basic organizational structure, with content presented in three major sections. The language material that forms the core of each chapter is divided into two distinct instructional units, *Primera parte* and *Segunda parte*. The third, entitled *Nuestro mundo*, is a synthesizing section that presents cultural information along with activities designed to develop students' reading and writing skills. A two-page spread at the beginning of each chapter serves as an advanced organizer and presents the chapter's communicative objectives.

The *Primera* and *Segunda partes* are largely parallel in their organizational structure. They include the following sections:

- *¡Así lo decimos!* presents new vocabulary related to the chapter theme. This section begins with *¡Así es la vida!* which are lively conversations that set the stage for the communicative functions and culture to be presented more formally later in the chapter. All new drawings are used extensively to provide visual context for vocabulary learning and practice. Words are listed in practical, functional groups to facilitate student retention, and audio recordings and flashcards available on **MySpanishLab** provide additional reinforcement. This section also offers a wide variety of practice activities, ranging from more guided to more open-ended activities, among them an audio activity that builds on the language sample introduced in *¡Así es la vida!*

- *¡Así lo hacemos!* presents grammar structures related to the chapter's communicative objectives. We made the explanations clear and concise with short, bulleted points followed immediately by examples. Wherever possible, we have supplemented grammar concepts with helpful and (we hope) entertaining illustrations. **Study Tips** at the end of certain grammar explanations assist students with structures that non-native speakers of Spanish often find difficult, and additional structures are elaborated further in the *Expansión* boxes, also located in this section. A wide variety of practice activities is provided for each grammatical topic, moving from form-focused to meaning-focused to more open-ended communicative activities. In addition, **MySpanishLab** provides students with animated tutorials explaining Spanish grammar topics as well as the English grammar topics students should have a clear understanding of to successfully approach the grammar in each chapter. The lab also features extra practice activities, practice tests, and oral practice activities. Readiness Check icons in each chapter opener remind students to visit MySpanishLab to complete a pre-test that will help determine whether they are ready to understand the chapter's grammar lessons.

- The *¿Cuánto saben?* boxes at the end of each part serve as a form of self-assessment. They are designed to remind students of the communicative objectives for the chapter and assist them in determining how well they have mastered the material. Students can post their examples using the Mediashare feature in **MySpanishLab**. Situations in *¿Cuánto saben?* boxes can also be used by instructors to assess Student Learning Outcomes and determine whether students can perform the communicative objectives. By performing these situations and using the target vocabulary and structures presented in the chapter, students will demonstrate to what extent they can fluently produce appropriate lexicon and desired language forms. Suggested rubics for assessing students can be found in the Instructor's Resource Manual.

- *Letras y sonidos* boxes offer a brief presentation of an important pronunciation topic. The purpose of these boxes is to help students improve their listening and speaking skills. All presentations have been recorded and are available for students in **MySpanishLab** with additional support provided in the Pronunciation Guide in **MySpanishLab.** Practice activities are available in the **Student Activities Manual (SAM).**

- *Perfiles* (in the *Primera parte* only) presents information regarding the Spanish-speaking world while focusing on authentic culture and personalized experiences, then asks students to compare what they have learned with aspects of their own culture. In *Mi experiencia*, the *Para ti* questions invite students to reflect on their experiences within their own culture, while the *En tu opinión* activities encourage them to discuss topics further in small groups. *Mi música* offers students a more current sampling of music from across the Spanish-speaking world. Search terms are provided to students to access videos, audio, and lyrics of each song selection. All songs have been collected into a special *¡Arriba!* playlist and are available for purchase online.

- *Observaciones* (in the *Segunda parte* only) offers a comprehensive and engaging set of activities based on the corresponding episode of the video filmed specifically to accompany *¡Arriba!* This sitcom-like video, *¡Pura vida!,* features the interactions of five young adults who have all found their way to a residence in Costa Rica. The pre-viewing, viewing, and post-viewing activities in the text are designed to help students follow the story that unfolds in each episode.

The *Nuestro mundo* section of each chapter includes the following elements:

- *Panoramas* is a visually and textually panoramic presentation of the Hispanic country or region that is the focus of the chapter. The material is supported by activities that encourage students to discuss the regions and topics, do additional research on the Internet, and make comparisons between the targeted country's culture and their own. A new Fact Box provides additional information relevant to the country/region of focus and to the chapter theme. These boxes are designed specifically to reflect the topic of the chapter and will vary throughout the text to provide a broad understanding of the Spanish-speaking world.

- *Páginas* focuses on the development of reading skills. The readings include excerpts from magazine and newspaper articles, a fable, poems, short stories, plays, and novel excerpts. All are authentic or semi-authentic texts written by Hispanic writers from various parts of the Spanish-speaking world, including the United States. All of the readings are accompanied by pre- and post-reading activities.

- *Taller* provides guided writing activities that incorporate the vocabulary, structures, and themes covered elsewhere in the chapter. Writing assignments are varied, ranging from personal and business correspondence to fables. Each assignment is presented in a process-oriented manner, encouraging students to follow a carefully planned series of steps that includes both self-monitoring and peer editing.

Each chapter concludes with a comprehensive, clearly organized list of all active vocabulary words introduced in the chapter. This section also includes grammatical references for quicker access to information.

Program Components

Student Resources

AUDIO CDS FOR THE TEXT

The recordings on this CD set correspond to the listening comprehension activities in the textbook as well as the *¡Así es la vida!* dialogs and the *Letras y sonidos* pronunciation sections. These recordings are also available within MySpanishLab and the Companion Website.

STUDENT ACTIVITIES MANUAL

The *¡Arriba!* **Student Activities Manual,** available both in print and within **MySpanishLab**, includes a vast number of practice activities, many of which are audio- or video-based, for each chapter of the text. It also contains speaking activities that are recordable in MySpanishLab. The activities are integrated and organized to mirror the corresponding textbook chapter. Each chapter of the manual includes a *Letras y sonidos* section, a *Perfiles* section, two *¿Cuánto saben?* sections, comprehensive activities on the *Observaciones* video segments, and a *Nuestro mundo* section.

ANSWER KEY FOR THE STUDENT ACTIVITIES MANUAL

The **Answer Key** contains answers to all activities in the **Student Activities Manual.**

AUDIO CDS FOR THE STUDENT ACTIVITIES MANUAL

The recordings on this CD set correspond to the listening comprehension activities in the *¡Arriba!* **Student Activities Manual.** These recordings are also available within MySpanishLab and the Companion Website.

SUPPLEMENTARY ACTIVITIES

This *¡Arriba!* supplement provides additional activities that can be used in class or assigned for out-of-class work. Integrating highly motivational activities such as games, crossword puzzles, fill-in-the-blank activities, and paired activities, it is a rich resource for a variety of teaching situations.

QUICK GUIDE TO SPANISH GRAMMAR

This brief supplement (with laminated pages to ensure durability) provides students with a handy reference source on the key points of Spanish grammar. It is available at a special discount in value packs with the *¡Arriba!* student text.

¡PURA VIDA! VIDEO

¡Pura vida! is an original story-line video filmed specifically to accompany *¡Arriba!* Over the course of its 15 episodes, students follow the interactions of five principal characters who find themselves living together in a youth hostel in San José, Costa Rica. Students are able to see how the vocabulary and grammar structures presented in the textbook are used in realistic situations while gaining a deeper understanding of Hispanic culture. The sitcom-like format allows instructors to show or assign segments for some chapters without having to do so for others. Pre-viewing, viewing, and post-viewing activities are found in the *Observaciones* sections of the textbook and the **Student Activities Manual.** The video is available for student purchase on DVD, but is also available within **MySpanishLab,** with and without captions. In addition, the video is available to instructors on DVD.

Meet The Cast!
Here are the main characters of *¡Pura vida!* whom you will get to know as you watch the video:

| Doña Maria | Felipe | Hermés | Silvia | Patricio | Marcela |

VISTAS CULTURALES VIDEO

The Telly™ award-winning *Vistas culturales* video provides students with a rich and dynamic way to expand, enhance, and contextualize the cultural materials they study in the *Panoramas* section of the textbook. The 18 ten-minute vignettes include footage from every Spanish-speaking country. Each of the accompanying narrations, which employ vocabulary and grammar designed for first-year language learners, was written by a native of the featured country or region. The video is available for student purchase on DVD, but both it and the accompanying Video Guide are within **MySpanishLab,** with and without captions. In addition, the video is available to instructors on DVD.

- **Vistas Culturales Video Guide** The video guide includes useful vocabulary and pre-, during-, and post-viewing activities designed to guide students as they view each country segment.

ENTREVISTAS VIDEO

The *Entrevistas* video consists of guided but authentic interviews with native Spanish speakers on topics related to each chapter's theme. Participants employ target grammatical structures and vocabulary while providing broader cultural perspectives on chapter themes. The video is available for student purchase on DVD and is also available within **MySpanishLab** through links on a new interactive globe. In addition, the video is available to instructors on DVD.

Instructor Resources

ANNOTATED INSTRUCTOR'S EDITION (AIE)

The *¡Arriba!* AIE now has a **new** format, with slightly larger pages, to allow inclusion of a great deal of helpful new material. Icons are placed at appropriate points throughout each chapter to indicate related resources available in other components of the *¡Arriba!* program (see chart on page i for the icon key). The number of marginal instructor annotations has been greatly increased. The annotations fall into several categories:

- **The Five C's:** Lists all the sections and activities in the chapter that correspond to each of The Standards for Foreign Language Learning.

- **Student learning outcomes:** Suggestions for using *¿Cuánto saben?* boxes to measure student learning outcomes.

- **General introduction of . . . :** Contextualizes or provides an overview of an entire chapter or *parte.*

- **Note on . . . :** Additional information on cultural references (such as well-known people, artwork, music, etc.), grammatical functions, or vocabulary usage, beyond what is provided in the student text.

- **Presentation tip for . . . :** Suggestions for presenting new material to students, whether it is vocabulary, grammar, or culture.

- **Comprehension check for . . . :** Brief Q & A activities to confirm comprehension during instructor presentation of material.

- **Warm-up for . . . :** Suggestions for activating students' prior knowledge or helping set up an activity before carrying it out.

- **Expansion of . . . :** Ideas for lengthening or adding to an activity, such as by asking additional questions or by applying the information to students' lives.

- **Optional activity before/after . . . :** Independent activities separate but related to those in the student text that offer instructors further options for classroom practice with students. These are also available for download from the Instructor Resource Center (IRC).

- **Wrap-up:** Suggestions for concluding an activity effectively, such as by drawing a conclusion based on the students' responses or by sampling or reviewing student responses.

- **Audioscript for . . . :** The written script of what is heard on the accompanying audio program.

INSTRUCTOR'S RESOURCE MANUAL (IRM)

The *¡Arriba!* **IRM** is a comprehensive resource, available for download within MySpanishLab and on our Instructor Resource Center, that instructors can use for a variety of purposes. Contents include:

- An introduction that discusses the philosophy behind the *¡Arriba!* program, a guide to using the text's features, and a guide to other program components.

- Pointers for new instructors, including lesson planning, classroom management, warm-ups, error correction, first day of class, quizzes/tests, and other teaching resources.

- An explanation of the North American educational system, written (in Spanish) for instructors who may be unfamiliar with it.

- Sample syllabi showing how the *¡Arriba!* program can be used in traditional and hybrid classroom settings and at different paces.

- Full lesson plans for all chapters.

- The audioscript for the **Student Activities Manual** audio program.

- A guide to rubrics with samples for writing and oral assessments.

- Optional Activities, provided in Word, are available for download to use in class as described in the Annotated Instructor's Edition in the marginal teacher notes.

- The videoscripts for all three *¡Arriba!* videos (*¡Pura vida!, Vistas culturales,* and *Entrevistas*), as well as suggested activities for the *Entrevistas* video. (Activities for *¡Pura vida!* and *Vistas culturales* are available in other components of the program.)

POWERPOINT PRESENTATIONS

This new set of **PowerPoint Presentations** includes visual materials from the textbook, together with dynamic presentations on each grammar point covered in the text.

TESTING PROGRAM

The *¡Arriba!* **Testing Program**, now fully online, has been revised to mirror the content of the textbook in this edition, and has been carefully edited to ensure close coordination with the main text and **Student Activities Manual.** In addition to finished, ready-to-use tests for each chapter, it contains over 500 testing modules from which instructors can draw to create customized tests. The assessment goal, content area, and response type are identified for each module. Available within **MySpanishLab** is a user-friendly test-generating program known as **MyTest** that allows instructors to select, arrange, and customize testing modules to meet the needs of their courses. Once created, tests can be printed on paper or administered online.

AUDIO ON CD FOR THE TESTING PROGRAM

This CD contains the recordings to accompany the listening comprehension activities in the *¡Arriba!* **Testing Program.** These recordings are also available within MySpanishLab.

Online Resources

MYSPANISHLAB

MySpanishLab is a widely adopted, nationally hosted online learning system designed specifically for students in college-level language courses. It brings together—in one convenient, easily navigable site—a wide array of language-learning tools and resources, including an interactive version of the *¡Arriba!* **Student Activities Manual,** an interactive version of the *¡Arriba!* student text, and all materials from the *¡Arriba!* audio and video

programs. Readiness checks, practice tests, and tutorials personalize instruction to meet the unique needs of individual students. Students can also post videos using the MediaShare feature, listen to podcasts, and view other resources using the *Panoramas* Interactive Globe. Instructors can use the system to make assignments, set grading parameters, provide feedback on student work, add new content, access instructor resources, and hold online office hours. Instructor access is provided at no charge. Students can purchase access codes online or at their local bookstore. For more information, including case studies that illustrate how **MySpanishLab** saves time and improves results, visit www.mylanguagelabs.com.

COMPANION WEBSITE

The open-access **Companion Website** features access to the recordings found on the Audio CDs to Accompany the Text and the Audio CDs to Accompany the Student Activities Manual as well as information about the music playlist.

Acknowledgments

The sixth edition of *¡Arriba!* is the result of careful planning between ourselves and our publisher and ongoing collaboration with students and you—our colleagues—who have been using the first, second, third, fourth, and fifth editions. We look forward to continuing this dialog and sincerely appreciate your input. We owe special thanks to the many members of the Spanish teaching community whose comments and suggestions helped shape the pages of every chapter. We gratefully acknowledge and thank in particular our reviewers for this sixth edition:

Frances Alpren, *Vanderbilt University*

Luz María Álvarez, *Johnson County Community College*

Stephanie M. Álvarez, *University of Texas - Pan American*

Stacy Amling, *Des Moines Area Community College, Boone Campus*

Debra Andrist, *Sam Houston State University*

José Badillo, *Metropolitan Community College in Omaha, Nebraska*

Sonia Barrios Tinoco, *Seattle University*

Marie Blair, *University of Nebraska-Lincoln*

Miryan Boles, *Texas Southern University*

Lillie Busby, *Sam Houston State University*

Alicia T. Casals, *Texas Southern University*

Christine Coleman Núñez, *Kutztown University of Pennsylvania*

Lina L. Cofresí, *North Carolina Central University*

David Cruz de Jesus, *Baruch College, CUNY*

David D. Dahnke, *Lone Star College - North Harris*

John B. Davis, *Indiana University, South Bend*

Keri Dutkiewicz, *Davenport University*

Margaret Eomurian, *Houston Community College*

Timothy J. Erskine, *Western Michigan University*

Marisela Fleites-Lear, *Green River Community College*

Ana M. Hnat, *Houston Community College*

Silvia Huntsman, *Sam Houston State University*

Qiu Y. Jiménez, *Bakersfield College*

Sheila Jones, *Sam Houston State University*

Lunden MacDonald, *Metropolitan State College of Denver*

Carlos Martínez, *New York University*

Joseph McClanahan, *Creighton University*

Ryan J. Minier, *Western Michigan University*

Norma A. Mouton, *Sam Houston State University*

Catherine Ortiz, *University of Texas at Arlington*

Christine R. Payne, *Sam Houston State University*

Sue Pechter, *Nortwestern University*

Edith S. Pequeño, *Blinn College*

Nilsa O. Pérez-Cabrera, *Blinn College*

Kay E. Raymond, *Sam Houston State University*

Ray S. Rentería, *Sam Houston State University*

Victor E. Slesinger, *Palm Beach State College*

John P. Sullivan, *Prairie View A&M University*

Hilde M. Votaw, *University of Oklahoma*

Michael Vrooman, *Grand Valley State University*

Mary H. West, *Des Moines Area Community College, Ankeny Campus*

Olivia Yáñez, *College of Lake County*

We are grateful to the many who granted permission to use photos and literary selections (see Text and Photo Credits).

We wish to express our gratitude and appreciation to the many people at Prentice Hall who contributed their ideas, tireless efforts, and publishing experience to the sixth edition of *¡Arriba!* We are especially grateful for the guidance of Celia Meana, development editor, for all of her work, suggestions, attention to detail, and dedication to the text. Her support and spirit helped us to achieve the final product. We would also like to thank the contributors who assisted us in the preparation of the sixth edition: Catherine Hebert and John B. Davis for co-authoring the **Testing Program,** Christine Coleman Núñez for her work on the **Instructor's Resource Manual,** and Evelyn F. Brod and Teresa Roig-Torres for authoring the **Supplementary Activities.** We also wish to express our gratitude to Marie Blair and Nilsa Pérez-Cabrera for all of their hard work and great attention to detail as page proof reviewers. We are very grateful to other colleagues and friends at Pearson Education/Prentice Hall: Meriel Martínez, Media Editor, for helping us produce the audio programs and Companion Website; Melissa Marolla Brown, Development Editor for Assessment, for the diligent coordination among the text, **Student Activities Manual,** and **Testing Program**; Samantha Alducin, for helping us produce such a great video. We are very grateful to our **My SpanishLab** team, Bob Hemmer, Samantha Alducin, and Mary Reynolds, for the creation of the *¡Arriba!* **MySpanishLab** course. Thanks to Katie Corasaniti, Editorial Coordinator, and Samantha Pritchard, Editorial Assistant, for attending to many administrative details.

We are very grateful to our marketing team, Kris Ellis-Levy, Denise Miller, and Bill Bliss, for their creativity and efforts in coordinating all marketing and promotion for this edition. Thanks, too, to our production team, Mary Rottino, Janice Stangel, and Nancy Stevenson, who guided *¡Arriba!* through the many stages of production; to our partners at PreMedia Global, especially Melissa Sacco, for her careful and professional editing and production services. We also thank our art manager, Gail Cocker, and illustrator, Andrew Lange, for the amazing creativity and beautiful illustrations. Special thanks to Leslie Osher, Miguel Ortiz, and Anne DeMarinis for the gorgeous interior and cover designs. Finally, we would like to express our sincere thanks to Phil Miller, Publisher, and Julia Caballero, Executive Editor, for their guidance and support through every aspect of this new edition.

Finally, our love and deepest appreciation to our families: Lourdes, Cindy, Eddy, and Lindsey, Elena, Ed, Lauren, and Will; Wayne, Alexis, Sandro, Ignacio and Isla; Camille, Chris, Eleanor, Teresa and Toby; and Pete, Valayda and Jesse, Roger and Britt, Dave, Nancy, Wesley, and Megan, Leisa and David, and Tammy.

Eduardo Zayas-Bazán
Susan M. Bacon
Holly J. Nibert

¡ARRIBA!

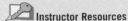**Instructor Resources**
• Instructor's Resource Manual (IRM)· Syllabi and Lesson Plans
• MySpanishLab (MSL): Textbook images, PPT

General introduction
Each *capítulo* contains three sections: *Primera parte* (with vocabulary, grammar, and culture), *Segunda parte* (with vocabulary, grammar, and culture), and *Nuestro mundo* (with culture, a project, a reading, and writing). Each *capítulo* begins with a specific outline of these three sections along with a list of communicative objectives.

The Five C's

Communication: Activities requesting opinions, such as in *Perfiles* and *Páginas*; writing activities (*Taller*), information gap activities (1-5, 1-9, 1-17, 1-29, 1-30), information sharing activities (1-8, 1-11, 1-12, 1-18, 1-20, 1-27, 1-31, 1-34, 1-38, 1-43, 1-48, 1-53, 1-55).

Cultures: See Chapter Opener, *Perfiles, Cultura en vivo, Presencia hispana, Observaciones, Panoramas,* and *Páginas*. See also activities with a cultural context, such as 1-4, 1-13, 1-14, 1-19, 1-32, 1-41; also photos and teacher notes that expand on cultural topics, found throughout the chapter.

Connections: For example, activities asking students to connect previous knowledge: *Presencia hispana, Perfiles, Panoramas, Taller* (writing), 1-7 (countries), 1-15, 1-16 (dates), 1-36.

Comparisons: *Estructuras, Perfiles,* 1-4 (greetings), *Cultura en vivo, Variaciones.*

Communities: Internet activities, such as 1-23, 1-25, 1-49, 1-54.

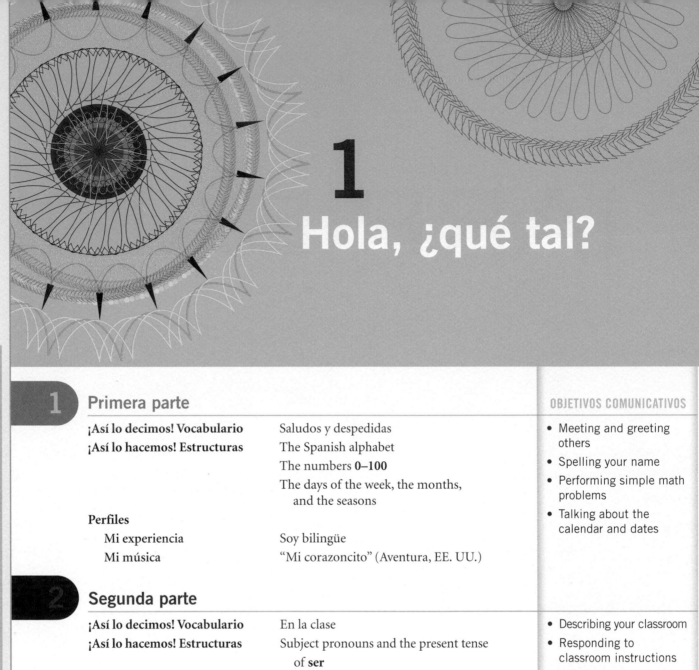

1

Hola, ¿qué tal?

1 Primera parte

OBJETIVOS COMUNICATIVOS

- Meeting and greeting others
- Spelling your name
- Performing simple math problems
- Talking about the calendar and dates

2 Segunda parte

- Describing your classroom
- Responding to classroom instructions
- Talking about yourself and others
- Identifying colors and talking about your favorite color

Nuestro mundo

Readiness Check

La diversidad del mundo hispano

EUROPA

AMÉRICA DEL NORTE

OCÉANO PACÍFICO

OCÉANO ATLÁNTICO

ÁFRICA

AMÉRICA DEL SUR

ANTÁRTIDA

«Si vives alegre, rico eres».

Refrán: If your life is happy, you are rich. (Your wealth lies in your happiness.)

El descubrimiento de América por Cristóbal Colón.
Salvador Dalí, 1958.

Historia de México desde la conquista hasta el futuro.
Diego Rivera, 1930.

Presentation tip for *Refrán*
Ask students for an equivalent expression in English, such as "Money can't buy happiness." Ask them how many agree with this statement and for brief reasons why or why not. (Note that in Spanish, the period at the end of a complete sentence is placed outside of guillemets as per the Real Academia Española.)

Note on *Artwork*
These two important pieces of art represent the collision of worlds in the 15th and 16th centuries. The Dalí painting represents an idealistic view of the Spanish exploration and conquest, and the importance of Christian faith. The Rivera mural shows a contrasting view of the conquest as it affected the indigenous peoples of the Americas. Here we see domination and cruelty with the blessing of the Church.

Note on *Artwork*
Refer to 1-32 in this chapter for some basic background information about Diego Rivera (Mexican muralist, 1886–1957) and Salvador Dalí (Spanish/Catalan painter, 1904–1989). You may want to point out, or elicit from students, that Rivera's mural reflects *el estilo realista* and that Dalí's painting reflects *el estilo surrealista* (for which this artist is especially famous).

Presentation tip for *Artwork*
Have students examine the two works of art and their titles and accurately identify the theme or topic of each one. Write key words from the titles on the board: *descubrimiento, Cristóbal Colón, historia, conquista,* and ask students to identify the English cognates. Then ask students to tie them to the general theme of the chapter, *El mundo hispano.*

Presentation tip for *¡Así es la vida!*
There are several ways to present a dialog in this or any chapter of *¡Arriba!:*

• Have students look at the drawings while you read the dialogs to them. Ask them to identify the characters.
• Act out each dialog as if you were the characters, changing your tone of voice for each one.
• Once you are confident that students understand the meaning, act out the dialogs with one or more members of the class.
• Have students take on the roles of the characters and read the dialogs in pairs or small groups.
• Use the dialogs to test listening and reading comprehension. For example, ask *¿Cómo está Jorge? ¿Es María Luisa profesora o estudiante?* etc.

Warm-up for *¡Así es la vida!*
Have students skim the dialogs and look for differences in Spanish punctuation, such as written accent marks, inverted question marks (¿), etc. The rules for word stress and written accent marks in Spanish appear in *Capítulo 4.* For now, simply tell students to memorize a written accent mark as part of the word and that question words such as *¿Cómo?, ¿Qué?* always carry a written accent mark.

Expansion of *¡Así es la vida!*
Have students pick out the formal and informal dialogs and identify the cues that led to their conclusions, including the relationship between the speakers, the use of *usted* versus *tú,* formal versus informal expressions (*buenas tardes, ¿Qué tal?*), etc.

Primera parte

¡Así lo decimos!¹ VOCABULARIO

 ¡Así es la vida!² Saludos y despedidas
01-01

En la universidad los estudiantes y los profesores conversan.³

JORGE: Hola, María Luisa. ¿Cómo estás?

MARÍA LUISA: Muy bien, Jorge. ¿Y tú? ¿Qué tal?

JORGE: ¿Yo? ¡Fenomenal!

PROFESORA LÓPEZ: Hola, buenas tardes. ¿Cómo se llama usted?

ROBERTO: Me llamo Roberto Gómez.

PROFESORA LÓPEZ: Mucho gusto. Soy la profesora López.

ROBERTO: Encantado.

LUPITA: Hasta luego, Juan.

JUAN: ¡Nos vemos!

¹That's how we say it!
²That's life
³**Estudiante, profesor,** and **conversan** are cognates, words that are similar in English and Spanish. Do you recognize other cognates in the dialogs?

Vocabulario Saludos y despedidas

Instructor Resources
• MSL: Textbook images, PPT, Supplementary Activities

Variaciones

Numerous greetings and farewells are used in the Spanish-speaking world and variations are common. The expression **¿Qué onda?** (*What's up?*) is popular in Mexico. A brief **Buenas** for *good afternoon/evening* is typical in Spain. Speakers from many Latin American countries commonly use the expression **¡Chau!** (also spelled **¡Chao!**) to say *Good-bye!*

Saludos Greetings

Buenos días. *Good morning.*
Buenas noches. *Good evening.*
Buenas tardes. *Good afternoon.*
¿Cómo está usted? *How are you?* (formal)
¿Cómo estás? *How are you?* (informal)
Hola. *Hello, Hi.*
¿Qué pasa? *What's happening?*
  What's up? (informal)
¿Qué tal? *What's up?* (informal)

Respuestas Responses

De nada. *You're welcome.*
¿De verdad? *Really?*
Encantado/a. *Pleased to meet you.*
Gracias. *Thank you.*
Igualmente. *Likewise.*
Lo siento. *I'm sorry.*
Más o menos. *So-so.* (lit. *More or less.*)
Mucho gusto. *Nice to meet you.*
(Muy) Bien. *(Very) Well.*
(Muy) Mal. *(Very) Bad.*
Todo bien. *All's well.*

la profesora

Despedidas Farewells

Adiós. *Good-bye.*
Hasta luego. *See you later.*
Hasta mañana. *See you tomorrow.*
Hasta pronto. *See you soon.*
Nos vemos. *See you.*

el estudiante

Presentaciones Introductions

¿Cómo se llama usted? *What's your name?* (formal)
¿Cómo te llamas? *What's your name?* (informal)
Me llamo... *My name is . . .* (lit. *I call myself . . .*)
Mi nombre es... *My name is . . .*
Soy... *I am . . .*

Títulos Titles

el señor (Sr.) *Mr.*
la señora (Sra.) *Mrs., Ms.*
la señorita (Srta.) *Miss*

Sustantivos Nouns

la clase *class*
el estudiante *student (male)*
la estudiante *student (female)*
el profesor *professor (male)*
la profesora *professor (female)*
la tarea *homework*
la universidad *university*

Otras palabras y expresiones Other words and expressions

¿Cómo se escribe...? *How do you spell . . . ?*
con *with*
mi/mis *my*
o *or*
tu/tus *your* (informal)
y *and*

Presentation tip for ¡Así lo decimos!
Have students look over the words and expressions before coming to class. When possible, bring in images or realia to present and model words in class. The activities progress from recognition to production, with the final ones being open-ended.

Presentation tip for ¡Así lo decimos!
Give students a context such as an informal party, a professional gathering, etc., and have them circulate, introducing themselves to three different classmates. As a wrap-up, have a few volunteers stand up and model a spontaneous dialog.

Presentation tip for Variaciones
Most vocabulary presented in ¡Arriba! is based on general Latin American Spanish. Variaciones boxes offer alternative words and expressions used in particular countries of Latin America or in Spain. The purpose is to make students aware that Spanish is not spoken homogeneously around the world and has a number of varieties, as does English. Often the alternative words and expressions are from the countries of focus in a given chapter. Differences in meaning that may cause misunderstandings between linguistic communities are included. Reassure students that for the purposes of assessment, they only need to know the vocabulary presented in the main list of each Parte.

Note on Mi/mis and tu/tus
Point out in general terms that mi/tu are used with singular objects and people and mis/tus with plural ones. Provide examples: mi clase, tu clase, mis profesores, tus profesores.

Letras y sonidos

Spanish Vowels

In Spanish, each of the five letters **a, e, i, o, u** corresponds to one and only one vowel *sound*. In English, these same five letters correspond to many different vowel sounds, which tend to be long and glided. For example, the letter *a* creates five different vowel sounds in the following words: f*a*ther, c*a*t, *a*pproach, bl*a*me, *a*we.

What vowel sound in English corresponds to each of the letters **a, e, i, o, u** in Spanish?

- The letter **a** is pronounced like the *a* in f*a*ther, but is shorter.

más	pasa	nada	mañana	encantada

- The letter **e** is pronounced like the *e* in th*e*y, but is shorter with no final glide.

es	tres	mesa	deporte	interesante

- The letter **i** is pronounced like the *i* in mach*i*ne, but is shorter.[1]

mi	niño	libro	tímido	inteligente

- The letter **o** is pronounced like the *o* in al*o*ne, but is shorter with no final glide.

o	hola	color	exótico	nosotros

- The letter **u** is pronounced like the *u* in fl*u*te, but is shorter.

tú	azul	lunes	gusto	música

APLICACIÓN

1-1 ¿Qué tal? If you heard the statements or questions on the left, how would you respond? Choose from the list of options on the right.

MODELO: Adiós.
Hasta luego.

1. __b__ Soy el doctor Gómez.
2. __f__ Gracias.
3. __a__ ¿Cómo se llama usted?
4. __g__ Mucho gusto.
5. __h__ ¿Cómo estás?
6. __c__ Buenas tardes, Tomás.
7. __d__ Adiós.
8. __e__ Estoy muy mal.

a. Me llamo Pedro Guillén.
b. Buenos días, doctor.
c. Buenas tardes, profesora.
d. Hasta mañana.
e. ¿De verdad? Lo siento.
f. De nada.
g. Igualmente.
h. Estoy muy mal.

 1-2 ¿Quiénes son? (*Who are they?*) Listen to the short conversations and write the number of each conversation next to the corresponding situation below.

__5__ two friends saying good-bye

__2__ a teacher and student introducing themselves

__4__ a young person greeting an older person

__1__ two friends greeting each other

__3__ two students introducing themselves

_____

[1]Be careful to avoid the *i* sound in s*i*t in the following words, since this sound does not exist in Spanish: **inteligente, interesante, introvertido, impaciente, tímido, simpático, misterioso.**

1-3 ¡Hola! The following people are meeting for the first time. What would they say to each other?

MODELO:

el profesor Solar,
Ester Muñoz

PROFESOR SOLAR: *Buenas tardes. Soy el profesor Solar.*
ESTER: *Buenas tardes, profesor Solar. Soy Ester Muñoz.*
PROFESOR SOLAR: *Mucho gusto.*
ESTER: *Igualmente.*

la Sra. Aldo,
la Sra. García

Patricia, Marcos

Eduardo, Manuel

1-4 Saludos. Read about different ways to greet someone in Spanish-speaking countries.

Paso 1 Before you begin to read, think about how you greet people you're meeting for the first time. How do you greet relatives? Friends? Does the age of the person you are greeting make a difference? When do people embrace, hug, or kiss each other on the cheek in the U.S. and Canada?

> Many Spanish speakers use nonverbal signs when interacting with each other. These signs will vary, depending on the social situation and on the relationship between the speakers. In general, people who meet each other for the first time shake hands (**dar la mano**) both when greeting and when saying good-bye to each other. Relatives and friends, however, are usually more physically expressive. Men who know each other well often greet each other with an **abrazo** (*hug*) and pats on the back. Women tend to greet each other and their male friends with one (Latin America) or two (Spain) light kisses on the cheeks.

 Paso 2 Introduce yourself to five of your classmates. Shake hands or kiss lightly on the cheek as you ask them their names and how they are doing. Then say good-bye.

1-5A ¿Cómo está usted? (*When you see the icon of two people with a line between them, one of you will assume the A role in the text; the other, the B role in **Appendix 1 for B Activities**.*) Assume the role of instructor; your partner is your student. Act out the following conversation in which you greet each other and ask how things are. Use the information provided to complete your end of the conversation. **Estudiante B,** please see **Appendix 1,** page A-1 for your part.

MODELO: ESTUDIANTE A: *Buenos días…*
ESTUDIANTE B: *Hola…*

Estudiante A:

> - It's morning. You greet the student, introduce yourself, and ask his/her name.
> - Respond that you feel great today. Ask how he/she is feeling.
> - Say that you are surprised and that you are sorry.
> - Respond to the student.

¡Hola!

Cultura en vivo

The comfortable physical distance between Hispanics when holding a conversation is much closer than in many other cultures. Anglo-Americans tend to feel comfortable when they maintain at least arm's distance from the person to whom they are talking. As a test, stand at arm's distance from a classmate, then take one step closer. How do you feel at each distance?

Presentation tip for 1-3
Point out that the use of *usted* versus *tú* in contexts such as these depicted may vary depending on the country. For instance, informal *tú* is prevalent in Spain in contexts where other countries may use formal *usted*. In Spain, it is common for university professors and students to use *tú* when addressing one another.

Wrap-up for 1-3
Have students role-play their conversations in class. Encourage them to be dramatic and creative.

Presentation tip for 1-4, Paso 2
Make sure students know they have options regarding how to introduce themselves during this activity. If they are uncomfortable, have them simply shake hands.

Presentation tip for *Cultura en vivo*
Two or three boxes titled *Cultura en vivo* appear in each chapter. They present cultural contrasts and practical facts of interest about the Spanish-speaking world. Review the information with students and invite them to consider the question or challenge posed. Then discuss their opinions as a class.

Optional activity after 1-5A
Extend basic practice to a new context outside of the classroom. For example, you are working in the library. How would you greet the following people, based on the name and time of day provided? 1. Prof. Raimundo Menocal, 3:00 p.m. 2. Srta. Martínez, 9:15 p.m. 3. Sra. Pérez, 9:00 a.m. (The complete activity is available for download from the IRC).

Note on *Icon*
The **A/B** icon that precedes 1-5A means that it is an information gap activity. The information for student **B** appears in *Appendix 1* near the end of the textbook. Tell students not to show each other their parts in order to encourage them to listen actively to each other.

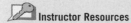
¡Así lo hacemos!¹ ESTRUCTURAS

  1. The Spanish alphabet²

01-10 to 01-13

The Spanish alphabet contains twenty-seven letters, including one that does not appear in the English alphabet: ñ³.

Letra (*Letter*)	Nombre (*Name*)	Ejemplos (*Examples*)	Pronunciación (*Pronunciation*)
a	a	Ana	
b	be	Bárbara	The letters **b** and **v** are pronounced exactly alike, as a **b.**
c	ce	Carlos, Cuba, Cecilia	In all varieties of Spanish, the letter **c** before **a**, **o**, or **u** sounds like English *k.* In Latin America, the letter **c** before **e** or **i** is pronounced like English *s.* In most of Spain, **c** before **e** and **i**, and the letter **z**, are pronounced like the English *th* in *thanks.*
d	de	Dios, Pedro	
e	e	Ernesto	
f	efe	Fernando	
g	ge	gato, gusto, gitano	The letter **g** before **a**, **o**, or **u** is pronounced like the English *g* in *gate.* Before **e** or **i**, the letter **g** is pronounced the same as Spanish **j** (or a hard English *h*).
h	hache	Hernán, hola, hotel	The letter **h** is always silent.
i	i	Inés	
j	jota	José	The letter **j** is like a hard English *h* sound.
k	ka	kilómetro, karate	The letter **k** is not common and usually appears only in words borrowed from other languages.
l	ele	Luis	
m	eme	María	
n	ene	Nora, nachos	
ñ	eñe	niño	The **ñ** sounds like *ny* as in *canyon.*
o	o	Óscar	
p	pe	Pepe	
q	cu	Quique, química	
r	ere	Laura, Rosa	At the beginning of a word, **r** is always pronounced like a trilled **rr.**
s	ese	Sara	
t	te	Tomás	
u	u	usted, Úrsula	
v	uve	Venus, vamos	The letters **b** and **v** are pronounced exactly alike, as a **b.**
w	doble uve	Washington, windsurf	The letter **w** is not common and usually appears only in words borrowed from other languages.
x	equis	excelente, México	Usually like *ks,* but also occasionally like Spanish **j.**
y	ye (i griega)	soy, Yolanda, maya	The letter **y** is a semivowel at the end of a syllable, as in English *toy,* or is a consonant at the beginning of a syllable, as in English *yard.*
z	zeta	Zorro, lápiz	In Latin America, the letter **z** is pronounced like English *s.* In most of Spain, it sounds like the English *th* in *thanks.*

---

¹That's how we do it!
²In 2010, the *Real Academia Española* revised the Spanish alphabet, eliminating *ch, ll* and changing the names of some letters. The *ch* and *ll* sequences still exist: Chile (pronounced as in English), llama (pronounced like [yama]).
³The letter ñ follows the **n** in the dictionary.

APLICACIÓN

1-6 ¿Qué vocal falta?   Complete the names of these famous **hispanos** with the missing vowels. *¡Ojo!* (Watch out!): When a letter carries an accent, say **con acento** after saying the name of the letter: **eme - a - ere - i con acento - a (María).**

MODELO: ____ v ____   M ____ nd ____ s   (actriz)
       e, a, e, e (Eva Mendes)

1. J _e_ nn _i_ fer   L _ó_ p _e_ z   (actriz y cantante)
2. C _a_ mer _o_ n   D _í_ _a_ z   (actriz)
3. R _a_ f _a_ el   N _a_ d _a_ l   (tenista)
4. J _e_ ss _i_ c _a_   _A_ lb _a_   (actriz)
5. P _a_ bl _o_   P _i_ c _a_ ss _o_   (pintor)

¿Cómo se escribe "cigüeña" (*stork*)?

1-7 ¿Qué consonante falta?   What consonants are missing from the names of these countries in the Spanish-speaking world?

MODELO: Mé ___ i ___ o
       x (equis), c (ce)

1. Ar _g_ enti _n_ a   6. El Sa _l_ _v_ ado _r_
2. Bo _l_ i _v_ ia   7. Re _p_ ública Do _m_ ini _c_ ana
3. _P_ erú   8. Co _s_ _t_ a _R_ ica
4. E _c_ ua _d_ or   9. Para _g_ ua _y_
5. Ve _n_ e _z_ ue _l_ a   10. Espa _ñ_ a

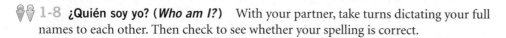

1-8 ¿Quién soy yo? (*Who am I?*)   With your partner, take turns dictating your full names to each other. Then check to see whether your spelling is correct.

1-9A Otra vez, por favor (*please*).   Take turns spelling out the words in parentheses to your partner while he/she writes them down. Be sure to first say in what category they belong. If you need to hear the spelling again, ask your partner to repeat by saying **Repite, por favor. Estudiante B,** please see **Appendix 1,** page A-1.

MODELO: cosa (*thing*) (quesadilla)
    ESTUDIANTE A: *Es una cosa, cu - u - e - ese - a - de - i - ele - ele - a*
    ESTUDIANTE B: (After writing down the word) *¿Es una quesadilla?*
    ESTUDIANTE A: *Correcto.*

Estudiante A:

I say and spell . . .	I write . . .
1. persona famosa (George López)	1. persona famosa: _____
2. ciudad (Lima)	2. ciudad (*city*): _____
3. cosa (banana)	3. cosa: _____
4. ciudad (Albuquerque)	4. ciudad: _____

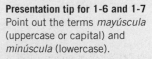

Presencia hispana

The terms **hispano** and **latino** tend to be used interchangeably in the U.S. for people with origins in Spanish-speaking countries. The U.S. Office of Management and Budget currently defines **hispano** or **latino** as "a person of Mexican, Puerto Rican, Cuban, South or Central American, or other Spanish culture or origin, regardless of race." In the most recent U.S. Census, some 75% of all **hispanos** spoke Spanish in the home. What are the advantages of being bilingual in today's world?

Presentation tip for 1-6 and 1-7
Point out the terms *mayúscula* (uppercase or capital) and *minúscula* (lowercase).

Wrap-up for 1-6 and 1-7
Have students repeat the full spellings of the words and then pronounce the names. Help students with pronunciation.

Presentation tip for *Presencia hispana*
Two to three boxes titled *Presencia hispana* appear in each chapter. They present useful cultural, historical, or political facts of interest about the Spanish-speaking population of the U.S. and Canada. Review with students the information in each box and invite them to consider the question or challenge posed. Then discuss their responses and opinions as a class.

Note on *Icon*
The icon that precedes 1-8 means that students need to work in pairs.

Note on 1-9A
Some students may not be familiar with the following personalities mentioned in the activity: George López, Mexican-American actor, became famous for his comedy series *George Lopez*; Salma Hayek, Mexican actress who starred in *Frida* (2002) and *Bandidas* (2006), also producer of the hit comedy *Ugly Betty*; Penélope Cruz Spanish actress who starred in *Vanilla Sky* (2001), *Bandidas* (2006), *Vicky Cristina Barcelona* (2008: Oscar for Best Supporting Actress), *Nine* (2009), and *Los abrazos rotos* (2009: Golden Globe nominee).

Wrap-up for 1-9A
Make sure students pronounce the words correctly after they transcribe them. Help students with pronunciation.

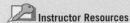

2. The numbers *0–100*

01-14 to 01-16

Numbers in Spanish are expressed as follows:

0–9	10–19	20–29	30–39
cero	diez	veinte	treinta
uno	once	veintiuno	treinta y uno
dos	doce	veintidós	treinta y dos
tres	trece	veintitrés	treinta y tres
cuatro	catorce	veinticuatro	treinta y cuatro
cinco	quince	veinticinco	treinta y cinco
seis	dieciséis	veintiséis	treinta y seis
siete	diecisiete	veintisiete	treinta y siete
ocho	dieciocho	veintiocho	treinta y ocho
nueve	diecinueve	veintinueve	treinta y nueve

40–49:	cuarenta, cuarenta y uno, cuarenta y dos, cuarenta y tres…
50–59:	cincuenta, cincuenta y uno, cincuenta y dos, cincuenta y tres…
60–69:	sesenta, sesenta y uno, sesenta y dos, sesenta y tres…
70–79:	setenta, setenta y uno, setenta y dos, setenta y tres…
80–89:	ochenta, ochenta y uno, ochenta y dos, ochenta y tres…
90–99:	noventa, noventa y uno, noventa y dos, noventa y tres…
100–109:	cien, ciento uno, ciento dos, ciento tres…

- **Uno** becomes **un** before a masculine singular noun and **una** before a feminine singular noun.

un libro	*one book*	**una mesa**	*one table*
un profesor	*one professor (male)*	**una profesora**	*one professor (female)*

- In compound numbers, -**uno** becomes -**ún** before a masculine noun and -**una** before a feminine noun.

veintiún libros	*twenty-one books*
veintiuna profesoras	*twenty-one female professors*

- The numbers **dieciséis** through **diecinueve** (16–19) and **veintiuno** through **veintinueve** (21–29) are generally written as one word. The condensed spelling is not used after 30.

- **Cien** is used when it precedes a noun or when counting the number 100 in sequence.

cien estudiantes	*one hundred students*
noventa y ocho, noventa y nueve, **cien**	*ninety-eight, ninety-nine, one hundred*

- **Ciento** is used in compound numbers from 101 to 199.

ciento uno	*one hundred and one*
ciento cuarenta y cinco	*one hundred and forty-five*
ciento diez	*one hundred and ten*
ciento noventa y nueve	*one hundred and ninety-nine*

The ancient Maya developed a precise base-20 counting system that included zero (shell), one (dot), and five (bar). Can you see the number 18?

APLICACIÓN

1-10 ¿Qué número falta? Figure out the patterns of numbers below and complete them with the logical numbers in Spanish.

MODELO: uno, _____*tres*_____, cinco, _____*siete*_____, nueve, _____*once*_____

1. dos, _____cuatro_____, seis, ocho, _____diez_____, doce, _____catorce_____

2. _____uno_____, _____tres_____, cinco, siete, _____nueve_____, once

3. uno, cinco, nueve, _____trece_____, diecisiete, veintiuno, _____veinticinco_____

4. cinco, diez, _____quince_____, veinte, veinticinco, _____treinta_____, _____treinta y cinco_____

5. treinta, cuarenta, _____cincuenta_____, _____sesenta_____, setenta, _____ochenta_____, _____noventa_____

6. once, veintidós, _____treinta y tres_____, cuarenta y cuatro, cincuenta y cinco _____sesenta y seis_____, setenta y siete, _____ochenta y ocho_____

7. veintiuno, veintitrés, veinticinco, _____veintisiete_____, veintinueve, _____treinta y uno_____

8. noventa, ochenta, _____setenta_____, sesenta, cincuenta, _____cuarenta_____, _____treinta_____

¿Cuál es tu número favorito?

👥 **1-11 Te toca a ti (*It's your turn*).** Challenge a classmate with an original sequence of numbers. See the previous activity for models.

👥 **1-12 ¿Cuál (*What*) es tu número de teléfono?** In preparation for getting together to work on future projects, exchange phone numbers with three or four other classmates. Notice that telephone numbers in Spanish can be stated in groups of two digits rather than in single digits.

MODELO: E1: *¿Cuál es tu número de teléfono?*
E2: *(301) 555-2240: tres, cero, uno, cinco, cincuenta y cinco, veintidós, cuarenta*

En Guatemala, ¿qué número marcas para llamar al extranjero (*internationally*)?

¡Hola!
Cultura en vivo ✳

There is variation among cultures when counting off numbers on fingers. In some Hispanic cultures, they start with a closed hand and extend fingers beginning with the thumb as they count. Others begin with an open hand facing down and fold their fingers in as they count, beginning with the little finger. Try counting from 1 to 10 with each method to see how each feels. What method do you usually use to count on your fingers?

Warm-up for 1-12
This activity encourages students to practice the function of exchanging telephone numbers with a classmate. Spanish telephone numbers are usually given in pairs of digits. As an additional model, dictate your office number to the class and have one student write it on the chalkboard.

Warm-up for 1-12
Have students pick out the words in the activity that are cognates (*número, teléfono*). These words have not been formally presented, but students should be able to recognize them. Review pronunciation with students before doing the activity.

Warm-up for 1-13

First explain to students that this reading is the table of contents for the *Guía del ocio,* a monthly publication that announces entertainment events in Madrid. Tell students that most of the categories listed are cognates in English and elicit from them their meanings. Then have students scan for the page numbers requested in the activity.

1-13 ¿Qué se hace en Madrid (*What do people do . . .*)? On what page of the tourist guide can you find information about what to do in Madrid?

En Madrid

La **Semana Santa** en Madrid ofrece un buen número de procesiones.

El 30 se corre la famosa **Mapoma** (Maratón Popular de Madrid).

El 23 se celebra el **Día del Libro.** Se ofrece una gran variedad de libros por todo el centro de la ciudad.

Atención: Noten que los museos tienen horas especiales durante la Semana Santa.

Bienvenida a los participantes del Congreso de Inmunología Humana que tiene lugar en el Hotel Principado.

El teléfono turístico: 902 202 202.

La línea turística proporciona amplia información sobre hoteles, restaurantes, camping, hostales, etc., las mejores ofertas para viajar, dónde y cómo reservar.

010 Teléfono del consumidor.

Toda la información cultural y de servicios del Ayuntamiento de Madrid.

MARZO - 2010

EDITA Patronato Municipal de Turismo Mayor, 69, 28013
Madrid. Tel. 91 588 29 00
El p.m.t. no se responsabiliza de los cambios de última hora.

MODELO: __20__ música
en la página veinte

1. __27__ puntos de interés
2. __26__ datos útiles
3. __18__ congresos
4. __22__ niños
5. __12__ conciertos

6. __13__ ballet
7. __31__ paseo del arte
8. __14__ deportes
9. __20__ fiestas
10. __14__ ópera

3. The days of the week, the months, and the seasons

Los días de la semana (*Days of the week*)

- The days of the week in Spanish are written in lower-case and are all masculine.

- Calendars usually begin the week with Monday, not Sunday.

septiembre						
lunes	martes	miércoles	jueves	viernes	sábado	domingo
1	2	3	4	5	6	7

- The definite article is not used after **es** when telling what day of the week it is.
  Hoy **es jueves.**   *Today is Thursday.*

- *On Monday . . . , on Tuesday . . . ,* etc., is expressed by using the definite article **el.**
  El examen es **el lunes.**   *The exam is on Monday.*

- In the plural, the days of the week express the idea of doing something regularly.
  Voy al gimnasio **los sábados.**   *I go to the gym on Saturdays.*

- Days that end in **-s** have the same form in the singular and the plural. **El lunes** becomes **los lunes** in the plural.
  La clase de filosofía es **los lunes,**   *Philosophy class is on Mondays,*
  los miércoles y **los viernes**.   *Wednesdays, and Fridays.*

Los meses del año (*Months of the year*)

- Months are written in lower-case in Spanish.

enero	febrero	marzo	abril
L M M J V S D	L M M J V S D	L M M J V S D	L M M J V S D
1	1 2 3 4 5	1 2 3 4 5	1 2
2 3 4 5 6 7 8	6 7 8 9 10 11 12	6 7 8 9 10 11 12	3 4 5 6 7 8 9
9 10 11 12 13 14 15	13 14 15 16 17 18 19	13 14 15 16 17 18 19	10 11 12 13 14 15 16
16 17 18 19 20 21 22	20 21 22 23 24 25 26	20 21 22 23 24 25 26	17 18 19 20 21 22 23
23 24 25 26 27 28 29	27 28	27 28 29 30 31	24 25 26 27 28 29 30
30 31			

mayo	junio	julio	agosto
L M M J V S D	L M M J V S D	L M M J V S D	L M M J V S D
1 2 3 4 5 6 7	1 2 3 4	1 2	1 2 3 4 5 6
8 9 10 11 12 13 14	5 6 7 8 9 10 11	3 4 5 6 7 8 9	7 8 9 10 11 12 13
15 16 17 18 19 20 21	12 13 14 15 16 17 18	10 11 12 13 14 15 16	14 15 16 17 18 19 20
22 23 24 25 26 27 28	19 20 21 22 23 24 25	17 18 19 20 21 22 23	21 22 23 24 25 26 27
29 30 31	26 27 28 29 30	24 25 26 27 28 29 30	28 29 30 31
		31	

septiembre	octubre	noviembre	diciembre
L M M J V S D	L M M J V S D	L M M J V S D	L M M J V S D
1 2 3	1	1 2 3 4 5	1 2 3
4 5 6 7 8 9 10	2 3 4 5 6 7 8	6 7 8 9 10 11 12	4 5 6 7 8 9 10
11 12 13 14 15 16 17	9 10 11 12 13 14 15	13 14 15 16 17 18 19	11 12 13 14 15 16 17
18 19 20 21 22 23 24	16 17 18 19 20 21 22	20 21 22 23 24 25 26	18 19 20 21 22 23 24
25 26 27 28 29 30	23 24 25 26 27 28 29	27 28 29 30	25 26 27 28 29 30 31
	30 31		

Mi cumpleaños es en **noviembre.**   *My birthday is in November.*
Hay veintiocho días en **febrero.**   *There are twenty-eight days in February.*

Instructor Resources
• MSL: PPT, Supplementary Activities

Presentation tip for *Los días de la semana* and *Los meses del año*
Refer to the calendar on this page or bring in your own Spanish calendar, and have students indicate how it differs from the English system: weeks begin on Monday, and days and months are not capitalized.

Expansion of *Los días de la semana*
Use temporal adjectives such as *hoy, ayer, anteayer, mañana, pasado mañana* to talk about the days of the week. Indicate meaning by using gestures as you ask: *¿Qué día es mañana? ¿Y pasado mañana?*

- To ask the date say:

  ¿Cuál es la fecha? ⎫
  ¿Qué fecha es? ⎭   *What's today's date?*

  To answer say:

  Hoy es (el) dos de febrero.[1]   *Today is February 2nd.*

- Use cardinal numbers with dates (**el cuatro, el once**), except for the first day of the month which is **el primero**.

  el cinco de mayo.   *May 5th.*
  el primero de enero.   *January 1st.*

Las estaciones del año (*Seasons of the year*)

- The seasons in Spanish are not capitalized.

el invierno

la primavera

el verano

el otoño

- The definite article is used to talk about the seasons but is omitted to say what season it is.

  ¿Cómo es **la primavera** aquí?   *What is spring like here?*
  Es **verano** ahora en Argentina.   *It's summer now in Argentina.*

---

[1]Spanish speakers will often omit **el** before the number when referring to today's date.

APLICACIÓN

1-14 Fiestas importantes en el mundo hispano. Match the holidays to the dates they are celebrated in the Spanish-speaking world.

MODELO: El día de la Independencia de México es en el otoño.
El 16 de septiembre es el día de la Independencia de México.

1. __c__ En EE. UU. es una fiesta para celebrar la cultura mexicana.

2. __e__ El día de la Raza (o el día de Cristóbal Colón) es en el otoño.

3. __a__ La fiesta de la Virgen de Guadalupe es en el invierno.

4. __f__ El día festivo (*holiday*) para los trabajadores es en la primavera.

5. __d__ En Costa Rica, el día de la Madre es en el verano.

6. __b__ En Pamplona, España, se celebran los sanfermines[1] por nueve días en el verano.

a. el 12 de diciembre
b. del 6 al 14 de julio
c. el 5 de mayo
d. el 15 de agosto
e. el 12 de octubre
f. el primero de mayo

Ernest Hemmingway conmemoró las fiestas de San Fermín en *The Sun Also Rises.*

1-15 Fechas importantes en EE. UU. y Canadá. Tell the dates of the following celebrations.

MODELO:

el diecisiete de marzo

1.

el treinta y uno de octubre

2.

el treinta y uno de diciembre

3.

el cuatro de julio (EE. UU.) / el 24 de mayo, o el primero de julio (Canadá)

4.

el catorce de febrero

---

[1]**Los sanfermines** is a masculine one-word plural noun referring to the festivities that honor Saint Fermin (**San Fermín**) in Spain.

Presencia hispana

Cinco de Mayo marks the victory of Mexican forces under General Ignacio Zaragoza over the French at the Battle of Puebla on May 5, 1862. Although the Mexican army suffered defeats soon afterward, the *Batalia de Puebla* came to symbolize Mexican unity and patriotism. Today, it has been highly commercialized and is celebrated more actively in the U.S. than in Mexico, which instead celebrates its independence from Spain on September 16, 1810. Do you celebrate **Cinco de mayo**?

Note on *El 12 de diciembre*
The feast day of *la Virgen de Guadalupe* is celebrated on December 12 in Mexico. According to traditional accounts, she appeared to a peasant named Juan Diego on this day in 1531 on the hill of Tepeyac, near Mexico City. Her image is an important religious and cultural symbol in Mexico and is on display at the Basílica of Our Lady of Guadalupe in Mexico City, the second most-visited Catholic shrine in the world.

Note on *Presencia hispana*
With this victory over the French in the Battle of Puebla on May 5, 1862, Mexico demonstrated to the world that it would defend itself against foreign domination. French intervention in Mexico began early in 1862 and officially ended on June 19, 1867, with the execution of Emperor Maximilian on the *Cerro de las Campanas,* a hill then on the outskirts of Querétaro.

Expansion of 1-15
Provide the Spanish names of holidays for students who are interested.
St. Patrick's Day (*el día de San Patricio*)
Thanksgiving (*el día de Acción de Gracias*)
Independence Day (*el día de la Independencia*)
New Year's Eve (*la Nochevieja*)
New Year's Day (*el día de Año Nuevo*)
Valentine's Day (*el día de San Valentín*)

1-16 Las estaciones del año.   Remember that the seasons in the northern and southern hemispheres are inverted. Write the season in which each month falls in the northern hemisphere. Then do the same with the southern hemisphere (*el Cono Sur*).

	Hemisferio Norte	**Cono Sur**
1. agosto	verano	invierno
2. julio	verano	invierno
3. diciembre	invierno	verano
4. marzo	primavera	otoño
5. octubre	otoño	primavera
6. septiembre	otoño	primavera

Es junio y Miguel esquía en Bariloche, Argentina.

1-17A Los días, los meses y las estaciones.   Take turns asking each other questions to fill in the missing days, dates, and months on each of your grids. **Estudiante B**, please see **Appendix 1**, page A-2.

MODELO: ESTUDIANTE A: (You need) *¿Un mes de otoño?*
ESTUDIANTE B: (You have) *octubre*

Estudiante A:

You need . . .	My partner gives me . . .	Your partner needs . . .
1. el día de la Independencia		el 14 de febrero
2. un día con nueve letras		enero
3. un mes con treinta días		mayo
4. un día que no hay (*there are no*) clases		febrero
5. un mes de verano		el lunes

1-18 ¿Cuándo es tu cumpleaños? In groups of six or seven students, take turns reporting your birthdays. Have one person fill in the dates for each month reported. Present your findings to the class using the following questions as a guide.

MODELO: *Mi cumpleaños es el 17 de enero.*

1. ¿Cuál (*Which*) es el mes más común?

2. ¿Cuál es el mes menos común?

3. ¿Hay (*Are there*) dos personas con el mismo día de cumpleaños?

Los cumpleaños de los estudiantes							
enero	17						
febrero							
marzo							
abril							
mayo							
junio							
julio							
agosto							
septiembre							
octubre							
noviembre							
diciembre							

01-23 to 01-27

¿Cuánto saben?

First, ask yourself whether you can perform the following functions in Spanish. Then act out the scenarios with two or three classmates. Ask and respond to at least three questions in each situation.

✓ CAN YOU . . .

☐ meet and greet others?

☐ spell your name?

☐ perform simple math problems in Spanish?

☐ talk about the calendar and dates?

WITH YOUR CLASSMATE(S) . . .

Situación: En clase
This is your first day of class. Take turns introducing yourself as a professor or student and ask others their names.
Para empezar (*Getting started*): *¿Cómo te llamas? ¿Cómo se llama usted?*

Situación: En el centro de estudiantes internacionales
You and your partner are welcoming students to a reception for international students and need to write everyone's name on name tags. Take turns asking their names and how to spell them.
Para empezar: *¿Cómo te llamas? ¿Cómo se escribe...?*

Situación: Planes para una fiesta
Challenge each other to calculate how many soft drinks (*refrescos*) and pizzas you need if you invite 5, 10, or another number of friends.
Para empezar: *Con cinco amigos, necesitamos diez refrescos y... pizzas. Con... amigos, necesitamos...*

Situación: En un café
Share within the group your favorite holidays. Which ones do you have in common?
Para empezar: *¿Cuál es tu día festivo favorito? El día festivo favorito de muchos (many) es...*

 Instructor Resources
• MSL: MediaShare
• IRM: Rubrics

Note on *¿Cuánto saben?*
Point out to students that these situations mirror what they do in every day life. The *Para empezar* are cues to help students get started on their conversations. Students can also film their presentations and post them using the MediaShare feature found in MySpanishLab.

STUDENT LEARNING OUTCOMES
Use the ¿Cuánto saben? activities to assess the extent to which students can perform the **Objetivos comunicativos** presented in the chapter opener. Provide students with a rubric, in which you specify how you will assess them in the areas of vocabulary, fluency, and structures. For example:
Vocabulary:
On a scale of **5** (excellent) to **1** (poor), student includes vocabulary appropriate to the chapter theme.
5: excellent variety, very appropriate, little or no hesitation
4: good variety; mostly appropriate; little hesitation
3: some variety; several errors; often hesitates
2: little variety; numerous errors, considerable hesitation
1: vocabulary not new to this chapter; etc.
Structures:
On a scale of **5** (excellent) to **1** (poor), student includes if appropriate to the chapter theme.
5: uses structure consistently well, very few errors, little or no hesitation
4: uses structure quite well; few errors; little hesitation
3: uses structure sometimes; several errors; often hesitates
2: rarely uses structure correctly; numerous errors
1: target structure not in evidence or contains numerous errors; at times unintelligible
For additional information on rubrics, please see the Instructor's Resource Manual (IRM).

Presencia hispana
Because the Spanish settled much of the North American continent before other nationalities, when states came into the Union, many of the inhabitants were descendents of the first settlers who arrived with Spanish explorers. Can you name the states that were originally territory dominated by Spain?

📖 Perfiles

01-28 to 01-29

Mi experiencia

SOY BILINGÜE

1-19 Para ti (*For you*). Do you have friends or family members who speak more than one language? Did they grow up speaking two languages, learn a second language in school, or live in a place where English was not the primary language? What are the economic, political, and social advantages to being bilingual and bicultural in today's world? Read the excerpt from Oscar Ponce Torres's blog below about growing up bilingual.

> ¡Hola! ¿Qué pasa? My name is Óscar Ponce Torres and I live in New York City. My family is originally from Puerto Rico; my parents moved to New York when I was just a kid. Growing up, I spoke Spanish at home and learned English in school, like most of my friends in the neighborhood. I'm very proud of my Puerto Rican heritage and of being both bicultural and bilingual. Currently, I study international business at New York University, and in the future I hope to work with a company with locations here and abroad. I know that being able to speak two languages offers many professional and social opportunities, but for me, speaking Spanish and English with family and friends is what I know; it's my experience. And when we get together, there's always music playing in the background, including the latest by the group Aventura. Listen to the song "Mi corazoncito" for a sense of what it sounds like to live in a bilingual world.

👥 **1-20 En su opinión.** With a partner, explore your experiences and ideas about bilingualism by discussing the following questions.

1. What are your reasons for studying Spanish?

2. Do you plan to use Spanish in a particular career or in another facet of your life? How so?

3. Have you studied or do you speak other languages besides English and Spanish? What about your friends and family?

4. Do you think it is important to know more than one language? Why or why not?

5. What other people in the media or public eye can you name that are bilingual? How has it helped them?

Mi música

"MI CORAZONCITO" (AVENTURA, EE. UU.)

The group Aventura formed in the Bronx in 1994. Their musical style is **bachata,** whose themes are often romantic with tales of heartbreak. Aventura has a particular **bachata** style combining the traditional sound with hip-hop, R & B, and reggeaton, as well as using both English and Spanish lyrics. The members of Aventura are "Romeo" Santos, Lenny Santos, Max Santos, and Henry Santos Jeter.

Antes de ver y escuchar (*Pre-viewing and -listening*)

1-21 Estilos musicales. With what American or Latin rap artists are you familiar? Which ones have been honored with a Grammy? Have you ever heard a **bachata?** Of the following musical styles, which ones do you prefer and why?

country   metálica   pop   R & B   rap   rock

1-22 Mi corazoncito. The title of the song means "my little heart" and is typical of a **bachata** rhythm and theme. Here are some of the words you will hear in the song. Guess their meanings and write down their equivalents in English before listening to the song. If necessary, consult a Spanish-English dictionary.

1. amor _____love_____
2. imaginación ___imagination___
3. hombre _____man_____
4. bohemio loco __crazy bohemian__
5. poeta _____poet_____
6. negro _____black_____

Para ver y escuchar (*Viewing and listening*)

1-23 La canción. Connect with the Internet to find a site on which Aventura performs this piece. You may also want to search for the lyrics (*letra*). In what way is this song considered a **bachata?** How does it compare to country music in the U.S.?

> ➤ **Busca**[1]: mi corazoncito aventura video; mi corazoncito aventura letra
>
> **If you would like to purchase this song:** *Go to iTunes Store>Music>More to Explore>iMix>Arriba 6e*

Después de ver y escuchar (*Post-viewing and -listening*)

1-24 Descripciones. You are a true aficionado/a of **bachata** music. Indicate in the spaces below with an "X" which statements you believe to be true of "Mi corazoncito." Most descriptions use a cognate.

_____ Es interesante.   _____ Es misteriosa.   _____ Es romántica.

_____ Es fascinante.   _____ Es divertida (*fun*).   _____ Es exótica.

1-25 Investigación. Research information about the lead singer of Aventura and complete this biographical information about him: **nombre completo, lugar de nacimiento, el título de una canción** *hit*.

> ➤ **Busca:** romeo santos aventura

---

[1]Note that accents, *tildes* and capital letters are not required for Internet searches.

Answers to 1-21
Some possible answers for rap Grammy winners: Jay-Z ('08, '04, '98), Kanye West ('08, '07, '05, '04), Lil Wayne ('08), T.I. ('08, '06), Justin Timberlake & T.I. ('06), Ludacris ('06, '04), Black Eyed Peas ('05, '04), Eminem ('03, '02, '00, '99), Beyoncé Knowles & Jay-Z ('03)

Answers to 1-23
You and students can easily access lyrics on the Internet. The theme is unrequited love; the style is a fusion of *bachata* with R & B. The lyrics include both Spanish and English. Their style of dress is very trendy, unlike that of most U.S. country singers.

Answers for 1-25
Anthony "Romeo" Santos; The Bronx, New York City, U.S.; Answers may vary. Some possible answers: "Obsesión" (2002), "Hermanita" (2004), "La boda" (2005), "Por un segundo" (2009).

Presentation tip for *Mi música*
The *Mi música* section of each chapter addresses a musical selection, artist, and/or style of music. Each selection is representative of the cultural focus of the chapter. Encourage students to fully explore the recommended song as well as others from the same or similar artists. They will learn much about the cultural and musical variety that exists across Spanish-speaking countries.

Note on *Mi música*
Explain to students that the *bachata* originated in the countryside and rural neighborhoods of the Dominican Republic and that the dance form developed along with the music.

Note on *Internet activities*
We purposely exclude accents and *tildes* in search terms, as students will discover the same information regardless of case, for example, "España," "Espana," or "espana."

Note on *Mi música*
If you would like to purchase this song:
– Go to the **iTunes store**
– Click on the **Music** tab at top
– Scroll down on the page to find the **More to Explore** section on the right
– Click on **iMix**
– Type **Arriba 6e** in the search box
– Arriba 6e iMix will be displayed
The use of iTunes does not constitute Pearson Education's endorsement of iTunes.

Note on *lyrics*
You and your students can easily find the lyrics to the songs on the Internet. You may wish to have one student search for the lyrics and then post them on your class web site.

Segunda parte

¡Así lo decimos! VOCABULARIO

 ¡Así es la vida! En la clase de geografía

01-01
to 01-30

 ¿Qué pasa hoy en la clase de la profesora García?

PROFESORA GARCÍA:	Buenos días. Saquen la tarea para hoy. Miguel, lee el número uno, por favor.
MIGUEL:	Perdone, profesora, no tengo la tarea.
PROFESORA GARCÍA:	¿Paulina?
PAULINA:	Un momento, profesora. Necesito mi portátil.
PROFESORA GARCÍA:	¿Ramón?
RAMÓN:	Perdone, profesora. Repita, por favor.
PROFESORA GARCÍA:	Pero, ¡qué barbaridad! ¡Qué estudiantes!

Vocabulario En la clase

01-31
to 01-37

01-31 to 01-37

Variaciones

A few words for colors vary in the Spanish-speaking world. **Color café** may be expressed as **pardo** or **marrón**. **Rosado** may be **color rosa,** and **morado** may be **púrpura** or **color violeta.** Also, **anaranjado** may be simply **naranja.**

Variaciones

Names for technology also vary: *laptop* is **la (computadora) portátil** in Latin America and **el (ordenador) portátil** in Spain. Cell phone is generally **el (teléfono) celular** in Latin America and **el (teléfono) móvil** in Spain.

¿De qué color es? | What color is it ?

amarillo/a *yellow*
anaranjado/a *orange*
azul *blue*
blanco/a *white*
color café *brown*
gris *gray*
morado/a *purple*
negro/a *black*
rojo/a *red*
rosado/a *pink*
verde *green*

Objetos en la clase | Objects in the classroom

el bolígrafo *pen*
la calculadora *calculator*
la computadora (portátil) *computer (laptop)*
el cuaderno *notebook*
el diccionario *dictionary*
el lápiz *pencil*
el libro *book*
el mapa *map*
el marcador *marker*
la mesa *table*
la mochila *backpack*
el papel *paper*
la pizarra (blanca) *chalkboard (whiteboard)*
la puerta *door*
el reloj *clock, watch*
la silla *chair*
el teléfono celular/móvil *cell phone*
la tiza *chalk*

Otros sustantivos | Other nouns

el hombre *man*
la mujer *woman*

Adjetivos | Adjectives

barato/a *cheap, inexpensive*
caro/a *expensive*
claro/a *light (color)*
grande *big*
oscuro/a *dark (color)*
pequeño/a *small*

Adverbio | Adverb

aquí *here*

Verbos | Verbs

hay *there is/are*
necesitar *to need*
ser *to be*
tengo (tener) *I have (to have)*

Otras expresiones | Other expressions

¡Qué barbaridad! *What nonsense!*
¡Qué estudiantes! *What students!*

el cuaderno verde

la computadora portátil

Expresiones para los estudiantes | Expressions for students

No comprendo. *I don't understand.*
No sé. *I don't know.*
Repita[1], por favor. *Repeat, please.*

Expresiones para la clase[2] | Expressions for the class

Abre (Abran) el libro. *Open your book(s).*
Cierra (Cierren) el libro. *Close your book(s).*
Contesta (Contesten) en español. *Answer in Spanish.*
Escribe (Escriban) en la pizarra. *Write on the board.*
Escucha. (Escuchen.) *Listen.*
Estudia. (Estudien.) *Study.*
Lee (Lean) el diálogo. *Read the dialog.*
Repite. (Repitan.) *Repeat.*
Saca (Saquen) la tarea. *Take out your homework.*
Ve (Vayan) a la pizarra. *Go to the board.*

[1]**Repita** is a formal command, appropriate to use with your professor.
[2]These commands are for one student. Commands for the whole class are given in parentheses.

Warm-up for 1-26
Give brief commands such as *Señalen la pizarra* and have students point to the objects as you point along with them. Then just say the commands without pointing and have students indicate the objects you mention.

Presentation tip for 1-26
Point out the plural forms of the items listed and practice saying both the singular and plural forms. Tell students that they will be learning more about plurals in *¡Así lo decimos!*

Presentation tip for 1-27
When you carry out the class survey in *Paso 1,* be sure to tally the students' responses according to sex, females (*mujeres*) and males (*hombres*), to facilitate the later comparison in *Paso 2* with results from the article.

APLICACIÓN

1-26 ¿Qué hay en la clase? Take inventory of your classroom. Indicate how many of each item there are.

MODELO: ___20___ estudiantes
Hay veinte estudiantes.

_____ pizarra(s)   _____ cuaderno(s)
_____ bolígrafo(s)   _____ silla(s)
_____ mesa(s)   _____ reloj(es)
_____ mapa(s)   _____ libro(s) de español

1-27 ¿Cuál es tu color favorito? What determines color preferences among different people? The following activity presents a possible factor.

Paso 1 Find out which colors are most popular in your class. Ask the person next to you what his/her favorite color is. That person will ask the next, and so forth until everyone has responded. One person will tally the results for the class by sex (men vs. women).

Paso 2 Now read the following article from *Vanidades,* a popular magazine throughout Latin America, based on a survey of men and women and their color preferences. Skim the reading. Don't try to understand every word. Read for general meaning to answer the questions below.

Ellos, ellas y los colores

En un hospital de París se desarrolló un estudio en el que se les pidió a pacientes adultos, hombres y mujeres, que pintaran acuarelas con sus colores favoritos. En los resultados se observó que el 85% de los hombres prefirió usar los tonos verdes y los azules, mientras que la mayoría de las mujeres escogió los rojos y los amarillos, mostrando así —una vez más— las marcadas diferencias que en cuanto a preferencias de colores existen entre los dos sexos.

Vanidades, 34 (20), p. 16.

1. Where did the study take place?
   in a hospital in Paris
2. Who were the subjects interviewed?
   male and female adult patients
3. What percentage of men is mentioned?
   85%
4. What colors are mentioned?
   greens, blues, reds, and yellows
5. Now compare your class with the subjects in the article by responding **Sí** or **No** to these statements: *Answers may vary.*
   "Los hombres del estudio son como (*like*) los hombres (*men*) de la clase".
   "Las mujeres del estudio son como las mujeres (*women*) de la clase".

🔊 **1-28 ¿Qué haces cuando...? (*What do you do when . . . ?*)** Listen to a Spanish teacher make various requests in the classroom, and write the number of each request next to what you would do.

<table>
<tr><td>__5__ I answer in Spanish.</td><td>__1__ I close the book.</td></tr>
<tr><td>__4__ I open my book.</td><td>__6__ I listen to the music.</td></tr>
<tr><td>__7__ I read the dialog.</td><td>__3__ I repeat the month.</td></tr>
<tr><td>__2__ I write the sentence.</td><td>__8__ I go to the board.</td></tr>
</table>

1-29A ¡Escucha bien! Take turns telling each other in Spanish what to do using the cues in English and acting out the commands. **Estudiante B,** please see **Appendix 1,** page A-2.

MODELO: (Open your book.)
ESTUDIANTE A: *Abre el libro.*
ESTUDIANTE B: (opens his/her book)
ESTUDIANTE A: *Correcto.*

Estudiante A:

> You say in Spanish:
>
> 1. (Go to the door.)
> 2. (Repeat your name.)
> 3. (Write the date.)

1-30A Un pedido (*order*) por teléfono. You are a student departmental worker. Below is a list of items you need for your department. Call the bookstore and give the clerk your supply order. Mark the items your clerk can supply as he/she may have a lesser quantity. When you finish, compare your lists. **Estudiante B,** please see **Appendix 1,** page A-2.

MODELO: ESTUDIANTE A: *Necesitamos cinco calculadoras. ¿Hay cinco calculadoras?*
ESTUDIANTE B: *Sí, tengo diez. / No, solamente (only) hay cuatro.*

Estudiante A:

<table>
<tr><td>_____ 1 reloj</td><td>_____ 14 cuadernos</td><td>_____ 20 diccionarios</td></tr>
<tr><td>_____ 10 sillas</td><td>_____ 80 bolígrafos</td><td>_____ 75 cajas (*boxes*) de tiza</td></tr>
<tr><td>_____ 5 mapas</td><td>_____ 90 lápices</td><td>_____ 100 cajas de papel</td></tr>
<tr><td>_____ 33 libros</td><td>_____ 11 mesas</td><td></td></tr>
</table>

1-31 Veo algo... (*I see something . . .*) Describe an object to see whether your classmate can guess what it is. Use colors and adjectives from **¡Así lo decimos!**

MODELO: E1: *Veo algo verde y grande.*
E2: *¿Es la pizarra?*

Audioscript for 1-28
1. Cierra el libro, por favor.
2. Escribe la oración, por favor.
3. Repite el mes, por favor.
4. Abre el libro, por favor.
5. Contesta en español, por favor.
6. Escucha la música, por favor.
7. Lee el diálogo, por favor.
8. Ve a la pizarra, por favor.

Optional activity after 1-29
This Total Physical Response (TPR) activity extends practice with commands to the whole-class format. First ask individual volunteers to act out a given command: *Toca el mapa, Ve a la pizarra y escribe tu nombre,* etc. Then ask students in small groups to act out further commands: *Toquen el libro español.* Finally, have students work in pairs to create their own commands for others.

Optional activity after 1-30
Provide practice combining objects in the classroom and numbers in the form of prices. The complete activity is available for download from the IRC.
¿Es mucho o poco? Take turns saying how much an item in your classroom costs, and asking whether it costs a lot or a little.
MODELO: lápiz/10 dólares
E1: *El lápiz cuesta 10 dólares. ¿Es mucho o es poco?*
E2: *Es mucho.*
1. mesa/50 dólares
2. papel/50 centavos
3. bolígrafo/2 dólares

Optional activity for *Adjetivos* after 1-31
Extend practice with adjectives to people outside the classroom. Think of fictional characters, archetypes, famous people, etc., who exemplify these qualities. Say each name and have students reply with an appropriate adjective from the list. Encourage them to use the correct ending according to gender: *Tinkerbell (pequeña), Cinderella (buena),* etc. Then have students think of and say additional names for the class to describe.

¡Así lo hacemos! ESTRUCTURAS

4. Subject pronouns and the present tense of *ser*

01-38 to 01-40

In Spanish, subject pronouns refer to people (*I, you, he,* etc.).[1]

Subject pronouns			
SINGULAR		**PLURAL**	
yo	*I*	**nosotros/nosotras**[3]	*we*
tú	*you* (inf.)[2]	**vosotros/vosotras**[3]	*you* (inf., Spain)
usted (Ud.)	*you* (for.)[2]	**ustedes (Uds.)**	*you* (for.)
él, ella	*he, she*	**ellos, ellas**[3]	*they* (m./f.)

Just like the verb *to be* in English, the verb **ser** in Spanish has irregular forms. You have already used several of them. Here are all of the forms of the present indicative, along with the subject pronouns.

ser (*to be*)					
SINGULAR			**PLURAL**		
yo	**soy**	*I am*	nosotros/as	**somos**	*we are*
tú	**eres**	*you are* (inf.)	vosotros/as	**sois**	*you are* (inf.)
usted (Ud.)	**es**	*you are* (for.)	ustedes (Uds.)	**son**	*you are* (for.)
él/ella	**es**	*he/she is*	ellos/ellas	**son**	*they are*

- Because the verb form indicates the subject of a sentence, subject pronouns are usually omitted unless they are needed for clarification or emphasis.

¿Eres de Puerto Rico?	*Are you from Puerto Rico?*
Sí, soy de Puerto Rico.	*Yes, I'm from Puerto Rico.*
Yo no, pero **ellos** son de Puerto Rico.	*I'm not, but they're from Puerto Rico.*

- There are four ways to express *you*: **tú, usted, vosotros/as,** and **ustedes. Tú** and **usted** are the singular forms. **Tú** is used in informal situations, that is, to address friends, family members, and pets. **Usted** denotes formality or respect and is used to address someone with whom you are not well acquainted or a person in a position of authority (a supervisor, teacher, or older person).[4]

- **Vosotros/as** and **ustedes** are the plural counterparts of **tú** and **usted,** respectively, but in all of Latin America, **ustedes** is used for both the informal and formal plural *you.* **Vosotros/as** is used in Spain to address more than one person in an informal context (a group of friends or children).[5]

- Although **tú** is the most commonly used subject pronoun in Spanish to express informal *you* in the singular, many speakers, like those in Argentina, Uruguay, and Chile, use **vos.**

---

[1]Subject pronouns are not generally used for inanimate objects or animals (except when referring to pets).
[2]Abbreviations: inf. (informal); for. (formal).
[3]**Nosotros, vosotros, ellos:** masculine, or masculine and feminine group; **nosotras, vosotras, ellas:** all feminine group.
[4]In the families of some Hispanic countries, children use **usted** and **ustedes** to address their parents as a sign of respect.
[5]**¡Arriba!** uses **ustedes** as the plural of **tú,** except where cultural context would require otherwise.

- The pronouns **usted** and **ustedes** are commonly abbreviated as **Ud.** and **Uds.** or **Vd.** and **Vds.**

- The verb **ser** is used to express origin, occupation, or inherent qualities.

¿De dónde **eres**?	*Where are you from?*
Soy de Toronto.	*I am from Toronto.*
¿Cómo **es** la profesora?	*What is the teacher like?*
Es muy paciente.	*She is very patient.*

APLICACIÓN

1-32 Dos artistas importantes. Learn more about the two artists whose artwork is featured in the chapter opener.

Paso 1 Read the description below and underline the forms of **ser**.

Salvador Dalí y Diego Rivera <u>son</u> dos de los artistas más famosos del mundo. Sus pinturas <u>son</u> admiradas por expertos y por estudiantes de arte. Los dos artistas <u>son</u> del siglo XX, pero sus experiencias y sus estilos <u>son</u> muy diferentes. Salvador Dalí <u>es</u> español. <u>Es</u> de Figueras, un pueblo cerca de Barcelona. Su esposa, Gala, también <u>es</u> famosa. Dalí <u>es</u> famoso no sólo por su arte surrealista, sino también por su apariencia extravagante. *El descubrimiento de América por Cristóbal Colón* conmemora el famoso viaje de Colón en 1492. La muerte de Dalí <u>es</u> en 1989 a la edad de ochenta y cuatro años.

Diego Rivera <u>es</u> mexicano. <u>Es</u> de Guanajuato, una ciudad colonial al norte de la Ciudad de México. El año de su nacimiento <u>es</u> 1886 y el año de su muerte <u>es</u> 1957. Rivera <u>es</u> famoso por sus murales que describen (*depict*) la historia de México, especialmente la conquista de México por los españoles. *Historia de México desde la conquista hasta el futuro* <u>es</u> un mural muy grande. Su estilo <u>es</u> realista. La esposa de Diego Rivera <u>es</u> Frida Kahlo, una artista mexicana muy famosa también.

Optional activity for *Subject pronouns*
Provide immediate practice with informal versus formal subject pronouns in Spanish.
Ask students which subject pronouns (*tú, usted, vosotros/as,* or *ustedes*) they would use to address the following people:
1. dos amigos de la universidad
2. un hombre en el autobús
3. dos policías
(Download the complete activity from the IRC.)

Note on 1-32
Although both Salvador Dalí and Diego Rivera, as well as Frida Kahlo, are deceased, we use these figures to expand on the art in the chapter opener. Both Dalí and Rivera were and remain iconic figures of their time.

Warm-up for 1-32, Paso 1
Before having students read the paragraphs on Dalí and Rivera, refer them to the chapter opener, where a sample of each artist's work is shown. Write the terms *estilo realista* and *estilo surrealista* on the board. Perhaps point out that *el realismo* in art refers to the accurate portrayal of the realities of life, however harsh or difficult these may be, and does not imply an attempt to make the subject matter appear real or lifelike, as in a photograph. *El surrealismo* as an art movement is characterized by the fragmentation of reality into various elements that then are integrated on the canvas to reflect a dreamlike state. Have students examine the two pieces and accurately identify the style of each one.

Expansion of 1-32, Paso 2
As a follow-up to the questions posed in the activity, ask students to engage in brief small-group discussions about which of the two works of art, which of the two artistic styles, and which of the two artists they prefer and why.

Expansion of 1-32
Additional information about Frida Kahlo, the wife of Diego Rivera, will be presented in *Capítulo 3,* where the cultural focus is Mexico. Perhaps invite students to preview facts about Kahlo's artwork and life now, and to explore facts about Dalí's extraordinary wife Gala on the Internet as homework or for extra credit. Information and images/photos can be presented to the class or shared in small groups.

Paso 2 Now answer in Spanish, based on the reading in **Paso 1** about Salvador Dalí and Diego Rivera.

1. Where is Dalí from? Where is Rivera from?
   Salvador Dalí es de España. Diego Rivera es de México.
2. What do Rivera and Dalí have in common?
   Dalí y Rivera son artistas famosos del siglo XX.
3. How do they differ? Dalí es español y es famoso por su estilo surrealista. Rivera es mexicano y es famoso por sus murales en el estilo realista.
4. Have you ever seen a painting or mural by either of these artists?
   Answers may vary.
5. Both artists had wives who also were well known in their own right. Who are they?
   La esposa de Dalí es Gala y la esposa de Rivera es Frida Kahlo.

1-33 En la clase de arte moderno. Complete María Antonia's description of her art class using the correct form of **ser** in each blank.

Hay veinte estudiantes en la clase de arte moderno. Nosotros (1) __somos__ estudiantes de arte en la Universidad de Granada. La profesora de la clase (2) __es__ la señora Martínez. Ella (3) __es__ de Colombia y (4) __es__ pintora. Las clases (5) __son__ muy buenas, pero los exámenes (6) __son__ difíciles. Los artistas españoles (7) __son__ muy interesantes y los latinoamericanos (8) __son__ excelentes. Los estudiantes (9) __son/somos__ inteligentes y yo (10) __soy__ muy feliz (*happy*) en la clase.

1-34 Ramón y Rosario. Two students meet in the student union before class.

Paso 1 Fill in the blanks in the following conversation with the correct forms of the verb **ser.**

RAMÓN: Hola, yo (1) __soy__ Ramón Larrea Arias.

ROSARIO: Encantada, Ramón. (2) __Soy__ Rosario Vélez Cuadra.

RAMÓN: ¿De dónde (3) __eres__?

ROSARIO: (4) __Soy__ de Puerto Rico, ¿y tú?

RAMÓN: (5) __Soy__ de Panamá, pero mis padres (*parents*) (6) __son__ de Colombia.

ROSARIO: ¿Cómo (7) __es__ tu clase de inglés?

RAMÓN: Mi clase (8) __es__ muy interesante y mis compañeros de clase (9) __son__ muy simpáticos (*nice*).

ROSARIO: ¿Cómo (10) __es__ la profesora?

RAMÓN: (11) __Es__ muy inteligente. Ella (12) __es__ de Canadá.

ROSARIO: ¡Ay, lo siento! Tengo clase ahora. Hasta luego, Ramón.

RAMÓN: Nos vemos, Rosario.

Paso 2 Now create a similar dialog to exchange information about yourselves or a personality you create.

5. Nouns and articles

01-41
to 01-44

Words that identify persons, places, or objects are *nouns*. Spanish nouns—even those denoting nonliving things—are either masculine or feminine in gender.

El género de los sustantivos (*The gender of nouns*)

The definite article (*the*) must agree with the noun.

	Masculine		Feminine	
Singular	el muchacho	*the boy*	la muchacha	*the girl*
	el libro	*the book*	la mesa	*the table*
	el hombre	*the man*	la mujer	*the woman*

There are many clues that will help you identify the gender of a noun.

- Most nouns ending in **-o** or those denoting male persons are masculine: **el libro, el hombre.** Most nouns ending in -a or those denoting female persons are feminine: **la mesa, la mujer.** Some common exceptions are: **el día** and **el mapa,** which are masculine.

- Many person nouns have corresponding masculine **-o** and feminine **-a** forms.
el amigo / la amiga	*male/female friend*
el niño / la niña	*boy/girl*

- Most masculine person nouns ending in a consonant simply add **-a** to form the feminine.
el profesor / la profesora	*male/female professor*
el señor / la señora	*Mr./Mrs.*

- Certain person nouns use the same form for masculine and feminine, but the article used indicates the gender.
el artista / la artista	*male/female artist*
el estudiante / la estudiante	*male/female student*
el poeta / la poeta	*male/female poet*

- Nouns ending in **-e** or a consonant can be masculine or feminine. The article indicates what the gender of the noun is.
la clase	*class*
el lápiz	*pencil*

- Most nouns ending in **-ad** and **-ión** are feminine.
la universidad	*university*
la nación	*nation*

- Most nouns ending in **-ma** are masculine.
el problema	*problem*
el drama	*drama*
el enigma	*enigma*

Instructor Resources
- MSL: PPT, Supplementary Activities

Presentation tip for *Nouns and articles*
Many of the nouns presented in this section are cognates in Spanish and English. Be sure that students practice the Spanish pronunciation of polysyllabic words, such as *universidad*. While working with adjectives, use real world examples, such as people who fit the descriptions: *Catherine Deneuve es una actriz francesa.* Encourage students to suggest their own examples to illustrate the new grammar point.

Note on *-ma* ending
Words of Greek origin that end in *-ma* are masculine in Spanish (*el problema, el drama, el poema, el enigma, el idioma*). Words of Latin origin that end in *-ma,* however, may be masculine (*el clima*) or feminine (*la forma, la norma, la trama*) in Spanish.

Presentation tip for *Nouns and articles*
Write several vocabulary words or cognates on colored sheets of paper, using the same color for all words that follow the same rule for gender: blue for all words that end in *-ción*, etc. Make sure to include a group of words that does not correspond to any rule. In class, make two columns on the board and label them *masculinas* and *femeninas.* Hold up the words and ask students to place them in the correct column. Then ask students to explain the common feature of all the words of the same color, thereby deducing the hints for remembering the gender of words. Explain the arbitrary nature of grammatical (versus biological) gender, pointing out that for inanimate nouns, one generally cannot predict grammatical gender based on meaning.

Note on *Written accent marks*
For a full presentation of written accent marks in Spanish, refer to *Capítulo 4*.

Los artículos definidos (*Definite articles*)

In Spanish, there are four forms of the definite article (*the* in English):

	Masculine	Feminine
Singular	el	la
Plural	los	las

- Use the definite article with titles when talking about someone (even yourself), but not when addressing someone directly.

El profesor Gómez es interesante.	*Professor Gómez is interesting.*
Soy **el** profesor Gómez.	*I'm Professor Gómez.*
¡Buenos días, profesor Gómez!	*Good morning, Professor Gómez!*

El plural de los sustantivos (*Plural forms of nouns*)

Masculine		Feminine	
los muchachos	*the boys*	**las muchachas**	*the girls*
los libros	*the books*	**las mesas**	*the tables*
los hombres	*the men*	**las mujeres**	*the women*

- Nouns that end in a vowel form the plural by adding **-s**.

  el libro → los libros   **la mesa → las mesas**   **la clase → las clases**

- Nouns that end in a consonant add **-es**.

  la mujer → las mujeres   **la universidad → las universidades**

- Nouns that end in a **-z** change the **z** to **c** in the plural.

  el lápiz → los lápices   **la actriz** (*actress*) **→ las actrices**

- When the last syllable of a word that ends in a consonant has an accent mark, the accent is no longer needed in the plural.

  la lección → las lecciones   **la conversación → las conversaciones**

Los artículos indefinidos (*Indefinite articles*)

In Spanish, there are four forms of the indefinite article (*a/an* in English):

	Masculine		Feminine	
Singular	**un** bolígrafo	*a pen*	**una** silla	*a chair*
Plural	**unos** bolígrafos	*some pens*	**unas** sillas	*some chairs*

- Indefinite articles (*a, an, some*) also agree with the noun they modify. **Un** and **una** are equivalent to *a* or *an*. **Unos** and **unas** are equivalent to *some* (or *a few*).

- In Spanish, the indefinite article is omitted when telling someone's profession, unless you qualify the person (good, bad, hardworking, etc.).

Lorena es profesora de matemáticas.	*Lorena is a mathematics professor.*
Lorena es **una** buena profesora.	*Lorena is a good professor.*

APLICACIÓN

1-35 ¿Masculino o femenino? Say whether the following nouns are masculine (M) or feminine (F). Then provide the definite article.

MODELO: _____ libro

  _M: el_ libro

1. _F: la_ universidad
2. _F: la_ mesa
3. _M: el_ muchacho
4. _F: la_ mujer

5. _M: el_ problema
6. _M: el_ lápiz
7. _F: la_ silla
8. _M: el_ poema

1-36 ¿Qué necesita? Say what the following people or places need. Use the indefinite article and the items below.

bolígrafos	cuaderno	lápices	mesa	puerta
calculadora	diccionario	libros	microscopio	reloj
computadora	estudiantes	mapas	papeles	sillas

MODELO: ¿Qué necesita un profesor de informática (*computer science*)?

  Necesita una computadora...

¿Qué necesita...

1. un profesor de historia? *Answers may vary.*
2. un científico (*scientist*)?
3. una profesora de biología?
4. un matemático?
5. una profesora de ingeniería (*engineering*)?
6. un estudiante?

1-37 ¿Qué hay? Describe where the following items can be found using the correct definite and indefinite articles.

MODELO: *Hay una profesora en la clase.*

¿Qué hay?	**¿Dónde? (Where?)**
cuaderno(s)	silla(s)
estudiante(s)	clase
puerta	mesa(s)
teléfono(s) celular(es)	pizarra
computadora portátil	mochila
mochilas	
ejemplos de gramática	
diccionarios	

1-38 ¿Qué hay en tu mochila? Ask each other what you have in your backpacks.

MODELO: E1: *¿Hay un lápiz en tu mochila?*

  E2: *Sí, hay un lápiz. (No, no hay un lápiz.)*

Expansion of 1-35 and 1-36
Have students challenge each other to change nouns from the singular to the plural, or the plural to the singular.

MODELO: E1: *el problema*
E2: *los problemas*

Optional activity after 1-35
Provide students the opportunity to come up with correct definite articles and nouns in basic oral production.

¿Qué es? Identify the people and objects in the classroom. Use the definite article.

MODELO: (point to chalk)
Es la tiza.

Point to:
professor (*el/la profesor/a*)
door (*la puerta*)
clock (*el reloj*)
pencil (*el lápiz*)
chalkboard (*la pizarra*)
map (*el mapa*)
table (*la mesa*)
chair (*la silla*)
paper (*el papel*)

Warm-up for 1-36
Before beginning student practice, review the easier cognates presented in the activity: *diccionario, calculadora, estudiantes, mapas, microscopio, computadora.* Then review other more difficult words that students may not recognize, such as *científico, matemático,* etc.

Expansion of 1-37
For closure, have students work in pairs to ask and answer the following questions about the classroom.

MODELO: E1: *¿Cuántos estudiantes hay en la clase?*
E2: *Hay veinticuatro.*

1. ¿Cuántos profesores hay en la clase?
2. ¿Qué hay en la pizarra?
3. ¿Hay un mapa?
4. ¿Cuántas puertas hay?
5. ¿Qué más hay (*What else is there*)?

Instructor Resources
• MSL: PPT, Supplementary Activities

Presentation tip for *Adjective form, position, and agreement*
Draw a four-column chart on the board with the headings *masculino singular, femenino singular, masculino plural,* and *femenino plural*. Choose an adjective to describe a student, such as *norteamericano*. Point to a male student and say *El estudiante es norteamericano;* then write the adjective in the corresponding column. Repeat with a female student, then two males, and then two females. Continue with different adjectives, soliciting forms from the class and writing them in the appropriate columns.

📖 6. Adjective forms, position, and agreement

01 45
to 01-50

- Descriptive adjectives, such as those denoting size, color, and shape, describe and give additional information about objects and people.

una clase **grande**	*a big class*
un cuaderno **rosado**	*a pink notebook*

- Here are some adjectives to help you talk about yourself and others.

aburrido/a	*boring*	**perezoso/a**	*lazy*
bueno/a	*good*	**simpático/a**	*nice, amusing*
malo/a	*bad*	**trabajador/a**	*hardworking*

- This list of adjectives is made up of cognates, words that are similar in Spanish and English. Can you guess their meanings?

exótico/a	**introvertido/a**
extrovertido/a	**misterioso/a**
fascinante	**optimista**
ideal	**paciente**
idealista	**pesimista**
impaciente	**realista**
inteligente	**romántico/a**
interesante	**tímido/a**

- Descriptive adjectives agree in gender and number with the nouns they modify; they generally follow the nouns.

el profesor **bueno**	*the good professor*
la señora **simpática**	*the nice lady*
los bolígrafos **rojos**	*the red pens*

- The adjectives **bueno** and **malo** may be placed before or after nouns. When placed before a masculine singular noun, the final **-o** is dropped.

un **buen** estudiante	*a good student*
un **mal** cantante	*a bad singer*

- Adjectives ending in **-e** or a consonant have the same masculine and feminine forms.

un libro **grande**	*a big book*
una clase **grande**	*a big class*
un carro **azul**	*a blue car*
una silla **azul**	*a blue chair*

- For adjectives of nationality that end in a consonant, and adjectives that end in **-dor,** add **-a** to form the feminine.

el profesor **español**	*the Spanish professor*
la estudiante **española**	*the Spanish student*
un libro **francés**[1]	*a French book*
una mujer **francesa**	*a French woman*
un hombre **trabajador**	*a hardworking man*
una profesora **trabajadora**	*a hardworking professor*

- The adjective **grande** changes to **gran** before a singular noun to mean *great*.

una universidad **grande**	*a big university*
una **gran** universidad	*a great university*

---

[1]If the masculine has an accented final syllable, the accent is dropped in the feminine and the plural forms.

APLICACIÓN

1-39 Parejas. Choose logical adjectives below and write them in the blanks to modify the nouns that follow. Pay close attention to the gender and number of the nouns.

anaranjadas	caros	extrovertidas	morado	rosada	simpática	tímido	trabajadores

1. las sillas __anaranjadas__
2. el bolígrafo __morado__
3. los relojes __caros__
4. la mochila __rosada__

5. la estudiante __simpática__
6. el muchacho __tímido__
7. los profesores __trabajadores__
8. las amigas __extrovertidas__

1-40 ¿De qué color? Look at the following items in your classroom and state what color each is.

MODELO: la pizarra
La pizarra es negra.

1. el mapa
2. los lápices
3. el libro de español
4. los cuadernos

5. las sillas
6. la puerta
7. los papeles del profesor / de la profesora
8. la mochila de… (John, etc.)

1-41 Palifruta. Answer these questions based on the ad at the right.

1. ¿De qué color es el palifruta de limón? _amarillo_
2. ¿De qué color es el palifruta de grosella (*currant*)? _anaranjado/rojo_
3. ¿Son saludables (*healthy*) los palifrutas? ¿Por qué? *Answers may vary.*

1-42 ¿Cómo es? ¿Cómo son? Combine nouns and adjectives to make logical sentences in Spanish. Remember to use the correct forms of **ser** and make articles, nouns, and adjectives agree in gender and number.

MODELO: los estudiantes
Los estudiantes son buenos.

el libro de español		fascinante
los profesores		interesante
las sillas		simpático
la clase		inteligente
mis amigos y yo		bueno/malo
la pizarra	(no) ser	norteamericano/español/…
yo		rojo/anaranjado/amarillo/negro/…
el bolígrafo		barato/caro
la universidad		grande/pequeño
mis clases		trabajador

Más fresco que la fruta
PALIFRUTA
100% x 100% Natural
Grosella
Limón
SIN CONSERVANTES
SIN COLORANTES
SIN SABORES ARTIFICIALES
PARA LLEVAR : 24 unidades en 2 sabores
DE VENTA EXCLUSIVA EN TIENDAS
Heladerías Zanzíbar®

Expansion of 1-40
Have students play a guessing game. One student gives a color adjective to describe an object from the list of vocabulary items: *Es negra.* The other students in the group try to guess the classroom object: *¿Es la pizarra?*

Expansion of 1-42
Have students read a sentence, then replace the subject that they have used with another one from the list in order to review how the forms of adjectives may vary. For example, Student: *El profesor es simpático.* Professor: *¿Y los estudiantes?*

1-43 Una encuesta. Take a survey of class members to find out what they consider to be the ideal qualities of the following people, places, and things. Respond with your own opinions as well.

MODELO: E1: *¿Cómo es la clase ideal?*
E2: *La clase ideal es pequeña.*
E1: *La clase ideal es interesante.*

1. ¿Cómo es el/la profesor/a ideal?
2. ¿Cómo son los amigos/as ideales?
3. ¿Cómo es el libro ideal?
4. ¿Cómo es la universidad ideal?
5. ¿Cómo son los carros (*cars*) ideales?
6. ¿Cómo son los restaurantes ideales?

01-51
to 01-54

¿Cuánto saben?

First, ask yourself whether you can perform the following functions in Spanish. Then act out the scenarios with two or three classmates. Ask and respond to at least three questions in each situation.

✓ CAN YOU . . .	WITH YOUR CLASSMATE(S) . . .
☐ describe your classroom?	**Situación: En la universidad** You each have a different Spanish class. Describe them to each other including the professors, students, and classroom objects. Include descriptive adjectives with colors when appropriate. **Para empezar (*Getting started*):** *¿Cómo es tu clase de español? ¿Cómo son...?*
☐ respond to classroom instructions?	**Situación: En la clase de español** Take turns using classroom expressions to tell the group what to do. They will either perform the function, ask the person to repeat it, or say that they do not understand or don't know. **Para empezar:** *Abre...*
☐ talk about yourself and others?	**Situación: Yo soy...** You and your classmates are running for office in your university's student government. Introduce yourselves, say where you are from and describe the kind of people you are. **Para empezar:** *Me llamo/Soy... Soy de... y soy...*
☐ identify colors and talk about your favorite color?	**Situación: En clase** Ask your partner about his/her favorite color. Then challenge each other to identify the color of different objects around you as one of you points them out. What color is most prevalent? **Para empezar:** *¿Cuál es tu color favorito? ¿De qué color es esto (this)? El... es el color más común.*

Observaciones

01-55
to 01-57

¡Pura vida! EPISODIO 1

¡Pura vida! is an ongoing series that takes place in Costa Rica.

Antes de ver el video

1-44 ¿Cómo es Costa Rica?   Costa Rica, known for its natural beauty and national efforts to maintain a varied ecosystem, is a tropical country with several climatic zones and four mountain ranges with seven active volcanoes. Earth tremors and small quakes shake the country from time to time. Read about San José, its capital, and answer the questions that follow in English.

> San José, la capital de Costa Rica, está situada[1] en el valle central del país[2], a una elevación de 3.795 pies de altura, con los volcanes Poás, Irazú y Barba al norte y la Sierra de Talamanca al sur. La ciudad tiene una población de 350.000 habitantes; la temperatura promedio[3] oscila entre 19 y 22 grados centígrados.
>
> En el centro de San José los turistas pueden ver[4] el Teatro Nacional, con su arquitectura barroca y neoclásica. Es el edificio[5] más notable de la ciudad. Otros lugares[6] de interés son el Museo del Oro Precolombino, el Museo de Jade, el Museo Nacional y el Museo de Arte Moderno. El suburbio de Escazú tiene excelentes restaurantes y una animada[7] vida nocturna.

[1]located [2]country [3]average [4]see [5]building [6]places [7]lively

1. Where is the capital of Costa Rica located?   in the central valley of the country
2. What volcanoes are to the north of San José?   Poás, Irazú, and Barba
3. What is San José's average temperature?   It vacillates between 19 and 22 degrees Celsius.
4. What is the most remarkable building in San José?   el Teatro Nacional
5. Where can you find excellent restaurants and lively nightlife?   in the suburb of Escazú

A ver el video

 1-45 Los personajes.   Watch the first episode of **¡Pura vida!** and watch for the ways the characters greet each other. Take note of what seems to cause cultural confusion. Then, identify the characters using the brief descriptions below.

| DM: Doña María | H: Hermés | F: Felipe |

1. __F__ Es fotógrafo.
2. __F__ Tiene una camioneta (*van*).
3. __DM__ Compra (*buys*) fruta.
4. __H__ Va al trabajo (*work*).

Después de ver el video

 1-46 La ciudad de San José.   Connect with the Internet to search for photographs of the city of San José. Write three adjectives to describe the city.

> **Busca:** san jose costa rica

MODELO: La ciudad es…

El Museo de Arte
Moderno en San José

 Instructor Resources
• IRM: Videoscript

Note on *Observaciones*
The expression *¡Pura vida!* (literally translated as "Pure life!") has a figurative meaning in Costa Rica roughly translated as "Cool!" This expression is used commonly by Costa Ricans to refer to a positive mood or situation, and it embodies the free spirit and passion for life that typifies this tropical country. Friends often use this phrase to greet or respond to one another with energy, as in the exchange,
A: *¿Qué tal la fiesta?*
B: *¡Pura vida! Lo pasamos excelente.* (Cool! We had a great time.)

Presentation tip for *Observaciones*
Follow the same general cycle for all video activities. Use the pre-viewing activity as an advance organizer to give students an idea of what they will see and hear; have students view the episode and do the comprehension activity as homework; review the episode and do a more open-ended activity in class.

Presentation tip for *Observaciones*
Use the storyline video series as a springboard for integrating theater into your classroom. At an interesting moment during any episode, stop the video and have students predict what will happen next. The students can compose brief dialogs to act out in front of the class.

Expansion of 1-44
Divide the class into groups, and assign each group one of the places in San José mentioned in the reading to research on the Internet. Have students report their findings first to their small group and then to the entire class during the next class session.

Nuestro mundo

Panoramas

La diversidad del mundo hispano
01-58

Throughout ¡*Arriba!* we encourage you to discover the diversity of Hispanic
cultures across five continents. Use these images and your inference skills to
understand the text. Look for words that are similar to English words (cognates)
to help you derive their meaning. How does the Spanish colonization of the
Americas differ from that of the English?

A partir del
siglo XVI, los
exploradores
españoles sacaron
oro (*gold*) y plata
(*silver*) de las
Américas.
Guardaban (*They
kept*) las riquezas
en la Torre de Oro
en Sevilla.

La Torre de Oro, Sevilla, España

Tikal, Guatemala

En el Nuevo Mundo, los españoles encontraron
civilizaciones avanzadas como las de los incas, los
aztecas y los mayas. Encontraron también paisajes
extraordinarios.

Hace siglos (*For many centuries*) que
se usan barcos de juncos (*reeds*) en
el lago Titicaca.

Parque Nacional Torres del Paine, Chile

Lago Titicaca, Perú

La diversidad del mundo hispano

Número de hispanohablantes

en el mundo:	417 millones
en EE.UU.:	45 millones (15%)
en Canadá:	800.000 (25%)
Estatus del español:	2° en el mundo (después del mandarín)
El español es lengua oficial en:	21 países

1-47 Identifica. Use the information in the photo captions and the Fact Box to identify the following.

1. the number of countries where Spanish is an official language
   21
2. what was kept in the Torre de Oro de Sevilla
   gold and silver
3. motives for the exploration of the Americas   *Some possible answers:* Expanding and enriching empires (looking for gold), looking for a shorter route to the East Indies for spices, spreading Christianity, etc.
4. important pre-Columbian cultures in the Americas in the sixteenth century
   the Mayans, the Incas, the Aztecs, etc.
5. an adjective in Spanish to describe the Parque Nacional Torres del Paine, Chile
   Some possible answers: grande, exótico, fascinante, interesante, extraordinario
6. the number of Spanish speakers in the world   417 million
7. the percentage of the U.S. population that speaks Spanish   15%

1-48 Desafío. Without looking at the map, work together to see how many Spanish-speaking countries you can name. After checking your answers, compare your results with those of other groups in the class.

1-49 Proyecto: El Viejo Mundo y el Nuevo Mundo. The cultural and physical diversity of the Hispanic world offers a wealth of opportunities for travel. Choose from **Barcelona, Cartagena de Indias, la Patagonia, Machu Picchu, Sevilla, Tikal,** or another place that interests you, to investigate more about its characteristics. Use the Modelo to write a summary of what you find; include the information that follows.

- su nombre y dónde está (*where it's located*)
- cómo es
- algún sitio histórico o de belleza (*beauty*) natural interesante
- una foto representativa

> **Busca:** barcelona, cartagena de indias, patagonia, machu picchu, sevilla, tikal

MODELO: *El sitio arqueológico de Copán está en Honduras. Es un sitio muy importante de la antigua civilización maya. Es importante ver las pirámides y las estelas de Copán. La foto es de Waxakajuun Ub'aah K'awiil.*

Para empezar: *[Nombre] está en… Es un sitio muy [adjetivo]. Tiene (*it has*)… Es importante ver (*see*)… La foto es de…*

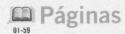
Versos sencillos, "XXXIX" (José Martí, Cuba)

The readings in *Páginas* come from the Spanish-speaking world and were written for native Spanish speakers. Remember that you do not have to comprehend every word in order to understand the passage and glean essential information. The related activities will help you develop reading comprehension strategies.

José Martí (1853–1895) was a prolific writer, intellectual, and patriot. Besides being known for his struggle to gain Cuba's independence from Spain, he is famous for his poetry, some of which has been popularized through song ("Guantanamera"). This selection comes from a series of short poems entitled *Versos sencillos* and discusses how the poet treats both his friends and his enemies.

ANTES DE LEER (*PRE-READING*)

1-50 Los cognados.   Spanish and English share many cognates, words or expressions that are identical or similar in two languages—for example, **profesor**/professor and **universidad**/university. When you read Spanish, cognates will help you understand the text. Skim the poem and list the cognates you see. Then for each cognate, guess the meaning of the phrase in which it appears.

A LEER (*READING*)

1-51 El poema.   First read the poem silently. Then, when you feel confident of its meaning, read it aloud.

XXXIX

Cultivo una rosa blanca,
En julio como en enero,
Para el amigo sincero
Que me da° su mano° franca.   *gives/hand*
Y para el cruel que me arranca°   *yanks out*
El corazón° con que vivo,   *heart*
Cardo° ni ortiga° cultivo: *thistle/nettle, a prickly plant*
Cultivo una rosa blanca.

DESPUÉS DE LEER (*POST-READING*)

1-52 ¿Comprendiste? (*Did you understand?*) Which of the following seem to describe the poet from what he writes?

1. Es blanco. no

2. Es optimista. sí

3. Tiene amigos. sí

4. Tiene enemigos. sí

5. Es generoso. sí

6. Su mes favorito es julio. no

1-53 Los símbolos. We often use colors as symbols for other things. Work with a classmate to match these colors with what you believe they could symbolize. What else do they symbolize for you?

1. _d_ el rojo
2. _e_ el amarillo
3. _a_ el blanco
4. _c_ el verde
5. _b_ el negro

a. la pureza (*purity*), la paz (*peace*)
b. el misterio
c. la juventud (*youth*)
d. la pasión
e. la cobardía (*cowardice*)

1-54 Guantanamera. The song based on *Versos sencillos* has been performed and recorded countless times. Connect with the Internet to search for a version of the song. Write a short paragraph to answer the questions that follow.

> **Busca:** guantanamera video

- ¿Cómo se llama el/la cantante o el grupo?
- ¿De dónde es/son?
- ¿Cómo es/son?
- ¿Cómo es la canción?

1-55 Tu "Guantanamera". This song was written in the 1920's and popularized on a local Cuban radio program where the host closed each show by commenting in song on a current (often controversial) news event. The verse structure with eight syllables lent itself to fresh content any time the singer wished to improvise. Work together to compose a verse in English for "Guantanamera," and then share yours with the rest of the class.

MODELO: *I have an app for directions*
and one for restaurants around
I have an app for directions
and one for restaurants around
but when it comes to learning Spanish
I find that no good apps abound...
Guantanamera, guajira guantanamera...

Presentation tip for 1-54
You may wish to have students search for Compay Segundo and Celia Cruz to compare versions of this song.

Expansion of 1-54
Have students search for the lyrics of "Guantanamera" to find where the poem fits into the song. After listening or watching the song performed, sing it together as a class.
Busca: guantanamera letra

Note on *Origin of "Guantanamera"*
The melody for this song dates back to 1929 and has been attributed to both José (Joseíto) Fernández and Herminio "El Diablo" García Wilson, although it was the former who promoted it on his radio program. The phrase "guajira guantanamera" refers to a woman from Guantánamo, who, according to one of many versions of the story, loved and then rejected the writer. However, beyond the chorus, the structure of the song allowed innumerable variations in the content of the lyrics, such that the singer could add personal anecdotes and impromptu verses. Thus, Fernández incorporated it into his radio program where he would comment on the day's news events in song. Over time, "Guantanamera" became a popular means for romantic, patriotic, humorous, or social commentary lyrics, both in Cuba and elsewhere in the Spanish-speaking world. The lyrics from *Versos sencillos* were added later by Julián Orbón, who admired Martí as a poet and Cuban patriot.

📖 Taller

01-60

1-56 Una carta de presentación. When you write a letter of introduction, you want to tell something about your physical and personal characteristics and something about your life. In this first introduction, think of information you would share with a potential roommate. Follow the steps below to write five sentences in Spanish to include with a housing application.

Santa Clara, CA
25 de septiembre de 2011

¡Hola!

Me llamo Susanita. Soy extrovertida y simpática. Tengo clases muy interesantes. Mi profesora de español es la señora Carro. Es muy inteligente y trabajadora. Mi cumpleaños es el 10 de abril. Mi color favorito es el amarillo. . .

¡Hasta pronto!

Susanita

ANTES DE ESCRIBIR (*PRE-WRITING*)

• Write a list of adjectives that describe you.

• Write a list of adjectives that describe your classes and your professors.

A ESCRIBIR (*WRITING*)

• Introduce yourself.

• Using adjectives from your list, describe what you are like. Use the connector **y** (*and*) to connect thoughts.

• Describe your classes and your professors.

• Say what your favorite color is (**Mi color favorito es el...**).

• Add any other personal detail about yourself (your birthday, favorite day of the week, etc.).

DESPUÉS DE ESCRIBIR (*POST-WRITING*)

• **Revisar** (*Review*)
  ☐ Go back and make sure all of your adjectives agree with the nouns they modify.
  ☐ Check your use of the verb **ser.**

• **Intercambiar** (*Exchange*)
  Exchange your letter with a classmate's. Then make suggestions and corrections, and add a comment about the letter.

• **Entregar** (*Turn in*)
  Rewrite your letter, incorporating your classmate's suggestions. Then turn in the letter to your instructor.

Vocabulario

Primera parte

Saludos Greetings

Buenos días. *Good morning.*
Buenas noches. *Good evening.*
Buenas tardes. *Good afternoon.*
¿Cómo está usted? *How are you?* (for.)
¿Cómo estás? *How are you?* (inf.)
Hola. *Hello, Hi.*
¿Qué pasa? *What's happening? What's up?* (inf.)
¿Qué tal? *How are you? What's up?* (inf.)

Presentaciones Introductions

¿Cómo se llama usted? *What's your name?* (for.)
¿Cómo te llamas? *What's your name?* (inf.)
Me llamo… *My name is … (lit. I call myself…)*
Mi nombre es… *My name is …*
Soy… *I am …*

Respuestas Responses

De nada. *You're welcome.*
¿De verdad? *Really?*
Encantado/a. *Nice to meet you.*
Gracias. *Thank you.*
Igualmente. *Likewise.*
Lo siento. *I'm sorry.*
Más o menos. *So-so (lit. More or less.)*
Mucho gusto. *Nice to meet you*
(Muy) Bien. *(Very) Good*
(Muy) Mal. *(Very) Bad*
Todo bien. *All's well*

Despedidas Farewells

Adiós. *Good-bye.*
Hasta luego. *See you later.*
Hasta mañana. *See you tomorrow.*
Hasta pronto. *See you soon.*
Nos vemos. *See you.*

Títulos Titles

el señor (Sr.) *Mr.*
la señora (Sra.) *Mrs., Ms.*
la señorita (Srta.) *Miss*

Sustantivos Nouns

la clase *class*
el estudiante *student (male)*
la estudiante *student (female)*
el profesor *professor (male)*
la profesora *professor (female)*
la tarea *homework*
la universidad *university*

Otras palabras y expresiones Other words and expressions

¿Cómo se escribe…? *How do you spell …?*
con *with*
mi/mis *my*
o *or*
tu/tus *your* (inf.)
y *and*

Segunda parte

En la clase In the classroom

el bolígrafo *pen*
la calculadora *calculator*
la computadora (portátil) *computer (laptop)*
el cuaderno *notebook*
el diccionario *dictionary*
el lápiz *pencil*
el libro *book*
el mapa *map*
el marcador *marker*
la mesa *table*
la mochila *backpack*
el papel *paper*
la pizarra (blanca) *chalkboard (white board)*
la puerta *door*
el reloj *clock, watch*
la silla *chair*
el teléfono celular/móvil *cell phone*
la tiza *chalk*

Otros sustantivos Other nouns

el hombre *man*
la mujer *woman*

Adjetivos Adjectives

barato/a *cheap, inexpensive*
caro/a *expensive*
claro/a *light (color)*
grande *big*
oscuro/a *dark (color)*
pequeño/a *small*

Los colores Colors

amarillo/a *yellow*
anaranjado/a *orange*
azul *blue*
blanco/a *white*
color café *brown*
gris *gray*
morado/a *purple*
negro/a *black*
rojo/a *red*
rosado/a *pink*
verde *green*

Adverbio Adverb

aquí *here*

Verbos Verbs

hay *there is/are*
necesitar *to need*
ser *to be*
tengo (tener) *I have (to have)*

Otras expresiones Other expressions

¡Qué barbaridad! *What nonsense!*
¡Qué estudiantes! *What students!*

Numbers 0–100 *See page 10.*
Expressions for students and the class *See page 21.*
The days of the week *See page 13.*
Subject pronouns *See page 24.*
The months and the seasons *See page 13–14.*
Descriptive adjectives *See page 30.*

Presentation tip for *Vocabulario*
Help students better assimilate vocabulary through images, role-plays, and review games. Some examples of the latter that will work successfully with these word sets include word associations (a search for synonyms and/or antonyms), spelling races at the board, and Pictionary. By interacting with others and using words in meaningful ways, vocabulary acquisition is greatly enhanced.

Instructor Resources
• Testing Program

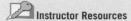
Note on *Capítulo 2*
As you plan lessons, keep in mind the following structures that are recycled in *¡Así es la vida!* and in activities throughout the chapter: numbers, adjective-noun agreement, noun plurals, definite and indefinite articles, subject pronouns, and the present tense of the verb *ser*.

Warm-up for *Capítulo 2*
Before beginning this chapter, quickly review some of the important aspects of the previous one. This encourages students to build on what they know rather than mentally isolate each chapter.

The Five C's

Communication: Activities requesting opinions: *Perfiles* and *Páginas*; writing activities (*Taller*), information gap (2-9, 2-16, 2-26, 2-35, 2-39), information sharing (2-3, 2-4, 2-5, 2-7, 2-11, 2-12, 2-17, 2-19, 2-22, 2-27, 2-28, 2-30, 2-33, 2-34, 2-37)

Cultures: See Chapter Opener, *Perfiles, Cultura en vivo, Presencia hispana, Observaciones, Panoramas, Páginas* and *Taller*. Also, activities with a cultural context: 2-2, 2-3, 2-4, 2-6, 2-10, 2-12, 2-13, 2-14, 2-31, 2-38; photos and teacher notes throughout.

Connections: Activities asking students to connect previous knowledge: *Mi experiencia, Mi música, Panoramas, Presencia hispana, Cultura en vivo, Taller*.

Comparisons: *Estructuras, Perfiles, Cultura en vivo, Presencia hispana*.

Communities: Internet activities: 2-10, 2-21, 2-45, 2-50.

2
¿De dónde eres?

Readiness Check

Descubre
España

«Dime con quien andas
y te diré quien eres».

Refrán: You can judge a man by the company he keeps.

Pablo Picasso, pintor prolífico, nació en Málaga. Esta es una de sus obras más famosas.

Con sus tres grandes victorias en 2010 (Roland Garros, Wimbledon y el US Open), Rafael Nadal se ha convertido en el número uno del mundo en tenis por segunda vez en tres años. Es el mejor tenista en la historia de España.

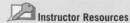
Note on ¡Así es la vida!
El Café Hemisferio is an actual café frequented by students of said university. Also, point out to students that the male name *Chema* is a nickname for *José María, a* common first name for Spanish males.

Presentation tip for ¡Así es la vida!
Direct students to the map on the inside back cover of the textbook and have them locate Spain and the capital city of Madrid.

Comprehension check for ¡Así es la vida!
Have students indicate which of the characters is being described. 1. *Es un estudiante nuevo y curioso. (Paco)* 2. *Es un chico rubio y alto. (Chema)* 3. *Es una sevillana morena. (Isabel)* 4. *Tiene un suéter negro. (Clara)* 5. *Es amiga de Isabel. (Clara)* 6. *Es joven, rubio y toma una coca-cola. (Carlos)* 7. *Es venezolana. (la profesora Vargas)* 8. *Tiene un teléfono celular. (Ramón)* 9. *Es amiga de Ramón. (Ángeles)*

Expansion of ¡Así es la vida!
While most of the characters in the drawing are identified and described, some are not. Have students work in pairs and use their imaginations to name and describe the remaining characters. Alternatively, assign this task for homework. As a wrap-up, have students share their descriptions with the class, and perhaps vote on the best one for each character.

Expansion of ¡Así es la vida!
Students can explore facets of the *Universidad Complutense de Madrid* (or UCM) online. Suggest that they find their majors, for example, by going to *Facultades y Escuelas.*

Primera parte

¡Así lo decimos! VOCABULARIO

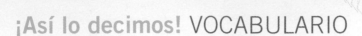

 ¡Así es la vida! ¿Quiénes son?

 El Café Hemisferio es un lugar muy popular entre los estudiantes de la Universidad Complutense de Madrid.

> **PACO:** ¿Quién es la muchacha morena, la que tiene la computadora portátil?
>
> **CHEMA:** Es Isabel, una estudiante de Sevilla. Y la otra muchacha, con el suéter negro, es Clara.

Paco   Chema   Isabel   Clara

Ángeles   Ramón

> **ISABEL:** ¿Quién es el chico joven con la mochila?
>
> **CLARA:** Es Carlos. Y la mujer que está con él es la profesora Vargas. Es venezolana y muy buena profesora de filosofía.

> **ÁNGELES:** ¡Pero, hombre! ¿De quién recibes tantos correos electrónicos?
>
> **RAMÓN:** ¡Es que tengo muchos amigos!

Vocabulario Las descripciones y las nacionalidades

02-02
to 02-06

Variaciones

In the Spanish-speaking world, many terms are used to describe an attractive physical appearance. In Spain, **guapo/a** is used frequently to describe both males and females. In Mexico, **linda** is typical to refer to a female. The terms **bonita** and **hermosa** are used in many countries, but again, only for a female. In addition to **guapo,** a man is usually **atractivo, apuesto, buen tipo,** or **bien parecido.**

Adjetivos descriptivos | Descriptive adjectives

activo/a *active*
alto/a *tall*
bajo/a *short*
bonito/a *pretty, cute*
delgado/a *slender*
entusiasta *enthusiastic*
feo/a *ugly*
flaco/a *skinny*
gordo/a *fat*
guapo/a *good-looking*
joven *young*
moreno/a *dark (skin, hair)*
nuevo/a *new*
pobre *poor*
rico/a *rich*
rubio/a *blond (fair)*
viejo/a *old*

La mujer es joven, bonita y rica.

Algunas nacionalidades[1] | Some nationalities

argentino/a *Argentine*
canadiense *Canadian*
chileno/a *Chilean*
colombiano/a *Colombian*
cubano/a *Cuban*
dominicano/a *Dominican*
ecuatoriano/a *Ecuadorian*
español/a *Spanish*
mexicano/a *Mexican*
norteamericano/a (estadounidense) *American*
panameño/a *Panamanian*
peruano/a *Peruvian*
puertorriqueño/a *Puerto Rican*
salvadoreño/a *Salvadoran*
venezolano/a *Venezuelan*

El muchacho colombiano es entusiasta.

Los lugares | Places

la capital *capital city*
la ciudad *city*
el país *country*

Las personas | People

el/la amigo/a *friend*
el/la muchacho/a *boy/girl*
los padres *parents*

Adverbios | Adverbs

ahora (mismo) *(right) now*
también *also*
tarde *late*
temprano *early*

Conjunciones | Conjunctions

pero *but*
porque *because*

El muchacho es alto y la muchacha es baja.

---

[1]Adjectives of nationality are not capitalized in Spanish.

Instructor Resources
• MSL: Textbook images, PPT, Supplementary Activities

Note on ¡Así lo decimos!
The vocabulary in this section introduces students to nationalities and other adjectives. It is not meant to be an exhaustive list, and you may want to introduce other nationalities of interest to your students.

Presentation tip for ¡Así lo decimos!
Bring in photos of international celebrities. Ask *¿Quién es? ¿Cómo es?* and *¿De dónde es?* Provide a model response after each question for the first picture and then have students provide short answers for questions about other photos. Remind students of previously learned adjectives such as *simpático/a, bueno/a, malo/a, trabajador/a, tímido/a, aburrido/a.* Introduce the adjectives, *generoso/a, emocionante* (generous, exciting). Perhaps add the following nationalities: *francés/francesa, inglés/inglesa.*

Note on *Nacionalidades*
The names of the countries are cognates with English; however the pronunciation is very different. Have students identify the country for each nationality as you pronounce them, and then have students repeat both emphasizing clear vowels. In Spanish, certain countries (*la Argentina, el Canadá, el Ecuador, los Estados Unidos, el Perú, la República Dominicana*) may carry a definite article; however, current usage is moving away from the use of the article with these countries. In this textbook, a definite article will only be used when it is a fixed part of a country's name (*El Salvador*), in which case it must be capitalized.

¡Hola!

Cultura en vivo

In Spain, students often frequent a **bar estudiantil** where they can have a coffee or other refreshment between classes. The bar may be on or off campus or in a student residence, **colegio mayor.** How does this compare with your university?

APLICACIÓN

2-1 ¿Quién eres tú?   Listen to José and his friends talk about themselves. Based on the information in **¡Así es la vida!,** write the number of each monologue next to the corresponding name.

___5___ Carlos   ___2___ Isabel   ___4___ Paco   ___1___ Ramón   ___3___ la profesora Vargas

2-2 La Feria del Caballo.   Complete the conversation between two people who meet at the *Feria del Caballo* in southern Spain. Use words and expressions from the following list.

amiga	aquí	capital	cómo
argentino	eres	española	me llamo

JUAN: ¡Hola! Soy Juan Luis Ruiz. ¿(1) __Cómo__ te llamas?

MARISOL: (2) __Me llamo__ Marisol. ¿De dónde (3) __eres__, Juan?

JUAN: Soy (4) __argentino__.

MARISOL: ¡Ah! Mi (5) __amiga__ Ana es de Mendoza, en el oeste de Argentina.

JUAN: Yo soy de Buenos Aires, la (6) __capital__. ¿Y tú, Marisol? ¿De dónde eres?

MARISOL: Ay, yo soy (7) __española__. Soy de (8) __aquí__, de Jerez de la Frontera.

La gente baila en la calle durante la Feria del Caballo en Jerez de la Frontera, España.

2-3 ¿Cómo son? Take turns describing the people, places, and things listed below using words from the list and see if you agree with each other. Say **Sí, es cierto** to indicate that you agree. If you don't, offer your own opinion. Be sure that adjectives agree with the nouns they modify.

dominicano/a	moreno/a	bonito/a
norteamericano/a	la capital	un país
una ciudad	pequeño/a	colombiano/a
peruano/a	delgado/a	grande
español/a	puertorriqueño/a	joven
rico/a	mexicano/a	rubio/a
chileno/a	viejo/a	

MODELO: Madrid
E1: *Madrid es una ciudad pequeña.*
E2: *No es cierto. Es grande.*

México	Isabel Allende	Bolivia
Buenos Aires	Manny Ramírez	Penélope Cruz
Lima	Los Ángeles	Madrid

2-4 ¿Cuál es su (*his/her*) nacionalidad? Give the names of the countries where the following people are from and their nationalities.

MODELO: Felipe de Borbón / España
E1: *¿De dónde es Felipe de Borbón?*
E2: *Es de España. Es español.*

1. Shakira / Colombia
2. Penélope Cruz y Pedro Almodóvar / España
3. José Martí / Cuba
4. Mariano Rivera / Panamá
5. Salma Hayek / México
6. Pedro Martínez / República Dominicana
7. Yo…
8. Nosotros…

Pedro Almodóvar, director, con Penélope Cruz, actriz

Shakira, cantautora y roquera

Pedro Martínez, beisbolista

2-5 Yo soy… With a partner, take turns introducing yourselves, saying where you are from and what you are like.

MODELO: *Hola, soy _____. Soy de_____. Soy_____ y_____. No soy_____.*

Presencia hispana

Many immigrants from the Basque region of Spain settled in the western regions of North America beginning as early as 1840. Then, during World War II, the U.S. government recruited Basque workers to help alleviate labor shortages. There are people of Basque heritage in every state, but nowhere is there a greater Basque presence than in Idaho, where many important community and political leaders are of Basque descent. Both **eusquera** and **español** are official languages of the Basque region of Spain. What ethnic groups predominate in your area? Do any preserve their heritage language?

Note on 2-3
Isabel Allende (1942–): novelista nacida en Perú de ascendencia chilena que ahora reside en EE. UU.: *La casa de los espíritus* (1982), *La isla bajo el mar* (2010)
Manny Ramírez (1972–): beisbolista famoso en EE. UU. nacido en República Dominicana
Penélope Cruz (1974–): actriz española: *Volver* (2006), *Vicky Cristina Barcelona* (2008) por la que ganó un Óscar, *Los abrazos rotos* (2009)

Optional activity after 2-4
Provide additional practice in the form of a student-driven guessing game. The complete activity is available for download from the IRC.
¿Quién es…? In groups of three, describe five famous people in as much detail as possible. Then challenge another group to guess who the personalities are.
MODELO: E1: *Es rubia y bonita. Es colombiana.*
E2: *Es Shakira.*

Profesión	Descripción	
actor/actriz	brillante	idealista
atleta	elegante	intelectual
poeta	cómico/a	ridículo/a
político/a	conservador/a	liberal
presidente/a	creativo/a	realista

Note on *Presencia hispana*
The origin of *eusquera*, also written as *euskera*, is not known, and is classified as unique.

Note on 2-4
Shakira (1977–): cantante y cantautora colombiana
Penélope Cruz (see note above)
Pedro Almodóvar (1951–): director de cine español: *Hable con ella* (2002), *Mala educación* (2004), *Volver* (2006), *Los abrazos rotos* (2009)
Mariano Rivera (1969–): beisbolista panameño con los New York Yankees
Salma Hayek (1966–): actriz mexicana: *Frida* (2002), *Once Upon a Time in Mexico* (2003); co-productora de *Ugly Betty*
Pedro Martínez (1971–): beisbolista dominicano

Instructor Resources
• MSL: PPT, Supplementary Activities

Presentation tip for ¡Así lo hacemos!
When presenting and practicing telling time, as well as asking and responding to questions, use real-world examples. Even before students can form questions, they will recognize your questions from your intonation and gestures. If you ask students what time it is at different moments during the class hour, they will associate the question with something that is important to them, that is, the progression of class!

Presentation tip for Telling time
Have students read through this grammar point as homework. Then, in class, start by writing systematic examples on the board: *Es la una (en punto). Es la una y diez. Es la una y cuarto. Es la una y media. Son las dos menos cuarto.* Download and print out blank clocks from the Internet to use in class. After showing the students various examples, adjust the clock to new times while asking *yes/no* and binary-option questions first (*¿Es la una? ¿Son las seis y cuarto o son las seis y media?*), followed finally by the open-ended question *¿Qué hora es?* Then have students work in pairs, taking turns setting and asking the time (E1: *¿Qué hora es?* E2: *Son las ocho menos diez.*).

Note on *Mediodía* and *medianoche*. According to the Real Academia Española (RAE), the article is not used when telling time, but may be used when saying at what time something occurs: *Es mediodía. Mi amigo llega a (la) medianoche.*

¡Así lo hacemos! ESTRUCTURAS

1. Telling time

02-07 to 02-10

¿Qué hora es?

- The verb **ser** is used to express the time of the day in Spanish. Use **Es la una** for *one o'clock* (singular for one hour). With all other hours, use **Son las (dos, tres, …).**

  Es la una. *It's one o'clock.*
  Son las dos de la tarde. *It's two o'clock in the afternoon.*

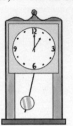

- To express minutes *past* or *after* an hour, use **y.**

  Son las tres **y** veinte. *It's twenty past three. (It's three twenty.)*

- To express minutes before an hour (*to* or *till*) use **menos.**[1]

  Son las siete menos diez. *It's ten to (till) seven.*

- The terms **cuarto** and **media** are equivalent to the English expressions *quarter* (fifteen minutes) and *half* (thirty minutes). The numbers **quince** and **treinta** are interchangeable with **cuarto** and **media.**

  Son las cinco menos **cuarto (quince).** *It's a quarter to five. (It's four forty-five.)*
  Son las cuatro y **media (treinta).** *It's half past four. (It's four thirty.)*

- For *noon* and *midnight,* use **(el) mediodía** and **(la) medianoche. El** and **la** may be used when saying that something occurs *at noon* or *at midnight.*

  Es **mediodía.** *It's noon (midday).*
  Mi amigo llega a **(la) medianoche.** *My friend arrives at midnight.*

---

[1]This is how time is traditionally told. It is now common to use **y** for :01 to :59. **7:50 = Son las siete y cincuenta.**

- To ask at what time an event takes place, use **¿A qué hora…?** To answer, use **a la/las** + *time*.

  ¿A qué hora es la clase?　　　　*(At) What time is the class?*
  Es **a las** ocho y media.　　　　　*It is at half past eight.*

- The expressions **de la mañana, de la tarde,** or **de la noche** are used when telling specific times. **En punto** means *on the dot* or *sharp*.

  La fiesta es a las ocho **de la noche.**　*The party is at eight o'clock in the evening.*

  El partido de fútbol es a las nueve **en punto.**　*The soccer game is at nine sharp.*

- The expressions **por la mañana, por la tarde,** and **por la noche** are used as a general reference to *in the morning, in the afternoon,* and *in the evening.*

  No tengo clases **por la mañana.**　*I don't have classes in the morning.*

- In many Spanish-speaking countries, the 24-hour clock is used for schedules and official timekeeping. The zero hour is equivalent to midnight, and 12:00 is noon. The p.m. hours are 13:00–24:00. To convert from the 24-hour clock, subtract 12 hours from hours 13:00 and above.

  21:00 = **las nueve de la noche**
  16:30 = **las cuatro y media de la tarde**

Study tips – Learning to tell time in Spanish

1. To become proficient in telling time in Spanish, you'll need to make sure you have learned Spanish numbers well. Practice counting by fives to thirty: **cinco, diez, quince, veinte, veinticinco, treinta.**
2. Think about and say aloud times that are important to you: **Tengo clases a las nueve, a las diez…, Hay una fiesta a las…,** etc.
3. Every time you look at your watch, say the time in Spanish.

APLICACIÓN

2-6　La vida diaria de Rafael Nadal.　Refer back to page 41 to see a photo of Rafael Nadal, the famous Spanish tennis player. Read about Nadal's schedule then answer the questions that follow in Spanish.

> Rafael Nadal, el famoso tenista español, tiene un día muy activo. A las siete de la mañana, está en la cancha de tenis. Practica con su instructor hasta[1] las diez de la mañana. A las once y media, está en casa con su familia. A la una y cuarto de la tarde, está en un restaurante. A las cinco, está en la Casa del Café en el centro. A las nueve de la noche, está otra vez en casa con su familia. Ahora, son las once y media y Rafael ve[2] la televisión. Mañana es otro[3] día.

[1]*until*　[2]*is watching*　[3]*another*

1. ¿A qué hora está en un restaurante?
   A la una y cuarto (y quince) de la tarde.
2. ¿Dónde está a las cinco?
   Está en la Casa del Café en el centro.
3. ¿A qué hora está en casa con su familia?
   A las once y media de la mañana y a las nueve de la noche.
4. ¿Qué hora es ahora?
   Ahora son las once y media de la noche.
5. Y tú, ¿dónde estás a las siete y media de la mañana?
   Answers may vary.

Note on *Telling time*
Point out that in the Hispanic world, the 24-hour clock is used for making appointments and schedules (movie, TV, bus, plane, train).

Note on how time is written.
The punctuation used in giving the time varies from country to country. You may see periods or commas as well as the colon used in English: 16:30, 16.30, 16,30.

Warm-up for 2-6
Before beginning this activity, contextualize the reading passage by having students look at the photographs of Rafael Nadal on pages 41 and 54. Ask them to anticipate its content by brainstorming as a class for ideas on how Nadal's life is: *¿Qué imaginan ustedes? ¿Es Rafael activo o perezoso?* etc.

2-7 Mi día. What is a typical day for you? How does your schedule compare to those of your classmates?

Paso 1 First complete these statements as they relate to you.

MODELO: Estoy en la universidad *a las ocho de la mañana*.

1. Me levanto (*get up*) _____.
2. Trabajo (*I work*) _____.
3. Estudio _____.
4. Estoy en clase _____.
5. Estoy en casa _____.
6. Estoy en la cafetería de la universidad _____.

 Paso 2 Now compare your responses with those of a classmate.

MODELO: *Yo estoy en la universidad a las ocho de la mañana. ¿Y tú?*

2-8 ¿Qué hora es? Look at the clocks and say whether the following statements are **cierto** or **falso.** Correct any false statements.

MODELO:

Son las dos y cuarto de la tarde.
Falso, son las dos y media de la tarde.

1. Son las dos y cuarto de la noche.
Falso, son las doce y veinte de la noche.

2. Son las siete menos cuarto de la mañana.
Cierto.

3. Son las ocho menos veinte de la noche.
Falso, son las nueve y veinte de la noche.

4. Son las cuatro menos cuarto de la mañana.
Falso, son las cuatro menos cuarto de la tarde.

5. Son las doce menos diez de la noche.
Cierto.

6. Es medianoche.
Falso, es mediodía.

2-9A **¿A qué hora?** Complete your calendar by asking your partner when the events with missing times take place. To ask your partner to repeat something, remember to say: **Repite, por favor. Estudiante B,** please see **Appendix 1,** page A-3.

MODELO: la clase de inglés (9:30)
ESTUDIANTE A: *¿A qué hora es la clase de inglés?*
ESTUDIANTE B: *Es a las nueve y media de la mañana.*

Estudiante A:

Hora	Actividad
08:00	la clase de historia
_____	la clase de arte
11:45	la clase de español
_____	la conferencia[1]
14:55	la reunión
_____	el examen
17:40	el partido de fútbol
_____	el programa "Ídolo americano" en la televisión
21:15	la fiesta
_____	el programa de noticias en la televisión

[1]*lecture*

2-10 Investigación. El AVE. *El AVE (Tren de Alta Velocidad)* is Spain's popular high-speed train. Connect to the Internet and search for links to the *AVE* web page, where you will find information about schedules and train service from Madrid to Barcelona, Málaga, and Sevilla. Select the destination city and route most interesting to you and provide the following information.

> **Busca:** renfe horarios y precios; renfe ave

- un destino desde Madrid
- número de tren
- hora de salida (*departure*)
- hora de llegada (*arrival*)
- días y fechas que no tiene servicio
- precio para clase turista
- 2 prestaciones (*services*) en clase turista
- precio total en dólares

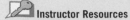
📖 2. Formation of *yes/no* questions and negation

02-11
to U2-16

La formación de preguntas *sí/no*

- In Spanish, a *yes/no* question uses rising intonation. There are three ways to form a *yes/no* question, depending on the intent of the speaker. Note that an inverted question mark (¿) is used at the beginning of the question, and the standard question mark (?) closes the question.

- To request new information, invert the order of the subject (S) and verb (V) found in a declarative sentence.

  Declarative (S + V):

  Picasso es de Málaga.   *Picasso is from Málaga.*

  Request new information: (V + S):

  ¿Es Picasso de Málaga?   *Is Picasso from Málaga?*

- To express disbelief about information already given, maintain the declarative order (S + V), but with rising intonation (called an *echo* question).

  ¿Picasso es de Málaga?   *Picasso is from Málaga?*

- To confirm information already given or supposed, simply add a tag word or phrase, such as **¿no?** or **¿verdad?** with rising intonation to the end of the statement.

  Rafael Nadal es de Mallorca, ¿no?
  Penélope Cruz es de Madrid, ¿verdad?

Comprehension check for
Tag words
Have students ask you any question, and react to your answers with *¿De veras? ¿De verdad? ¿Es cierto?* or *¡No!*

Negación

- To make a sentence negative, simply place **no** before the verb.
  Juan **no** es de Portugal.   *Juan is not from Portugal.*

  Nosotros **no** somos de España.   *We're not from Spain.*

- When answering a question in the negative, the word **no** followed by a comma also precedes the verb phrase.
  ¿Son los cantantes Thalia y   *Are the singers Thalia*
  José José de España?   *and José José from Spain?*
  No, no son de España.   *No, they're not from Spain.*

APLICACIÓN

2-11 ¿Es verdad?   Take turns asking and answering *yes/no* questions. Comment on the truthfulness of each other's responses. Include one original question.

MODELO: E1: *¿Eres norteamericano/a?*
E2: *No, no soy norteamericano/a.*
E1: *¿De verdad?*
E2: *Sí, de verdad. Soy de Francia.*

1. ¿Eres canadiense?

2. ¿Son profesores tus padres?

3. Tus amigos son trabajadores, ¿no?

4. ¿Eres de San Francisco?

5. Tu familia es rica, ¿verdad?

6. ¿Son pobres los profesores?

7. Eres bajo/a, ¿no?

8. ¿...?

2-12 ¿Verdad?   Ask each other questions based on the following statements by inverting the subject and the verb, or using a tag question. Respond to your partner's questions in a truthful manner.

MODELO: La novela *Don Quijote* es famosa.
E1: *¿Es famosa la novela* Don Quijote? *(La novela* Don Quijote *es famosa, ¿verdad?)*
E2: *Sí, la novela* Don Quijote *es famosa.*

1. La actriz Eva Mendes es baja y fea.

2. Pedro Almodóvar es director de cine.

3. Pablo Picasso es pintor.

4. El flamenco es un baile español.

5. Los tenistas españoles son perezosos.

6. Édgar Rentería es jugador de béisbol.

7. Penélope Cruz y Javier Bardem son poetas.

8. Alberto Contador es un ciclista famoso.

Alberto Contador, ganador del Tour de Francia 2010

Note on 2-12
See notes on Penélope Cruz and Pedro Almodóvar on p. 45.
   Eva Mendes (1974–) modelo y actriz cubanoamericana: *Training Day, Once Upon a Time in Mexico, Hitch, Ghost Rider*
   Pablo Picasso (1881–1973): pintor español conocido por sus épocas rosada y azul y por el cubismo
   Édgar Rentería (1975–): beisbolista colombiano
   Javier Bardem (1969–): actor español: *Before Night Falls* (2000) por la que fue nominado al Óscar por Mejor Actor, *Mar adentro* (The Sea Inside) (2004) que ganó el Óscar por Mejor Película de Lengua Extranjera, *No Country for Old Men* (2007) por la que ganó el Óscar por Mejor Actor de Reparto (*Best Supporting Actor*), *Vicky Cristina Barcelona* (2008), *Eat, Pray, Love* (2010); esposo de Penélope Cruz desde 2010
   Alberto Contador (1982–): ciclista español, ganador del Tour de France (2007, 2009, 2010) Además, gana el Giro de Italia y la Vuelta de España en 2008.

Note on Alberto Contador
In October, 2010, it was revealed that a day before the Tour's decisive mountain stage, Alberto Contador had tested positive for a small amount of a drug that boosts metabolism and can also increase aerobic capacity and the ability to process oxygen. At the time, Contador claimed that his ingestion of the banned substance was accidental.

Instructor Resources
• MSL: PPT, Supplementary Activities

Presentation tip for
Interrogative words
Remind students that all interrogative words carry a written accent mark in Spanish, or ask students to tell you what all of these words have in common. (Refer to the *Letras y sonidos* section of *Capítulo 4* for further information on word stress and written accent marks.) Then engage students in a brief question-and-answer exchange in order to illustrate the use of each interrogative word and review other structures covered thus far: *¿Cómo te llamas? ¿Cómo eres? ¿Cómo estás? ¿Cuándo es tu cumpleaños? ¿Cuántas clases tienes este semestre/trimestre? ¿De dónde eres? ¿Qué hora es? ¿Quién no está en clase hoy? ¿De quién es la mochila negra?*

Note on *¿Cómo...?* Remind students that the expression *¿Cómo te llamas?* literally means "How do you call yourself?" but usually translates as "What is your name?"

 3. Interrogative words

02-17 to 02-22

- Interrogative words are often used at the beginning of a sentence to form questions. Here is a list of the most frequently used interrogative words:

Palabras interrogativas		Ejemplos	
¿Cómo...?	*How . . .?* *What . . .?*	**¿Cómo** estás? **¿Cómo** eres?	*How are you?* *What are you like?*
¿Cuál(es)...?	*Which (one/ones) . . .?*	**¿Cuál** es tu libro?	*Which one is your book?*
¿Cuándo...?	*When . . .?*	**¿Cuándo** es tu clase de español?	*When is your Spanish class?*
¿Cuánto/a(s)?	*How much (many) . . .?*	**¿Cuántos** estudiantes hay?	*How many students are there?*
¿Dónde...?	*Where . . .?*	**¿Dónde** hay una silla?	*Where is there a chair?*
¿De dónde...?	*From where . . .?*	**¿De dónde** es Almodóvar?	*Where is Almodóvar from?*
¿Adónde...?	*(To) Where . . .?*	**¿Adónde** vas?	*Where are you going?*
¿Por qué...?	*Why . . .?*	**¿Por qué** no hay clase hoy?	*Why is there no class today?*
¿Qué...?	*What . . .?*	**¿Qué** estudias?	*What are you studying?*
¿Quién(es)...?	*Who . . .?*	**¿Quién** es ella?	*Who is she?*
¿De quién(es)...?	*Whose . . .?*	**¿De quién** es el bolígrafo?	*Whose is the pen?*

- When you ask a question using an interrogative word, your intonation usually will fall.

  ¿Cómo se llama el profesor?   *What is the professor's name?*

- Both **qué** and **cuál** may be translated as *what* or *which*, but they are not interchangeable. Generally, **qué** is used to request a definition or explanation. It can also be followed by a noun to mean *which*. **Cuál** implies a choice or selection and generally is not followed by a noun. Use the plural **cuáles** when that choice includes more than one person or thing.

  ¿**Qué** tienes?   *What do you have?*
  ¿**Qué** es esto?   *What is this?*
  ¿**Qué** clase tienes ahora?   *Which (What) class do you have now?*
  ¿**Cuál** prefieres?   *Which (one) do you prefer?*
  ¿**Cuál** es la fecha de hoy?   *What is today's date?*
  ¿**Cuáles** son los meses del año?   *What are the months of the year?*

APLICACIÓN

2-13 Los sanfermines. People from around the world flock to Pamplona for *San Fermín,* one of Spain's most famous festivals.

Paso 1 First read the description of this festival; then match the questions and their responses that follow.

La fiesta de San Fermín en España es muy famosa. Siempre es en Pamplona, en el norte de España. El primer día es el 6 de julio y el último día es el 14 de julio. Durante nueve días sueltan[1] los toros que corren[2] por las calles. Los jóvenes corren delante[3] de los toros. Es muy peligroso, pero también muy emocionante.[4] El novelista norteamericano Ernest Hemingway, famoso por *The Sun Also Rises,* describió muy bien la fiesta de los sanfermines.

[1]*turn loose*   [2]*run*   [3]*in front*   [4]*exciting*

1. __d__ ¿Dónde es la fiesta?
2. __c__ ¿Cuándo es el primer día de la fiesta?
3. __f__ ¿Cuál es el último día de la fiesta?
4. __e__ ¿Quiénes corren por las calles?
5. __b__ ¿Cómo es la fiesta?
6. __a__ ¿Quién es el autor norteamericano que se asocia con esta fiesta?

a. Ernest Hemingway
b. emocionante
c. el 6 de julio
d. en Pamplona, España
e. los toros y los jóvenes
f. el 14 de julio

Paso 2 Now use interrogative words to complete the following conversation between two people who meet in Pamplona and are planning to run with the bulls.

JESÚS: Hola, (1) ¿ __Cómo__ te llamas?

CARMEN: Me llamo Carmen Domínguez. ¿Y tú?

JESÚS: Soy Jesús Sánchez, soy de Salamanca. Y tú, (2) ¿ __de dónde__ eres?

CARMEN: Soy de Bilbao. (3) ¿ __Por qué__ estás aquí en Pamplona?

JESÚS: Pero chica, ¡estoy aquí para correr con los toros en las fiestas! Es mi primera visita a Pamplona.

CARMEN: Pues, yo participo casi todos los años. (4) ¿ __Qué__ haces[1] en Salamanca?

JESÚS: Soy estudiante de literatura inglesa. Me gusta mucho Hemingway y estoy aquí para vivir los sanfermines como en la novela.

CARMEN: ¡Genial! (5) ¿ __Dónde__ estudias?

JESÚS: En la Universidad de Salamanca… Ay, estoy un poco nervioso. ¿(6) __Cómo__ son los toros? ¿Son muy grandes?

CARMEN: ¡Imagínate! Son grandes y rápidos, pero es una experiencia muy emocionante.

JESÚS: Y ¿ __cuándo__ empezamos[2] a correr?

CARMEN: ¡Ahora! ¡Vamos! ¡Ya están aquí los toros!

JESÚS: ¡Ay, Dios mío!

[1]*do you do*   [2]*begin*

Note on 2-14

This passage uses the historical present to refer to events that are in the past.

2-14 Rafael Nadal. Read the description about Rafael Nadal, and then answer the questions below.

Rafael Nadal Perera es uno de los tenistas más famosos del mundo. Es originalmente de la isla de Mallorca, España, donde nace el 3 de junio de 1986. En 2002, a los quince años, gana en Mallorca el primer torneo importante. Es uno de los tenistas más jóvenes en alcanzar[1] el puesto[2] número dos del mundo. En 2008 gana treinta y dos torneos, incluyendo los *ATP Master Series* de Monte Carlo, Roma, Montreal, Madrid y Wimbledon y llega a ser número uno del mundo en tenis. Sus fanáticos están convencidos de que Rafa permanecerá[3] en ese puesto por muchos años.

[1]*reach* [2]*position* [3]*will remain*

1. ¿De dónde es Rafael Nadal?
   Es de España, de la isla de Mallorca.
2. ¿Cuándo nace?
   Nace el 3 de junio de 1986.
3. ¿Qué gana a los quince años?
   Gana en Mallorca el primer torneo importante.
4. ¿Cuántos torneos gana en 2008?
   En 2008 gana treinta y dos torneos.
5. ¿De qué están convencidos sus fanáticos?
   Que Rafa permanecerá en el puesto número uno del mundo en tenis por muchos años.

Note on 2-15

This aspect of the interrogatives is very challenging for students. Have them read over the last bullet of the presentation silently in class or as homework, and then review some of the examples with them. Have them complete 2-15 in pairs and review the answers with them. Then perhaps provide additional fill-in-the-blank questions on the board for further practice: *¿Cuál es tu color favorito? ¿De qué ciudad eres? ¿Cuál es la capital de España?*, etc.

2-15 ¿Qué? o ¿Cuál? Complete the questions with **qué** or **cuál(es)** depending on the context. Then answer the questions.

MODELO: ¿*Cuál* es la fecha de hoy?
          Es 2 de octubre.

1. ¿ _Qué_ hora es?
2. ¿ _Cuál_ es tu clase favorita?
3. ¿ _Cuál_ es tu cuaderno?
4. ¿ _Qué_ día es hoy?

5. ¿A _qué_ hora es la clase de español?
6. ¿ _Cuál_ es la fecha de tu cumpleaños?
7. ¿ _Cuáles_ son tus libros en la mesa?
8. ¿ _Qué_ hay en tu mochila?

 2-16A ¿Quién eres? ¿Cómo eres? Ask questions to learn about your partner's new identity.

Paso 1 Assume the identity of one of the people outlined below and read through the information. **Estudiante B,** please see **Appendix 1,** page A-3.

Estudiante A:

♂	♀
Ramón Santos Gómez	Luisa Pérez Fernández
Universidad Autónoma Nacional	Universidad Complutense de Madrid
España	Colombia
biología	sociología
el profesor Sánchez	la profesora Alvarado
fantástico	muy interesante
50 estudiantes en la clase	25 estudiantes en la clase
alto y delgado	baja y bonita

Paso 2 Ask each other about yourselves to find out what you have in common. Use interrogatives such as **qué, dónde, cómo, cuántos/as,** and **cuál** in the following prompts to help you form your questions. **Estudiante B,** please see **Appendix 1,** page A-3.

MODELO: ESTUDIANTE A: *¿Dónde estudias?*
ESTUDIANTE B: *Estudio en la Universidad Nacional. ¿Y tú? ¿Dónde estudias?*
ESTUDIANTE A: *Estudio…*

Estudiante A:

1. ¿_____ te llamas?
2. ¿_____ estudias?
3. ¿De _____ eres?
4. ¿_____ eres?
5. ¿_____ es tu clase de…?
6. ¿_____ es el profesor de…?
7. ¿_____ es tu clase favorita?
8. ¿_____ estudiantes hay en la clase?

 2-17 Profesor/a… Ask your professor several questions. He/she will respond truthfully to some, but not all of the questions. See if you can guess which answers are true and react with **¡Es cierto!** or **¡No es verdad!**

MODELO: ESTUDIANTE: *Profesor/a, ¿de dónde es usted?*
PROFESOR/A: *Soy de Bolivia.*
ESTUDIANTE: *¿De verdad?*
PROFESOR/A: *Sí, es cierto, de la ciudad de La Paz.*

¿Cuánto saben?

02-23 to 02-27

First, ask yourself if you can perform the following functions in Spanish. Then act out the scenarios with two or three classmates. Ask and respond to at least three questions in each situation.

✓ CAN YOU . . .

☐ describe yourself, other people, and things?

☐ ask and respond to simple questions?

☐ ask for and tell time?

WITH YOUR CLASSMATE(S) . . .

Situación: Gente bonita
You're looking at a magazine with popular personalities. Take turns describing the people you see and agree or disagree with each other according to your opinion. Use descriptive adjectives such as **alto/a, guapo/a, joven,** etc.
Para empezar: *Para mí, Penélope Cruz es…*

Situación: En un café
You meet each other for the first time when you share a table in the coffee shop. Ask each other questions to find out what you have in common. Use interrogatives such as **cómo, dónde, qué, cuál,** etc.
Para empezar: *Hola, ¿cómo te llamas? ¿Cuál es tu…?*

Situación: En grupo
You've formed a small group to work on a joint project. Ask each other what time your classes are to see when it is convenient to meet outside of class. Include **de la mañana, de la tarde,** and **de la noche** as needed.
Para empezar: *¿A qué hora…? ¿Cuándo…?¿Tienes clase a …?*

cincuenta y cinco ●●● **55**

 Instructor Resources
• MSL: MediaShare
• IRM: Rubrics

Expansion of 2-17
First, have students work in pairs and write three to five questions whose answers they would like to know about their classmates. Then, have students move around and look for new partner, whom they are to interview using their three to five questions. Circulate around the room, offering linguistic support and making sure students stay on task. As a wrap-up, have a few volunteers share something new/interesting that they learned about their partners during the interview process.

Presentation tip for ¿Cuánto saben?
Encourage students to rehearse these vignettes outside of class. Some students may want to video themselves and post their presentations using the MediaShare feature in MSL.

STUDENT LEARNING OUTCOMES
Use the ¿**Cuánto saben?** activities to assess the extent to which students can perform the **Objetivos comunicativos** for **Primera parte:** describing themselves, other people, and things; asking and responding to simple questions; and asking for and telling time. By performing these situations and using the target vocabulary and structures, they will demonstrate the degree to which they can fluently produce appropriate lexicon and desired language forms. Provide an assessment for vocabulary, structures and fluency appropriate to the chapter theme and level (**5:** excellent – **1:** poor). See the IRM for more information on rubrics.

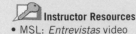

📖 Perfiles

02-28 to 02-29

Mi experiencia

NOMBRES, APELLIDOS Y APODOS (*NICKNAMES*)

2-18 Para ti. How does a name reflect a person's heritage? When do women in the U.S. and Canada keep their maiden names after marriage? Are there instances when married women use both their maiden and their married names? If you are a woman, do you plan to keep your maiden name if you marry? Why or why not? Do you have a nickname? Read about Gladys's experiences in Spain learning about names and think about what your complete name would be if you followed the same custom.

¡Saludos de Gladys García Sandoval! ¡Escribo desde Salamanca, España! This is my first year abroad studying film at the Universidad de Salamanca, and I'm writing this blog to keep my friends up-to-date with my experiences.

This week the department is doing a film series of one of my favorite actors, Penélope Cruz Sánchez, although you probably know her best as Penélope Cruz. People's names here fascinate me: people use both their paternal surnames (**el apellido paterno**) and their maternal surnames (**el apellido materno**), so in Penélope's case, you can guess that her father's last name is **Cruz** and her mother's **Sánchez**. Recently married, she still keeps **Cruz** as her surname. I think there are advantages to these naming practices; for example, if a woman gets married (or divorced, for that matter), her name never changes, as she keeps her paternal surname throughout her life. This way too, her children will keep her family name alive. It's curious though, that some people are known by their **apellido materno**, as is the case with president José Rodriguez **Zapatero** and the famous actor **Javier** Ángel Encinas **Bardem.** I think the popular media may be responsible for this usage, or perhaps these are personal choices. What is important for me is that with this custom, a person's name becomes his/her identification for life and reflects family pride. Of course many people here also use **apodos.** In magazines I see that Penélope's friends call her **Pe,** but other nicknames can be hard to figure out. For example, everyone calls my friend, **Chema,** which is a popular nickname in Spain for José María, his real name.

One of my favorite Spanish musicians is Alejandro Sánchez Pizarro, better known as Alejandro Sanz. He's so handsome! I'm hoping to meet him while I'm here! Ha, ha! Have you heard his song with Alicia Keys? You really need to listen to their song, "Looking for Paradise." ¡Es genial!

🍦🍦 **2-19 En su opinión.** Take turns asking and answering the following questions.

1. ¿Cuál es el apellido paterno del Presidente del Gobierno de España? ¿Cuál es el apellido materno de Penélope?
2. ¿Cuál es la nacionalidad de todas estas personas famosas? ¿Cuáles son sus apodos?
3. ¿Cuál es tu apellido materno? ¿Y tu apellido paterno?
4. ¿Tienes apodo? ¿Tienes algún amigo con un apodo raro o extraño? ¿Por qué tiene ese apodo?

Mi música

"LOOKING FOR PARADISE" (ALEJANDRO SANZ, ESPAÑA; ALICIA KEYS, EE. UU.)

Throughout his life and professional career, Alejandro Sanz has worked to broaden his musical style while never venturing far from his strengths. By the end of the nineties, he'd expanded his fan base from Spain to the world, collaborating with fellow Latin superstars, most memorably Shakira in her massive Grammy-winning hit "La Tortura." In "Looking for Paradise" from *Paraíso Express*, Sanz collaborates with Alicia Keys in a bilingual love song.

Antes de ver escuchar

2-20 La letra.   Complete the table below with the correct definite and indefinite articles for the words found in the lyrics of "Looking for Paradise." Guess what each means, and then use a bilingual dictionary and the glossary at the back of the textbook to find out the meanings of the words.

Palabra	Artículo definido	Artículo indefinido	Significado en inglés
paraíso	el	un	paradise
mundo	el	un	world
momento	el	un	moment
sentimiento	el	un	sentiment
vida	la	una	life
música	la	una	music
camino	el	un	road

Para ver y escuchar

 2-21 La canción.   This song relates a search for someone. Connect to the Internet to search for a video or recording of Sanz and Keys performing this piece. You may also want to search for the lyrics (*letra*).

> ⬊ **Busca:** looking for paradise sanz video; looking for paradise sanz letra
>
> **If you would like to purchase this song:** *Go to iTunes Store>Music> More to Explore>iMix>Arriba 6e*

As you listen or watch, write down your answers to the following questions.

1. ¿Cuál es el título de la canción?   "Looking for Paradise"
2. ¿Qué instrumentos escuchas en la canción? (el piano, el sintetizador, la guitarra, el violín…) la guitarra
3. ¿Cómo es el ritmo de la canción? (lento, rápido, melancólico…) lento
4. ¿Cómo es la canción en tu opinión? ¿Te gusta? ¿Por qué?   Answers may vary.

Después de ver y escuchar

2-22 Comprensión.   Practice asking and answering the questions in 2-21 with a partner.

2-23 Descripciones.   Use the photo of Alejandro Sanz and Alicia Keys and adjectives from **¡Así lo decimos!** to describe each artist in Spanish.

MODELO: *Alejandro Sanz es…   Alicia Keys es…*

Answers to 2-23
Answers may vary. Some possible answers: Alejandro Sanz es bajo, joven, guapo, flaco, español… Alicia Keys es alta, morena, bonita, norteamericana… Los dos son ricos, buenos…

Note on *Alejandro Sanz*
Alejandro Sanz is mostly known for his ballads, tinged with flamenco and sung wholeheartedly with his distinct voice. He has won 15 Latin Grammy Awards and 2 Grammy Awards.

The Hispanic Heritage Awards were established in 1987 by the White House to commemorate the creation of Hispanic Heritage Month. Since then, The Hispanic Heritage Foundation (HHF), through the Hispanic Heritage Awards, has honored Latino leaders who have made a positive impact in the United States in various fields and served as role models. In 2010, Alejandro Sanz was honored with the Vision Award for using his celebrity to promote numerous philanthropic efforts around the world.

Expansion of 2-20
Have students supply the plural forms of the nouns and articles, too.

Note on *Mi música*
If you would like to purchase this song:
- Go to **iTunes store**
- Click on **Music** tab at top
- Scroll down on the page to find **More to Explore** section on the right
- Click on **iMix**
- Type **Arriba 6e** in the Search box
- Arriba 6e iMix will be displayed

The use of iTunes does not constitute Pearson Education's endorsement of iTunes.

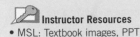
Warm-up for *¡Así es la vida!*
First have students read the dialogs silently to themselves and underline the verbs. Then elicit all conjugated and infinitive verb forms from them and write these on the board. Help students assign meaning to the forms by observing their endings and by associating each root with the corresponding infinitive listed in the *¿Qué haces?* section of *¡Así lo decimos!* (You may need to provide some of the infinitives for them on the board.)

Presentation tip for *¡Así es la vida!*
Once you are confident that students understand the meanings of the verb forms, divide the class into groups of three students. Have them read the dialogs aloud as a role-play, and then ask for volunteers to do the same as a class. Answer any additional questions about meaning that they may have.

Note on *¡Así es la vida!*
Point out that the secretary uses the formal second-person pronoun (*Ud.*) with Celia because she doesn't know her yet, but she uses the informal one (*tú*) with Rogelio because she is friendly with him.

Comprehension check for *¡Así es la vida!*
Ask the following questions to confirm comprehension: *¿Dónde trabaja la secretaria? ¿De dónde es Celia? ¿Qué estudia? ¿Qué tiene mañana? ¿Qué necesita Celia? ¿Qué necesita la secretaria? ¿Qué busca Rogelio? ¿Cuándo habla Rogelio con Celia?*

Segunda parte

¡Así lo decimos! VOCABULARIO

 ¡Así es la vida! ¿Qué pasa?

02-30

En la Facultad de Lenguas en la Universidad Complutense de Madrid, Celia busca un tutor.

SECRETARIA:	Hola, buenas tardes.
CELIA:	Buenas tardes. Soy estudiante de intercambio[1] de Canadá y…
SECRETARIA:	Muy bien. ¿Y…?
CELIA:	Necesito ayuda. Estudio lenguas y…
SECRETARIA:	Ya sé. Mañana tiene examen y necesita tutor. ¿Su nombre y número de teléfono…?

[1]*exchange*

SECRETARIA:	Hola, Rogelio. ¿Qué pasa?
ROGELIO:	Bueno, busco trabajo como tutor de lenguas.
SECRETARIA:	¡Qué suerte! Aquí tienes el nombre y número de teléfono de una chica que tiene examen mañana.
ROGELIO:	Perfecto. Hablo con ella ahora mismo. ¡Gracias!

🔊 Vocabulario ¿Qué haces? ¿Qué te gusta hacer?

02-31 to 02-34

Otras nacionalidades (País) Other nationalities (Country)

alemán[1], **alemana (Alemania)** German (Germany)
brasileño/a (Brasil) Brazilian (Brazil)
chino/a (China) Chinese (China)
coreano/a (Corea) Korean (Korea)
francés, francesa (Francia) French (France)
inglés, inglesa (Inglaterra) English (England)
italiano/a (Italia) Italian (Italy)
japonés, japonesa (Japón) Japanese (Japan)
portugués, portuguesa (Portugal) Portuguese (Portugal)
ruso/a (Rusia) Russian (Russia)

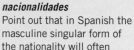

Me gusta
leer un libro.

¿Qué haces? What do you do?

abrir to open
asistir a to attend
aprender to learn
ayudar to help
bailar to dance
beber to drink
buscar to look (for)
comer to eat
comprar to buy
comprender to understand
creer to believe
deber (+ *infinitive*) to owe (to ought to do something)
decidir to decide
desear to wish
enseñar to teach
escribir to write
escuchar to listen
estudiar to study
hablar to speak, talk
leer to read
llegar to arrive
mirar to look at
practicar (un deporte) to practice, to play (a sport)
preparar to prepare
recibir to receive
tomar to drink, to take
trabajar to work
vender to sell
ver to see, to watch
viajar to travel
vivir to live

Me gusta ver la
televisión.

Me gusta hablar
por teléfono.

Adjetivos Adjectives

difícil difficult
fácil easy

Otras palabras y expresiones Other words and expressions

las lenguas languages
¿Qué te gusta hacer? What do you like to do?
Me gusta[2] **(+ *infinitive*)** I like (+ infinitive)
Te gusta (+ *infinitive*) You (inf.) like (+ infinitive)
¡Qué suerte! How lucky!

¿Te gusta
tomar café?

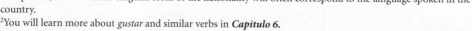

[1]In Spanish, the masculine singular form of the nationality will often correspond to the language spoken in the country.
[2]You will learn more about *gustar* and similar verbs in **Capítulo 6.**

02-35
to 02-36

Letras y sonidos

More on vowels in Spanish

In addition to the vowel sounds for **i** and **u** (**li-bro, lu-nes**), these letters also may represent *glides,* which are brief, weak sounds that combine with a vowel to form a single syllable. The letter **y** also represents a glide in some words.

a-diós	sie-te	vein-te	soy	hay
nue-vo	gua-po	Eu-ro-pa	es-tu-diáis	U-ru-guay

The letters **i** and **u** are not always glides when next to other vowels in Spanish, however. When they are vowels and not glides, a written accent mark is used.

dí-a	rí-o	pa-ís	Ra-úl

APLICACIÓN

2-24 ¿Quién es? Refer to **¡Así es la vida!** on page 58 and identify the speaker of each statement below.

C: Celia   **R:** Rogelio   **S:** la secretaria

1. __R__ Busco trabajo.
2. __C__ Necesito tutor.
3. __C__ Tengo examen mañana.
4. __S__ Trabajo en una oficina.
5. __C__ Soy estudiante de intercambio.
6. __C__ Mi clase es difícil.
7. __S__ Soy un poco impaciente.
8. __R/C__ Hablamos más de una lengua.

2-25 ¿Qué pasa? Listen to a description of what is happening and match each drawing with the corresponding statement you hear.

6   3   5   2   1   4

2-26A ¿De dónde eres? Take turns identifying the country your partner is from based on the language he/she tells you he/she speaks. Remember that in Spanish, the masculine form of the nationality corresponds to the language spoken there. **Estudiante B,** please see **Appendix 1,** page A-4.

MODELO: ESTUDIANTE A: *Hablo italiano.*
ESTUDIANTE B: *¿Eres de Italia?*
ESTUDIANTE A: *Sí, es verdad.*

Estudiante A:

Hablo...	Mi compañero/a es de...
1. inglés	Alemania
2. coreano	Japón
3. ruso	China
4. portugués	España

2-27 ¿Qué te gusta hacer? Tell a classmate three activities that you like and three that you don't like to do. Do you have any interests in common?

MODELO: *Me gusta practicar fútbol, pero no me gusta leer novelas.*

(No) Me gusta...

hablar con mi familia	escuchar música
comer chocolate	tomar café
comprar por Internet	aprender lenguas
escribir poesía	preparar comida mexicana
practicar los verbos	ver la televisión
trabajar por la noche	leer novelas
llegar temprano a clase	beber agua mineral
vivir en la residencia	asistir a conciertos
viajar	bailar en el Carnaval

2-28 ¿Debo o no? There are some things you ought to do and others you ought not do.

Paso 1 First, check off the things which, in your opinion, you should and shouldn't do from the following list.

Debo...	No debo...	
☐	☐	aprender los verbos en español
☐	☐	bailar hip-hop
☐	☐	beber café descafeinado
☐	☐	comer en casa
☐	☐	ayudar a los amigos
☐	☐	vivir en España
☐	☐	escribir un mensaje de texto en clase
☐	☐	estudiar francés
☐	☐	escuchar música clásica
☐	☐	leer novelas románticas
☐	☐	vender mi carro
☐	☐	comprar una bicicleta

Paso 2 Now compare your lists with those of a partner to see what you have in common and how you differ.

MODELO: E1: *Debo asistir a la clase de español.*
E2: *Yo también debo asistir a la clase de español.*

El Carnaval es popular en muchos países hispanos. Este es un desfile (*parade*) por las calles de Tenerife, España.

¡Hola!

Cultura en vivo

The celebration of *Carnaval* was originally a pagan ritual. It was outlawed in Spain during the Franco dictatorship, but has seen a revival since his death in 1975. In Latin America, the most famous *Carnaval* is in Rio de Janeiro; however, it is celebrated widely throughout the continent, each place adapting it to the local culture. Which U.S. city is famous for its celebration of *Carnaval*?

Optional activity for *Gustar* before 2-27
Provide practice writing affirmative and negative statements with *gustar* before moving to open-ended oral practice. The complete activity is available for download from the IRC.
Me gusta. / No me gusta. Have students complete the following sentences stating which activities they like to do and which they do not like to do.

MODELO: Me gusta ver *el fútbol en la televisión.*
No me gusta asistir *a los partidos de fútbol.*

1. (No) Me gusta ver
   _____.

2. (No) Me gusta beber
   _____.

3. (No) Me gusta vivir
   _____.

4. (No) Me gusta asistir
   _____.

5. (No) Me gusta comer
   _____.

Expansion of 2-27
Introduce the phrase *(no) le gusta...* so that students may write a paragraph about their classmate using the information they learned from the activity.

¡Así lo hacemos! ESTRUCTURAS

📖 **4.** The present tense of regular *-ar* verbs

02-37
to 02-39

Spanish verbs are classified into three groups according to their infinitive ending (**-ar, -er,** or **-ir**). Each of the three groups uses different endings to produce verb forms (conjugations) in the various tenses.

• The present tense endings of **-ar** verbs are as follows.

hablar (*to speak*)		
yo	habl + o	→ habl**o**
tú	habl + as	→ habl**as**
Ud.	habl + a	→ habl**a**
él/ella	habl + a	→ habl**a**
nosotros/as	habl + amos	→ habl**amos**
vosotros/as	habl + áis	→ habl**áis**
Uds.	habl + an	→ habl**an**
ellos/as	habl + an	→ habl**an**

• The following verbs are regular **-ar** verbs that are conjugated like **hablar**.

ayudar	*to help*	**estudiar**	*to study*
bailar	*to dance*	**llegar**	*to arrive*
buscar	*to look for*	**mirar**	*to look at*
comprar	*to buy*	**preparar**	*to prepare*
desear	*to wish*	**tomar**	*to take, to drink*
enseñar	*to teach*	**trabajar**	*to work*
escuchar	*to listen*	**viajar**	*to travel*

• The Spanish present indicative tense has several equivalents in English. In addition to the simple present, it can express ongoing actions and even the future tense. Note the following examples.

Estudio ingeniería. { *I study engineering.*
I am studying engineering.

Practicamos golf mañana. *We will play golf tomorrow.*

Study tips – Learning regular verb conjugations

1. The first step is being able to recognize the infinitive stem: the part of the verb before the ending.

Infinitive			Stem
hablar	habl**ar**	→	habl
estudiar	estudi**ar**	→	estudi
trabajar	trabaj**ar**	→	trabaj

2. Practice conjugating several **-ar** verbs in writing first. Identify the stem, then write the various verb forms by adding the present tense endings listed.

3. Next practice **-ar** verb conjugations orally. Create two sets of index cards. Write a subject pronoun on each card for one set. For the other, write a regular **-ar** verb. Select one card from each set and conjugate the verb with the selected pronoun.

4. Think about how each verb action relates to your own experience by putting verbs into a meaningful context. For example, **Estudio matemáticas. Juan estudia ingeniería.**

APLICACIÓN

2-29 Preguntas y respuestas. With a classmate, take turns matching the following questions with logical responses.

1. __e__ ¿Qué compras en la librería?
2. __d__ ¿Quién enseña literatura española?
3. __b__ ¿Qué necesitas para la clase de matemáticas?
4. __a__ ¿Con quiénes estudias?
5. __h__ ¿Qué instrumento musical practicas?
6. __c__ ¿Quién prepara la comida en tu casa?
7. __g__ ¿Dónde trabajas?
8. __f__ ¿Cuándo y dónde escuchas música?

a. con mis amigos de la residencia
b. una calculadora
c. mi padre (*father*)
d. la profesora Rodríguez
e. libros y lápices
f. por la noche en mi dormitorio
g. en una oficina
h. el trombón

2-30 ¿Qué hacen? What is everyone doing today?

Paso 1 Match each drawing with an activity listed below, then create a sentence based on the information you have.

MODELO: practicar tenis
Eugenia practica tenis.

Eugenia

a. **Jacinto**

b. **Arturo**

c. **Víctor / Catalina**

d. **Leonor**

e. **Luis / Memo**

f. **Sonia**

g. **Ramona**

h. **Alma / Lili**

1. __c__ bailar en una fiesta
2. __b__ buscar trabajo
3. __h__ estudiar en la biblioteca
4. __g__ preparar una pizza
5. __f__ hablar por teléfono
6. __e__ viajar a España
7. __a__ escuchar música
8. __d__ trabajar en el laboratorio

1. Víctor y Catalina bailan en una fiesta.
2. Arturo busca trabajo. 3. Alma y Lili estudian en la biblioteca. 4. Ramona prepara una pizza.
5. Sonia habla por teléfono. 6. Luis y Memo viajan a España. 7. Jacinto escucha música.
8. Leonor trabaja en el laboratorio.

Paso 2 Now use the drawings in **Paso 1** to ask a classmate whether he/she does these activities and when.

MODELO: E1: *¿Y tú? Practicas tenis como* (like) *Eugenia?*
E2: *Sí, practico tenis.*
E1: *¿Cuándo?*
E2: *Todos los días. ¿Y tú?*

Optional activity before 2-29
Many new infinitives are presented in this list and in *¡Así lo decimos! Segunda parte.* To help students assimilate this new vocabulary, play a form of charades in class. Prepare verb expressions on note cards: *bailar salsa en una discoteca, escuchar música clásica, preparar una pizza grande, buscar un bolígrafo rojo,* etc. Use infinitives only, as the focus here is on verbs as vocabulary items. Hold out the note cards face down and ask volunteers to choose a card. Each student acts out an expression until the class has guessed all of its details. If you find that your class enjoys theater, repeat this activity with other expressions at a later time. Students may want to act out their own expressions, so allow for this possibility, as well.

Warm-up for 2-30, Paso 2
Before having students begin *Paso 2,* review the model with them and note the transformation of *practicar* into the *tú* form *practicas* and the *yo* form *practico.* Have them underline the infinitives in *Paso 1* and conjugate them into the *tú* and *yo* forms. This step will help students control the structures more easily during their conversations.

Expansion of 2-30, Paso 2
Have students write at least three sentences about what they do and three about what they do not do. Then have them stand up and circulate around the room, sharing their sentences with various classmates and looking for commonalities among them. As a wrap-up, have volunteers report back on preferences that they share with particular students.

Instructor Resources
• MSL: PPT, Supplementary Activities

Presentation Tip for *The present tense of regular -er and -ir verbs*
Practice conjugations of the verbs within a context: *Yo vivo en un apartamento. ¿Y tú? ¿Vives en una residencia de la universidad? ¿Cuándo comes en la cafetería? Yo no como en la cafetería.*

Presentation Tip for *The present tense of regular -er and -ir verbs*
Highlight the form and meaning differences between the first- and second-person plural conjugations (i.e., the *nosotros* and *vosotros* forms).

Suggestion for *-er and -ir verbs*
Remind students where they have seen some of these verbs or their variations previously:

abrir → *Abre el libro.*
escribir → *Escribe en la pizarra.*
leer → *Lee los diálogos.*
comprender → *No comprendo.*

Also, students can look for cognates: *deber* (debt), *decidir, recibir, comprender, escribir* (scribe), *vender* (vendor), *creer* (creed, credence), *vivir* (vivid). Point out that *asistir* is a false cognate.

Note for *Churros*
Churros, which originated in Spain but are popular throughout the Spanish-speaking world, are fried dough similar to donuts but with a crunchy crust. Those shown here are the style popular in Madrid where they are eaten for breakfast with a cup of very dark, thick chocolate.

Note for *Danzoo*
This popular techno music club in Madrid is open from midnight-6AM Saturdays.

📖 5. The present tense of regular -er and -ir verbs

02-40 to 02-44

¿Viven Uds. en la capital?

No, vivimos en la costa.

• You have just learned the present tense forms of regular **-ar** verbs. The following chart includes the forms for regular **-er** and **-ir** verbs.

	comer (*to eat*)	vivir (*to live*)
yo	com**o**	viv**o**
tú	com**es**	viv**es**
Ud.	com**e**	viv**e**
él/ella	com**e**	viv**e**
nosotros/as	com**emos**	viv**imos**
vosotros/as	com**éis**	viv**ís**
Uds.	com**en**	viv**en**
ellos/as	com**en**	viv**en**

• The present tense endings of **-er** and **-ir** verbs are identical except for the **nosotros** and **vosotros** forms.

• The following verbs are regular **-er** and **-ir** verbs.

-er		-ir	
aprender (**a** + *infinitive*)	*to learn (to do something)*	**abrir**	*to open*
beber	*to drink*	**asistir a**	*to attend*
comprender	*to understand*	**decidir**	*to decide*
creer	*to believe*	**escribir**	*to write*
deber (+ *infinitive*)	*to owe (ought to do something)*	**recibir**	*to receive*
leer	*to read*		
vender	*to sell*		

• **Ver** (*to see, to watch*) is an **-er** verb with an irregular **yo** form. Also note that the **vosotros/as** form has no accent because it is only one syllable.

ver (*to see, to look at*)			
yo	**veo**	nosotros/as	**vemos**
tú	**ves**	vosotros/as	**veis**
Ud.	**ve**	Uds.	**ven**
él/ella	**ve**	ellos/as	**ven**

APLICACIÓN

2-31 Cecilia Álvarez. Cecilia is a student at a Spanish university.

Paso 1 Read about Cecilia and her plans. Underline all **-er** and **-ir** verbs and identify the infinitive of each one. **OJO** (*watch out!*): Some verbs are neither.

MODELO: Todos los días <u>escribe</u> un email a sus padres. (*escribir*)

Hola, soy Cecilia Álvarez y <u>vivo</u> en Madrid, España. <u>Asisto</u> a la Universidad Complutense donde estudio relaciones internacionales. <u>Creo</u> que es importante <u>aprender</u> otras lenguas y <u>comprender</u> otras culturas, por eso también estudio francés e inglés. <u>Asisto</u> a clase los lunes, miércoles y viernes. Los viernes después de las clases, mis amigos y yo vamos[1] a un bar cerca de la universidad donde tomamos una caña y unas tapas y <u>decidimos</u> qué hacer[2] por la noche. Normalmente vamos a la discoteca Danzoo y allí <u>vemos</u> a todos los amigos. Después de bailar toda la noche, tomamos chocolate y churros en un café que <u>abre</u> a las 6:00 de la mañana. ¿Y el resto del fin de semana? ¡<u>Vivimos</u> en la biblioteca!

Chocolate y churros, ¡qué ricos!

[1]*go* [2]*to do*

Paso 2 Now answer questions based on what you have just read.

1. ¿Dónde vive Cecilia?
   Vive en Madrid.
2. ¿Por qué estudia otras lenguas?
   Porque cree que es importante hablar otras lenguas y comprender otras culturas.
3. ¿Qué hace (*does she do*) los lunes, miércoles y viernes?
   Asiste a clase.
4. ¿Adónde va después de clase?
   A un bar con sus amigos donde toman una caña y unas tapas.
5. ¿A quiénes ven en la discoteca
   Ven a todos los amigos.
6. ¿Qué come Cecilia por la mañana con sus amigos?
   Come chocolate y churros.

2-32 Unas actividades típicas. Complete the following sentences logically by conjugating the verb in parentheses and adding a logical ending.

MODELO: Mis compañeros y yo (asistir a)…
 asistimos a la clase de español los lunes, miércoles y viernes.

1. Mi familia y yo (vivir)… (Verb complements may vary.) vivimos
2. En clase los profesores (escribir)… escriben
3. Normalmente tú (recibir)… recibes
4. En el mercado, el comerciante (vender)… vende
5. En el café, tú y yo (beber)… bebemos
6. Antes de (*Before*) entrar en clase, la profesora (abrir)… abre
7. Yo siempre (leer)… leo
8. En casa, mis amigos (ver)… ven

2-33 ¿Cuándo? ¿A qué hora? How do you compare your routines?

Paso 1 Take turns asking each other when or at what time you do the following activities. Be sure to conjugate the verbs in your questions and responses.

MODELO: ¿cuándo / **ver** / la televisión?
 E1: *¿Cuándo ves la televisión?*
 E2: *Veo la televisión los sábados.*

1. ¿cuándo / **vender** / los libros?
   ¿Cuándo vendes los libros? Vendo los libros en…
2. ¿a qué hora / **asistir** / a clase?
   ¿A qué hora asistes a clase? Asisto a la(s)…
3. ¿cuándo / **escribir** / correos electrónicos?
   ¿Cuándo escribes correos electrónicos? Escribo correos electrónicos por la…
4. ¿a qué hora / **deber** / trabajar?
   ¿A qué hora debes trabajar? Debo trabajar a la(s)…
5. ¿a qué hora / **beber**/ café?
   ¿A qué hora bebes café? Bebo café a la(s)…
6. ¿a qué hora / **ver** / las noticias (*news*)?
   ¿A qué hora ves las noticias? Veo las noticias a la(s)…

Paso 2 Now summarize what you have in common and how you differ.

MODELO: *Nosotros vemos la televisión los sábados. Él/ella también ve la televisión los viernes pero yo no.*

Presencia hispana

Spanish cuisine has become increasingly popular in the U.S. Go to any large city to find a **tapas** bar where you can sample some of the popular delicacies found in Spanish bars, such as **chorizo** (*sausage*), **pinchos de tortilla** (*slices of Spanish omelet*), and **calamares** (*squid*), to name a few. You can eat **tapas** any time, usually accompanied by a glass of wine or a **caña,** a small beer. How do **tapas** compare with the snacks that you usually have?

Optional activity after 2-32
Offer additional support with sentence building by having students combine three components (subject, verb, and complement). The complete activity is available for download from the IRC.
Las actividades de los estudiantes. Have students combine a word or phrase from each column to form at least six complete, logical sentences in Spanish. Remind them to conjugate the verbs.

MODELO: *Mi amiga trabaja en la cafetería.*

Subjects	Verbs	Complements
Yo	asistir (a)	clase
Tú	escuchar	fútbol
El professor	trabajar	la pizarra
Mi amiga	comer	por teléfono
Nosotros	practicar	español
Mis padres	hablar	la cafetería
Carlos	aprender	mucho
¿…?	preparar	el piano
	enseñar	café
	ver	la radio
	escribir	la lección
		la televisión

As a wrap-up, have students read their sentences aloud, and then have others ask questions about the statements.
E1: *Yo estudio mucho.*
E2: *¿Dónde estudias?*
E3: *¿Y qué estudias?*, etc.

Expansion of 2-33, Paso 2
Have students summarize what they have found out about each other in paragraph form.

Optional activity after 2-34
Implement this activity as an in-class group task for additional writing practice. Bring in full-page magazine images that lend themselves to narration. Have students work in groups of three. Give each group its own unique image about which to compose a short story. Once all groups have finished, place the images along the chalk tray of the board, or use tape or putty to hang them up, and number each image. Ask each group to read its story aloud to the class. The other groups listen and then guess which image is involved by saying the number of the image.

Wrap-up for 2-36
Once students have completed their paragraphs (either in class or at home), collect them to read aloud to the class without mentioning the students' names. Have the class guess the author of each one. If you have a large class, perhaps ask for a group of volunteers to hand in their paragraphs and read only those.

2-34 ¿Qué pasa? Take turns using the verbs listed below to describe the scene in the photograph: include what there is, who the people are, what they are like, what they are doing, and what they are not doing. Use your imagination.

abrir	caminar	escuchar	hablar	mirar	ver
asistir a	escribir	vender	leer	ser	vivir

MODELO: (ver) *Veo un reloj...*

2-35A Entrevistas. Ask each other questions to share the information below. Be sure to respond using complete sentences and logical information. **Estudiante B,** please see **Appendix 1,** page A-4.

MODELO: ESTUDIANTE A: *¿A qué hora llegas a clase?*
ESTUDIANTE B: (1:30 p.m.) *Llego a la una y media de la tarde.*

Estudiante A:

Mis preguntas	Mis respuestas
1. ¿Cuándo estudias?	• sí, es muy interesante
2. ¿Qué lenguas hablas bien?	• programas de *reality*
3. ¿Lees el periódico?	• pizza
4. ¿Asistes a clase los martes?	• música popular o de *rap*
5. ¿Qué deporte practicas?	• en casa o en la biblioteca

2-36 ¿Y tú? Write a short paragraph in which you discuss your activities using verbs that end in **-ar, -er,** and **-ir** (refer back to **¡Así lo decimos!** for a list). Connect your thoughts by using the expressions **pero, y,** and **también.**

MODELO: *Estudio dos lenguas: inglés y español. También estudio ciencias y administración de empresas. Trabajo en la cafetería. Me gusta escribir poesía y asistir a conciertos de música rock.*

6. The present tense of *tener*

Instructor Resources
• MSL: PPT, Supplementary
Activities

- The Spanish verb **tener** (*to have*) is irregular. As in English, **tener** is used to show possession.

Tengo tres clases y un laboratorio.	*I have three classes and a lab.*
¿Tienes un bolígrafo?	*Do you have a pen?*

tener (*to have*)			
yo	**tengo**	nosotros/as	**tenemos**
tú	**tienes**	vosotros/as	**tenéis**
Ud.	**tiene**	Uds.	**tienen**
él/ella	**tiene**	ellos/as	**tienen**

- **Tener que** + *infinitive* is used to express obligation (*to have to*).

Mañana **tengo que** asistir a clase.	*Tomorrow I have to attend class.*
¿Tienes que leer una biografía de Picasso?	*Do you have to read a biography about Picasso?*

Tengo que terminar esta pintura para las cinco de la tarde.

Note on *The present tense of* tener
Point out that students have seen forms of *tener* in *Capítulo 1* to express possession. Note that the indefinite article is usually omitted before a noun in the negative: *Tengo una clase,* but *No tengo clase.*

APLICACIÓN

2-37 Mis obligaciones. There's often not enough time in the day to do all you have to.

Paso 1 First, check off the activities you need to do tomorrow.

Tengo que...

- ☐ asistir a clase.
- ☐ llegar temprano a clase.
- ☐ estudiar la lección.
- ☐ comprar comida.
- ☐ escribir una composición.
- ☐ ver una película.
- ☐ practicar un deporte.
- ☐ escuchar música.
- ☐ ayudar a un/a amigo/a.

Expansion of 2-37, Paso 1
Have students state some of their obligations with the verb *deber*: *Debo asistir a clase pero no tengo que llegar temprano...*

 Paso 2 Refer back to your responses above to compare what you each have to do and not do tomorrow. Which of you has more obligations?

> **MODELO:** E1: *¿Qué tienes que hacer mañana?*
> E2: *Mañana tengo que practicar tenis y hablar con el profesor. No tengo que estudiar. ¿Y tú?*
> E1: *Pues, creo que tengo más obligaciones...*

Expansion of 2-37, Paso 2
In new pairs or groups of three, ask students to find three to four activities that they have in common. Each pair/group then reports one or two common activities back to the class using the first person plural form of the verb. (*Tenemos que estudiar la lección.*)

2-38 ¿Qué tienen en común?   Write eight sentences in Spanish, saying what various people have in common. Use the verbs **ser** and **tener,** as well as other verbs from the chapter.

MODELO: *Christina Aguilera y Shakira son bonitas. Tienen muchos amigos. Trabajan mucho.*

Christina Aguilera	El príncipe Felipe de España	Shakira
Alberto Contador	Eva Méndez	Penélope Cruz
Paz Vega	Enrique Iglesias	Eva Longoria Parker
Yo	Bono	Peyton Manning
Bill Gates	Tú	Pitbull
Venus Williams	Rafael Nadal	Benjamin Bratt

  2-39A ¿Tienes?   Take turns asking each other if you have the items on your list. If your partner has the item you want, you make a pair. The first person who has five pairs of items wins. **Estudiante B**, please see **Appendix 1**, page A-4.

MODELO: ☐ un libro de historia
   Estudiante A: *¿Tienes un libro de historia?*
   Estudiante B: *Sí, tengo. (No, no tengo libro de historia, pero tengo un libro de física.)*

Estudiante A:

☐ un libro de español	☐ una novela de Hemingway
☐ una pintura de Picasso	☐ un reloj grande
☐ un examen fácil	☐ un buen amigo
☐ una mesa roja	☐ un/a profesor/a inteligente
☐ un lápiz azul	☐ un libro nuevo
☐ una mochila negra	☐ un cuaderno viejo

Media Share

02-48 to 02-52

¿Cuánto saben?

First, ask yourself if you can perform the following functions in Spanish. Then act out the scenarios with two or three classmates. Ask and respond to at least three questions in each situation.

✓ CAN YOU . . .

☐ talk about what you do and what you like to do?

☐ talk about what you have, and what you have to do or should do?

WITH YOUR CLASSMATE(S) . . .

Situación: En un café
You've just been introduced to each other. Discuss what you do on a daily basis and what you like to do to find out what you have in common. Use a variety of **-ar, -er, -ir** verbs, and **(no) me gusta** with infinitives.
Para empezar: *Me gusta estudiar... También yo...*

Situación: En una fiesta
Which of you is busier? Take turns comparing your busy lives, each trying to outdo the other in order to get some sympathy. Be sure to use **tener que** and **deber,** and appropriate responses, such as **Lo siento** and **¿De verdad?**
Para empezar: *Tengo que preparar... Debo estudiar...*

Observaciones

02-53
to 02-56

¡Pura vida! EPISODIO 2

Antes de ver el video

2-40 Silvia es española. Read the following information about Spain, and then decide whether the statements that follow are **cierto (C)** or **falso (F).** Correct any false statements.

España es el tercer país más grande de Europa después de Rusia y Francia. Por su diversidad y su mezcla[1] de gentes y tradiciones, España es un país muy diferente al resto de Europa. Los grupos que han influido[2] en la historia del país son: los iberos, los celtas, los griegos, los romanos, los árabes y los judíos.

Ahora, España está dividida en 17 comunidades autónomas y dos ciudades autónomas. Aunque hay diferencias entre las comunidades, todas comparten[3] muchas tradiciones y costumbres, como el horario.

En España el horario es muy diferente al de EE. UU. y Canadá. Por ejemplo, en los restaurantes se sirve el almuerzo[4] entre las 13:00 y las 15:30 horas. La cena[5] se sirve de las 20:30 a las 23:00 horas. En los bares y restaurantes se comen *tapas,* los deliciosos aperitivos españoles, todo el día.

Se comen las tapas a cualquier hora del día.

[1]*mixture* [2]*have influenced* [3]*share* [4]*lunch* [5]*dinner*

1. __F__ España es más grande que Francia.

2. __C__ Las diferentes comunidades comparten muchas de las tradiciones.

3. __F__ En España se sirve el almuerzo al mediodía.

4. __C__ Las tapas se sirven en el desayuno.

A ver el video

2-41 Los otros (*other*) personajes. Watch the second episode of **¡Pura vida!** and listen to the characters describe each other. Then, write a description for Silvia, Patricio, and Marcela, using correct forms of logical adjectives from the following list.

alegre   colombiano   cubano   español
guapo   inteligente   moreno   simpático

Silvia

Patricio

Marcela

Después de ver el video

2-42 ¿Cuál es tu opinión? Choose two of these countries and state why you would visit them.

Argentina   Colombia   Costa Rica   Cuba   España   México

MODELO: *Visito_____ porque es _____ y _____.*

 Instructor Resources
• IRM: Videoscript

Presentation Tip for
Observaciones
For each chapter, do the previewing passage and corresponding comprehension questions in class, the viewing and comprehension activity as homework, and a follow-up during the next class period.

Presentation Tip for 2-40
Encourage students to avoid translating when they read a passage. They can use the questions that follow the reading as advance organizers for what they will encounter in the text. During the follow-up, ask additional comprehension questions that do not appear in the activity: *¿Es similar el horario típico en España al horario en los Estados Unidos? ¿Cuáles son las semejanzas y diferencias?* Write the words *horario, semejanzas,* and *diferencias* on the board and define.

Expansion of 2-40
For additional information on Spain, share with students the following passage or parts of it. *Ahora, España está dividida en diecisiete comunidades autónomas. Estas tienen su propio gobierno y en algunas de ellas su propia lengua. Además del español, en España se habla el catalán, el vasco y el gallego.*

Wrap-up for 2-41
Have students compare their responses in small groups and assess their level of agreement with one another and with the characters in the video.

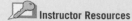
Nuestro mundo

Panoramas

Descubre España

02-57
to 02-58

Millones de turistas visitan España todos los años para experimentar sus bellas vistas, su rica historia, su innovador presente y su fabulosa comida.

La Alhambra de Granada construida por los árabes, siglo XIV

Las altas montañas de Sierra Nevada, Andalucía

El acueducto de Segovia construido por los romanos, siglo I–II

Mariscos del mar Cantábrico

El encantador pueblo de Calella de Palafrugell, Costa Brava, Cataluña

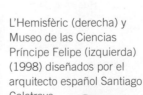

L'Hemisfèric (derecha) y Museo de las Ciencias Príncipe Felipe (izquierda) (1998) diseñados por el arquitecto español Santiago Calatrava

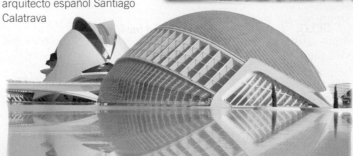

España

Población: 40,5 millones
Lengua nacional: castellano (español)
Lenguas regionales: gallego, eusquera (vasco), aranés, catalán, valenciano
Turistas cada año: 60 millones
Estudiantes universitarios: 1,5 millones
Edad mínima para beber alcohol: 16 años
Edad mínima para conducir[1]: 18 años

_____
[1]*drive*

2-43 Identifica. Use the information in the photos and Fact box to identify the following.

1. unas montañas altas _____ Sierra Nevada _____

2. el nombre de un arquitecto español famoso _____ Santiago Calatrava _____

3. una construcción romana _____ el acueducto de Segovia _____

4. una construcción árabe _____ la Alhambra _____

5. el número de turistas que visitan España cada año _____ 60 millones _____

6. dónde está la Costa Brava _____ Cataluña, el Mar Mediterráneo _____

2-44 Desafío. Locate these places using the map of Spain above.

1. la capital de España
2. donde está situada la Alhambra
3. donde está situado el acueducto de Segovia
4. la Costa Brava
5. el Mar Cantábrico
6. las Islas Canarias

 2-45 Proyecto: España. Spain attracts 60 million tourists every year, making it one of the most attractive destinations in the world. About 35% of all tourists visit Madrid, Barcelona, Andalucía, and/or Valencia. Choose one of these destinations, or another that interests you, and connect to the Internet to investigate more about sites that attract people to Spain. Use the Modelo to write a summary of what you find; include the following information:

- su nombre y dónde está (*where it is*)
- su población
- cómo es
- unos sitios históricos importantes
- un producto importante
- una foto representativa

> ☀ **Busca:** Spain tourism

MODELO: *La ciudad de Segovia está a media hora en tren de Madrid, y el tren cuesta solo diez euros. Tiene 55.000 habitantes. Es una bella ciudad con monumentos romanos y árabes. Entre los tesoros arquitectónicos figuran el acueducto romano del siglo I y el Alcázar (un castillo árabe) del siglo XI. Los turistas también visitan la Catedral de Segovia del siglo XVI. En Segovia la cerámica y los productos de cuero (leather) son muy populares.*

setenta y uno ●●● **71**

Note on *Panoramas*
Source for Fact box: *CIA - The World Factbook.* This is a valuable resource for current demographics of countries around the world. **Busca:** cia world factbook

Note on *Factbox*
Although *castellano/español* is the official language for Spain, some autonomous regions also have a second official language: Cataluña (catalán), Galicia (gallego), País Vasco (eusquera).

Expansion of 2-43
Ask students to give examples for the items mentioned that can be found in North America: *una montaña alta, una construcción histórica, una costa bonita,* etc.

Expansion of 2-44
Ask students additional comprehension questions based on this map. Perhaps write the questions on the board or a transparency for visual support, defining key words such as *continente, sur, isla, norte, costa,* and reviewing the terms *¿qué?, ¿dónde?, ¿cuántas?, ciudad, país.* Supply any additional terms that may be needed, such as *este, oeste.* Ask: *¿En qué continente está España? ¿Qué continente está al sur de España? ¿Qué ciudades en África son de España? ¿Dónde están las Islas Baleares? ¿Cuántas islas hay y cómo se llaman? ¿Qué país está a norte de España? ¿Qué ciudades están en las costas de España? ¿Dónde está Andalucía y qué es? ¿Dónde está Cataluña y qué es? ¿Y Castilla-León? ¿Y Galicia?*

Expansion of 2-44
Play a geography game based on this map of Spain or the one on the back inside cover of the textbook. See how quickly students can locate cities and other features. The winner of each round gets to challenge the class on the next round.

Cinemundo entrevista a Pedro Almodóvar

Pedro Almodóvar is one of Spain's most celebrated movie directors. Almodóvar's success derives from his own keen observations of film techniques and of life in general. His films and their actors have earned numerous awards, including an Oscar for Best Foreign Language Film for *Todo sobre mi madre*. Here Pedro Almodóvar (**PA**) responds to an interview by a reporter for the film magazine, *Cinemundo* (**CM**).

ANTES DE LEER

2-46 Conocimiento previo. It often helps to refer to background knowledge to help understand a reading. What are some of the question words you would expect to see in an interview? What kinds of questions would you expect to be asked by someone interviewing a movie director?

A LEER

2-47 Busca las palabras interrogativas. Skim through the interview and underline interrogatives in the text. Do the types of questions coincide with your conjecture about the content of the interview? cuál; de dónde; Cuál

Cinemundo entrevista a Pedro Almodóvar

CM: Señor Almodóvar, muchas gracias por concederme[1] esta entrevista. Para empezar, ¿cuál es su nombre completo?

PA: Me llamo Pedro Almodóvar Caballero, pero no uso mi apellido materno. Creo que es más fácil así.

CM: Es verdad, especialmente porque usted es tan conocido[2]. Y entre los amigos, ¿tiene apodo?

PA: No, por Dios. No me gustan los apodos, soy simplemente Pedro para todos. Sólo[3] en mi pueblo me llaman Pedrito, y bueno, sólo a ellos se lo permito.

CM: ¿Y de dónde es usted originalmente?

PA: Soy manchego[4], de Calzada de Calatrava, un pequeño pueblo de La Mancha. Estudié en la ciudad de Cáceres. A la edad de dieciséis años fui solo[5] a Madrid. Fue difícil vivir sin mi familia, pero poco a poco aprendí a vivir en una ciudad nueva.

CM: Usted tiene mucho éxito con sus películas. ¿Cuál de ellas prefiere?

PA: Estoy muy orgulloso de todas mis películas, pero la que más me gusta es *Los abrazos rotos* en la que aparece Penélope Cruz. Ella es una actriz extraordinaria y sin duda, merece otro Óscar más. En la película, ella vive dos vidas y tiene dos apariencias y personalidades muy diferentes. En la primera vida tiene el pelo castaño[6] y es muy seria. En su otra vida, es rubia, despreocupada[7] y escandalosa[8]. Como en muchas de mis películas, hay humor, pero también hay un mensaje[9] social.

CM: ¿Es verdad que sus películas son autobiográficas?

PA: Bueno, todas tienen algo autobiográfico, pero aún más que eso[10], presento tabúes sociales. Quiero que las personas que vean mis películas cuestionen sus creencias[11] y la moralidad social.

CM: ¿Cuál va a ser su próxima película?

PA: Primero voy a ir de vacaciones a las Islas Canarias y tomar algún tiempo para recuperar mi creatividad. Luego, vamos a ver…

CM: Muchísimas gracias, señor Almodóvar, y ¡muy buena suerte!

PA: ¡Igualmente!

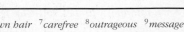

[1]*grant me* [2]*well known* [3]*Only* [4]*native of La Mancha* [5]*by myself* [6]*brown hair* [7]*carefree* [8]*outrageous* [9]*message*
[10]*even more than that* [11]*beliefs*

DESPUÉS DE LEER

2-48 Haz las preguntas. Complete the questions with the most appropriate interrogative words. Then answer the questions.

1. ¿ ___Cómo___ se llama la revista?
   Se llama Cinemundo.
2. ¿ Con ___quién___ es la entrevista?
   Es con Pedro Almodóvar.
3. ¿ De ___dónde___ es?
   Es originalmente de Calzada de Calatrava, un pequeño pueblo de La Mancha.
4. ¿ En ___qué___ ciudad estudia?
   Estudia en la ciudad de Cáceres.
5. ¿ ___Cuál___ es su película favorita?
   Es *Los abrazos rotos*, con Penélope Cruz.
6. ¿ ___Adónde___ va de vacaciones ahora?
   Va a las Islas Canarias.

2-49 ¿Qué opinas tú? Indicate your response to each of the following statements to express your opinions.

1. Voy mucho al cine.   **Sí   No**
2. Prefiero ver videos en casa.   **Sí   No**
3. Me gustan las películas internacionales.   **Sí   No   No sé** (*I don't know*)
4. Me gustan las películas de Almodóvar.   **Sí   No   No sé**
5. En mi opinión, Penélope Cruz es una   **Sí   No   No sé**
   excelente actriz.

 2-50 Penélope Cruz. This talented actress has performed in several Almodóvar films. Connect with the Internet to see images of her; then write a short paragraph describing her.

👆 **Busca:** penelope cruz foto bio

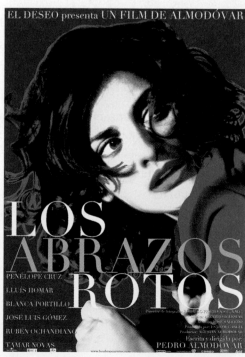

EL DESEO presenta UN FILM DE ALMODÓVAR

LOS ABRAZOS ROTOS

PENÉLOPE CRUZ
LLUÍS HOMAR
BLANCA PORTILLO
JOSÉ LUIS GÓMEZ
RUBÉN OCHANDIANO
TAMAR NOVAS

Escrita y dirigida por
PEDRO ALMODÓVAR

Expansion for Páginas
Encourage students to organize a Spanish film festival in which they include 3 or 4 Almodóvar films. Some of his more popular include:

"La piel que habito" 2011
"Los abrazos rotos" 2009
"Volver" 2006
"Mala educación" 2004
"Hable con ella" 2002
"Todo sobre mi madre" 1999
"Mujeres al borde de un ataque de nervios" 1988

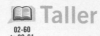

📖 Taller

02-60 to 02-61

2-51 Una entrevista y un sumario. Summarize information from an interview for an article in *¡Aló!*, a Spanish magazine that depicts the lives of the rich and famous.

ANTES DE ESCRIBIR

LOS PRÍNCIPES DE ASTURIAS, FELICES CON SUS HIJAS.

- Write questions you'd like to ask a famous Spaniard, such as Fernando Alonso, Penélope Cruz, Javier Bardem, José Rodríguez Zapatero, Picasso, Santiago Calatrava, Rafael Nadal, Alejandro Amenábar, or Alejandro Sanz. Use the following interrogatives:

  ¿Cómo...?

  ¿Dónde...?

  ¿Qué...?

  ¿Cuándo...?

  ¿Por qué...?

  ¿Cuál(es)...?

  ¿Quién(es)...?

  ¿De dónde...?

- Write at least one question using the verb **tener**.

- **Entrevista.** Interview a classmate who will role-play as a famous Spaniard, then write up the responses.

A ESCRIBIR

- Summarize the information for your article. Use connecting words such as **y, pero** (*but*), and **por eso** (*therefore*).

- Write at least six sentences about your famous person.

DESPUÉS DE ESCRIBIR

- **Revisar.** Review your summary to assure the following:
  - ☐ agreement of nouns, articles, and adjectives
  - ☐ agreement of subjects and verbs
  - ☐ correct spelling, including accents

- **Intercambiar**
  Exchange your summary with a classmate's; make suggestions and corrections.

- **Entregar**
  Rewrite your summary, incorporating your classmate's suggestions. Then turn in the summary to your instructor.

🔊 Vocabulario

Primera parte

Adjetivos de nacionalidad   Adjectives of nationality

argentino/a   *Argentine*
canadiense   *Canadian*
chileno/a   *Chilean*
colombiano/a   *Colombian*
cubano/a   *Cuban*
dominicano/a   *Dominican*
ecuatoriano/a   *Ecuadorian*
español/a   *Spanish*
mexicano/a   *Mexican*
norteamericano/a (estadounidense)   *American*
panameño/a   *Panamanian*
peruano/a   *Peruvian*
puertorriqueño/a   *Puerto Rican*
salvadoreño/a   *Salvadorian*
venezolano/a   *Venezuelan*

Adjetivos descriptivos   Descriptive adjectives

activo/a   *active*
alto/a   *tall*
bajo/a   *short*
bonito/a   *pretty, cute*
delgado/a   *slender*
entusiasta   *enthusiastic*
feo/a   *ugly*
flaco/a   *skinny*
gordo/a   *fat*
guapo/a   *good-looking*
joven   *young*
moreno/a   *dark (skin, hair)*
nuevo/a   *new*
pobre   *poor*
rico/a   *rich*
rubio/a   *blond (fair)*
viejo/a   *old*

Lugares   Places

la capital   *capital city*
la ciudad   *city*
el país   *country*

Las personas   People

el/la amigo/a   *friend*
el/la muchacho/a   *boy/girl*
los padres   *parents*

Adverbios   Adverbs

ahora (mismo)   *(right) now*
también   *also*
tarde   *late*
temprano   *early*

Conjunciones   Conjunctions

pero   *but*
porque   *because*

Segunda parte

Verbos   Verbs

abrir   *to open*
asistir a   *to attend*
aprender   *to learn*
ayudar   *to help*
bailar   *to dance*
beber   *to drink*
buscar   *to look for*
comer   *to eat*
comprar   *to buy*
comprender   *to understand*
creer   *to believe*
deber (+ *infinitive*)   *to owe (to ought to do something)*
decidir   *to decide*
desear   *to wish*
enseñar   *to teach*
escribir   *to write*
escuchar   *to listen*
estudiar   *to study*
hablar   *to speak*
leer   *to read*
llegar   *to arrive*
mirar   *to look at*
practicar (un deporte)   *to practice, to play (a sport)*
preparar   *to prepare*
recibir   *to receive*
tener   *to have*
tomar   *to drink, to take*
trabajar   *to work*
vender   *to sell*
ver   *to see, to watch*
viajar   *to travel*
vivir   *to live*

Adjetivos   Adjectives

difícil   *difficult*
fácil   *easy*

Otras nacionalidades (País)   Other nationalities (Country)

alemán, alemana (Alemania)   *German (Germany)*
brasileño/a (Brasil)   *Brazilian (Brazil)*
chino/a (China)   *Chinese (China)*
coreano/a (Corea)   *Korean (Korea)*
francés, francesa (Francia)   *French (France)*
inglés, inglesa (Inglaterra)   *English (England)*
italiano/a (Italia)   *Italian (Italy)*
japonés, japonesa (Japón)   *Japanese (Japan)*
portugués, portuguesa (Portugal)   *Portuguese (Portugal)*
ruso/a (Rusia)   *Russian (Russia)*

Otras palabras y expresiones   Other words and expressions

las lenguas   *languages*
¿Qué te gusta hacer?   *What do you (inf.) like to do?*
Me gusta (+ *infinitive*)   *I like (+ infinitive)*
Te gusta (+ *infinitive*)   *You (inf.) like (+ infinitive)*
¡Qué suerte!   *How lucky!*

Telling time   *See page 46.*   **Interrogative words**   *See page 52.*

Presentation Tip for *Vocabulario*
Help students better assimilate vocabulary through images, role-plays, and review games. Some examples of the latter that will work successfully with these word sets include word associations (a search for synonyms and/or antonyms), spelling races at the board, Pictionary, and charades. By interacting with others and using words in meaningful ways, vocabulary acquisition is greatly enhanced.

Instructor Resources
• MSL: Testing Program

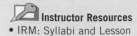

General introduction to
Capítulo 3

As you plan this chapter, be sure to recycle content from the first two chapters. For example, have students say at what time they have their classes, name different activities they do or do not do, and say information learned about Spain.

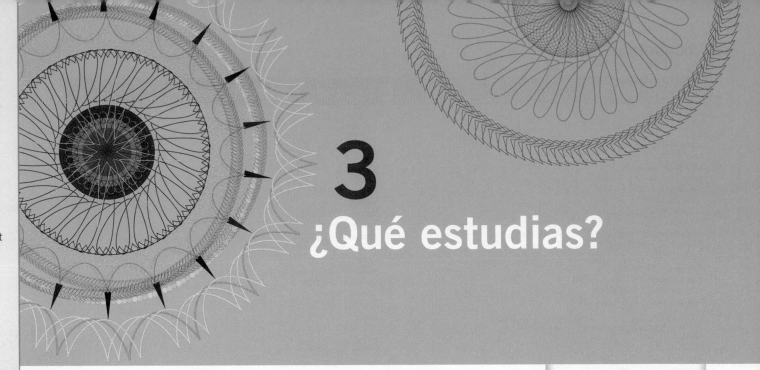

3

¿Qué estudias?

The Five C's

Communication: See especially activities asking students to give their opinion, such as in *Perfiles* and *Páginas*; writing activities (*Taller*), information gap activities (3-7, 3-27, 3-36, 3-39), information sharing activities (3-1, 3-2, 3-4, 3-8, 3-11, 3-12, 3-13, 3-16, 3-19, 3-24, 3-28, 3-30, 3-33, 3-35, 3-51).

Cultures: See Chapter Opener, *Perfiles*, *Cultura en vivo* and *Presencia hispana* boxes, *Observaciones*, *Panoramas*, and *Páginas*. See also activities with a cultural context, such as 3-2, 3-8, 3-9, 3-14, 3-16, 3-17, 3-28, 3-31, 3-32, 3-37; also teacher notes that expand on cultural topics, found throughout.

Connections: For example, activities using numbers or dates, 3-5, 3-6, *Panoramas* (geography), *Taller* (writing).

Comparisons: *Estructuras*, *Perfiles*.

Communities: Internet activities, such as 3-17, 3-21, 3-42, 3-45, 3-50.

1 Primera parte

		OBJETIVOS COMUNICATIVOS
¡Así lo decimos! Vocabulario	Las materias académicas y la vida estudiantil	• Exchanging information about classes
¡Así lo hacemos! Estructuras	The numbers 101–3.000.000	
	Possessive adjectives	• Talking about things that belong to you
	Other expressions with **tener**	
Perfiles		• Talking about how you and others feel
Mi experiencia	Mi universidad: La UNAM	
Mi música	"Eres" (Café Tacvba, México)	

2 Segunda parte

¡Así lo decimos! Vocabulario	Los edificios de la universidad	• Describing yourself and others
¡Así lo hacemos! Estructuras	The present tense of **ir** and **hacer**	
	The present tense of **estar**	• Making plans to do something with someone
	Summary of uses of **ser** and **estar**	
Observaciones	¡Pura vida! Episodio 3	• Asking for and giving simple directions

Nuestro mundo

Panoramas	¡México fascinante!
Páginas	"El Museo de Antropología de México"
Taller	Un correo electrónico a un/a amigo/a

Readiness Check

¡México fascinante!

OCÉANO ÁRTICO

ESTADOS UNIDOS

CANADÁ

OCÉANO PACÍFICO

ESTADOS UNIDOS

OCÉANO ATLÁNTICO

MÉXICO

Golfo de México

«La educación no es para enseñar qué pensar, sino a pensar».

Refrán: "Education serves not to teach *what* to think, but rather *to think*."

Frida Kahlo pintó muchos autorretratos (*self-portraits*) y cuadros menos personales, como *Viva la vida*. Hoy en día se le considera una de las mejores (*best*) pintoras del mundo hispano. Fue la esposa del gran muralista mexicano Diego Rivera.

Los mariachis son los más genuinos exponentes de la música mexicana. Son populares en los restaurantes, los bailes, las fiestas y las bodas.

setenta y siete ●●● **77**

Presentation tip for *Refrán*
Act this out by using gestures as you say: *El/La profesor/a enseña. Pero no enseña **qué** pensar. El/La profesor/a enseña **a** pensar.* Point to your head and repeat the refrán, *La educación es para enseñar **a** pensar.* Wag your finger in negation: *La educación no es para enseñar **qué** pensar.* Have students repeat the phrases. Then ask one student to explain.

Note on *Frida Kahlo*
Frida Kahlo began her artistic career as a form of therapy after being injured in a terrible streetcar accident. Her many self-portraits depict the pain that she suffered during her life, including not being able to have children. In her later years, Kahlo painted many works depicting exotic animals and plants. *Viva la vida* (1954) is considered to be her last painting. Although some experts question whether it was actually painted in 1954, most agree that the inscription (in the watermelon) was added by Frida days before her death. While she was alive, her talent was greatly overshadowed by that of her husband, Diego Rivera.

Note on *Los mariachis*
Students are likely to be familiar with *mariachi* music. According to popular legend (which does not seem to be substantiated by the facts) the name originated from the time of the French occupation of Mexico, which began in 1861. The marriage ceremony between two French aristocrats was about to begin when the father of the bride discovered that the French musicians he hired had not appeared. He went running down the street shouting *marriage* in French (*mariage*). A group of Mexican folk musicians with typical instruments responded to the cry with *sí, mariachi,* and thus began the tradition of the name and mariachis performing at weddings and other festivities in Mexico. Maximilian, the emperor of Mexico installed by Napoleon, was executed in 1867, thus ending French rule.

¡Así lo decimos! VOCABULARIO

¡Así es la vida! La vida universitaria

 Un horario complicado.

MARCELA: Oye, Pedro, ¿qué materias tienes este semestre?

PEDRO: A ver, tengo siete en total: historia económica, economía política, teoría económica, investigación, matemáticas...

MARCELA: ¡Estás loco! ¡Todas son muy difíciles! Yo solamente tengo cuatro clases este semestre.

PEDRO: Sí tienes razón, pero mis clases son todas obligatorias para la carrera de economía.

 Ana tiene prisa mientras Beatriz escribe un correo electrónico.

ANA: ¿Tienes hambre? Yo sí. ¿Vamos a comer algo?

BEATRIZ: Ahora mismo no. Tengo que escribir otro correo electrónico más y después comemos.

ANA: ¡Escribe más rápido! Ya es la una y tenemos que comer antes de la clase de geología a las dos.

Hola, José. ¿Vamos a tomar un café después de clase?

Vocabulario Las materias académicas y la vida estudiantil

03-02 to
03-06

Variaciones

In Spain, **la administración de empresas** is more commonly **las empresariales**.

Las materias (Academic) Subjects

la administración de empresas	*business administration*
la arquitectura	*architecture*
el arte	*art*
la biología	*biology*
el cálculo	*calculus*
las ciencias políticas	*political science*
las ciencias sociales	*social sciences*
las comunicaciones	*communications*
la contabilidad	*accounting*
el derecho	*law*
el diseño	*design*
la educación física	*physical education*
la economía	*economics*
la estadística	*statistics*
la filosofía	*philosophy*
las finanzas	*finance*
la física	*physics*
la geografía	*geography*
la geología	*geology*
la historia	*history*
la informática / la computación	*computer science*
la ingeniería (eléctrica)	*(electrical) engineering*
las matemáticas	*mathematics*
la medicina	*medicine*
la pedagogía	*teaching, education*
la química	*chemistry*
la veterinaria	*veterinary science*

La chica estudia informática.

Sustantivos Nouns

la carrera	*career, field*
el/la chico/a	*boy/girl*
el correo electrónico	*e-mail*
el dinero	*money*
el horario (de clases)	*(class) schedule*
el semestre	*semester*
el trimestre	*trimester*
el videojuego	*video game*

Variaciones

In Mexico and other Latin American countries, the noun **chico/a** is used as an adjective synonymous with **pequeño/a** or *small*, for example, **un país chico** (or even **chiquito, chiquitito**). The term **chavo/a** is a common alternative for *boy/girl* in Mexico.

el correo electrónico

el chico con un videojuego

Adjetivos Adjectives

complicado/a	*complicated*
exigente	*challenging, demanding*
obligatorio/a	*obligatory, required*

Adverbios Adverbs

antes (de)	*before*
bastante	*quite, fairly*
después (de)	*after*
solamente	*only*

APLICACIÓN

3-1 Y tú, ¿qué estudias? Talk about what you study.

Paso 1 First, check off the subjects you have this term.

MODELO: *Estudio...*
    ☑ biología, ☑ cálculo, ☑ español y ☑ química.

☐ administración de empresas	☐ ciencias sociales	☐ francés	☐ matemáticas
☐ alemán	☐ comunicaciones	☐ geografía	☐ medicina
☐ álgebra	☐ coreano	☐ geología	☐ música
☐ antropología	☐ chino	☐ historia	☐ pedagogía
☐ árabe	☐ derecho	☐ informática	☐ portugués
☐ arte	☐ educación física	☐ ingeniería	☐ psicología
☐ biología	☐ español	☐ inglés	☐ química
☐ cálculo	☐ filosofía y letras	☐ japonés	☐ ruso
☐ ciencias políticas	☐ física	☐ literatura	☐ sociología

Paso 2 Now, compare your list with that of another student.

MODELO: E1: *Estudio biología, cálculo, español y química. Todas mis materias son difíciles. Y tú, ¿qué estudias?*
        E2: *Estudio biología, español, historia y sociología. Tengo clase todos los días.*

3-2 Materias en El Tec. El Instituto Tecnológico de Estudios Superiores de Monterrey (ITESM), popularly known as El Tec, has campuses all over Mexico, each with a particular academic strength.

Paso 1 Here is a schedule of classes for students in international business at El Tec. Choose three courses that interest you and create a possible schedule in the grid below.

Curso	Días	Hora
Administración de empresas	lunes y miércoles	8:30–10:00
Análisis de información	lunes y miércoles	10:30–12:00
Contabilidad financiera I	viernes	16:00–19:00
Derecho privado	lunes y miércoles	8:30–10:00
Japonés II	martes y jueves	15:00–17:00
Derecho público	viernes	16:00–19:00
Matemáticas II	lunes y miércoles	10:30–12:00
Psicología avanzada	lunes y miércoles	8:30–10:00
Estadística administrativa	martes y jueves	15:00–17:00
Principios de microeconomía	martes y jueves	15:00–17:00
Recursos humanos	lunes y miércoles	8:30–10:00
Negocios internacionales	martes y jueves	15:00–17:00
Principios de macroeconomía	lunes y miércoles	8:30–10:00

Cursos	Días	Horas
1.		
2.		
3.		

Paso 2 Share your schedule with a classmate and answer the questions that follow based on your conversations.

MODELO: E1: *¿Qué estudias este semestre?*
E2: *Administración de empresas.*
E1: *¿Cuándo?*
E2: *Los lunes y los miércoles a las ocho y media.*

1. ¿Quién tiene el horario más conveniente? ¿Por qué?

2. ¿Quién tiene el horario más difícil? ¿Por qué?

3. ¿Quién tiene el horario más interesante? ¿Por qué?

3-3 El horario de Alberto y Carmen. Listen to Alberto and Carmen talk about their schedules. Then select the name of the person described in each statement.

1. Estudia matemáticas.	Alberto	<u>Carmen</u>
2. Estudia química.	<u>Alberto</u>	Carmen
3. Tiene examen hoy.	<u>Alberto</u>	Carmen
4. Tiene que hablar con el profesor.	<u>Alberto</u>	Carmen
5. Trabaja esta noche.	<u>Alberto</u>	Carmen
6. Va a una fiesta esta noche.	Alberto	<u>Carmen</u>
7. Tiene una clase difícil.	Alberto	<u>Carmen</u>
8. Tiene un profesor exigente (*demanding*).	Alberto	<u>Carmen</u>

3-4 ¿Cuántas? In groups of three or four students, make a chart similar to the one below to decide on a time when you are all free to meet outside of class to work on a group project. Take turns asking the following questions so that all members share their schedules.

1. ¿Qué estudias este semestre (trimestre)?

2. ¿A qué hora es la clase de ...? ¿Qué días de la semana?

3. ¿Cuándo trabajas?

	lunes	martes	miércoles	jueves	viernes	sábado	domingo
9:00	*Sara: cálculo*		*Sara: cálculo*		*Sara: cálculo*	*Sara: trabajo*	
10:00	*Todos: español*	*Todos: español*	*Todos: español*	*Todos: español*			
11:00							
¿...?							

¡Hola!
Cultura en vivo

Students in Mexico, as in many parts of the world, begin their specializations very early in their university careers. The curriculum is usually fixed and the number of courses students must take varies with the *facultad*. During their final semesters students have more choice, but still mostly within their majors. In your opinion, what are advantages and disadvantages of this type of curriculum?

¡Así lo hacemos! ESTRUCTURAS

 1. The numbers *101 – 3.000.000*

Quinientos, seiscientos, setecientos, ochocientos, novecientos, ¡mil!

Numbers greater than 100 are expressed as follows:

101	ciento uno/a	800	ochocientos/as
200	doscientos/as	900	novecientos/as
300	trescientos/as	1.000	mil
400	cuatrocientos/as	4.000	cuatro mil
500	quinientos/as	100.000	cien mil
600	seiscientos/as	1.000.000	un millón (de)
700	setecientos/as	3.000.000	tres millones

- **Ciento** is used in compound numbers between 100 and 200.
  ciento diez, **ciento** treinta y cuatro, etcétera

- When 200 to 900 modify nouns, they agree in gender with them.
  doscien**tas** universidades   quinien**tos** libros
  seiscien**tas** veintiuna alumnas   cuatrocien**tos** cincuenta y un profesores

- **Mil** is never used with **un** and is never used in the plural for counting.
  mil, dos **mil**, tres **mil**, etcétera

- In Spanish, the year is always expressed in thousands.
  mil novecientos noventa y dos   *nineteen ninety-two (1992)*
  dos mil once   *two thousand eleven/twenty eleven (2011)*

- The plural of **millón** is **millones**, and when followed immediately by a noun, both take the preposition **de**.
  un millón **de** pesos
  dos millones **de** dólares
  dos millones trescientas mil personas

- In Spain and in most of Latin America, thousands are marked by a period and decimals by a comma.

Spain/Latin America	United States/Canada
$1.000	$1,000
$2,50	$2.50
$10.450,35	$10,450.35
2.341.500	2,341,500

APLICACIÓN

3-5 ¿Qué número es?   Write the numerals that are represented below.

MODELO: doscientos cuarenta y nueve
249

1. quinientos noventa y dos   592
2. diez mil setecientos once   10.711
3. un millón seiscientos treinta y tres mil doscientos nueve   1.633.209
4. novecientos mil ciento veintiuno   900.121
5. dos millones ochocientos mil ochocientos ochenta y ocho   2.800.888
6. ciento cuarenta y cinco   145

3-6 ¿En qué año? When did these events take place?

Paso 1 Write out each year, and then match it with an historical event.

MODELO: 1776

mil setecientos setenta y seis; la independencia de Estados Unidos

1. __g__ 1492
2. __a__ 2012
3. __d__ 2000
4. __c__ 1929
5. __f__ 1810
6. __b__ 1936
7. __e__ 1521
8. __h__ 2010

a. los Juegos Olímpicos en Londres
b. la Guerra Civil española
c. la Gran Depresión
d. el nuevo milenio
e. la conquista de México por Hernán Cortés
f. la Guerra de Independencia de México
g. la llegada (*arrival*) de Cristóbal Colón a Santo Domingo
h. la Copa Mundial de Fútbol en Sudáfrica

Paso 2 Now, write out two other important years and have classmates say what other events took place.

3-7A Inventario en el almacén (*warehouse*). You and your classmate are stock workers compiling end-of-year inventory figures. Each of you is missing data. Take turns asking each other questions to fill in the missing parts on each of your grids. **¡Ojo!** (*Watch out!*) Watch for agreement. Then check all your figures by calling out each item and quantity. **Estudiante B**, see **Appendix 1**, page A-5.

MODELO: ESTUDIANTE A: (You need) *¿Cuántas mesas tienes?*
ESTUDIANTE B: (You have) *Tengo setecientas cuarenta y siete mesas.*

Estudiante A:

_____ escritorios	525 calculadoras
816 pizarras	_____ computadoras
111.000 cuadernos	1.526 diccionarios
_____ mapas	2.400 libros de texto
110 sillas	_____ bolígrafos
11.399 lápices	600.450 CD

3-8 La lotería del Tec de Monterrey. The Tec has a yearly lottery in which they give away houses, furniture, cars, and shopping sprees. You have just won the million **peso** (about $69,000) shopping spree. Together with a partner, decide how you will spend your prize money without going over budget.

MODELO: E1: *Compramos dos escritorios ejecutivos por treinta mil pesos.*
E2: *No, mejor compramos uno ejecutivo y uno pequeño por diecisiete mil pesos.*

Presupuesto (*Budget*) $1.000.000 (PESOS)

escritorio ejecutivo	$15.000	reloj Rolex	$645.000
bicicleta	$1.290	carro híbrido	$387.000
silla de plástico	$250	sillón de cuero (*leather*)	$3.000
computadora portátil	$15.000	iPhone	$2.500
televisor plasma	$10.000	televisor pequeño	$1.500
mesa pequeña	$1.800	reproductor Blu-Ray	$2.500
carro alemán	$640.000	miscelánea	¿...?

Optional activity after 3-5
The following offers practice with simple math problems in Spanish. Have partners alternate the roles of reading versus solving equations. The complete activity is available for download from the IRC.
¡No tengo calculadora! Read each math problem aloud in Spanish and give the solution.
más (+) *menos* (−)
por (×) *entre* (÷)
son/es (=)

MODELO:
$333 - 132 =$ *trescientos treinta y tres menos ciento treinta y dos son doscientos uno*

1. $596 + 401 = 997$
2. $720 - 301 = 419$
3. $5.555 ÷ 11 = 505$
4. $2.000 + 2 = 2.002$

Note on *The plural form of acronyms*
According to the RAE, acronyms are invariable in writing: *el CD; los CD*. The plural is indicated by the inflection of modifiers and verbs: *Tengo varios CD de Alejandro Sanz. Los iPod nuevos ya están en venta.*

Optional activity after 3-5
The following offers practice with numerical patterns in Spanish. The complete activity is available for download from the IRC.
El millonario. Have students follow the pattern to complete the calculation. Then encourage students to make up their own patterns.
MODELO: ochocientos, novecientos, mil..., (*mil cien*)

1. mil, novecientos noventa, ochocientos ochenta, ... (*setecientos setenta*)
2. quinientos, cuatrocientos, seiscientos, ... (*trescientos*)
3. cien, doscientos, quinientos, seiscientos, mil, ... (*mil cien*)

Instructor Resources
• MSL: PPT, Supplementary Activities

Warm-up for *Possessive adjectives*
Move around the class asking students for random items by saying: *Necesito una calculadora. ¿Quién tiene una calculadora? Gracias, Tim.* Take object and ask: *Clase, ¿es mi calculadora? Es verdad, no es mi calculadora. ¿De quién es? Sí, es de Tim; es la calculadora de Tim. Es su calculadora.* Continue with such items as *un teléfono celular, un bolígrafo, una tarjeta de crédito,* etc.

2. Possessive adjectives

03-11 to 03-14

• You have already used **mi(s)** and **tu(s)** to express possession. Here are all the forms of possessive adjectives in Spanish.

Subject pronoun	With singular nouns	With plural nouns	
yo	**mi**	**mis**	*my*
tú	**tu**	**tus**	*your (inf.)*
Ud.	**su**	**sus**	*your (form.)*
él/ella	**su**	**sus**	*his, her*
nosotros/as	**nuestro/a**	**nuestros/as**	*our*
vosotros/as	**vuestro/a**	**vuestros/as**	*your (inf.)*
Uds.	**su**	**sus**	*your (form.)*
ellos/as	**su**	**sus**	*their*

• In Spanish, two factors determine the form of a possessive adjective: the possessor and the entity or thing possessed. Possessive adjectives agree in number with the nouns they modify, not the possessor. Note that **nuestro/a** and **vuestro/a** are the only possessive adjectives that show both gender and number agreement.

mi libro	*my book*	**mis** libros	*my books*
nuestra universidad	*our university*	**nuestras** universidades	*our universities*

• Possessive adjectives are always placed before the nouns they modify.

Tus clases son grandes.	*Your classes are big.*
Nuestros amigos llegan a las ocho.	*Our friends arrive at eight o'clock.*

• In Spanish, the construction **de** + *noun* can also be used to indicate possession. It is equivalent to the English *apostrophe s.*

La música de Tacvba es bonita.	*Tacvba's music is pretty.*
La hermana de Marcela estudia derecho.	*Marcela's sister studies law.*

• When the preposition **de** is followed by the definite article **el**, it contracts to **del**: **de** + **el** = **del**.[1]

Los exámenes del profesor son difíciles.	*The professor's exams are difficult.*
No es mi cuaderno, es de él.	*It's not my notebook, it's his.*

EXPANSIÓN   **More on structure and usage**
Su and *sus*

The possessive adjectives **su** and **sus** can have different meanings (*your, his, her, their*). The context in which they are used indicates who the possessor is.

María y José leen **su** libro.	*María and José read their book.*
Ramón habla con **sus** amigos.	*Ramón speaks with his friends.*

When the identity of the possessor in the third person is not clear, the construction **de** + *noun* or **de** + *pronoun* can be used for clarification.

¿De quién es el libro?	*Whose book is it?*
Es **su** libro. Es el libro **de Paco.**	*It's his book. It's Paco's book.*
¿Son **sus** amigas?	*Are they her friends?*
Sí, son las amigas **de ella.**	*Yes, they're her friends.*

---

[1]The preposition **de** does not contract with the subject pronoun **él**.

APLICACIÓN

3-9 Pedro. Pedro is a student at a university in Monterrey, Mexico.

Paso 1 Read about Pedro and underline all of the possessive adjectives.

Soy Pedro, estudiante del Tec de Monterrey. Mi carrera es ingeniería eléctrica.
Tengo clases por la mañana y trabajo por la tarde. Vivo en un apartamento cerca
de la universidad, pero voy a mi casa los fines de semana. Mi familia vive en
Guanajuato. Mis clases más difíciles son informática y estadística. El profesor
de estadística tiene su doctorado de una universidad norteamericana. Este año
voy a ser estudiante de intercambio[1] en Canadá, donde voy a estudiar francés,
también. Mi novia[2] es de Quebec. Voy a conocer[3] a su familia y a sus amigos.

[1]*exchange student* [2]*girlfriend* [3]*meet*

Paso 2 Now write as many questions as you can about him to ask a classmate.

MODELO: E1: *¿Cuándo son sus clases?*
E2: *Sus clases son por la mañana.*

3-10 ¿De quién/es es/son? Combine elements from each column to say to whom or
what the following things belong.

MODELO: *La clase de ingeniería eléctrica es del profesor joven. Es su clase.*

la clase de ingeniería eléctrica	el departamento de ingeniería
el reloj de plástico	los profesores de química
las sillas	*el profesor joven*
los diccionarios	el estudiante de geografía
el libro de arte	mi amigo
la mochila vieja	la niña pequeña
los bolígrafos rojos	la universidad
el horario de clases	el banco (*bank*)
los mapas	la profesora de diseño
el dinero	la cafetería
el correo electrónico	la estudiante de arte
las clases difíciles	la biblioteca (*library*)

Expansion of 3-9, Paso 2
Ask students additional
questions before or after
they have practiced in
pairs: *¿Cómo se llama el
estudiante? ¿Dónde estudia?
¿Cuál es su carrera? ¿Cuándo
son sus clases? ¿Cuándo
trabaja? ¿Cuándo va a la casa
de sus padres? ¿Dónde vive
su familia? ¿Cuáles son sus
clases más difíciles? ¿Adónde
va a estudiar este año? ¿De
dónde es su novia?*

Expansion of 3-9, Paso 2
Personalize this activity for
students by asking them
similar questions or by having
them ask each other these
questions in pairs. During
follow-up, expand on
students' responses: *Megan,
¿cuál es tu carrera en la
universidad? ¿Sí? ¿Hay
alguien más en la clase que
estudia psicología como
Megan?*

Answers to 3-10
Answers may vary.
*El reloj de plástico es de la niña
pequeña. Es su reloj.*
*Las sillas son de la cafetería. Son
sus sillas.*
*Los diccionarios son de la
biblioteca. Son sus diccionarios.*
*El libro de arte es de la profesora
de diseño. Es su libro de arte.*
*La mochila vieja es de la estu-
diante de arte. Es su mochila.*
*Los bolígrafos rojos son de los
profesores de química. Son sus
bolígrafos.*
*El horario de clases es de la
universidad. Es su horario.*
*Los mapas son del estudiante de
geografía. Son sus mapas.*
*El dinero es del banco. Es su
dinero.*
*El correo electrónico es de mi
amigo. Es su correo electrónico.*
*Las clases difíciles son del
departamento de ingeniería. Son
sus clases.*

3-11 Un campus excepcional. Think about your own university campus.

Paso 1 Complete the sentences with appropriate possessive adjectives and mark whether each statement is true for you or your campus. Then add two or three statements of your own.

	Cierto	Falso
MODELO: *Yo tengo cinco materias. Todas <u>mis</u> materias son interesantes.*	☑	☐
1. Nosotros tenemos un gimnasio impresionante. <u>Nuestro</u> gimnasio es nuevo y conveniente.	☐	☐
2. La librería vende muchos libros, y <u>sus</u> precios son buenos.	☐	☐
3. Yo tengo un apartamento en el campus. <u>Mi</u> apartamento es grande y moderno.	☐	☐
4. Tú tienes una computadora portátil. <u>Tu</u> computadora es nueva y rápida.	☐	☐
5. Elena y Carmen tienen buenos horarios de clase. Todas <u>sus</u> clases son después de las 10:00 de la mañana.	☐	☐
6. La profesora de geología tiene doscientos estudiantes en una de <u>sus</u> clases. Todos <u>sus</u> estudiantes son inteligentes y trabajadores.	☐	☐

Paso 2 Now, compare your opinions with a classmate. Do you agree?

MODELO: E1: *Yo tengo cinco materias. Todas <u>mis</u> materias son interesantes.*
E2: *Yo también. (Yo tengo cuatro materias. Todas mis materias son interesantes también.)*

3-12 ¿Cómo es? Take turns telling each other what the following things and people are like. Be sure to ask at least two follow-up questions to find out more about each topic.

MODELO: clase
E1: *¿Cómo es tu clase de inglés?*
E2: *Mi clase es buena.*
E1: *¿Sí? ¿Por qué?*
E2: *Porque el profesor es muy interesante.*
E1: *¿Sí? ¿Quién es?*
E2: *Es el Profesor Anderson.*

1. amigos	3. ciudad/pueblo (*town*)	5. profesor/a de...	7. trabajo
2. apartamento	4. universidad	6. familia	8. horario

3-13 Una universidad excepcional. In groups of three, write a description of your university using the features below and others that occur to you. Then read your description aloud to see which group has the most detailed description. Be sure that all adjectives agree with the nouns they modify.

la universidad	el programa de estudios	los equipos deportivos
los salones de clase	los estudiantes	los profesores
la cafetería	el horario de clases	los exámenes
las computadoras	los clubes sociales	la librería (*bookstore*)
el campus	los amigos	las clases de lenguas

MODELO: *Nuestra universidad es pequeña pero bonita. Tiene...*

Warm-up for 3-12
After reviewing the model with students, brainstorm other questions students might use to expand on the topics. Ask students, *¿Cómo son tus amigos de la universidad? ¿Qué hacen ustedes los sábados?* Ask students to provide possible answers and other related questions. Have students use the information to create their own dialogs.

Expansion of 3-13
Have students create a brochure or web page to advertise the university in Spanish.

3. Other expressions with *tener*

03-15 to 03-17

- You have used **tener** to show possession and to say you *have to* (*do something*).

Tengo muchos amigos.	*I have many friends.*
Tienes que asistir a clase.	*You have to attend class.*

- There are other common expressions that use **tener** where English uses the verb *to be*. Note that many of these refer to things we might feel (hunger, thirst, cold, etc.)

¿**Tienes** hambre?	*Are you hungry?*
No, pero **tengo** frío.	*No, but I'm cold.*
Tenemos prisa.	*We're in a hurry.*
Tienen ganas de visitar México.	*They feel like visiting (are eager to visit) Mexico.*

¡Maribel tiene miedo!

tener calor

tener frío

tener hambre

tener sed

tener miedo

tener sueño

tener cuidado

tener prisa

Uno y uno son dos. (1+1=2)
tener razón

tener ganas (de)

- Use the verb **tener** to express age.

tener… años	*to be . . . years old*
¿Cuántos años tienes?	*How old are you?*

¿Cúantos años tienes?
Tengo cinco.

Instructor Resources
- MSL: PPT, Supplementary Activities

Note on *Other expressions with* tener
Perhaps introduce *tener suerte* and *tener vergüenza*. Note that the negative of *tener cuidado* means "not to worry." The opposite of *tener razón* is often expressed as *estar equivocado/a*.

Note on *Other expressions with* tener
Explain that while in English these ideas are expressed with adjectives, in Spanish they are expressed with nouns, which do not vary in form. *Juan tiene frío. Paula tiene frío también.* (Not *Paula tiene fría.*)

Note on *Other expressions with* tener
Explain that because the words that follow *tener* in these expressions are nouns, they must be modified with adjectives, not adverbs. Contrast "I am <u>very</u> hungry" (adverb + adjective) with *Tengo <u>mucha</u> hambre* (adjective + noun).

APLICACIÓN

3-14 En un concierto de Café Tacvba. Silvia and Patricio are going to a Café Tacvba concert.

Paso 1 First, read the conversation between Silvia and Patricio before the concert. Underline all of the expressions that use **tener.**

PATRICIO: El concierto es en media hora, ¿quieres algo?

SILVIA: Sí, una limonada porque tengo mucho calor y mucha sed.

PATRICIO: Tengo ganas de tomar un café fuerte porque tengo un poco de sueño. Con siete materias, siempre tengo que estudiar hasta muy tarde.

SILVIA: Como tenemos prisa, ¿por qué no vamos al bar de la esquina ahora y también comemos un sándwich?

PATRICIO: Tienes razón, tengo hambre. Vamos al bar ahora mismo.

Paso 2 Now answer the questions using expressions with **tener.**

1. ¿Por qué quiere una limonada Silvia? Porque tiene mucho calor y mucha sed.
2. ¿De qué tiene ganas Patricio y por qué? Tiene ganas de tomar un café fuerte porque tiene un poco de sueño.
3. ¿Por qué tiene sueño Patricio? Tiene siete materias y tiene que estudiar mucho.
4. ¿Por qué crees que tienen prisa Silvia y Patricio? Tienen prisa porque el concierto es en media hora.
5. ¿Qué van a hacer (*do*) antes del concierto? ¿Por qué? Van a ir al bar a comer un sándwich porque ahora tienen hambre.

3-15 ¿Y tú…? Match these statements to say when you feel the following and expand the context to explain. If none of the choices are appropriate, supply a new one. More than one answer is possible in some cases.

MODELO: *Tengo ganas de visitar… México porque allí hablan español.*

1. __e__ Tengo frío…
2. a,b,c Tengo calor…
3. __d,g__ Tengo ganas de comer…
4. a,b,c Tengo sed…
5. __h__ Tengo prisa…
6. a,c,d Tengo cuidado…
7. __d__ Tengo sueño…
8. c,d,f Tengo miedo…

a. en el desierto…

b. en el verano…

c. en un examen…

d. a las dos de la mañana…

e. en el invierno…

f. en una película (*movie*) de horror…

g. en un buen restaurante…

h. cuando tengo que llegar a tiempo (*on time*)…

3-16 ¿Cuántos años tienen? You may be familiar with these famous Mexicans. Take turns saying how old they are.

MODELO: Felipe Calderón, presidente de México (1962)
Tiene... años.

1. Carlos Fuentes, autor (1928)
2. Carlos Slim, empresario y uno de los hombres más ricos del mundo (1940)
3. Alfonso Cuarón, director de cine, *Y tu mamá también* (1961)
4. Carlos Santana, músico (1947)
5. Salma Hayek, actriz (1966)
6. Carlos Contreras, deportista de NASCAR (1970)
7. Laura Esquivel, novelista, *Como agua para chocolate* (1950)
8. Alejandro González Iñárritu, director de cine, *Amores perros* (1963)

 3-17 Investigación. Research the group Café Tacvba and write a paragraph about them in which you answer the questions that follow.

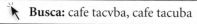 **Busca:** cafe tacvba, cafe tacuba

• ¿Cuáles son sus nombres completos y sus apodos (*nicknames*)?
• ¿De dónde son?
• ¿Cuántos años tienen?
• ¿Cómo es su música?
• ¿Dónde va a ser su próximo concierto?
• ¿Vas a asistir? (*Sí, voy ... / No, no voy ...*)

¿Cuántos años tiene el presidente Felipe Calderón?

03-18
to 03-22

¿Cuánto saben?

First, ask yourself if you can perform the following functions in Spanish. Then act out the scenarios with two or three classmates. Ask and respond to at least three questions in each situation.

✓ CAN YOU . . .

☐ exchange information about classes?

☐ talk about things that belong to you?

☐ talk about how you and others feel?

WITH YOUR CLASSMATE(S) . . .

Situación: En el centro estudiantil
Talk about your classes, say what you are studying and ask the others about their classes and what they are like.
Para empezar: *¿Qué estudias?¿Cómo es tu clase de...?*

Situación: En clase
Use possessive adjectives to discuss who owns the things you have in front of you.
Para empezar: *¿De quién es...?*

Situación: En un café
Talk about how you feel by using expressions with **tener** such as **tener hambre, sueño, ganas de,** etc. and then explain why you feel that way.
Para empezar: *Tengo ganas de... porque...*

Expansion of 3-16
Help students expand their knowledge of the individuals listed. Ask students if they can name other films in which Hayek appears. Some examples include *Fools Rush In* (1997), *Once Upon a Time in Mexico* (2003), *Bandidas* (2006). For Slim, Cuarón, Santana, and Contreras, find images of them on the Internet to bring to class. Encourage students to listen to samples of Santana's music on iTunes or YouTube and to watch the films mentioned.

Optional activity for *Primera parte*
The following is a review game for comprehensive practice. Similar to Scattergories, **¡Alto el fuego!** (Hold your fire!) asks students to provide a specific number of examples pertaining to a list of categories, and race each other to finish first. The complete activity with a list of categories and instructions for play is available for download from the IRC.

Presentation tip for *¿Cuánto saben?*
Remind students that these situations mirror what they do in daily life. Encourage them to greet each other appropriately before they begin and to use gestures and props. Students can also film their presentations and post them for the class using MediaShare found on MySpanishLab.

STUDENT LEARNING OUTCOMES
Use the **¿Cuánto saben?** activities to assess to what extent students can perform the **Objetivos comunicativos** for **Primera parte** presented in the chapter opener: exchanging information, talking about things they possess, and talking about how people feel. Provide an assessment for vocabulary, structures and fluency appropriate to the chapter theme and level (**5:** excellent – **1:** poor). See IRM for more information on rubrics.

Instructor Resources
• MSL: *Entrevistas* video

📖 Perfiles

03-23
to 03-24

Mi experiencia

MI UNIVERSIDAD: LA UNAM

3-18 Para ti. How many students are in your university? Which college or department is the largest? Is there an entrance exam for your university? Read about Susana Buendía and her experiences at UNAM (Universidad Nacional Autónoma de México).

¡Hola y muchos saludos desde San Cristóbal de las Casas, Chiapas! Estoy aquí para empezar mi año de servicio social en una escuela rural de Chiapas.

¡Qué día me espera[1] mañana! Tengo que preparar una presentación sobre la UNAM para un grupo de estudiantes. El objetivo es animarles a pensar en[2] ir a estudiar a México algún día. Menos mal[3] que solo es sobre la Facultad de Filosofía y Letras y no de toda la universidad. En mi presentación, tengo que explicar que en el sistema de la UNAM hay unos 168.000 estudiantes pero que en mi facultad somos 7.000. Mi amiga Marta dice que en la Facultad de Derecho, donde ella estudia, hay aproximadamente 23.000 estudiantes. ¡Órale! ¡Es enorme!

Mi experiencia en la UNAM es fantástica. Tengo clases de tipo conferencia[4] y también talleres[5] más pequeños donde conversamos sobre[6] la materia y le hacemos preguntas al profesor. El examen de admisión es bastante caro y difícil, pero como es una universidad pública, la matrícula es muy baja. Acabo de recibir[7] mi licenciatura[8] pero como todos los estudiantes que estudian en la UNAM, tengo que hacer un año de servicio público. Por eso[9] estoy aquí en Chiapas este año.

Para mi presentación, voy a ponerles también música de uno de mis grupos favoritos, Café Tacvba, que es muy popular entre mis amigos en la UNAM.

[1]*awaits me*   [2]*to encourage them to think about*   [3]*Thank goodness*   [4]*lecture*   [5]*workshops*   [6]*about*
[7]*I have just received*   [8]*bachelor's degree*   [9]*That's why*

3-19 En su opinión. What similarities and differences can you perceive between la UNAM and your own university? Working in small groups, discuss your opinions and record your group's responses. Be prepared to share with the class.

Semejanzas:	Diferencias:

Mi música

"ERES" (CAFÉ TACVBA, MÉXICO)

Café Tacvba (or **Tacuba**) is a Mexican alternative rock band that has taken the world by storm in the last few years, winning several Grammy and Latin Grammy awards, including one each for "Best Rock Song" and "Best Alternative Song." One of the most daring and versatile bands, their music combines modern rhythms from rock to hip-hop with Latin folk (**mariachi, ranchero, tejano,** and **samba**) styles. "Eres" is on the album *Cuatro caminos* (2003).

Antes de ver y escuchar

3-20 El tema de la canción. The following words or phrases appear in the song "Eres." Match the English for each and hypothesize what the song is about.

1. __e__ por ti
2. __j__ aquí me tienes
3. __c__ en este mundo
4. __h__ le hace falta
5. __d__ profundo
6. __a__ mi vida
7. __b__ mi salvación
8. __i__ preciosa
9. __f__ lo primero
10. __g__ lo que más quiero

a. my life
b. my salvation
c. in this world
d. profound
e. for you
f. the first
g. what I want most
h. is lacking or he/she needs
i. precious
j. here you have me

Para ver y escuchar

 3-21 La canción. Go to the Internet to find the song or a video of Café Tacvba singing this song.

> **Busca:** cafe tacvba, cafe tacuba, eres video tacvba eres letra
>
> **If you would like to purchase this song:** *Go to iTunes Store>Music>More to Explore>iMix>Arriba 6e*

As you listen or watch, write three complete sentences in Spanish to describe what you hear or see.

MODELO: *Los artistas son muy activos.*

1. La canción...   2. El ritmo...   3. Los artistas...

Después de ver y escuchar

3-22 ¿Y tú? Create your own version of the song "Eres." Use the theme and some of the expressions listed in **3-20** to write five or six lines about someone or something important in your life. Your version can be serious or funny. Present it to the class and include a dedication.

MODELO: *"Eres" escrito por..., dedicada a... (mi universidad, mi madre, mi compañero/a de cuarto...)*

(Continued from previous page.)

1. Los talleres son aburridos.
2. Las conferencias son interesantes.
3. La matrícula en nuestra universidad es alta.
4. Me gusta hablar en clase con el profesor.
5. Es importante hacer servicio público en la universidad.

Note on *"Eres"*
Complete lyrics are available on the Internet.
Busca: letra cafe tacuba eres

Wrap-up for *Mi música*
Have students work in pairs to respond to these questions. First have students discuss their findings in small groups. Then have a representative from each group summarize their ideas on the board.

1. ¿Cuál es el tema de la canción?
2. ¿Qué opinión tienen de la letra (*lyrics*) y del ritmo?
3. ¿Qué palabras asocian con la canción?
4. ¿Tienen ganas de bajar (*download*) una canción de la Internet o de comprar un CD de Café Tacvba?

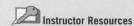
Segunda parte

¡Así lo decimos! VOCABULARIO

¡Así es la vida! ¿Dónde está la librería?
03-25

El campus de la Universidad Nacional Autónoma de México (UNAM) es enorme y tiene muchos edificios. Los estudiantes nuevos en la universidad buscan diferentes lugares en el mapa.

MARCELA: Pedro, tengo que ir a la librería para comprar un diccionario. ¿Dónde está?

PEDRO: Mira el mapa. Está enfrente de la Facultad de Medicina. ¿Vamos juntos ahora?

BETO: Oye, Tomás, ¿sabes dónde está la biblioteca?

TOMÁS: Pues mira, está cerquita[1], al lado de la librería.

ROSA: ¿Y la cancha de tenis?

TOMÁS: Está detrás del estadio. Vamos, te acompaño.

[1]cerquita = *cerca*. In Mexico it is common to use diminutives, in this case meaning "really close."

Vocabulario Los edificios de la universidad

03-26
to 03-30

03-26
to 03-30

Variaciones

In Spain, **la cancha de tenis** is more commonly **la pista de tenis**. In Argentina and Chile, the noun **cancha** is used in numerous expressions outside of sport, such as **¡Abran cancha!** (*Make way!*) and **sentirse en su cancha** (*to be in one's element*).

Los edificios | Buildings

el auditorio	*auditorium*
la biblioteca	*library*
la cafetería	*cafeteria*
la cancha de tenis	*tennis court*
el centro estudiantil	*student union*
el estadio	*stadium*
la Facultad de Arte	*School of Art*
la Facultad de Ciencias	*School of Science*
la Facultad de Derecho	*School of Law*
la Facultad de Filosofía y Letras	*School of Humanities*
la Facultad de Ingeniería	*School of Engineering*
la Facultad de Medicina	*School of Medicine*
la Facultad de Pedagogía	*School of.Education*
el gimnasio	*gymnasium*
el laboratorio (de lenguas / de computadoras)	*(language/computer) laboratory*
la librería	*bookstore*
el museo	*museum*
el observatorio	*observatory*
la rectoría	*president's office*
el teatro	*theater*

¿Dónde está? | Where is it?

al lado (de)	*beside, next to*
a la derecha (de)	*to the right (of)*
a la izquierda (de)	*to the left (of)*
cerca (de)	*nearby (close to)*
delante (de)	*in front (of)*
detrás (de)	*behind*
enfrente (de)	*facing, across (from)*
entre	*between*
lejos (de)	*far (from)*

Adverbios | Adverbs

casi	*almost*
siempre	*always*
solo	*only*

Otras palabros y expresiones | Other words and expressions

mira	*look*
pues	*well*
Te acompaño	*I'll go with you*
Vamos	*Let's go*

Verbos | Verbs

estar	*to be*
hacer	*to do, to make*
ir (a)	*to go*

en el museo

en el teatro

en la biblioteca

el observatorio

Instructor Resources
• MSL: Textbook images, PPT, Supplementary Activities

(Continued from previous page) Some common examples include: (with nouns) *la abuela > la abuelita, la noche > la nochecita*; (with adjectives) *chico > chiquito > chiquitito, fácil > facilito*; (with adverbs) *ahora* (word rarely uttered in Mexico) > *ahorita* (which can mean in about five to fifteen minutes, although no real closure to the time period is intended) > *ahoritita* (right away)

Presentation tip for *¡Así lo decimos!*
Here students will identify places in the university. To reinforce meaning, describe typical activities associated with the places listed in *¡Así lo decimos!*: *Estudiamos en la biblioteca. Vemos arte y artefactos en un museo. Escuchamos conciertos en el auditorio. Comemos y hacemos actividades en el centro estudiantil.*

Presentation tip for *¡Así lo decimos!*
Ask where particular university buildings are in relation to your classroom. Then ask students what activities they associate with those university locations.

Note on *Solo.*
As mentioned in an instructor note for *Páginas, Capítulo 2, solo* (without a written accent) can be both an adjective (alone, lonely) and an adverb (only). The written accent is obligatory on the adverb if there is ambiguity in its meaning: *Voy a ir solo/sólo a la fiesta* (adjective/adverb). Alternatively, *solamente* can replace the adverb *solo/sólo* in all cases. Since the distinction is subtle, you may wish to give students the option of using *solamente* as the adverbial form.

03-31
to 03-33

Letras y sonidos

Syllabification

In Spanish, a syllable is a unit of timing for rhythm. Every syllable contains one vowel, which may be accompanied by glides and/or consonants.[1] Consonants combine with vowels to form syllables as follows.

- A single consonant (including **ch, ll, rr**) attaches to the following vowel.

  se-ño-ri-ta   mu-cha-cho   bo-ca-di-llo   pi-za-rra

- Two consonants attach to the following vowel when they consist of a strong consonant (**p, b, t, d, c, g, f**) followed by **r** or **l**.

  a-brir   pro-ble-ma   no-so-tros   bo-lí-gra-fo

  When two consonants do not form this combination, they are separated.

  tar-de   de-por-te   blan-co   es-tu-dian-te

- With combinations of three consonants that include **p, b, t, d, c, g, f** plus **r** or **l**, in positions two and three, the last two consonants attach to the following vowel.

  com-pli-ca-do   hom-bre   es-cri-to-rio   in-glés

  Without this sequence of sounds, only the last consonant attaches to the following vowel.

  pers-pec-ti-va   ins-ta-lar   cons-tan-te   sols-ti-cio

- With four consonants, the last two always attach to the following vowel.

  ins-truc-tor   abs-trac-to

APLICACIÓN

3-23 ¿Dónde está...? Give the location of the following buildings using the maps on page 92. What do you associate with these places?

MODELO: _____ la cancha de tenis

Está cerca del estadio. En la cancha de tenis los estudiantes practican tenis. Es un deporte rápido y difícil.

Lugares	Direcciones
1. <u>d</u> la librería	a. Está al lado del estadio.
2. <u>c</u> la biblioteca	b. No está en el mapa.
3. <u>f</u> la cafetería	c. Está al lado de la librería.
4. <u>a</u> el gimnasio	d. Está enfrente de la Facultad de Medicina.
5. <u>b</u> el teatro	e. Está a la izquierda del gimnasio.
6. <u>e</u> el estadio	f. Está detrás de la biblioteca.

 3-24 Nuestra universidad. Work together with a partner to write five sentences about where buildings are located on your campus, some true and others false. Then find a new partner and take turns reading your sentences, answering whether they are true or false and correcting false ones. Be prepared to share some of your sentences with the class.

MODELO: E1: *La biblioteca está lejos del laboratorio de lenguas.*

E2: *¡No es cierto! La biblioteca está muy cerca del laboratorio de lenguas.*

---

[1]Syllables with glides are discussed in *Capítulo 2*.

3-25 En la cola (*Standing in line*). Listen to a description of people standing in line. Place the number of the description in front of the name of each person.

    3   Marcela

    4   Mercedes

    1   Pepe

    2   Adrián

    5   Paula

Marcela   Pepe   Paula   Mercedes   Adrián

3-26 ¿Dónde están? ¿Cómo son? Where or who are the people in the following drawings? Include a few additional ideas about each.

MODELO:  El profesor Romero está en un laboratorio de...
la Facultad de Ciencias. Enseña química. Es viejo.

1.

Lisa está en una clase de...
1. biología. Ella estudia para ser doctora. Ella escucha al profesor.

2.

Ana y Germán están en...
2. una clase de arte. Ellos estudian arte moderno. Tienen ganas de ser artistas.

3.

Catalina y Jacobo compran libros en...
3. la librería. No tienen mucho dinero pero tienen que comprar libros para sus clases.

3-27A Las materias, la hora, el lugar. Take turns asking and answering questions in order to complete the missing information on your class schedules. **Estudiante B**, see **Appendix 1,** page A-5.

MODELO: ESTUDIANTE A: *¿A qué hora es la clase de...?*
ESTUDIANTE B: *¿Qué clase es a la/s...?*
ESTUDIANTE A: *¿Dónde es la clase de...?*
ESTUDIANTE B: *¿Quién es el/la profesor/a de...?*

Estudiante A:

Hora	Clase	Lugar	Profesor/a
	cálculo		María Gómez García
9:00	diseño	Facultad de Arte	
	biología		Julia Gómez Salazar
12:00		Facultad de Letras	Juan Ramón Jiménez
	física		Carlos Santos Pérez

Audioscript for 3-25
1. Está entre Marcela y Paula.
2. Está lejos de la taquilla.
3. Está enfrente de la taquilla.
4. Está al lado de Adrián.
5. Está delante de Mercedes.

Wrap-up for 3-27A
To add accountability and closure to this (or any information gap (A/B) activity), ask 3 or 4 questions that require cumulative information in order to be answered correctly: *¿Cuántas clases de ciencias hay? ¿A qué hora es la clase más temprana? ¿Y la más tarde?,* etc.

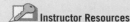

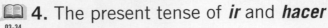

Presentation tip for *The present tense of* ir *and* hacer

Contextualize these new verbs by presenting a typical day for you or someone whom the students will know. Then ask students to say whether the activities are part of a typical day for them. Have students write about their own typical days and share them with the class. They may also compare how their days might differ from those of someone else they know.

Presentation tip for *The present tense of* ir *and* hacer

Use the following sentences to create a complete in-class presentation of the verb *hacer* on the board or a transparency: *En la biblioteca yo* <u>hago</u> *la tarea. En el gimnasio tú ____ ejercicios. En la cafetería los empleados ____ la comida. En casa mi esposo y yo ____ la cena. En la oficina vosotros ____ mucho trabajo. En clase los estudiantes ____ sus actividades de español.*

Note on *Expressions with* **hacer**

You may also want to introduce the expression *hacer el papel* (*to play the role*), as students will see this used in directions lines in Spanish starting in *Capítulo 5.*

📖 **4.** The present tense of *ir* and *hacer*

03-34
to 03-39

• The Spanish verbs **ir** and **hacer** are irregular.

ir (*to go*)			
SINGULAR		**PLURAL**	
yo	**voy**	nosotros/as	**vamos**
tú	**vas**	vosotros/as	**vais**
Ud.	**va**	Uds.	**van**
él/ella	**va**	ellos/as	**van**

hacer (*to do; to make*)			
SINGULAR		**PLURAL**	
yo	**hago**	nosotros/as	**hacemos**
tú	**haces**	vosotros/as	**hacéis**
Ud.	**hace**	Uds.	**hacen**
él/ella	**hace**	ellos/as	**hacen**

• **Hacer** is only irregular in the first-person singular: **hago**.

    Hago la tarea por las noches.   *I do homework at night.*

• **Ir** is generally followed by the preposition **a**. When the definite article **el** follows the preposition **a**, they contract to **al: a** + **el** = **al**.

    Luis y Ernesto van **al**   *Luis and Ernesto are going*
      centro estudiantil.   *to the student center.*

• The construction **ir a** + *infinitive* is used in Spanish to express future action. It is equivalent to the English construction *to be going to* + *infinitive.*

    ¿Qué **vas a hacer** esta noche?   *What are you going to do tonight?*
    Voy a estudiar en la biblioteca.   *I'm going to study in the library.*

• When you are asked a question using **hacer**, you usually respond with another verb.

    Ricardo, ¿qué **haces** aquí?   *Ricardo, what are you doing here?*
    Busco un libro para mi clase.   *I'm looking for a book for my class.*

• **Hacer** is also used in idiomatic expressions such as: **hacer un viaje** (*to take a trip*) and **hacer preguntas** (*to ask questions*).

    Tengo que **hacer una pregunta.**   *I have to ask a question.*
    Susana va a **hacer un viaje**   *Susana is going to take a trip*
      a San Miguel.   *to San Miguel.*

APLICACIÓN

3-28 Gael García Bernal. This Mexican film star (*Amores perros, Y tu mamá también, Babel, Diarios de motocicleta*) is considered one of Mexico's finest actors, and has been recognized by *People en español* as one of the 25 most beautiful people in the world.

Paso 1 First, read the newspaper article from *La Opinión* about what he is going to do next; underline all forms of the verb **ir a** + *infinitive*.

Un hijo para Gael

En una entrevista con *People en español*, Gael García Bernal informa que ahora con la llegada de su primer hijo va a dedicar los próximos meses a su familia, especialmente a su novia, la actriz Dolores Fonzi, y al pequeño, Lázaro. Los tres van a pasar un tiempo juntos en Guadalajara cerca de la familia de él. Sus padres van a ayudar a cuidar al niño. En ese tiempo, Gael también va a preparar su próximo papel[1] con el director Alfonso Cuarón. Es la segunda vez que los dos van a trabajar juntos. Entre las estrellas de la película, se incluyen además Javier Bardem y Salma Hayek. Según los rumores, van a filmar la película en México. Seguro que va a ser otro éxito[2] más para el joven actor.

[1]*role* [2]*success*

 Paso 2 Now, using the expressions given below, prepare questions based on the previous article. Then take turns asking and answering questions with a partner.

MODELO: E1: *¿Con quiénes va a pasar unos meses?*
E2: *Con su novia y su hijo. ¿Dónde…?*

1. ¿Dónde…?
2. ¿Cuándo…?
3. ¿Qué…?
4. ¿Quiénes…?
5. ¿Por qué…?
6. ¿Cómo…?

3-29 ¿Qué hacen? Guess what the following people are doing according to where they are. Complete each sentence with the correct form of **hacer** and an appropriate completion from the list below.

amigos	la comida	ejercicios	la lección	la tarea	el trabajo

MODELO: sándwiches
En la cafetería, la señora *hace sándwiches*.

1. En la biblioteca, yo hago la tarea.
2. En clase, nosotros hacemos la lección.
3. En el gimnasio, tú haces ejercicios.
4. En la oficina, los secretarios hacen el trabajo.
5. En el restaurante, el chef hace la comida.
6. En una fiesta, todos nosotros hacemos amigos.

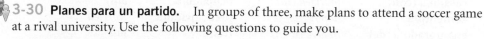 **3-30 Planes para un partido.** In groups of three, make plans to attend a soccer game at a rival university. Use the following questions to guide you.

MODELO: ¿Adónde van?
Vamos a Indiana University para asistir al partido de fútbol.

1. ¿Con quiénes van?
2. ¿Adónde van?
3. ¿Por cuánto tiempo van?
4. ¿A qué hora van?
5. ¿Qué van a hacer?
6. ¿Qué no van a hacer?
7. ¿Qué van a comprar?
8. ¿Cuándo van a regresar (*return*)?

Presencia hispana

Over the decades, the language of many Mexican Americans, as well as that of other Spanish-speaking immigrants, has been so heavily influenced by English that many refer to it as *Spanglish*. However, Spanish-language newspapers such as *La Opinión* in Los Angeles and *La Raza* in Chicago help promote Spanish language literacy among their readers. What are the benefits of being literate in two languages?

Optional activity after 3-29
The following offers further practice with verb conjugations while providing contexts to be personalized. This activity is available for download from the IRC.
En mi experiencia. Provide the correct forms of the verb *hacer* and then indicate whether each statement is true for you by saying: *Mi padre también…* or *Mi padre no.…*

1. Mi padre _hace_ la comida en mi casa.
2. Yo siempre _hago_ la tarea a tiempo.
3. Mis amigos y yo _hacemos_ mucho ejercicio.
4. Mis compañeros de clase _hacen_ mucho ruido (*noise*) durante los exámenes.
5. Mi profesor siempre _hace_ muchas preguntas en clase.

Optional activity before 3-30
The following provides semi-guided practice at the sentence level. This activity is available for download from the IRC.
¿Qué planes tienen?
Say what the following people are going to do this weekend. Some possible activities include: *bailar, comer en un restaurante mexicano, dar un concierto, hacer ejercicio, hacer una película, ir a Washington, preparar la tarea, preparar un informe, trabajar por la tarde, visitar al presidente*

MODELO: Salma Hayek es de México.

Va a visitar a su familia en la Ciudad de México.

1. Felipe Calderón es el presidente de México.
2. Enrique Iglesias es cantante.
3. Loretta y Linda Sánchez son congresistas de California.
4. Óscar de la Hoya es boxeador.
5. Yo soy…
6. Mis amigos y yo somos…

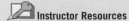
 ## 5. The present tense of *estar*

03-40
to 03-44

The English verb *to be* has two equivalents in Spanish, **ser** and **estar**. You have already learned the verb **ser** in **Capítulo 1,** and you have used some forms of **estar** to say how you feel, to ask how someone else feels, and to say where things and places are. The chart shows the present tense forms of **estar**.

estar (*to be*)			
SINGULAR		**PLURAL**	
yo	**estoy**	nosotros/as	**estamos**
tú	**estás**	vosotros/as	**estáis**
Ud.	**está**	Uds.	**están**
él/ella	**está**	ellos/as	**están**

• **Estar** is used to indicate the location of specific objects, people, and places.

Ana Rosa y Carmen **están** en la cafetería.   *Ana Rosa and Carmen are in the cafeteria.*
La cafetería **está** en el centro estudiantil.   *The cafeteria is in the student center.*

• **Estar** is also used to express a condition or state, such as how someone is feeling.

¡Hola, Luis! ¿Cómo **estás**?   *Hi, Luis! How are you?*
Hola, Sara. **Estoy** cansado. Elena **está** enferma.   *Hi, Sara. I'm tired. Elena is sick.*

• Adjectives that describe physical, mental, and emotional conditions are used with **estar**.

aburrido/a	*bored*	**enojado/a**	*angry*
cansado/a	*tired*	**nervioso/a**	*nervous*
casado/a (con)	*married (to)*	**ocupado/a**	*busy*
contento/a	*happy*	**preocupado/a**	*worried*
enamorado/a (de)	*in love (with)*	**triste**	*sad*
enfermo/a	*sick*		

Samuel y Eva **están** casados.   *Samuel and Eva are married.*
Ramón **está** divorciado.   *Ramón is divorced.*
Alicia **está** enamorada del novio de Úrsula.   *Alicia is in love with Ursula's boyfriend.*

APLICACIÓN

3-31 Frida y Diego. Frida Kahlo lived her final years in her family home, La Casa Azul, with her husband, muralist Diego Rivera. After her death, the house was converted into a museum.

Paso 1 First, read the description of the Frida Kahlo museum housed in La Casa Azul. Underline the forms of **estar**.

La Casa Azul, Museo Frida Kahlo está en la colonia[1] de Coyoacán, un barrio bonito que está cerca de la UNAM. La casa está pintada de azul, el color favorito de Frida. El museo reúne una colección extensa de fotografías, libros y otros objetos personales de Frida y Diego que representan diferentes aspectos de su vida personal y artística. En una foto vemos a Frida que está en su estudio donde pinta uno de sus cuadros famosos. Los colores de las frutas y de los animales son muy vívidos. En otra foto Frida y Diego están juntos. Frida es muy delgada y baja. Diego, en cambio, es muy alto y gordo. Ellos están muy contentos y es fácil ver que están muy enamorados. En muchas fotos, Frida está con personajes importantes como Leon Trotsky y André Breton. El museo está abierto[2] de martes a domingo de 10 a 6 de la tarde.

[1]*neighborhood* [2]*open*

Paso 2 Now, answer the questions based on what you read above.

1. ¿Dónde está la casa de Frida y Diego?
   Está en la colonia de Coyoacán.
2. ¿De qué color está pintada la casa?
   Está pintada de azul.
3. ¿Qué hace Frida en una de las fotos?
   Pinta en su estudio.
4. ¿Con quién está en otra foto?
   Está con Diego.
5. ¿Cómo están Frida y Diego cuando están juntos? ¿Por qué?
   Cuando están juntos, Frida y Diego están muy contentos porque están muy enamorados.

La Casa Azul

3-32 Planes para una visita al Museo Frida Kahlo. Complete the telephone conversation between two friends planning to visit the Frida Kahlo Museum with the correct forms of the verb **estar**.

JULIA: ¿Bueno?

CELIA: Julia, habla Celia. ¿Cómo (1) __estás__ (tú)?

JULIA: Muy bien, ¿y tú?

CELIA: Yo (2) __estoy__ bastante ocupada y estoy atrasada (*late*). ¡Oye!, ¿dónde (3) __estás__ (tú) ahora?

JULIA: (4) __Estoy__ en mi oficina.

CELIA: Pero, ¿no te acuerdas (*you remember*) que hoy vamos al Museo Frida Kahlo con Carlos y Juan?

JULIA: ¡Es verdad! ¿Qué hora es? ¿Dónde (5) __están__ Carlos y Juan?

CELIA: Ellos ya (*already*) (6) __están__ en Coyoacán.

JULIA: Ay, van a (7) __estar__ preocupados, ¿no?

CELIA: No creo, pero me imagino que (8) __están__ aburridos de esperar (*waiting*). ¡Tenemos que (9) __estar__ allí ya!

JULIA: Salgo inmediatamente.

CELIA: (10) __Está__ bien. Nos vemos en quince minutos.

3-33 En la cafetería. Challenge each other to identify people in the drawing by saying how they feel and why. Use **estar** with adjectives and expressions with **tener**.

Juanito
Manuela
Esteban
Luis
Gloria
Pedro
Rubén

cansado/a	enamorado/a
contento/a	enfermo/a
enojado/a	ocupado/a
nervioso/a	preocupado/a

MODELO: E1: *Está enfermo. Tiene mucho frío y necesita ir a casa.*
E2: *Es Pedro. Es verdad; tiene que ir a casa.*

3-34 ¿Cómo estás? Imagine that you are in the following situations. Say how you feel using the verb **estar** and an appropriate adjective from the list, and explain why.

aburrido/a	contento/a	enojado/a	nervioso/a	enfermo/a
cansado/a	enamorado/a de	ocupado/a	triste	preocupado/a

MODELO: en una fiesta
Estoy contento/a porque estoy con mis amigos.

1. a la medianoche
2. en clase
3. después de un examen
4. cuando hay mucho trabajo
5. en el hospital
6. con una persona especial
7. con Gael García Bernal
8. en una ciudad grande
9. en el gimnasio
10. lejos de la familia

3-35 Lo siento, no está aquí. Imagine that you are trying to avoid talking to someone on the telephone. Take turns inventing excuses for each other when the person calls. Here are some possibilities.

Lugares		**Razones**	
biblioteca	museo	enfermo/a	partido
hospital	restaurante	examen	clase de arte
estadio	centro estudiantil	proyecto importante	reunión con amigos

MODELO: E1: *Hola, ¿está Carlos?*
E2: *Lo siento, Carlos está en el gimnasio. Está con su novia.*
E1: *¿De verdad? ¡Yo estoy en el gimnasio y ellos no están aquí!*

3-36A ¿Dónde estoy? Take turns acting out your situations while your partner tries to guess where you are on campus. **Estudiante B**, see **Appendix 1**, page A-5. Then challenge other members of the class to guess where you are by acting out what you are doing.

MODELO: ESTUDIANTE A: (act out reading a book) *¿Dónde estoy?*
ESTUDIANTE B: *Estás en la biblioteca.*

Estudiante A:

1. (eating in the cafeteria)
2. (playing baseball in the stadium)
3. (listening to *¡Arriba!* dialogs in the language lab)
4. (buying books in the bookstore)
5. ¿...?

6. Summary of uses of *ser* and *estar*

03-45
to 03-50

In general, *ser* is used to express "traits." More specifically, it is used . . .

* with the preposition **de** to indicate origin and possession, and to tell what material something is made of.

Salma y Gael son de México.   *Salma and Gael are from Mexico.*
Las pinturas son de Diego.   *The paintings are Diego's.*
El bolígrafo es de plata.   *The pen is (made of) silver.*

* with adjectives to express characteristics of the subject, such as size, color, shape, religion, and nationality.

Tomás es alto y delgado.   *Tomás is tall and thin.*
Los jóvenes son católicos.   *The young men are Catholic.*
Somos mexicanos.   *We are Mexican.*

* with the subject of a sentence when followed by a noun or noun phrase that restates the subject.

Mi hermana es artista.   *My sister is an artist.*
Leo y Ligia son mis padres.   *Leo and Ligia are my parents.*

* to express dates, days of the week, months, and seasons of the year.

Es primavera.   *It's spring.*
Es (el) 10 de octubre.   *It's October 10th.*

* to express time.

Son las cinco de la tarde.   *It's five o'clock in the afternoon.*
Es la una de la mañana.   *It's one in the morning.*

* with the preposition **para** to tell for whom or for what something is intended or to express a deadline.

¿Para quién es la calculadora?   *For whom is the calculator?*
La composición es para el viernes.   *The composition is for (is due) Friday.*

* with impersonal expressions.

Es importante ir al laboratorio.   *It's important to go to the laboratory.*
Es fascinante estudiar la cultura hispana.   *It's fascinating to study Hispanic culture.*

* to indicate where and when events take place.

La fiesta es en mi casa.   *The party is at my house.*
El concierto es a las ocho.   *The concert is at eight.*

In general, *estar* is used to express "states." More specifically, it is used . . .

* to indicate the location of persons and objects.

La librería está cerca.   *The bookstore is nearby.*
Guadalajara está en México.   *Guadalajara is in Mexico.*

* with adjectives to describe the state or condition of the subject.

Las chicas están contentas.   *The girls are happy.*
Pedro está enfermo.   *Pedro is sick.*

 Instructor Resources
• MSL: PPT, Supplementary Activities

Presentation tip on *Summary of uses* of ser *and* estar
Before reviewing the list of the particular uses of each verb, emphasize to students that in general, *ser* is used to express "traits" and *estar* is used to express "states." This will give them an organizing principle by which to assimilate the specific uses and examples.

Note on *The use of* ser *with dates*
Remind students that Spanish speakers will often omit *el* before the number when referring to today's date: *Es diez de octubre*.

- with descriptive adjectives (or adjectives normally used with **ser**) to indicate that something is exceptional or unusual. This structure is often used this way when complimenting someone and in English is sometimes expressed with *look*.

Carlitos, tienes ocho años; ¡estás muy grande!	*Carlitos, you're eight years old; you are (look) so big!*
Señora Rubiales, usted está muy elegante esta noche.	*Mrs. Rubiales, you are (look) especially elegant tonight.*

Changes in meaning with *ser* and *estar*

- Some adjectives have different meanings depending on whether they are used with **ser** or **estar**.

Adjective	With *ser* (traits)	With *estar* (states)
aburrido/a	*to be boring*	*to be bored*
bonito/a	*to be pretty*	*to look pretty*
feo/a	*to be ugly*	*to look ugly*
guapo/a	*to be handsome*	*to look handsome*
listo/a	*to be clever*	*to be ready*
malo/a	*to be bad, evil*	*to be ill*
rico/a	*to be rich*	*to taste good (food)*
verde	*to be green (color)*	*to be green (not ripe)*
vivo/a	*to be smart, cunning*	*to be alive*

- Remember to use **hay** to say *there is/are.* It's frequently used with **mucho, poco,** or a number.

Esta noche **hay** una fiesta en mi casa.	*There's a party at my house tonight.*
Hay más de 44.000.000 de hispanos que viven en EE. UU.	*There are more than 44,000,000 Hispanics living in the U.S.*
Hay muchos jóvenes en la discoteca.	*There are many young people at the disco.*

APLICACIÓN

3-37 La familia Montesinos. The Montesinos family lives in Mexico's second largest city, known also as the birthplace of the *mariachi.*

Paso 1 First, read the description of the Montesinos family and underline all the forms of **ser** and **estar**. Identify why they are used in each example.

MODELO: Los señores Montesinos <u>son</u> mexicanos. (*trait: nationality*)

La familia Montesinos

La familia Montesinos <u>es</u> una familia mexicana que vive en Guadalajara. Guadalajara <u>está</u> cerca de la costa pacífica de México. Guillermo, el papá, <u>es</u> muy trabajador. Olga Marta, la mamá, <u>es</u> de la Ciudad de México y <u>es</u> muy simpática. Ellos tienen tres hijos: Billy, Martita y Érica. Billy <u>es</u> muy responsable. <u>Está</u> casado con María Josefa y ahora ellos <u>están</u> en Alemania donde Billy estudia ingeniería. Martita <u>es</u> muy inteligente. Ahora <u>está</u> en la capital donde visita a sus abuelos. Érica <u>es</u> muy alta y delgada y además, <u>es</u> muy trabajadora como su papá. Ella <u>está</u> en la biblioteca porque tiene que hacer su tarea. Esta noche la familia <u>está</u> muy contenta porque va a tener una fiesta para el aniversario de Guillermo y Olga Marta. <u>Es</u> importante invitar a toda la familia y a todos los amigos.

Paso 2 Now answer the following questions based on what you have read about the Montesinos family.

1. ¿De dónde es la familia?
   Es de México, de Guadalajara.
2. ¿Dónde está la ciudad?
   Está cerca de la costa pacífica.
3. ¿Cómo es el papá?
   Es muy trabajador.
4. ¿Cuántos hijos tienen?
   Tienen tres hijos.
5. ¿Quién está casada con Billy?
   María Josefa está casada con Billy.
6. ¿Dónde viven los abuelos?
   Viven en la capital/ la Ciudad de México.
7. ¿Cómo es Érica?
   Es alta, delgada y trabajadora.
8. ¿Por qué invitan a toda la familia esta noche?
   Es importante porque es el aniversario de Guillermo y Olga.

En febrero la familia Montesinos visita el refugio de las monarcas en Michoacán donde cada año llegan millones de mariposas.

3-38 En la casa de mi hermandad (*sorority*).   Ana belongs to a sorority in her university.

Paso 1 First, complete Ana's description of her sorority and what is happening tonight using the correct forms of **ser** or **estar,** or the verb **hay.**

Mi hermandad (1) __es__ grande, (2) __hay__ treinta y cuatro hermanas. La casa (3) __es__ un poco pequeña. (4) __Está__ en la avenida Florida que (5) __está__ en el centro de la ciudad y muy cerca de la universidad. Esta noche (6) __hay__ una fiesta en nuestra casa. La fiesta para reclutar (*recruit*) nuevas hermanas (7) __es__ a las ocho de la noche. Las nuevas hermanas siempre llegan temprano y ahora (8) __están__ en la sala con Claudia, la presidenta de la hermandad. Ella (9) __es__ muy social. (10) __Es__ también muy inteligente. La profesora Pérez, nuestra consejera, (11) __es__ simpática. Ella (12) __es__ psicóloga. Todas las hermanas (13) __están__ en el patio con la profesora Pérez. Rosa, mi compañera de cuarto no, porque (14) __está__ enferma. Rosa (15) __está__ en cama (*bed*). (16) __Son__ las ocho y quince de la noche y (17) __hay__ muchas chicas en mi casa. Hay dos futuras hermanas muy interesantes. Carlota (18) __es__ una joven alta y atlética; Sara (19) __es__ la joven baja y rubia. (20) __Son__ argentinas, de Buenos Aires. ¡Bienvenidas, amigas! (21) __Hay__ música, refrescos y comida. ¡Todo (22) __es__ para celebrar esta importante ocasión!

Paso 2 Now write a short paragraph about someone you know. Include the following information:

¿Quién es?

¿Dónde está en este momento?

¿De dónde es?

¿Qué hace ahora?

¿Cómo es?

¿Qué va a hacer en el futuro?

¿Por qué?

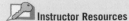
¡Hola!

Cultura en vivo

La lucha libre (*wrestling*) is a popular spectator sport in Mexico. One of the most famous wrestlers was *El Santo,* who became a folk hero and a symbol of justice for the common man through his appearances in comic books and movies. The anniversary of his death in 1984 is still commemorated by pilgrimages from all over Mexico to his mausoleum in Mexico City. Can you name a personality in the U.S. with a similar following since his or her death?

3-39A **¿Quién es?** Take turns describing the following people using **ser, estar,** and **tener** and guessing who the person is. **Estudiante B**, see **Appendix 1,** page A-6.

MODELO: ESTUDIANTE A: *Es una mujer. Tiene treinta años. Es muy inteligente. Está aquí en la clase con nosotros...*

ESTUDIANTE B: *¡Es la profesora!*

Estudiante A:

1. Óscar de la Hoya (*champion boxer*)
2. LeBron James (*professional basketball player*)
3. Hulk Hogan (*professional wrestler*)
4. ¿...?

 03-51 to 03-55

¿Cuánto saben?

First, ask yourself if you can perform the following functions in Spanish. Then act out the scenarios with two or three classmates. Ask and respond to at least three questions in each situation.

✓ CAN YOU . . .	WITH YOUR CLASSMATE(S) . . .
☐ describe yourself and others?	**Situación: En una fiesta** Introduce yourself and talk about yourself using the verb **ser** to say where you are from, your profession, what you are like, and the verb **estar** to say how you feel with adjectives such as **cansado/a, enojado/a, ocupado/a,** etc. and where places are located. Ask questions to find out about the other person, as well. **Para empezar:** *Hola, yo soy... y soy de...*
☐ make plans to do something with someone?	**Situación: En la biblioteca** Ask and answer questions about where you are going later and what you are going to do. Make plans to do something tonight. **Para empezar:** *¿Qué haces?*
☐ ask for and give simple directions?	**Situación: Estudiantes nuevos** Ask for and give directions to several places on campus. Use adverbs such as **cerca de, enfrente de,** etc. to say where things are. **Para empezar:** *¿Dónde está...?*

Observaciones

03-56
to 03-58

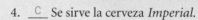**Instructor Resources**
• IRM: Videoscript

¡Pura vida! EPISODIO 3

Antes de ver el video

3-40 Nuestra Tierra. Patricio and Silvia decide to meet at *Nuestra Tierra*, a restaurant in San José. Read the following review; then judge whether the statements that follow are **cierto (C)** o **falso (F)**.

> ¡Qué lugar más divertido! Este restaurante ofrece "cocina local típica" y tiene una atmósfera atractiva para complementar la comida. A primera vista es un lugar rústico, sin embargo, hay un señor que toca la guitarra y meseros que sirven la comida de una manera cordial. Como decoración hay cebollas[1] que cuelgan del techo[2], y cestas de legumbres[3] frescas.
>
> En este restaurante se puede comer bien y barato, y tomar la famosa cerveza *Imperial*. Sirven platos típicos costarricenses y es un gran lugar para empezar la noche. Está abierto[4] 24 horas todos los días y está ubicado en la Calle 15 con la Avenida 2, de San José.

[1]onions [2]hanging from the ceiling [3]vegetables [4]open

1. _F_ *Nuestra Tierra* es un restaurante de comida típica salvadoreña.
   Sirven comida costarricense.
2. _F_ Los meseros son bastante impacientes.
   Son cordiales.
3. _F_ Es un lugar muy elegante.
   Es un lugar rústico.
4. _C_ Se sirve la cerveza *Imperial*.
5. _F_ Está cerrado (*closed*) los lunes.
   Está abierto todos los días.

A ver el video

3-41 Los otros personajes. Watch the third episode of **¡Pura vida!** where you will hear Silvia use the word **manzana** and Patricio will correct her using the word **cuadra**. Can you guess what the words mean? Then complete the following sentences by matching the phrases below.

 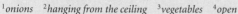 

Silvia	Patricio	Hermés

1. _d_ Silvia está cerca de...
2. _b_ El restaurante está...
3. _a_ Patricio desea estudiar...
4. _f_ Es necesario tomar un examen...
5. _c_ Patricio solicita...
6. _e_ Uno de los requisitos para Patricio es ser...

a. en una universidad norteamericana.
b. bastante lejos.
c. una beca *Fulbright*.
d. la Avenida Central.
e. colombiano.
f. de inglés.

Después de ver el video

3-42 Cómo llegar a *Nuestra Tierra*. Connect with the Internet to search for a map of downtown San José. Find the *Avenida Central* and see if you can find the corner where *Nuestra Tierra* is located. How many blocks would you have to walk?

> **Busca:** mapa centro san jose costa rica

Warm-up for 3-41
Besides the two different words for "city block" mentioned in this episode, *manzana* and *cuadra*, Patricio also notes Silvia's use of the word *patatas* instead of *papas*. On the board, write *Iberian Spanish: manzana, patatas*, and *Latin American Spanish: cuadra, papas*. Point out that various lexical differences between these two general varieties of Spanish exist and are to be expected, just as there are differences between British and American English. Ask students to listen for these words in this episode and to take note of any additional dialectal differences that they may perceive in this and/or subsequent episodes.

Expansion of 3-42
Choose other significant locations in San José to have students locate on the map. If you have Internet access in your classroom or can provide a printed version of the map on a transparency or on paper, have paired students give directions to one another on how to go from some given point A to point B in the city.

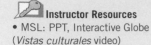
Warm-up for *Panoramas*
Ask how many students have visited Mexico and encourage them to share some experiences with the class.

Note on *Panoramas*
These images are meant to show some of the many facets of Mexico, which, like any country, has its social and economic difficulties as well as its charm.

Presentation tip for *Panoramas*
Students may view the *Vistas culturales* video and other resources using the *Panoramas* Interactive Globe in MSL.

Presentation tip for *Panoramas*
Point out various reading comprehension strategies to help students process the material. Encourage students to look for cognates as they read the captions. Have them identify the English equivalents for the following words in the captions: *síntesis, indígenas, coloniales, reserva, biosfera,* and *refugio.* Encourage students to connect the language to the photographs. Point out that it is not necessary to understand every word in a text to capture its global meaning. For further practice, have students use the reading strategies described in the *Páginas* section.

Comprehension check for *Panoramas*
Ask students comprehension questions based on the information in the captions, pointing to the pertinent photograph for each question: *¿Cuáles son las influencias culturales en el México de hoy? ¿Cómo es el metro de la capital de México? ¿Qué hay entre las Líneas 1 y 2 de la estación Pino Suárez? ¿Qué representan los alebrijes? ¿De qué están hechos? ¿Qué culturas fusionan las calaveras? ¿De qué están hechas? ¿De qué color son los flamencos?*

Nuestro mundo

Panoramas

📖 ¡México fascinante!

03-59 to 03-60

El México de hoy es una síntesis de influencias indígenas, coloniales, modernas y naturales.

México es famoso por su artesanía como los alebrijes hechos de papel maché o de madera (*wood*) y las calaveras, figuras talladas de madera o de azúcar (*sugar*). Los alebrijes (sobre estas líneas) representan figuras fantásticas mientras que las calaveras (a la derecha) fusionan las culturas indígenas y la española.

La Reserva de la biosfera Celestún, en la península de Yucatán, se extiende unos 600 km^2. Es reconocida internacionalmente por ser el refugio invernal (*winter*) de numerosos flamencos y de muchas otras especies de aves. Los flamencos de Celestún son los más rosados de todo el mundo.

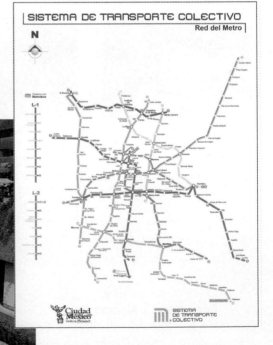

La capital de México es enorme, y su metro es uno de los más extensos del mundo. Durante la excavación para el metro, encontraron (*they found*) una pirámide azteca completa entre las Líneas 1 y 2 de la estación Pino Suárez. Los ingenieros dejaron la pirámide intacta en la estación.

México

Población: 112 millones

Alfabetismo: 91%

Expectativa de educación formal[1]: 13 años

Gastos para la educación: 5,5% PIB

Usuarios de la Internet: 23,3 millones

Usuarios de teléfonos celulares: 79 millones

---

[1] School life expectancy

3-43 Identifica. Use the photos and the information presented above to supply the following information.

1. una artesanía (*handcraft*) popular
   alebrijes, objetos de madera; las calaveras, figuras talladas de madera o azúcar

2. un medio de transporte en la capital
   el metro

3. el origen de los colonizadores
   España

4. una antigua civilización
   los aztecas

5. una especie de ave
   el flamenco

3-44 Desafío. Without looking at the map, see how many of these places you can identify. Check the map to confirm your responses.

1. la capital de México
   México, D. F.

2. una playa famosa
   Cancún, Puerto Vallarta, Acapulco, etc.

3. una ciudad en la frontera con EE. UU.
   Tijuana, Ciudad Juárez, etc.

4. una península
   Yucatán, Baja California

3-45 Proyecto: México, D.F. Mexico, D.F., was built on top of the Aztec city of Tenochtitlán. During excavations, many of the ancient pyramids and Aztec artifacts have been rediscovered. Today, the Metro makes Mexico City accessible to inhabitants and visitors alike.

Learn more about Mexico City by researching some of the following places or others that interest you: **el Palacio de Bellas Artes, el parque Chapultepec, el Zócalo, la Plaza Garibaldi, el Museo Nacional de Antropología, la Zona Rosa, la Basílica de la Virgen de Guadalupe, la Casa Azul.** Then, starting from Metro Station Universidad (where UNAM is located), create an itinerary of the places you would visit and include the following information:

- su nombre y dónde está
- la línea de Metro que tienes que tomar
- qué tiene de interés
- una foto representativa

Busca: mexico DF metro

MODELO: *Voy a visitar el zoológico en el parque Chapultepec. Para ir, tengo que tomar la Línea 3 hasta Balderas, y después la Línea 1 hasta Chapultepec. Allí voy a ver los osos panda. El costo del boleto en el Metro es...*

El Museo de Antropología de México

ANTES DE LEER

3-46 Una hipótesis. Use the text format, title, and other visual clues along with background knowledge to get an idea of what the text is about. As you read, test your hypothesis to see if your initial guesses were correct. Sometimes, you will have to revise your hypothesis as you read.

3-47 Formular una hipótesis. Answer these questions before reading to formulate a hypothesis about its content.

1. ¿Dónde?   2. ¿Quiénes?   3. ¿Cuándo?

A LEER

3-48 El museo. Read the following text to discover more about this world-famous museum.

Visite el Museo Nacional de
ANTROPOLOGÍA
de México

El Museo Nacional de Antropología del Distrito Federal de México fue inaugurado en 1964 para albergar[1] lo más representativo de los avances de la época en la investigación antropológica sobre el mundo prehispánico y sus descendientes, los pueblos indígenas de México.

La Sala de los mayas en el museo contiene una importante colección de piezas[2] de las ancestrales comunidades mayas, que nos permiten apreciar diferentes etapas[3] y escenarios de su historia y su visión del mundo. En la sala hay testimonios de la vida diaria[4], de sus costumbres y tradiciones en torno a[5] la guerra[6], al comercio y a su pensamiento[7] religioso con prácticas rituales.

Los mayas desarrollaron una brillante cultura, construyendo grandes centros cívico-ceremoniales con pirámides y bellas obras[8] de arte.

De martes a domingo de 9:00 a 19:00 hrs. El lunes permanece cerrado.

ADMISIÓN:

$51.00 M.N., de martes a sábado

Exentos de pago de 9:00 a 17:00 hrs:

- Niños menores de 13 años
- Estudiantes y profesores con credencial vigente[9]
- Adultos mayores de 60 años
- Jubilados[10], pensionados y discapacitados[11]
- Pasantes[12] e investigadores[13] que cuenten con el permiso del INAH (Instituto Nacional de Antropología e Historia)
- Todos los visitantes están exentos de pago los domingos de 9:00 a 17:00 hrs.

[1]house [2]pieces, items [3]stages [4]daily [5]pertaining to [6]war [7]thought [8]works [9]in force, in effect [10]retired persons
[11]disabled [12]Teachers [13]researchers

DESPUÉS DE LEER

3-49 ¿Comprendiste? Complete each statement logically.

1. El museo está en...
   a. Teotihuacán.
   (b.) México, D.F.
   c. Cancún.

2. La colección maya incluye...
   (a.) figuras de guerreros.
   b. pinturas de los años 1950.
   c. animales prehistóricos.

3. La colección refleja...
   (a.) la vida religiosa.
   b. las fiestas del pueblo.
   c. el uso de animales domésticos.

4. Si no quieres pagar (*pay*), lo visitas el...
   a. sábado.
   (b.) domingo.
   c. lunes

5. Los martes no paga(n)...
   a. nadie (*no one*).
   b. las mujeres.
   (c.) los adultos mayores de sesenta años.

 3-50 El Museo Nacional de Antropología. Connect with the Internet to visit this renowned museum in Mexico City. Look for the information that follows.

 Busca: museo nacional antropologia mexico

1. tres salas permanentes
2. una exposición temporal
3. una pieza interesante

3-51 En mi opinión. Compare your opinions with a classmate's by responding to the following statements using one of the expressions from the list.

| Sí, seguramente... | Sí, probablemente... | No... |

1. Tengo ganas de visitar México algún día.
2. Voy a visitar el Museo Nacional de Antropología.
3. Voy a visitar las pirámides.
4. Me gusta la arqueología.
5. Me gusta el arte.

Los mayas y los aztecas conmemoraban la muerte de sus enemigos con tallados (*carvings*) de sus víctimas.

Presentation tip for *Taller*

Have students look over the model given in 3-52 and identify the parts of an e-mail written in Spanish (TO, FROM, SUBJECT, the salutation or greeting, the body, and the closing or farewell). The *Antes de escribir* section can then be done in class, either in pairs or individually. Remind students of their audience, that is, the person who will read and respond to their e-mail. Have students carry out the *A escribir* section as homework to bring to class on the next class day.

Presentation tip for *Taller*

Have students carry out the step *Revisar* either at home or in class. Ask students to exchange their e-mails and make any grammatical corrections to their partner's work during class, so that you can be present to answer any questions, give guidance, etc. Students can respond to their partner's e-mail either in class or as homework. The section *Entregar,* where students rewrite their first drafts, is best carried out as homework. Perhaps give them more than one day to rewrite their own e-mails and respond to their partners' e-mails, which will be turned in together. In sum, the peer revision process suggested here will require more than one day to implement successfully.

 Taller

03-62
to 03-63

3-52 Un correo electrónico a un/a amigo/a. How would you describe your college experience to a Spanish-speaking friend or student in an e-mail?

> **A:**   rmejias@lenguaspearson.mx
> **DE:**   sbuendia@arribamail.com
> **ASUNTO:** Mi universidad
>
> Hola, Raquel:
> Hoy es 14 de octubre y estoy aquí en la biblioteca del Tec…
> Espero recibir tu respuesta pronto.
> Un abrazo de…

ANTES DE ESCRIBIR

- Respond to these questions before writing an e-mail to a friend about your student experience.

¿Cuál es la fecha de hoy?	¿Cómo son los profesores?
¿Dónde estás?	¿Dónde haces tu tarea?
¿Te gusta la universidad?	¿Dónde comes?
¿Qué estudias este semestre (trimestre/año)?	¿Adónde vas por la noche?
¿A qué hora son tus clases?	¿Qué vas a hacer mañana?
¿Recibes buenas notas (*grades*)?	¿…?

A ESCRIBIR

- Use the e-mail format above, beginning with **A, DE, ASUNTO**, and a greeting.

- Incorporate your answers to the previous questions in the e-mail. Connect your ideas with words such as **y, pero,** and **porque**.

- Ask your addressee for a reply to your e-mail.

- Close the e-mail with a farewell: **Un abrazo de**…

DESPUÉS DE ESCRIBIR

- **Revisar.** Review the following elements of your e-mail:
  - ☐ use of **ir, hacer,** and other **-er** and **-ir** verbs
  - ☐ use of **ser** and **estar**
  - ☐ agreement of subjects and verbs
  - ☐ agreement of nouns and adjectives
  - ☐ correct spelling, including accents

- **Intercambiar**
  Exchange your e-mail with a classmate's; make grammatical corrections and content suggestions. Then, respond to the e-mail.

- **Entregar**
  Rewrite your original e-mail, incorporating your classmate's suggestions. Then, turn in your revised e-mail and the response from your classmate to your instructor.

Vocabulario

Primera parte

Las materias (Academic) Subjects

la administración de empresas *business administration*
la arquitectura *architecture*
el arte *art*
la biología *biology*
el cálculo *calculus*
las ciencias políticas *political science*
las ciencias sociales *social science*
las comunicaciones *communications*
la contabilidad *accounting*
el derecho *law*
el diseño *design*
la educación física *physical education*
la economía *economics*
la estadística *statistics*
la filosofía *philosophy*
las finanzas *finance*
la física *physics*
la geografía *geography*
la geología *geology*
la historia *history*
la informática / la computación *computer science*
la ingeniería (eléctrica) *(electrical) engineering*
las matemáticas *mathematics*
la medicina *medicine*
la pedagogía *teaching, education*
la química *chemistry*
la veterinaria *veterinary science*

Sustantivos Nouns

la carrera *career, field*
el/la chico/a *boy/girl*
el correo electrónico *e-mail*
el dinero *money*
el horario (de clases) *(class) schedule*
el semestre *semester*
el trimestre *trimestre*
el videojuego *video game*

Adjetivos Adjectives

complicado/a *complicated*
exigente *challenging; demanding*
obligatorio/a *obligatory; required*

Adverbios Adverbs

antes (de) *before*
bastante *quite; fairly*
después (de) *after*
solamente *only*

Otras expresiones con tener Other expressions with *tener*

tener... años *to be . . . years old*
tener calor *to be warm, hot*
tener cuidado *to be careful*
tener frío *to be cold*
tener ganas (de) *to feel like*
tener hambre *to be hungry*
tener miedo *to be afraid*
tener prisa *to be in a hurry*
tener razón *to be right*
tener sed *to be thirsty*
tener sueño *to be sleepy*

Segunda parte

Los edificios Buildings

el auditorio *auditorium*
la biblioteca *library*
la cafetería *cafeteria*
la cancha de tenis *tennis court*
el centro estudiantil *student union*
el estadio *stadium*
la Facultad de Arte *School of Art*
la Facultad de Ciencias *School of Science*
la Facultad de Derecho *School of Law*
la Facultad de Filosofía y Letras *School of Humanities*
la Facultad de Ingeniería *School of Engineering*
la Facultad de Medicina *School of Medicine*
la Facultad de Pedagogía *School of Education*
el gimnasio *gymnasium*
el laboratorio (de lenguas / de computadoras) *(language/computer) laboratory*
la librería *bookstore*
el museo *museum*
el observatorio *observatory*
la rectoría *president's office*
el teatro *theater*

¿Dónde está...? Where is . . .?

al lado (de) *beside, next to*
a la derecha (de) *to the right (of)*
a la izquierda (de) *to the left (of)*
cerca (de) *nearby (close to)*
delante (de) *in front (of)*
detrás (de) *behind*
enfrente (de) *facing, across (from)*
entre *between*
lejos (de) *far (from)*

Adverbios Adverbs

casi *almost*
siempre *always*
solo *only*

Otras palabras y expresiones Other words and expressions

mira *look*
pues *well*
Te acompaño *I'll go with you*
Vamos *Let's go*

Verbos Verbs

estar *to be*
hacer *to do; to make*
ir *to go*

Expressions with *todo/a/os/as* *See page 80.* **The Numbers *101–3.000.000*** *See page 82.* **Possessive adjectives** *See page 84.*
Expressions with *hacer* *See page 96.* **Adjectives with *estar*** *See page 98.*

Presentation tip for *Vocabulario*
Help students better assimilate vocabulary through images, maps, class schedules, role-plays, and review games. Some examples of the latter that will work successfully with these word sets include word associations such as categorizing courses and disciplines within schools or colleges, identifying related courses, etc., spelling races at the board, and Pictionary (since many of the words are nouns). By interacting with others and using words in meaningful and fun ways, students strengthen their acquisition of vocabulary.

Instructor Resources
• Testing Program

4

¿Cómo es tu familia?

 Primera parte

OBJETIVOS COMUNICATIVOS

¡Así lo decimos! Vocabulario	Miembros de la familia	• Talking about your family
¡Así lo hacemos! Estructuras	The present tense of stem-changing verbs: **e → ie, e → i, o → ue**	• Expressing desires and preferences
	Direct objects, the personal **a,** and direct object pronouns	• Planning activities
Perfiles		
Mi experiencia	La familia hispana ¿típica?	
Mi música	"El encarguito" (Guillermo Anderson, Honduras)	

 Segunda parte

¡Así lo decimos! Vocabulario	El ocio	• Extending invitations
¡Así lo hacemos! Estructuras	Demonstrative adjectives and pronouns	• Pointing out people and things to others
	The present tense of **poner, salir,** and **traer**	• Discussing things and people you know
	Saber and **conocer**	
Observaciones	¡Pura vida! Episodio 4	

Nuestro mundo

Panoramas	América Central I: Guatemala, El Salvador, Honduras
Páginas	*Sobreviviendo Guazapa,* Cinenuevo
Taller	Una invitación

Readiness Check

América Central I: Guatemala, El Salvador, Honduras

ESTADOS UNIDOS

OCÉANO ATLÁNTICO

Golfo de California

MÉXICO

Golfo de México

Bahía de Campeche

CUBA

REPÚBLICA DOMINICANA

PUERTO RICO

GUATEMALA

HONDURAS

Mar Caribe

EL SALVADOR

NICARAGUA

PANAMÁ

COSTA RICA

OCÉANO PACÍFICO

AMÉRICA DEL SUR

«Al hombre mayor, dale honor».

Refrán: Respect your elders.

Rigoberta Menchú recibió el Premio Nobel por su lucha por los derechos humanos de los indígenas de Guatemala.

Tikal, Guatemala, es uno de los sitios más importantes de la civilización maya.

Note on *map*
Belice (Belize) is the English-speaking country east of Guatemala and south of Mexico.

Presentation tip for *map*
Have students look at the map (or refer them to the inside cover for a larger version). *De los tres países centroamericanos, ¿cuál es el más pequeño? ¿Cuál tiene frontera con Nicaragua? ¿Qué país empieza con la letra hache?* etc.

Presentation tip for *Refrán*
Act out this saying by stooping over like a person walking with a cane. Then lower your head to show respect. Repeat the *refrán* with *mujer,* as well.

Note on *Images*
Rigoberta Menchú (1959–) was born to a poor Quiche Mayan family. During her youth, she helped her family farm and worked on large plantations. Her father was accused of guerilla activity and was imprisoned, tortured, and later killed by security forces, as were her brother and mother. Menchú fled to Mexico where she worked to organize a broad resistance to oppression of indigenous peoples in Guatemala. Today, she is recognized as an advocate of indigenous rights and ethno-cultural reconciliation. (Source: *The Nobel Prizes 1992,* Editor Tore Frängsmyr, [Nobel Foundation], Stockholm, 1993.)

Tikal is one of the largest archaeological pre-Colombian Mayan sites. It is located in the Petén Basin in northern Guatemala. In 1979 it was declared a UNESCO World Heritage Site. The city dates to the 4th century BC, but reached its apogee in 200–900 AD when it dominated much of the Mayan region. At one time, it had an estimated population of 90,000, but was abandoned by the end of the 10th century.

Primera parte

¡Así lo decimos! VOCABULARIO

 ¡Así es la vida! Una tamalada

Las mujeres de la familia Suárez preparan tamales para la fiesta de cumpleaños del abuelo.

CLARA: Suegra, ¿qué servimos con los tamales?

CHELA: Suegra, ¿qué piensas que prefiere tomar el abuelo?

ANITA: Tía Chela, tenemos refrescos, ¿no?

Los hombres de la familia Suárez esperan la comida.

JOAQUÍN: Feliz cumpleaños, papá.

EL ABUELO (DON RAMÓN): Gracias, hijo. ¡Qué deliciosos van a estar los tamales de tu mamá!

TOMÁS: ¡Salud!

TOMASITO: Papi, ¿cuándo vamos a almorzar? ¡Tengo hambre!

04-02 to 04-06

Vocabulario Miembros de la familia

Miembros de la familia — Family members

el/la abuelo/a *grandfather/grandmother*
el/la cuñado/a *brother-in-law/sister-in-law*
el/la esposo/a *husband/wife*
el/la hermanastro/a *stepbrother/stepsister*
el/la hermano/a *brother/sister*
el/la hijo/a *son/daughter*
la madrastra *stepmother*
la madre *mother*
el/la nieto/a *grandson/granddaughter*
el/la novio/a *boyfriend/girlfriend, groom/bride*
la nuera *daughter-in-law*
el padrastro *stepfather*
el padre *father*
el/la perro/a *dog*
el/la primo/a *cousin*
el/la sobrino/a *nephew/niece*
el/la suegro/a *father-in-law/ mother-in-law*
el/la tío/a *uncle/aunt*
el yerno *son-in-law*

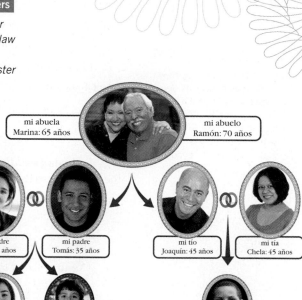

mi abuela Marina: 65 años
mi abuelo Ramón: 70 años
mi madre Clara: 30 años
mi padre Tomás: 35 años
mi tío Joaquín: 45 años
mi tía Chela: 45 años
mi hermana Anita: 10 años
yo (Tomasito): 6 años
mi primo Beto: 8 años

Verbos — Verbs

almorzar (ue) *to have lunch*
costar (ue) *to cost*
dormir (ue) *to sleep*
empezar (ie) *to begin*
encontrar (ue) *to find*
entender (ie) *to understand*
ganar *to earn*
jugar a (ue) *to play*
pasar *to spend (time)*
pensar (ie) en *to think (about)*
pensar (ie) (+infinitive) *to plan (to do something)*
pedir (i) *to ask for, to request*
perder (ie) *to lose*
poder (ue) *to be able, can*
preferir (ie) *to prefer*
querer (ie) *to want, to love*
recordar (ue) *to remember*
repetir (i) *to repeat, to have a second helping*
servir (i) *to serve*
soñar (ue) (con) *to dream (about)*
venir (ie) *to come*
volver (ue) *to return*

Adjetivos — Adjectives

casado/a *married*
divorciado/a *divorced*
mayor *older*
menor *younger*
soltero/a *single, unmarried*
unido/a *close, close-knit*

Otras palabras y expresiones útiles

algún día *someday*
la comida *food*
conmigo *with me*
contigo *with you*
el refresco *soft drink*

APLICACIÓN

4-1 ¿Quién es quién? Look at Tomasito's family tree on the previous page and explain the relationships between the members.

MODELO: Tomasito y Anita.
Son hermanos. Anita es la hermana de Tomasito y él es el hermano de ella.

1. don Ramón y doña Marina
2. Chela y Beto
3. Chela y don Ramón
4. Anita y Beto
5. Beto y Tomás
6. don Ramón y Anita
7. Joaquín y Clara
8. Tomás y don Ramón y doña Marina

4-2 La boda (*wedding*) de Clara y Tomás. Answer the following questions based on the invitation to the wedding of Clara Sosa Sánchez and Tomás Suárez Ferrero.

1. ¿Quiénes son los novios?
Clara y Tomás

2. ¿Cómo se llama el padre de la novia?[1]
José Sosa Beléndez

3. ¿Cómo se llama la madre de la novia?
Elena Sánchez de Sosa

4. ¿Quiénes son los futuros suegros de Clara?
Ramón Suárez Buenahora y Marina Ferrero de Suárez

5. ¿Dónde es la ceremonia? ¿Y la recepción? La ceremonia es en la Iglesia San Jorge en San Salvador, El Salvador. La recepción es en el Salón Real del Hotel Princesa

6. ¿En qué fecha y a qué hora es la ceremonia?
Es el 27 de mayo de 2011 a las tres de la tarde.

José Sosa Beléndez
Elena Sánchez de Sosa
y
Ramón Suárez Buenahora
Marina Ferrero de Suárez
tienen el honor de invitarle
al matrimonio de sus hijos
Clara y Tomás
el viernes veintisiete de mayo
de dos mil once
a las tres de la tarde
Misa Nupcial en
Iglesia San Jorge
San Salvador, El Salvador
Recepción y cena
Salón Real, Hotel Princesa

[1]See **Perfiles: Nombres, apellidos y apodos** in **Capítulo 2** for information on Hispanic last names.

4-3 Entre familia. Learn about Clara's family before she married Tomás.

Paso 1 Listen as Clara describes her family and complete her family tree by writing the names of the three generations of family members that live at home.

Clara

Paso 2 Take another look at the family tree you completed in **Paso 1** and give the relationships for each of these people.

MODELO: *Clara es la hija de José Luis…*(etc.)

 4-4 Tu árbol genealógico. Draw a family tree, based on your own family, in which some of the members are real and some are fictitious. Take turns describing your family and deciding if each is telling the truth about family members.

MODELO: E1: *Mi abuelo se llama don Juan. Es moreno, muy guapo y bastante rico. Es muy popular entre las mujeres.*
E2: *No es verdad. No te creo. / ¿De verdad? Cuéntame más.* (Tell me more.)

4-5 ¿Cómo es tu familia? With a classmate, take turns asking and answering questions about your families.

MODELO: E1: *¿Viven tus abuelos con tu familia?*
E2: *Sí, viven con nosotros. ¿Y tus abuelos?*
E1: *No, mis abuelos no viven con nosotros.*

1. ¿Viven tus abuelos con tu familia?
2. ¿Dónde vive tu familia?
3. ¿Cuántos hermanos o hermanas tienes?
4. ¿Trabajan o estudian tus hermanos?
5. ¿Cuántos primos tienes?
6. ¿Viven cerca tus primos?
7. ¿…?

Instructor Resources
• MSL: PPT, Supplementary Activities

Presentation tip for *The present tense of stem-changing verbs*
Invent a brief narrative in which you use some of the stem-changing verbs to talk about your family. Then test comprehension by asking students to identify a person for each action: *Tengo una familia pequeña: mi mamá, mis dos hermanos y mi perro. En casa, mi mamá prefiere ver la televisión; mi hermano mayor siempre quiere estar con sus amigos. Mi hermana menor prefiere leer una novela. Mi perro siempre quiere salir y jugar con los otros perros. Yo prefiero dormir porque trabajo mucho y estoy muy cansado/a. ¿Quién...?* You can repeat the same narrative when you introduce the direct object pronouns so that students become accustomed to the names: *En casa, veo a mi mamá.* → *La veo. No veo a mi hermano porque está con sus amigos.* → *No lo veo.*

Presentation tip for *The present tense of stem-changing verbs*
Point out that the diphthong occurs in a stressed syllable, which precludes the *nosotros* and the *vosotros* forms. Have students challenge each other on these pattern differences by having one say a subject and another supply the verb form.

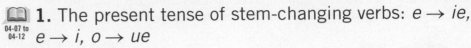

¡Así lo hacemos! ESTRUCTURAS

1. The present tense of stem-changing verbs: $e \rightarrow ie$, $e \rightarrow i$, $o \rightarrow ue$

04-07 to 04-12

¿Quiere un sándwich de pollo?

No señor, prefiero una hamburguesa.

You have already learned how to form the present tense of regular **-ar**, **-er**, and **-ir** verbs and a few irregular verbs. The following verbs require a change in the stem vowel[1] of the present forms, except in **nosotros/as** and **vosotros/as**. There are three main stem changes: **e** to **ie**; **e** to **i**; **o** to **ue**. There is one verb, **jugar,** that has a **u** to **ue** stem change.

El cambio e → ie

• In this stem-changing pattern, the **e** of the stem changes to **ie** in all forms except **nosotros/as** and **vosotros/as**.

querer (*to want, to love*)			
yo	qu**ie**ro	nosotros/as	queremos
tú	qu**ie**res	vosotros/as	queréis
Ud.	qu**ie**re	Uds.	qu**ie**ren
él/ella	qu**ie**re	ellos/as	qu**ie**ren

• The following are some common **e → ie** verbs.

empezar	*to begin*
entender	*to understand*
pensar (en)	*to think (about)*
pensar (+ *infinitive*)	*to plan (to do something)*
perder	*to lose*
preferir	*to prefer*

Te **quiero,** cariño.	*I love you, dear.*
Siempre **pensamos en** nuestro abuelo.	*We always think about our grandfather.*
Pienso ver una película esta noche.	*I plan to see a movie tonight.*
¿A qué hora **empieza** la función?	*At what time does the show start?*

• Like **tener,** the verb **venir** (*to come*) has an additional irregularity in **yo**.

tener			
yo	**tengo**	nosotros/as	tenemos
tú	t**ie**nes	vosotros/as	tenéis
Ud.	t**ie**ne	Uds.	t**ie**nen
él/ella	t**ie**ne	ellos/as	t**ie**nen

venir			
yo	**vengo**	nosotros/as	venimos
tú	v**ie**nes	vosotros/as	venís
Ud.	v**ie**ne	Uds.	v**ie**nen
él/ella	v**ie**ne	ellos/as	v**ie**nen

Tengo que pasar por mi novia a las ocho.	*I have to stop by for my girlfriend at eight.*
Si Ester y Rubén **vienen** el viernes, yo **vengo** también.	*If Ester and Rubén come Friday, I'll come too.*

---

[1]In these forms the stem contains the stressed syllable.

El cambio e → i

- Another stem-changing pattern changes the stressed **e** of the stem to **i** in all forms except **nosotros/as** and **vosotros/as**.

pedir (*to ask for, to request*)			
yo	p**i**do	nosotros/as	pedimos
tú	p**i**des	vosotros/as	pedís
Ud.	p**i**de	Uds.	p**i**den
él/ella	p**i**de	ellos/as	p**i**den

- All **e → i** stem-changing verbs have the **-ir** ending. The following are some other common **e → i** verbs.

repetir   *to repeat, to have a second helping*

servir   *to serve*

La instructora **repite** las instrucciones solo una vez.   *The instructor repeats the instructions only one time.*

¿**Servimos** la sopa primero?   *Do we serve the soup first?*

¡Repito! ¡No estoy enojada contigo!

El cambio o → ue

- Another category of stem-changing verbs is one in which the **o** changes to **ue.** As with **e → ie** and **e → i,** there is no stem change in the **nosotros/as** and **vosotros/as** forms.

volver (*to return, to come back*)			
yo	v**ue**lvo	nosotros/as	volvemos
tú	v**ue**lves	vosotros/as	volvéis
Ud.	v**ue**lve	Uds.	v**ue**lven
él/ella	v**ue**lve	ellos/as	v**ue**lven

- Other commonly used **o → ue** stem-changing verbs include the following:

almorzar   *to have lunch*
costar[1]   *to cost*
dormir   *to sleep*
encontrar   *to find*
jugar[2] **a**   *to play*
poder   *to be able, can*
recordar   *to remember*
soñar (con)   *to dream (about)*

Mañana **juego** al tenis con mi tía.   *Tomorrow I'm playing tennis with my aunt.*

Almorzamos con mis abuelos todos los domingos.   *We have lunch with my grandparents every Sunday.*

¿**Sueñas con** ser rico algún día?   *Do you dream about being rich someday?*

No **recuerdo** a mi tía muy bien.   *I don't remember my aunt very well.*

Ella siempre sueña que está en la playa.

Presentation tip for *Pedir*
Remind students that *pedir* means "to ask for" in contrast to *preguntar*, which means "to ask," as in a question. Model the following questions: *¿Qué preguntas en clase? ¿Qué pides en un restaurante?* Point out that *pedir* is related to *petición.*

Note on *Jugar a*
You may wish to tell students that some native speakers eliminate the **a** before the sport: *Juego tenis.*

---

[1]**Costar** is conjugated only in the third person of singular and plural.
[2]**Jugar** follows the same pattern as **o → ue** verbs, but the change is **u → ue.**

Note on *Rigoberta Menchú*
See note on p. 113 for additional background information. In 1999, anthropologist David Stoll found evidence that some of the details in her autobiography *I, Rigoberta Menchú* were embellished, however he affirmed that she lost her parents, two brothers, a sister-in-law and three nieces and nephews to the Guatemalan security forces.

Expansion of 4-6
Bring in a map for students to help them locate Stockholm. Ask students to identify other recipients of the Nobel Peace Prize: 2009 Barack H. Obama; 2008 Martti Ahtisaari; 2007 Intergovernmental Panel on Climate Change and Albert Gore; 2006 Muhammad Yunus and Grameen Bank; 2005 Mohamed ElBaradei and International Atomic Energy Agency [IAEA]; 2004 Wangari Muta Maathai; 2003 Shirin Ebadi; 2002 Jimmy Carter; 2001 Kofi Annan and the United Nations.

Presencia hispana

Many immigrants from Central America have been reluctant to become involved in politics because in their home countries it was dangerous to organize politically. Newly arrived immigrants are not always welcomed by established Hispanic communities. When you think about Hispanics in the U.S. and Canada, do you distinguish between nationalities?

APLICACIÓN

4-6 Una entrevista con Rigoberta Menchú. Rigoberta Menchú won the Nobel Peace Prize in 1992 for her work with the indigenous peoples of Guatemala.

Paso 1 Read the interview with her and underline all of the stem-changing verbs.

REPORTERA: Señora Menchú, usted es famosa por su trabajo con los indígenas de Guatemala. También <u>tiene</u> un Premio Nobel por sus esfuerzos[1]. ¿Qué <u>piensa</u> hacer ahora?

RIGOBERTA: <u>Pienso</u> trabajar por los derechos humanos[2] para las personas oprimidas[3] del mundo.

REPORTERA: ¿<u>Viene</u> a Washington este año?

RIGOBERTA: No, este año no <u>pienso</u> ir porque estoy en Nueva York. <u>Sirvo</u> en un comité de las Naciones Unidas.

REPORTERA: Veo que usted no <u>pierde</u> la oportunidad de continuar su trabajo y el Premio Nobel de la Paz confirma su dedicación. Por cierto, ¿cómo <u>recuerda</u> la ceremonia de los Premios Nobel?

RIGOBERTA: Pues, <u>recuerdo</u> muy bien la ceremonia, pero no <u>puedo</u> <u>recordar</u> los nombres de toda la gente[4]. Algún día voy a <u>volver</u> a Estocolmo para visitar los museos y pasar más tiempo con la gente.

REPORTERA: ¿Con qué <u>sueña</u> usted?

RIGOBERTA: <u>Sueño</u> con un mundo mejor y <u>pido</u> paz para todos.

REPORTERA: <u>Encuentro</u> admirable su generosidad. Gracias.

---

[1]*efforts* [2]*human rights* [3]*oppressed* [4]*people*

Paso 2 Answer the following questions based on the interview.

1. ¿Por qué es famosa Rigoberta Menchú?
   Es famosa por su trabajo con los indígenas de Guatemala, y porque tiene un Premio Nobel de la Paz.

2. ¿Qué piensa hacer este año?
   Piensa trabajar por los derechos humanos para todos.

3. ¿Qué hace en Nueva York?
   Sirve en un comité de las Naciones Unidas.

4. ¿Qué no recuerda bien de su tiempo en Estocolmo?
   No recuerda bien los nombres de toda la gente.

5. ¿Por qué quiere volver a Estocolmo?
   Quiere volver para visitar los museos y pasar más tiempo con la gente.

6. ¿Con qué sueña ahora?
   Sueña con un mundo mejor.

7. ¿Para quiénes pide paz?
   Pide paz para todos.

4-7 Ana María y Antonio hacen planes. Antonio has invited his friend, Ana María, to visit him in Ciudad de Guatemala. Complete her explanation with the correct forms of logical verbs from the list. (You may use some verbs more than once.)

costar	jugar	perder	poder
entender	pensar	preferir	querer

pensamos
/queremos

Antonio y yo (1) ____queremos____ hacer planes para el viernes. Nosotros
(2) _____ ir al cine. Antonio (3) ____quiere____ ver una película nueva
de El Salvador que se llama *Sobreviviendo Guazapa*[1]. Yo (4) ____prefiero____ las películas
francesas, pero Antonio no (5) ____entiende____ francés. Su madre (6) ____piensa____
que debemos jugar al tenis. Antonio (7) ____puede____ jugar al tenis, pero yo no
(8) ____juego____ muy bien. A Antonio le gusta jugar conmigo porque yo siempre
(9) ____pierdo____. También hay un concierto de música hondureña el viernes, pero los
boletos (*tickets*) (10) ____cuestan____ mucho. ¡Es mejor pasar el viernes en casa con la
familia!

4-8 Desafío: Entre familia. Using the verbs listed below, race to write as many meaningful sentences in Spanish as you can. Each sentence must have a different subject, verb, and complement, and must include family members. The first person who believes he/she has six correct sentences calls out *¡TENGO!* The rest of the group will judge if your sentences are correct.

MODELO: *(Yo) Almuerzo con mis primos en la universidad.* (correcto)

costar	jugar (a)	poder	recordar
dormir	pedir	preferir	soñar (con)
empezar	pensar	querer	volver (a)

[1]See *Páginas* for a review of this movie

Optional activity before 4-7
Provide additional support with conjugations in connected discourse before having students work independently. The complete activity is available for download from the IRC.

Mi hermana y yo. Have students help you complete the following paragraph. Ask volunteers to give the infinitive for each verb and explain the difference between the *yo*, *ella*, and *nosotros/as* forms. Expand on this activity by asking related questions to students, such as: *¿Cuántas horas duermes?*

Mi hermana Rosalía y yo somos muy diferentes. Ella duerme ocho horas todas las noches. Yo no _duermo_ más de seis. Ella almuerza sola; yo _____ con mis amigos. Ella puede trabajar hasta las siete; yo _____ trabajar hasta las seis. Ella vuelve a casa tarde; yo _____ temprano. Rosalía siempre recuerda qué día es; yo solo _____ si es sábado. Ella puede cantar muy bien; yo _____ tocar el piano. Somos muy diferentes, pero nos queremos mucho.

Presentation tip for 4-8
Once someone in the group has six correct sentences, have groups continue working together to use the remaining six verbs in meaningful sentences.

¡Hola!

Cultura en vivo

Tamales are a favorite food throughout Central America and Mexico. They are made with corn mass stuffed with a **relleno** (*filling*) of chicken or pork, then wrapped in corn husks or plantain leaves and steamed. In some countries, **tamales** are usually reserved for Christmas and other special occasions when friends and family get together for a **tamalada**, a **tamal**-making party. The **tamalada** is a special time for everyone to share news and events while they work. What food traditions bring your family together?

4-9 **En casa.** Every household is different.

Paso 1 First write complete sentences as they are true for your household. Be sure to conjugate the verbs to agree with their subjects.

MODELO: En casa nosotros (**servir**)… (refrescos; café; agua; cerveza…) con la cena (*dinner*).
En casa, servimos refrescos con la cena.

En casa…

1. Yo (**almorzar**)… (solo/a; con mi novio/a; con mi familia; con mis amigos/as…).
almuerzo

2. Durante la cena, mi familia (**preferir**)… (ver la televisión; hablar de política; escuchar la radio; hablar de fútbol…).
prefiere

3. Nosotros (**dormir**) la siesta… (después de la cena; todos los días; por una hora; cuando tenemos sueño…).
dormimos

4. Mis (amigos/hermanos) (no) (**poder**)… (comer conmigo; ver la televisión conmigo; estudiar conmigo; trabajar conmigo…).
pueden

5. Mañana nosotros (**pensar**) preparar comida … (mexicana; italiana; francesa; americana…).
pensamos

6. Cuando hay una comida especial, mis (padres; hermanos; amigos) (**volver**)… (tarde; temprano; a tiempo).
vuelven

7. Hoy, yo (no) (**querer**)… (preparar la cena; jugar al tenis; ir a la biblioteca…).
quiero

8. Esta noche, mis amigos (**soñar**) con… (ir a un concierto; tener una fiesta; jugar a…).
sueñan

Paso 2 Now compare your households to see what you have in common.

MODELO: E1: *En mi casa, servimos refrescos con la cena. ¿Y en tu casa?*
E2: *Bueno, en mi casa servimos agua o café.*

En mi casa servimos tamales en Navidad.

4-10 Festival de cine. Take a look at the announcement below to see what movies will be shown during the Latino film festival. Then in groups, discuss which movies you prefer to see and why. Which is the most popular among your group? Use the different types of movies listed to help in your discussion.

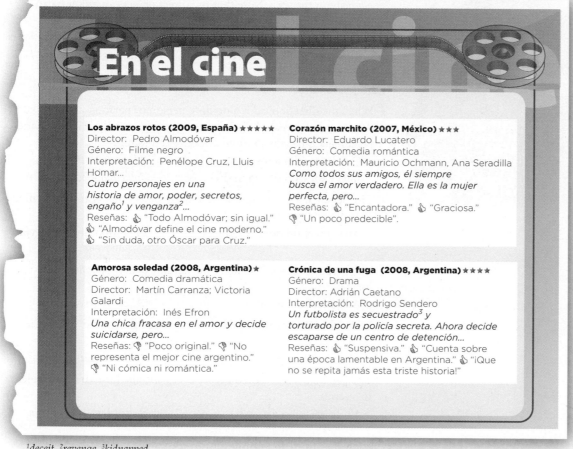

En el cine

Los abrazos rotos (2009, España) ★★★★★
Director: Pedro Almodóvar
Género: Filme negro
Interpretación: Penélope Cruz, Lluis Homar...
Cuatro personajes en una historia de amor, poder, secretos, engaño[1] y venganza[2], pero...
Reseñas: 👍 "Todo Almodóvar; sin igual." 👍 "Almodóvar define el cine moderno." 👍 "Sin duda, otro Óscar para Cruz."

Corazón marchito (2007, México) ★★★
Director: Eduardo Lucatero
Género: Comedia romántica
Interpretación: Mauricio Ochmann, Ana Seradilla
Como todos sus amigos, él siempre busca el amor verdadero. Ella es la mujer perfecta, pero...
Reseñas: 👍 "Encantadora." 👍 "Graciosa." 👎 "Un poco predecible".

Amorosa soledad (2008, Argentina) ★
Género: Comedia dramática
Director: Martín Carranza; Victoria Galardi
Interpretación: Inés Efron
Una chica fracasa en el amor y decide suicidarse, pero...
Reseñas: 👎 "Poco original." 👎 "No representa el mejor cine argentino." 👎 "Ni cómica ni romántica."

Crónica de una fuga (2008, Argentina) ★★★★
Género: Drama
Director: Adrián Caetano
Interpretación: Rodrigo Sendero
Un futbolista es secuestrado[3] y torturado por la policía secreta. Ahora decide escaparse de un centro de detención...
Reseñas: 👍 "Suspensiva." 👍 "Cuenta sobre una época lamentable en Argentina." 👍 "¡Que no se repita jamás esta triste historia!"

[1]*deceit* [2]*revenge* [3]*kidnapped*

películas...	de acción
	sentimentales
	de 3D
	de misterio
	trágicas
	humorísticas
	del director español Almodóvar
	de suspenso
	mexicanas/argentinas/españolas...

MODELO: *Quiero ver* Corazón marchito *porque prefiero las comedias sentimentales.*

Instructor Resources
• MSL: PPT, Supplementary Activities

Warm-up for *Direct objects* and *direct object pronouns*
Before presenting the direct object pronouns, review with students the forms, meanings, and functions of other paradigms learned thus far: (1) subject pronouns, (2) definite articles, (3) indefinite articles, and (4) possessive adjectives. This is important, since students may begin to confuse *tú/tu/te, él/el/lo, ella/la/la, nosotros/nos,* etc. Write each paradigm on the board and then add the set of direct object pronouns, asking students to observe and comment on similarities and differences. Provide examples for students to practice: *la pizarra, la veo.* You may want to clarify the following regarding function: subject pronouns substitute for nouns in subject position and answer the question "Who + verb?"; articles and possessive adjectives go before nouns; direct object pronouns substitute for nouns in direct object position and answer the question "Verb + whom?"

Presentation tip for *Direct objects* and *direct object pronouns*
Ask for random items from your students (money, cell phone, ball, hat, sunglasses, etc.) or prepare a box of items before class (chocolate, a slip of paper with +2 points that a student can use on an assignment or quiz, etc). Pull out the items for students and ask if they want them. Students are to answer using direct object pronouns. If a student answers with simply a *si*, you may respond: *Lo siento, no lo puedes tener.* Some possible questions include: *¿Quieres el dinero? ¿Quieres la tarjeta de crédito de...? Los puntos... ¿los quieres? Las gafas de sol de... ... ¿las quieres?* Finally, ask students to generalize the difference between *lo quiero (el dinero)* and *la quiero (la tarjeta),* etc.

Los complementos directos

- A direct object is the noun that generally follows and receives the action of the verb. The direct object is identified by asking *whom* or *what* about the verb. Note that the direct object can either be an inanimate object (**un carro**) or a person (**su amigo Luis**).

Pablo va a comprar **un carro**.	*Pablo is going to buy a car.*
Anita llama **a su amigo Luis**.	*Anita calls her friend Luis.*

La *a* personal

- When the direct object is a definite person or persons, an **a** precedes the noun in Spanish. This is known as the personal **a**. However, the personal **a** is usually omitted after the verb **tener**.

Quiero mucho **a** mi papá.	*I love my father a lot.*
Julia y Ricardo tienen un hijo.	*Julia and Ricardo have a son.*

- The personal **a** is not used with a direct object that is an unspecified or indefinite person.

Ana quiere un novio inteligente.	*Ana wants an intelligent boyfriend.*

- The preposition **a** followed by the definite article **el** contracts to form **al**.

Alicia visita **al** médico.	*Alicia visits the doctor.*

- When the interrogative **quién(es)** requests information about the direct object, the personal **a** precedes it.

¿A quién llama Elisa?	*Whom is Elisa calling?*

- The personal **a** is required before every specific human direct object in a series.

Visito **a** Emilio y **a** Lola.	*I visit Emilio and Lola.*

Los pronombres de complemento directo

A direct object noun is often replaced by a direct object pronoun. The chart below shows the forms of the direct object pronouns.

	Singular		Plural
me	*me*	**nos**	*us*
te	*you* (inf.)	**os**	*you* (inf.)
lo/la	*you* (for.) (masc./fem.)	**los/las**	*you* (for.) (masc./fem.)
lo/la	*him/her, it* (masc./fem.)	**los/las**	*them* (masc./fem.)

- Direct object pronouns are generally placed directly before the conjugated verb. If the sentence is negative, the direct object pronoun goes between **no** and the verb.

¿Me buscas?	*Are you looking for me?*
No, no **te** busco.	*No, I'm not looking for you.*

- Third-person direct object pronouns agree in gender and number with the nouns they replace.

> Quiero **el dinero.** → **Lo** quiero.
> Necesitamos **los cuadernos.** → **Los** necesitamos.
> Llamo **a Mirta.** → **La** llamo.
> Buscamos **a las chicas.** → **Las** buscamos.

- Direct object pronouns are commonly used in conversation when the object is established or known. When the conversation alternates between first and second persons (*me, us, you*), remember to make the proper transitions.

Hijo, ¿cuándo **nos** llamas?	*Son, when will you call us?*
Los llamo esta noche, padre.	*I'll call you tonight, father.*
Querida, ¿**me** quieres de verdad?	*Dear, do you really love me?*
Sí, **te** quiero con todo el corazón.	*Yes, I love you with all my heart.*

- In constructions that use the infinitive, direct object pronouns may either precede the conjugated verb or be attached to the infinitive.

> Adolfo va a llamar **a Ana.** — *Adolfo is going to call Ana.*
> Adolfo va a llamar**la.**
> Adolfo **la** va a llamar. } *Adolfo is going to call her.*

- In negative sentences, the direct object pronoun is placed between **no** and the conjugated verb, or is attached to the infinitive.

> Adolfo no **la** va a llamar.
> Adolfo no va a llamar**la.** } *Adolfo is not going to call her.*

APLICACIÓN

4-11 Una visita al Museo Popol Vuh. This museum houses an impressive collection of art and artifacts.

Paso 1 Read about the museum and underline all direct objects.

El Museo Popol Vuh reúne una de las mejores colecciones de arte prehispánico y colonial de Guatemala. La colección incluye obras maestras[1] del arte maya elaboradas en cerámica, piedra[2] y otros materiales. Además, posee un importante conjunto[3] de obras de platería[4] e imaginería[5] colonial.

El museo está en el Campus Central de la Universidad Francisco Marroquín, en Ciudad de Guatemala. Este museo ofrece una oportunidad única para apreciar la historia y cultura de Guatemala. Si visitas esta ciudad, tienes que visitar el museo y apreciar sus artefactos mayas.

Dirección: Avenida La Reforma, 8-60, Zona 9, 6° piso.

Horario: de lunes a sábado de 9:00 a 16:30 hrs.

---

[1]*masterpieces* [2]*stone* [3]*group* [4]*silver* [5]*statuary*

Paso 2 ¿Cómo es el museo? Now answer questions based on what you have read above.

1. ¿Dónde está el museo?
   Está en el Campus Central de la Universidad Francisco Marroquín, en Ciudad de Guatemala.

2. ¿Por qué es importante?
   Es importante porque tiene una colección importante de arte maya y ofrece una oportunidad
   única para apreciar la historia y cultura de Guatemala.

3. ¿A qué hora lo abren de lunes a sábado? ¿Y los domingos?
   Lo abren de lunes a sábado de 9:00 a 16:30 horas. No lo abren los domingos.

Presentation tip for *Direct objects* and *direct object pronouns*
Write a series of sentences on the board that include the sequence subject + verb + direct object: *Juan come toda la pizza, (Yo) Tengo el libro de español, Julia y Pablo van a llamar a sus amigos,* etc. Have students underline the subjects and write "S" below them, and then do the same for the verbs ("V") and the direct objects ("DO"). Next, ask students to substitute a pronoun for each direct object and rewrite the sentences with correct DO pronoun placement. (For higher difficulty, have them substitute a pronoun for each subject, as well.)

Note on 4-11
In their original state, Mayan temples were painted bright red, green, or blue. Note how on this image, for instance, we can still see indication of the original red paint.

Expansion of 4-11
Student groups or pairs may make plans for a visit to the museum. *¿A qué hora piensan ir? ¿Prefieren ver el arte colonial o el maya? En su opinión, ¿cuánto cuesta una entrada?*

Note on 4-12

La Universidad Francisco Marroquín was founded in *Ciudad de Guatemala* in 1971 as a private, secular, nonprofit university. According to its web site, "la misión de la Universidad Francisco Marroquín es la enseñanza y difusión de los principios éticos, jurídicos y económicos de una sociedad de personas libres y responsables." The university was started with $40,000 and 125 students. Today, it hosts 1,850 undergraduate and 900 graduate and medical students, plus an additional 10,000 students through its distance education program. The university has extremely rigorous entrance requirements, and students must be proficient in both Spanish and English.

Expansion of 4-12

Have students research this university on the Internet and answer the questions that follow. **Busca:** universidad francisco marroquin.
1. ¿Dónde está la universidad? (en Guatemala);
2. ¿Cuándo son los exámenes finales: en noviembre o en diciembre? (en noviembre);
3. ¿Cuándo está abierta la biblioteca? (de lunes a viernes, 7 a.m. a 8 p.m.; sábado, 8 a.m. a 4 p.m.);
4. ¿Cuántos libros tiene la biblioteca? (65.000);
5. ¿Ofrece la universidad un doctorado? (sí).

Note on *Honduras*

According to the CIA World Factbook, Honduras is the second poorest country (after Haiti) in Central America. Medical brigades from the U.S., Canada, and Cuba provide support to local health care providers in rural areas, particularly preventive medicine.

Presentation tip for 4-13

This activity may be done orally. Student pairs may role-play, or the instructor may ask individual students.

4-12 En la Universidad Francisco Marroquín. Juan Antonio is a student at the Universidad Francisco Marroquín in Ciudad de Guatemala. Read the conversation between him and Ana María; underline the direct objects and write the personal **a** (or **al**) wherever necessary.

ANA MARÍA: Oye, Juan Antonio. ¿(1) __A__ quién ves todos los días?

JUAN ANTONIO: Yo siempre veo (2)__a__ Tomás en la universidad. Tomamos (3) _____ café todas las tardes.

ANA MARÍA: ¿Ven (4) __a__ muchos amigos allí?

JUAN ANTONIO: Sí, claro. Siempre vemos (5) __a__ Mercedes y (6) __a__ Gustavo. A veces (*Sometimes*) sus compañeros de cuarto toman (7) _____ un refresco con nosotros también.

ANA MARÍA: ¿Son interesantes sus compañeros de cuarto?

JUAN ANTONIO: Tomás y Gustavo tienen (8) _____ un compañero de cuarto muy simpático y la compañera de cuarto de Mercedes es muy sociable. Esta noche todos, menos Gustavo, vamos a ver (9) _____ una película muy buena. Gustavo no puede ir porque tiene que visitar (10) __al__ padre de su novia.

ANA MARÍA: ¿Invitas (11) __a__ mi amigo Héctor también?

JUAN ANTONIO: ¡Claro que sí!

4-13 Servicio en una escuela rural hondureña. Students from several universities in the U.S., Mexico, and Canada often perform service in rural Honduras. Complete the exchanges between Ester and the director of this school in Concepción. First underline the direct object in each question and then answer the questions using a direct object pronoun.

MODELO: DIRECTOR: ¿Tienes la cámara para sacar fotos de los niños?
ESTER: *Sí, la tengo.*

Los estudiantes en Concepción posan para la cámara.

DIRECTOR: ¿Tienes las medicinas para los niños?

ESTER: 1. Sí, las tengo.

DIRECTOR: ¿Quieres ver la biblioteca de la escuela?

ESTER: 2. Sí, la quiero ver.

DIRECTOR: ¿Tienes tu cuaderno para escribir tus observaciones?

ESTER: 3. Sí, lo tengo.

DIRECTOR: ¿Ves a los niños que vienen a saludarte?

ESTER: 4. Sí, los veo.

DIRECTOR: ¿Deseas visitar la clínica ahora?

ESTER: 5. Sí, deseo visitarla (Sí, la deseo visitar).

DIRECTOR: ¿Quieres visitar el mercado de artesanías de los estudiantes?

ESTER: 6. Sí, quiero visitarlo mañana (Lo quiero visitar mañana). *(Answers will vary.)*

4-14A **Una entrevista para *Prensa Libre.*** *Prensa Libre* is an independent newspaper in Guatemala. You are reporters who are preparing to interview the **Presidente de la República**. Ask and respond logically to each other's questions, being careful to use correct object pronouns and verb forms. **Estudiante B,** please see **Appendix 1,** page A-6.

MODELO: ESTUDIANTE A: *¿Tienes tu cámara?*
ESTUDIANTE B: *Sí, la tengo.*

Estudiante A

Mis preguntas	Mis respuestas a las preguntas de mi compañero/a
1. ¿Tienes la dirección de la casa del presidente?	_____ Claro, quiere verlo.
2. ¿El presidente tiene la lista de preguntas?	_____ No lo toca bien, pero le gusta la música.
3. ¿Necesitamos fotografías de la familia?	_____ Sí, pero no lo juega muy bien.
4. ¿El presidente habla inglés?	_____ Sí, lo recibe en el palacio presidencial.
5. ¿Escucha música clásica?	_____ No, no tiene tiempo para leerla.
6. ¿El presidente y su familia van a visitar El Salvador en mayo?	_____ Si, voy a llamarlo ahora.

 Instructor Resources
• MSL: MediaShare
• IRM: Rubrics

Presentation tip for 4-14A
Suggest that students check off their answers as they respond to questions.

4-15 **En tu familia.** Ask each other who does the following activities in your family. Be careful to conjugate the verbs in boldface and use the correct object pronouns in your responses.

MODELO: siempre **leer** novelas románticas
E1: *En tu familia, ¿quién siempre lee novelas románticas?*
E2: *Mi hermana siempre las lee.*

1. **ver** mucho la televisión
(*Verb forms may vary.*) la ve
2. **llamarte** por teléfono constantemente
me llama
3. siempre **buscar** su celular
lo busca
4. siempre **necesitar** dinero
lo necesita
5. **querer** ver videos de acción
quiere verlos/los quiere ver
6. **estudiar** muchas lenguas extranjeras
las estudia
7. **preferir** música *rock*
la prefiere
8. **pedir** café en un restaurante
lo pide

04-20 to
04-25

¿Cuánto saben?

With two or three classmates, act out the following scenarios. Ask and respond to at least four questions in each situation.

✓ **CAN YOU . . .**

☐ talk about your family?

☐ express desires and preferences?

☐ plan activities?

WITH YOUR CLASSMATE(S) . . .

Situación: En el centro estudiantil
Ask about each other's families, what they do, and what they're like.
Para empezar: *¿Cómo es tu...? ¿Qué hace tu...?*

Situación: Por teléfono
Call a friend on the phone to make plans to do something tomorrow. Use stem-changing verbs like **preferir, querer, costar, jugar, perder, poder,** etc.
Para empezar: *¿Aló...? Habla... ¿Quieres ver una película o prefieres...?*

Situación: Una fiesta
Make plans for a party. Discuss several options, stating what you are going to serve and do for the party. Ask and respond to questions using direct objects and direct object pronouns, **lo, la, los, las.**
Para empezar: *¿Vamos a servir tamales o pizza? ¡Tamales y pizza! Vamos a comprarlos en la pizzería hondureña...*

Answers to 4-15
1. En tu familia, ¿quién ve mucho la televisión?
2. ... ¿quién te llama por teléfono constantemente?
3. ... ¿quién siempre busca su celular?
4. ... ¿quién siempre necesita dinero?
5. ... ¿quién quiere ver videos de acción?
6. ... ¿quién estudia muchas lenguas extranjeras?
7. ... ¿quién prefiere música rock?
8. ... ¿quién pide café en un restaurante?

Presentation tip for ¿Cuánto saben?
Students can also film their presentations and post them for the class using MediaShare found in MySpanishLab.

STUDENT LEARNING OUTCOMES
Use the **¿Cuánto saben?** activities to assess the extent to which students can perform the **Objetivos comunicativos** for **Primera parte** presented in the chapter opener: Talking about their family, expressing desires and preferences, and planning activities. Provide an assessment for vocabulary, structures and fluency appropriate to the chapter theme and level (**5:** excellent - **1:** poor). See the IRM for more information on rubrics.

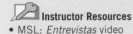
Note on *Perfiles*
It is a common misconception that Hispanic families have many children. Spain, for example, has among the lowest birthrates in the world, with only 1.15 children per woman. Several cultural and economic factors may explain the fall in birthrates. As women have entered the labor force in greater numbers over the past 25 years, they have delayed the average age at which they marry and, consequently, the age at which they start having children. As countries in Latin America become more industrialized, the birthrates in those countries are declining, as well. Moreover, Spain, Argentina and Mexico City are in the forefront of civil rights by passing laws allowing gay marriage.

Note on *Perfiles*
During the global recesssion of 2008–2011, many emigrants from Latin America found it difficult to send remittances (*remesas*) back to their families. Some returned to their home countries to find work; others were forced to depend on financial support from their families in their home countries.

📖 Perfiles

04-26 to 04-27

Mi experiencia

LA FAMILIA HISPANA ¿TÍPICA?

4-16 Para ti. Which family members do you consider to be part of your immediate family? How many of them live at home? Would any of your family members ever consider moving away for economic reasons? Do you know any non-traditional couples? Read the following response from a young Honduran woman to a posting on Pregunta.com asking about the typical Hispanic family. Do you think there is such a thing as a typical Hispanic family?

> *Chicacuriosa* pregunta: ¿Hay una familia típica hispana?
> **Mejor respuesta:**
> *Maríahondureña* responde:
>
> Desde mi punto de vista, hay tanta variedad que es imposible generalizar el concepto de "familia hispana". Además,[1] con la globalización, la movilidad y los cambios culturales durante los últimos[2] años, el término "familia" es muy dinámico. Primero, tenemos que considerar la migración, especialmente en los países centroamericanos por razones económicas y políticas. En mi país, Honduras, es común que los padres y los hijos mayores dejen[3] a sus familias y busquen trabajo para luego mandarles[4] dinero. Las mujeres, como mi mamá y yo, tenemos que trabajar para mantener a los niños más pequeños. Sin embargo, tenemos el apoyo[5] familiar de mis tíos y de mis abuelos para mantener la unidad familiar. Segundo, con el aumento[6] del nivel de educación de la mujer, el índice de natalidad[7] ha bajado[8] de más de cuatro hijos por mujer a solo tres. Así que la idea del núcleo familiar con madre, padre e hijos no es universal y es imposible decir que hay un solo modelo.
>   Un cantautor popular hondureño que habla de este tema de la globalización es Guillermo Anderson. Me gustan mucho sus canciones porque combina el humor con la realidad.

[1]*In addition* [2]*recent* [3]*leave behind* [4]*send them* [5]*support* [6]*increase* [7]*birthrate* [8]*has decreased*

4-17 En su opinión. Take turns reacting to each of the following statements.

MODELO: Me gusta vivir en casa con mis padres.
　　　　　Estoy de acuerdo (I agree). / *No estoy de acuerdo.*

1. Para mí, el núcleo familiar consiste en los padres, los hijos, los abuelos y toda la familia política (*in-laws*).
2. Me gusta vivir cerca de mi familia.
3. Tengo una buena relación con mis primos.
4. Los recién casados (*newlyweds*) deben vivir lejos de los suegros.
5. Es importante que la mujer sea económicamente independiente.
6. Creo que es natural permitir el matrimonio entre parejas homosexuales.

Mi música

"EL ENCARGUITO" (GUILLERMO ANDERSON, HONDURAS)

Guillermo Anderson was born in the port town of La Ceiba, where all Caribbean cultures of Honduras are in evidence: descendants of Mayans and other indigenous people, the **garífuna** slaves from West Africa, European settlers, and **mestizos.** His music reflects all of these ethnic groups.

"El encarguito" is a humorous piece about **un encarguito** (*care package*) that a person sends to a family member abroad.

Antes de ver y escuchar

4-18 Comida hondureña. Use context and cognates to match some of the foods mentioned in the song with their English meaning. Have you ever seen or tasted any of them?

1. __e__ un chicharrón con yuca
2. __f__ una sopa de capirotadas
3. __c__ los nacatamales
4. __a__ dos libras de cuajada
5. __d__ pan de yema y pan de rosa
6. __b__ leche de burra

a. two pounds of cheese curd
b. donkey milk
c. type of tamal
d. egg bread and rose bread
e. cracklings (fried pig skin) with yucca
f. a soup made with broth and corn fritters with eggs and cheese

Para ver y escuchar

 4-19 La canción. Connect with the Internet to search for a link to Guillermo Anderson performing this song. He expresses concerns about getting his **encarguito** safely through customs (*la aduana*). Which of the following likely represents his dilemma?

> **Busca:** guillermo anderson video encarguito; guillermo anderson letra encarguito
>
> **If you would like to purchase this song:** *Go to iTunes Store>Music>More to Explore>iMix>Arriba 6e*

1. _____ El encarguito es demasiado (*too*) grande.
2. _____ No se permite entrar con comida ni bebidas (*drinks*) en otro país.
3. _____ La persona que lleva el encarguito lo va a comer en el viaje.
4. _____ La persona que recibe el encarguito ha cambiado de casa (*changed address*).

Después de ver y escuchar

 4-20 Investigación: La garífuna. In the 17th century, several slave ships destined for Central America sank in storms, but some of the slaves were rescued by the indigenous Caribs who quickly assimilated them into their culture. The West Africans contributed instruments and rhythms to Latin music. Search the Internet for an example of **garífuna** music, and then write a paragraph describing the music, performers and your impressions. Use at least five different verbs from **Capítulo 4, Primera parte.**

> **Busca:** musica garifuna video

Note on *Mi música*
The east coast of Central America enjoys the cultural blending of indigenous, Spanish, and African heritages. This is evident in its music.

Note on *Comida hondureña*
Other foods mentioned in the song that students may recognize include: *unos platanitos* (fried plantains), *un arroz con leche* (rice pudding), and *unas quesadillas* (tortillas with melted cheese).

Note on *Mi música*
Point out to students that the title and lyrics of the song integrate various diminutive forms. You may briefly explain that diminutives communicate small size and/or affection. There are many dialectical variations, but endings can include -*ito/a* (*bajito/a*) and -*(e)cito* (*pobrecito/a, mujercita*).

Expansion of *Diminutives*
Point out some of the spelling changes involved in forming diminutives in Spanish: **g → gu** in a word like **encargo → encarguito**; **c → qu** in a word like **flaco → flaquito.**

Expansion of diminutives
Have fun with diminutives. Have students write the diminutive equivalents of underlined words and then take turns saying the revised sentences in pairs. Encourage them to think of additional sentences and examples: 1. *Vivo en una* <u>casa</u>. (*casita*); 2. *Tengo un* <u>hermano</u>. (*hermanito*); 3. *Él tiene un* <u>perro</u>. (*perrito*); 4. *Mi* <u>sobrina</u> *escribe su diario en un* <u>cuaderno</u>. (*sobrinita/ cuadernito*), etc.

Optional activity after 4-19
Have students personalize the meaning behind the song.
Un encarguito. You have been in another country for several years. Write five things that you would like a friend to bring you from home.
MODELO: *Quiero un DVD de música jazz.*

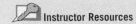
Segunda parte

¡Así lo decimos! VOCABULARIO

 ¡Así es la vida! Una invitación

04-28

Raúl invita a Laura a ver una película.

RAÚL: Laura, soy Raúl. Te llamo para ver si quieres ir al cine esta noche.

LAURA: Me gustaría... ¿Sabes qué película ponen?

RAÚL: Sí, hay una película nueva en el Rialto de El Salvador. No sé si la conoces. Se llama *Sobreviviendo Guazapa*. Es a las siete. ¿Vamos?

LAURA: Un momento, me llama mi madre. Te llamo en unos minutos.

Pasan unos minutos y Laura llama a Raúl.

LAURA: Hola Raúl, lo siento, pero no puedo salir esta noche. ¿Qué tal si vamos mañana?

RAÚL: Sí, claro. Nos vemos mañana.

04-29 to
04-33

Vocabulario Lugares de ocio

Variaciones

Although **entrada** (from **entrar**, *to enter*) is understood in most countries, in Mexico and areas of South America **boleto** is more common and generally refers to occupying a seat.

Variaciones

In Spain you'll hear **peli** for **película**. Also, the adjective phrase **de película** colloquially means *fantastic, dream,* as in **una casa de película** (*a dream house*).

Variaciones

When you answer the phone in many Spanish-speaking countries, you'll use **¿Aló?**. However, in Mexico, you're more likely to use **¿Bueno?**, and in Spain, **¿Diga?** or **¿Dígame?**.

El ocio | **Leisure time**

el café (al aire libre)	*(outdoor) cafe*
el centro	*downtown*
el cine	*movie theater*
el concierto	*concert*
la entrada	*admission ticket*
la función	*show*
la orquesta	*orchestra*
el parque	*park*
el partido	*game*
la película	*movie*

Verbos | **Verbs**

conocer	*to know (someone), to be familiar with (something)*
invitar	*to invite*
pasear	*to take a walk*
poner	*to put, to place*
poner una película	*to show a movie*
saber	*to know something*
saber + infinitive	*to know how to do something*
salir	*to leave, to go out*
tocar	*to play (an instrument, music)*
traer	*to bring*

Para hacer una invitación | **Extending invitations**

¿Qué tal si...?	*How about . . . ?*
¿Quieres ir a...?	*Do you want to go to . . . ?*
¿Te gustaría (+ infinitive)...?	*Would you like (+ infinitive) . . . ?*
¿Vamos a...?	*Should we go . . . ?*

Para aceptar una invitación | **Accepting invitations**

De acuerdo.	*Fine with me, Okay.*
Me encantaría.	*I would love to.*
Paso por ti.	*I'll come by for you, I'll pick you up.*
Sí, claro.	*Yes, of course.*

Para rechazar una invitación | **Rejecting invitations**

Estoy muy ocupado/a.	*I'm very busy.*
Gracias, pero no puedo...	*Thanks, but I can't . . .*
Lo siento, tengo que...	*I'm sorry, I have to . . .*

Toman un refresco en un café al aire libre.

Escuchan la música clásica que toca la orquesta.

Piensan asistir a una función.

Note on *Letras y sonidos*

See the *Letras y sonidos* section of *Capítulo 3* for a review of what a syllable is and how words are syllabified in Spanish.

Presentation tip for *Letras y sonidos*

Point out to students that it is important to hear and say word stress with accuracy because it can affect meaning in Spanish, as it does in English: (Eng.) *subject* (noun) versus sub-*ject* (verb); (Sp.) *pa-pa* ("potato") versus *pa-pá* ("dad"). Say, and have them repeat, each word various times with the stress falling on successive syllables: *INS-truc-tor, ins-TRUC-tor, ins-truc-TOR.* This strategy helps them recognize more easily which stress pattern is the correct.

Optional activity for *Letras y sonidos*

Write the following words on the board or download them from the IRC. As you pronounce each word, have students listen and underline the stressed syllable in each one. Next, have students decide which words require a written accent mark. Have students practice the pronunciation of the words with accuracy. To provide further practice with syllabification, do not write in the syllable boundaries and have students syllabify the words first.

1. ve-ra-no (*ve-**ra**-no*)
2. ac-tor (*ac-**tor***)
3. la-piz (*__lá__-piz*)
4. a-zul (*a-**zul***)
5. a-ra-be (*__á__-ra-be*)

04-34 to 04-35

Letras y sonidos

Word stress and written accent marks in Spanish

Most words in Spanish (for example, all nouns, verbs, adjectives, and adverbs) carry word stress, where one syllable in the word is given special emphasis. In Spanish, word stress always falls on one of the last three syllables of the word: **tra-ba-ja-<u>dor</u>, in-te-li-<u>gen</u>-te, sim-<u>pá</u>-ti-co.** In some cases, word stress is indicated in writing with an accent mark, or **acento (ortográfico),** according to the following rules:

- Usually, words ending in a consonant (except **n** or **s**) are stressed on the *last syllable*.

  a-<u>brir</u>   ins-truc-<u>tor</u>   es-pa-<u>ñol</u>   re-<u>loj</u>   us-<u>ted</u>   ac-<u>triz</u>

  Exceptions to this rule require a written accent mark.

  <u>Víc</u>-tor   <u>ú</u>-til   di-<u>fí</u>-cil   <u>fút</u>-bol   <u>lá</u>-piz   <u>sánd</u>-wich

- Usually, words ending in a vowel or the consonant **n** or **s** are stressed on the *second to last syllable.*

  bo-<u>ni</u>-ta   tra-<u>ba</u>-jo   tra-<u>ba</u>-jan   <u>jo</u>-ven   tra-<u>ba</u>-jas   no-<u>so</u>-tros

  Exceptions to this rule require a written accent mark.

  es-<u>tá</u>   a-<u>quí</u>   es-<u>tán</u>   lec-<u>ción</u>   es-<u>tás</u>   in-<u>glés</u>

- Words with stress on the *third to last syllable* always require a written accent mark.

  <u>nú</u>-me-ro   <u>mú</u>-si-ca   bo-<u>lí</u>-gra-fo   <u>jó</u>-ve-nes   <u>miér</u>-co-les

- Some words are identical in spelling but different in emphasis and meaning. In such cases, words with emphasis are marked with a written accent to differentiate them from the versions without emphasis, which have a different meaning.

  <u>él</u> = *he*   <u>tú</u> = *you*   <u>mí</u> = **(to)** *me*   **¿<u>Qué</u>?** = *What?*   **¿<u>Có</u>-mo?** = *How?*

  el = *the*   tu = *your*   mi = *my*   que = *that*   co-mo = *how, as, like*

- A written accent mark also is used with an **i** or **u** to indicate hiatus (that is, when one of these letters, adjacent to another vowel, represents a separate syllable).

  <u>dí</u>-a   <u>grú</u>-a   pa-<u>ís</u>   Ra-<u>úl</u>

Una Cordial Invitación

Te invito a…

APLICACIÓN

4-21 Una invitación.   State whether each statement is **cierto** or **falso** or **no se sabe** (*no information*) based on the conversation between Laura and Raúl in **¡Así es la vida!** Correct any false statements.

1. ____cierto____ Raúl invita a Laura al cine.

2. ____cierto____ Raúl sabe qué película ponen.

3. _____ La película es a las siete y media. falso; es a las siete

4. __no se sabe__ Laura pasa por la casa de Raúl.

4-22 Otras actividades.   Complete this paragraph about Raúl and Laura's day together with logical words or expressions from **¡Así lo decimos!**

Raúl y Laura van al (1) ____cine____ para ver una película. Llegan unos minutos antes para comprar (3) __las entradas__. Después de la película, caminan por (2) __el parque__ y toman refrescos en un café (4) __al aire libre__. La música que toca la (5) ____orquesta____ es maravillosa. El día siguiente, Laura invita a Raúl a ir a un (6) ____partido____ de béisbol.

🔊 4-23 **Marilú invita a José.** Listen as Marilú and José talk on the telephone. Then complete each statement based on their conversation.

1. Marilú invita a José a ___a___ .

   a. comer   b. bailar   c. pasear por el parque

2. José acepta la invitación para ___b___ .

   a. esta noche   b. mañana   c. las tres de la tarde

3. Los chicos también van a ver ___b___ .

   a. un partido   b. una película   c. un programa de televisión

4. Es evidente que los chicos son ___c___ .

   a. hermanos   b. amigos   c. novios

5. Marilú y José no tienen que estudiar porque ___a___ .

   a. mañana no hay clases b. su clase es fácil   c. no hay tarea para mañana

👥 4-24 **Ahora tú.** Take turns inviting each other to do something together. Ask what day, where, what time, and so on. The model will give you some ideas of questions you can ask in your conversation.

MODELO: E1: *Oye, ... ¿Quieres ir . . . ?*
E2: *No sé. (¿Cuándo? / ¿Dónde? / ¿A qué hora? / ¿Por qué? / ¿Con quiénes?)*
E1: …

👥 **4-25A** **¡Estoy aburrido/a!** Tell a classmate that you are bored so that he/she will invite you to do something. Reject at least three of the invitations, making excuses. Accept one or more that seem the most interesting. **Estudiante B,** please see **Appendix 1,** page A-6.

MODELO: ESTUDIANTE A: *Estoy aburrido/a.*
ESTUDIANTE B: *¿Quieres ir a bailar?*
ESTUDIANTE A: *Me encantaría. ¡Vamos! / Gracias, pero no puedo. No tengo dinero.*

Estudiante A:

Algunas excusas:		
estar cansado/a	no tener carro	no tener dinero
no tener ganas	no tener tiempo	tener mucho trabajo

👥 4-26 **El fin de semana.** In groups of three or four, make plans for this weekend. Use the questions below as a guide for your conversation. Then, prepare a summary for the class.

¿Adónde quieren ir?   ¿Qué necesitan?   ¿Con quiénes van?
¿Qué quieren hacer?   ¿Qué día?   ¿Quién paga?
¿Cómo es?   ¿A qué hora empieza?   ¿A qué hora vuelven a casa?

MODELO: *Vamos a un partido de fútbol el sábado a la una de la tarde. Después vamos a pasear por el centro y ver a nuestros amigos. Los invitamos a tomar un refresco en el Café Luna. Luego, volvemos a casa en autobús. Llegamos a casa a las siete y media.*

¡Hola!
Cultura en vivo

In Spanish-speaking countries, it is common for one person to pay for each round of drinks or a meal rather than for each person to pay for his or her own. Additionally, it is normal for a person who is celebrating a birthday to invite everyone else rather than be invited. Do you invite or get invited on your birthday?

Audioscript for 4-23
Marilú: Hola, José. Habla Marilú… ¿Qué tal?
José: Marilú, ¡qué sorpresa! ¿Qué pasa?
Marilú: Pues, quiero invitarte a comer en mi casa mañana. ¿Quieres?
José: ¿Con tu familia? ¡Me encantaría! ¿A qué hora?
Marilú: A las siete. Y después vamos al cine a ver esa película nueva de Almodóvar. ¿Está bien?
José: Perfecto. Como es viernes y no hay clases el sábado, podemos ir a bailar después.
Marilú: ¡Buena idea! Te veo mañana, mi amor.
José: Hasta luego, cariño.

Wrap-up for 4-26
Have the class judge the most boring and/or interesting plans. To motivate listening, have students point out similarities and differences among the summaries: *Ellos van a ver una película, y nosotros también.*

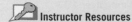
¡Así lo hacemos! ESTRUCTURAS

 3. Demonstrative adjectives and pronouns

04-36 to
04-39

Adjetivos demostrativos

Demonstrative adjectives point out people and objects and the relative position and distance between the speaker and the object or person modified. The chart below shows the forms of demonstrative adjectives in Spanish.

	Singular	Plural		Related adverbs
masculine	este	estos	*this/these (close to me)*	aquí (*here*)
feminine	esta	estas		
masculine	ese	esos	*that/those (close to you)*	allí (*there*)
feminine	esa	esas		
masculine	aquel	aquellos	*that/those (over there, away from both of us)*	allá (*over there*)
feminine	aquella	aquellas		

Este chico es muy guapo.

Sí, pero aquel es muy rico.

• Demonstrative adjectives are usually placed before a modified noun and agree with them in number and gender.

¿De quién son **esos** refrescos?   *To whom do those soft drinks belong?*

• Note that the **ese/esos** and **aquel/aquellos** forms, as well as their feminine counterparts, are equivalent to the English *that/those*. In normal, day-to-day usage, these forms are interchangeable, but the **aquel** forms are preferred to point out objects and people that are relatively farther away than others.

¿Cuánto cuestan **esas** rosas
   y **aquellas** violetas?

*How much are those roses and those
   violets (further away, over there).*

• Demonstrative adjectives are usually repeated before each noun in a series.

Esta película y **estos** actores
   son mis favoritos.

*This movie and these actors are
   my favorites.*

Pronombres demostrativos

• When you omit the noun, the adjective becomes a pronoun (this one, those ones, etc.) and maintains the same form as the adjective.

¿Ves a **ese** hombre alto?   *Do you see that tall man?*

¿Cuál? ¿**Ese** o **aquel**?

*Which one? That one (closer) or
   that one (farther away)?*

• The neuter forms **esto, eso,** and **aquello** do not have plural forms. They are used to point out ideas, actions, or concepts, or to refer to unspecified objects or things.

Aquello no me gusta.   *I don't like that.*

No comprendo **eso**.   *I don't understand that.*

Esto está mal.   *This is wrong.*

• These forms are also used to ask for a definition of something.

¿Qué es **esto** /**eso**?   *What's this/that?*

Es un teatro.   *It's a theater.*

APLICACIÓN

4-27 Información: San Salvador. Laura is visiting San Salvador for the first time and is gathering information about what she should do during her stay.

Paso 1 Read the conversation between Laura and a Tourist Information agent who explains some of the most popular points of interest. Underline the demonstrative adjectives and pronouns.

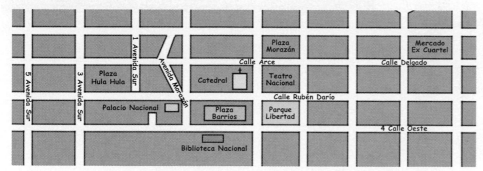

AGENTE: <u>Este</u> es un mapa del centro de la ciudad y algunos puntos de interés.

LAURA: Ah, verdad. ¿Qué es <u>esto</u> enfrente de la Plaza Barrios?

AGENTE: Bueno, hay tres edificios enfrente de la Plaza. <u>Ese,</u> cerca de usted, es la Biblioteca Nacional, donde mucha gente hace investigación sobre la historia de El Salvador. <u>Este</u>, cerca de mí, es el Palacio Nacional.

LAURA: ¿Y <u>aquella</u> iglesia?

AGENTE: <u>Aquella</u> es la Catedral. Usted debe visitarla.

LAURA: ¿Y el mercado?

AGENTE: Es <u>aquel</u> edificio en la Calle Delgado. Si quiere, puede ir en taxi o caminar unas cuadras. En ruta, puede comprar entradas para un concierto en <u>aquel</u> edificio, el Teatro Nacional.

LAURA: ¡Mil gracias por toda <u>esta</u> información!

Paso 2 Using the information about San Salvador from **Paso 1**, discuss with your partner what places you would like to visit. Use the drawing above to ask and respond to questions about the city.

MODELO: E1: *¿Quieres visitar esta catedral?*
E2: *No, prefiero visitar aquel parque.*

4-28 ¿Qué es esto? Take turns asking each other to identify at least three classroom objects.

MODELO: E1: (point to table close to both of you) *¿Qué es esto?*
E2: *Es una mesa. ¿Y aquello* (away from both of you)*?*
E1: *Es...*

4-29 Mi familia. Bring in a photo of your family or make a drawing of an imaginary family. Hold up your photo/drawing for the others to see and take turns asking and telling about family members.

MODELO: E1: *¿Quién es esa señora?*
E2: *Esta es mi madre. Es alta y delgada. Tiene... años.*
E3: *¿Cómo se llama aquel señor?*

Presencia hispana

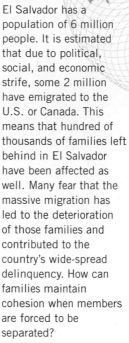

El Salvador has a population of 6 million people. It is estimated that due to political, social, and economic strife, some 2 million have emigrated to the U.S. or Canada. This means that hundred of thousands of families left behind in El Salvador have been affected as well. Many fear that the massive migration has led to the deterioration of those families and contributed to the country's wide-spread delinquency. How can families maintain cohesion when members are forced to be separated?

Optional activity for *Demonstrative adjectives and pronouns*
Provides practice with demonstratives in a real context with stakes involved. Bring in one treat for every student in your class, such as: *el chicle, los caramelos, la manzana, las mentas.* Have students form a circle and pass one treat out to each. Put the following models on the board: *Quiero <u>esta</u> manzana.* versus *No quiero <u>esta</u> manzana; prefiero <u>aquel</u> chicle.* (In the latter case, the student points across the room to what another student has displayed on his/her desk, and you switch the treats). The game proceeds for one round. Choose a new starting point to begin a second round going in the opposite direction.

Expansion of 4-28
Have each pair of students draw a picture of people and things at a party and then write a dialog based on their drawing. In their dialogs, they will identify and describe people and things at different distances from themselves. Have them role-play their conversations in front of the class, pointing to the objects and people in their drawings.
MODELO: E1: *¿Quién es esa muchacha morena?*
E2: *¿Esa? Es Marilú. Ella es la novia de Pedro.*
E2: *¿Quién es Pedro?*
E1: *Es aquel muchacho alto.*

Presentation tip for 4-29
Bring to class some magazine photos of celebrity families, in case students forget to bring in their own photos, or have students simply draw pictures of their families.

4. The present tense of *poner, salir,* and *traer*

You have already learned some Spanish verbs that are irregular only in the **yo** form of the present indicative tense (**hacer → hago; ver → veo**). With these verbs, all other forms follow the regular conjugation patterns.

	poner *(to put, to place)*	salir *(to leave, to go out)*	traer *(to bring)*
yo	**pongo**	**salgo**	**traigo**
tú	pones	sales	traes
Ud.	pone	sale	trae
él/ella	pone	sale	trae
nosotros/as	ponemos	salimos	traemos
vosotros/as	ponéis	salís	traéis
Uds.	ponen	salen	traen
ellos/as	ponen	salen	traen

Si **traes** tu libro, te ayudo.   *If you bring your book, I'll help you.*
Siempre **salgo** a las ocho.   *I always go out at eight.*

EXPANSIÓN
More on *salir*
Each of the following expressions with **salir** has its own meaning.
salir de: *to leave a place, to leave on a trip*
   Salgo de casa a las siete.   *I leave home at seven.*
salir para: *to leave for (a place), to depart*
   Mañana **salen para** Tegucigalpa.   *Tomorrow they leave for Tegucigalpa.*
salir con: *to go out with, to date*
   Diana **sale con** Lorenzo.   *Diana goes out with Lorenzo.*
salir a (+ infinitive): *to go out (to do something)*
   Salen a cenar los sábados.   *They go out to have dinner on Saturdays.*

APLICACIÓN

4-30 Un correo electrónico de mamá.   Clara's parents like to stay in touch.

Paso 1   Read the e-mail and underline the forms of **poner**, **salir**, and **traer**.

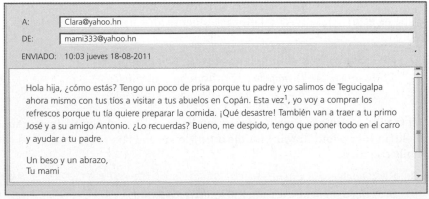

A:	Clara@yahoo.hn
DE:	mami333@yahoo.hn
ENVIADO:	10:03 jueves 18-08-2011

Hola hija, ¿cómo estás? Tengo un poco de prisa porque tu padre y yo salimos de Tegucigalpa ahora mismo con tus tíos a visitar a tus abuelos en Copán. Esta vez[1], yo voy a comprar los refrescos porque tu tía quiere preparar la comida. ¡Qué desastre! También van a traer a tu primo José y a su amigo Antonio. ¿Lo recuerdas? Bueno, me despido, tengo que poner todo en el carro y ayudar a tu padre.

Un beso y un abrazo,
Tu mami

[1]*This time*

Paso 2 Now, answer the following questions based on the e-mail.

1. ¿Dónde viven los padres de Clara? ¿Dónde viven sus abuelos?
   Los padres de Clara viven en Tegucigalpa. Los abuelos viven en Copán.

2. ¿Qué hacen los padres de Clara hoy?
   Salen con los tíos de Clara para visitar a los abuelos en Copán.

3. ¿Quién compra los refrescos?
   Los compra la mamá de Clara.

4. ¿Qué hacen a las diez de la mañana?
   Salen de casa.

5. ¿Quién prepara la comida?
   La tía la prepara.

6. ¿Quiénes más van con los padres de Clara?
   Van el primo de Clara y el amigo de él.

Si estás en Copán, debes visitar las ruinas mayas.

4-31 Tomás y Clara van a San Salvador. Complete the following paragraph about a business trip Clara is taking with her husband using the correct forms of logical verbs from the list below. **¡Ojo!** (*Watch out!*) You will have to use the infinitive form for one of them.

poner	salir	traer	ver

Esta tarde mi esposo Tomás y yo (1) ___salimos___ para la capital de El Salvador. Antes de (2) ___salir___, (yo) (3) ___pongo___ la guía turística en mi maleta[1]. Después, (4) ___veo___ las noticias en la televisión para escuchar el pronóstico meteorológico para la capital. En mi oficina, mi secretaria me (5) ___trae___ el itinerario con la información del hotel y las fechas. Ella (6) ___pone___ todos mis papeles en el maletín[2]. Ahora todo está en orden para salir. Mi esposo y yo vamos al aeropuerto dos horas antes del vuelo[3]. Desafortunadamente, cuando quiero pagar al taxista, veo que no (7) ___traigo___ dinero. Afortunadamente, mi esposo tiene dinero, y yo después, (8) ___salgo___ a buscar un cajero automático[4].

_____
[1]*suitcase* [2]*briefcase* [3]*flight* [4]*ATM*

4-32 En una fiesta familiar. You and your partner are getting ready for a family gathering, which you both will attend tonight. Separately, write four questions about who is responsible for what tasks in preparation for the party. Use a different subject, verb, and complement in each question. Then ask each other your questions, being careful to respond with an appropriate subject.

MODELO: E1: *¿Quién pone las flores en la mesa?*
E2: *Mi padre las pone.*

Acción necesaria:	**Persona(s) responsable(s):**
comprar los nachos	los invitados (*guests*)
hacer los sándwiches	tú
poner la comida en la mesa	mi hermana
preparar los refrescos	todos nosotros
salir a buscar más sillas	mis tíos
traer la música	los padres
invitar al novio de Ana	mi primo

Share the following information with your students in Spanish:
   La ciudad de Copán fue un centro gubernamental y ceremonial de la antigua civilización maya. Ahora es un sitio arqueológico cerca de la frontera con Guatemala. La antigua ciudad fue la capital de un importante estado entre los siglos V y IX. En el sitio arqueológico han encontrado restos de más de 4500 edificios, notablemente la Acrópolis, la Gran Plaza, numerosos templos, altares, jeroglíficos, túneles y estelas. En 1980 la UNESCO declaró las ruinas de Copán un sitio del Patrimonio de la Humanidad.

Optional activity before 4-31
Prepare the following dialog on the board or download it from the IRC and ask students to help you complete the conversation. Ask them: *¿Qué tienen en común estos verbos?*

Celerín: ¿Oye, Figarón. ¿Sales a trabajar ahora?
Figarón: No, *salgo* al bardonde estás tú.
Celerín: ¿Qué *traes* al bar?
Figarón: *Traigo* mi dinero.
Celerín: ¿Dónde *pones* el dinero cuando bailas?
Figarón: Lo *pongo* en el bolsillo.
Celerín: Nos *vemos* a las diez, entonces.
Figarón: Sí, te *veo* pronto.
Celerín: ¿Qué *tienes* que hacer después?
Figarón: *Tengo* que salir para mi casa.

Note on 4-33

Shakira, cantante colombiana; Antonio de la Rúa, novio de Shakira, abogado argentino e hijo del expresidente de Argentina.

John Leguizamo (1964–): actor, comediante y productor norteamericano-colombiano, nacido en Colombia de padre puertorriqueño y de madre colombiana, *To Wong Foo, Thanks for Everything! Julie Newmar* (1995), *Ice Age* (2002), *Ice Age: The Meltdown* (2006), *Ice Age: Dawn of the Dinosaurs* (2009)

Jamie-Lynn Sigler (1981–): actriz y cantante norteamericana, nacida en Nueva York de padre norteamericano y de madre cubana, *Los Sopranos*

Batman: héroe ficticio de cómics y de películas

Manny Ramírez (1972–): beisbolista famoso en EE. UU. nacido en República Dominicana

Mario López (1973–): actor mexicoamericano, *Saved by the Bell, Extra, Nip/Tuck* y bailarín, *Chorus Line; Dancing with the Stars*; nombrado "Soltero del año" en 2008

Alexis Bledel (1981–): actriz y modelo mexicoamericana, *Gilmore Girls, The Sisterhood of the Traveling Pants, The Sisterhood of the Traveling Pants 2*

Expansion of 4-34

Personalize questions to ask your class: *¿Qué van a hacer Uds. este sábado? ¿Qué planes tienes para el fin de semana? ¿Qué traes siempre a clase? Cuando bailas en una discoteca, ¿dónde pones tu bebida?*

4-33 ¿Con quién sale…?   Have fun imagining who is dating whom these days. Take turns asking each other about following people, and add other names you want to spoof. Then ask for additional information, such as where they are going, what time they are leaving, and why they are going.

tú	Manny Ramírez	el presidente de Guatemala
John Leguizamo	Alexis Bledel	Wilmer Valderrama
Jamie-Lynn Sigler	ustedes	su esposo/a
nosotros	Rigoberta Menchú	el ministro de cultura de Colombia
Batman	Mario López	la esposa del presidente de El Salvador

MODELO: Shakira
E1: *¿Con quién sale Shakira ahora?*
E2: *Sale con Antonio de la Rúa.*
E1: *¿Adónde van?*
E2: *Van a Colombia.*
E1: *¿A qué hora salen? ¿Por qué van?*
E2: *Salen a la medianoche. Van porque quieren visitar a los padres de ella.*

4-34 Planes.   Take turns finding out about each other's plans for the weekend.

MODELO: ¿A qué hora **salir** (tú) para…?
E1: *¿A qué hora sales para la casa de tu familia?*
E2: *Salgo para su casa a las diez de la mañana.*

1. ¿Adónde **salir** (tú) …?
2. ¿Con quiénes **ir** (tú) a…?
3. ¿Quién **hacer**…?
4. ¿Dónde **poner** (tú)…?
5. ¿Quién **traer**…?
6. ¿Qué **ver**(tú)…?

4-35 ¿Quiénes?   Walk around the classroom and ask your classmates questions using the information in the chart below. Make sure you ask each person a different question. Then write their response in the box.

MODELO: **poner** sus libros en la mochila
E1: *Becky, ¿pones tus libros en la mochila?*
E2: *Sí, los pongo en la mochila. (No, no los pongo.)*
YOU WRITE: *Becky (no) pone sus libros en la mochila.*

poner tomate en su hamburguesa	**traer** su libro a clase	**salir** tarde para sus clases
_____	_____	_____
salir los sábados con los amigos	**ver** a su familia este fin de semana	**ver** películas españolas
_____	_____	_____
traer dinero hoy	**poner** azúcar en su café	**traer** su teléfono celular
_____	_____	_____
ver el fútbol en la televisión	**salir** para su casa este fin de semana	**poner** chocolate en su leche (*milk*)

5. *Saber* and *conocer*

04-43 to 04-46

Although the verbs **saber** and **conocer** can both mean *to know*, they are not interchangeable. Note that both verbs have irregular **yo** forms while all other forms follow the regular conjugation patterns.

	saber (*to know*)	conocer (*to know*)
yo	sé	conozco
tú	sabes	conoces
Ud.	sabe	conoce
él/ella	sabe	conoce
nosotros/as	sabemos	conocemos
vosotros/as	sabéis	conocéis
Uds.	saben	conocen
ellos/as	saben	conocen

¡Ellos saben bailar muy bien!

- The verb **saber** means *to know a fact* or to have knowledge or information about someone or something.

¿**Sabes** dónde está el cine?	*Do you know where the movie theater is?*
No **sé.**	*I don't know.*

- With an infinitive, the verb **saber** means *to know how to do something.*

La tía Berta **sabe** bailar tango.	*Aunt Berta knows how to dance the tango.*

- **Saber** may be followed with an interrogative word or **si** (*if*).

¿**Sabes dónde** es la fiesta?	*Do you know where the party is?*
No **sé si** mis padres quieren salir esta noche.	*I don't know if my parents want to go out tonight.*

- **Conocer** means *to be acquainted* or *to be familiar* with a person, place, or thing.

Tina **conoce** a mis abuelos.	*Tina knows (is acquainted with) my grandparents.*
Conozco San Salvador.	*I know (am acquainted with) San Salvador.*

María, conoces a Pablo, ¿verdad?

- Use the personal **a** with **conocer** to express that *you know a specific person.*

La profesora **conoce a** mis tíos.	*The professor knows my aunt and uncle.*

Study tips for *saber* and *conocer*

saber

- knowing a fact or information
- knowing a skill (how to do something)
- may be followed by an infinitive or interrogative word or **si**

conocer

- knowing people
- knowing a place
- *never* followed by an infinitive or **si**

Instructor Resources
- MSL: PPT, Supplementary Activities

Presentation tip for Saber *and* conocer
Suggest these mnemonic devices for the verbs *conocer* and *saber*. Conocer sounds like "acquaint." *Saber* sounds like "savant" (a knower).

Presentation tip for Saber *and* conocer
Bring in several related photos of famous people (Enrique Iglesias and his father; the Obama family; Shakira and her boyfriend; Tom Cruise, Katie Holmes, Penélope Cruz, and Nicole Kidman). Ask students what they know about them. *¿Saben ustedes quién es? ¿Saben ustedes quién es su ex esposa? ¿Y su ex novia? ¿Conoce la ex esposa a su novia/nueva esposa? ¿Conoce a Tom Cruise alguien de nuestra clase?*

Optional activity for *Saber*
Focus student attention on the common use of *saber* + infinitive. On the board or a transparency, write the question *¿Qué saben hacer?*, followed by a list of famous people. Some possibilities include: *Shakira y Jennifer López (bailar), Juanes (cantar), Emeril (preparar comida), Bill Gates y Donald Trump (ganar dinero), Derek Jeter (jugar al béisbol), Isabel Allende (escribir novelas), Silvia y Marcela del video ¡Pura vida! (hablar español),* etc.

Note on *conocer* and *saber* in the preterit
In the preterit, **conocer** connotes meeting for the first time; **saber** connotes finding something out (information, facts, gossip) for the first time. See *Capítulo 7.*

4-36 Una chica extraordinaria. Julia Catalina Flores has an extraordinary talent for a girl her age.

Paso 1 First read the article about Julia and answer the questions based on the reading.

Julia Catalina Flores: la charanguista más joven de El Progreso

Julia Catalina Flores Ramírez sabe tocar la guitarra y desde la edad de 6 años toca en la banda de su papá. (Foto por Suyapa Carias)

¿Conoces a Julia? Pues si la ves en el grupo de su padre, vas a saber que es una chica extraordinaria. Aunque es pequeña y tímida, es una experta tocando el *charango*, un instrumento hondureño similar a la guitarra. Ella dice que conoce su charango como a un miembro de su familia.

Julia vive en el pueblo de El Progreso en el norte de Honduras donde todos la conocen. Cuando las personas la escuchan tocar, están maravilladas por su talento. Ella dice que le gusta tocar con su familia y hacer feliz a la gente. Ya sabe tocar más de 200 canciones. Si la quieres escuchar, el grupo cobra unos 25 lempiras por canción. Pero tienes que viajar a Honduras, porque ella es muy joven para salir de viaje como música profesional.

1. ¿Dónde vive Julia?
   Vive en El Progreso, Honduras.

2. ¿Cómo es?
   Es pequeña y tímida.

3. ¿Qué sabe hacer?
   Sabe tocar el charango.

4. ¿Cuántas canciones sabe?
   Sabe más de 200 canciones.

5. ¿La puedes escuchar en tu ciudad?
   No, porque es joven para salir de viaje a otros países.

6. ¿Quieres conocerla algún día? ¿Por qué?
   Answers will vary.

Cultura en vivo

Instruments used in Salvadoran popular music include marimba, flutes, drums, scrapers, and gourds, as well more recently imported guitars and other instruments. Political chaos tore El Salvador apart in the late twentieth century, and music was often suppressed, especially that with strong indigenous influences. Why is music censored?

Paso 2 Now use the correct forms of **saber** and **conocer** to complete the following conversation between Marcela and Carmiña, who would like to meet Julia.

MODELO: Mi primo *conoce* a Julia Catalina Flores.

MARCELA: ¿(1) (tú) ___Conoces___ a Julia también?

CARMIÑA: No, yo no la (2) ___conozco___ personalmente pero (3) ___sé___ que es hondureña.

MARCELA: Todos (4) ___saben/sabemos___ que ella toca muy bien el charango, ese instrumento musical similar a la guitarra.

CARMIÑA: Marcela, ¿(5) ___sabes___ si Julia vive en El Progreso?

MARCELA: Sí, vive allí. Su familia es muy famosa. Mi esposo y yo (6) ___conocemos___ a su tío, pero no (7) ___sabemos___ dónde viven exactamente.

CARMIÑA: Quiero invitarlos a una fiesta, pero no (8) ___sé___ si pueden ir. ¿(9) (tú) ___Sabes___ si tienen planes este fin de semana?

MARCELA: Seguramente su tío lo (10) ___sabe___; voy a llamarlo ahora. (11) (yo) ___Sé___ que tengo su número de teléfono en casa.

CARMIÑA: ¿(12) ___Sabes___ (tú) cuántos años tiene Julia ahora?

MARCELA: (Yo) No (13) ___sé___ exactamente, pero (14) ___sé___ que es muy joven.

4-37A **Entrevista.** Read the following profile about the person you will be role-playing. Answer your partner's questions based on the information you have. Then interview your partner using the questions below to find out about him/her. Write down his/her answers. **Estudiante B,** please see **Appendix 1,** page A-7.

MODELO: ESTUDIANTE A: *¿Conoces a alguna* (any) *persona famosa?*
ESTUDIANTE B: *Sí, conozco a Ricky Martin. Soy amigo/a de él.*

Estudiante A:

> Soy intérprete personal del presidente de Honduras.
>
> Juego muy bien al tenis.
>
> Voy mucho a El Salvador y a Honduras y muy poco a EE. UU.
>
> El músico Guillermo Anderson es un buen amigo.
>
> Hablo inglés y francés.
>
> Estudio la política y los gobiernos de Centroamérica.

1. ¿Sabes hablar alguna lengua indígena?
2. ¿Conoces las ruinas mayas en Guatemala?
3. ¿Qué instrumento sabes tocar?
4. ¿Sabes jugar bien al béisbol?
5. ¿Conoces a alguna persona famosa de Costa Rica?
6. ¿Qué ciudades centroamericanas conoces?

 4-38 **Desafío: Un sabelotodo (*know it all*).** Write three truthful sentences in Spanish about things you and others know or know how to do, and three about people and places you know. Each sentence must have a different subject and complement. The first person who thinks he/she has three correct sentences with **saber** and three with **conocer** calls out *¡TENGO!* The rest of the group will judge if your sentences are correct.

MODELO: *Mi hermano sabe tocar la guitarra.*
Yo no conozco a Guillermo Anderson. (etc.)

Clara y Tomás no conocen bien la ciudad.

¿Tus amigos saben bailar?

Expansion of 4-37
As an in-class writing assignment or as homework, have students each write a series of sentences to create a personal profile that they consider to be ideal or extraordinary. Then, have students switch papers with a partner in class, who on a separate piece of paper will write four to six questions about the information using *saber* and *conocer*. The paired students then interview each other using their questions. Encourage students to use their imaginations in answering. Finally, ask for volunteers to share some of their questions and corresponding answers with the class.

Presentation tip for 4-38
After the group reviews the first set of sentences, have them continue working until the next person has reached a different set of six sentences.

Optional activity in place of 4-38
Try this alternative if you prefer that this practice not take the form of a race.

Lo que sé. Have students each make a list of five things they know how to do and then another list of five people and places they know. Afterwards, have students compare their lists to see what they might have in common with others.

MODELO: *Sé jugar al tenis.*
Conozco al presidente de IBM.

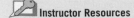
4-39 ¿Quién? Ask as many classmates as possible questions regarding the topic in each box in the chart below. Write the name of each person on the chart, noting his/her answer (as **sí** or **no**). **¡OJO!** Be sure to use the correct verbs (**sabes/sé** or **conoces/conozco**) and the personal **a** as needed in your questions and responses.

MODELO: la fecha de hoy
E1: *¿Sabes la fecha de hoy?*
E2: *Sí, la sé. Es 15 de noviembre.*
E2: *¿Conoces el restaurante mexicano de esta ciudad?*
E1: *No, no conozco el restaurante mexicano de esta ciudad. (No, no lo conozco.)*

la fecha de mañana	el número de teléfono del/de la profesor/a	si hay un restaurante salvadoreño	una persona hispana
_____	_____	_____	_____
el restaurante español	una persona de Centroamérica	cuándo hay examen	dónde vive el presidente de Guatemala
_____	_____	_____	_____
cantar en español	jugar al béisbol	la capital de Honduras	preparar café
_____	_____	_____	_____
bailar bien	una ciudad interesante	un actor famoso	mi nombre
_____	_____	_____	_____

04-47 to
04-52

¿Cuánto saben?

With two or three classmates, act out the following scenarios.
Ask and respond to at least four questions in each situation.

✓ CAN YOU . . .

☐ extend invitations?

☐ point out people and things to others?

☐ discuss things and people you know?

WITH YOUR CLASSMATE(S) . . .

Situación: Por teléfono
Call a friend and invite him or her to do something with you. Decide between you what you want to do, when, and who else you should invite.
Para empezar: *¿Aló...? ¿Te gustaría...?*

Situación: Actores y músicos
You are at a party with celebrities. Use demonstrative adjectives and pronouns (**este, ese, aquel** and their various forms) to talk about some of the people you see close by, further away, and far away from you. Be sure to use gestures to illustrate the demonstratives.
Para empezar: *Esta fiesta es muy buena, pero no me gusta ese actor. Aquella señorita que está allá es muy bonita...*

Situación: Chismes (*Gossip*)
Try to one-up each other by saying what and whom you know and what you know how to do, using **conocer** and **saber**.
Para empezar: *Conozco a Peyton Manning...*

📖 Observaciones

04-53 to 04-55

¡Pura vida! EPISODIO 4

In this episode you'll learn more about Felipe's family and an upcoming wedding.

Antes de ver el video

4-40 Una boda. In her blog, Marcela tells about a wedding she'll attend in her hometown in Mexico. Read her description and answer the questions that follow in Spanish.

> Mi primo Tomás se casa con su novia Carolina el mes que viene. En mi pueblo, en el estado de Michoacán, una boda es un evento de tres días o más. Primero, hay fiestas familiares con amigos en las que los novios reciben regalos[1] para su nuevo hogar[2]. La boda es muy solemne; generalmente se celebra en una iglesia con una misa[3]. Después hay una gran fiesta con música de mariachis, baile y grandes cantidades de comida. Se sirven tamales, chiles rellenos y muchas cosas más. ¡Y claro, un pastel[4] grande! Esta fiesta dura hasta la madrugada[5] cuando todos desayunamos juntos. Las bodas en México son eventos de mucha fiesta y felicidad.

Los mariachis tocan en una boda mexicana.

[1]*gifts* [2]*home* [3]*mass* [4]*cake* [5]*dawn*

1. ¿Dónde vive Marcela? Vive en un pueblo en el estado de Michoacán, México.

2. ¿Cuántos días dura una boda en su pueblo? Dura tres días o más.

3. ¿Qué pasa después de la ceremonia en la iglesia? Hay una gran fiesta con música de mariachis, baile y mucha comida.

4. ¿Cuántos días duran las bodas que tú conoces? *Answers will vary.*

A ver el video

🎬 **4-41 Hay una boda.** Watch the fourth episode of **¡Pura vida!** You will hear Felipe and Marcela discuss an upcoming wedding. Complete the statements that follow.

Felipe recibe un traje (*suit*)

Marcela

Felipe

1. La boda es el ____jueves____.

2. Claudia es la ____hermana____ de Felipe.

3. Marcela tiene una ____hermanastra____, la hija de la segunda esposa de su papá.

4. En Madrid, Felipe tiene muchos ____primos____.

5. Elvira es la ____novia (amiga)____ de Felipe.

Después de ver el video

🔍 **4-42 Los mariachis.** Connect with the Internet to search for more photos of mariachis and to hear their music. What instruments do you hear?

> ➤ **Busca:** mariachis foto; mariachis video

_____ la guitarra   _____ el violín   _____ el tambor

_____ la trompeta   _____ el piano   _____ el guitarrón (guitarra grande)

Instructor Resources
• IRM: Videoscript

Expansion of 4-40
Ask some additional comprehension questions: *¿Qué tipo de regalos reciben los novios en las fiestas antes de la boda? ¿Cómo es la boda? ¿Qué tipos de comida se sirven en la fiesta después de la boda? ¿Qué hay en la madrugada? ¿Qué semejanzas y diferencias hay entre una boda en México y una boda en los Estados Unidos?* etc.

Warm-up for 4-41
Tell students to look over the fill-in-the-blank comprehension items before viewing the video. Point out that no word bank is provided for them; thus, they may want to jot down pertinent facts as they watch, either during a first or a second viewing.

Warm-up for 4-41
This episode of *¡Pura vida!* works nicely as a springboard for integrating theater into the classroom. Play the beginning of the episode in class. During an early moment of tension between Marcela and Felipe, stop the video and have students predict what will happen next. The students can compose a brief dialog to act out in front of the class. After viewing the skits, play the scene and see which group's skit most closely approximates the video storyline. Students can view the remainder of the episode and complete the comprehension activity as homework. As the video series continues to develop, integrate this viewing technique with additional episodes, as students get to know the characters with increasing depth.

Possible answers to 4-42
Instrumentos: la guitarra, la trompeta, el violín, el guitarrón.

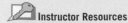
Nuestro mundo

Panoramas

América Central I: Guatemala, El Salvador, Honduras

04-56 to 04-57

El paisaje (*landscape*), la economía y el modo de vivir en Guatemala, El Salvador y Honduras presentan contrastes notables. Los tres son países en vías de desarrollo (*developing*). La población, mayormente mestiza, todavía conserva muchas tradiciones de su pasado indígena.

Concepción, Honduras

Es evidente el contraste de la vida en zonas rurales y en las ciudades grandes. Por razones económicas, muchas personas buscan mejores oportunidades en la capital o en el extranjero (*abroad*). Las remesas (envíos monetarios) que mandan representan una significante proporción de la economía de los países centroamericanos.

Centro comercial Miraflores, Ciudad de Guatemala

Estas niñas usan hermosos huipiles tejidos (*woven*) y bordados a mano (*embroidered by hand*) como sus antepasados mayas.

El Salvador tiene 22 volcanes. Su terreno montañoso dificulta la comunicación entre los pueblos y las ciudades.

En las zonas remotas, es común usar la antigua manera de moler (*grind*) el maíz.

Guatemala, El Salvador, Honduras

	GT	HN	SV
Población:	13 millones	7,6 millones	7 millones
Tasa de natalidad:	3,5 (hijos/mujer)	3,3	3
PIB[1] per cápita:	$5.400	$3.700	$6.400
Remesas:	12% (de la economía)	25%	18%
Otros sectores:	agricultura (69%)	agricultura (80%)	turismo (80%)

Note on Fact Box

	EE. UU.	Canadá
Población:	310 millones	34 millones
Tasa de natalidad:	2 hijos	1,6 hijos
PIB per capita:	$46.400	$38.400
Otros sectores:	servicios, sectores industriales (98%)	servicios, sectores industriales (89%)

Source for Fact Box: CIA-The World Fact Book (2010).

4-43 Identifica. Use the photos and the information from the Fact Box to identify or explain the following:

1. un producto agrícola importante en la dieta de Centroamérica   el maíz

2. la gran civilización que dominaba mucho de Centroamérica en la época precolombina   la civilización maya

3. qué es un huipil   un vestido tradicional de mujeres mayas

4. la importancia de remesas (*monetary remittances*) en la economía de estos países   Las remesas ayudan a mantener a las familias de los trabajadores que emigran a otros países como a EE. UU. para trabajar.

5. dónde viven los ricos en estos países   mayormente en las ciudades grandes

4-44 Desafío. Use the map above to identify these characteristics and places.

1. las capitales de estos tres países

2. el país que tiene frontera con México

3. el país más grande de los tres

4. los países con costa en el mar Caribe

Answers to 4-43
1. Ciudad de Guatemala, Guatemala; Tegucigalpa, Honduras; San Salvador, El Salvador
2. Guatemala
3. Honduras
4. Honduras, Guatemala

 4-45 Proyecto: Guatemala, El Salvador, Honduras. Choose from the following places or themes: **Copán, el Petén, Guillermo Anderson, la topografía y el clima, Chichicastenango, el ecoturismo en El Salvador** or another that interests you and research more about the cultures of these countries. Write a summary of what you find; include the information that follows.

- su nombre y dónde está
- por qué es importante
- cómo es
- si quieres visitarlo o verlo algún día y por qué
- si piensas estudiar más sobre este tema
- una foto representativa

> **Busca:** [*nombre del lugar*]; ecotourism el salvador; guillermo anderson; topography [*nombre del lugar*]; etc.

MODELO: *La cultura maya es evidente en el sitio arqueológico de El Petén…*

---

[1]**PIB:** *Producto Interno Bruto* (GDP: Gross Domestic Product) is the market value of all final goods and services made within the borders of a country in a year. This figure is often positively correlated with standard of living.

Expansion of 4-44
Ask students additional comprehension questions based on the map: *¿Qué océano está al oeste de los tres países? ¿Qué mar está al este? ¿Hay ríos y lagos en estos países? ¿Cuáles? ¿Qué país está al sur de Honduras? ¿Hablan español en Belice?*

Note on *Guatemala, El Salvador, Honduras*
These countries have both a rich pre-Columbian indigenous history and a history of bloody civil conflict in the twentieth century. Today, despite relative peace, they still show class and economic disparity.

Expansion of 4-45
Encourage students to bring in images of their chosen topics. As a wrap-up, have a few volunteers share their descriptions and images with the class.

📖 Páginas

04-58

Sobreviviendo Guazapa, Cinenuevo

From 1980–1992 in El Salvador, the right-wing military forces and the left-wing guerilla coalition FMLN engaged in a bloody civil war. The most infamous assassination was that of Archbishop Óscar Romero while he was celebrating mass in 1980. Much has been written about the culprits and victims of the war. *Sobreviviendo Guazapa* is the first feature-length film written and produced in El Salvador with a full cast of Salvadoran, primarily novice actors.

ANTES DE LEER

4-46 Pistas extratextuales (*Extra-textual clues*). The publication in which you find an article often gives away its content. The following selection comes from a web site called Cinenuevo. Think about these clues before you read the selection.

1. ¿Quiénes crees que visitan la página web Cinenuevo?
2. En tu opinión, ¿cuáles de estas películas **no** aparecen en Cinenuevo?

   las clásicas   las de Hollywood   las independientes   las premiadas (*award-winning*)

A LEER

4-47 Las secciones. As you read the review, identify the headings you see. What other headings would you expect?

GÉNERO: Aventura/Drama
DIRECTOR/PRODUCTOR: Roberto Dávila
DURACIÓN: 1 hora, 53 minutos
AUDIO: Español, Digital Surround

Sinopsis

Dos combatientes enemigos entre sí[1], atrapados en el caos de los ataques al volcán de Guazapa, se unen para salvar sus vidas. En el camino se encuentran con una niña perdida[2] y deciden ayudarla a volver con su familia. A partir de ese momento, enfrentan juntos múltiples pruebas de sobrevivencia[3].

Sobre la película

Es la primera película salvadoreña de ficción sobre la guerra civil realizada por salvadoreños. El inicio del rodaje[4], se vio retrasado por los huracanes *Wilma*, *Stan* y *Katrina*. Para el *casting* hubo convocatoria abierta a través de periódicos locales. Varios de los actores seleccionados no tenían experiencia, pero se destacaron[5] en la prueba.

Actores y extras recibieron entrenamiento militar previo al rodaje. Hubo dos accidentes durante el rodaje en que resultaron lastimados[6] los actores principales. La realización de la película tomó tres años.

Premios

Sobreviviendo Guazapa ha sido Selección Oficial en más de seis festivales internacionales de cine, galardonada con un Premio Especial en el Festival de Cine Hispano de Toronto, honrada como Premio deApertura del Festival de Cine de Viena, Austria y ganadora de Premio a Mejor Actor en el Festival Ícaro.

Según el crítico Héctor Ismael Sermeño (*Trazos culturales*): Su gran logro[7] es ver la guerra a la distancia, sin pasiones personales, ideologías partidarias o sentimentales… Dávila no quiere reflejar la historia, la utiliza como marco[8] para contar su argumento y lo hace con dignidad.

[1]*themselves* [2]*lost* [3]*survival* [4]*filming* [5]*they stood out* [6]*injured* [7]*achievement* [8]*framework*

DESPUÉS DE LEER

4-48 ¿Comprendiste?   Respond briefly in Spanish to the following questions according to what you have read.

1. ¿Cuánto tiempo duró (*lasted*) la realización de la película?
Tres años.

2. ¿Por qué hubo (*were there*) demoras?
Por los huracanes Wilma, Stan y Katrina.

3. ¿Qué entrenamiento recibieron (*received*) los actores?
Entrenamiento militar.

4. ¿Qué premios tiene?
Un Premio Especial en el Festival de Cine Hispano de Toronto y el Premio a Mejor Actor en el Festival Ícaro.

5. ¿Qué opinión tiene de la película el crítico Héctor Ismael Sermeño?
Muy positiva. Para él, la película muestra la guerra a la distancia y cuenta su argumento con dignidad.

4-49 En su opinión.   Work together to express your opinions about these issues. Use the following statements in your discussion.

Estoy de acuerdo.	No opino.	No estoy de acuerdo.

1. En la guerra (*war*), son las familias las que sufren más.

2. No hay "guerra justa".

3. Los políticos verdaderamente no entienden el costo de una guerra.

4. Las mujeres deben participar con los hombres en la defensa de la patria.

El arzobispo Óscar Romero denunció la violencia militar de los años 70 en El Salvador. Este monumento a la Memoria y la Verdad en el parque Cuscatlán, San Salvador conmemora su vida y obras.

Taller

04-59

4-50 Una invitación.   In this activity, you will write a short e-mail, similar to the one below, to invite a friend to spend the weekend with you.

A:	Pilardelagloria@fusion.com
DE:	Maluisa1992@ecorreo.hn
ASUNTO:	fin de semana en La Ceiba
ENVIADO:	30-5-2011, 21:00

¡Querida Pilar!
¿Qué tal? Aquí estamos toda la familia en La Ceiba, Honduras, para pasar dos semanas de vacaciones. Conoces a mi amigo, Pancho, ¿verdad? Pues, el 7 de junio es su cumpleaños y queremos invitarte a pasar el fin de semana con nosotros aquí en la costa...

ANTES DE ESCRIBIR

- Provide the information you plan to include in your invitation using the following list as a guide. Make a list based on the following information.

dónde estás ahora	¿Con quiénes?	¿Por cuánto tiempo?
la invitación	¿Cuándo?	cosas que necesita traer
algunas actividades	¿Por qué?	¿más información?

A ESCRIBIR

- **Saludo.** Use the e-mail format of the sample invitation above, including the headers and greeting. Choose from the following greetings: **Mi querido/a amigo/a** (*My dear friend*), **Queridísima familia** (*Dearest family*), **Querido/a...** (*Dear . . .*)

- **El mensaje.** Incorporate the information you listed above. Use words such as **y**, **pero**, and **porque** to link your ideas.

- **Respuesta.** Ask for a reply to your letter: **Responde pronto.**

- **Despedida.** Close the letter with a farewell. Choose from: **Un abrazo** (*A hug*), **Un beso** (*A kiss*), **Afectuosamente** (*Affectionately*), **Con cariño** (*With affection*), **Saludos de** (*Best wishes from*)

DESPUÉS DE ESCRIBIR

- **Revisar.** Review the following elements in your letter:
  - ☐ use of stem-changing verbs **poner, salir,** and **traer**
  - ☐ use of **saber** and **conocer** and the personal **a**
  - ☐ use of direct objects and direct object pronouns
  - ☐ use of demonstratives (**este, ese, aquel,** etc.)
  - ☐ correct spelling, including accents

- **Intercambiar**
  Exchange your invitation with a classmate's; make grammatical corrections and content suggestions. Then respond to the invitation.

- **Entregar**
  Rewrite your original invitation, incorporating your classmate's suggestions. Then turn in your original invitation and the response from your classmate to your instructor.

 **Vocabulario**

Primera parte

Miembros de la familia **Family members**

el/la abuelo/a *grandfather/grandmother*
el/la cuñado/a *brother-in-law/sister-in-law*
el/la esposo/a *husband/wife*
el/la hermanastro/a *stepbrother/stepsister*
el/la hermano/a *brother/sister*
el/la hijo/a *son/daughter*
la madrastra *stepmother*
la madre *mother*
el/la nieto/a *grandson/granddaughter*
el/la novio/a *boyfriend/girlfriend, groom/bride*
la nuera *daughter-in-law*
el padrastro *stepfather*
el padre *father*
el/la perro/a *dog*
el/la primo/a *cousin*
el/la sobrino/a *nephew/niece*
el/la suegro/a *father-in-law/mother-in-law*
el/la tío/a *uncle/aunt*
el yerno *son-in-law*

Verbos **Verbs**

almorzar (ue) *to have lunch*
costar (ue) *to cost*
dormir (ue) *to sleep*
empezar (ie) *to begin*
encontrar (ue) *to find*
entender (ie) *to understand*
ganar *to earn*
jugar a (ue) *to play*
pasar *to spend (time)*
pensar (ie) (en) *to think (about)*
pensar (ie) (+infinitive) *to plan (to do something)*
pedir (i) *to ask for, to request*
perder (ie) *to lose*
poder (ue) *to be able, can*
preferir (ie) *to prefer*
querer (ie) *to want, love*
recordar (ue) *to remember*
repetir (i) *to repeat, to have a second helping*
servir (i) *to serve*
soñar (ue) (con) *to dream (about)*
venir (ie) *to come*
volver (ue) *to return*

Adjetivos **Adjectives**

casado/a *married*
divorciado/a *divorced*
mayor *older*
menor *younger*
soltero/a *single, unmarried*
unido/a *close, close-knit*

Otras palabras y expresiones útiles

algún día *someday*
la comida *food*
conmigo *with me*
contigo *with you*
el refresco *soft drink*

Segunda parte

El ocio **Leisure time**

el café (al aire libre) *(outdoor) café*
el centro *downtown*
el cine *movie theater*
el concierto *concert*
la entrada *admission ticket*
la función *show*
la orquesta *orchestra*
el parque *park*
el partido *game*
la película *movie*

Verbos **Verbs**

conocer *to know (someone), to be familiar with (something)*
invitar *to invite*
pasear *to take a walk*
poner *to put, to place*
poner una película *to show a movie*
saber *to know something*
saber + *infinitive* *to know how to do something*
salir *to leave, to go out*
tocar *to play (an instrument, music)*
traer *to bring*

Hacer una invitación **Extending invitations**

¿Qué tal si...? *How about . . . ?*
¿Quieres ir a...? *Do you want to go to . . . ?*
¿Te gustaría (+ inf.)...? *Would you like (+ inf.) . . . ?*
¿Vamos a...? *Should we go . . . ?*

Para aceptar una invitación **Accepting invitations**

De acuerdo. *Fine with me, Okay.*
Me encantaría. *I would love to.*
Paso por ti. *I'll come by for you, I'll pick you up.*
Sí, claro. *Yes, of course.*

Para rechazar una invitación **Rejecting invitations**

Estoy muy ocupado/a. *I'm very busy.*
Gracias, pero no puedo... *Thanks, but I can't . . .*
Lo siento, tengo que... *I'm sorry, I have to . . .*

Direct object pronouns *See page 124.*   **Demonstrative adjectives and pronouns** *See page 134.*

Presentation tip for *Vocabulario*
Help students better assimilate vocabulary through images of people and places, family trees, role-plays, and review games. Some examples of the latter that will work successfully with these word sets include word associations: identifying antonyms (like *casado/a* versus *divorciado/a*), family terms related by gender (like *yerno nuera*) or by generation (like *abuelo/a* versus *nieto/a, padres* versus *hijos/as*, etc.), spelling races at the board, charades (since there are many verbs), and Pictionary (as there are many nouns). By interacting with others and using words in meaningful ways, students greatly enhance their vocabulary acquisition.

Instructor Resources
• MSL: Testing Program

5
¿Cómo pasas el día?

1 Primera parte

¡Así lo decimos! Vocabulario	Las actividades diarias
¡Así lo hacemos! Estructuras	Reflexive constructions: Pronouns and verbs
	Comparisons of equality and inequality
Perfiles	
Mi experiencia	Eco voluntariado en Costa Rica
Mi música	"Everybody" (Los Rabanes, Panamá)

OBJETIVOS COMUNICATIVOS

- Describing your daily routine and habits
- Expressing needs related to personal care
- Expressing emotional states
- Comparing objects and people

2 Segunda parte

¡Así lo decimos! Vocabulario	Los quehaceres domésticos
¡Así lo hacemos! Estructuras	The superlative
	The present progressive
Observaciones	¡Pura vida! Episodio 5

- Talking about what you do around the house
- Describing people or things using superlatives
- Describing what is happening at the moment

Nuestro mundo

Panoramas	América Central II: Costa Rica, Nicaragua, Panamá
Páginas	"Playa Cacao"
Taller	Un anuncio de venta

Readiness Check

América Central II: Costa Rica, Nicaragua, Panamá

ESTADOS UNIDOS

OCÉANO ATLÁNTICO

Golfo de California

Golfo de México

MÉXICO

REPÚBLICA DOMINICANA

Bahía de Campeche

CUBA

PUERTO RICO

HONDURAS

Mar Caribe

GUATEMALA

NICARAGUA

EL SALVADOR

PANAMÁ

COSTA RICA

OCÉANO PACÍFICO

AMÉRICA DEL SUR

«Un lugar para cada cosa y cada cosa en su lugar».

Refrán: A place for everything and everything in its place.

Los sensacionales paisajes y la increíble diversidad de flora y fauna atraen a muchos visitantes a Costa Rica, Nicaragua y Panamá todos los años.

Las molas tienen su origen en las islas de San Blas, Panamá, pero son populares por toda Centroamérica. Estos hermosos textiles representan la flora y la fauna de la región.

Presentation tip for *Refrán*
Act out this proverb by putting objects where they belong (such as pens and pencils in a pencil holder or case, chalk and eraser on the chalkboard ledge, personal belongings in a backpack, purse, or wallet, etc.). Have students guess the meaning and then repeat it until they can do it from memory.

Note on *Images*
The gorgeous landscapes and biodiversity of Panama, Nicaragua and Costa Rica attract tourists, especially ecotourists from all over the world.

The indigenous Kuna tribe in Panama has perfected the art of reverse applique called *la mola*. The most traditional patterns represent ancient healing and gifts of nature. Today, they also produce popular designs, which are attractive to tourists. The Kuna people have a matriarchal society: inheritance is passed from mother to daughter. Their culture is protected by the Panama government.

Note on *Molas*
Molas originated in the tradition of body painting by Kuna women. After the colonization by Spain and arrival of missionaries, the Kuna began to transfer their traditional geometric designs to fabric, first by painting directly on the fabric and later by using the technique of reverse appliqué. It is thought that the earliest *molas* date from the mid 19th century. *Molas* are an important part of Kuna traditional identity. At the beginning of the 20th century, the Panama government attempted to westernize the Kuna by forbidding their customs, their language and their traditional dress. This led to huge resistance, which culminated in the Kuna revolution of 1925. The government was finally forced to recognize Kuna territorial autonomy.

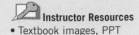
Primera parte

¡Así lo decimos! VOCABULARIO

¡Así es la vida! El arreglo personal
05-01

 Fabián tiene cita con Rosario a las nueve de la mañana. Ahora son las nueve y quince.

FABIÁN:	¿Sí?
ROSARIO:	¡Hola, Fabián!
FABIÁN:	¿Sí? ¿Quién es?
ROSARIO:	¡Yo! ¡Rosario! Estoy aquí en el Café Solo. ¿Dónde estás tú?
FABIÁN:	¡Ay! En la cama. Llego en cinco minutos. Solo tengo que levantarme, ducharme, afeitarme, peinarme, vestirme…
ROSARIO:	¡Fabián! ¡Eres un caso!

 Rosario toma su desayuno y piensa…

ROSARIO:	A veces este Fabián me pone furiosa. Nunca se despierta a tiempo. Bueno, también es un buen amigo y siempre nos divertimos juntos.

Vocabulario Las actividades diarias

05-02 to 05-07

Ramón se afeita con una navaja.

Variaciones

Levantarse can mean *to get up (in the morning)* or *to stand up (from a sitting position)*. In parts of Latin America, however, to stand up is often expressed with **pararse**.

Actividades diarias | Daily activities

acostarse (ue)   *to go to bed*
afeitarse   *to shave*
bañarse   *to take a bath*
cepillarse (los dientes)   *to brush (your teeth)*
despertarse (ie)   *to wake up*
dormirse (ue, u)   *to fall asleep*
ducharse   *to take a shower*
lavarse (la cara)   *to wash (your face)*
levantarse   *to get up, to stand up*
maquillarse   *to put on makeup*
peinarse (el pelo)   *to comb (your hair)*
quitarse (la camisa)   *to take off (your shirt)*
secarse   *to dry oneself*
sentarse (ie)   *to sit down*
vestirse (i, i)   *to get dressed*

Algunas partes del cuerpo | Some parts of the body

la cara   *face*
los dientes   *teeth*
la mano   *hand*
la nariz   *nose*
el ojo   *eye*
el pelo   *hair*

María se maquilla después de bañarse.

Algunas emociones | Some emotions

ponerse contento/a   *to become happy*
furioso/a   *angry*
molesto/a   *annoyed*
sentirse (ie, i)   *to feel*

Artículos de uso personal | Personal care items

el brillo de labios   *lip gloss*
el champú   *shampoo*
la crema (de afeitar)   *(shaving) cream*
el jabón   *soap*
el maquillaje   *makeup*
la máquina de afeitar   *electric razor*
la navaja de afeitar   *razor*
el peine   *comb*
el secador   *hair dryer*

José se cepilla los dientes.

Nieves se duerme en la biblioteca.

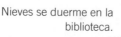

APLICACIÓN

5-1 Rosario está molesta. Contesta las preguntas basadas en la conversación entre Rosario y Fabián.

1. ¿Dónde está Rosario?
2. ¿Dónde está Fabián?
3. ¿Por qué está molesta Rosario?
4. ¿Qué tiene que hacer Fabián?
5. ¿Cuánto tiempo dice Fabián que necesita para llegar al café?
6. ¿Crees que Rosario va a ponerse furiosa al llegar Fabián al café?
7. ¿Cuánto tiempo necesitas normalmente para arreglarte (*get ready*) por la mañana?

5-2 ¿Qué tienen que hacer? Identifica qué tienen que hacer estas personas cada día. Añade (*Add*) más información sobre cada dibujo (*drawing*).

MODELO: *Pancho tiene que acostarse temprano porque mañana tiene que ir a la escuela.*

Pancho

1.
Juanito

2.
Maribel

3.
Alonso

4.
Tomás

5.
Carlos

6.
Sara

7.
doña María

8.
tía Luisa

 5-3 ¿Qué asocian con…? Formen dos equipos (*teams*) para ver cuántas palabras o expresiones pueden asociar con las siguientes actividades.

MODELO: afeitarse
la cara, la crema de afeitar, la navaja,…

1. bañarse
2. mirarse
3. secarse
4. peinarse

5. despertarse
6. cepillarse
7. sentarse
8. levantarse

9. ponerse impaciente
10. ponerse nervioso/a
11. maquillarse
12. sentirse cansado/a

5-4 El arreglo personal. Hay una gran variedad de productos de maquillaje y arreglo personal.

Paso 1 Conéctate a la Internet y busca un producto de arreglo personal. Descríbelo e incluye cuánto cuesta. ¿Es para hombres o para mujeres? ¿Es un producto bueno en tu opinión? ¿Quieres comprarlo? ¿Por qué?

> ➤ **Busca:** productos belleza; maquillaje; secadores pelo; jabones; maquinas afeitar

MODELO: *Toja Sensible es una crema de afeitar para hombres. La compro porque...*

Paso 2 Ahora diseña un anuncio para vender un producto original. Usa el modelo.

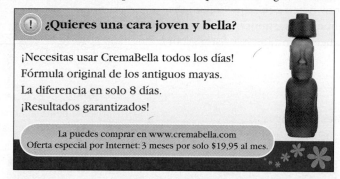

> (!) **¿Quieres una cara joven y bella?**
>
> ¡Necesitas usar CremaBella todos los días!
> Fórmula original de los antiguos mayas.
> La diferencia en solo 8 días.
> ¡Resultados garantizados!
>
> La puedes comprar en www.cremabella.com
> Oferta especial por Internet: 3 meses por solo $19,95 al mes.

5-5 Los señores Rodríguez. Escucha la descripción de la rutina diaria de la familia Rodríguez. Indica a quién(es) se refiere cada oración a continuación: al Sr. Rodríguez, a la Sra. Rodríguez o a los dos.

La actividad	El señor	La señora	Los dos
1. Debe levantarse temprano todos los días.		X	
2. Trabaja en una oficina.		X	
3. Le gusta bañarse por la mañana.		X	
4. Tiene que afeitarse.	X		
5. Toma café en el desayuno.			X
6. Almuerza con otras personas.		X	
7. Hace ejercicio después de comer.	X		
8. Prepara la cena.	X		

5-6A Compras para su clóset del baño. Tienen que equipar el clóset de su baño y no quieren gastar (*spend*) mucho dinero. Tú tienes una lista de productos; tu compañero/a tiene el volante (*flier*) con los productos en venta. Decidan qué productos van a comprar. ¿Cuánto gastan en total? **Estudiante B,** por favor ve al **Apéndice 1,** página A-7.

MODELO: ESTUDIANTE A: *Necesitamos... ¿Cuánto cuesta(n)?*
ESTUDIANTE B: *Está(n) en venta esta semana por... / Lo siento, no está(n) en venta esta semana.*
ESTUDIANTE A: *Bien, vamos a comprar... por... en total. / Entonces, necesitamos...*

Estudiante A:

> **Lista de compras:**
> ☐ 2 cepillos de dientes ☐ jabón de mano ☐ 2 peines de plástico
> ☐ champú para rubios ☐ brillo de labios ☐ secador eléctrico
> ☐ crema para afeitar ☐ 2 navajas de afeitar ☐ loción

Audioscript for 5-5
Nosotros vivimos en un barrio de Managua, Nicaragua. Mi esposa y yo trabajamos. Yo soy ingeniero y ella es directora de una agencia de servicios sociales. Mi esposa tiene que levantarse muy temprano porque está en la oficina a las ocho de la mañana. Debe levantarse a las seis, bañarse rápidamente, vestirse y maquillarse. Luego toma un café y come fruta. Sale de casa a las siete y media. A las dos almuerza con algunos compañeros. Después del almuerzo, trabaja hasta las seis de la tarde. Sale de su oficina y vuelve a casa a las seis y media.

Yo tengo un horario más flexible. Muchos días puedo trabajar en mi computadora en casa y mandar mi trabajo por correo electrónico. Me gusta levantarme a las ocho, lavarme la cara, afeitarme, vestirme y desayunar café y pan. Después empiezo a trabajar en la computadora. Trabajo hasta la una o las dos. Entonces tengo que levantarme de la silla y comer alguna fruta. Normalmente, almuerzo muy poco y muchas veces hago ejercicio. Después, trabajo hasta las seis y media cuando vuelve mi esposa. Yo preparo la cena y los dos comemos juntos.

Create additional contexts to contrast reflexive and nonreflexive verbs. *Todos los días me levanto a las seis y media. Después levanto a mi esposo/a. Me baño y me cepillo los dientes. Después baño a mi hijo y lo visto. Me preparo un café y le preparo el desayuno a mi familia*, etc.

Presentation tip for *Reflexive constructions*
To present the reflexive verb forms, you may want to draw on your celebrity friends and compare your lifestyle with theirs. For example, *Mariano Rivera y yo: Yo me levanto a las seis, pero Mariano se levanta a las diez. Yo me ducho con agua fría, pero Mariano se ducha con agua caliente. Mariano y yo nos vestimos rápidamente…* Then follow up with comprehension check questions, for example, *¿Quién se levanta primero? ¿Quién se ducha con agua caliente? ¿Quién se viste rápidamente?* etc.

Note on *Reflexive constructions*
Progressive constructions, which will be presented in the *Segunda parte* of this chapter, permit these same two options: the attachment of pronouns to the end of the present participle or their placement before the conjugated verb: *Estoy afeitándome. Me estoy afeitando.* I am shaving.

¡Así lo hacemos! ESTRUCTURAS

1. Reflexive constructions: Pronouns and verbs

05-08 to 05-15

Isabel **se peina.**
Isabel combs her hair.

Isabel **peina** a su hermana.
Isabel combs her sister's hair.

A reflexive construction is one in which the subject is both the performer and the receiver of the action expressed by the verb.

• The drawing on the left depicts a reflexive action (Isabel is combing her own hair); the drawing on the right depicts a nonreflexive action (Isabel is combing her sister's hair).

Los pronombres reflexivos

• Reflexive constructions require the reflexive pronouns.

Subject pronoun	Reflexive pronoun	Verb (lavarse)
yo	**me** (*myself*)	**lavo**
tú	**te** (*yourself*)	**lavas**
Ud.	**se** (*yourself*)	**lava**
él/ella	**se** (*himself, herself*)	**lava**
nosotros/as	**nos** (*ourselves*)	**lavamos**
vosotros/as	**os** (*yourselves*)	**laváis**
Uds.	**se** (*yourselves*)	**lavan**
ellos/as	**se** (*themselves*)	**lavan**

• Reflexive pronouns have the same forms as direct object pronouns, except for the third-person singular and plural. The reflexive pronoun of the third-person singular and plural is **se.**

Paco **se** baña. — *Paco bathes.*
Los niños **se** levantan temprano. — *The children get up early.*

• As with object pronouns, reflexive pronouns are placed immediately before the conjugated verbs. In Spanish the definite article, not the possessive adjective, is used to refer to parts of the body and articles of clothing.

Me lavo **las** manos. — *I wash my hands.*
Pedro se pone **el** sombrero. — *Pedro puts on his hat.*

• With infinitives, reflexive pronouns are either attached to the infinitives or placed in front of the conjugated verbs.

Sofía, ¿vas a maquillar**te** ahora?
Sofía, ¿**te** vas a maquillar ahora? } *Sofía, are you going to put on your makeup now?*

• In English, reflexive pronouns are frequently omitted, but in Spanish, reflexive pronouns are required in all reflexive constructions.

Pepe **se afeita** antes de acostarse. — *Pepe shaves before going to bed.*
Marina siempre **se baña** a las ocho. — *Marina always bathes at eight.*

Los verbos reflexivos

- Verbs that describe personal care and daily habits carry a reflexive pronoun if the same person performs and receives the action.

Me voy a acostar temprano.	*I'm going to bed early.*
Mis hermanos se despiertan tarde todas las mañanas.	*My brothers wake up late every morning.*

- Such verbs can also be used nonreflexively when someone other than the subject receives the action.

Elena **acuesta** a su hija menor.	*Elena puts her youngest daughter to bed.*
¿Despiertas a tu compañero de cuarto?	*Do you wake up your roommate?*

- In Spanish, verbs that express feelings, moods, and conditions are often used with reflexive pronouns. A reflexive pronoun is usually not required in English. Instead, verbs such as *to get* or *to become* or other nonreflexive verbs are used.

alegrarse (de)	*to become happy*
divertirse (ie, i)	*to have fun*
enamorarse (de)	*to fall in love (with)*
enfermarse	*to become sick*
enojarse (con)	*to get angry*
olvidarse (de)	*to forget*

Me alegro de ganar.	*I am happy to win.*
Siempre **nos divertimos** en la fiesta.	*We always have fun at the party.*
Luis **va a enamorarse de** Ana.	*Luis is going to fall in love with Ana.*
Jorge **se enoja** si pierde.	*Jorge gets angry if he loses.*
Me olvido de todo cuando la veo.	*I forget everything when I see her.*

- Some verbs have different meanings when used with reflexive pronouns.

Nonreflexive		Reflexive	
acostar (ue)	*to put to bed*	**acostarse** (ue)	*to go to bed*
dormir (ue, u)	*to sleep*	**dormirse** (ue, u)	*to fall asleep*
encontrar	*to find*	**encontrarse** (con)	*to meet up with someone*
enfermar	*to make sick*	**enfermarse**	*to become sick*
ir	*to go*	**irse**	*to go away, to leave*
levantar	*to lift*	**levantarse**	*to get up*
llamar	*to call*	**llamarse**	*to be called (as when giving your name)*
poner	*to put, to set*	**ponerse**	*to put on (clothing), to become*
quitar	*to remove*	**quitarse**	*to take off (clothing)*
vestir (i, i)	*to dress*	**vestirse** (i, i)	*to get dressed*

¡Ay! Parece que se quieren mucho.

Las construcciones recíprocas

- The plural reflexive pronouns **nos, os,** and **se** may be used with verbs that take direct objects to express reciprocal actions. The verbs can be reflexive or nonreflexive verbs, and these actions are conveyed in English with *each other* or *one another*.

Nos queremos mucho.	*We love each other a lot.*
Los novios **se ven** todos los días.	*The sweethearts see one another every day.*

ciento cincuenta y siete ●●● **157**

Expansion of 5-7
To check comprehension of the passage, have students compare Mariano's details with their own: *Mariano Rivera vive en Nueva York, pero yo vivo en…*

Note on *Presencia hispana*
About 10% of the volunteer forces identify themselves as Hispanic, with the greatest numbers in the U.S. Marines (15%) and Navy (14%).

Expansion of 5-8
Have students insert additional reflexive and nonreflexive activities according to their schedules.

Optional activity after 5-8
Ask students: *Explica si cada oración a continuación es probable o improbable. Corrige las oraciones improbables.*
MODELO: La señora Rodríguez se mira en el jabón. *Improbable. Se mira en el espejo.*
1. *La señora Rodríguez se maquilla después de lavarse la cara.* (P)
2. *El señor Rodríguez va a cepillarse los dientes con el brillo de labios.* (I: el cepillo de dientes)
3. *La señora Rodríguez necesita jabón para bañarse.* (P)
4. *El señor Rodríguez compra un secador porque tiene que afeitarse.* (I: una máquina de afeitar)
5. *El señor Rodríguez se pone loción después de afeitarse la cara.* (P)
6. *Ella quiere lavarse la cara con el maquillaje.* (I: el jabón)

Presencia hispana

The U.S. benefits from Hispanic Americans serving in all branches of the military and other government agencies. During the war in Vietnam, half of all Hispanics in the military served in combat; 33% were wounded in action, and 20% were killed. What is the percentage of Hispanics serving in the military today?

Additional answers to 5-7, Paso 1
(sujetos: Mariano Rivera, Mariano Rivera, Mariano Rivera, Mariano Rivera, Mariano Rivera, Mariano Rivera, Mariano Rivera, Mariano Rivera, todos)

APLICACIÓN

5-7 Mariano Rivera, un panameño en Nueva York. Mariano Rivera es uno de los beisbolistas más destacados (*prominent*) de los Yankees.

Paso 1 Lee sobre la vida de Mariano Rivera y subraya (*underline*) los verbos reflexivos. Indica cuál es el sujeto (*subject*) de cada verbo.

MODELO: Los beisbolistas <u>se alegran</u> cuando ganan un partido. (sujeto: los beisbolistas)

Mariano Rivera

Mariano Rivera es un jugador de los Yankees de Nueva York y lleva años en Manhattan. Su vida es muy activa. Tiene que <u>levantarse</u> temprano porque tiene que practicar béisbol todos los días para estar en buenas condiciones físicas. Después de practicar, <u>se sienta</u> en su club para ver la televisión. Por la tarde, <u>se divierte</u> con sus amigos en un café y <u>se pone</u> muy contento cuando tocan música latina, especialmente la de sus compatriotas Los Rabanes. Por la noche, después de hacer ejercicio en un gimnasio, <u>se baña</u> y <u>se acuesta</u> temprano, pues al día siguiente <u>se despierta</u> a las seis de la mañana porque tienen un partido en Boston esa noche. Seguramente todos van a <u>divertirse</u> mucho después de ganar el partido.

Paso 2 Ahora, prepara cuatro preguntas para hacerle a otro miembro de la clase y contesta las de él/ella.

MODELO: E1: *¿Dónde vive Mariano Rivera?*
E2: *Vive en Nueva York.*

5-8 ¿En qué orden lo haces? Pon (*put*) estas actividades en orden lógico según (*according to*) tu rutina diaria. Después, compara tu orden con el de un/a compañero/a. ¿Son similares o diferentes?

_____ me duermo   _____ me peino
_____ me lavo   _____ me cepillo los dientes
_____ me afeito   _____ me despierto
_____ me acuesto   _____ me lavo la cara

5-9 Parejas famosas. Describe la relación que tienen las siguientes personas.

Algunas parejas

Peter Griffin y Brian Griffin (*Family Guy*)

Will Schuester y Sue Sylvester (*Glee*)

Hugo Chávez y Evo Morales

los republicanos y los demócratas

los perros (*dogs*) y los gatos (*cats*)   (**no**)

Marc Anthony y Jennifer López

Tú y yo

¿...?

Algunas relaciones

quererse

llamarse

escribirse

verse

admirarse

detestarse

adorarse

tolerarse

Los guacamayos se quieren mucho.

MODELO: Romeo y Julieta
Romeo y Julieta se quieren mucho.

5-10 Nuestras rutinas. ¿Tienes mucho en común con tu compañero/a de clase?

Paso 1 Primero, indica si haces las siguientes actividades e incluye cuándo y cómo.

> despertarse antes de las siete de la mañana
>
> ducharse por la noche o por la mañana
>
> maquillarse todos los días
>
> acostarse temprano o tarde los fines de semana
>
> divertirse en una fiesta
>
> afeitarse con navaja o con máquina de afeitar

MODELO: *Siempre me despierto antes de las siete de la mañana.*

Paso 2 Ahora, pregúntale a tu compañero/a si hace estas mismas cosas (*same things*). Incluye dos preguntas originales. Después, describan qué tienen ustedes en común:
Mi compañero/a y yo nos ....

MODELO: E1: *Siempre me despierto antes de las siete de la mañana. Y tú, ¿cuándo te despiertas?*
E2: *Normalmente, me despierto antes de las siete también. / No me despierto antes de las siete. Me despierto a las ocho.*

5-11 Las emociones y las reacciones. Túrnense para hacerse preguntas sobre cómo se sienten en las siguientes situaciones.

MODELO: llegas tarde a clase
E1: *¿Qué pasa cuando llegas tarde a clase?*
E2: *Me pongo nervioso/a.*

- sacas una "A" en un examen
- conoces a una persona importante
- pierdes tu libro de texto
- ves un programa violento en la televisión
- estás en una clase aburrida
- ves el "Daily Show" o el "Colbert Report" en *Comedy Central*
- te olvidas de la tarea
- el/la profesor/a llega tarde para un examen

 5-12 Una relación especial. Túrnense para hacerse preguntas sobre relaciones especiales que tienen con algunas personas. Puede ser con un/a novio/a, un/a amigo/a o un familiar.

MODELO: E1: *¿Se conocen bien?*
E2: *Sí, nos conocemos bastante bien.*

1. ¿Con qué frecuencia se ven?
2. ¿Dónde se encuentran generalmente?
3. ¿Cuántas veces al día se llaman por teléfono?
4. ¿Qué se dicen cuando se ven?
5. ¿Se quieren mucho?
6. ¿Cuándo se mandan (*send*) textos por teléfono?
7. ¿Se entienden bien?
8. ¿Se respetan mucho?

5-13 Rétense (*Challenge each other*). Formen dos equipos y un miembro de la clase hace de árbitro (*referee*). Cada equipo tiene que escribir cinco preguntas para el otro equipo usando verbos reflexivos. Una persona diferente del equipo contesta para su equipo y el árbitro decide si contesta bien. Al final, el equipo que tiene el mayor número de respuestas correctas gana.

MODELO: EQUIPO 1: *¿Cúando te enojas?*
EQUIPO 2: *Me enojo cuando no tengo razón.*
ÁRBITRO: *¡Correcto! / Lo siento, no es correcto.*

Warm-up for 5-12 and
***Expansión: The noun* vez**
Before having students begin the activity, review with them the various adverbial expressions in the box. Call attention to the spelling change in the singular (*vez*) versus plural (*veces*) form of the noun. Then review the pronunciation of the expressions and present the examples.

Optional activity after 5-12
Give students the following activities to describe the relationships they have with their best friends. Then have students report on each other's responses. Remind students that both *contarse* and *encontrarse* have *o → ue* stem changes except in the *nosotros* form.
Tú y tu mejor amigo/a Usen las actividades de la lista para describir la relación que tienen con sus mejores amigos/as.
MODELO: hacerse favores
Nos hacemos favores siempre.
contarse problemas; ayudarse con la tarea; verse en el gimnasio; llamarse por teléfono

Expansion of 5-13
Have the same groups compete to see how many meaningful statements they can create using reflexive verbs.

EXPANSIÓN
The noun *vez*
Use the noun **vez** to express the following:

a veces   *sometimes, at times*
de vez en cuando   *once in a while*
dos (tres...,) *(three, . . .)*
   veces (a la semana)   *two times (per week)*
otra vez   *again*
una vez   *one time, once*

Tomás se afeita **dos veces** a la semana. *Tomás shaves two times a week.*
Me duermo en la biblioteca **de vez en cuando.** *I fall asleep in the library once in a while.*

Answers to 5-12
Answers may vary. 1. Nos vemos... 2. Nos encontramos... 3. Nos llamamos... 4. Nos decimos... 5. Nos queremos... 6. Nos mandamos... 7. nos entendemos... 8. Nos respetamos...

2. Comparisons of equality and inequality

05-16 to 05-20

Comparaciones de igualdad

- To compare things that are equal, English uses *as ... as*. In Spanish, you make comparisons of equality with adjectives and adverbs by using the following construction.

¡Tengo tantos globos como tú!

> **tan** + *adjective/adverb* + **como**

Joaquín es **tan** amable **como** Roberto.	*Joaquín is as nice as Roberto.*
María no habla **tan** despacio **como** su hermana.	*María doesn't speak as slowly as her sister.*

- Make comparisons of equality with nouns by using the following construction. Note that **tanto** is an adjective and agrees in gender and number with the noun or pronoun it modifies.

> **tanto/a(s)** + *noun* + **como**

Marta tiene **tantos** amigos **como** ustedes.	*Marta has as many friends as you.*
Tú tienes **tanta** paciencia **como** Eugenio.	*You have as much patience as Eugenio.*

- Make comparisons of equality with verbs by using the following construction.

> *verb* + **tanto como**

Mis hermanos se enamoran **tanto como** tú.	*My brothers fall in love as much as you.*

Comparaciones de desigualdad

- A comparison of inequality expresses *more than* or *less than*. Use this construction with adjectives, adverbs, or nouns.

> **más/menos** + *adjective/adverb/noun* + **que**

Tengo más dinero que tú.

adjective

Mercedes es **menos** responsable **que** Claudio.	*Mercedes is less responsible than Claudio.*

adverb

Yo me visto **más** rápidamente **que** tú.	*I get dressed faster than you.*

noun

Esta casa tiene **menos** cuartos **que** la otra.	*This house has fewer rooms than the other.*

- Make comparisons of inequality with verbs using the following construction:

> *verb* + **más/menos** + **que**

Estudio **más que** tú. *I study more than you (do).*

- With numerical expressions, use **de** instead of **que.**

Tengo **más de** cinco buenos amigos. *I have more than five good friends.*

Resumen (*Summary*) de las comparaciones de igualdad y de desigualdad

Equal comparisons	
nouns:	**tanto/a(s)** + *noun* + **como** + *noun* or *pronoun*
adjectives/adverbs:	**tan** + *adj./adv.* + **como** + *noun* or *pronoun*
verbs:	*verb* + **tanto como** + *noun* or *pronoun*

Unequal comparisons	
adjs./advs./nouns:	**más/menos** + *adj./adv./noun* + **que** + *noun* or *pronoun*
verbs:	*verb* + **más/menos** + **que** + *noun* or *pronoun*
with numbers:	**más/menos** + **de** + *number*

Los adjetivos comparativos irregulares

Some Spanish adjectives have both regular and irregular comparative forms. The irregular forms do not require *más/menos*:

Adjective	Regular form	Irregular form	
bueno/a	más bueno/a	mejor	*better*
malo/a	más malo/a	peor	*worse*
viejo/a	más viejo/a	mayor	*older*
joven	más joven	menor	*younger*

- The irregular forms **mejor** and **peor** are more commonly used than the regular forms.

Esta casa es **mejor** que esa.	*This house is better than that one.*
Rafael es **peor** que Luis.	*Rafael is worse than Luis.*
Me siento **mejor** hoy.	*I feel better today.*
Dormimos **peor** cuando hace calor.	*We sleep poorly when it is hot.*

- **Mayor, menor,** and **más joven** are commonly used with people; **más viejo** may be used with inanimate objects.

Manuel es **menor** que Berta y yo soy **mayor** que Manuel.	*Manuel is younger than Berta and I am older than Manuel.*
San José, Costa Rica, es **más vieja** que Managua, Nicaragua.	*San José, Costa Rica, is older than Managua, Nicaragua.*

Note on *más bueno/mejor; más malo/peor*

According to the *RAE*, when *bueno* refers to a moral quality, the comparative is *más bueno: Mi tía Alicia es más buena que el pan. Mejor* is used to compare people or things that possess a characteristic or quality, but to differing degrees: *En tenis, Rafael es mejor que yo.* Similarly for *más malo/peor*: *El dictador es más malo que el diablo. La comida de la cafetería es peor que la de mi casa.* These are subtle differences usually presented to more advanced students.

APLICACIÓN

5-14 Dos chismosas (*gossips*). Estás en una fiesta cuando escuchas una conversación entre dos personas chismosas.

Paso 1 Subraya (*Underline*) las comparaciones de igualdad y de desigualdad en la conversación.

MODELO: La blusa de doña Carmen es <u>más fea que</u> la de doña Luisa.

CARLOTA: Creo que el champú que usa Elena es <u>peor que</u> el que uso yo.

ÁNGELA: Es verdad que su pelo no es <u>tan bonito como</u> el tuyo[1].

CARLOTA: ¿Crees que ella es <u>tan rica como</u> dice?

ÁNGELA: No, pero creo que es <u>más rica que</u> nosotras. Sin embargo, es <u>menos rica que</u> su esposo.

CARLOTA: Pero su esposo no tiene <u>tantos carros como</u> tú.

ÁNGELA: Es cierto, pero mis carros son <u>menos grandes y elegantes que</u> los carros de su esposo.

CARLOTA: ¿Y quién crees que es <u>mayor</u>? ¿Tú o Elena?

ÁNGELA: ¡Qué barbaridad! Yo soy mucho <u>más joven que</u> ella. Ella tiene <u>más de</u> cincuenta años. Yo tengo <u>menos de</u> cuarenta.

CARLOTA: Bueno, estoy aburrida. Vamos a casa. No me gusta la comida aquí. En casa la comida es <u>mejor que</u> la comida que hacen aquí.

ÁNGELA: Tienes razón. ¡Esta comida es <u>peor que</u> la comida nuestra! ¡Vamos!

CARLOTA: Perdón, Elena, pero estamos muy cansadas y tenemos que levantarnos <u>más temprano que</u> de costumbre[2] mañana. Gracias, su fiesta es perfecta. ¡La comida está deliciosa!

---
[1]*yours* [2]*usual*

Paso 2 Ahora, túrnense para hacer y contestar preguntas sobre la conversación y añadir (*add*) más detalles.

MODELO: E1: *¿Cómo es el champú que usa Elena?*
E2: *Es peor que el champú que usa Carlota.*
E1: *¿Por qué?*
E2: *Porque no es tan caro. Elena compra el champú en Econo Mart.*

Presentation tip for 5-14
Perhaps provide some written examples of questions on the board as a model for students, or ask the following questions orally: *¿Es el champú que usa Elena mejor que el que usa Carlota? ¿Cuál es más bonito, el pelo de Elena o el pelo de Carlota? ¿Quién es más rico, Elena o su esposo? ¿Quién tiene más carros, Ángela o el esposo de Elena? ¿Son los carros de Ángela más o menos lujosos que los del esposo de Elena? ¿Cuántos años tiene Elena? ¿Cuántos años tiene Ángela? ¿Quién es mayor, Elena o Ángela? ¿Cuál es mejor, la comida de la fiesta o la comida que tienen Carlota y Ángela en casa?*

Expansion of 5-14
Write the following items on the board: 1. *el pelo*; 2. *el champú*; 3. *Elena*; 4. *los carros*; 5. *la comida*; 6. *Ángela y tú*. Then give students the following directions: *Haz* (Make) *comparaciones para describir a estas personas y cosas en la fiesta de Elena.*

MODELO: *Ángela*
Ángela es tan chismosa como Carlota.
Answers: *Answers may vary.*
1. *El pelo de Carlota es más bonito que el pelo de Elena.* 2. *El champú de Elena es peor que el de Carlota.* 3. *Elena es más rica que Ángela y Carlota, pero no es tan rica como su esposo.* 4. *Los carros del esposo son más grandes y elegantes que los de Ángela.* 5. *La comida de Elena es peor que la comida de Carlota y la comida de Ángela.* 6. *Answers will vary.*

5-15 Los Grammy. Ustedes son reporteros/as para la ceremonia de los Grammy en Hollywood y ven llegar a las estrellas (*stars*). Cada uno/a debe hacer por lo menos cinco comparaciones según los datos publicados sobre estas personas. Añadan otros detalles basados en sus fotos.

Enrique
Iglesias

Fecha de nacimiento: 1975
Estatura: 1,91 m
Número de premios Grammy: 2
Número de álbumes vendidos: 4 millones

Paulina
Rubio

Fecha de nacimiento: 1971
Estatura: 1,63 m
Número de premios Grammy: 0
Número de álbumes vendidos: 25 millones

Rubén
Blades

Fecha de nacimiento: 1948
Estatura: 1,80 m
Número de premios Grammy: 8
Número de álbumes vendidos: 75 millones

Gloria
Estefan

Fecha de nacimiento: 1957
Estatura: 1,58 m
Número de premios Grammy: 6
Número de álbumes vendidos: 16 millones

Juanes

Fecha de nacimiento: 1972
Estatura: 1,72 m
Número de premios Grammy: 18
Número de álbumes vendidos: 12 millones

Christina
Aguilera

Fecha de nacimiento: 1980
Estatura: 1,56 m
Número de premios Grammy: 5
Número de álbumes vendidos: 20 millones

MODELO: *Enrique Iglesias es más guapo que Rubén Blades.*

5-16 Sus preferencias. En grupos de tres, hablen de sus preferencias sobre los siguientes temas y por qué prefieren uno más que otro. Antes de empezar, preparen sus preferencias y opiniones. Usen comparaciones para expresar sus opiniones.

> las escuelas privadas *vs.* las escuelas públicas
> una casa *vs.* un apartamento
> vivir en la ciudad *vs.* vivir en las afueras
> los programas de cable *vs.* los de NBC, CBS o ABC
> los correos electrónicos *vs.* los mensajes de texto
> las películas de acción *vs.* las sentimentales

MODELO: E1: *Yo creo que las escuelas públicas son más baratas que las escuelas privadas.*
E2: *Sí, pero las clases en las escuelas privadas son más pequeñas.*
E3: *Pues yo prefiero las escuelas públicas porque tienen más deportes.*

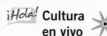 **¡Hola! Cultura en vivo**

In contrast with people in the U.S. and Canada, people in Latin America tend to prefer living in the city where they have easy access to public transportation, schools, and shopping. Instead of inner-city slums, the poor areas of a city are in the outskirts. Do you see trends changing in your city or town? Why or why not?

¿Cuánto saben?

Primero, pregúntate si puedes llevar a cabo (*carry out*) las siguientes funciones comunicativas en español. Después, júntate con dos o tres compañeros/as de clase para presentar las situaciones. Hagan y respondan a por lo menos cuatro preguntas en cada situación.

✓ CAN YOU . . .

☐ describe your daily routine and habits?

☐ express needs related to personal care?

☐ express emotional states?

☐ compare objects and people?

WITH YOUR CLASSMATE(S) . . .

Situación: Un apartamento
Entrevista a otro/a estudiante para ver si son compatibles como compañeros/as de apartamento. Usen verbos reflexivos como **levantarse, acostarse,** y **dormirse** para describir sus rutinas diarias y hábitos. Al final, decidan si son o no son compatibles.
Para empezar: *Me gusta levantarme... Siempre me despierto...*

Situación: Un producto nuevo
Son un/a vendedor/a y un/a cliente interesado/a en una línea nueva de productos para el arreglo personal. Uno/a presenta los productos (**maquillaje, un secador, una máquina de afeitar,** etc.) y explica por qué son una buena compra. El/La otro/a estudiante hace preguntas sobre los productos.
Para empezar: *Usted debe comprar esta máquina de afeitar. Cuesta solo cien dólares y es super cómoda...*

Situación: Confesiones
Conversen sobre cómo reaccionan en diferentes situaciones. Usen verbos como **sentirse, alegrarse** y **ponerse.**
Para empezar: *Siempre me pongo nervioso cuando la profesora me hace una pregunta en clase. ¿Y tú?...*

Situación: En una fiesta
Conversen sobre las personas que observan en una fiesta y sus acciones. Usen comparaciones de adjetivos, adverbios y sustantivos.
Para empezar: *En esta fiesta hay tantos chicos como chicas. Creo que Ramón baila mejor que Luis, pero Luis es mucho más guapo...*

Instructor Resources
• MSL: MediaShare
• IRM: Rubrics

Wrap-up for 5-16
After the negotiations, survey pairs to find out the results. Ask, *¿Cuál es su opinión sobre...(las escuelas públicas y las privadas)?* etc.

Presentation tip for ¿Cuánto saben?
Students can also film their presentations and post them for the class using the MediaShare feature found in MySpanishLab.

STUDENT LEARNING OUTCOMES
The **¿Cuánto saben?** activities allow you to assess student performance of the **Objetivos comunicativos** for **Primera parte:** describing daily routine and habits, expressing needs related to personal care, expressing emotional states, comparing objects and people. Be sure to provide guidelines for your assessment of vocabulary, structures and fluency appropriate to the chapter theme. See IRM for more information on rubrics.

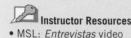

📖 Perfiles

Mi experiencia

ECO VOLUNTARIADO EN COSTA RICA

5-17 Para ti. ¿Hay parques nacionales en tu país que se dedican a conservar especies en peligro de extinción? ¿En qué lugares es popular hacer ecoturismo o eco voluntariado? Para ti, ¿qué diferencias hay entre el turismo y el ecoturismo? ¿Te interesa la naturaleza? ¿Por qué? Lee la entrada de Ramón Vázquez en un foro sobre el eco voluntariado.

Foro   Eco voluntariado en Tortuguero
        29-sep-2011

¡Hola! Acabo de tener otra experiencia súper emocionante aquí en Tortuguero, Costa Rica, uno de los parques nacionales más importantes del mundo para la protección de las tortugas marinas. Soy de Panamá pero cada año viajo hasta Tortuguero como voluntario para ayudar en la protección de esta especie de tortugas que está en peligro de extinción. Todos los años las tortugas llegan aquí entre julio y septiembre para poner sus huevos[1]. Participo con mis amigos en los programas de criadero[2] dirigidos por un grupo de naturalistas. Durante las masivas arribadas (así es como se llama la llegada de las tortugas a la playa), voluntarios como yo desenterramos[3] los huevos y los llevamos a un lugar seguro hasta que nacen las crías[4]. De esta manera aseguramos que un gran número de crías sobrevivan[5]. Después, recogemos las crías en cubetas[6] y vamos hasta la orilla del mar donde, con mucho cuidado, las depositamos. ¡Tienes que ver cómo corren las pequeñas tortugas hacia el mar! Repito esta experiencia todos los años aunque[7] es un viaje de más de setecientos kilómetros en carro desde Panamá, pero como voy con amigos y escuchamos música de nuestros grupos favoritos (Los Rabanes por ejemplo), el viaje es más entretenido. Acampamos por el camino y hasta[8] a veces dormimos en la playa. ¿Te animas[9]?

Ramon Vázquez
Panamá

[1]*lay their eggs*   [2]*hatchery*   [3]*dig up*   [4]*hatchlings*   [5]*survive*   [6]*buckets*   [7]*even though*   [8]*even*   [9]*Are you game*

5-18 En su opinión. Túrnense para expresar y anotar sus opiniones. ¿En qué puntos están de acuerdo?

1. Cuando voy de vacaciones, me levanto temprano.   Sí   No
2. Me gusta el ecoturismo.   Sí   No
3. Es bueno proteger las especies en peligro de extinción.   Sí   No
4. Me gustaría hacer eco voluntariado algún día.   Sí   No
5. No es importante ducharme todos los días cuando estoy de vacaciones.   Sí   No
6. Prefiero la ciudad al campo como destino cuando viajo.   Sí   No

5-19 Una visita a Tortuguero. Conéctate a la Internet para ver imágenes o videos de Tortuguero y usa comparaciones para escribir tres observaciones en forma de *blog* sobre el lugar.

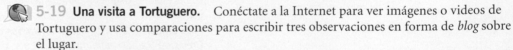
🖰 **Busca:** video tortuguero

MODELO: *La playa es más bonita que las playas de California.*

Mi música

"EVERYBODY" (LOS RABANES, PANAMÁ)

Los Rabanes es un grupo panameño ganador de un Grammy Latino. Originalmente tocaba en bares y clubes, pero rápidamente se conoció su música por todo el mundo. Hoy se le considera el grupo más popular de Panamá. Sus canciones mezclan letras (*lyrics*) en español y en inglés, pero muchas veces las palabras que usan en inglés son irónicas o sarcásticas. Su música combina reggaetón y rock. Los miembros son Emilio Regueira Pérez (voz y guitarra), Christian Torres (voz, bajo y guitarra) y Javier Saavedra (percusión).

Antes de ver y escuchar

5-20 Comparaciones. Usando comparaciones de igualdad y de desigualdad, escribe oraciones en español para comparar estas cosas o conceptos.

MODELO: bailar / cantar (fácil)
Es más fácil bailar bien que cantar bien.

1. tocar guitarra / cantar (interesante)

2. ir en carro / ir en autobús (rápido)

3. las vacaciones en la playa / las vacaciones en el campo (divertido)

4. bailar en una fiesta / observar a la gente en una fiesta (agradable)

5. escuchar música / ver un video musical (aburrido)

Para ver y escuchar

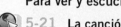 **5-21   La canción.**   Conéctate a la Internet para buscar un video de "Everybody" de Los Rabanes cantando esta canción. Escribe una descripción de los cantantes y las acciones en la canción. ¿Cómo son físicamente? ¿Cuántos años tienen? ¿Cómo es la canción? ¿Cómo es el ritmo? ¿Qué hacen los cantantes en el video? ¿Se divierten?

> **Busca:** everybody rabanes video; everybody rabanes letra
>
> **Si te interesa comprar la canción:** *Go to iTunes Store>Music>More to Explore> iMix>Arriba 6e*

Después de ver y escuchar

 5-22 ¿Cómo se comparan?   Escribe un mínimo de cinco comparaciones iguales y/o desiguales que se te ocurran (*that occur to you*) al ver el video. Puedes incluir algunos de estos temas.

- la música
- el baile
- los músicos
- las personas que bailan
- el medio de transporte
- los animales

MODELO: *En el video hay tantas mujeres como hombres...*

Note on *Mi música*
Due to the extended presence of the U.S. in Panama, English is widely spoken there.

Note on *lyrics*
Students can easily find lyrics on the Internet by searching either for "letra" or for "lyrics."

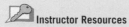
Presentation tip for ¡Así es la vida!
This part of the lesson deals with rooms in the house, furniture, appliances, and chores. Have students read over the passage silently, underlining the various chores mentioned: *pasar la aspiradora, recoger la ropa del piso, sacar la basura, vaciar el lavaplatos, poner la mesa, lavar el piso, comprar refrescos.* Then have students examine the drawing in pairs and identify as many items as possible that need to be attended to (*la sala, el sofá, el sillón, la mesa de centro, los muebles, la aspiradora, la cocina, el basurero, el lavaplatos, la secadora,* etc.). Finally, have students read the passage aloud as partners or as a class. Do activity 5-23 as a follow-up.

Expansion of ¡Así es la vida!
Ask questions to check comprehension of the reading passage: *¿Qué quiere hacer Vera esta noche? ¿Dónde va a ser la fiesta? ¿Por qué está enojada Vera? ¿Qué hace para resolver el problema?,* etc.

Expansion of ¡Así es la vida!
Provide additional aural input using the target vocabulary. For instance, describe your apartment or house, the chores that you like to do, and those that you don't like to do. Act out each chore as you mention it, and ask students if they have similar or different preferences: *En la cocina, prefiero lavar los platos. No quiero sacar la basura. ¿Y tú, Robert? ¿Qué prefieres hacer en la cocina? ¿Y tú, Julia? ¿Qué quehaceres haces en la sala?*

Segunda parte

¡Así lo decimos! VOCABULARIO

 ¡Así es la vida! Vamos a limpiar

Vera quiere invitar a algunos amigos esta noche para una fiesta en el apartamento donde vive con sus tres amigos. Desgraciadamente, la casa está muy desordenada.

Ahora Vera está enojada y les escribe una nota a sus compañeros.

ENRIQUE— Debes vaciar el lavaplatos y sacar la basura.

ROGELIO— Tienes que recoger la ropa del piso y pasar la aspiradora en la sala.

ESTELA— Necesitas lavar el piso de la cocina y poner la mesa.

Yo voy a comprar los refrescos y vuelvo a las seis.

—Vera

Vocabulario Los quehaceres domésticos

05-30 to 05-35

Aparatos domésticos | Household appliamces

la aspiradora *vacuum cleaner*
la lavadora *washing machine*
el lavaplatos *dishwasher*
la plancha *iron*
la secadora *clothes dryer*

Muebles y accesorios | Furniture and accessories

la cama *bed*
la cómoda *dresser*
el cuadro *painting*
el estante *bookcase*
la lámpara *lamp*
la mesa de noche *nightstand*
el sillón *armchair, overstuffed chair*
el sofá *sofa, couch*

Variaciones

Depending on where you are, **piso** can mean *floor,* or *story (of a building)*. You will hear **piso** for *floor (of a room)* in Latin America, but in Spain **suelo** for *floor,* and **piso** for *apartment*. How then do you find an apartment in other countries? Use **departamento** in Mexico and Argentina, and **apartamento** in Colombia and other places.

Las partes de una casa | Parts of a house

el baño *bathroom*
la casa *house, home*
la cocina *kitchen*
el comedor *dining room*
el cuarto *room, bedroom*
el dormitorio *bedroom*
el garaje *garage*
el jardín *garden*
el pasillo *hallway*
el patio *patio, backyard*
el piso *floor*
la sala *living room*
la terraza *terrace*

Los quehaceres domésticos | Household chores

hacer la cama *to make the bed*
lavar (el piso/los platos) *to wash (the floor / the dishes)*
limpiar/ordenar la casa *to clean / to straighten up the house*
llenar/vaciar el lavaplatos *to fill / to empty the dishwasher*
pasar la aspiradora *to vacuum*
poner/quitar la mesa *to set / to clear the table*
recoger la ropa (del piso / de la secadora) *to pick up / to collect clothes (from the floor / from the dryer)*
sacar la basura *to take out the garbage*

Tomás va a recoger la ropa del piso.

Teresa pone la mesa.

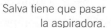

Salva tiene que pasar la aspiradora.

Instructor Resources
• MSL: Textbook images, PPT, Supplementary Activities

Note on *Aparatos domésticos*
Variations for *el estante: el librero/la estantería.* Variation for *el lavaplatos: el lavavajillas.*

Note on *Las partes de la casa*
Variations for *el cuarto* (bedroom): *la alcoba, la recámara.* Other variations include *tender la cama,* and *fregar los platos.*

Presentation tip for *¡Así lo decimos!*
Have students answer the following questions about *los quehaceres domésticos* individually and then tabulate their responses to see if there are any patterns in your class. Write each of the questions on the board as the header of a column and write their responses in infinitive form below each one: *¿Cuáles de estos quehaceres domésticos haces con regularidad? ¿Cuáles no haces nunca? ¿Cuáles detestas?* Have students draw any conclusions with you.

Presentation tip for *¡Así lo decimos!*
Many of the parts of the home are cognates with English, but the pronunciation is quite different. Review these words in Spanish and have students repeat them aloud. Refer to the *Letras y sonidos* sections, including that in the present chapter, for further practice on pronunciation.

Presentation tip for *¡Así lo decimos!*
Encourage students to personalize the vocabulary so that it describes their own homes. Use questions such as the following: *¿Cómo es tu casa o apartamento? ¿Qué necesitas para estar cómodo/a en tu casa? ¿Qué quieres tener en tu casa algún día? ¿Qué no necesitas?*

¡Hola!

05-36
to 05-37

The consonant *h* and the sequence *ch* in Spanish

In Spanish, the letter **h** is silent. In other words, it is a letter for which there is no corresponding sound.

ho-la   **ha-cer**   **hom-bre**   **her-mo-sa**   **que-ha-ce-res**

In the sequence **ch**, however, the letters **c** and **h** combine to create one single sound **ch,** which is pronounced the same as in English *church.*

mu-cho   **no-che**   **plan-cha**   **cu-chi-lla**   **mu-cha-cho**

APLICACIÓN

5-23 En el apartamento de Vera.   Completa las siguientes frases lógicamente según las instrucciones de Vera en **¡Así es la vida!**

MODELO: Estela tiene que lavar... *el piso de la cocina.*

1. __g__ Vera se pone...
2. __f__ Limpian la casa antes de...
3. __a__ Enrique necesita vaciar...
4. __c__ Enrique tiene que sacar...
5. __h__ Es necesario pasar...
6. __d__ Rogelio necesita recoger la ropa...
7. __e__ Estela tiene que poner...
8. __b__ Vera escribe una lista de...

a. el lavaplatos.
b. los quehaceres.
c. la basura.
d. del piso.
e. la mesa.
f. la fiesta.
g. enojada.
h. la aspiradora.

5-24 ¡Emparejar!   ¿Dónde encuentras las siguientes cosas? Empareja (*Match*) la letra del lugar con el objeto lógico y di (*say*) dónde está.

MODELO: el carro
            El carro está en el garaje.

1. __e__ la bicicleta
2. __c__ el sofá
3. __d__ la ropa
4. __f__ la cama
5. __b__ el lavaplatos
6. __a__ la mesa y las sillas

a. el comedor
b. la cocina
c. la sala
d. la cómoda
e. el garaje
f. el dormitorio

5-25 ¿Quién lo hace en tu casa?   Túrnense para decir quién hace estos quehaceres en su casa y decidan cuál de ustedes es más trabajador/a.

MODELO: lavar los platos
            E1: *Mi hermano los lava.*
            E2: *Pues, en mi casa yo los lavo. Creo que soy más trabajador que tú.*

1. pasar la aspiradora
2. hacer las compras
3. vaciar el lavaplatos
4. poner la mesa
5. sacar la basura
6. hacer las camas
7. lavar la ropa
8. ordenar la casa
9. limpiar el baño

Note on *ch*
In 2010, the **RAE** revised the Spanish alphabet, eliminating **ch** as a letter.

Note on *Letras y sonidos*
Various loanwords from English that begin with the letter *h* maintain an initial consonant sound when pronounced in Spanish. For example, the terms *hockey, hamster,* and *Hawai.*

Optional activity for *Letras y sonidos*
Write the following words on the board (or download the complete list from the IRC). First, review with students their meanings. Then ask students to underline the letter *h* and the sequence *ch* in each one. Have students listen and repeat after you pronounce each word.

1. a-<u>ho</u>-ra
2. <u>hi</u>-jo
3. <u>hay</u>
4. <u>has</u>-ta
5. <u>ham</u>-bre
6. <u>chi</u>-co
7. o-<u>cho</u>
8. <u>chi</u>-no
9. can-<u>cha</u>
10. mo-<u>chi</u>-la

Optional activity after 5-24
To provide additional practice with vocabulary, have students practice the following paired activity.
¿Qué asocias con...? Túrnense para decir qué asocian con las siguientes cosas.

MODELO: la ropa
lavar, la lavadora, secar, la secadora, planchar, la plancha

1. la comida
2. el dormitorio
3. el estéreo
4. el patio

Warm-up for 5-25
Encourage students to replace the direct object with a direct object pronoun, as shown in the model. Review the first few with them to provide additional models:
1. *Yo la paso (de vez en cuando).* 2. *Mi madre las hace (una vez a la semana). ¿Y en tu casa?*

Answers to 5-24
1. *La bicicleta está en el garaje.* 2. *El sofá está en la sala.* 3. *La ropa está en la cómoda.* 4. *La cama está en el dormitorio.* 5. *El lavaplatos está en la cocina.* 6. *La mesa y las sillas están en el comedor.*

5-26 ¡Todo lo que necesita para la casa!   Escucha el siguiente anuncio de radio sobre los productos para la casa. Escribe el nombre y el precio de cada producto debajo del dibujo correspondiente.

MODELO: *Una silla: $19*

1.

una aspiradora: $250

2.

una lavadora/secadora: $1.100

3.

una mesa de noche: $39,99

4.

un sofá: $750

5.

un basurero: $19,95

6.

un lavaplatos: $430

5-27A   En la agencia de bienes raíces (*real estate*).   Buscas una casa o apartamento en Panamá para ti y algunos compañeros. A continuación tienes información para contestar a las preguntas del/de la agente de bienes raíces. **Estudiante B,** por favor ve al **Apéndice 1,** página A-8.

MODELO: ESTUDIANTE A: *Busco una casa o un apartamento.*
ESTUDIANTE B: *¿Para cuántas personas?*
ESTUDIANTE A: *Para cinco, y las mujeres quieren...*

Estudiante A:

- hay cinco personas: dos hombres y tres mujeres
- las mujeres quieren habitaciones privadas
- todos quieren estar cerca de la playa
- quieren una cocina grande y un patio
- tienen un perro
- la casa debe tener un garaje para un carro y cuatro bicicletas
- debe tener por lo menos dos baños, uno con ducha
- quieren estar cerca de la línea de autobús
- pueden pagar entre $1.000 y $1.200 al mes, luz y gas incluidos

5-28 El plan (*floor plan*) de mi casa.   Dibuja (*Draw*) el plan de tu casa o apartamento (real o imaginario) en una hoja. Incluye los cuartos, los pasillos y los muebles. Descríbeselo a tu compañero/a para que él/ella lo reproduzca en su papel. Comparen los resultados. ¿Se comunican bien? Ahora escucha y dibuja la descripción de tu compañero/a.

MODELO: *Mi apartamento es pequeño. Tiene...*

¡Hola!
Cultura en vivo ✳

Because electricity is a comparatively expensive commodity, electrical appliances are not as common in many Latin American homes as in the U.S. and Canada. However, middle-class homes are more likely to have hired help to assist with daily chores. Would you prefer to have the latest electrical appliances, or hired help to assist you with your chores?

EXPANSIÓN
Preposiciones de lugar
To describe the location of a person or an object, use the following prepositions:

arriba de   *above*
contra   *against*
debajo de   *under, below*
dentro de   *within, inside of*
sobre   *on*

Audioscript for 5-27
¡Señoras y señores! Hoy, veinte de mayo es su día. En la tienda San Serapio tenemos todo para la casa y todo está en liquidación. Pueden comprar una silla de plástico por solo diecinueve dólares. ¡Y hay más! Una aspiradora modelo princesa ¡por solo doscientos cincuenta dólares! ¡Sí! ¡Doscientos cincuenta dólares! O, si quieren, tenemos un basurero grande por diecinueve dólares y noventa y cinco centavos. ¡Diecinueve dólares y noventa y cinco centavos! También tenemos un hermoso sofá amarillo por setecientos cincuenta dólares. [pause] ¿Necesitan un lavaplatos? ¡Aquí lo tenemos para usted! Tenemos un lavaplatos modelo elegancia por ¡solo cuatrocientos treinta dólares, cuatrocientos treinta dólares! Para la ropa pueden comprar una combinación lavadora/secadora color blanco por mil cien dólares. ¡Sí! Una combinación lavadora/secadora por mil cien dólares. Y para su comedor, una mesa grande con cuatro sillas, perfecta para acomodar a sus invitados, todo por solo doscientos dólares. ¿Ustedes quieren más? Pues aquí tienen una lámpara para iluminar su sala por solo veinticuatro dólares y una mesa de noche por treinta y nueve dólares y noventa y nueve centavos. Pueden ver todos los productos para su casa hoy en nuestra tienda. ¡Esta es una gran oportunidad!

Expansion of 5-26
Tell students: *Ustedes tienen un presupuesto (budget) de 800 balboas panameños ($1 USD = 1 PAB). Decidan cuáles de los productos de la Actividad 5-26 van a comprar y expliquen por qué.*

MODELO: *Debemos comprar un basurero porque hay mucha basura en la casa.*

¡Así lo hacemos! ESTRUCTURAS

3. The superlative

05-38 to 05-40

• A superlative statement expresses the highest or lowest degree of a quality: for example, the most, the greatest, the least, or the worst. To express the superlative in Spanish, the definite article is used with **más** or **menos.** Note that the preposition **de** is the equivalent of *in* or *of* after a superlative.

> *definite article* + **más** or **menos** + *adjective* + **de**

Antonio es **el más alto de** mis hermanos.	*Antonio is the tallest of my brothers.*
Este jabón es **el menos caro de** todos.	*This soap is the least expensive of all.*

• When a noun is used with the superlative, the definite article precedes the noun in Spanish.

Mi brillo de labios es **el** brillo de labios **más** caro que venden aquí.	*My lip gloss is the most expensive lip gloss they sell here.*
La casa de Carlos es **la casa más** popular **del** barrio.	*Carlos's house is the most popular house in the neighborhood.*

• Adjectives and adverbs that have irregular forms in the comparative use the same irregular forms in the superlative.

Juan es **el mejor de** mis amigos.	*Juan is the best of my friends.*
La tía Isabel es **la mayor de** mis tías.	*Aunt Isabel is the oldest of my aunts.*

APLICACIÓN

5-29 El Canal de Panamá. La nación de Panamá controla el canal desde el 31 de diciembre de 1999.

Más de 14.000 barcos pasan por el canal cada año.

Paso 1 Lee el párrafo siguiente y subraya los superlativos.

El Canal de Panamá no es <u>el más largo</u>, ni <u>el más ancho</u>[1], ni <u>el más profundo</u>[2], ni <u>el más antiguo del mundo</u>. Pero sí es el único que conecta dos océanos: el Atlántico y el Pacífico, y aún hoy es <u>la vía de agua navegable más importante del mundo</u>. Al principio, enfermedades como la malaria, la fiebre[3] amarilla y el cólera causaron <u>los problemas más graves de la construcción del canal</u>. De todos, primero los franceses y después los norteamericanos, George Goethals fue <u>el ingeniero que tuvo más éxito</u>[4] <u>en terminar el proyecto</u>. Cuando completó el canal en 1914, era[5] <u>el peor momento de esa época</u>: el comienzo de la Primera Guerra Mundial. Hoy en día, el canal todavía es una de <u>las obras de ingeniería más impactantes del mundo</u>.

---

[1]*widest* [2]*deepest* [3]*fever* [4]*success* [5]*it was*

Paso 2 Contesta las siguientes preguntas sobre el artículo para después escribir un breve resumen (*brief summary*) de la importancia que tiene el Canal de Panamá.

1. ¿Qué conecta el canal? Conecta dos océanos: el Atlántico y el Pacífico.

2. ¿Por qué es importante? Es la única vía de agua navegable que conecta dos océanos.

3. ¿En qué año se completó? Se completó en 1914.

4. ¿Cuáles eran (*were*) los problemas más graves al principio? Los problemas más graves al principio eran enfermedades como la malaria, la fiebre amarilla y el cólera.

5. ¿Cuál fue el ingeniero que tuvo (*had*) más éxito? George Goethals tuvo más éxito.

6. ¿Qué otro evento importante también comenzó en 1914? La Primera Guerra Mundial comenzó en 1914.

5-30 Otros superlativos de Centroamérica. Busca en el mapa de Centroamérica en **Nuestro mundo** (página 179) el nombre de estos lugares superlativos.

MODELO: el país de Centroamérica más montañoso
Honduras es el país más montañoso de Centroamérica.

1. el país más grande de Centroamérica Nicaragua

2. el lago más grande de Nicaragua el Lago de Nicaragua

3. el país más pequeño de Centroamérica El Salvador

4. el país más estrecho (*narrow*) Panamá

5-31 Entre todos. Usen diferentes formas del superlativo y comparativo para comparar las personas, cosas o lugares en cada serie. Usen los verbos, los adjetivos y los sustantivos de la lista. Después, expresen su opinión sobre los diferentes aspectos o características de cada uno.

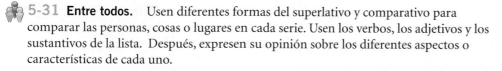

Verbos	Adjetivos		Sustantivos
actuar	caro/a – económico/a	grande – pequeño/a	actor/actriz
cantar	delicioso/a	lujoso/a (*luxurious*)	deporte
costar	divertido/a	mejor – peor	persona
maquillarse	emocionante	mayor – menor	
ser	generoso/a – tacaño/a	rápido/a	
vestirse	gordo/a – delgado/a	ridículo/a	

MODELO: Bill Gates – Carlos Slim – Elizabeth Taylor
E1: *Creo que Bill Gates es más rico que Elizabeth Taylor.*
E2: *Y Carlos Slim es el más rico de los tres.*
E3: *Pero Elizabeth Taylor es la más elegante de los tres...*

1. Queen Latifah – Oprah – Whitney Houston

2. Penélope Cruz – Daisy Fuentes – Mariah Carey

3. Enrique Iglesias – Juanes – Los Rabanes

4. los carros japoneses – los carros alemanes – los carros norteamericanos

5. la comida mexicana – la comida italiana – la comida francesa

6. el béisbol – el fútbol – el básquetbol

7. la ciudad de Miami – la ciudad de Chicago – la ciudad de San Francisco

Presencia hispana

Waves of immigration from Central American countries to the U.S. and Canada have been largely due to political upheaval in the home countries of immigrants, with the notable exceptions of those from Costa Rica and Panama. Costa Rican immigrants are often university-educated scholars who come for research opportunities not available at home. In the U.S. and Canada, they do not typically form **barrios** to the extent other immigrants do. In addition to political stability, what other factors would encourage a person to stay in his or her home country?

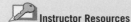
📖 4. The present progressive

• The present progressive tense describes an action that is in progress at the time the statement is made. It is formed using the present indicative of **estar** as an auxiliary verb and the present participle (the **-ando/-iendo** form) of the main verb. The present participle is invariable regardless of the subject. It never changes its ending. Only **estar** is conjugated when using the present progressive forms.

Present progressive of *hablar*			
yo	**estoy hablando**	nosotros/as	**estamos hablando**
tú	**estás hablando**	vosotros/as	**estáis hablando**
Ud.	**está hablando**	Uds.	**están hablando**
él/ella	**está hablando**	ellos/as	**están hablando**

• To form the present participle of regular **-ar** verbs, add **-ando** to the verb stem:

$$\text{habl}\cancel{\text{ar}} + \text{-ando} \rightarrow \textbf{hablando}$$

Los niños **están bailando** en la sala.   *The children are dancing in the living room.*

• To form the present participle of **-er** and **-ir** verbs, add **-iendo** to the verb stem:

$$\text{com}\cancel{\text{er}} + \text{-iendo} \rightarrow \textbf{comiendo} \qquad \text{escrib}\cancel{\text{ir}} + \text{-iendo} \rightarrow \textbf{escribiendo}$$

Los niños **están bebiendo** leche.   *The children are drinking milk.*
Estoy escribiendo la composición.   *I'm writing the composition.*

• **Leer** has an irregular present participle. The **i** from **-iendo** changes to **y**.

$$\text{le}\cancel{\text{er}} + \text{iendo} \rightarrow \textbf{leyendo}$$

• **-Ir** verbs with a stem change will also have a change in the participle. This change will be indicated when you first encounter the infinitive.

dormir (ue, u)	*to sleep*	→	**durmiendo**	*sleeping*
pedir (i, i)	*to ask for*	→	**pidiendo**	*asking for*
servir (i, i)	*to serve*	→	**sirviendo**	*serving*

• Reflexive pronouns and object pronouns can either precede **estar** or be attached to the participle. Add an accent when the pronoun is attached to the participle.

Carlos está vistiéndo**se**.
Carlos **se** está vistiendo.   } *Carlos is getting dressed.*

Estamos mirándo**te**.
Te estamos mirando.   } *We're looking at you.*

APLICACIÓN

5-32 ¿Qué estamos haciendo? Empareja el lugar donde estamos con la actividad más lógica que estamos haciendo.

MODELO: Estamos en el laboratorio de ciencias.
Estamos estudiando para un examen de biología.

1. __f__ Estamos en un café.
2. __a__ Estamos en el sofá.
3. __h__ Estamos en el parque.
4. __b__ Estamos en un concierto.
5. __c__ Estamos en clase.
6. __d__ Estamos en un partido.
7. __e__ Estamos en la biblioteca.
8. __g__ Estamos en casa a las dos de la mañana.

a. Estamos viendo la televisión.
b. Estamos escuchando música.
c. Estamos escribiendo apuntes en un cuaderno.
d. Estamos jugando al tenis.
e. Estamos leyendo un libro.
f. Estamos tomando un refresco.
g. Estamos durmiendo.
h. Estamos haciendo un pícnic.

5-33 ¡Imagínate! Escribe dónde te imaginas que están estas personas y lo que están haciendo ahora. Puedes usar las actividades de la lista.

asistir	dormir	jugar	pasar
cantar	escribir	lavarse	ponerse
cepillarse	hablar	limpiar	preparar
despertarse	hacer	maquillarse	vestirse

MODELO: el presidente de México
El presidente de México está en Washington. Está visitando al presidente de Estados Unidos.

Personajes

1. Peyton Manning y Brett Favre
2. Joaquín Phoenix
3. Derek Jeter
4. Eva Longoria Parker y Tony Parker
5. Pedro Almodóvar
6. Mariano Rivera
7. Ricky Martin y Shakira
8. el vicepresidente de EE. UU.

5-34 Lo siento, no está disponible (*available*). Ustedes son recepcionistas en un hotel de cinco estrellas en Ciudad de Panamá. Túrnense para inventar excusas para explicar por qué algunos de los huéspedes (*guests*) importantes no pueden atender las llamadas.

MODELO: E1: *Buenos días. ¿Me permite hablar con el presidente Obama?*
E2: *Lo siento; el señor Obama no está disponible ahora. Está hablando con el presidente de Panamá.*

Algunos de los huéspedes importantes

Mariah Carey y Paulina Rubio
Venus y Serena Williams
la chef Rachael Ray

Michelle Obama
Eminem y Kanye West
Roselyn Sánchez
(*Without a Trace*)

Kobe Bryant
Stephen Colbert
Homer y Marge Simpson

Wrap-up for 5-33
To increase interest in listening to the responses of others during the report-back segment of this activity, ask students to suppress the names of the famous people when presenting their imagined activities to the class, and have others guess the subject(s).

EXPANSIÓN
When making excuses, there are several fillers you can use to stall for time and come up with a reasonable response:

este... *uhh . . .*
bueno... *well . . .*
el problema es que... *the problem is that . . .*
lo siento, pero... *I'm sorry, but . . .*

Presentation tip for 5-34
Encourage students to use expressions from the *Expansión* box to add variety to their exchanges. You may give students the following example: *Hola, ¿está Lady Gaga? Este... bueno... el problema es que... lo siento, pero... ella no está aquí en este momento. Está cantando en un show de MTV.*

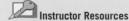
 5-35A ¿**Qué estoy haciendo?** Mientras (*While*) actúas una de las siguientes situaciones, tu compañero/a trata de adivinar (*guess*) lo que estás haciendo. Túrnense para actuar y adivinar. **Estudiante B,** por favor ve al **Apéndice 1,** página A-9.

MODELO: afeitarse
ESTUDIANTE A: (act out shaving)
¿Qué estoy haciendo?
ESTUDIANTE B: *Estás afeitándote.*

Estudiante A:

1. cepillarse los dientes
2. maquillarse
3. bañarse
4. sacar la basura
5. acostarse
6. ponerse nervioso/a

05-44
to 05-48

Estoy afeitándome.

¿Cuánto saben?

Primero, pregúntate si puedes llevar a cabo (*carry out*) las siguientes funciones comunicativas en español. Después, júntate (*get together*) con dos o tres compañeros/as de clase para presentar las situaciones. Hagan y respondan a por lo menos cuatro preguntas en cada situación.

✓ CAN YOU . . .

☐ talk about what you do around the house?

☐ describe people or things using superlatives?

☐ describe what is happening at the moment?

WITH YOUR CLASSMATE(S) . . .

Situación: En casa
Decidan entre ustedes quién se encarga de (*is responsible for*) los quehaceres de la casa.
Para empezar: *Paco tiene que...*

Situación: Alquilo apartamento
Uno/a de ustedes quiere alquilar (*to rent*) su apartamento. Túrnense para describirlo y hacer preguntas sobre dónde está el apartamento, sus habitaciones y los muebles. Usen comparaciones y superlativos en su descripción.
Para empezar: *Mi apartamento es más grande que otros en el barrio y también es el más económico...*

Situación: Por teléfono
Observen a sus compañeros/as de clase y explíquense lo que están haciendo en este momento.
Para empezar: *Ana está escribiendo en su portátil...*

Observaciones

¡Pura vida! EPISODIO 5

En este episodio hay conflicto entre Hermés y Marcela.

Antes de ver el video

5-36 Los quehaceres de la casa. En muchas familias de clase media es común tener ayuda de alguien (*someone*) en la casa. Lee la situación de la familia de Silvia y contesta brevemente las siguientes preguntas en español.

> Vivimos en Madrid. Como[1] mi padre y mi madre trabajan fuera[2] de casa, tenemos una señora que nos ayuda con los quehaceres. Se llama Ana y viene todos los lunes, miércoles y viernes. Pasa tres o cuatro horas lavando la ropa, ordenando la casa, lavando los platos y limpiando los pisos. Algunas veces, también va al mercado y hace las compras para la cena, pero mi mamá siempre prepara la comida. Con frecuencia tenemos visita[3] los viernes por la noche: mis abuelos y mis tíos o algunos amigos de la oficina de mis padres. En esas ocasiones, Ana prepara algo especial, como una paella o una torta. Gracias a la ayuda de Ana, el día siguiente solo tenemos que vaciar el lavaplatos.

[1]*Since* [2]*outside* [3]*guests*

1. ¿Dónde vive la familia de Silvia?
   Vive en Madrid.
2. ¿Por qué necesitan a una señora que les ayuda a mantener la casa?
   Porque el padre y la madre de Silvia trabajan fuera de la casa.
3. ¿Cuáles son los quehaceres de Ana?
   Ana lava la ropa, ordena la casa, lava los platos y limpia los pisos. Algunas veces va al mercado.
4. ¿Quién normalmente prepara la cena? hace las compras para la cena.
   La madre de Silvia la prepara.
5. Si hay visita el viernes, ¿qué tiene que hacer la familia los sábados?
   Solo tiene que vaciar el lavaplatos.

A ver el video

5-37 Hay conflicto en casa. Mira el quinto episodio de **¡Pura vida!** para identificar el conflicto entre Marcela y Hermés. Luego, empareja (*pair*) las frases para formar oraciones lógicas.

Marcela

Marcela y Hermés

La lista de quehaceres

1. __d__ Hermés trabaja...
2. __a__ A Marcela le molestan...
3. __b__ Hermés dice que siempre...
4. __e__ Marcela dice que ella siempre...
5. __c__ Según Silvia, cada uno...

a. los papeles que están en el piso.
b. saca la basura.
c. plancha su ropa y hace su cama.
d. lavando platos en un restaurante.
e. limpia el baño.

Después de ver el video

5-38 Servicio de limpieza. Conéctate a la Internet para buscar un servicio de limpieza. Escoge uno que te guste y anota los servicios y el costo, si se incluye.

> **Busca:** servicio domestico; servicio limpieza domestica

Una casa de apartamentos en Madrid.

Nuestro mundo

 Panoramas

📖 América Central II:
05-52 to 05-53 **Costa Rica, Nicaragua, Panamá**

Los primeros habitantes de estas regiones llegaron (*arrived*) hace más de 30.000 años. Los españoles llegaron hace poco más de 500.

Según una leyenda salvadoreña, durante la colonia española una erupción de este volcán facilitó el triunfo de los campesinos sobre los ricos terratenientes (*landowners*) españoles.

En 2014, Panamá celebra el centenario de la construcción del Canal e inaugura una gran expansión del mismo. La nueva vía (*lane*) va a acomodar las súper naves que antes eran demasiado grandes para navegar el Canal.

La gran variedad de flora y fauna en las selvas centroamericanas se ve representada tanto en artefactos precolombinos como en artesanías indígenas.

Costa Rica, Nicaragua, Panamá

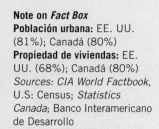

	Costa Rica	Nicaragua	Panamá
Población:	4 millones	6 millones	3 millones
Población urbana:	63%	57%	73%
Servicio militar:	No tiene fuerzas militares.	Voluntario	No tiene fuerzas militares.
Propiedad de viviendas[1]:	75 %	79%	78%
PIB per cápita:	$11.600	$2.900	$11.600

[1]Home ownership

5-39 Identifica. Identifica lo siguiente.

1. el país con la mayor población en las ciudades
   Panamá
2. el país con el menor PIB por persona
   Nicaragua
3. el tema (*theme*) de muchas de las artesanías
   la flora y la fauna
4. lo que va a pasar en el año 2014
   el centenario de la construcción del Canal y una gran expansión
5. un fenómeno natural relacionado con una leyenda (*legend*)
   los volcanes
6. los países sin fuerzas militares
   Costa Rica y Panamá

5-40 Desafío. Usa el mapa para identificar estos lugares y sus características.

1. las capitales de estos tres países   San José, Managua, Ciudad de Panamá
2. sus costas   el Caribe y el Pacífico
3. el país más grande de los tres   Nicaragua
4. el país con frontera con Honduras   Nicaragua
5. la ruta del Canal (del norte al sur o del oeste al este)   del norte al sur

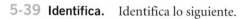
5-41 Proyecto: América Central: Costa Rica, Nicaragua, Panamá. Estos tres países contribuyen mucho a la economía, la política y la cultura de la región. Escoge uno de los siguientes lugares, personas o temas, u otro que te interese, para investigar: **el Canal de Panamá, el ecoturismo, Óscar Arias, los indios Kuna, el fútbol en Costa Rica, una casa o apartamento en Costa Rica/Nicaragua/Panamá.** Usa el Modelo para escribir un resumen en el que incluyas lo siguiente:

- su nombre y dónde está
- por qué es importante o interesante
- cómo es
- si quieres visitarlo o verlo algún día y por qué
- si piensas estudiar más sobre este tema
- una foto representativa

Busca: canal panama; oscar arias; kuna, etc.

MODELO: *El país de Costa Rica es muy popular entre muchos estadounidenses y canadienses para invertir (invest) en una segunda casa y eventualmente vivir allí....*

Note on *Fact Box*
Población urbana: EE. UU. (81%); Canadá (80%)
Propiedad de viviendas: EE. UU. (68%); Canadá (80%)
Sources: CIA World Factbook, U.S: Census; *Statistics Canada*; Banco Interamericano de Desarrollo

Note on *Home ownership*
In contrast with the U.S. and Canada, it is much less common for home owners in Hispanic countries to hold a mortgage on their home: Costa Rica (10%), Nicaragua (less than 1%), Panama (11%).

Note on *Servicio militar*
As part of a constitutional amendment in 1994, the government abolished Panama's military.

Expansion for 5-40
Ask students additional comprehension questions based on the map: *¿Qué océano está al sur de Panamá? ¿Qué mar está al norte? ¿Qué país está al oeste de Panamá? ¿Qué país y continente están al este de Panamá? ¿Tiene Panamá algunas islas? ¿Cómo se llaman y dónde están? ¿Qué observas de la forma de este país? ¿Qué ríos y lagos tiene Nicaragua? ¿Qué país está al norte de Nicaragua? ¿Dónde está la ciudad de Golfito?*

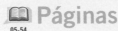

Páginas
05-54

Playa Cacao

ANTES DE LEER

5-42 Lo que ya sabes. Lo que (*What*) ya sabes es importante para entender lo que lees. Por ejemplo, en la construcción de una casa, los materiales dependen del clima y de otros factores como el gusto (*taste*) de la persona, su situación económica, etc. Antes de leer la descripción de la casa que aparece a continuación, piensa en tus preferencias para comprar una casa.

Para mí, la casa debe...

1. _____ tener muchos dormitorios
2. _____ respetar el medio ambiente (*environment*)
3. _____ estar cerca de buenas escuelas
4. _____ estar en un barrio seguro (*safe*)
5. _____ tener una cocina bien equipada
6. _____ costar más (menos) de $150.000
7. _____ otros requisitos (*requirements*)...

A LEER

5-43 Esta casa. Mientras lees la descripción de esta casa, compárala con tu casa ideal. ¿Qué tiene la casa que te gusta? ¿Qué tiene la casa que no te gusta?

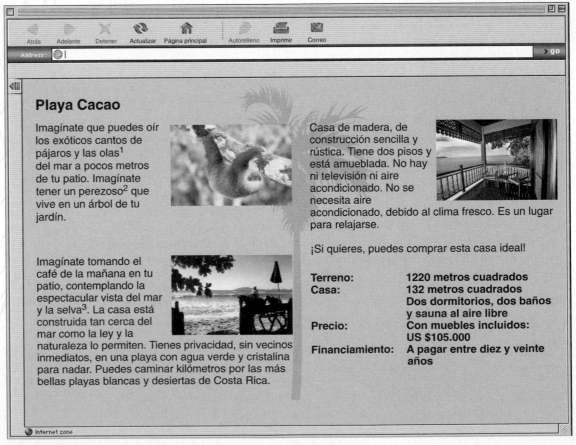

Playa Cacao

Imagínate que puedes oír los exóticos cantos de pájaros y las olas[1] del mar a pocos metros de tu patio. Imagínate tener un perezoso[2] que vive en un árbol de tu jardín.

Imagínate tomando el café de la mañana en tu patio, contemplando la espectacular vista del mar y la selva[3]. La casa está construida tan cerca del mar como la ley y la naturaleza lo permiten. Tienes privacidad, sin vecinos inmediatos, en una playa con agua verde y cristalina para nadar. Puedes caminar kilómetros por las más bellas playas blancas y desiertas de Costa Rica.

Casa de madera, de construcción sencilla y rústica. Tiene dos pisos y está amueblada. No hay ni televisión ni aire acondicionado. No se necesita aire acondicionado, debido al clima fresco. Es un lugar para relajarse.

¡Si quieres, puedes comprar esta casa ideal!

Terreno:	**1220 metros cuadrados**
Casa:	**132 metros cuadrados**
	Dos dormitorios, dos baños y sauna al aire libre
Precio:	**Con muebles incluidos: US $105.000**
Financiamiento:	**A pagar entre diez y veinte años**

[1]*waves* [2]*sloth* [3]*jungle*

DESPUÉS DE LEER

5-44 ¿Comprendiste? Resume (*Summarize*) las características de la casa que aparece en la página web.

1. dónde está   Costa Rica
2. número de dormitorios   2
3. accesorios incluidos   sauna al aire libre, muebles
4. número de pisos   2
5. número de baños   2
6. ¿A/C?   no
7. precio (*price*)   US $105.000
8. ¿vista (*view*)?   del mar y la selva

 5-45 ¿Compras esta casa? Hablen sobre si piensan comprar o no esta casa y por qué.

MODELO: E1: *Compro esta casa porque...*
            E2: *Pues, yo no la compro porque...*

5-46 Comprar casa. Conéctate a la Internet y busca una casa o un apartamento que se vende en Costa Rica, Panamá o Nicaragua. Escribe la información de la casa o apartamento en la lista a continuación.

> **Busca:** comprar casa costa rica, etc.

Dónde está: _____

El número de dormitorios: _____

Los metros cuadrados (o pies cuadrados): _____

El número de baños: _____

¿Tiene algo especial? _____

El precio: _____

¿Es una buena casa para tu familia? Explica por qué sí o por qué no. _____

Compro esta casa porque tiene un patio muy bonito.

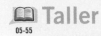 **Taller**

5-47 Un anuncio de venta. En esta actividad vas a diseñar (*design*) un anuncio o página web para vender una casa como la que aparece en **Páginas**.

ANTES DE ESCRIBIR

- Comienza con una lista para dar más información sobre tu casa o condominio.
  - ☐ su ubicación (ciudad, país, cerca de...)
  - ☐ los metros cuadrados
  - ☐ los dormitorios y su descripción
  - ☐ los accesorios incluidos
  - ☐ los accesorios extras: patio, piscina (*pool*), vista, cancha de tenis, etcétera
  - ☐ las actividades que uno puede hacer en la casa o en la comunidad
  - ☐ el precio
  - ☐ las fotos o dibujos para ilustrar la casa o condominio

A ESCRIBIR

- **Descripción.** Ahora escribe dos párrafos para describir la casa. Recuerda, deseas venderla.

DESPUÉS DE ESCRIBIR

- **Revisar.** Revisa la descripción para verificar los siguientes puntos:
  - ☐ el uso correcto de los verbos reflexivos
  - ☐ el uso de comparativos y superlativos
  - ☐ el uso del presente progresivo
  - ☐ la ortografía, incluidos los acentos
- **Intercambiar**
  Intercambia tu anuncio con el de un/a compañero/a y comenten sobre el diseño de cada anuncio y si es efectivo.
- **Entregar**
  Revisa tu anuncio e incorpora las sugerencias de tu compañero/a. Después, dale el anuncio y las respuestas de tu compañero/a a tu profesor/a.

🔊 Vocabulario

Presentation tip for *Vocabulario*
Help students better assimilate vocabulary through review games, such as charades, Pictionary, word associations, verb conjugation races at the board, spelling races at the board, etc. By interacting with others and using words in meaningful ways, vocabulary acquisition is greatly enhanced.

Primera parte

Las actividades diarias Daily activities

acostarse (ue) *to go to bed*
afeitarse *to shave*
bañarse *to bathe*
cepillarse *to brush*
despertarse (ie) *to wake up*
dormirse (ue, u) *to fall asleep*
ducharse *to take a shower*
lavarse *to wash*
levantarse *to get up, to stand up*
maquillarse *to apply makeup*
peinarse *to comb*
quitarse (la camisa) *to take off (your shirt)*
secarse *to dry oneself*
sentarse (ie) *to sit down*
vestirse (i, i) *to get dressed*

Algunas emociones Some emotions

ponerse contento/a *to become happy*
　　　　furioso/a *angry*
　　　　molesto/a *annoyed*
sentirse (ie, i) *to feel*

Algunas partes del cuerpo Some parts of the body

la cara *face*
los dientes *teeth*
la mano *hand*
la nariz *nose*
el ojo *eye*
el pelo *hair*

Artículos de uso personal Personal care items

el brillo de labios *lip gloss*
el champú *shampoo*
la crema (de afeitar) *(shaving) cream*
el jabón *soap*
el maquillaje *makeup*
la máquina de afeitar *electric razor*
la navaja de afeitar *razor*
el peine *comb*
el secador *hair dryer*

Segunda parte

Los accesorios y los muebles Furniture and accessories

los aparatos domésticos *household appliances*
la aspiradora *vacuum cleaner*
la cama *bed*
la cómoda *dresser*
el cuadro *painting*
el estante *bookcase*
la lámpara *lamp*
la lavadora *washing machine*
el lavaplatos *dishwasher*
la mesa de noche *nightstand*
la plancha *iron*
la secadora *clothes dryer*
el sillón *armchair, overstuffed chair*
el sofá *sofa, couch*

Los quehaceres domésticos Household chores

hacer la cama *to make the bed*
lavar (los platos / el piso) *to wash (the dishes / the floor)*
limpiar/ordenar la casa *to clean / straighten up the house*
llenar el lavaplatos *to load the dishwasher*
pasar la aspiradora *to vacuum*
poner la mesa *to set the table*
quitar la mesa *to clear the table*
recoger la ropa (del piso / de la secadora) *to pick up / collect clothes (from the floor / dryer)*
sacar la basura *to take out the garbage*
vaciar el lavaplatos *to empty the dishwasher*

Las partes de una casa Parts of a house

el baño *bathroom*
la casa *house, home*
la cocina *kitchen*
el comedor *dining room*
el cuarto *room, bedroom*
el dormitorio *bedroom*
el garaje *garage*
el jardín *garden*
el pasillo *hallway*
el patio *patio, backyard*
el piso *floor*
la sala *living room*
la terraza *terrace*

Reflexive pronouns *See page 156.*
Comparisons of equality and inequality *See pages 161–162.*

Verbs that express feelings, moods, and conditions *See page 157.*
Prepositions of place *See page 171.*

Expressions with the noun *vez* *See page 160.*
The superlative *See page 172.*

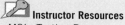
Instructor Resources
• MSL: Testing Program

6
¡Buen provecho!

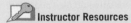 **Instructor Resources**
• IRM: Syllabi and Lesson Plans
• MSL: Textbook images, PPT

Warm-up for *Capítulo 6*
Review the previous chapter by having students present their *Taller* to the class. A transition to the present chapter is to ask where students prepare and eat their meals at home. In this chapter, they will learn the names of different foods and how to order a meal in a restaurant.

The Five C's

Communication: Activities requesting opinions, such as in *Perfiles* and *Páginas*; writing activities (*Taller*), information gap (6-12, 6-26, 6-32, 6-36), information sharing activities (6-4, 6-5, 6-6, 6-7, 6-10, 6-11, 6-14, 6-16, 6-18, 6-25, 6-30, 6-31, 6-35, 6-47).

Cultures: See Chapter Opener, *Perfiles*, *Cultura en vivo*, *Presencia hispana*, *Observaciones*, *Panoramas*, *Páginas* and *Taller*. See also, activities with a cultural context, such as 6-8, 6-12, 6-13, 6-15, 6-24, 6-26, 6-27, 6-29, 6-33; also photos and teacher notes that expand on cultural topics, found throughout.

Connections: For example, activities asking students to connect previous knowledge: 6-7; *Mi experiencia*, *Mi música*, *Panoramas*, *Presencia hispana*, *Cultura en vivo*, *Taller* (writing).

Comparisons: *Estructuras*, *Perfiles*, *Cultura en vivo*, *Variaciones*, *Presencia hispana*.

Communities: Internet activities, such as 6-7, 6-20, 6-21, 6-39, 6-42.

Readiness Check

Chile: un país de contrastes

«Disfruta, come y bebe que la vida es breve».

Refrán: Enjoy, eat, and drink, for life is short.

La larga costa de Chile abunda en pescado y otras delicias del mar.

El pintor chileno Claudio Bravo pintó *Contra Luz*, una naturaleza muerta (*still life*).

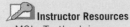 **Instructor Resources**
• MSL: Textbook images, PPT

Primera parte

¡Así lo decimos! VOCABULARIO

 ¡Así es la vida! ¡Buen provecho!
06-01

 El Café del Mar es un restaurante popular en Viña del Mar, Chile.

MANOLO: Mesero, la cuenta, por favor.

MESERO: Enseguida, señor.

JORGE: Oye Manolo, ¿cuánto dejamos de propina?

ELÍAS: ¿Qué te apetece, querida?

ESME: A ver... un bistec, una ensalada, el pastel de limón y una copa de vino tinto.

MATILDE: ¡No me gustan los mariscos!

GRACIELA: Pero Matilde, ¡son la especialidad de la casa!

Vocabulario Las comidas y las bebidas

06-02
to 06-09

06-02
to 06-09

Variaciones
Names for foods vary considerably in the Spanish-speaking world. In Spain, **la banana** is **el plátano, la papa** is **la patata,** and **el jugo** is **el zumo.**

Variaciones
Un sándwich in Mexico is on sliced white bread; most prefer **una torta** on a hard roll. In Spain, **un bocadillo** made on a fresh baguette is popular.

Variaciones
In Spain, **el/la mesero/a** is **el/la camarero/a.**

Las comidas Meals

el almuerzo   *lunch*
la cena   *dinner*
el desayuno   *breakfast*
la merienda   *afternoon snack*

Las proteínas y las carnes Proteins and meats

el bistec   *steak*
el bocadillo / el sándwich   *sandwich*
los camarones   *shrimp*
el huevo   *egg*
el jamón   *ham*
los mariscos   *shellfish*
el pescado   *fish*
el pollo   *chicken*
el queso   *cheese*
la sopa   *soup*

Las frutas, las verduras... Fruits, vegetables . . .

el ajo   *garlic*
el arroz   *rice*
la banana   *banana*
la cebolla   *onion*
la fresa   *strawberry*
los frijoles   *beans, legumes*
las judías verdes   *green beans, string beans*
la lechuga   *lettuce*
el maíz   *corn*
la manzana   *apple*
la naranja   *orange*
el pan   *bread*
la papa   *potato*
el tomate   *tomato*
las uvas   *grapes*
la zanahoria   *carrot*

Los condimentos Condiments

el aceite (de oliva)   *(olive) oil*
el azúcar   *sugar*
la mantequilla   *butter*
la sal y la pimienta   *salt and pepper*
el vinagre   *vinegar*

Las bebidas Beverages

el agua (mineral)   *(mineral) water*
la cerveza   *beer*
el jugo   *juice*
la leche   *milk*
el té   *tea*
el vino (tinto, blanco)   *(red, white) wine*

Le encanta la ensalada de lechuga y tomate.

Los postres Desserts

el flan   *custard dessert*
las galletas   *cookies*
el helado (de vainilla)   *(vanilla) ice cream*
el pastel (de manzana)   *(apple) pie*
la torta   *cake*
el yogur   *yogurt*

En un restaurante In a restaurant

la cuenta   *bill*
la especialidad de la casa   *house specialty*
el menú   *menu*
el/la mesero/a   *waiter/waitress*
la propina   *tip*

Expresiones Expressions

¡Buen provecho!   *Enjoy!*
¿Desea(n) algo de tomar/comer?   *Would you like something to drink/eat?*
Enseguida.   *Right away.*
¿Qué te apetece (comer)?   *What do you feel like (eating)?*

Adjetivos Adjectives

caliente   *hot*
picante   *hot (spicy)*

Verbos Verbs

cenar   *to have dinner*
dar   *to give*
decir (i, i)   *to say*
dejar   *to leave (behind)*
desayunar   *to have breakfast*

ciento ochenta y siete ●●● **187**

Instructor Resources
• Textbook images, PPT, Supplementary Activities

Note on *Vocabulario*
Introduce other terms as your students need them, for example, *el pavo* (turkey), *la hamburguesa* (hamburger), *el pimiento* (pepper), *el coco* (coconut), *el limón* (lemon), *el chocolate* (chocolate). *vegetariano/a* (vegetarian), *la limonada* (lemonade), etc. Also, remind students that they have already learned *almorzar* (ue), *el café*, and *el refresco*.

Note on *Variaciones*
In much of Latin America, "pie" is **pastel;** in Spain it is **tarta. Torta** is used for "cake" in many places, although it refers to a sandwich in Mexico. In some places you will hear **que** or **queque** or **ponqué** for "cake." Remind students to observe local usage when they travel. Introduce other variations, such as **durazno** (Americas) and **melocotón** (Spain) for "peach" as appropriate to your classroom needs.

Note on *¡Así lo decimos!*
Enseguida may also be spelled *En seguida*.

Optional activity for *¡Así lo decimos!*
Prepare three menus (A, B, and C) on the board or download the complete activity from the IRC. A. *Primer plato: sopa de tomate; Segundo plato: sándwich de queso con papas fritas; Postre: galletas; Bebida: refresco.* B. *Primer plato: etc.* Have students read the menus silently. Then ask which menu they prefer in the following situations: 1. *Preparas la cena para tu familia.* 2. *Es tarde y tienes mucha hambre.* 3. *Es tu cumpleaños.*

APLICACIÓN

6-1 En el restaurante. Indica a quién se refiere lo siguiente en el restaurante en ¡Así es la vida!

1: Manolo   **2:** Esme   **3:** Jorge   **4:** Matilde   **5:** Graciela

1. __4__ Detesta los mariscos.
2. __1__ Pide la cuenta.
3. __2__ Tiene mucha hambre.
4. __2__ Pide una comida grande.
5. __5__ Está un poco molesto/a.
6. __3__ Está un poco preocupado/a.

6-2 ¿Qué es? Empareja la comida con su descripción.

MODELO: Es verde. Forma parte de una ensalada.
    la lechuga

1. __c__ Es una fruta amarilla.
2. __f__ Se comen con el arroz.
3. __a__ Es una carne rosada.
4. __h__ Es un postre con muchas calorías.
5. __e__ Es una bebida con cafeína.
6. __b__ Es rojo y se usa en la salsa picante.
7. __g__ Es un postre frío hecho con crema, huevos y azúcar.
8. __d__ Se comen y también se usan para hacer vino.

a. el jamón
b. el tomate
c. la banana
d. las uvas
e. el té
f. los frijoles negros
g. el helado
h. la torta de chocolate

 6-3 ¡Buen provecho! Indica en la cuenta a la derecha la comida y la bebida que piden Marta y Arturo en el *Café El Náufrago* con **A** (Arturo) o **M** (Marta).

6-4 Ahora tú. Primero seleccionen un restaurante que conocen y luego túrnense para preguntarse qué piden para cada comida.

MODELO: la cena
    E1: *¿Qué pides para la cena en Don Pancho?*
    E2: *Pido una ensalada de pollo.*
    E1: *¿Es todo?…*

1. la cena
2. el desayuno
3. la merienda
4. el almuerzo / la comida

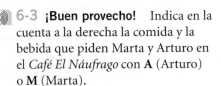

PESCADOS Y MARISCOS

Café El Náufrago

Avenida Allende 489 • Tel. 311-1539 • Valparaíso

FECHA __/__/__ MESERO/A _____	MESA ____
	TOTAL

VINO _____ TINTO _____ BLANCO
REFRESCO _____ AGUA MINERAL _____ CERVEZA
JUGO DE MANZANA _____ DE NARANJA
DE TORONJA

CAMARONES
ATÚN
FILETE DE PESCADO
CALAMARES
SALMÓN
BOCADILLO DE CHORIZO

ENSALADA MIXTA
PAPAS FRITAS _____ TOMATE Y CEBOLLA
PAN _____ PAPA AL HORNO

HELADO DE LIMÓN _____ DE CHOCOLATE
FLAN
ENSALADA DE FRUTAS
CAFÉ _____ TÉ

CUENTA TOTAL
(IVA Y SERVICIO INCLUIDOS)

6-5 Las rutinas. En grupos de tres, descubran cuántas personas comparten (*share*) estas costumbres (*customs*) e indiquen los resultados.

MODELO: **desayunar** todos los días
E1: *¿Desayunas todos los días? Yo, sí.*
E2: *No, solo cuando tengo tiempo.*
E3: *Sí, siempre desayuno.*

Preferencias	Número de personas en su grupo que dicen sí
desayunar todos los días	_____
cenar a las diez de la noche	_____
ser vegetariano/a	_____
comer más pescado que carne	_____
tomar café con la comida	_____
ser alérgico/a a los mariscos	_____
almorzar en la universidad	_____
preferir la leche a los refrescos	_____

¿Eres vegetariano/a?

6-6 ¿Qué compramos para la cena? Decidan qué van a comprar para la cena en cada una de estas situaciones. Mencionen por lo menos tres alimentos para cada situación.

MODELO: Tienen invitados en casa y les gusta preparar platos tradicionales.
Vamos a comprar un pollo grande, papas, lechuga y tomates para hacer una ensalada. Para el postre...

1. Uno/a de Uds. es vegetariano/a.

2. Uno/a de Uds. está a dieta.

3. Uno/a de Uds. está entrenándose (*training*) para un maratón.

4. Uds. están muy ocupados/as y no tienen mucho tiempo.

6-7 Tu pirámide. En 2005 se introdujo una nueva pirámide de la alimentación.

Paso 1 Conéctate a la Internet para hacer un análisis de los alimentos que necesitas.

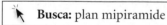
Busca: plan mipiramide

Completa el siguiente cuadro según los resultados.

Edad:	
Sexo:	
Número de calorías diarias:	
Cantidad de productos lácteos:	
Cantidad de aceites:	
Cantidad de carnes y otras proteínas:	
Límite diario de grasas sólidas y azúcares:	

Paso 2 Ahora compara tu cuadro con el de otra persona en la clase.

MODELO: E1: *Según la pirámide, debo tomar tres tazas de productos lácteos. Creo que tomo más de tres, porque tomo leche con todas las comidas y me gusta mucho el yogur. ¿Y tú?*
E2: *Pues, yo debo tomar...*

Presencia hispana

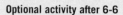

According to the U.S. Department of Agriculture (USDA), Hispanic-American families have a tremendous influence on food production in the U.S. First, they are more likely than other families to prepare their food at home. Second, they usually shop for fresh fruits and vegetables. However, because of the diversity of Hispanic cultures, their cuisine cannot be generalized. It ranges from bland to spicy, and may include corn tortillas, rice, or potatoes. What Hispanic foods can you find in your neighborhood supermarket?

Warm-up for 6-5
Review with students the *yo, tú,* and *nosotros/as* forms of irregular *ser* and the stem-changers *almorzar* and *preferir*. Do this, for instance, by writing the infinitives on the board and eliciting the conjugations from students, writing their responses on the board for visual support.

Optional activity after 6-6
The following offers additional practice with vocabulary, listening comprehension, and speaking, and may be assigned as a paired or group activity. The complete activity is available for download from the IRC.

¿Qué dices? Utilicen expresiones de *¡Así lo decimos!* y otras para representar estas situaciones en diálogos orales o escritos.
1. *El mesero te recomienda la especialidad de la casa, pero tú prefieres algo diferente.*
2. *La sopa está fría. El/la mesero/a pregunta si todo está bien.*
3. *Tienes mucha prisa, pero el/la mesero/a es muy lento/a.*

Note on *Internet activities*
We purposely exclude accents and *tildes* in search terms as students will discover the same information regardless of case, for example, "España," "Espana," or "espana."

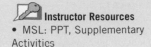
Presentation tip for *Indirect objects and indirect object pronouns*
Students have been using the expressions *me gusta* and *te gusta* to express likes and dislikes.

Presentation tip for *Indirect objects and indirect object pronouns*
Review with students the forms, meanings, and functions of the following 3 paradigms: (1) subject pronouns, (2) direct object pronouns, (3) indirect object pronouns and provide examples for each.

Note on *Verbs using indirect object pronouns*
Here are some verbs that often use indirect object pronouns. Most of these verbs are recycled from previous chapters. The conjugations of *decir* and *dar* are given on the facing page.

comprar	servir (i, i)
dar	traer
decir	pedir (i, i)
escribir	preguntar
mandar	recomendar (ie)

Note on *Indirect object pronouns*
While the *RAE* admits dialectical variation in some uses of the indirect object pronoun, it is safe to emphasize to beginning students that they should always use the pronoun even when the object is stated in a prepositional phrase. In this way Spanish differs from English:

Le compro el refresco a Juan.
I'll buy Juan a soft drink.

¡Así lo hacemos! ESTRUCTURAS

1. Indirect objects, indirect object pronouns, and the verbs *decir* and *dar*

06-10 to 06-16

> ¿Me puede mostrar los modelos más económicos?

Los pronombres de complementos indirectos

An indirect object indicates to or for whom an action is carried out. In Spanish the indirect object pronoun is also used to indicate from whom something is bought, borrowed, or taken away.

Indirect object pronouns			
Singular		**Plural**	
me	*(to) me*	nos	*(to) us*
te	*(to) you*	os	*(to) you* (fam. Sp.)
le	*(to) you* (for.)	les	*(to) you*
le	*(to) him, her*	les	*(to) them*

• The indirect object pronouns are identical to the direct object pronouns, except for the third-person singular and plural forms.

• Indirect object pronouns agree only in number with the noun to which they refer. There is no gender agreement.

Le lavo los platos.	*I'll wash the dishes for her.*
¿**Me** preparas arroz para la cena?	*Will you prepare rice for dinner for me?*

• Indirect object pronouns usually precede the conjugated verb.

Te compramos el almuerzo.	*We'll buy you lunch.*

• In negative sentences the indirect object pronoun is placed between **no** and the conjugated verb.

No **les** recomiendo ese restaurante.	*I won't recommend that restaurant to them.*

• In constructions with an infinitive, the indirect object pronouns may either precede the conjugated verb or be attached to the infinitive.

El mesero **nos** va a traer la cuenta.
El mesero va a traer**nos** la cuenta. } *The waiter is going to bring us the check.*

• Since **le** or **les** can have different meanings, you can add a prepositional phrase (**a él, a ella, a Ud., a ellos, a ellas, a Uds.**) for clarification.

Le preparamos la comida.	*We prepare him / her / you (s.) the meal.*
Le preparamos la cena **a ella.**	*We prepare **her** dinner.*
Les traigo un refresco.	*I bring them / you (pl.) a drink.*
Les traigo un refresco **a Uds.**	*I bring **you** (pl.) a drink.*

• The prepositional phrase can also be used for emphasis. In the following examples, the phrases **a mí, a ti** and **a nosotros** are not required grammatically, but the indirect object pronouns **me, te** and **nos** *are* required. Note that the pronouns that follow prepositions are the same as subject pronouns with the exception of **yo** and **tú**. These are replaced by **mí** and **ti.**

Te invito a un café **a ti,** no a ellos.	*I'll invite **you** for coffee, not them.*
¡Juan **nos** va a hacer un pastel especial **a nosotros!**	*Juan is going to make a special cake for **us**!*
¡Mi novio **me** preparó una cena deliciosa **a mí!**	*My boyfriend prepared **me** a delicious dinner!*

• The familiar plural form, **os** (**vosotros**), is used in Spain.

Decir y dar

The irregular verbs **decir** and **dar** often take indirect object pronouns.

- **Decir** is an **e → i** stem-changing verb with an irregular first-person singular form (like **tener** and **venir**).

decir (*to say*)			
yo	d**i**go	nosotros/as	decimos
tú	d**i**ces	vosotros/as	decís
Ud.	d**i**ce	Uds.	d**i**cen
él/ella	d**i**ce	ellos/as	d**i**cen

- **Dar** has an irregular first-person singular form like **ser** and **estar**.

dar (*to give*)			
yo	d**oy**	nosotros/as	damos
tú	das	vosotros/as	dais
Ud.	da	Uds.	dan
él/ella	da	ellos/as	dan

Todos los días le **decimos** "buenos días" a la profesora.

Every day, we say "hello" to the professor.

Todos los días ella nos **da** una prueba.

Every day, she gives us a quiz.

APLICACIÓN

6-8 Sebastián Piñera, presidente de la República de Chile. Antes de las elecciones, Sebastián Piñera pronunció (*he gave, delivered*) un discurso en el que hizo (*he made*) muchas promesas. La revista en línea *NuevaPolítica.com* publica un resumen de su plataforma.

Paso 1 Lee el resumen y subraya los pronombres de objeto indirecto.

En un discurso esta semana, el candidato a la presidencia Sebastián Piñera <u>nos</u> promete que Chile va a continuar y aumentar los programas sociales de su predecesora Michelle Bachelet. "Primero, yo <u>les</u> digo a los chilenos fuerte y claro: en nuestro gobierno vamos a fortalecer[1] y ampliar[2] la red social para proteger no solamente a los más humildes, sino también a nuestra clase media". Además, <u>nos</u> afirma que va a "fortalecer el trabajo, la educación y la familia". Va a crear<u>les</u> a los chilenos un millón de trabajos para erradicar el desempleo, una de las más importantes causas de la pobreza. <u>Nos</u> dice que va a llevar<u>les</u> a los jóvenes pobres más oportunidades para hacer deporte. Y va a crear<u>les</u> más oportunidades de educación y trabajo a los discapacitados[3]. Finalmente, Sebastián Piñera va a dar<u>les</u> a sus ministros la responsabilidad de proponer nuevas leyes para el bienestar de la nación. <u>Nos</u> explica el candidato, "Ustedes <u>me</u> dicen que quieren trabajar conmigo. <u>Les</u> prometo que voy a mejorar la economía, el sistema de seguro social y además, voy a trabajar para mejorar el sistema de educación. <u>Les</u> aseguro[4] que el gobierno va a respetar a todos los chilenos, hombres y mujeres. Hoy, <u>le</u> prometo a Chile que vamos a continuar nuestro desarrollo[5] económico, político y social para el bien de todos".

---

[1]*strengthen* [2]*expand* [3]*disabled* [4]*assure* [5]*development*

Paso 2 Ahora, escribe una lista de por lo menos cinco promesas que el candidato Piñera les hace a los chilenos. ¿Cuál de esas promesas te parece la más importante y por qué?

MODELO: *Les promete a los chilenos que va a continuar los programas de su predecesora.*

Answers to 6-8, Paso 2

Les promete (asegura/dice/afirma) que va a... (1) continuar y aumentar los programas sociales de su predecesora; (2) fortalecer y ampliar la red social; (3) fortalecer el trabajo, la educación y la familia; (4) crear un millón de trabajos; (5) llevarles a los jóvenes pobres más oportunidades para hacer deporte; (6) crearles más oportunidades de educación y trabajo a los discapacitados; (7) darles a sus ministros la responsabilidad de proponer nuevas leyes para el bienestar de la nación; (8) mejorar la economía, el sistema de seguro social y el sistema de educación; (9) respetar a todos los chilenos; (10) continuar el desarrollo económico, político y social.

Sebastián Piñera, electo presidente de Chile en 2010.

Warm-up for *decir* and *dar*

Warm up the presentation by talking about yourself and why you feel lucky to have so many generous and kind friends who are constantly giving you gifts and saying nice things to you. Of course, your friends are also celebrities that you have used as models in the past, for example, *Hoy es mi cumpleaños. Mi amigo Denzel Washington me dice: "¡Feliz cumpleaños!"*

Presentation tip for *Indirect objects, indirect object pronouns, and the verbs* decir *and* dar

Bring in a few mini chocolate bars or ask a student for some coins or cash. Prepare the board or a transparency before class with the following information. Then, ask the questions using your students' names.

¿Somos generosos? [Name,] *tienes todo el chocolate/dinero.*

- *¿Le das un chocolate a...?*
- *Sí/No, (no) le doy un chocolate a...*

- *¿Les das un chocolate a... y a...?*
- *Sí/No, (no) les doy un chocolate a... y a...*

- *¿Nos das un chocolate a mí y a...?*
- *Sí/No, (no) les doy un chocolate a Uds.*

Note on 6-8

Sebastián Piñera (1949–) es miembro de Renovación Nacional (RN), el partido chileno de Centroderecha. Se recibió de economía de la Universidad de Harvard, EE. UU. Con una fortuna personal de más de mil millones de dólares, se le considera uno de los más ricos de Chile. Se postuló (*He ran*) dos veces a la presidencia, la primera vez derrotado por la socialista Michelle Bachelet.

Warm-up for 6-9
Before having students complete this activity, ask them to identify and underline the indirect object pronoun in each sentence. Go over the first question with them to model how the pronoun will change in the response: *Mi mamá me compra el boleto.*

Wrap-up for 6-10
Ask students to share their responses in pairs or small groups and to take note of any aspects that they have in common, to then share with the class during follow-up. You might ask them to write down a few aspects that they do not have in common, as well. Defining an explicit goal in this way gives students further direction and helps them stay on task during oral practice.

Presentation tip for 6-11
This activity provides much room for creativity and most likely will result in a variety of interesting/humorous responses. Have students work alone or in pairs first to write down their ideas. Then have them come together in small groups to share their responses. As a wrap-up, go over each situation with the class, asking for volunteers to share a few responses.

Note on *Cultura en vivo*
Although the service may be included in restaurants, in grocery stores, the baggers are often young and depend entirely on tips.

6-9 Ahora tú. Te vas a Chile por un año. Contesta las siguientes preguntas sobre lo que va a pasar. *Answers may vary.*

MODELO: ¿Cuándo vas a darnos tu nueva dirección?
Voy a darles mi nueva dirección ahora.

1. ¿Quién te compra el boleto (*ticket*) de avión? ... me compra el boleto.
2. ¿Quién te explica el sistema universitario chileno? ... me explica el sistema universitario.
3. ¿A quién le vendes tu bicicleta o tu carro antes de salir del país? Le vendo mi bicicleta / carro a...
4. ¿Quién te recoge la correspondencia en la oficina postal? ... me recoge la correspondencia.
5. ¿A quiénes les mandas (*send*) fotos? Les mando fotos a...
6. ¿A quiénes les escribes sobre tus experiencias? Les escibo a...

6-10 En tu familia. Conversen sobre quiénes toman la responsabilidad de los siguientes quehaceres de la famila. *Answers may vary.*

MODELO: prepararte una sopa cuando estás enfermo/a
Mi padre me prepara una sopa cuando estoy enfermo/a.

1. lavarte la ropa ... me lava la ropa
2. enseñarte a cocinar ... me enseña...
3. darle de comer a la mascota (*pet*) ... le da de comer a la mascota
4. prepararte un pastel en tu cumpleaños ... me prepara...
5. hacerte la cama ... me hace...
6. limpiarles el baño a los padres ... les limpia (limpio, etc.)

6-11 Algo especial. En grupos de tres o cuatro, hablen de lo que ustedes dan o dicen en las siguientes situaciones.

MODELO: a tu hermana en su cumpleaños
Le digo: "Feliz cumpleaños" y le doy un beso.

1. a tu madre el Día de las Madres
2. a tu padre el Día de los Padres
3. a tu esposo/a o novio/a el día de su aniversario
4. a tu profesor/a al final del curso

6-12A Las especialidades de la casa. Túrnense para hacer el papel (*play the role*) de mesero/a y cliente en los restaurantes de su lista. El/La mesero/a le tiene que recomendar a su cliente algunos platos que sirven en su restaurante. El/La cliente tiene que pedir una de las recomendaciones. **Estudiante B,** por favor ve al **Apéndice 1,** página **A-9.**

MODELO: ESTUDIANTE A: *Por favor, ¿qué me recomienda Ud. aquí en Casa Roma?*
ESTUDIANTE B: *Nuestra especialidad es la comida italiana. Le recomiendo la pasta con mariscos o la pizza Margarita.*
ESTUDIANTE A: *¿Me trae por favor la pizza Margarita?*
ESTUDIANTE B: *¡Enseguida!*

Estudiante A:

Restaurantes que visito:	Restaurantes donde trabajo y sus especialidades:
El Unicornio	**El Rincón Argentino:** todo tipo de carnes: bistec, carne asada, hamburguesas
Café del Diablo	**Cafetería Universo:** especializado en sándwiches y ensaladas: sándwiches de jamón, queso, pavo, pescado; ensaladas de pollo y de verduras
Cocina Cándida	**Casa Miguel:** comida mexicana: quesadillas con pollo, mariscos o jamón; arroz con pollo

¡Hola!
Cultura en vivo

In many places, the cost of service is included in, or added to the check in a restaurant. Oftentimes, there will be a note at the bottom of the check that states **Servicio incluido.** Although you are not obligated to leave an additional tip, many patrons leave a few coins, especially if they are regular customers. When in doubt, ask the waiter if service is included.

2. *Gustar* and similar verbs

06-17 to 06-23

The verb **gustar** is used to express preferences, likes, and dislikes. **Gustar** literally means *to be pleasing,* and the verb is used with an indirect object pronoun.

> **Me gusta** desayunar todos los días.
> *I like to eat breakfast everyday. (Eating breakfast is pleasing to me.)*

> Los restaurantes caros no **le gustan**.
> *He doesn't like expensive restaurants. (Expensive restaurants are not pleasing to him.)*

- The subject of the verb **gustar** is whatever is pleasing to someone. Because we generally use **gustar** to indicate that something (singular) or some things (plural) are pleasing, **gustar** is most often conjugated in the third-person singular or third-person plural forms, **gusta** and **gustan.** The indirect object pronoun indicates who is being pleased.

> **Nos gusta** la torta de chocolate.
> *We like chocolate cake.*

> **No me gustan** los frijoles.
> *I don't like beans.*

- To express the idea that one likes to do something, **gustar** is followed by an infinitive. In such cases the third-person singular of **gustar** is used, even when you use more than one infinitive.

> **Me gusta** preparar la cena y lavar los platos.
> *I like to prepare dinner and wash the dishes.*

- Some other verbs like **gustar** are listed below. Note that the equivalent expressions in English are not direct translations.

aburrir	*to bore, to tire*
apetecer	*to feel like (to appeal to)*
encantar	*to like very much, to be extremely pleasing*
fascinar	*to fascinate, to be attractive*
interesar	*to interest, to be in someone's interest*
molestar	*to be a bother, to annoy*
parecer	*to seem*
quedar	*to be left (over), to remain*

> **Me molestan** las cocinas sucias.
> *Dirty kitchens annoy me.*

> Este vino **nos parece** caro.
> *This wine seems expensive to us.*

- Remember, you can use a prepositional phrase beginning with **a** to emphasize, clarify, or contrast the indirect object pronoun.

> **A mí** me encanta la cocina, pero **a ti** no.
> *I love the kitchen, but you don't.*

> **A José** le encantan los camarones, ¿y **a Uds.**?
> *José loves shrimp, and you?*

Instructor Resources
• MSL: PPT, Supplementary Activities

Presentation tip for Gustar *and similar verbs*
Be sure to vary the syntax in some examples so that the subject precedes the verb and explain to students that both sentence order options, S + IO + V and IO + V + S are possible: *Las casas sucias me molestan. El cuadro le fascina. El restaurante nos parece caro. Me encantan los pasteles. No le apetece comer ahora.*

APLICACIÓN

6-13 A los pingüinos… La Patagonia es una enorme región al extremo sur de Sudamérica situada en Argentina y Chile. Allí vive una variedad de vida marina, incluyendo lobos marinos (*sea lions*) y pingüinos.

Paso 1 Lee el párrafo siguiente sobre los pingüinos de la Patagonia chilena y subraya los verbos como **gustar** (V), sus sujetos (S) y sus complementos indirectos (I).

MODELO: A mí <u>me</u> <u>interesan</u> <u>los animales marinos</u>.
            I   V   S

A muchas personas <u>les fascinan los pingüinos</u> que habitan en las costas del sur de Chile. Son casi como pequeños seres humanos en la manera en que cuidan a sus crías[1]. A los pingüinos también <u>les gusta observar</u> a la gente y no le tienen miedo. Para comer, <u>les encantan los calamares y otros mariscos</u> que pescan del mar. Los pingüinos son protegidos estrictamente por los parques nacionales de Chile y está prohibido darles comida. A mí <u>me parecen animales</u> preciosos, pero no <u>me interesa tener</u> uno como mascota[2]. Prefiero verlos libres.

———————
[1]*young*   [2]*pet*

Paso 2 Ahora, contesta las preguntas, basándote en la lectura en **Paso 1.**

1. ¿Dónde viven los pingüinos?
2. ¿Qué les gusta hacer?
3. ¿Qué les encanta comer?
4. ¿Por qué nos fascinan?
5. ¿A ti te interesa tener uno como mascota?

6-14 Me interesa(n). Me gusta(n). Me molesta(n). Todos tenemos nuestras preferencias. ¿Cuáles compartes (*share*) con tus compañeros/as de clase?

Paso 1 Completa el cuadro con cosas y actividades que te interesan, te gustan o te molestan. Puedes usar las siguientes frases.

preparar comida complicada	tomar vino con la cena	los restaurantes de especialidad… (india, mexicana, china…)
limpiar la cocina	las galletas	la comida vegetariana (picante, rápida…)
el café sin azúcar	conocer Chile	los restaurantes elegantes y caros
los vinos chilenos	salir a comer	trabajar como mesero/a

MODELO:

interesar	gustar	molestar
Me interesan las matemáticas.	*Me gusta la comida picante.*	*Me molestan los restaurantes sucios.*

Paso 2 Ahora, levántense y pregúntenles a por lo menos tres otros estudiantes qué les interesa, gusta, molesta. ¿Qué tienen en común?

MODELO: E1: *¿Qué te interesa?*
           E2: *Me interesa viajar. También me gusta…*

6-15 Una postal de la Patagonia. Usa los pronombres de complemento indirecto y los verbos correspondientes de la lista para completar la carta.

apetecer	encantar	fascinar	gustar	interesar	parecer	quedar

Querida Isabel:

Te escribo desde Chile para contarte sobre mi viaje a la Patagonia. Es una región bellísima con montañas y costas, y una gran variedad de animales. Nuestro guía Antonio conoce bien la flora y la fauna de esta región. A mí (1) _____ las plantas y los animales, pero a Carlos y Ana (2) _____ los lobos marinos[1] que llegan aquí para cuidar a sus crías[2]. A muchas personas (3) _____ observarlos durante este tiempo. Todos los días (4) (a mí) _____ salir temprano para ver los pájaros que viven en la costa. Desafortunadamente, solo (5) (a nosotros) _____ un día más aquí.

En fin, Isabel, me encanta estar aquí. Y a ti, (6) ¿ _____ venir un día para ver los lobos marinos? (7) (A mí) ¡ _____ una idea excelente!

Un abrazo,
Eduardo

_____
[1]*sea lions*   [2]*young*

Los lobos marinos están protegidos en toda la costa de Chile.

6-16 Su opinión. Conversen sobre sus opiniones acerca de las comidas.

MODELO: las cafeterías estudiantiles
E1: *¿Te gustan las cafeterías estudiantiles?*
E2: *¡Sí, me encantan porque son económicas! Y las sopas que sirven, ¡qué ricas!*

1. los platos picantes
2. los mariscos
3. las frutas tropicales
4. los postres
5. la comida rápida
6. los productos orgánicos

¿Cuánto saben?

06-24 to 06-29

Primero, pregúntate si puedes llevar a cabo (*carry out*) las siguientes funciones comunicativas en español. Después, júntate con dos o tres compañeros/as de clase para presentar las situaciones. Hagan y respondan a por lo menos cuatro preguntas en cada situación.

✓ CAN YOU . . .

☐ discuss food, eating preferences, and ordering meals?

☐ talk about things and express to whom or for whom?

☐ express likes and dislikes?

WITH YOUR CLASSMATE(S) . . .

Situación: En un restaurante
Dos de Uds. son clientes y otro/a es el/la mesero/a. Van a preguntar y responder sobre las especialidades de la casa y pedir comida y bebida. Usen el vocabulario y las expresiones en **¡Así lo decimos!**
Para empezar: *Buenas tardes, ¿desean algo de tomar?*

Situación: Un/a amigo/a enfermo/a
Uno/a de sus amigos está enfermo/a y no puede asistir a clase. Túrnese para decir qué van a hacer para él/ella.
Para empezar: *Le voy a preparar una sopa de pollo…*

Situación: Después de la clase
Van a hablar de sus opiniones sobre la universidad, los equipos de fútbol, etc., y otros temas de interés mutuo. Usen verbos como **gustar, interesar, molestar** y **parecer.**
Para empezar: *A mí me gusta(n)… ¿Y a ti?*

Instructor Resources
• MSL: MediaShare
• IRM: Rubrics

Expansion of 6-15
Ask comprehension questions based on the informational content of the postcard: *¿Quién escribe la carta? ¿A quién le escribe la carta Eduardo? ¿Desde dónde le escribe la carta? ¿Qué aspectos de la Patagonia le interesan mucho a Eduardo? ¿Qué animales les interesan mucho a Carlos y a Ana? ¿Por qué llegan a Patagonia todos los años los lobos marinos? ¿Qué no le gusta a Eduardo? ¿Por qué no le gusta? ¿Qué le encanta hacer todos los días? En tu opinión, ¿piensa Eduardo que a Isabel le va a fascinar la Patagonia? En tu opinión, ¿cuál es la relación personal entre Eduardo e Isabel?* etc.

Wrap-up for 6-16
Choose some of the items and survey class opinion through a show of hands: *¿A quién en la clase le gusta comer en restaurantes pequeños? ¿Sí, [name]? ¿qué restaurantes aquí en [name of place] te gustan? ¿A quiénes les gustan los platos picantes? ¿Sí, [name]? ¿con qué frecuencia los comes? ¿Y las frutas tropicales? ¿a quiénes les gusta comerlas?* Then draw some general conclusion(s): *A Uds. les gustan mucho las frutas tropicales, ¿verdad?*

Answers for 6-15
Answers may vary. 1. me encantan, me fascinan, me gustan, me interesan; 2. les encantan, les fascinan, les gustan, les interesan; 3. les encanta, les fascina, les gusta, les interesa; 4. me encanta, me gusta; 5. nos queda; 6. te apetece; 7. me parece

STUDENT LEARNING OUTCOMES
Use the **¿Cuánto saben?** activities to assess the extent to which students can perform the **Objetivos comunicativos** for **Primera parte** presented in the chapter opener: Discussing food, eating preferences, and ordering meals; talking about things and expressing to whom or for whom; expressing likes and dislikes. Provide an assessment for vocabulary, structures and fluency appropriate to the chapter theme and level (5: excellent – 1: poor). See IRM for more information on rubrics.

📖 Perfiles

06-30 to 06-31

Mi experiencia

TREN DE LA RUTA DEL VINO

6-17 Para ti. Cuando vas a celebrar una comida especial, ¿vas siempre a un restaurante? ¿Comes en un lugar especial, como en un barco o un tren? ¿Conoces algún restaurante de degustación? ¿Cuáles son las ventajas (*advantages*) y las desventajas (*disadvantages*) de un menú de degustación (*tasting menu*)? A continuación, tienes un anuncio de la página web de la oficina de turismo de Chile sobre una "excursión culinaria". Mientras lees la descripción, piensa en las razones por las que te gustaría (*would like*) acompañar a Felipe, o no.

Tren de la ruta del vino

Temporada: Disponible todo el año

Duración: 1 día

Tarifas: Adultos: **USD 144,00;** jubilados: **125,00;** menores de 12 años: **85,00**

¡Acompáñenme por la ruta del vino a bordo de un tren histórico!

Bienvenidos, me llamo Felipe y soy su guía en este recorrido por el hermoso Valle de Colchagua, la famosa región de los vinos chilenos. Descubran conmigo el fascinante mundo del vino, su elaboración y sus técnicas de degustación[1] en el mismo lugar donde se produce. Durante nuestro recorrido, desde San Fernando hasta Santa Cruz, pueden probar los mejores vinos y comida de la región. Para completar su experiencia a bordo, les ofrecemos música de los artistas chilenos más conocidos, como Alberto Plaza y Myriam Hernández. ¿Les apetece acompañarme? ¡Espero que sí! A la derecha tienen el itinerario.

10:30 hrs. Salida del Tren del Vino rumbo a Santa Cruz. Degustación a bordo de vinos del Valle de Colchagua; tabla individual de pescados, quesos, panes artesanales y frutos secos.

12:00 hrs. Llegada a la Estación de Trenes de Paniahue, Santa Cruz. Baile folklórico nacional, "Pié de cueca".

13:00 hrs. Almuerzo en la viña[2] "Paraíso del Valle", visita a sus instalaciones y degustación de vinos.

17:00 hrs. Visita a "Viñedos Emilia", sus instalaciones y degustación de vinos.

18:30 hrs. Salida de buses rumbo a Santiago.

[1] *tasting* [2] *vineyard*

6-18 En su opinión. Comparen este tipo de experiencia culinaria con otra que hayan tenido (*you have had*) o que les gustaría (*would like*) tener. ¿Qué aspectos son similares? ¿Cuáles son distintos? ¿Te gustaría ir en el "tren de la ruta del vino"? ¿Por qué?

Mi música

"AHORA" (ALBERTO PLAZA, CHILE)

Al chileno Alberto Plaza se le considera uno de los cantautores contemporáneos más originales de Latinoamérica. Estudió tres carreras universitarias (ingeniería, economía y publicidad), pero no terminó ninguna, pues su amor por la música era más fuerte. Hasta ahora, ha dado más de mil conciertos y ha vendido más de un millón de discos. En esta canción le revela sus pensamientos a su exnovia.

Antes de ver y escuchar

6-19 Adiós. Imagínate que tu pareja termina su relación amorosa contigo. Piensa qué le dices y qué le das antes de que se vaya (*before he/she leaves*).

MODELO: *Le digo que es una buena persona...*

Para ver y escuchar

 6-20 La canción. Conéctate a la Internet para buscar un video de Alberto Plaza en el que (*in which*) le canta esta canción a su ex novia.

> **Busca:** video ahora alberto plaza; letra ahora alberto plaza
>
> **Si te interesa comprar la canción:** *Go to iTunes Store > Music>More to Explore>iMix>Arriba 6e*

¿Cuál de las siguientes declaraciones es la más probable y por qué?

1. _____ Él la ama pero ella se casa con otro.
2. _____ Ella lo ama a él, pero él ya no la ama a ella.
3. _____ Ella vuelve, pero sólo en los sueños de él.
4. _____ Él se va a buscarla.

Después de ver y escuchar

 6-21 Investigación. Myriam Hernández es otra cantante chilena contemporánea. Haz una investigación en la Internet para encontrar un video de ella. Primero describe el video. Luego compara su estilo de cantar con el de Alberto Plaza. ¿Prefieres uno al otro? Explica.

> **Busca:** myriam hernandez video

Note on *Mi música*
Alberto Plaza (1962–): cantautor y guitarrista chileno de música pop, humanitario; empiezan su éxito y fama en el Festival Internacional de la Canción de Viña del Mar en Chile en 1985 con su canción "Que cante la vida", la cual ahora se considera tema clásico; la canción "Ahora" aparece en su álbum titulado *Febrero 14* (2003)
Myriam Hernández (1967–): cantautora chilena de música pop y baladas, humanitaria; comenzó su carrera a finales de la década de 1980; hasta ahora, ha vendido más de 5 millones de discos en todas las Américas, incluyendo su último álbum titulado *Enamorándome* (2007)

Note on *spelling*
In 2010, the *RAE* determined that nouns preceded by *ex* would be written as one word: *ex novia → exnovia; ex presidente → expresidente*

Answers to 6-20
La número 2 es la declaración más probable por la letra de la canción y por las imágenes del video (una mujer bella llega en avión para visitar al hombre, pero él no la acepta y ella se va en avión otra vez).

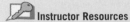
Segunda parte

¡Así lo decimos! VOCABULARIO

 ¡Así es la vida! "Platos fáciles en veinte minutos o menos"

06-32

Ayer Enrique les preparó un plato sabroso a sus amigos.

MAMÁ: ¡Aló, hijo! ¿Cómo te va? ¿Recibiste el mensaje de texto que te mandé ayer?

ENRIQUE: Sí, mamá. Disculpa. No te llamé. Invité a algunos amigos para ver el partido de fútbol en la tele.

MAMÁ: ¿Ah sí? ¿Qué les preparaste?

ENRIQUE: ¡Algo fácil! Guacamole con nachos.

MAMÁ: Y... ¿cómo sabes tú hacer guacamole?

ENRIQUE: Encontré la receta en el sitio web: "Platos fáciles en veinte minutos o menos". Sólo tiene cinco ingredientes: un aguacate maduro, un limón, ajo, cilantro picado y sal. Se mezcla todo en un tazón de cristal. Es todo.

MAMÁ: Ay, hijo. ¡Ya no me necesitas para nada!

06-33
to 06-37

Variaciones
In Spain, **el refrigerador** is more commonly called **el frigorífico** or **la nevera,** and **la cocina** is used instead of **la estufa,** since **la estufa** refers to a portable space heater.

En la cocina | In the kitchen

la cafetera   *coffee maker*
la cazuela   *stewpot, casserole dish, saucepan*
la estufa   *stove*
el microondas   *microwave*
el refrigerador   *refrigerator*
la sartén   *skillet*
el tazón (de cristal)   *(glass) bowl*
la tostadora   *toaster*

En la mesa | On the table

la cuchara   *spoon*
el cuchillo   *knife*
el plato   *plate*
la servilleta   *napkin*
la taza   *cup*
el tenedor   *fork*
el vaso   *glass*

Actividades en la cocina | Kitchen activities

calentar (ie)   *to heat*
cocinar   *to cook*
cortar   *to cut*
echar   *to add, throw in*
freír (i, i)[1]   *to fry*
guardar   *to save, to keep, to put away*
hornear   *to bake, to roast*
mezclar   *to mix*
pelar   *to peel*
picar   *to chop*
tostar (ue)   *to toast*

En la receta | In the recipe

asado/a   *roasted*
la cucharada   *tablespoon*
la cucharadita   *teaspoon*
frito/a   *fried*
al horno   *baked*
a la parrilla   *grilled*
la pizca   *pinch (of salt, pepper, etc.)*

Expresiones útiles | Useful expressions

¡Qué rico!   *How delicious!*
¡Qué sabroso!   *How delicious!*
¡Qué asco!   *How revolting!*
¡Qué ridículo!   *How ridiculous!*

Fríe los huevos en la sartén.

Le echa pimienta a la ensalada.

Mezcla los ingredientes en el tazón.

Pica la cebolla.

---

[1]frío, fríes, fríe, freímos, freís, fríen; freí, freíste, frió, freímos, freísteis, frieron

06-38

¡Hola!
Cultura en vivo

Bread is a staple in many cultures. In Hispanic cultures, it also figures in many expressions: "*Las penas* (sorrows) *con pan son menos*", or when something or someone is really good, "*tan bueno como el pan*", or "*Contigo pan y cebolla*", meaning that with you (my love) we can make do with only bread and onions. The term *compañero/a* derives from *con+pan+ero*, a person with whom you would share bread. What is the English equivalent of *compañero*?

Letras y sonidos

The sequences *s, z, ce, ci* in Spanish

Generally in Spanish, the letters **s** and **z**, as well as **c** before the vowels **e** and **i**, all correspond to the same sound: the *s* sound in English *sip*.

sal   de-**s**a-yu-no   a-**z**ú-car   **ce**-na   ha-**cer**   de-**c**ir

In most parts of Spain, only the letter **s** sounds like the *s* in English *sip*. The letter **z**, as well as **ce** and **ci,** are pronounced like the *th* sound in English *thanks*. Keep these differences in mind as you refine your listening skills. Follow the pronunciation that is consistent with the variety of Spanish that you want to speak, Latin American or Peninsular.

APLICACIÓN

6-22 ¿Qué necesitas para...?   Indica un utensilio o aparato que necesitas para hacer lo siguiente.

MODELO: congelar el helado
    el congelador

1. __c__ mezclar la sopa	a.	la sartén
2. __a__ freír las papas	b.	la cafetera
3. __g__ pelar la manzana	c.	la cuchara
4. __f__ medir (*measure*) el azúcar	d.	el tazón
5. __d__ mezclar los huevos	e.	el microondas
6. __b__ preparar el café	f.	la taza
7. __e__ calentar la pizza	g.	el cuchillo

6-23 ¿Qué hacen?   Describe lo que hacen las personas en cada dibujo con expresiones de **¡Así lo decimos!**

MODELO:

Mario
Mario hornea el pollo.

1.

Lola
Lola calienta el agua.

2.

El señor Barroso
El señor Barroso calienta (prepara) el café.

3.

Dolores
Dolores corta (pica) las zanahorias.

4.

Diego
Diego echa una pizca de sal en la sopa.

5.

Estela
Estela fríe un bistec en la sartén.

6.

Pilar
Pilar saca la leche del refrigerador (pone/guarda la leche en el refrigerador).

6-24 En la cocina con el chef Emilio. Escucha la preparación del flan, un postre muy popular en todo el mundo hispano. Indica los ingredientes, los utensilios y las acciones que el chef Emilio utiliza para preparar esta receta.

Ingredientes	Utensilios	Acciones
__X__ agua	_____ estufa	_____ echar
__X__ azúcar	__X__ cucharada	__X__ calentar
__X__ huevos	_____ licuadora (*blender*)	_____ cortar
_____ jugo de limón	__X__ molde	__X__ guardar
__X__ leche condensada	_____ sartén	_____ hornear
__X__ leche evaporada	__X__ tazón	__X__ mezclar
__X__ vainilla	__X__ taza	__X__ servir

El flan es un postre popular.

6-25 En mi cocina. Túrnense para hacerse estas preguntas sobre sus rutinas y preferencias. ¿Qué tienen en común?

1. ¿Cómo prefieres el pescado? ¿Al horno, a la parrilla o frito?
2. ¿Cómo prefieres el pollo? ¿Asado, a la parrilla o frito?
3. ¿Qué comida hay en tu refrigerador en estos momentos?
4. ¿Qué le echas usualmente a la ensalada?
5. ¿Qué comidas preparas en el microondas?
6. ¿Qué frutas pelas antes de comerlas?

6-26A El arroz con pollo. El arroz con pollo es un plato muy conocido en todo el mundo hispano. **Estudiante A** tiene la receta y **Estudiante B** tiene algunos ingredientes y utensilios en su cocina. Escriban una lista de los ingredientes que necesitan comprar y los utensilios que necesitan pedir prestados (*borrow*) para preparar este plato. **Estudiante B,** por favor ve al **Apéndice 1,** página A-10.

MODELO: ESTUDIANTE A: *Necesitamos una taza de arroz.*
ESTUDIANTE B: *No tenemos suficiente arroz. Tenemos que comprarlo.*
ESTUDIANTE A: (Escribe en la lista) *arroz.*

Estudiante A:

Arroz con pollo	
Ingredientes	**Utensilios**
aceite de oliva	una cuchara grande
un pollo grande	un cuchillo grande que corta bien
media taza de jugo de limón	una sartén
dos dientes de ajo	un tazón de cristal
una cebolla grande	
un pimiento verde	
sal	
una taza de arroz	

Para comprar: **Para pedir prestado (*borrow*):**
arroz

Warm-up for 6-24
Before completing this activity, review with students the meanings of any unknown words in the list as necessary.

Audioscript for 6-24
Para empezar la preparación de este postre popular, se debe mezclar bien en un tazón los siguientes ingredientes: una lata de leche condensada, una lata de leche evaporada, 3 huevos y media cucharada de vainilla. Se pone todo aparte mientras se prepara el caramelo. Se pone una taza de azúcar y una cucharada de agua en un tazón de cristal. Se calienta en el microondas en alto por 5 minutos. Se vierte el caramelo derretido en un molde y se vierte la mezcla de leche y huevos sobre el caramelo. Se tapa el molde con papel y se mete en el microondas. Se calienta en mediano por 7 minutos, y después en alto por 5 minutos. Se guarda en el refrigerador antes de verter el flan en un plato. Se sirve frío. ¡Buen provecho!

Optional activity after 6-26
For homework, have students write down the ingredients and utensils needed for a simple recipe. Then, in class, have them take turns guessing the identity of the dish or drink.

MODELO: E1: *La receta es para una bebida. Tiene 3 limones, un litro de agua, media taza de azúcar, hielo…*
E2: *Es una receta para limonada.*

Optional activity after 6-26
La preparación. Narrate a recipe for *arroz con pollo* to students, acting out the actions as you say them. Be sure to write key vocabulary items on the board beforehand to point to during the narration. Then, write the recipe in scrambled order on the board or a transparency and have students order the steps from 1 to 10. The complete activity is available for download from the IRC.

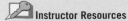
¡Así lo hacemos! ESTRUCTURAS

 3. The preterit of regular verbs

06-39
to 06-44

¿Comieron bien?

So far you have learned to use verbs in the present indicative tense. In this chapter you will learn about the preterit, one of two simple past tenses in Spanish. In **Capítulo 8,** you will be introduced to the imperfect, which is also used to refer to events in the past.

Preterit of regular *-ar, -er,* and *-ir* verbs			
	-ar	**-er**	**-ir**
	tomar	**comer**	**vivir**
yo	tom**é**	com**í**	viv**í**
tú	tom**aste**	com**iste**	viv**iste**
Ud.	tom**ó**	com**ió**	viv**ió**
él/ella	tom**ó**	com**ió**	viv**ió**
nosotros/as	tom**amos**	com**imos**	viv**imos**
vosotros/as	tom**asteis**	com**isteis**	viv**isteis**
Uds.	tom**aron**	com**ieron**	viv**ieron**
ellos/as	tom**aron**	com**ieron**	viv**ieron**

- The preterit tense is used to report actions completed at a given point in the past and to narrate past events.

| **Preparé** sopa de mariscos para la cena. | *I prepared seafood soup for dinner.* |
| Ayer **comimos** en la cafetería de la universidad. | *Yesterday we ate at the university cafeteria.* |

- The preterit forms for **nosotros** of **-ar** and **-ir** verbs are identical to the corresponding present tense forms. The situation or context of the sentence will clarify the meaning. Here are some expressions that are used to talk about the past.

anoche	*last night*
anteayer	*the day before yesterday*
ayer	*yesterday*
el año (lunes, martes, etcétera) pasado	*last year (Monday, Tuesday, etc.)*
el mes pasado	*last month*
la semana pasada	*last week*

Siempre **hablamos** de recetas de cocina.	*We always talk about cooking recipes.*
La semana pasada **hablamos** de tu receta de pollo.	*Last week we talked about your chicken recipe.*
Vivimos aquí ahora.	*We live here now.*
Vivimos allí el año pasado.	*We lived there last year.*

- Always use an accent mark in the final vowel for the first- and third-person singular forms of regular verbs, unless the verb is only one syllable.

Compré aceite de oliva.	*I bought olive oil.*
Ana Luisa no **comió** el postre.	*Ana Luisa didn't eat the dessert.*
Vi una receta interesante en ese libro.	*I saw an interesting recipe in that book.*

Los verbos que terminan en -car, -gar y -zar

- Verbs that end in **-car, -gar,** and **-zar** have the following spelling changes in the first-person singular of the preterit. All other forms of these verbs are conjugated regularly.

c → qu	buscar	yo	bus**qu**é
g → gu	llegar	yo	lle**gu**é
z → c	almorzar	yo	almor**c**é

Bus**qu**é la receta en la Internet.   *I looked for the recipe on the Internet.*

Lle**gu**é muy contento ayer.   *I arrived very happy yesterday.*

Almor**c**é poco hoy.   *I had little for lunch today.*

- In addition to verbs such as **jugar (a), empezar,** and **practicar** you have already learned, the following verbs also follow this pattern.

explicar	*to explain*
pagar	*to pay*
tocar	*to touch, to play a musical instrument*

APLICACIÓN

6-27 Una tortilla española.   La tortilla española es muy fácil de preparar. Camila la prepara con frecuencia para sus invitados (*guests*).

Paso 1   Lee el párrafo en el que Camila explica la preparación de la tortilla española y subraya los verbos en el pretérito.

Me <u>levanté</u> temprano y <u>salí</u> para el mercado donde <u>compré</u> seis huevos, dos cebollas y dos papas. Una vez en casa, <u>lavé</u> bien las papas y las <u>pelé</u>. Luego, <u>corté</u> las papas y las cebollas en pedazos muy pequeños. <u>Eché</u> un poco de aceite de oliva en una sartén. Lo <u>calenté</u> y <u>cociné</u> las papas y las cebollas. <u>Batí</u> seis huevos en un tazón. Les <u>eché</u> un poco de sal a los huevos y luego los <u>eché</u> a la sartén. <u>Mezclé</u> todos los ingredientes con la espátula. Le <u>di</u> la vuelta[1] a la tortilla a los cinco minutos y la <u>cociné</u> tres minutos más. <u>Preparé</u> un plato con un poco de perejil[2] y les <u>serví</u> la tortilla a mis invitados.

[1]*turned*   [2]*parsley*

Paso 2   Ahora, contesta las preguntas basadas en la actividad anterior.

1. ¿Cuándo salió Camila para el mercado?
2. ¿Cuáles son los ingredientes de la tortilla española?
3. ¿Qué cocinó primero?
4. ¿Cuántos huevos usó?
5. ¿Por cuánto tiempo cocinó la tortilla?
6. ¿Quiénes la comieron?

Note on *Los verbos que terminan en -car, -gar y zar*
You may wish to point out that these spelling changes are necessary to maintain the original sounds in the infinitive. Additionally, the letter *z* in Spanish precedes *a*, *o*, or *u*. The letter *c* precedes *e* or *i*.

Note on *gustar*
You may wish to remind students that *gustar* in the preterit is most often conjugated in the third-person singular and third-person plural forms, *gustó* and *gustaron*.

Note on *la tortilla española*
Remind students that in Spain, *la tortilla* is an omelet made with eggs, potatoes, and onions. It is often served as a *tapa*.

Answers to 6–27, Paso 2
1. Salió temprano para el mercado. 2. Los ingredientes son: huevos, cebollas, papas, aceite de oliva, sal y perejil. 3. Primero cocinó las papas y las cebollas. 4. Usó seis huevos. 5. Cocinó la tortilla por ocho minutos en total. 6. La comieron los invitados de Camila.

6-28 Un a cena inolvidable. Usa el pretérito de los verbos de la lista para completar el párrafo.

buscar	encontrar	invitar	llegar	salir
comer	gustar	llamar	pagar	tomar

El sábado pasado encontré un restaurante que me (1) ___gustó___ mucho. Nosotros (2) _encontramos_ el nombre del restaurante en la guía telefónica. Yo (3) ___llamé___ para hacer una reservación. Nosotros salimos a las siete de la noche y (4) ___llegamos___ al restaurante a las siete y media. La comida estuvo (*was*) muy buena. Yo comí un bistec y mis amigos (5) ___comieron___ arroz con pollo. Todos nosotros (6) ___tomamos___ agua mineral y, después, café. A la hora de pagar, abrí mi bolsa y (7) ___busqué___ mi tarjeta de crédito, pero no la encontré. ¡Qué vergüenza! Menos mal que mis amigos generosos (8) ___pagaron___ por mí. (9) ___Salimos___ del restaurante a las dos de la mañana. El sábado siguiente, yo (10) ___invité___ a todos a cenar a mi casa.

6-29 *Afrodita:* una novela de Isabel Allende. Esta es una novela de cuentos, recetas y otros afrodisíacos.

Paso 1 Lee la siguiente entrevista con esta famosa escritora chilena sobre su novela.

ENTREVISTADOR: Isabel, ¿por qué escribiste *Afrodita*?

ISABEL: Bueno, como indica el título completo, *Afrodita: Cuentos, recetas y otros afrodisíacos,* es un libro sobre la comida, pero no sus aspectos nutritivos sino los que se asocian con el amor. Lo escribí en 1996 después de pasar más de un año de luto[1] por la muerte de mi hija, Paula. Por fin encontré la inspiración para escribir y decidí escribir una novela de humor.

ENTREVISTADOR: ¿Y por qué decidiste escribir sobre la comida?

ISABEL: Soy amante de la comida, especialmente la chilena, pero también escribí anécdotas personales relacionadas con la preparación de la comida. Y siempre incluí la receta.

ENTREVISTADOR: ¿Son ciertas todas las cosas que cuentas en esta novela? ¿Ocurrieron de verdad?

ISABEL: Bueno, mi padrastro dice que soy una mentirosa, y es verdad que exagero, pero estos son mis recuerdos de cosas que realmente ocurrieron. Yo solamente añadí algunos detalles[2] para hacerlas más interesantes. También investigué el interés por la comida a través de los siglos, por ejemplo en la época de Napoleón y Josefina.

ENTREVISTADOR: ¿Cuál es tu obra favorita?

ISABEL: La verdad, es *Paula.* Es una memoria que escribí basada en las entradas en mi diario durante la enfermedad y después de la muerte de mi hija, Paula. Fue una experiencia muy difícil para mí, pero también la más satisfactoria porque recordé los momentos más importantes de la vida de mi familia.

---
[1]*mourning* [2]*details*

Paso 2   Ahora, contesta las preguntas según la información de la entrevista.

1. ¿Cuándo escribió *Afrodita*?
   Escribió *Afrodita* en 1996.

2. ¿Por qué la escribió?
   La escribió porque es amante de la comida, especialmente la chilena.

3. ¿Piensa Isabel que escribe la verdad?
   Sí, Isabel piensa que escribe la verdad, aunque dice que exagera y que añade detalles interesantes.

4. ¿Qué investigó para escribir *Afrodita*?
   Investigó el propósito de la comida a través de los siglos, por ejemplo en la época de Napoleón y Josefina.

5. ¿Cuál es el tema de *Paula*? ¿Crees que es una historia fantástica como sus otros
   cuentos? Explica. *Paula* es una memoria sobre su hija Paula. Incluye los momentos más
   importantes de la vida de su familia. *Answers to second part may vary, but may include:* No, no es una
   historia fantástica porque es una memoria importante sobre su familia. / Sí, es una historia fantástica
   porque es el estilo de la autora.

6-30 Te creo; no te creo.   Escribe tres oraciones ciertas y tres oraciones falsas. Luego
reta (*challenge*) a un/a compañero/a para decidir si lo que dices es cierto o falso.

beber	comer	conocer (a)	llevar	salir con	visitar
besar (a)	comprar	llegar	pagar	trabajar (en)	vivir

MODELO: E1: *Una vez conocí a Isabel Allende.*
            E2: *¿Cuándo?*
            E1: *En 2010.*
            E2: *Te creo. / No te creo.*

6-31 Este fin de semana.   Usa verbos de la lista para escribir cinco oraciones
contando lo que hiciste (*you did*) durante el fin de semana. Después, cuéntaselo a tu
compañero/a, quien te va a hacer más preguntas.

cocinar	comprar	estudiar	llamar	preparar	trabajar
comer	escribir	leer	mirar	salir	ver

MODELO: E1: *Estudié el sábado todo el día.*
            E2: *¿Qué hiciste el sábado por la noche?*
            E1: *Salí con…*

6-32A Charadas.   Túrnense para representar estas y otras acciones en el pasado para
ver si su compañero/a puede adivinar la acción. **Estudiante B,** por favor ve al **Apéndice 1,**
página A-10.

MODELO: Estudiante A: (Act out: *Corté el pan.*)
            Estudiante B: *Cortaste el pan.*

Estudiante A:

Comí un chile picante.	Comí un sándwich.
Preparé un jugo de naranja.	Le eché sal y pimienta a la sopa.
Pelé una zanahoria.	¿…?

Presentation tip for 6-30
You may want to require
students to ask at least 2 or 3
questions of one another
before concluding *Te creo /
No te creo* for each sentence.
This will allow for more
discussion and, therefore,
more basis for conclusions.
As a wrap-up, take the
activity to the whole-class
level and have different
volunteers read aloud a
sentence. The group asks 2 or
3 questions and then votes *Te
creo* or *No te creo* with a
show of hands before the
student reveals the truth.

Presentation tip for 6-31
First, have students complete
this activity individually as a
writing exercise, perhaps as
homework. Then, have them
share their sentences in pairs
or small groups during the
next class session. To
motivate listening, you may
want to add to the activity an
element of guessing or
predicting, where students
guess details surrounding
others' activities, based on
their knowledge of one
another as individuals.

Wrap-up for 6-31
Ask students to share some of
their sentences with the class.
Then ask comprehension or
follow-up questions based on
the information. Ask
questions about a single
sentence or challenge
students to compare different
sentences: *¿Qué hizo John
este fin de semana? Kelly
salió con su novio, ¿verdad?
¿Quién más salió?*

El pretérito de los verbos con cambio radical, e → i, o → u

Stem-changing **-ir** verbs in the present also have stem changes in
the preterit. The changes are **e → i** and **o → u** and occur only in
the third-person singular and plural.

	pedir (*to ask for*)	**dormir (*to sleep*)**
yo	pedí	dormí
tú	pediste	dormiste
Ud.	pidió	durmió
él/ella	pidió	durmió
nosotros/as	pedimos	dormimos
vosotros/as	pedisteis	dormisteis
Uds.	pidieron	durmieron
ellos/as	pidieron	durmieron

These verbs follow the same pattern:

pedir (i, i)	*to ask for*
preferir (ie, i)	*to prefer*
repetir (i, i)	*to repeat*
seguir (i, i)	*to follow, to continue*
sentir (ie, i)	*to feel, to be sorry for*
servir (i, i)	*to serve*

La mesera **repitió** las especialidades del día.	*The waitress repeated today's specials.*
Los chicos **durmieron** diez horas anoche.	*The kids slept ten hours last night.*

Verbos que cambian la *i* en *y* en la tercera persona del singular y del plural

Verbs that end in -er and -ir preceded by a vowel (for example, **creer, leer,** and **oír**) change
the **i → y** in the third-person singular and plural. All forms of these verbs are accented in
all persons except the third-person plural.

	creer (*to believe*)	**oír (*to hear*)**
yo	creí	oí
tú	creíste	oíste
Ud.	**creyó**	**oyó**
él/ella	**creyó**	**oyó**
nosotros/as	creímos	oímos
vosotros/as	creísteis	oísteis
Uds.	**creyeron**	**oyeron**
ellos/as	**creyeron**	**oyeron**

Mamá no te **creyó** esta mañana.	*Mother didn't believe you this morning.*
Leyeron la receta con cuidado.	*They read the recipe carefully.*
¿**Oíste** que hay un restaurante chileno en Chicago?	*Did you hear that there is a Chilean restaurant in Chicago?*

APLICACIÓN

6-33 Jumbo. *Jumbo* es un hipermercado enorme en Santiago de Chile.

Paso 1 Lee sobre las compras que hicieron (*did*) Rosario, la chef del restaurante Cocina Porteña, y su ayudante la semana pasada en *Jumbo*. Luego, completa las oraciones que siguen.

La semana pasada mi ayudante y yo decidimos hacer las compras en el nuevo *Jumbo* que abrieron recientemente en el Unicentro de Santiago. Cuando llegamos allí, encontramos una sección grande de frutas y verduras, otras de carnes y pescado y finalmente toda clase de bebidas. Compramos comida y también artículos para la cocina. ¡Qué tentación! Compré una cazuela grande y mi ayudante compró una sartén de hierro. Después comimos una merienda en el restaurante que tienen en el súper. Mi ayudante pidió pastel de limón y yo pedí pastel de manzana. La mesera nos sirvió café con el pastel. Mi ayudante compró un libro de recetas españolas y las leímos en el restaurante. Cuando regresamos a nuestro estudio, me senté a la mesa a leer, pero me dormí enseguida.

1. En Jumbo, Rosario y su ayudante __compraron__ muchas cosas.
2. Rosario y su ayudante __encontraron__ una sección de frutas y verduras.
3. El ayudante __compró__ una sartén.
4. Los dos __pidieron__ pastel y __tomaron__ café.
5. Los dos __leyeron__ el libro de recetas.
6. Rosario __se sentó__ a la mesa y __empezó__ a leer, pero __se durmió__ enseguida.

Paso 2 Ahora contesta las preguntas sobre tu última visita a un hipermercado.

1. ¿A qué hora saliste para el hipermercado?
2. ¿Qué viste?
3. ¿Qué encontraste?
4. ¿Qué compraste?
5. ¿A qué hora volviste a casa?

6-34 Ayer, en el bar estudiantil. Combina elementos de cada columna y forma oraciones para explicar lo que pasó en el bar estudiantil ayer.

MODELO: *Mis amigos pidieron leche para su café.*

1. nosotros   oír...
2. los profesores   preferir...
3. nuestros amigos   pedir...
4. yo   leer...
5. la mesera   repetir...
6. tú   sentir...

Note on 6-33
Jumbo may be pronounced "Yumbo" and is comparable to stores such as Wal-Mart or Super Target in the U.S. or Canada.

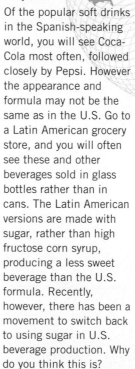

Presencia hispana

Of the popular soft drinks in the Spanish-speaking world, you will see Coca-Cola most often, followed closely by Pepsi. However the appearance and formula may not be the same as in the U.S. Go to a Latin American grocery store, and you will often see these and other beverages sold in glass bottles rather than in cans. The Latin American versions are made with sugar, rather than high fructose corn syrup, producing a less sweet beverage than the U.S. formula. Recently, however, there has been a movement to switch back to using sugar in U.S. beverage production. Why do you think this is?

Note on *Presencia hispana*
Coca-Cola began a transition from cane sugar to corn syrup in the 1980s as a cost-saving measure. Some recent research suggests that ingesting high-fructose corn syrup presents a greater risk of developing obesity and type-2 diabetes, causing some consumers to prefer sugar. Both Coke and Pepsi have developed products using sugar in some U.S. markets, and soft drinks with sugar are common in Canada.

 6-35 Verdadero o falso. Túrnense para contar anécdotas personales que pueden ser verdaderas o falsas. Usen expresiones útiles de **¡Así lo decimos!** en sus respuestas.

MODELO: E1: *Una vez pedí camarones con helado.*
E2: *¡Qué ridículo! No te creo. No los pediste.*

Una vez....

1. (servir)...
2. (oír)...
3. (pedir)...
4. (preferir)...
5. (leer)...

Una vez comí un bocadillo más grande que yo.

 6-36A **¿Qué pasó?** Túrnense para preguntarse qué pasó en las siguientes situaciones. **Estudiante B,** por favor ve al **Apéndice 1,** página A-11.

MODELO: en la fiesta familiar
ESTUDIANTE A: *¿Qué pasó en la fiesta familiar?*
ESTUDIANTE B: *Mi mamá sirvió nuestra comida favorita.*

Estudiante A:

Situaciones	Algunas actividades
1. en la cafetería estudiantil	• pedir tomates y cebollas para la sopa
2. en una película que viste	• no ver el cuadro de Picasso
3. en clase ayer	• acostarse tarde

06-49 to 06-54

¿Cuánto saben?

Primero, pregúntate si puedes llevar a cabo (*carry out*) las siguientes funciones comunicativas en español. Después, júntate con dos o tres compañeros/as de clase para presentar las situaciones. Hagan y respondan a por lo menos cuatro preguntas en cada situación.

✓ CAN YOU . . .

☐ discuss foods, cooking, and recipes?

☐ talk about events in the past?

WITH YOUR CLASSMATE(S) . . .

Situación: En la cocina
Están preparando una receta sencilla en casa. Conversen sobre los ingredientes y los utensilios que necesitan.
Para empezar: *¿Qué preparamos? ¿Tenemos...?*

Situación: En una fiesta
Conversen sobre lo que pasó y qué hicieron (*did*) ayer en una fiesta. Usen una variedad de verbos en el pretérito.
Para empezar: *Ayer en la fiesta de Daniel, bailé con...*

Observaciones

¡Pura vida! EPISODIO 6

En este episodio hay una sorpresa (*surprise*) en la comida.

Antes de ver el video

6-37 Las empanadas. Cada país tiene sus especialidades culinarias; en Argentina, entre otras, son las empanadas. Lee la receta siguiente y haz una lista de los ingredientes.

> En Argentina, la empanada es una de las entradas[1] más populares en un restaurante, en un pícnic o como merienda. Se prepara con masa de harina[2] rellena de una mezcla de carne, huevos, aceitunas[3], cebollas y pasas[4]. Se sirve con una salsa que se llama chimichurri. La chimichurri es una mezcla de aceite de oliva, jugo de limón, perejil[5], ajo, cebolleta[6], orégano y una pizca de sal y pimienta.

[1]*appetizers* [2]*flour* [3]*olives* [4]*raisins* [5]*parsley* [6]*shallots*

A ver el video

 6-38 Hay una sorpresa en la comida. Mira el sexto episodio de **¡Pura vida!** para identificar la sorpresa que hay en la comida. Luego, completa las oraciones siguientes con palabras lógicas según el video.

| El pícnic | La comida | ¡Felipe se quedó sin propina! |

| un postre | serpiente | unos tacos de pollo | una tortilla de patatas |

1. Silvia preparó __tortilla de patatas__, un plato español.

2. Marcela compró __tacos de pollo__ en un restaurante mexicano.

3. Hermés preparó __postre__: arroz con leche de coco.

4. Las empanadas de Felipe llevan un ingrediente sorpresa: carne de __serpiente__.

Después de ver el video

 6-39 Los otros platos. Conéctate a la Internet para buscar recetas para los otros platos del pícnic. Escoge una que te guste e indica los ingredientes que ya tienes en casa y los que tienes que comprar para poder preparar el plato.

> **Busca:** tacos de pollo; tortilla de patatas; empanada criolla; arroz con leche de coco; salsa chimichurri; salsa de tomate mexicana

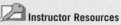

Nuestro mundo

Panoramas

 06-58 to 06-59 **Chile: un país de contrastes**

Por su larga costa, la industria pesquera es sumamente importante en Chile. Chile produce una gran variedad de pescados y mariscos que no solo se consume en Chile, sino que también se exporta a todo el mundo.

El clima templado del valle central es ideal para el cultivo de frutas y verduras, muchas de las cuales se exportan a EE. UU. y a Canadá durante el invierno norteamericano. El vino chileno es uno de los más apreciados del mundo.

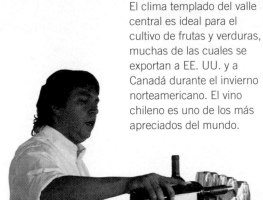

Los muchos parques nacionales, como Torres del Paine en el sur del país, protegen los maravillosos paisajes de Chile y atraen a miles de turistas cada año para hacer alpinismo y acampar.

Chile

Población: 17 millones

Festival importante: Fiesta de la Vendimia[1], marzo

Costas: 6.500 km

Productos de exportación: $50 billones/año: cobre[2] frutas, pescado, papel y pulpa[3], productos químicos, vino

PIB per cápita: $15.000

[1]*grape harvest* [2]*copper* [3]*wood pulp*

6-40 Identifica. Identifica lo siguiente.

1. productos chilenos que se consumen en Norteamérica frutas, pescado y vino

2. una zona natural y turística de Chile Torres del Paine

3. la extensión de su costa 6.500 km

4. los países en su frontera Argentina, Perú y Bolivia

6-41 Desafío. Usa el mapa para identificar estos lugares y sus características.

1. ¿Cuál es su capital? Santiago

2. ¿Qué océano está al oeste del país? el Océano Pacífico

3. ¿Qué país está al este? Argentina

4. ¿Cómo es el clima en Punta Arenas? ¡Muy frío!

6-42 Proyecto: Chile. Después de dieciséis años de dictadura militar, Chile retornó a un gobierno democrático en 1989. Hoy en día, tiene un gobierno estable y una economía variada y fuerte. Escoge un lugar, una persona o un tema como **la gastronomía chilena, la viticultura chilena, la minería chilena, Sebastián Piñera, un restaurante chileno, un músico famoso chileno,** u otro que te interese para investigar más sobre Chile. Usa el Modelo para escribir un resumen en el que incluyas lo siguiente:

- su nombre y dónde está
- por qué es importante o interesante
- cómo es
- si quieres conocerlo/la algún día y por qué
- si piensas estudiar más sobre este tema
- una foto representativa

Busca: gastronomia chilena; viticultura chilena; mineria chilena; sebastian pinera restaurante chileno; musico famoso chileno

MODELO: *Chile tiene muchos restaurantes informales que se especializan en platos típicos de la región y que siempre tienen una buena selección de vinos chilenos. Es muy popular también comer al aire libre, como en este restaurante en Viña del Mar. En este restaurante, que se llama Vista del Mar, se sirven pescados, mariscos, carnes y vegetales frescos. Para el postre, hay fruta o flan. Y para beber, limonada, agua mineral o vino, café o té. El precio de una comida aquí es de ocho a diez dólares.*

Expansion of *Panoramas*
Ask students comprehension questions based on the information in the captions: *¿Por qué es importante en Chile la industria pesquera? ¿Exporta Chile sus pescados y mariscos? ¿En qué parte del país cultivan frutas y verduras? ¿Durante qué época del año importamos a EE. UU. las frutas y las verduras chilenas? ¿Cómo se considera el vino chileno a nivel mundial? ¿Qué aspectos de Chile atraen turistas? ¿Qué actividades hacen los turistas? ¿Es posible esquiar en Chile? (Sí, en los Andes chilenos.)*

Note on Fact box
Source: CIA World Fact Book; fiestadelavendimia.org

Optional activity for *Panoramas*
El mapa. Provide the following map points (*al este de, al sur de, en las montañas, al norte de, en el centro, al oeste de, en la costa del Pacífico*) and tell students: *Consulten el mapa de Chile y túrnense para indicar dónde se encuentran estas ciudades y lugares.*

MODELO: Santiago
Santiago es la capital de Chile. Está en el centro del país, entre la costa y las montañas.

1. Punta Arenas
2. Puerto Montt
3. el Estrecho de Magallanes
4. Valparaíso
5. Arica
6. Concepción
7. Tierra del Fuego

Note on *Atacama*
Atacama is considered the driest desert in the world and is also where much of Chile's mining industry is located. Chile is the world's most important producer of copper. In 2010, an accident in a gold and copper mine trapped 33 miners 700 meters below the surface. Seventeen days after the accident, all were found alive in a small refuge. The international rescue effort took 70 days and won admiration around the world by those who followed the technological phenomenon.

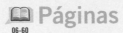

¿Eres un gastrosexual? ¿Conoces a uno?

ANTES DE LEER

6-43 ¿Por qué lees? Cuando lees un artículo en una revista ¿qué es lo que te atrae la atención? ¿Es el nombre de la revista? ¿El título del artículo? ¿La foto? ¿El formato? A continuación tienes un artículo en una revista conocida. Explica lo que esperas del artículo antes de leerlo.

A LEER

6-44 Puntos importantes. Ahora anota cuatro características de un gastrosexual.

GASTRÓNOMO MODERNO	¿Eres un gastrosexual? ¿Conoces a uno?

Gastrosexual:

- **_Sustantivo_**. Una persona que se apasiona por la comida y el placer[1] que se deriva de ella. Típicamente es un hombre que usa su talento culinario para impresionar a sus amigos, especialmente a su pareja[2].
- **_Adjetivo_**. Apasionado por la comida, su preparación y su consumo. Fascinado por la apariencia física de la comida y por su combinación de sabores.

Una investigación reciente sobre este fenómeno revela lo siguiente:

1. El tiempo que los hombres dedican a cocinar y a limpiar la cocina ha subido de cinco minutos al día en 1961 a 27 minutos en el 2009.
2. La cocina ya no es exclusivamente territorio femenino.
3. Hay todo tipo de gastrosexuales: hombres y mujeres, pero tienden a ser...
   - hombres
   - de 25 a 44 años de edad
   - de movilidad social ascendente
   - conocedores de la cocina internacional
4. Las razones de este fenómeno son...
   - Hay un aumento del número de hombres solteros; esto los obliga a cocinar.

- El 70% de las mujeres trabajan fuera de la casa. Ellas insisten en que su pareja las ayude con los quehaceres.
- Los hombres prefieren la cocina y la oportunidad de mostrar su creatividad a otros quehaceres.
- Es una forma de auto-actualización.
- Es un pasatiempo, no un deber.
- Es una manera de seducir a la pareja.
- Hay muchos _chefs_ célebres masculinos. Estos cocineros famosos les sirven como modelos a los hombres.

5. Al gastrosexual le encanta viajar, especialmente para probar[3] platos nuevos y para obtener ingredientes y utensilios auténticos.

¿Eres un gastrosexual? ¿Conoces a uno?

[1]_pleasure_ [2]_partner_ [3]_to taste_

DESPUÉS DE LEER

6-45 Más información. Contesta estas preguntas sobre el artículo.

1. ¿Cuántos minutos pasan los hombres en la cocina hoy en día?

2. ¿Hay mujeres gastrosexuales?

3. ¿Hay un aumento o descenso en el número de hombres solteros hoy en día?

4. ¿Qué porcentaje de mujeres trabajan fuera de la casa ahora?

5. ¿Por qué prefieren los hombres la cocina más que otros quehaceres de la casa?

6. ¿Quiénes les sirven como modelos a los hombres gastrosexuales?

7. ¿Por qué le gusta viajar al gastrosexual?

6-46 En tu experiencia. ¿Eres un gastrosexual? ¿Conoces a uno/a? Describe una persona que sea como la descripción en el artículo.

MODELO: *Conozco a una persona que es gastrosexual. ¡Soy yo! Me gusta…*

6-47 Un sondeo (poll). ¿Cuáles son sus opiniones sobre la cocina?

Paso 1   Responde al sondeo siguiente.

1. _____ Soy hombre   _____ Soy mujer

2. Generalmente, dedico… minutos al día a cocinar y limpiar la cocina.

   _____ 30 minutos o más   _____ menos de 15 minutos

   _____ 15 a 30 minutos   _____ no cocino ni limpio

3. Prefiero cocinar…

   _____ con mis amigos   _____ solo/a

   _____ con una persona especial _____ No cocino.

4. En la cocina…

   _____ me gusta experimentar   _____ tengo recetas favoritas
         con los ingredientes
                                 _____ uso exclusivamente el microondas
   _____ sigo una receta

5. Para mí, cocinar es…

   _____ una oportunidad para   _____ necesario, pero no muy divertido
         ser creativo/a
                                 _____ una pérdida (*waste*) de tiempo
   _____ un pasatiempo divertido

6. Me gusta mucho la comida…

   _____ internacional   _____ rápida

   _____ sencilla, pero orgánica _____ cualquiera (*any*) cuando tengo
                                       hambre

Paso 2   Ahora comparen sus opiniones. ¿Hay una diferencia entre los hombres y las mujeres de esta clase?

Presentation tip 6-47
Have a couple of students summarize the opinions of the entire class on a graph to see if there are trends among men and women.

Note on famous chefs
Although traditionally, most famous chefs are male, women have made inroads in recent years. Curiously, however, male chefs seem to be valued for their creativity whereas female chefs are valued for "home cooking" or "comfort food." According to award-winning chef Rozanne Gold, this perception is changing as women are accepted into important restaurant kitchens and allowed to develop their expertise.

06-61
to 06-62

Expansion of *Taller*
Publish reviews on a class
web site or in a class
newsletter.

6-48 Una reseña (*review*) virtual de un restaurante. Puedes encontrar reseñas de restaurantes en el periódico, en una revista culinaria o en la Internet. La reseña te ayuda a decidir si te interesa visitar el restaurante. Escribe una reseña para ayudar a otros a encontrar un restaurante bueno por la Internet.

ANTES DE ESCRIBIR

- Piensa en el nombre de un restaurante, dónde se encuentra y por qué lo recomiendas.
- Contesta las siguientes preguntas para organizar tus ideas:
  - ☐ ¿Cuántas estrellas tiene (de ✶: muy económico e informal a ✶✶✶✶: muy caro y elegante)?
  - ☐ ¿Dónde está?
  - ☐ ¿Tiene una cocina (*cuisine*) especial?
  - ☐ ¿Cuáles son sus especialidades?
  - ☐ ¿Cómo es su ambiente (formal, informal)?
  - ☐ ¿Tiene música?
  - ☐ ¿Cómo es el servicio?
  - ☐ ¿Qué comiste cuando lo visitaste?
  - ☐ ¿Qué te gustó o no te gustó?
  - ☐ ¿Cuánto costó?
  - ☐ ¿Aceptan reservaciones?
  - ☐ ¿Cuál es tu recomendación?

A ESCRIBIR

- Organiza tus respuestas en un párrafo.

MODELO: *El café Joe's es un lugar informal; no tiene ninguna estrella...*

DESPUÉS DE ESCRIBIR

- **Revisar.** Revisa tu reseña para verificar los siguientes puntos:
  - ☐ el uso del pretérito
  - ☐ la concordancia de adjetivos y sustantivos
  - ☐ alguna frase superlativa (es el restaurante más/menos... de...)
  - ☐ la ortografía (*spelling*)

- **Intercambiar**
  Intercambia tu reseña con la de un/a compañero/a. Mientras leen las reseñas, hagan comentarios y sugerencias sobre el contenido, la estructura y la gramática.

- **Entregar**
  Pon tu reseña en limpio (*make a clean copy*), incorporando las sugerencias de tu compañero/a. Después, entrégasela a tu profesor/a.

Vocabulario

Primera parte

Las comidas   Meals

el almuerzo   *lunch*
la cena   *dinner*
el desayuno   *breakfast*
la merienda   *afternoon snack*

Las comidas y las bebidas   Foods and beverages

el aceite (de oliva)   *(olive) oil*
el agua (mineral)   *(mineral) water*
el ajo   *garlic*
el arroz   *rice*
el azúcar   *sugar*
la banana   *banana*
el bistec   *steak*
el bocadillo / el sándwich   *sandwich*
los camarones   *shrimp*
la carne   *meat*
la cebolla   *onion*
la cerveza   *beer*
el flan   *custard dessert*
la fresa   *strawberry*
los frijoles   *beans, legumes*
las frutas   *fruits*
las galletas   *cookies*
el helado (de vainilla)   *(vanilla) ice cream*
el huevo   *egg*
el jamón   *ham*
las judías verdes   *green beans, string beans*
el jugo   *juice*
la leche   *milk*
la lechuga   *lettuce*
el maíz   *corn*
la mantequilla   *butter*
la manzana   *apple*
los mariscos   *shellfish*
la naranja   *orange*
el pan   *bread*
la papa   *potato*
el pastel (de manzana)   *(apple) pie*
el pescado   *fish*
el pollo   *chicken*
el postre   *dessert*
el queso   *cheese*
la sal y la pimienta   *salt and pepper*
la sopa   *soup*
el té   *tea*
el tomate   *tomato*
la torta   *cake*
las uvas   *grapes*
las verduras   *vegetables*
el vinagre   *vinegar*
el vino (tinto, blanco)   *(red, white) wine*
el yogur   *yogurt*
la zanahoria   *carrot*

En un restaurante   In a restaurant

la cuenta   *bill*
la especialidad de la casa   *house specialty*
el menú   *menu*
el/la mesero/a   *waiter/waitress*
la propina   *tip*

Adjetivos   Adjectives

caliente   *hot*
picante   *hot (spicy)*

Segunda parte

En la cocina   In the kitchen

la cafetera   *coffee maker*
la cazuela   *stewpot, casserole dish, saucepan*
la estufa   *stove*
el microondas   *microwave*
el refrigerador   *refrigerator*
la sartén   *skillet, frying pan*
el tazón (de cristal)   *(glass) bowl*
la tostadora   *toaster*

En la mesa   On the table

la cuchara   *spoon*
el cuchillo   *knife*
el plato   *plate*
la servilleta   *napkin*
la taza   *cup*
el tenedor   *fork*
el vaso   *glass*

Verbos   Verbs

calentar (ie)   *to heat*
cocinar   *to cook*
cortar   *to cut*
echar   *to add, throw in*
freír (i, i)   *to fry*
guardar   *to save, to keep, to put away*
hornear   *to bake, to roast*
mezclar   *to mix*
pelar   *to peel*
picar   *to chop*
tostar (ue)   *to toast*

En la receta   In the recipe

asado/a   *roasted*
la cucharada   *tablespoon*
la cucharadita   *teaspoon*
frito/a   *fried*
al horno   *baked*
a la parrilla   *grilled*
la pizca   *pinch (of salt, pepper, etc.)*

Expresiones   Expressions

¡Qué rico!   *How delicious!*
¡Qué sabroso!   *How delicious!*
¡Qué asco!   *How revolting!*
¡Qué ridículo!   *How ridiculous!*

Verbos   Verbs

cenar   *to have dinner*
dar   *to give*
decir (i, i)   *to say*
dejar   *to leave (behind)*
desayunar   *to have breakfast*

Expressions in a restaurant   *See page 187.*
Adverbial expressions in the past   *See page 202.*
Indirect object pronouns   *See page 190.*
Verbs with a spelling change (-gué, -qué) in the preterit   *See page 203.*
Gustar **and similar verbs**   *See page 193.*

Presentation tip for *Vocabulario*
Help students better assimilate vocabulary through images and realia (food, objects from the kitchen, etc.), role-plays or dialogs from a restaurant, and review games. Some examples of the latter that will work successfully with these word sets include word associations (identifying members of categories such as *las frutas, los aparatos*, etc.; matching verbs with their associated objects such as *hervir el agua, freír los huevos, pelar las papas*, etc.), spelling races at the board, charades (acting out the preparation of a recipe to guess), and Pictionary (since there are many nouns). By interacting with others and using words in meaningful ways, vocabulary acquisition is greatly enhanced.

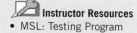 **Instructor Resources**
- MSL: Testing Program

Instructor Resources
- IRM: Syllabi and Lesson Plans
- MSL: Textbook images, PPT

Warm-up for *Capítulo 7*
Review material from *Capítulo 6* by asking students what they ate for lunch or dinner yesterday, who prepared their meal, and who served it to them. The present chapter is about pastimes and leisure activities. As a transition from eating to playing, you might begin with *Ayer comí en un restaurante cubano donde pedí frijoles negros y arroz blanco. Después decidí salir con mis amigos a ver una película. Vamos a ver qué deciden hacer estos amigos en su día libre...*

The Five C's

Communication: Activities requesting opinions, such as in *Perfiles* and *Páginas*; writing activities (*Taller*), information gap (7-6, 7-9, 7-21, 7-24, 7-27), information sharing activities (7-4, 7-5, 7-10, 7-12, 7-14, 7-28).

Cultures: See Chapter Opener, *Perfiles, Cultura en vivo, Presencia hispana, Observaciones, Panoramas, Páginas* and *Taller*. See also, activities with a cultural context, such as 7-2, 7-3, 7-6, 7-7, 7-8, 7-11, 7-19, 7-22, 7-26, 7-29; also photos and teacher notes that expand on cultural topics, found throughout.

Connections: For example, activities asking students to connect previous knowledge: 7-12, 7-22; *Mi experiencia, Mi música, Panoramas, Presencia hispana, Cultura en vivo, Taller* (writing).

Comparisons: *Estructuras, Perfiles, Cultura en vivo, Variaciones, Presencia hispana.*

Communities: Internet activities, such as 7-8, 7-11, 7-16, 7-31, 7-34, 7-38.

7
¡A divertirnos!

1 Primera parte

		OBJETIVOS COMUNICATIVOS
¡Así lo decimos! Vocabulario	El tiempo libre	• Talking about activities you like to do in your free time
¡Así lo hacemos! Estructuras	Irregular verbs in the preterit (II)	
	Indefinite and negative expressions	• Making plans to do something
Perfiles		• Talking about some activities in the past
Mi experiencia	Una quinceañera	
Mi música	"Pégate" (Ricky Martin Puerto Rico)	• Talking about indefinite people and things, and people and things that do not exist

2 Segunda parte

¡Así lo decimos! Vocabulario	Los deportes y las actividades deportivas	• Talking about different sports
¡Así lo hacemos! Estructuras	Irregular verbs in the preterit (III)	
	Double object pronouns	• Reporting more past events and activities
Observaciones	¡Pura vida! Episodio 7	• Taking shortcuts in conversation to avoid repetition

Nuestro mundo

Panoramas	Las islas hispánicas del Caribe: Cuba, Puerto Rico y República Dominicana
Páginas	"Entrevista con Ricky Martin, Embajador de Buena Voluntad de la UNICEF", *Estrella*
Taller	Una entrada en tu foro

Readiness Check

Las islas hispánicas del Caribe: Cuba, Puerto Rico y República Dominicana

ESTADOS UNIDOS

OCÉANO ATLÁNTICO

Golfo de California

MÉXICO

Golfo de México

REPÚBLICA DOMINICANA

CUBA

PUERTO RICO

Bahía de Campeche

HONDURAS

Mar Caribe

GUATEMALA

NICARAGUA

EL SALVADOR

PANAMÁ

COSTA RICA

OCÉANO PACÍFICO

AMÉRICA DEL SUR

«Vive duro y a lo loco que la vida dura muy poco».

Refrán: Enjoy yourself; it's later than you think.

El dominicano Juan Luis Guerra es uno de los músicos latinos más famosos del mundo.

Al dominicano Ramón Oviedo se le considera uno de los pintores expresionistas más importantes del siglo XXI. Esta obra se titula *Juan, no le hagas cosquillas a Pedro* (Juan, don't tickle Pedro).

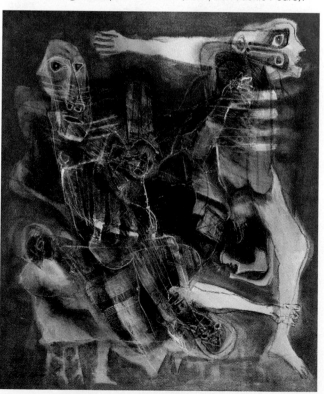

Note on *Refrán*
Students may be familiar with the Biblical proverb: "...let us eat and drink; for tomorrow we shall die." (Isaiah 22:13) or with the lyrics of the song "Tripping Billies" by the Dave Matthews Band.

Note on *Images*
These 2 images portray movement through music, laughing and enjoying oneself. Ask students to state actions they associate with each image: *cantar, bailar, reírse, divertirse...*, etc.

Note on *Images*
Juan Luis Guerra (1957–): cantautor y productor dominicano de merengue, bachata, bolero y salsa; guitarrista y pianista; en total tiene 2 Premios Grammy y 9 Grammy Latinos; en 1982 recibió su diploma en música del Berklee College of Music (fundada en Boston, Massachusetts, en 1945) y en 2009 fue premiado con un doctorado honorífico de la misma universidad. En 1991 se creó La Fundación Juan Luis Guerra con el objetivo de ayudar a los niños más necesitados en República Dominicana. Al principio se enfocaron los esfuerzos en las áreas de salud, nutrición, deportes y educación. Ahora, además de estas metas, la fundación ayuda a niños que han sufrido quemaduras y a niños con hidrocefalia. En 2005 Juan Luis Guerra recibió el Premio Billboard Espíritu de Esperanza por su labor filantrópica.

Ramón Oviedo (1927–): pintor expresionista dominicano; sus obras muestran texturas complejas que integran una variedad de materiales tales como el hilo, el papel, la tela y el yeso; tratan de la naturaleza, la condición humana y una preocupación por la extinción del ser humano y de los animales. Además de recibir numerosos premios nacionales e internacionales, el Congreso Nacional de República Dominicana lo ha nombrado "Maestro Ilustre de la Pintura Dominicana".

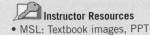
Primera parte

¡Así lo decimos! VOCABULARIO

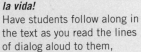 **¡Así es la vida!** El fin de semana
7-01

 ¿Te divertiste este fin de semana?

MANUEL: ¿Qué hiciste este fin de semana?

LUISA: Fui a la playa Luquillo[1] con algunos amigos. ¿Y tú?

MANUEL: Mi novia y yo dimos un paseo por el Viejo San Juan.

PEDRO: Fuimos a ver la última película de Benicio del Toro. ¡Fue fabulosa!

TERESA: ¿De verdad? ¿La vieron en el Multiplex?

FELIPE: Estuve enfermo todo el fin de semana en casa. ¡Fue horrible!

VERÓNICA: ¡Qué mala suerte! ¿Fuiste al médico? No es contagioso, ¿verdad?

---

[1]Luquillo es una de las playas más lindas de Puerto Rico.

07-02
to 07-08

Vocabulario El tiempo libre

07-02
to 07-08

Variaciones

Although **el traje de baño** is widely used and understood, **el bañador** is common in Spain and **la trusa** in Cuba.

Variaciones

Los lentes de sol are also **los anteojos de sol** in the Americas and **las gafas de sol** in Spain.

En la playa At the beach

la bolsa	*bag*
la heladera	*cooler*
el hielo	*ice*
los lentes de natación	*swim goggles*
los lentes de sol	*sunglasses*
la sombrilla	*umbrella*
la toalla	*towel*
el traje de baño	*swimsuit*

Los pasatiempos Pastimes

dar un paseo	*to go out, to take a walk*
hacer un pícnic	*to have a picnic*
ir a una discoteca	*to go to a club*
leer una novela	*to read a novel*
un periódico	*a newspaper*
una revista	*a magazine*
nadar en el mar	*to swim in the ocean*
una piscina	*a swimming pool*
pasarlo bien	*to have a good time*
volar (ue) un papalote	*to fly a kite*

¿Qué tiempo hace? What is the weather like?

está nublado	*it's cloudy*
hace...	*it's . . .*
buen/mal tiempo	*good/bad weather*
(mucho) calor	*(very) hot*
(mucho) fresco	*(very) cool*
(mucho) frío	*(very) cold*
(mucha) humedad	*(very) humid*
(mucho) sol	*(very) sunny*
(mucho) viento	*(very) windy*
hay...	*there's . . .*
(mucha) contaminación	*(a lot of) pollution/smog*
(mucha) humedad	*(a lot of) humidity*
(muchos) chubascos	*(many) showers*
llover (ue)	*to rain*
nevar (ie)	*to snow*

Opiniones y sugerencias Opinions and suggestions

Es un día perfecto para...	*It's a perfect day for . . .*
¡Oye!	*Listen!*
¿Qué tal si...?	*What if . . . ?*

Reacciones Reactions

¡Estupendo!	*Terrific!*
¡Fabuloso!	*Fabulous! Great!*
¡Fantástico!	*Fantastic!*
¡Magnífico!	*Great! Wonderful!*
Me da igual.	*It's all the same to me.*
No te preocupes.	*Don't worry.*
¡Qué mala suerte!	*What bad luck!*

Variaciones

Many Spanish speakers in the Caribbean use **¡Chévere!** to express excitement over an invitation or event. In Argentina and Uruguay, you'll hear **¡Bárbaro!** and in Mexico, **¡Qué padre!**

Teresita llevó sus lentes de sol y un sombrero grande.

Dorotea llevó una bolsa grande a la playa.

Se sentaron en las sillas bajo una sombrilla.

¡Hola!

Cultura en vivo ✳

Island cuisines benefit from the warm climate and tropical fruits and vegetables. A popular dish in Puerto Rico is **mofongo** made with **plátanos verdes,** garlic, salt, olive oil, and filled with pork, seafood, chicken, or beef. A variation of the recipe is made with **yuca,** a starchy root vegetable. In the Dominican Republic, you can try **mangú,** also made with **plátanos verdes,** but served as a side dish. What starchy vegetable is a staple in U.S. or Canadian cuisine?

APLICACIÓN

7-1 ¿Qué hacer?   Algunos amigos están haciendo planes para el fin de semana. Completa las oraciones con la expresión adecuada de la lista.

MODELO: No quiero quemarme (*get burned*) en el sol. ¿Hay *sombrillas* en la playa?

1. ¡Oye! ¿Te apetece bailar y escuchar música? ¿Vamos a __d__?
2. Hace buen tiempo. ¿Por qué no vamos al parque, llevamos sándwiches y hacemos __f__?
3. Hoy hace sol. Vamos a dar __a__ por el parque.
4. Los refrescos están en __h__.
5. El sábado va a hacer mucho calor. ¿Qué tal si vamos a nadar en __b__?
6. El domingo hay un partido de básquetbol. ¿Lo vemos en __e__?
7. ¡Qué feo! Hace muy mal tiempo: está nublado y hay __g__.
8. Si hace mal tiempo, es un día perfecto para leer __c__ tranquilamente en casa.

a. un paseo
b. el mar
c. una revista
d. una discoteca
e. la televisión
f. un pícnic
g. contaminación
h. la heladera

7-2 ¿Dónde…?   Mira este mapa meteorológico e identifica el lugar donde se encuentra el tiempo indicado.

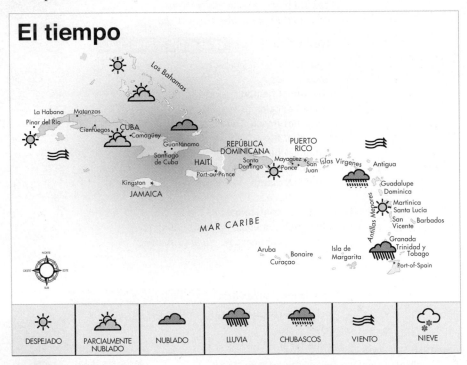

MODELO: Hay chubascos.
Hay chubascos en las Islas Vírgenes.

1. Está nublado. En las Bahamas y en Cuba.
2. Está lloviendo. En Trinidad y Tobago y al sur de las Islas Vírgenes.
3. Hace viento. Al sur de Cuba y al norte de Antigua.
4. Hace mucho sol. En Ponce, en Pinar del Río y en Martinica.
5. Está nevando. No está nevando en el Caribe.

7-3 El pronóstico (*forecast*) del tiempo. Escucha el pronóstico del tiempo que se da en la radio para esta semana. Luego, completa la siguiente información.

Ciudad:	San Juan
Siglas (*call letters*) de la emisora de radio:	WCAD-FM
Fecha:	8 de agosto
Estación del año:	verano
Tiempo de ayer:	Hizo buen tiempo (25°).
Pronóstico para hoy:	La temperatura sube a 32° con mucha humedad
Pronóstico para mañana:	mucho calor y mucho sol
Una actividad que puedes hacer mañana:	ir a la playa y nadar

7-4 ¿Qué te gusta hacer cuando...? Túrnense para contestar las siguientes preguntas. Usen las actividades de la lista en sus respuestas.

Algunas actividades

dar un paseo / una fiesta	ir a un partido / a un concierto
dormir una siesta	leer una novela / el periódico en el patio
esquiar en la nieve / en el agua	nadar en la piscina / en el mar
hacer un pícnic	tomar el sol (*sunbathe*) / un refresco con hielo
divertirme con los amigos	ver una película / la televisión
volar un papalote	ir al centro comerical / a un buen restaurante

MODELO: E1: *¿Qué te gusta hacer cuando nieva?*
E2: *Me gusta esquiar.*

¿Qué te gusta hacer cuando...

1. hace calor, pero no tienes aire acondicionado?
2. llueve?
3. hace frío en la playa?
4. hace viento?
5. hace mucho sol?
6. hace buen tiempo, pero estás enfermo/a?

 7-5 Un clima ideal. Escribe cinco oraciones completas para describir un lugar que para ti tiene un clima ideal y donde puedes hacer actividades que te gustan. Luego, descríbeselo al resto de la clase. Entre todos, escojan (*choose*) el lugar favorito.

MODELO: *Para mí,... tiene un clima ideal porque...*

7-6A Una invitación al concierto de Jennifer López (J.Lo) y Marc Anthony. Invita a tu compañero/a a ir contigo a este concierto. Usa la información del cartel a la derecha para contestar las preguntas de tu compañero/a. **Estudiante B,** por favor ve al **Apéndice 1,** página A-11.

MODELO: ESTUDIANTE A: *¿Quieres ir a un concierto de J.Lo y Marc Anthony?*
ESTUDIANTE B: *¡Estupendo! ¿A qué hora empieza?*

Estudiante A:

¡J.Lo y Marc Anthony en concierto!

¡Sus mejores éxitos!

San Juan, Puerto Rico
Entrada $200 - $150 - $80 (Estudiantes)

Sábado, 8:00 PM
Estadio Roberto Clemente

Audioscript for 7-3
¡Buenos días, San Juan! La emisora AlfaRock, WCAD-FM, les está llegando desde la capital de la bella isla de Puerto Rico hoy, 8 de agosto, y hace un calor tremendo. Ayer, si recuerdan bien, hizo buen tiempo con una temperatura de 25 grados centígrados, y con una brisa suave. Hoy, en cambio, la temperatura va a subir a 32 grados centígrados y con mucha humedad, lo que es bastante normal para el verano en el Caribe. Y mañana, igual: mucho calor y mucho sol. Por eso, si no tienen que trabajar mañana, es un día perfecto para ir a la playa, donde pueden nadar en las aguas cristalinas y frescas de nuestra bella isla. Y ahora, su música favorita...

Expansion of 7-3
In pairs, have students draft, in Spanish, a brief radio weather forecast for your area. They can follow the items listed in activity 7-3 as a guide. Then have volunteers read their forecasts to the class, imitating the voice of a broadcaster. You may want to turn this activity into a competition, in which the class votes on the best broadcast.

Note on *Icon*
The **A/B** icon that precedes 7-6A means that it is an information gap activity. Encourage students to listen attentively and not show each other their parts.

Warm-up for 7-6
Provide a full model of a conversation with one of your students. Begin with the invitation and develop the situation together. Ask: *¿Quieres ir al concierto? ¡Estupendo! ¿Salimos para el estadio a las 6 y media?...* Then, have pairs of students carry out the activity.

Expansion of 7-6
Have students search the Internet for information and a video of J.Lo and Marc Anthony: **Busca:** *video J.Lo Marc Anthony.* Ask students: *¿Conocen su música? ¿Conocen una película de uno de ellos? ¿Cuál?*

¡Así lo hacemos! ESTRUCTURAS

 1. Irregular verbs in the preterit (II)

07-09 to 07-13

• The verbs **ser, ir, estar, tener, dar,** and **ver** all have irregular forms in the preterit.

Irregular preterit forms					
	ser/ir	**estar**	**tener**	**dar**	**ver**
yo	fui	estuve	tuve	di	vi
tú	fuiste	estuviste	tuviste	diste	viste
Ud.	fue	estuvo	tuvo	dio	vio
él/ella	fue	estuvo	tuvo	dio	vio
nosotros/as	fuimos	estuvimos	tuvimos	dimos	vimos
vosotros/as	fuisteis	estuvisteis	tuvisteis	disteis	visteis
Uds.	fueron	estuvieron	tuvieron	dieron	vieron
ellos/as	fueron	estuvieron	tuvieron	dieron	vieron

• The verbs **ser** and **ir** have the same forms in the preterit. The context of the sentence or the situation will clarify the meaning.

¿Sabes?, nuestros abuelos también **fueron** jóvenes.	*You know, our grandparents were also young.*
Fuimos a dar un paseo al centro.	*We went downtown for a walk.*

• Note that **estar** and **tener** have the same irregularities in the preterit.

Gloria **estuvo** en la feria internacional.	*Gloria was at the international fair.*
Gloria **tuvo** que irse temprano.	*Gloria had to leave early.*

• **Dar** and **ver** use the same endings as regular **-er** and **-ir** verbs. However, the first and third persons have only one syllable and do not require an accent mark.

Víctor me **dio** una película excelente.	*Víctor gave me an excellent movie.*
Los **vi** entrar al teatro.	*I saw them enter the theater.*

• The preterit form of **hay** (from the verb **haber**) is **hubo** for both singular and plural.

Ayer **hubo** un partido de fútbol en el estadio.	*Yesterday there was a soccer game in the stadium.*
Hubo más de 50.000 espectadores.	*There were more than 50,000 spectators.*

APLICACIÓN

7-7 Una fiesta en Santo Domingo. Empareja cada pregunta con la respuesta más lógica.

1. __f__ ¿Dónde fue la fiesta?
2. __a__ ¿Quiénes estuvieron?
3. __d__ ¿Tuviste que salir temprano?
4. __e__ ¿Quién fue con Graciela?
5. __c__ ¿Vieron a alguna celebridad?
6. __b__ ¿Le diste algo al anfitrión (*host*)?

a. Todos nuestros amigos.
b. Sí, una botella de vino.
c. Sí, vimos a Juan Luis Guerra.
d. No, no salí hasta las dos.
e. Su novio, Carlos.
f. En casa de Ramón y Silvia.

7-8 Un concierto de Juan Luis Guerra. Ayer por la noche fuiste con varios amigos a un concierto de Juan Luis Guerra en Santo Domingo.

Paso 1 Completa el párrafo con la forma correcta del pretérito del verbo entre paréntesis.

Ayer (1) __hubo__ (haber) un concierto de Juan Luis Guerra, el famoso cantante dominicano. Mis amigos y yo (2) __llegamos__ (llegar) al estadio a las siete. En la puerta, un agente nos (3) __pidió__ (pedir) las entradas y nosotros le (4) __dimos__ (dar) las cuatro entradas. (5) __Fuimos__ (Ir) hasta los asientos, pero (6) __tuvimos__ (tener) mala suerte. Yo (7) __tuve__ (tener) que sentarme detrás de un chico super alto y mis amigos (8) __tuvieron__ (tener) que sentarse detrás de unos altavoces (*speakers*) enormes. La verdad es que yo no (9) __vi__ (ver) mucho. Pero sí (10) __oí__ (oír) bien la música y (11) __sentí__ (sentir) la emoción de un concierto en vivo. (12) __Fue__ (Ser) una experiencia estupenda y todos nosotros lo (13) __pasamos__ (pasar) muy bien.

Juan Luis Guerra y su banda 4.40 han ganado varios Premios Grammy y Grammy Latinos.

 Paso 2 Conéctate a la Internet para ver el sitio oficial de Juan Luis Guerra. Allí puedes ver videos de sus canciones. Contesta las preguntas a continuación sobre uno de ellos. *Answers may vary.*

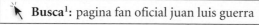

> ✎ **Busca**[1]: pagina fan oficial juan luis guerra

1. ¿Dónde fue? ¿En un concierto? ¿Otro lugar? Fue en...
2. ¿Cuántas personas cantaron? Cantó/Cantaron....
3. ¿Cómo fue la música? La música fue... (alegre, rápida, con mucho ritmo, sentimental, etc.)
4. ¿Qué más viste? Vi (a)....

---

[1]Note that accents, tildes, and capital letters are not required for Internet searches.

Warm-up for 7-8
Point out to students that Juan Luis Guerra is a popular singer/songwriter from the Dominican Republic. He bills with his band as *Juan Luis Guerra y 4.40* (said "cuatro cuarenta"). Ask students if they know his music. Perhaps bring in or direct them to a favorite tune, "Ojalá que llueva café en el campo," and ask students what they think the café may symbolize (wealth, fertility of the land, success).

Note on *Internet activities*
We purposely exclude accents and *tildes* in search terms as students will discover the same information regardless of case, for example, "España," "Espana," or "espana."

Optional activity after 7-8
Provide students with the following chart of subjects and activities. The complete activity is available for download from the IRC.
En la discoteca. Combina elementos de cada columna para formar oraciones completas en el pretérito.

MODELO: *Mis amigos y yo fuimos al club en bicicleta.*

yo	estar allí 5 horas
nuestros amigos	darle la tarjeta al mesero / a la mesera
los músicos	ir al baño
la orquesta	ir al club en bicicleta
mis amigos y yo	tener que pagar la cuenta
el/la mesero/a	estar bailando por horas
mis profesores	darnos las bebidas
tú	ser muy bueno/a

7-9A Una fiesta sorpresa. En el foro de un amigo hay entradas (*entries*) sobre una fiesta sorpresa que hubo. Cada uno/a de ustedes tiene parte de la información sobre la fiesta. Háganse preguntas para saber qué pasó en la fiesta. **Estudiante B,** por favor ve al **Apéndice 1,** página A-11.

Estudiante A:

La información que necesito:	La información que tengo:
1. ¿Para quién fue la fiesta?	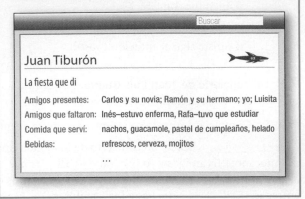
2. ¿Cómo reaccionó ella?	
3. ¿Qué le dieron?	
4. ¿Quién tuvo que salir temprano?	

7-10 ¿Quién...? En grupos de cuatro, túrnense para hacerse preguntas sobre lo que hicieron la semana pasada. Escriban el nombre de la persona que hizo la actividad en su caja correspondiente.

¿Quién...?

dar un paseo	estar enfermo/a	llegar tarde a clase
darle flores a tu mamá	ir a un partido	tener problemas con el carro
empezar un trabajo importante	ir a una discoteca	tener que trabajar mucho
estar en clase	jugar al tenis	ver una película

MODELO: jugar al béisbol
    E1: *Carlos, ¿jugaste al béisbol la semana pasada?*
    E2: *Sí, jugué al béisbol el lunes. (No, no jugué al béisbol.)*
    E3: *Y tú, Juana, ¿Fuiste a almorzar con tus padres el sábado?*
    E4: *No, fui a almorzar con mis padres el domingo.*

Warm-up for 7-10
Quickly review with students the *yo* and *tú* forms of the verbs used in this activity: *dar, ver, ir, tener, estar, empezar, jugar, llegar.* For example, elicit the conjugations from them and write their responses on the board for visual support.

Wrap-up for 7-10
Ask students to share their responses with you using the third person. *¿Quién fue a una discoteca?* Let information accumulate and then ask students to summarize, which will motivate them to pay close attention. *Beth, ¿qué hicieron Mike y Jeff?*

Optional activity after 7-10
Have students tell about a bad day and all the things that went wrong. For example, *Hizo mal tiempo; llegué tarde a clase...* Write the following verbs on the board as options: *abrazar, dar, jugar, salir, almorzar, empezar, llegar, ser, estar, pagar, tener, buscar, ir, practicar, tocar.*

2. Indefinite and negative expressions

07-14 to 07-18

- In Spanish, verbs are affirmative unless they are made negative through the use of **no** or a negative expression. Following is a list of common negative expressions and their affirmative equivalents.

Afirmativo		Negativo	
algo	something, anything	nada	nothing, not anything
alguien	someone, anyone	nadie	nobody, no one
algún, alguno/a(s)	any, some	ningún, ninguno/a(s)	none, not any
alguna(s) vez (-ces)	sometime(s)	ninguna vez	never
siempre	always	nunca, jamás,	
también	also, too	tampoco	neither, not either
o... o	either . . . or	ni... ni	neither . . . nor

No hay nadie en la playa hoy.

Es verdad. Y nunca vamos a ver el mar más tranquilo.

- There can be more than one negative expression (a double or triple negative) in a single sentence in Spanish. When **no** is used in a sentence, a second negative (**nada, nadie, ningún**) can either immediately follow the verb or be placed at the end of the sentence.

  No fuimos **nunca** a la playa con Lourdes. — *We never went to the beach with Lourdes.*

  No le dimos los sándwiches a **nadie.** — *We did not give the sandwiches to anyone.*

- When the negative expression precedes the verb, **no** is omitted.

  Nunca fuimos a la playa con Lourdes. — *We never went to the beach with Lourdes.*

  A **nadie** le dimos los sándwiches. — *We didn't give the sandwiches to anyone.*

- The expressions **nadie** and **alguien** refer only to persons and require the personal **a** when they appear as direct objects of the verb.

  No vi **a nadie** en el agua. — *I didn't see anyone in the water.*

  ¿Viste **a alguien** especial anoche en la discoteca? — *Did you see someone special last night at the club?*

- The adjectives **alguno** and **ninguno** drop the **-o** before a masculine singular noun in the same way the number **uno** shortens to **un.** Note the use of a written accent when the **-o** is dropped.

  Ningún amigo vino al partido. — *No friend came to the game.*

  ¿Te gusta **algún** tipo de refresco? — *Do you like any type of refreshment?*

- **Ninguno/a** is almost always used in the singular, not the plural form. The exception would be when used with inherent plural nouns such as things that come in pairs.

  ¿Quedan **algunas** entradas? — *Are there any tickets left?*

  No, no me queda **ninguna** entrada. — *No, there aren't any tickets left.*

  ¿Encontraste mis lentes? — *Did you find my glasses?*

  No, no encontré **ningunos** lentes. — *No, I didn't find any glasses.*

- Once a sentence is negative, all other indefinite words are also negative.

  Lucía **no** conoce a **nadie** en la fiesta **tampoco.** — *Lucía doesn't know anybody at the party either.*

  No voy a traer **ni** refrescos **ni** sándwiches para **nadie.** — *I am bringing neither refreshments nor sandwiches for anyone.*

 Instructor Resources
- MSL: PPT, Supplementary Activities

Note on *algún/ningún*
See the *Letras y sonidos* section of *Capítulo 4* for a review of the rules on written accent marks in Spanish.

Presentation tip for *Indefinite and negative expressions*
Present the following context to students and ask them to underline all of the negative expressions: *El primero de enero en la clase de español, no hay ni estudiantes ni profesores. No hay ninguna palabra en la pizarra. No hay nadie en los pasillos. No hay nada en los escritorios. Todos estamos en casa viendo los partidos de fútbol americano en la televisión.*

Optional activity for *Indefinite and negative expressions.*
Try playing the game "Around the World." A pair stands together while a third classmate says an indefinite or negative expression, for example, *nunca.* The first person in the pair to say/shout the opposite term, *siempre*, wins a point and continues to play by forming a new pair with the next classmate. The loser sits down. See who can accumulate the most points!

Optional activity for *Indefinite and negative expressions*
For additional practice with these expressions, create a cloze passage or download the complete activity from the IRC and have students complete the paragraph using negative expressions. Ask students questions to check comprehension. Afterwards, have students rewrite the paragraph by using a different time and date and changing the negative expressions to indefinite ones.

Misterio en el Teatro Colón
Ayer fui al Teatro Colón para ver un concierto de Juan Luis Guerra, pero no vi a (1) *ninguna* persona en el auditorio. Fui al bar, pero...

Willy Chirino

APLICACIÓN

7-11 Una entrevista con Willy Chirino. Willy Chirino nació en Cuba y vino a EE. UU. a la edad de trece años con la llamada Operación Pedro Pan. Tiene unos veinte álbumes, varios de oro y platino, y recibió un Premio Grammy por Mejor Álbum Salsa/Merengue. Hoy se le considera uno de los salseros más destacados (*outstanding*) del mundo.

Paso 1 Primero, lee la entrevista con Willy Chirino y subraya todas las expresiones indefinidas y negativas.

ENTREVISTADORA:	Willy, es un honor conocerte y poder hablar contigo. ¿Deseas <u>algo</u> de beber? ¿Una botella de agua? ¿<u>Algún</u> refresco?
WILLY:	No, gracias. <u>No</u> quiero <u>nada</u> por ahora.
ENTREVISTADORA:	Bueno. Tienes <u>siempre</u> tanta energía. ¿No te cansas[1] <u>nunca</u>?
WILLY:	Pues, sí. <u>Algunas</u> veces cuando viajo mucho. Pero mi esposa, Lisette, <u>siempre</u> me acompaña, y eso ayuda.
ENTREVISTADORA:	Eres famoso por ser salsero y merenguero. Bailas, cantas… ¿Sabes cantar en <u>algún</u> idioma además del español y del inglés?
WILLY:	No, <u>no</u> canto en <u>ningún</u> otro idioma, pero <u>algún</u> día pienso grabar[2] <u>algunas</u> canciones en portugués. Soy amante de la música brasileña.
ENTREVISTADORA:	Tu esposa es cantante, <u>también</u>, ¿verdad?
WILLY:	Sí, es una excelente cantante y compositora. <u>Siempre</u> está a mi lado.
ENTREVISTADORA:	¿Das conciertos en Cuba?
WILLY:	No, <u>nunca</u>. Pero espero volver <u>algún</u> día.

[1] *get tired* [2] *to record*

Paso 2 Ahora contesta las preguntas que siguen, basándote en la entrevista.

1. ¿Qué toma Willy en la entrevista? No toma nada.
2. ¿Cuándo se cansa? Se cansa algunas veces cuando viaja.
3. ¿Cuándo está solo en sus viajes? Nunca está solo.
4. ¿En qué idiomas canta? ¿Canta en algún otro idioma? Canta en español y en inglés. No canta en ningún otro idioma.
5. ¿Qué hace su esposa? Es cantante y compositora también.
6. ¿Cuándo espera volver a Cuba? Algún día.

 Paso 3 Willy Chirino, sitio oficial. Conéctate a la Internet para escuchar alguna canción de Willy Chirino y ver fotos y videos de él. Busca información adicional sobre él y escribe un párrafo en que incluyas esta información.

> 🖰 **Busca:** willy chirino sitio oficial

1. ¿En qué ciudad y en qué año nació?
2. ¿Cuál es el propósito de su fundación?
3. Escucha una selección de su música o ve uno de sus videos. ¿Cómo es?
4. ¿Quieres escuchar más? ¿Por qué?

7-12 Sus pasatiempos. Muchas personas tienen algún pasatiempo que hace la vida más agradable.

Paso 1 Túrnense para preguntarse sobre sus gustos. Usen las expresiones **siempre, algunas veces, casi nunca** y **nunca,** y añadan más información personal. Háganse por lo menos una pregunta original.

Algunas actividades

dar paseos en el invierno	ver películas extranjeras (*foreign*)
ir a un partido los sábados	hacer un pícnic en el verano
ir a una discoteca con los amigos	ir a conciertos de música rock
salir con los amigos los viernes	¿...?

MODELO: ver películas de ciencia ficción
E1: *¿Ves películas de ciencia ficción?*
E2: *¡Siempre! Soy muy aficionado/a a las películas de ciencia ficción. El otro día, vi Avatar...*

Paso 2 Resume (*Summarize*) la información de las actividades en el **Paso 1.** Incluye las opiniones de tu compañero/a y las tuyas (*yours*), también. ¿Son muy diferentes?

MODELO: *Mi amigo José casi nunca ve películas de ciencia ficción, pero yo las veo algunas veces.*

¿Cuánto saben?

07-19
to 07-23

Primero, pregúntate si puedes llevar a cabo las siguientes funciones comunicativas en español. Después, júntate con dos o tres compañeros/as de clase para presentar las situaciones. Hagan y respondan a por lo menos cuatro preguntas en cada situación.

✓ CAN YOU . . .

☐ talk about activities you like to do in your free time?

☐ make plans to do something?

☐ talk about some activities in the past?

☐ talk about indefinite people and things, and people and things that do not exist?

WITH YOUR CLASSMATE(S) . . .

Situación: Con sus amigos
Conversen sobre actividades que les gusta hacer en su tiempo libre. Hablen de si las hacen adentro o afuera y por qué.
Para empezar: *¿Qué prefieres hacer los viernes por la noche?*

Situación: Planes para salir este fin de semana
Uno/a de Uds. tiene boletos para un evento especial. Hagan planes para ir juntos. Incluyan información sobre el evento, dónde, cuándo, y lo que van a hacer después.
Para empezar: *Tengo boletos para un concierto de Lady Gaga. ¿Qué tal si...?*

Situación: Por teléfono
Uno/a llama a su mejor amigo/a para hablar sobre lo que hicieron el fin de semana pasado. Usen verbos como **dar, estar, ir** y **haber** en el pretérito.
Para empezar: *¿Qué hiciste este fin de semana?*

Situación: Solos en casa
Conversen sobre lo que hacen en casa cuando no hay nadie. Usen expresiones negativas como **nadie** y **nunca** y afirmativas como **alguien** y **siempre**.
Para empezar: *¿Qué haces cuando estás solo/a en casa?¿Algo especial?*

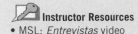
Presentation tip for
Mi experiencia
Use *Para ti* as a warm-up or advance organizer to help students anticipate the content of the reading passage. *En su opinión* is a paired or small-group activity in which students comment on what they have read.

Note on *Quinceañera*
The origin of the *quinceañera* stems from indigenous cultures, but has become a tradition within Roman Catholicism. A girl is called una *quinceañera*, a boy (less commonly) a *quinceañero*. The celebration recognizes the passage of a child to womanhood or manhood within the family and society. The celebration gives thanks to God, and honors both the child and the parents who raised him/her.

Expansion of *Mi experiencia*
Ask the following questions to check comprehension: *¿Qué representan los 15 años de una mujer en la cultura hispana? ¿Con qué evento empieza una quinceañera? En la fiesta de quince años de Graciela, ¿qué llevó ella? ¿Quiénes la acompañaron en la misa? ¿Dónde dejó Graciela su ramo de flores? ¿Por qué crees que lo dejó en el altar? ¿Dónde continuó la celebración después de la misa? ¿Comieron algo especial? ¿Hubo baile? ¿Qué tipo de música tocaron? ¿Costó mucho o poco dinero la fiesta de la quinceañera? Hoy en día, ¿quieren todas las chicas una fiesta de quinceañera? ¿Qué alternativas les ofrecen algunos padres?*

📖 Perfiles

07-24
to 07-25

Mi experiencia

UNA QUINCEAÑERA

7-13 Para ti. En muchas culturas es común celebrar ciertos cumpleaños de forma especial, por ejemplo el *bar mitzvah* o el *bat mitzvah*, los dulces dieciséis, o los veintiún años. ¿Celebraste alguno de estos eventos? ¿Cómo fue? A continuación, Graciela te explica cómo fue su fiesta de quince años.

> Hola, soy Graciela Sandoval y vivo en San Juan, Puerto Rico. Quiero contarles sobre el día de mi fiesta de quinceañera, el día que recuerdo con más emoción. Pasó ya hace tres años, pero ninguna joven jamás olvida su fiesta de quince años, no solo porque marca la transición de niña a mujer de una manera muy tradicional, sino también porque es una oportunidad de divertirse con la familia y los amigos en un ambiente súper elegante. La celebración empezó con una misa[1]. Entré en la iglesia con mi vestido de princesa, acompañada de mi amigo David, mi pareja, y siete damas de honor con sus acompañantes. Después de la misa, dejé mi ramo de flores en el altar de la Virgen María. La celebración continuó con una gran fiesta en el hotel La Concha en la playa donde hubo un enorme banquete y un pastel igual de grande. Después de la cena bailamos de todo: merengue, pop, salsa, y por supuesto, todo lo último[2] de Ricky Martin, ¿cómo no? Mis padres me dieron una fiesta inolvidable y sé que gastaron mucho dinero. Por eso, algunas familias ahora ofrecen a sus hijas la oportunidad de escoger entre una fiesta, un carro o un viaje al extranjero. ¡Pero yo no cambio mi experiencia por nada del mundo!

[1]*mass*   [2]*the latest*

7-14 En su opinión. Comparen la celebración que tuvo Graciela con algunas celebraciones importantes en su familia y entre sus amigos. ¿Qué tienen en común? ¿En qué se diferencian? Incluyan estos puntos de comparación:

• las fiestas grandes y costosas

• los regalos extravagantes

• los aniversarios importantes como los quince, los dieciséis o los veintún años

• la música y los bailes en una fiesta

• la comida y la bebida

• alguna tradición o costumbre (*custom*) que se observó

• las preparaciones

MODELO: *Graciela celebró su quinceañera, pero yo celebré...*

Mi música

"PÉGATE" (RICKY MARTIN, PUERTO RICO)

Ricky Martin se incorporó al grupo juvenil Menudo a la edad de trece años. Cinco años más tarde lanzó su carrera de actor y solista. Su álbum *Vuelve* vendió más de 6 millones de copias y con él ganó su primer Grammy. En la Universidad de Miami grabó un concierto para *MTV Unplugged* y cerró el programa con "Pégate". En esta canción, Martin expresa sus deseos para un mundo mejor.

Antes de ver y escuchar

7-15 El mensaje. Aquí hay una lista de frases que vas a escuchar en la canción "Pégate". Identifica cuáles llevan un mensaje positivo y cuáles un mensaje negativo.

1. "cosas buenas para mi pueblo" positivo
2. "amor puro" positivo
3. "pa'l (para el) dolor (*pain*) pa'l mal de amores" negativo
4. "dejando atrás los problemas" positivo
5. "esta noche quiero fiesta" positivo
6. "un río de bondad" positivo

Para ver y escuchar

 7-16 La canción. Conéctate a la Internet para buscar una versión de "Pégate". ¿Cómo caracterizas su estilo? ¿Animado? ¿Romántico? ¿Triste? ¿Alegre? ¿Crees que es una buena canción para una fiesta de quinceañera? ¿Para alguna otra celebración? ¿Cuál? Explica.

> **Busca:** pegate video; pegate letra
>
> **Si te interesa comprar la canción:** *Go to iTunes Store>Music>More to Explore> iMix>Arriba 6e*

Después de ver y escuchar

 7-17 Para un mundo mejor. ¿Qué hiciste alguna vez para hacer el mundo mejor? Usa la lista siguiente y otras actividades en el pretérito para escribir un breve párrafo. Después explica tus actividades a un/a compañero/a de clase.

MODELO: *Una vez fui voluntario/a en un hogar para jubilados* (retirement home).

- donar dinero, tiempo, comida...
- reciclar plásticos, papel, botellas...
- ser voluntario/a en un programa para niños, mayores, animales abandonados...
- votar en las elecciones
- ser generoso con mi familia, mis amigos, mi comunidad...
- ir en bicicleta, en autobús, en tren... a...

Presentation tip for *Mi música*
The *Mi música* section of each chapter addresses a musical selection, artist, and/or style of music. Each selection is representative of the cultural focus of the chapter. Encourage students to fully explore the recommended song as well as others from the same or similar artists. They will learn much about the cultural and musical variety that exists across Spanish-speaking countries.

Note on *Mi música*
Ricky Martin (1971–): cantautor de música pop y pop latino, actor, bailarín y filántropo puertorriqueño; nacido en San Juan, su nombre completo es Enrique Martín Morales; tiene 1 Premio Grammy y 3 Grammy Latinos

Note on *Mi música*
Pégate is an example of a Puerto Rican *plena*. The music's beat and rhythm are usually played using hand drums called *panderetas* and are accompanied by a scrape gourd, or *güiro*. Other instruments commonly heard in *plena* music are the *cuatro*, the *maracas,* and accordions. The fundamental melody of the *plena* has a decided Spanish strain, similar to the *plenas* composed in the Middle Ages. Their themes touch upon all aspects of life: romance, politics, and current events—in fact, anything that appeals to the imagination. Whenever a *plena* is played, the audience joins in with singing, clapping, and dancing. Download the optional activity, *Los instrumentos de la plena* from the IRC for additional practice.

Note on *Mi música*
If you would like to purchase this song:
- Go to **iTunes store**.
- Click on **Music** tab at top.
- Scroll down on the page to find **More to Explore** section on the right.
- Click on **iMix**.
- Type **Arriba 6e** in the Search box.
- Arriba 6e iMix will be displayed.
The use of iTunes does not constitute Pearson Education's endorsement of iTunes.

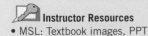
Segunda parte

¡Así lo decimos! VOCABULARIO

¡Así es la vida! Actividades deportivas

07-26

En el centro deportivo los atletas hablan sobre los problemas que tuvieron.

JAVI: ¿Qué le dijiste al árbitro?

RAÚL: Nada importante. Solo que no quise aceptar su decisión.

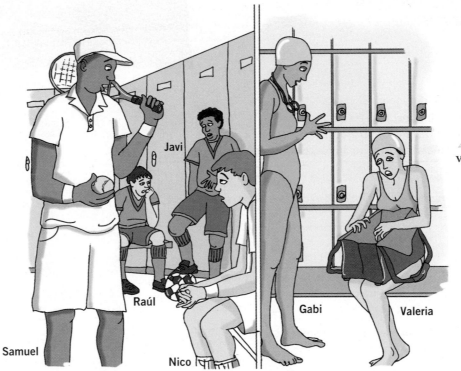

VALERIA: ¿Dónde pusiste mis lentes de natación?

GABI: Te los di esta mañana. Están en tu bolsa.

SAMUEL: ¿Trajiste tu raqueta?

NICO: No, no pude encontrarla.

07-27
to 07-32

Vocabulario Los deportes y las actividades deportivas

Términos deportivos `Sports terms`

el/la aficionado/a *fan*
el/la árbitro/a *referee*
el/la campeón/campeona *champion, winner*
el/la entrenador/a *coach, trainer*
la temporada *season*

El equipo `Team, equipment`

el balón *(soccer, basket) ball*
el bate *bat*
el guante *glove*
la pelota *baseball*
la raqueta *racket*

Lola hace gimnasia deportiva.

Deportes (actividad) `Sports (activity)`

el alpinismo (hacer...) *mountain climbing*
el atletismo (correr) *track and field*
el básquetbol (jugar al...) *basketball*
el béisbol (jugar al...) *baseball*
el ciclismo (montar en bicicleta) *cycling*
el esquí (esquiar) *skiing*
el esquí acuático (esquiar en el agua) *water skiing*
el fútbol (americano) (jugar al...) *soccer (football)*
la gimnasia deportiva (hacer...) *gymnastics*
el golf (jugar al...) *golf*
el hockey (jugar al...) *hockey*
el jogging (hacer...) *jogging*
la natación (nadar) *swimming*
el patinaje (patinar) *skating*
el surfing (surfear) *surfing*
el voleibol (jugar al...) *volleyball*

Lorenzo es miembro de un equipo de béisbol.

Otras actividades deportivas `Other sporting activities`

empatar *to tie (the score)*
ganar *to win*
hacer ejercicio *to exercise*
levantar pesas *to lift weights*

Expresiones `Expressions`

aunque *although, even though*
entonces *then*
por eso *that's why*

A Ramón le gusta esquiar.

Jorge practica atletismo.

Variaciones
El baloncesto is used in Spain, and in some parts of Latin America, instead of **el básquetbol**.

Variaciones
Jogging emerged as a fitness fad in the U.S. and Canada in the 1970s. In Latin America, the term **hacer jogging** was adopted, whereas in Spain, the English noun *foot* was made into a gerund, coining the expression **hacer footing**, which is unique to Spain.

07-33
to 07-34

Letras y sonidos

The sequences *ca, co, cu, que, qui,* and *k* in Spanish

The letter **c** before the vowels **a, o,** and **u** sounds like the *c* in English *scan* in all varieties of Spanish. The combinations **que** and **qui** in Spanish, as well as the letter **k,** likewise correspond to the *c* sound in *scan*.

ca-lor   **co**-mi-da   **Cu**-ba   **que**-rer   **qui**-tar-se   **ki**-lo

Be careful not to pronounce the **u** in the sequences **que** and **qui** as a glide. For example, the first syllable in Spanish **qui-tar-se** sounds like English *key*, not *queen*.

APLICACIÓN

7-18 Los deportistas. Empareja a los siguientes deportistas con su deporte. ¿Cuál de estos deportistas eres tú?

1. __e__ basquetbolista
2. __f__ nadador/a
3. __h__ beisbolista
4. __i__ esquiador/a
5. __a__ ciclista
6. __d__ futbolista
7. __c__ alpinista
8. __j__ gimnasta
9. __g__ tenista
10. __b__ patinador/a

a. el ciclismo
b. el patinaje
c. el alpinismo
d. el fútbol
e. el básquetbol
f. la natación
g. el tenis
h. el béisbol
i. el esquí
j. la gimnasia deportiva

7-19 Tony y Eduardo Pérez (padre e hijo). Tony y Eduardo Pérez forman parte de una familia conocida en el mundo de los deportes.

Paso 1 Lee sobre esta pareja de padre e hijo y subraya todas las expresiones deportivas. Luego contesta las preguntas basadas en la lectura.

Tony y Eduardo Pérez

Se le considera a Atanasio "Tony" Pérez uno de los mejores beisbolistas latinos del mundo. Nació en Cuba y a la edad de diecisiete años firmó con los Reds de Cincinnati. Cuando salió de Cuba, le dieron su visado y $250 para hacer el viaje. Su primer invierno en Geneva, Nueva York, en 1960 fue difícil porque hizo mucho frío. Sin embargo, se quedó y aprendió a hablar inglés para comprender a los árbitros y a los otros jugadores y para poder pedir comida en los restaurantes. Conoció a su querida esposa Pituka durante su entrenamiento (*training*) en Puerto Rico. Se casaron y tuvieron dos hijos, Eduardo y Orlando. En 1975, Tony ayudó a los Reds a ganar la Serie Mundial. En el año 2000, la asociación de *Baseball Writers* lo nombró al *National Baseball Hall of Fame*. Ahora Tony es entrenador de los Marlins, y su hijo Eduardo, quien jugó para St. Louis, Tampa Bay y Cleveland, es comentarista para la NCAA. Padre e hijo son amantes del béisbol.

Paso 2 Ahora contesta las preguntas basadas en la lectura.

1. ¿Qué deporte jugó Tony por muchos años?
   Jugó al béisbol.
2. ¿Dónde nació?
   Nació en Cuba.
3. ¿A qué edad salió de su país?
   Salió de su país a la edad de diecisiete años.
4. ¿Por qué aprendió a hablar inglés?
   Lo aprendió para comprender a los árbitros y a los otros jugadores y para pedir comida.
5. ¿Qué le pasó en 2000?
   Fue nombrado al *National Baseball Hall of Fame*.
6. ¿Qué tienen en común Tony y su hijo, Eduardo?
   Los dos son jugadores de béisbol. / Los dos aman el béisbol.

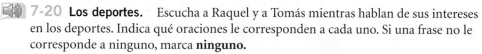 **7-20 Los deportes.** Escucha a Raquel y a Tomás mientras hablan de sus intereses en los deportes. Indica qué oraciones le corresponden a cada uno. Si una frase no le corresponde a ninguno, marca **ninguno.**

	Raquel	Tomás	Ninguno
juega al béisbol		X	
ve los partidos de fútbol			X
juega al tenis	X		
monta en bicicleta		X	
practica atletismo	X		
ve el hockey			X
es campeón/campeona			X
es entrenador/a	X		
esquía en invierno			X
ve la natación en los Juegos Olímpicos		X	

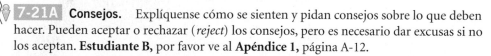 **7-21A Consejos.** Explíquense cómo se sienten y pidan consejos sobre lo que deben hacer. Pueden aceptar o rechazar (*reject*) los consejos, pero es necesario dar excusas si no los aceptan. **Estudiante B,** por favor ve al **Apéndice 1,** página A-12.

MODELO: ESTUDIANTE A: *Estoy aburrido/a. ¿Qué hago?*
ESTUDIANTE B: *¿Qué tal si das un paseo?*
ESTUDIANTE A: *No quiero. No me gusta salir de noche.*
ESTUDIANTE B: *Bueno, yo voy contigo. ¿Está bien?*
ESTUDIANTE A: *¡Perfecto!*

Estudiante A:

Situaciones y	mis reacciones	Sugerencias para mi compañero/a
Estás enfermo/a.	• ¡Fabuloso!	ir a un partido
Estás cansado/a.	• No me gusta(n)...	jugar al tenis
Necesitas aire fresco.	• ¡Ideal! / ¡Chévere!	dar un paseo
Tienes mucho trabajo.	• ¡Qué buena idea!	jugar al golf
No tienes nada que hacer.	• Me da igual.	trabajar en el jardín
	• ¡Qué mala idea!	leer una novela
	• No quiero porque...	ir a la playa

Presencia hispana

Baseball is a popular sport throughout much of the Caribbean, and many U.S. ball teams actively recruit players from the islands. Currently Latino players make up almost 30% of the Major League players, with **dominicanos** the most numerous at 80 players. Roberto Clemente (Puerto Rico) was a 12-time All-Star who won four National League batting titles. In addition, he is only the eleventh player to reach 3,000 career hits. Can you name other important players from Puerto Rico, Cuba, or the Dominican Republic?

Audioscript for 7-20
Raquel: Soy Raquel Reyes y vivo en Santo Domingo, la capital. En el verano juego al tenis. Lo practico casi todos los días. No soy campeona todavía, pero soy muy buena. El clima aquí es ideal para practicar deportes al aire libre. Por eso, en diciembre, me gusta practicar atletismo. También practico esquí acuático. En mi país hay muchos deportes acuáticos. Soy entrenadora del equipo de esquí aquí en la capital.

Tomás: Soy Tomás Guerrero y vivo en San Juan, Puerto Rico. Soy aficionado al béisbol. Lo practico y también me encanta ver los partidos en la televisión. Mi equipo de béisbol es bastante bueno este año, lo que me anima mucho. ¡Me fascina el juego! No me gusta ver el hockey porque es muy violento, pero me gusta la natación. Siempre veo las competiciones de natación en los Juegos Olímpicos. Aquí en Puerto Rico tenemos un buen clima para montar en bicicleta, por eso mis amigos y yo salimos en bicicleta todos los fines de semana.

Optional activities after 7-21A
To provide additional practice with vocabulary, listening comprehension, speaking, and writing, consider downloading the following optional activities from the IRC for practice in class or for homework: *Excusas, Una encuesta,* and *En su tiempo libre* which can be done in pairs and in groups.

¡Así lo hacemos! ESTRUCTURAS

3. Irregular verbs in the preterit (III)

07-35 to 07-38

Like the verbs presented in **Primera parte,** several other commonly used verbs have irregular stems and special endings in the preterit.

Irregular preterit forms								
	poder	poner	saber	venir	hacer	querer	decir	traer
yo	**pud**e	**pus**e	**sup**e	**vin**e	**hic**e	**quis**e	**dij**e	**traj**e
tú	**pud**iste	**pus**iste	**sup**iste	**vin**iste	**hic**iste	**quis**iste	**dij**iste	**traj**iste
Ud.	**pud**o	**pus**o	**sup**o	**vin**o	**hiz**o	**quis**o	**dij**o	**traj**o
él/ella	**pud**o	**pus**o	**sup**o	**vin**o	**hiz**o	**quis**o	**dij**o	**traj**o
nosotros/as	**pud**imos	**pus**imos	**sup**imos	**vin**imos	**hic**imos	**quis**imos	**dij**imos	**traj**imos
vosotros/as	**pud**isteis	**pus**isteis	**sup**isteis	**vin**isteis	**hic**isteis	**quis**isteis	**dij**isteis	**traj**isteis
Uds.	**pud**ieron	**pus**ieron	**sup**ieron	**vin**ieron	**hic**ieron	**quis**ieron	**dij**eron	**traj**eron
ellos/as	**pud**ieron	**pus**ieron	**sup**ieron	**vin**ieron	**hic**ieron	**quis**ieron	**dij**eron	**traj**eron

• The preterit forms of **poder, poner,** and **saber** have a **u** in the stem.

Pude ir a la piscina.	*I got to go to the pool.*
¿Por qué **pusiste** la toalla allí?	*Why did you put the towel there?*
Supimos quién ganó enseguida.	*We found out (learned about) who won right away.*

• The preterit forms of **venir, hacer,** and **querer** have an **i** in the stem.

¿**Vino** Julio al partido ayer?	*Did Julio come to the game yesterday?*
¿Dónde **hicieron** los uniformes?	*Where did they make the uniforms?*
Quise patear el balón, pero no fue posible.	*I wanted to kick the soccer ball, but it wasn't possible.*

- Whenever the stem of a verb in the preterit ends in **j** as in **decir** and **traer**, the third-person plural ends in **-eron**, not **-ieron**.

Los beisbolistas di**jeron** cosas buenas del entrenador.	*The ballplayers said good things about the trainer.*
Tra**jeron** los esquís al comienzo de la temporada.	*They brought their skis at the beginning of the season.*

Significados especiales en el pretérito

Certain Spanish verbs have different connotations when used in the preterit.

	Present	Preterit
conocer	*to know*	*to meet someone (the beginning of knowing)*
poder	*to be able (have the ability)*	*to manage (to do something)*
no poder	*to not be able (without necessarily trying)*	*to fail (after trying) (to do something)*
(no) querer	*to (not) want*	*to try (to refuse)*
saber	*to know*	*to find out, to learn*

Mario **conoció** a una tenista.	*Mario met a tennis player.*
Supo que su equipo perdió.	*He found out that his team lost.*
No quisimos correr en la lluvia.	*We refused to run in the rain.*

APLICACIÓN

7-22 Una superestrella está en Puerto Rico.
Aquí tienes un artículo publicado en Puerto Rico.

Paso 1 Subraya todos los verbos en el pretérito y escribe sus infinitivos.

Paso 2 Ahora contesta las preguntas, basándote en el artículo.

1. ¿Quién estuvo en Puerto Rico? ¿Por qué es "superestrella"? Benicio del Toro estuvo en Puerto Rico. Es un actor puertorriqueño famoso.
2. ¿Qué hizo allí? Asistió a la fiesta de cumpleaños de su querida tía.
3. ¿Cuándo supo su tía que estaba (*he was*) allá? Ella no lo supo hasta la última hora, cuando el actor llegó a su casa en Santurce.
4. ¿A quiénes más vio? Vio a toda la familia.
5. ¿Qué le trajo a la tía? Le trajo/llevó un bello ramo de flores y un bolso de Carolina Herrera.
6. ¿Qué le dijo? Le dijo, "Tía, ¡feliz cumpleaños!"
7. ¿Por qué tuvo que irse? Tuvo que volver a Los Ángeles para empezar a trabajar en su nueva película.
8. ¿Cuál va a ser su próxima película? Su próxima película va a ser *Silencio*, con su co actor Gael García Bernal.

LA PRENSA

¡Benicio del Toro vuelve a San Juan!

Hoy, sábado <u>llegó</u> el actor puertorriqueño Benicio del Toro a la capital. <u>Vino</u> a asistir a la fiesta de cumpleaños de su querida tía. Ella no <u>supo</u> de su visita hasta última hora[1]. El actor no <u>quiso</u> revelarle sus planes. <u>Prefirió</u> darle la sorpresa. La primera cosa que <u>hizo</u> al llegar <u>fue</u> ir directamente a su casa en Santurce donde <u>vio</u> a su tía junto con el resto de la familia. Su tía <u>empezó</u> a llorar cuando <u>vio</u> a Benicio. Benicio la <u>abrazó</u> y le <u>dijo</u>, "Tía, ¡feliz cumpleaños!" De regalos, le <u>trajo</u> un bello ramo de flores y un bolso de Carolina Herrera. Según su publicista, Benicio <u>tuvo</u> que volver a Los Ángeles para empezar a trabajar en su nueva película, *Silencio*, con Gael García Bernal.

[1]*last minute*

Answers for 7-22, Paso 1
Infinitives: *llegó* = llegar; *Vino* = venir; *supo* = saber; *quiso* = querer; *Prefirió* = preferir; *hizo* = hacer; *fue* = ser; *vio* = ver; *empezó* = empezar; *vio* = ver; *abrazó* = abrazar; *dijo* = decir; *trajo* = traer; *tuvo* = tener.

Note on *Irregular verbs in the preterit (III)*
Verbs derived from *decir,* such as *predecir* (to predict), *contradecir* (to contradict), *bendecir* (to bless, to praise), and *maldecir* (to curse, to disparage), maintain these same irregular preterit forms, including in the third-person plural: *predijeron, contradijeron, bendijeron, maldijeron*. Verbs ending in *-ducir* likewise show the same irregular preterit forms as *decir*: *conducir* (to drive, to conduct) → *condujeron*; *deducir* (to deduce) → *dedujeron*; *introducir* (to insert) → *introdujeron*; *traducir* (to translate) → *tradujeron*, etc.

Optional activity for *Irregular verbs in the preterit (III)*
Play the game ¡*A conjugar!* (a race) on the board to give students additional practice with both regular and irregular verb conjugations. First, ask students to close their books, put away all materials, etc. Then, divide the class into 3 or 4 teams of students (depending on the width of your chalkboard). Each team lines up at the board, with the first member of each team ready to write with chalk in hand. Give an infinitive, such as *decir,* and ask the class what it means. Then start the race: *1, 2, 3,* ¡*a empezar!* The first student writes one preterit form of the verb on the board and then passes the chalk to the next teammate in line, who can write 1 new form and make corrections to 1 other form already written, and who then passes the chalk to the next teammate, etc. Require students to order the forms according to the structure of a traditional verb paradigm. The first team to have all of the forms written correctly wins a point. After each round, read aloud the forms in unison with the class and then proceed to the next round. The team with the most points in the end wins.

Warm-up for 7-23
Quickly review direct object pronouns and point out sentences where they can be used, as in the Modelo: *Siempre hago ejercicio antes de salir para la clase, pero ayer no lo hice.*

Warm-up for 7-24
Have students scan the infinitives shown in boldface and underline those that have irregular forms in the preterit. Remind them of the irregular verbs from group II given in the *Primera parte* of this chapter: *ser/ir, tener, dar.* Perhaps write irregular forms on the board for visual support.

7-23 Pero ayer... Completa las oraciones, indicando por qué ayer fue diferente. Usa pronombres de complemento directo cuando sea apropiado.

MODELO: Siempre hago ejercicio antes de salir para clase, pero ayer...
Siempre hago ejercicio antes de salir para clase, pero ayer no lo hice.

1. Siempre puedo encontrar a la entrenadora en el gimnasio, pero ayer...
   no pude encontrarla / no la pude encontrar.
2. Todos los días tenemos noticias deportivas en la radio, pero ayer...
   no las tuvimos.
3. Todos los días mis padres quieren asistir a los partidos, pero ayer...
   no quisieron asistir.
4. Todas las tardes los deportistas hacen ejercicio, pero ayer...
   no lo hicieron.
5. Generalmente, los aficionados se ponen contentos, pero ayer...
   no se pusieron contentos.
6. Casi nunca sé quién gana el partido, pero ayer...
   supe quién lo ganó.
7. Por lo general los padres traen refrescos para después del partido, pero ayer...
   no los trajeron.
8. Casi siempre podemos ver el partido en la televisión, pero ayer...
   no pudimos verlo / no lo pudimos ver.

 7-24A Una película excepcional. Ayer saliste al cine con una amiga y lo pasaron muy bien.

Answers for 7-24A, Paso 1
vi; supe, leí; fuimos; quisimos, pudimos, tuvimos; dijo; Fuimos; Fue, *Answers will vary.*

Paso 1 Primero conjuga por tu cuenta (*on your own*) los verbos en cada oración en el pretérito y completa las oraciones con información lógica. **Estudiante B,** ve al **Apéndice 1,** página A-12.

MODELO: Ayer (yo) **invitar** a... a ir al cine.
Ayer invité a mi amiga a ir al cine.

Estudiante A:

> Ayer **ver** una película de... en el Cine...
>
> (Yo) **Saber** de la película cuando (yo) **leer** el anuncio en...
>
> Nosotros **ir** a ver la película a la/s...
>
> Nosotros **querer** llegar temprano, pero no **poder** porque **tener** que esperar (*wait for*) por...
>
> Después de la película, mi amiga **decir** "vamos a tomar..."
>
> (Nosotros) **Ir** a...
>
> **Ser** divertido.
>
> Después (nosotros)...

Paso 2 Ahora usa la información que escribiste para contestar las preguntas de tu compañero/a.

4. Double object pronouns

07-39
to 07-42

You can take shortcuts in conversation and avoid repetition by using two object pronouns.

¿Me prestas tu raqueta?

¡Claro! Te la presto.

Subject pronouns	Indirect object pronouns	Direct object pronouns
yo	me	me
tú	te	te
Ud.	le (*changes to* **se**)	lo/la
él/ella	le (*changes to* **se**)	lo/la
nosotros/as	nos	nos
vosotros/as	os	os
Uds.	les (*changes to* **se**)	los/las
ellos/ellas	les (*changes to* **se**)	los/las

- When both a direct and an indirect object pronoun are used together in a sentence, they are usually placed before the verb, and the indirect object pronoun precedes the direct object pronoun.

  Julián, ¿**me** traes **la película**? *Julián, will you bring me the movie?*
  Te la traigo en un momento. *I'll bring it to you in a moment.*

- The indirect object pronouns **le** (*to you, to her, to him*) and **les** (*to you, to them*) change to **se** when they appear with the direct object pronouns **lo, los, la, las.** Rely on the context of the previous statement to clarify the meaning of **se.**

  ¿Quién **les** trae **el balón** *Who brings the ball to the players?*
  a los jugadores?
  El entrenador **se lo** trae. *The coach is bringing it to them.*

- As with single object pronouns, the double object pronouns may be attached to the infinitive or the present participle. In that case, the order of the pronouns is maintained, and an accent mark is added to the stressed vowel of the verb.

  Carlos, ¿puedes **traerme la bolsa**? *Carlos, can you bring me the bag?*
  Voy a **traértela** enseguida. *I'll bring it to you right away.*
  Estoy **buscándotela** ahora mismo. *I am looking for it right now for you.*

Study tips – Using direct and indirect objects together

Here are a few strategies to help you with this structure.

1. Review the use of direct object and direct object pronouns and do the practice activities for reinforcement. See pages 124–125.

2. Also review the use of indirect objects and indirect object pronouns. See pages 190–191.

3. Remember to always combine double object pronouns in the right order: indirect before direct.

4. Become familiar with the sound pronouns make together by repeating out loud phrases such as the following:

   me lo da   me las traes
   te lo doy   te los traigo
   se los da   se las traemos

 Instructor Resources
- MSL: PPT, Supplementary Activities

Presentation tip for *Double object pronouns.*
Quickly review with students the forms, meanings, and functions of direct and indirect objects and object pronouns. Offer additional examples: *Mi madre me prepara el desayuno (a mí). El mesero les sirve las bebidas (a los clientes).* You may want to expand on function, as follows:
- Direct objects answer the question *Verb + whom/what?*
- Indirect objects answer the question *Verb + to/for whom/what?* If there is an indirect object in a sentence, an indirect object pronoun almost always is present to represent it, whether the indirect object itself is expressed or deleted.

Presentation tip for *Double object pronouns*
On the board or a transparency brainstorm questions to ask a waiter. Play the role of the *mesero/a,* and have students ask you questions. Respond to them using double object pronouns. Later have a student play the role of waiter. *¿Me puede traer Ud. el menú? Sí, se lo traigo ahora mismo...*

Optional activity for *Double object pronouns*
Prepare a matching activity on the board or a transparency (or download the complete activity from the IRC) and list questions impatient customers might ask such as the following: *¿Me puede traer Ud. el menú? etc.* Then write responses in random order that the *mesero/a* might say: *Sí, se lo traigo. Sí, se la puedo decir. Sí, puedo decírsela. etc.*

Optional activity after 7-25
The following offers practice with direct and indirect object pronouns in controlled contexts at the sentence level. The complete activity is available for download from the IRC. Write a series of sentences on the board that include the sequence subject + IO pronoun + verb + direct object (+ indirect object) such as, *El mesero no les sirve las bebidas a los jóvenes. Paula le escribe muchos correos electrónicos a su novio* etc. Have students underline the subject and write "S" below it and then do the same for the indirect object pronoun ("IOP"), the verb ("V"), the direct object ("DO"), and when expressed, the indirect object ("IO").

Next, have students determine the pronoun corresponding to each direct object and ask them to rewrite the sentences with correct IO pronoun + DO pronoun placement and with any necessary adjustments to the IO pronoun: *El mesero no se las sirve* etc.

For a greater challenge, have students substitute in a pronoun for each subject as well, or simply eliminate the expressed subject from each sentence: *Él no se las sirve, No se las sirve.*

APLICACIÓN

7-25 Antes de la carrera (*race*).   Daniela va a competir en una carrera de ciclismo.

Paso 1   Primero, lee el diálogo entre Daniela y su entrenador, y subraya los pronombres de complemento directo (**D**) e indirecto (**I**). Indica cuál es cuál.

MODELO: *Necesito guantes. ¿A quién se los pido?*
                                I D

Daniela compite en una carrera de ciclismo

DANIELA: Sebastián, ¿me pasas la botella de agua, por favor?

ENTRENADOR: En seguida te la doy, Daniela. ¿Dónde te la pongo?

DANIELA: La quiero en mi mochila, gracias Sebastián. Después, ¿me buscas las barras de proteína?

ENTRENADOR: ¿Dónde las busco?

DANIELA: Creo que están en el carro o si no, seguramente mi mamá las tiene. Debes pedírselas a ella. ¿Tienes mis lentes de sol?

ENTRENADOR: Las voy a buscar ahora. ¿Te las traigo?

DANIELA: Sí, y tú también debes ponértelas para verme mejor. Y ahora, ¿me compras un jugo de naranja?

ENTRENADOR: Buena idea, Daniela. Te lo compro ahora mismo. Buena suerte. Te espero en la meta (*finish line*).

Paso 2   Ahora, contesta las preguntas, basándote en el diálogo anterior. Usa pronombres de complemento directo e indirecto en tus respuestas cuando sea necesario.

1. ¿Quién tiene la botella de agua? La tiene Sebastián.

2. ¿A quién se la da? Se la da a Daniela.

3. ¿Dónde se la pone? Se la pone en su mochila.

4. ¿Qué más necesita Daniela? Necesita las barras de proteína.

5. ¿Por qué crees que las quiere? *Answers may vary; some ideas include:* Las quiere porque tiene hambre, porque necesita energía, porque son buenas, porque le gustan, etc.

6. ¿Qué desea tomar antes de la carrera? Desea tomar un jugo de naranja.

7. ¿Quién se lo compra? Se lo compra Sebastián.

8. ¿Dónde la espera el entrenador? La espera en la meta.

7-26 **De viaje en República Dominicana.** Haz el papel de turista en República Dominicana y responde a las preguntas del guía (*guide*), usando los pronombres de complemento indirecto y directo.

MODELO: GUÍA: ¿Quiere ver el transporte que tomamos mañana?
TÚ: Sí, *¿me lo* enseña ahora?

1. GUÍA: ¿Quiere ver el restaurante donde vamos a cenar?

   TÚ: —Sí, ¿ me lo enseña ahora?

2. GUÍA: ¿Quiere leer el periódico de ayer?

   TÚ: —Sí, ¿ me lo trae ahora?

3. GUÍA: ¿Le traigo las guías turísticas?

   TÚ: —No, no es necesario traér melas .

4. GUÍA: ¿Quiere ver el primer hospital del Nuevo Mundo?

   TÚ: —¡Sí! ¿ Me lo muestra ahora?

5. GUÍA: ¿Les traigo a ustedes los refrescos?

   TÚ: —No, no tenemos sed. No tiene que traér noslos .

6. GUÍA: ¿Les enseño el Parque Nacional del Este?

   TÚ: —¡Claro! ¿ Nos lo enseña mañana? Ahora estamos algo cansados.

7. GUÍA: ¿Le doy una propina al mesero?

   TÚ: —Buena idea. Debe dár sela ahora.

8. GUÍA: ¿Les preparo un cóctel a ustedes?

   TÚ: —No, gracias. No es necesario preparár noslo .

7-27A **¿Tienes?** Eres entrenador/a y tu asistente va a traerte cosas que necesitas para un partido de béisbol. Pregúntale si tiene las siguientes cosas. Si las tiene, pregúntale si puede traértelas. Si no las tiene, pregúntale si puede buscártelas. Luego, consúltense para hacer una lista de las cosas que tu compañero/a necesita buscar. **Estudiante B,** por favor ve al **Apéndice 1,** página A-13.

MODELO: ESTUDIANTE A: *¿Tienes botellas de agua para los jugadores?*
ESTUDIANTE B: *Sí, tengo botellas de agua. / No, no tengo botellas de agua.*
ESTUDIANTE A: *¿Me las traes? / ¿Me las buscas?*
ESTUDIANTE B: *Sí, te las traigo. / Sí, te las busco.*

Estudiante A:

Necesito:			
1. los guantes	3. el bate de aluminio	5. las pelotas	7. la fruta
2. los sándwiches para el equipo	4. las botellas de agua	6. mis lentes de sol	8. mi cuaderno

Optional activity after 7-26
This open-ended pair activity allows for additional creative practice with direct and indirect object pronouns.

Lo que tenemos. Pregúntense quién les dio o compró varias cosas y cuándo.

Modelo:
E1: ¿Quién te dio el reloj?
E1: Me lo dio mi padre.
E2 ¿Cuándo te lo dio?
E2: Me lo dio para mi cumpleaños.

Algunas cosas:
el carro
la novela
el café
la computadora
el iPod
la botella de agua
el CD de Ricky Martin, etc.

¡Hola!
Cultura en vivo ✳

It is much less common for universities in the Spanish-speaking world to have sports teams like those in the U.S. Instead, young people join clubs or simply organize informal games with friends.

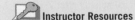
 7-28 **En el campamento de verano.** Hagan los papeles de consejero/a (*counselor*) y campistas en un campamento de verano y pídanle varias cosas al/a la consejero/a. El/La consejero/a debe contestar si lo va a hacer o no, usando dos pronombres de complemento directo e indirecto. Pueden usar las sugerencias a continuación.

Acción	Cosas que necesitan	
dar	las toallas	el hielo
pedir	los guantes	la bolsa
preparar	las raquetas	los sándwiches
traer	el chocolate	los esquís

MODELO: E1: *Consejero, nos trae el bate, por favor.*
E2: *¡Claro! Se lo traigo ahora. / Lo siento, no puedo traérselo ahora.*

07-43
to 07-48

¿Cuánto saben?

Primero, pregúntate si puedes llevar a cabo las siguientes funciones comunicativas en español. Después, júntate con dos o tres compañeros/as de clase para presentar las situaciones. Hagan y respondan a por lo menos cuatro preguntas en cada situación.

✓ CAN YOU . . .

☐ talk about different sports?

☐ report more past events and activities?

☐ take shortcuts in conversation to avoid repetition?

WITH YOUR CLASSMATE(S) . . .

Situación: En el estadio
Conversen sobre los deportes que les gusta ver y jugar, y cuándo los hacen. Hablen también sobre los que no les gustan y por qué.
Para empezar: *¿Qué deportes...? ¿Te gusta hacer/jugar al...? ¿Prefieres ... o ...?*

Situación: En una gran reunión familiar
Hablen de personas que conocieron y cosas que supieron en una reunión familiar que tuvieron el año pasado. Usen verbos como **poder, poner, saber, venir, hacer, querer, decir y traer** para hablar sobre esta reunión.
Para empezar: *¿Qué tal tu reunión familiar? ¿Qué hiciste?*

Situación: En el gimnasio
Están haciendo ejercicio en un gimnasio. Pídanse artículos deportivos que necesitan y contesten usando los dos pronombres indirectos y directos.
Para empezar: *¿Me das la pelota? Sí, te la doy.*

Observaciones

¡Pura vida! EPISODIO 7

En este episodio los amigos hablan de los deportes.

Antes de ver el video

7-29 Un evento histórico. En el mundo hispano el fútbol es el juego que más atrae a los fanáticos. Lee la descripción de los últimos minutos de un partido importante y contesta las siguientes preguntas.

> Durban, Sudáfrica — 07-07-2010
>
> España, con la mejor generación de futbolistas de su historia, dio un paso hacia[1] la gloria al ganarle hoy a Alemania 1 a 0 en los semifinales de la Copa Mundial de Sudáfrica-2010. Todo ocurrió gracias a un gol de Carlos Puyol en el minuto 73. El central del Barcelona cabeceó[2] un córner desde la izquierda y así su equipo disputará el domingo el partido final con Holanda. Los holandeses le habían ganado el martes a Uruguay 3 a 2 en un emocionante partido. España fue muy superior a Alemania en todo el partido. Ahora la incógnita final es… ¿España u Holanda?

[1]*toward*   [2]*made a head shot*

1. ¿Dónde fue la competencia? Fue en Sudáfrica.

2. ¿En qué año fue? Fue en 2010.

3. ¿Qué equipo ganó? Ganó España.

4. ¿Quién hizo un gol? Puyol hizo un gol.

5. ¿Cuál es la incógnita final? La incógnita final es si va a ganar España u Holanda.

A ver el video

7-30 Los deportes. Mira el séptimo episodio de **¡Pura vida!** para emparejar los intereses y las características de cada personaje según el video.

F: Felipe	**H:** Hermés	**M:** Marcela	**S:** Silvia

1. __M__ Le encanta surfear.

2. __F__ Está triste porque perdió su equipo favorito.

3. __H__ Sale mucho al cine, a conciertos, a bailar y más.

4. __S__ Prefiere el hockey al fútbol.

5. __S__ Su hermana tuvo un novio futbolista.

Marcela

Felipe

Silvia

Después de ver el video

7-31 ESPN Deportes. Conéctate a la Internet para buscar una noticia deportiva que te interese. Escribe un párrafo en que incluyas la información de la lista.

> **Busca:** espn deportes

- el evento
- dónde tuvo lugar
- los personajes
- el resultado

¿Qué equipo ganó la Copa Mundial del 2010?

Instructor Resources
• IRM: Videoscript

Presentation tip for *Observaciones*
Complete the pre-viewing activity in class with students. The subsequent viewing activity covers pertinent information about the plot and/or characters and may add information about their interests and motives. First, have students say as much as they remember about central characters from previous episodes. They can view the video and respond to the comprehension questions as homework. In class, they can work in pairs to complete the follow-up activity.

Note on *La Copa Mundial de Sudáfrica*
España le ganó 1-0 a Holanda cuando Andrés Iniesta hizo el único gol del partido a pocos minutos antes del final de la prórroga (*extra time*). Esto le dio a España su primer título mundial. Entre el 11 de julio y el 11 de agosto, se vendieron casi 2 millones de entradas para asistir a los 64 partidos que tuvieron lugar en 10 estadios por todo el país, de los cuales la mitad eran nuevos.

Nuestro mundo

Panoramas

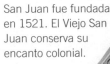 Las islas hispánicas del Caribe

07-52 to 07-53

Las aguas cristalinas, el sol, el agua tibia y sus bellas playas atraen miles de turistas a las islas del Caribe.

San Juan fue fundada en 1521. El Viejo San Juan conserva su encanto colonial.

Los fines de semana es popular ir a El Morro para hacer un pícnic y volar un papalote (o volar chiringa, como dicen en Puerto Rico).

No es raro ver carros norteamericanos de los años 50 en las calles de La Habana, Cuba. Cayo Hueso (*Key West*), EE. UU. se encuentra a solo 90 millas de Cuba.

Los españoles construyeron grandes fortalezas para proteger las islas de invasiones de piratas. El Morro rodeó la antigua ciudad de San Juan, Puerto Rico.

Cuba, Puerto Rico y República Dominicana

	Cuba	PR	RD
Población:	11,5 millones	4 millones	10 millones
Las Grandes Ligas (2010):	17	33	77
Medallas olímpicas:	63	4	6
Gobierno:	estado comunista	estado libre asociado a EE. UU.	república democrática

7-32 Identifica. Identifica, describe y/o explica lo siguiente.

1. lo que atrae a muchos turistas a las islas las playas, el sol, el agua tibia
2. el propósito de El Morro proteger la isla de piratas
3. el país con el mayor número de beisbolistas en las Grandes Ligas la República Dominicana
4. un pasatiempo popular los domingos en las islas volar papalote

7-33 Desafío. Consulta el mapa para identificar lo siguiente.

1. el nombre de la isla más grande de las Antillas Cuba
2. los dos países que ocupan la isla de La Española Haití y la República Dominicana
3. la distancia entre Cuba y EE. UU. 90 millas
4. la isla que ocupó una posición estratégica contra ataques de piratas Puerto Rico

7-34 Proyecto: Las islas hispánicas del Caribe. Estos tres países atraen a turistas de todo el mundo por su templado clima, sus hermosas playas y su rica cultura. Escoge uno de los siguientes temas: **la arquitectura colonial, la comida, un deporte popular, un deportista famoso, Juan Luis Guerra, el merengue** u otro que te interese, para investigar más sobre uno de estos países. Usa el modelo para escribir un resumen en que incluyas lo siguiente:

- su nombre y dónde está
- por qué es importante o interesante
- cómo es
- si quieres visitarlo algún día y por qué
- si piensas estudiar más sobre este tema
- una foto representativa

> **Busca:** merengue; deportes caribe (cuba, puerto rico, republica dominicana); juan luis guerra; arquitectura cuba; comida cuba, etc.

MODELO: *La capital de Puerto Rico fue fundada por los españoles en 1521. El centro histórico de la capital, el Viejo San Juan, tiene muchos edificios del siglo XVI. Hoy en día, San Juan es…*

doscientos cuarenta y tres ●●● 243

Note on *Medallas olímpicas*
These represent the totals since inception until 2008, all for the Summer Games. During the same period, the U.S. won 2295 (Summer) / 216 (Winter); Canada won 260 (Summer) / 129 (Winter). Sources for Fact Box: U. S. Olympic Committee, Baseball-Almanac.com

Note on *Gobierno*
According to its constitution, Cuba is a socialist state guided by the ideals of José Martí, and the political principles of Karl Marx, Friedrich Engels, and Vladimir Lenin. The constitution also denotes the Cuban Communist Party the country's principal force. The Democracy Index (2008) published by the *The Economist* listed Cuba as the only "Authoritarian Regime" in the Americas.

The island Puerto Rico is a Commonwealth of the U.S. and is subject to U.S. federal laws. Residents do not pay federal income tax, nor do they have representation in the U.S. Congress. However, Puerto Ricans pay U.S. payroll taxes (Social Security and Medicare) and are eligible for those benefits. They are U.S. citizens by birth and can vote in U.S. elections if they reside in the U.S.

Optional activities for *Panoramas*
Several optional activities based on information presented in **Panoramas** are available for download from the IRC.

Expansion of *Panoramas*
Ask students comprehension questions based on the information in the captions and in the map: *¿Qué aspectos del Caribe atraena miles de turistas? ¿Quiénes construyeron El Morro y en qué época? ¿Qué actividades son populares hoy día en El Morro? ¿Qué tipo de carros hay todavía en las calles de La Habana? ¿Cuál de los tres países caribeños de habla hispana está más cerca de EE. UU.? ¿Cuál es la capital de estos países? ¿Dónde está Guantánamo?*

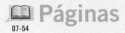
"Entrevista con Ricky Martin, Embajador de Buena Voluntad de la UNICEF", *Estrella*

Estrella es una revista popular que tiene artículos sobre los personajes más importantes del mundo del espectáculo. En este número resaltan (*feature*) a Ricky Martin después de que fue nombrado Embajador de Buena Voluntad de la UNICEF.

ANTES DE LEER

7-35 ¿Qué sabes?   Antes de leer este artículo, escribe algunos apuntes en español o en inglés sobre lo que sabes de los temas que siguen. Esto te ayuda a anticipar el contenido.

1. la Organización de las Naciones Unidas
2. la UNICEF
3. Ricky Martin

A LEER

7-36 Su causa.   Mientras lees la entrevista, identifica cuál es la causa que apasiona a Ricky Martin y qué hace para cumplir su misión.

REPORTERA:	Ricky, gracias por permitirme esta entrevista. Siempre has abogado por los niños y ahora la UNICEF te ha nombrado Embajador de Buena Voluntad. ¡Felicidades! Este es un gran honor para ti y para Puerto Rico.
R. MARTIN:	Gracias. La verdad, me tomó por sorpresa, pero me siento sumamente orgulloso[1] del honor. Pienso hacer todo lo posible para mejorar la vida de los niños.
REPORTERA:	Según el sitio web de UNICEF, los embajadores son personas con historias personales distintas, pero todos comparten un mismo compromiso[2] para mejorar las vidas de los niños en todo el mundo. ¿Cómo te interesaste en esta causa?
R. MARTIN:	Soy una persona que tiene muchas ventajas[3]. En comparación con muchas personas, mi vida es fácil. Y los niños son las personas que menos pueden defenderse. Tenemos la obligación de abogar[4] por ellos.
REPORTERA:	Como embajador, te cuentas entre personalidades célebres como Whoopie Goldberg, David Beckham y Shakira. ¿Qué haces en concreto para mejorar la condición de los niños necesitados?

[1]*proud*   [2]*commitment*   [3]*advantages*   [4]*advocate*

Expansion of *Páginas*
Have students work in pairs to write a fan letter to Ricky Martin. They should include why they admire him and ask for additional information (about his music, concerts, foundation, etc.) You may wish to have groups exchange and respond to each other's letters.

R. MARTIN: Soy una sola voz entre muchas, pero creo que puedo influir. En 2004 me permitieron dar un discurso ante la Organización de las Naciones Unidas. Les hablé del tremendo problema del tráfico de niños por motivos sexuales. Hay muchas personas que no quieren admitir esta perversidad, pero todos tenemos el deber de enfrentar ese grave problema ahora. Hasta los mismos niños a veces ignoran la ilegalidad y la inmoralidad de su situación. Se calcula que más de 1,2 millones de niños son traficados anualmente para fines de explotación laboral o sexual. ¡Es intolerable!

REPORTERA: También hay una Fundación que lleva tu nombre. ¿Cuáles son las metas[5]?

R. MARTIN: La Fundación Ricky Martin aboga por el bienestar de los niños por todo el mundo en áreas críticas como la justicia social, la educación y la salud. ¿Sabes que cada año más de seis millones de niños menores de cinco años mueren de enfermedades prevenibles? ¡Tenemos que ayudarlos!

REPORTERA: Ricky, estoy segura que nuestros lectores van a querer informarse más. Tienes un sitio en la Internet, ¿verdad?

R. MARTIN: Sí, claro. Es rickymartinfoundation.org. Hay lugar para muchos en nuestra organización.

REPORTERA: Para cerrar esta conversación, Ricky, nuestros lectores quieren saber detalles sobre los nuevos miembros de tu familia.

R. MARTIN: ¡Sí! Soy padre de dos preciosos chiquillos, Matteo y Valentino. Estoy dedicado a criarlos en un mundo mejor.

[5]*goals*

DESPUÉS DE LEER

7-37 ¿Qué aprendiste? Haz una lista de tres o más datos que aprendiste de esta entrevista.

MODELO: *Aprendí que Ricky Martin es puertorriqueño.*

  7-38 La Fundación Ricky Martin. Conéctate al sitio web de la Fundación Ricky Martin para aprender más sobre su misión. Escribe un resumen de uno de sus proyectos.

> **Busca:** fundacion ricky martin

 **Taller**

07-55

7-39 Una entrada en tu foro electrónico. Cuando escribes tu foro electrónico en la Internet, relatas algo interesante, curioso o significativo que te ha pasado (*has happened to you*) en estos días. Contesta las preguntas a continuación para escribir una entrada.

ANTES DE ESCRIBIR

- Piensa en el apodo que vas a usar en tu foro electrónico. Puedes incluir un icono que te represente también.

- Piensa en lo que hiciste hoy. Escribe una lista de frases para indicar brevemente tus acciones, por ejemplo: **asistir a clase, ver a mis amigos, hablar por teléfono con…,** etc.

- Pon tus acciones en orden cronológico.

A ESCRIBIR

- Comienza tu entrada con una oración para resumir tu día, por ejemplo:

- Escribe sobre cuatro o cinco actividades que hiciste o acontecimientos que ocurrieron.

- Utiliza expresiones de entrada y transición, como **primero, segundo, entonces, después, por eso, aunque,** etc.

- Cierra tu entrada con una oración de despedida.

DESPUÉS DE ESCRIBIR

- **Revisar.** Revisa tu entrada para ver si fluye bien. Luego revisa la mecánica.

  ☐ ¿Incluiste una variedad de vocabulario?

  ☐ ¿Conjugaste bien los verbos en el pretérito?

  ☐ ¿Verificaste la ortografía y la concordancia?

- **Intercambiar**
  Intercambia tu entrada con la de un/a compañero/a. Mientras leen las entradas, hagan comentarios y sugerencias sobre el contenido, la estructura y la gramática.

- **Entregar**
  Pon tu entrada en limpio, incorporando las sugerencias de tu compañero/a. Después, entrégasela a tu profesor/a.

Vocabulario

Primera parte

En la playa   At the beach

la bolsa   *bag*
la heladera   *cooler*
el hielo   *ice*
los lentes de natación   *swim goggles*
los lentes de sol   *sunglasses*
la sombrilla   *umbrella*
la toalla   *towel*
el traje de baño   *swimsuit*

Los pasatiempos   Pastimes

dar un paseo   *to go out, to take a walk*
hacer un pícnic   *to have a picnic*
ir a una discoteca   *to go to a club*
leer una novela   *a novel*
    un periódico   *a newspaper*
    una revista   *a magazine*
nadar en el mar   *to swim in the ocean*
una piscina   *a swimming pool*
pasarlo bien   *to have a good time*
volar (ue) un papalote   *to fly a kite*

¿Qué tiempo hace?   What is the weather like?

está nublado   *it's cloudy*
hace...   *it's . . .*
    buen/mal tiempo   *good/bad weather*
    (mucho) calor   *(very) hot*
    (mucho) fresco   *(very) cool*
    (mucho) frío   *(very) cold*
    (mucha) humedad   *(very) humid*
    (mucho) sol   *(very) sunny*
    (mucho) viento   *(very) windy*
hay...   *there's . . .*
    (mucha) contaminación   *(a lot of) pollution/smog*
    (mucha) humedad   *(a lot of) humidity*
    (muchos) chubascos   *there are (many) showers*
llover (ue)   *to rain*
nevar (ie)   *to snow*

Opiniones y sugerencias   Opinions and suggestions

Es un día perfecto para...   *It's a perfect day for . . .*
¡Oye!   *Listen!*
¿Qué tal si...?   *What if . . . ?*

Reacciones   Reactions

¡Estupendo!   *Terrific!*
¡Fabuloso!   *Fabulous! Great!*
¡Fantástico!   *Fantastic!*
¡Magnífico!   *Great! Wonderful!*
Me da igual.   *It's all the same to me.*
No te preocupes.   *Don't worry.*
¡Qué mala suerte!   *What bad luck!*

Segunda parte

Los deportes   Sports

el alpinismo   *mountain climbing, mountaineering*
el atletismo   *track and field*
el básquetbol   *basketball*
el béisbol   *baseball*
el ciclismo   *cycling*
el esquí   *skiing*
el esquí acuático   *water skiing*
el fútbol (americano)   *soccer (football)*
la gimnasia deportiva   *gymnastics*
el golf   *golf*
el hockey   *hockey*
el jogging   *jogging*
la natación   *swimming*
el patinaje   *skating*
el surfing   *surfing*
el voleibol   *volleyball*

Actividades deportivas   Sporting activities

montar en bicicleta   *to go bike riding*
correr   *to run*
empatar   *to tie (the score)*
esquiar (en el agua)   *to ski, to water ski*
ganar   *to win*
hacer alpinismo   *to mountain climb, to go mountaineering*
    ejercicio   *to exercise*
    jogging   *to jog*
    gimnasia deportiva   *to do gymnastics*
jugar al básquetbol   *to play basketball*
    béisbol   *to play baseball*
    fútbol (americano)   *to play soccer (football)*
    golf   *to golf*
    hockey   *to play hockey*
    voleibol   *to play volleyball*
levantar pesas   *to lift weights*
nadar   *to swim*
patinar   *to skate*
surfear   *to surf*

El equipo   Team, equipment

el balón   *(soccer, basket) ball*
el bate   *bat*
el guante   *glove*
la pelota   *baseball*
la raqueta   *racket*

Términos deportivos   Sports terms

el/la aficionado/a   *fan*
el/la árbitro/a   *referee*
el/la campeón/campeona   *champion, winner*
el/la entrenador/a   *coach, trainer*
la temporada   *season*

Expresiones   Expressions

aunque   *although, even though*
entonces   *then*
por eso   *that's why*

Indefinite and negative expressions   *See page 225.*   **Double object pronouns**   *See page 237.*

Presentation tip for *Vocabulario*
Help students better assimilate vocabulary through images and realia, role-plays, or dialogs, and review games. Some examples of the latter that will work successfully with these word sets include word associations (matching pastimes with related objects and weather conditions, matching sports with their associated verbs, etc.), spelling races at the board, charades (acting out pastimes, weather conditions, and sports activities), and Pictionary (since there are many nouns). By interacting with others and using words in meaningful ways, vocabulary acquisition is greatly enhanced.

Instructor Resources
• MSL: Testing Program

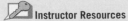
Warm-up for *Capítulo 8*
First review the material from *Capítulo 7* by having students talk about what they did last weekend and what the weather is like today. The present chapter introduces the imperfect tense and how it differs from the preterit. Also, as the cultural context of Peru and Ecuador is very different from that of the Caribbean, you will have many opportunities to compare their heritage, climate, topography, and politics.

The Five C's

Communication: Activities requesting opinions, such as in *Perfiles* and *Páginas*; writing activities (*Taller*), information gap (8-3, 8-8, 8-11, 8-28, 8-31), information sharing activities (8-4, 8-5, 8-9, 8-12, 8-14, 8-20, 8-21, 8-27, 8-30, 8-43, 8-44).

Cultures: See Chapter Opener, *Perfiles, Cultura en vivo, Presencia hispana, Observaciones, Panoramas, Páginas,* and *Taller*. See also, activities with a cultural context, such as 8-6, 8-7, 8-10, 8-11, 8-23, 8-24, 8-25, 8-26, 8-29, 8-31; also photos and teacher notes that expand on cultural topics, found throughout.

Connections: For example, activities asking students to connect previous knowledge: *Mi experiencia, Mi música, Panoramas, Presencia hispana, Cultura en vivo, Taller* (writing).

Comparisons: *Estructuras, Perfiles, Cultura en vivo, Variaciones, Presencia hispana.*

Communities: Internet activities, such as 8-16, 8-22, 8-24, 8-35, 8-38.

8

¿En qué puedo servirle?

1 Primera parte

		OBJETIVOS COMUNICATIVOS
¡Así lo decimos! Vocabulario	Las compras y la ropa	• Talking about clothes and shopping at a department store
¡Así lo hacemos! Estructuras	The imperfect of regular and irregular verbs	
	Ordinal numbers	• Talking about what used to happen and what you used to do in the past
Perfiles		
Mi experiencia	De compras en Perú	
Mi música	"Compañera" (Yawar, Perú)	• Describing a scene in the past

2 Segunda parte

¡Así lo decimos! Vocabulario	Tiendas y productos personales	• Shopping for personal care products
¡Así lo hacemos! Estructuras	Preterit versus imperfect	
	Impersonal constructions with **se**	• Contrasting what happened in the past with something else that was going on
Observaciones	¡Pura vida! Episodio 8	
		• Talking about what people say and believe
		• Talking about what is done

Nuestro mundo

Panoramas	El reino inca: Perú y Ecuador
Páginas	"Los rivales y el juez" (Ciro Alegría, Perú)
Taller	Una fábula

Readiness Check

El reino inca:
Perú y Ecuador

«Quien compra ha de tener cien ojos; a quien vende le basta uno solo».

Refrán: The buyer needs a hundred eyes; the seller but one.

Machu Picchu, la misteriosa ciudad de los incas, estuvo "perdida" hasta que la descubrió un arqueólogo en 1910.

"Madre y niño". El ecuatoriano Oswaldo Guayasamín fue uno de los pintores latinoamericanos más importantes del siglo XX. Muchas de sus obras tienen un tema social.

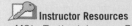
Warm-up for ¡Así es la vida!
Tell students about your last shopping trip, what stores you went to, what items you bought, and how much you paid for each item. You may want to bring in newspaper ads or magazine/Internet images, etc., to illustrate the items. As a transition to the dialog, you might say, *Aquí vemos a algunos clientes que también van de compras. Pero no van a... sino a El Progreso II, un centro comercial en Lima, Perú. Vamos a ver qué quieren comprar...*

Note on *sizes*
Many countries use metric equivalents for the sizes of clothing and shoes; however, there is little consistency from one country to the next. Often a sales clerk can tell by looking at the buyer, or knows from experience the equivalent size.

Expansion of ¡Así es la vida!
Ask students questions to check comprehension: *¿Qué busca Graciela? ¿Qué número calza? ¿Saben Uds. qué número es en EE. UU.?* (Respuesta: *número 7*) *¿Qué busca Luis? ¿Son relativamente caros o baratos los trajes? ¿Cómo lo saben Uds.? ¿Qué tipo de traje quiere probarse el cliente? ¿Qué opinan de su elección: les gusta ese traje? ¿Por qué sí o por qué no?*

Expansion of ¡Así es la vida!
In pairs, have students create variations on the original dialogs, perhaps substituting other items for those mentioned. Ask for volunteers to present their work to the class.

Primera parte

¡Así lo decimos! VOCABULARIO

 ¡Así es la vida! De compras

En el centro comercial "El Progreso II" en Lima, Perú.
Son las diez de la mañana y empiezan a llegar los clientes.

EL DEPENDIENTE:	Estos trajes están en rebaja.
LUIS:	¿Ah sí? Entonces, voy a probarme este traje de lana gris.

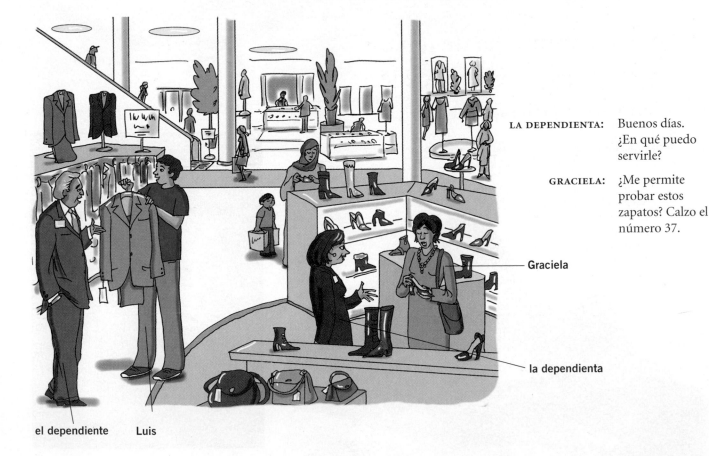

LA DEPENDIENTA: Buenos días. ¿En qué puedo servirle?

GRACIELA: ¿Me permite probar estos zapatos? Calzo el número 37.

Graciela

la dependienta

el dependiente   Luis

Vocabulario Las compras y la ropa

La ropa | Clothes

- **el abrigo** *coat*
- **la billetera** *wallet*
- **la blusa** *blouse*
- **el bolso** *handbag*
- **las botas** *boots*
- **los calcetines** *socks*
- **la camisa** *shirt*
- **la camiseta (sin mangas)** *t-shirt (tank top)*
- **las chanclas** *flip-flops*
- **la chaqueta** *jacket*
- **la corbata** *tie*
- **la (mini)falda** *(mini-)skirt*
- **la gorra** *baseball cap*
- **el gorro** *winter hat*
- **los pantalones (cortos)** *pants (shorts)*
- **las sandalias** *sandals*
- **la sudadera (con capucha)** *(hooded) sweatshirt*
- **el suéter** *sweater*
- **el traje** *suit*
- **los vaqueros** *jeans*
- **el vestido** *dress*
- **los zapatos (de tacón alto)** *(high-heeled) shoes*

La chaqueta is typically a windbreaker. For suit jacket or blazer, use **el saco** in the Americas, or **una americana** in Spain.

En invierno, ¿llevas gorra o gorro?

¿Están de moda las minifaldas?

Lugares donde compramos | Places where we shop

- **el almacén** *department store*
- **el centro comercial** *shopping center, mall*
- **el mercado (al aire libre)** *(open-air) market*
- **la tienda** *store, shop*

Los vaqueros (literally *cowboys*) and **los jeans**, or **los tejanos** (lit. *Texans*) in Spain, **los pantalones de mezclilla** (*of mixed fibers*) in Mexico; **los mecánicos** in Cuba, and **los mahones** in Puerto Rico.

En una tienda | At a store

- **la caja** *register*
- **el/la cliente** *customer*
- **el/la dependiente/a** *sales clerk*
- **el descuento** *discount*
- **la ganga** *bargain, good deal*
- **el piso** *floor*
- **el precio** *price*
- **el probador** *fitting room*
- **el recibo** *receipt*
- **la tarjeta de crédito / débito** *credit / debit card*
- **la liquidación** *clearance sale*

Verbos | Verbs

- **estar en rebaja** *to be on sale*
- **llevar** *to wear*
- **pagar (en efectivo)** *to pay (cash)*
- **probarse (ue)**[1] *to try on*
- **regatear** *to bargain, haggle over*

Descripciones | Descriptions

- **de cuadros** *plaid*
- **de manga corta/larga** *short-/long-sleeved*
- **de moda** *in style*
- **de rayas** *striped*

Expresiones para comprar | Shopping expressions

- **¿En que puedo servirle(s)?** *How can I help you?*
- **Quiero / Me gustaría...** *I want / would like . . .*
- **¿Qué tal le queda?** *How does it fit?*
- **Me queda bien / estrecho/a / grande.** *It fits fine / small / large.*
- **¿Que número calza?** *What size shoe do you wear?*
- **¿Qué talla usa?** *What size do you wear?*

Telas | Fabrics

- **el algodón** *cotton*
- **el cuero** *leather*
- **la lana** *wool*
- **la seda** *silk*

[1]In general, **probar** means *to try*. In *Capítulo 6* you learned **probar** in the context of food: *to try* or *to taste* food. In the reflexive construction, **probarse** is used to express *try something on oneself*, usually referring to clothing.

¿Cuándo llevas camisa y corbata?

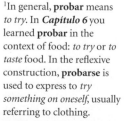

doscientos cincuenta y uno ●●● **251**

Instructor Resources

- MSL: Textbook images, PPT, Supplementary Activities

Note on dress codes
The dress-down revolution, which swept the U.S. during the 90s, making the more laid-back look acceptable in the office, did not catch on in much of Latin America; casual Fridays are rare.

Note on ¡Así lo decimos!
Los pantalones may also be used in the singular: *el pantalón*. Both *estar **en** rebaja* and *de rebaja* are correct.

Note on ¡Así lo decimos!
The activities to come provide students with many opportunities to practice the new vocabulary, express their opinions about fashion, and role-play a shopping excursion. Once students have practiced talking about what they wear and when, they may e-shop at Hispanic retail Internet sites. There they will probably find many of the same brands available in the U.S. and Canada, as well as notice similar styles in fashion.

Presentation tip for ¡Así lo decimos!
Bring in images from magazines, newspapers, the Internet, etc. to introduce the vocabulary for clothing, fabrics, and descriptions. *¿Qué lleva este señor?* etc.

Presentation tip for ¡Así lo decimos!
Use the following questions to personalize additional vocabulary items: *¿Cuándo encuentras muchas gangas en los almacenes? ¿Te gusta ir de compras cuando hay muchas liquidaciones? ¿Cuál es tu almacén (centro comercial) favorito? ¿Qué le compras a un buen amigo para su cumpleaños? ¿Y a tu madre? ¿Qué tela/material prefieres para las camisas? ¿Y para las blusas? ¿Y para los pantalones?*

Expansion of ¡Así lo decimos!
Variations for *llevar* (to wear): *traer, llevar puesto/a, usar.*

¡Hola!

Cultura en vivo

Dress is very important for making a good impression in much of the Spanish-speaking world. In Mexico, for example, most corporations adhere to a conservative dress code: dark suits, white shirts, and black shoes. Some companies require uniforms for their clerical staff. Away from the office, you may see people in shorts, but long pants or jeans are preferred by most. How do you dress for work?

APLICACIÓN

8-1 ¿Dónde están? Si ves a estas personas vestidas de la manera descrita (*described*) a continuación, ¿dónde crees que están?

1. __d__ El Sr. Domínguez lleva un traje azul oscuro, una camisa blanca y una corbata de seda, y tiene el celular en la mano.
2. __e__ Raúl lleva pantalones cortos, una camiseta y unos tenis con calcetines blancos.
3. __b__ Maripaz lleva un vestido rosado largo de seda y su amigo lleva un traje formal.
4. __c__ Manolito lleva un traje de baño y chanclas.
5. __a__ Carmen lleva vaqueros nuevos, un suéter de rayas, pero no lleva zapatos, solo calcetines.
6. __f__ El Sr. Cisneros lleva mucha ropa en los brazos y tiene la tarjeta de crédito en la mano.

a. en el probador de un almacén
b. en una fiesta de quinceañera
c. en la playa
d. en las oficinas de un banco
e. en un partido de básquetbol
f. en la caja de una tienda

8-2 En el almacén. Escucha la conversación entre Manuel y la dependienta del almacén Saga Falabella. Primero, indica los productos que Manuel decide comprar; luego, escucha otra vez para escribir el precio de cada artículo. Recuerda que en Perú usan nuevos soles.

	Sí	No	Artículo	Precio
1.	☒	☐	calcetines	17 nuevos soles
2.	☒	☐	camisa	80 nuevos soles
3.	☐	☒	billetera	
4.	☒	☐	corbata	50 nuevos soles
5.	☐	☒	pantalones	
6.	☐	☒	chaqueta	
7.	☐	☒	suéter	
8.	☒	☐	traje	600 nuevos soles

Hay una liquidación en la tienda Chic.

8-3A ¿Tienes…? ¿Qué compró Sara para su viaje a Machu Picchu? Túrnense para completar la información que falta en su recibo. Usen las siguientes preguntas para llenar su recibo: **¿Qué compró por…?; ¿Qué compró de la talla…?; ¿De qué talla es/son…?** Después confirmen las compras que hizo Sara y cuánto gastó. **Estudiante B,** por favor ve al **Apéndice 1**, página A-13.

MODELO: ESTUDIANTE A: *¿Qué compró por veinte nuevos soles?*
ESTUDIANTE B: *Compró una camiseta de algodón. ¿De qué talla es?*

ESTUDIANTE A: *Es de la talla cuarenta.*
ESTUDIANTE B: *Así que compró una camiseta de algodón de la talla cuarenta por veinte nuevos soles.*

8-4 ¿Qué llevas cuando? Pregúntense qué ropa llevan en diferentes ocasiones.

MODELO: E1: *¿Qué llevas cuando tienes examen?*
E2: *Llevo vaqueros y una camiseta.*
E1: *Pues, yo llevo…*

Ocasión

1. asistes a un concierto de música rock
2. te invitan a la casa del jefe/de la jefa de tu departamento
3. visitas Alaska en enero
4. vas a nadar
5. haces una barbacoa en casa para unos amigos
6. juegas al tenis
7. trabajas como mesero/a
8. vas de vacaciones a Machu Picchu

8-5 En la tienda. En grupos de tres, hagan los papeles de dependiente/a y de clientes en una tienda de ropa elegante. Usen las expresiones de **¡Así lo decimos!** en su conversación y traten de incluir algunas de las siguientes expresiones:

la caja	estar en rebaja	el probador
colores	número que calza	la talla
estilos	me queda / le queda	tarjeta de crédito

MODELO: DEPENDIENTE/A: *Buenas tardes. ¿En qué puedo servirles?*
CLIENTE 1: *Quiero ver…*
CLIENTE 2: *¿Me puede traer…?*

Estudiante A:

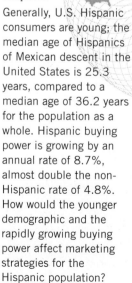

DOCUMENTO DE VENTA

OUFDSYEVW9NG0LWI9T0D2OJ

Vendedor	T.T	EmpCent	Operac.	Fecha	Hora	EdPIZN	T
51106219	9	001006	0367886	12/12/2010	19:16	0100000	00

Descripción	Talla	Importe (NUEVOS SOLES)
camiseta de algodón	40	NS 20
blusa de manga corta	36	NS 50
vaqueros	_____	NS 75
suéter de lana	38	_____
chaqueta de cuero		NS 200
_____	39	NS 39
gorra roja	50	_____

TOTAL COMPRA NS _____

Gracias por su compra.
Visítenos en www.falabella.com

Presencia hispana

Generally, U.S. Hispanic consumers are young; the median age of Hispanics of Mexican descent in the United States is 25.3 years, compared to a median age of 36.2 years for the population as a whole. Hispanic buying power is growing by an annual rate of 8.7%, almost double the non-Hispanic rate of 4.8%. How would the younger demographic and the rapidly growing buying power affect marketing strategies for the Hispanic population?

Wrap-up for 8-4
Have a student summarize several of the occasions on the board in the form of a graph in order to reveal the class's most popular choices in clothes. Draw conclusions together: *¿Tienen los estudiantes de esta clase gustos similares o diferentes en la ropa? En general, ¿prefieren la ropa formal o informal?* etc.

Optional activity after 8-4
Say to students: *¿Quién es? Describe la ropa que lleva otra persona de la clase para ver si tus compañeros/as pueden adivinar quién es.*
MODELO: *Lleva una camisa blanca de manga larga. Tiene pantalones negros. Tiene zapatos marrones. ¡Está muy elegante hoy! ¿Quién es?*

Expansion of 8-4
Have students describe the clothing worn by famous people in magazine or Internet images, including those considered to be the best or worst dressed, and ask them to give their opinions of the various styles.

Optional activity after 8-4
Before doing this activity, brainstorm with students possible items for discussion and write these on the board for visual support.
¿Están de moda o no?
Conversen sobre la ropa que Uds. consideran que está de moda y la que no. ¿Tienen la misma opinión?
MODELO: *E1: Los vaqueros y los tenis están de moda. Las camisetas sin mangas no están de moda.*
E2: No estoy de acuerdo. Yo creo que…

Warm-up for 8-5
Brainstorm together first for expressions, special items to request, etc. Jot down their ideas on the board. Encourage students to add some complicating factor to their dialog to resolve, such as: *el vestido está sucio; el/la cliente no puede pagar; no aceptan su tarjeta de crédito; a la camisa le falta un botón;* etc.

¡Así lo hacemos! ESTRUCTURAS

08-09 to 08-15

1. The imperfect of regular and irregular verbs

En el pasado, mis padres siempre iban a Falabella y se probaban la ropa. Ahora la compran en la Internet.

El imperfecto de verbos regulares

You have already studied the preterit in **Capítulos 6** and **7.** Here you see the imperfect, another form of the simple past tense in Spanish.

• The imperfect of regular verbs is formed as follows:

	hablar	comer	escribir
yo	habl**aba**	com**ía**	escrib**ía**
tú	habl**abas**	com**ías**	escrib**ías**
Ud.	habl**aba**	com**ía**	escrib**ía**
él/ella	habl**aba**	com**ía**	escrib**ía**
nosotros/as	habl**ábamos**	com**íamos**	escrib**íamos**
vosotros/as	habl**abais**	com**íais**	escrib**íais**
Uds.	habl**aban**	com**ían**	escrib**ían**
ellos/as	habl**aban**	com**ían**	escrib**ían**

• With **-ar** verbs, only the first-person plural form has a written accent mark. The imperfect endings for **-er** and **-ir** verbs are identical, and all forms have a written accent mark.

• The Spanish imperfect has three common English equivalents: the simple past, the past progressive, and the *used to* + infinitive construction.

Rosario **trabajaba** en la tienda.
{
Rosario worked at the store.
Rosario was working at the store.
Rosario used to work at the store.

• Use the imperfect to describe repeated, habitual, or continuous actions in the past with no reference to the beginning or ending. Note that the imperfect of **hay** is **había.**

| Cuando yo **trabajaba** en el almacén, **recibía** un descuento en todo lo que **compraba.** | When I worked at the department store, I received a discount on everything I bought. |
| No **había** nadie en el centro comercial ayer. | There was no one in the mall yesterday. |

• Use the imperfect to describe an event or action in progress when another event or action takes place (in the preterit) or is occurring (in the imperfect).

| **Estábamos** en la tienda cuando **llegaron** nuestras amigas. | We were in the store when our friends arrived. |
| Mientras Rosario **compraba** un bolso, Mauricio **miraba** los suéteres. | While Rosario was buying a purse, Mauricio was looking at the sweaters. |

• Use the imperfect to describe characteristics or states of being (health, emotions, etc.) in the past when no particular beginning or ending is implied in the statement.

| A mi abuela le **gustaba** pasear en bicicleta. **Tenía** mucha energía. | My grandmother liked to go on bike rides. She had a lot of energy. |
| Ella **estaba** muy contenta en Quito. | She was very happy in Quito. |

• The imperfect generally is used with time and age in the past.

| ¿Qué hora **era** cuando llegaste? | What time was it when you arrived? |
| Cuando **tenía** diecisiete años, visité Ecuador. | When I was seventeen, I visited Ecuador. |

Verbos irregulares en el imperfecto

There are only three verbs that are irregular in the imperfect.

	ir	ser	ver
yo	iba	era	veía
tú	ibas	eras	veías
Ud.	iba	era	veía
él/ella	iba	era	veía
nosotros/as	íbamos	éramos	veíamos
vosotros/as	ibais	erais	veíais
Uds.	iban	eran	veían
ellos/as	iban	eran	veían

- Only the first-person plural forms of **ir** and **ser** have a written accent mark; all forms of **ver** require a written accent.

APLICACIÓN

8-6 El reino inca. Aquí tienes una descripción de la gran civilización inca, la más importante de Sudamérica, que incluía lo que hoy es Perú y Ecuador.

Paso 1 Subraya los verbos en el imperfecto e identifica el infinitivo.

Cuando los españoles llegaron a Sudamérica, se encontraron con el reino inca, una civilización indígena muy avanzada. El reino inca se extendía desde la región cercana a la línea ecuatorial y a lo largo de la costa del Pacífico, hasta lo que hoy es el norte de Chile. Por el este se extendía a través de los Andes hasta partes de Argentina y Bolivia. Aquel inmenso imperio se llamaba Tahuantinsuyu en quechua, la lengua de los incas. Su nombre quería decir "las cuatro partes", que representaban los cuatro puntos cardinales: norte, sur, este y oeste. En su capital, Cuzco, ahora una ciudad importante de Perú, los incas construyeron edificios de enormes bloques de piedras[1] que se encajaban[2] tan perfectamente que no era posible insertar un cuchillo entre ellas. Aunque la arquitectura de los edificios era de aspecto severo, estos estaban adornados con planchas[3] y ornamentos de oro[4] y plata[5]. Para los incas el oro representaba "las lágrimas[6] del sol" y la plata, "las lágrimas de la luna". En el interior de los templos brillaban esos metales preciosos.

Cuando yo era joven, veía a mis abuelos todas las semanas. Vivían cerca y yo iba en bicicleta a visitarlos.

Infinitives:
se extendía: *extenderse;* se extendía: *extenderse;* se llamaba: *llamarse;* quería: *querer;* representaban: *representar;* se encajaban: *encajarse;* era: *ser;* era: *ser;* estaban: *estar;* representaba: *representar;* brillaban: *brillar*

La fortaleza de Sacsahuamán fue construida en el siglo XV para proteger la ciudad de Cuzco.

[1]*stones* [2]*fitted* [3]*sheets* [4]*gold* [5]*silver* [6]*tears*

Paso 2 Ahora contesta las siguientes preguntas, basándote en la lectura.

1. ¿Cómo era el reino inca?
   Era muy avanzado.

2. ¿Qué países de hoy formaban parte del reino? Ecuador, Perú, Chile, Argentina y Bolivia.

3. ¿Qué lengua hablaban?
   Hablaban quechua.

4. ¿Cuál era su capital?
   Era Cuzco.

5. ¿Qué decoraciones usaban en sus edificios?
   Usaban planchas y ornamentos de oro y plata.

6. ¿Qué representaba el oro para ellos? ¿Y la plata? Representaba "lágrimas del sol". Representaba "lágrimas de la luna".

Note on 8-6
Inca is a noun or an adjective. *Incaico/a* is an adjective. This book uses *inca* for the noun as well as for the adjective. As with all nationalities in Spanish, this word is not capitalized, except at the beginning of a sentence, or when referring to the emperor, *el Inca*.

Note on 8-6
Sacsahuamán is an architectural wonder. It was constructed with enormous blocks (one is 38 feet long, 18 feet high, and 6 feet thick), which were brought from a distance over rugged terrain without wheeled vehicles and then fitted with such precision that it is impossible to fit a knife blade between them. The city of Cuzco was designed in the shape of a puma, and Sacsahuamán, built on the hill above the city, represented the puma's head.

Expansion of 8-6
Have students search the Internet for more photos of Sacsahuamán, Cuzco, and Machu Picchu. Have them write 3 to 5 sentences about the aspects that seem interesting to them.
Busca: sacsahuaman; cuzco; machu picchu

¡Hola!
Cultura en vivo ✳

It is a common practice to bargain (*regatear*) with vendors in markets throughout the Spanish-speaking world; however, bargaining is less common in stores and almost unheard of in department stores. The buyer may offer up to a third less than the asking price, and the seller will respond with a higher price. The haggling continues until both parties are satisfied with the price. Bargaining etiquette requires that the buyer be serious about the purchase, not just curious about the price.

8-7 En el mercado de Otavalo. El mercado del pueblo de Otavalo, Ecuador, es famoso por sus artesanías, su comida típica y los turistas que lo visitan.

Paso 1 Usa el imperfecto de los verbos entre paréntesis para completar la entrada que escribió un turista en su diario cuando él y su hermana lo visitaron.

Se puede comprar de todo en el mercado de Otavalo.

El pueblo de Otavalo está situado a tres horas de Quito. Ese día, (1) _____ hacía _____ (hacer) mucho calor y el cielo (2) _____ estaba _____ (estar) despejado. Nuestro taxista se (3) _____ llamaba _____ (llamar) Ramón y (4) _____ era _____ (ser) muy simpático. Otavalo (5) _____ parecía _____ (parecer) una ciudad impresionante. (6) _____ Había _____ (Haber) gente por todas partes vendiendo verduras, pollos, todo tipo de comida, ropa, etcétera. No (7) _podía/podíamos_ (poder) creer el espectáculo tan agradable de colores y olores[1]. En uno de los puestos, algunas mujeres (8) _____ compraban _____ (comprar) pulseras[2]; en otro, un hombre (9) _____ vendía _____ (vender) camisas de algodón. Muchas personas (10) _____ compraban _____ (comprar) verduras: cebollas, ajos, etc. En un lugar, algunas personas (11) _____ preparaban _____ (preparar) un cochinillo[3] a la parrilla. Por todas partes los clientes y los vendedores (12) _____ regateaban _____ (regatear) el precio de sus cosas. Cuando por fin dejamos Otavalo, (13) _____ eran _____ (ser) las dos de la tarde, la hora del almuerzo. (14) _____ Estábamos _____ (Estar) exhaustos, pero contentos.

_____

[1]*smells*   [2]*bracelets*   [3]*young pig*

Paso 2 Ahora contesta las siguientes preguntas, basándote en el paso anterior.

1. ¿En qué país está Otavalo?
   Está en Ecuador.

2. ¿Qué tiempo hacía ese día?
   Hacía calor.

3. ¿Qué se vendía en el mercado?
   Se vendían verduras, pollos, comida y ropa.

4. ¿Qué comida había?
   Había cebollas, ajos y cochinillo.

5. ¿Cómo se sentían los turistas al final del día?
   Se sentían exhaustos y contentos.

6. ¿Qué crees que compraron en el mercado?
   Answers will vary.

8-8A **¿Qué pasaba en el almacén ayer?** Cada uno/a de ustedes tiene una versión diferente de lo que pasaba ayer en el almacén. Describan lo que ven en su dibujo para encontrar seis diferencias. **Estudiante B,** por favor ve al **Apéndice 1,** página A-14.

MODELO: Estudiante A: *Una mujer se probaba zapatos.*
Estudiante B: *Es cierto. Una mujer se probaba zapatos.*

Estudiante A:

Answers for 8-8
1. Eran las dos / las tres.
2. Un hombre compraba una chaqueta / unos pantalones.
3. Una mujer llevaba / no llevaba una bolsa grande morada.
4. Una mujer llevaba tenis; la otra llevaba sandalias.
5. Había una mesa con gorras rojas / azules.
6. Un chico pequeño estaba / no estaba solo. (Había / No había un chico solo.)

Optional activity after 8-8
The following provides additional practice with imperfect conjugations in an open-ended, creative context. Have students complete it after activity 8-8, according to time available. This activity is available for download from the IRC.
¿Dónde estabas? Túrnense para describir y adivinar (*guess*) dónde estaban. Incluyan qué hora era y qué hacían. Pueden usar los lugares de la lista.
MODELO:
E1: Eran las 2 de la mañana y yo dormía.
E2: Estabas en tu dormitorio.

Algunos lugares
en la playa
en un estadio
en un almacén
en clase
en Machu Picchu
en una piscina
en la biblioteca
en el teatro
en Otavalo
¿en…?

8-9 **Antes y ahora.** ¿Cómo eran las cosas antes y cómo son ahora? Usen las listas de personas y contextos para escribir cinco oraciones. Después compárenlas. ¿Qué aspectos tienen en común?

MODELO: *Antes llevaba pantalones cortos en verano, pero ahora prefiero llevar vaqueros. ¿Y tú?*

Personas:
yo
mi hermano/a y yo
mis padres
mi mejor amigo/a
mis compañeros/as de clase
¿...?

Contextos:
las preferencias en la ropa
las compras
los pasatiempos
los deportes
los hábitos de comer
¿...?

8-10 **La manera de vestirse.** Los niños en esta foto viven cerca de Machu Picchu y se visten de una manera típica de la gente que vive en el altiplano de Perú. En un párrafo, describe la ropa que llevaban ese día. Después usa la imaginación y describe qué hacían antes de tomar esta foto.

MODELO: *Ese día las dos chicas llevaban …*

En el altiplano de Perú

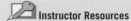
2. Ordinal numbers

08-16 to 08-18

Puede usar el primer probador.

Ordinal numbers give the order in which things appear or events occur.

primero/a	*first*	**sexto/a**	*sixth*
segundo/a	*second*	**séptimo/a**	*seventh*
tercero/a	*third*	**octavo/a**	*eighth*
cuarto/a	*fourth*	**noveno/a**	*ninth*
quinto/a	*fifth*	**décimo/a**	*tenth*

- Ordinal numbers in Spanish agree in gender and number with the nouns they modify.

Clarita compró un **segundo** vestido.   *Clarita bought a second dress.*
Estas son las **primeras** rebajas del año.   *These are the first sales of the year.*

- **Primero** and **tercero** are shortened to **primer** and **tercer** before masculine singular nouns.

La tienda está en el **tercer** piso.   *The store is on the third floor.*
Juan es el **primer** dependiente en   *Juan is the first sales clerk*
vender un abrigo de piel.   *to sell a fur coat.*

- In Spanish, ordinal numbers are rarely used after **décimo.** The cardinal numbers are used instead and follow the noun.

La liquidación es en el piso **doce.**   *The clearance sale is on the twelfth floor.*

- The opposite of **primero** is **último.**

Olga fue la **primera** en llegar.   *Olga was the first to arrive. Antonio*
Antonio fue el **último.**   *was the last.*

APLICACIÓN

 8-11A Atención al cliente (*Customer service*).   Cada uno/a de ustedes tiene información del directorio del almacén Saga Falabella. Túrnense para pedir información sobre dónde comprar los siguientes productos o cumplir (*carry out*) algún deber. Añadan más información cuando sea posible. **Estudiante B,** por favor ve al **Apéndice 1,** página A-14.

MODELO: una blusa para tu mamá
ESTUDIANTE A: *Quiero comprar una blusa para mi mamá porque es su*
cumpleaños.
ESTUDIANTE B: *La puede buscar en el segundo piso, en Ropa de mujer.*
ESTUDIANTE A: *Muchas gracias.*

saga falabella.

1.er piso	**6.° piso** Muebles para la oficina Equipo electrónico Televisores
2.° piso *Ropa de mujer (trajes, vestidos, ropa informal)*	**7.° piso**
3.er piso Ropa infantil (ambos sexos; tallas neonatal a 4)	**8.° piso** Supermercado
4.° piso	**9.° piso** Artículos en liquidación
5.° piso Todo para la casa (dormitorio, cocina, sala, comedor)	**10.° piso** Cambio de moneda Caja

Estudiante A:

1. un sándwich y un refresco	4. sandalias de cuero
2. un traje para un evento formal	5. dónde solicitar trabajo
3. una corbata para tu tío	6. una raqueta de tenis

8-12 En orden de importancia. Individualmente, pongan los siguientes artículos en orden de importancia en este momento (de primero a décimo). Luego comparen sus resultados.

Mi lista	La lista de mi compañero/a
_____ una corbata de seda	_____
_____ unos zapatos de tacón alto	_____
_____ una camiseta de algodón	_____
_____ unas chanclas	_____
_____ un par de tenis	_____
_____ un traje de rayas	_____
_____ una gorra o un gorro	_____
_____ unos vaqueros	_____
_____ una chaqueta de esquiar	_____
_____ ¿...?	_____

MODELO: *Primero, necesito comprar una camisa de manga larga, porque todas mis camisas son viejas. Segundo,... ¿Y tú?*

¿Cuánto saben?

08-19 to 08-23

Primero, pregúntate si puedes llevar a cabo (*carry out*) las siguientes funciones comunicativas en español. Después, júntate con dos o tres compañeros/as de clase para presentar las situaciones. Hagan y respondan a por lo menos cuatro preguntas en cada situación.

✓ CAN YOU . . .

☐ talk about clothes and shopping at a department store?

☐ talk about what used to happen and what you used to do in the past?

☐ describe a scene in the past?

WITH YOUR CLASSMATE(S) . . .

Situación: En un almacén
Están en un almacén para hacer algunas compras para una función importante. Expliquen qué quieren comprar, los colores, el estilo, la tela, la talla o el número, etc. Uno/a de ustedes es el/la dependiente/a que también explica en qué piso pueden buscar otros artículos.
Para empezar: *¿En qué puedo servirles?*

Situación: En la casa de un/a amigo/a
Usen el imperfecto para hablar de las cosas que les gustaba hacer cuando eran más jóvenes. Incluyan actividades que siempre hacían y actividades que nunca hacían, y por qué.
Para empezar: *Cuando era joven iba a las tiendas siempre con mi mamá.*

Situación: Las superestrellas
Describan lo que pasaba en tres fotos de una revista de superestrellas. Usen el imperfecto para describir la escena, la gente y su ropa.
Para empezar: *En esta foto...*

Instructor Resources
• MSL: MediaShare
• IRM: Rubrics

Warm-up for 8-12
Ask students why the full form *primero* is used in the model. Remind them that the shortened forms *primer* and *tercer* are used only before a masculine singular noun, whereas when no noun appears, the full forms are needed. Then review the meanings of any items in the list, according to student need.

Presentation tip for *¿Cuánto saben?*
Students can also film their presentations and post them for the class using the MediaShare feature found in MySpanishLab.

STUDENT LEARNING OUTCOMES
Use the *¿Cuánto saben?* activities to assess the extent to which students can perform the *Objetivos comunicativos* for *Primera parte* presented in the chapter opener: Talking about clothes and shopping at a department store; talking about what used to happen and what you used to do in the past; and describing a scene in the past. Provide an assessment for vocabulary, structures and fluency appropriate to the chapter theme and level (**5:** excellent – **1:** poor). See IRM for more information on rubrics.

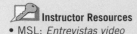

📖 Perfiles
08-24 to 08-25

Mi experiencia

DE COMPRAS EN PERÚ

8-13 Para ti. En EE. UU. y Canadá, ¿es típico comprar la comida o la ropa en mercados al aire libre? Explica. ¿Se cierran normalmente las tiendas de tu ciudad a la hora de almorzar? ¿Por qué? A continuación vas a leer una entrada que hizo María Antonia, una chica canadiense, en su primer viaje a Perú. Mientras lees, piensa en las diferencias que existen según tu experiencia.

¡Saludos desde Perú y gracias por leer mi blog! Como esta es mi primera visita a Sudamérica, me impresiona todo lo que veo, especialmente cómo se hacen las compras aquí en comparación con Toronto. Primero, todas las ciudades grandes tienen sus almacenes, pero las horas parecen más cortas, desde las once hasta las ocho. No son muchas horas, ¿verdad? También muchas de las tiendas pequeñas cierran para el almuerzo entre las dos y las cuatro. Por el contrario, hay mercados al aire libre, donde se puede comprar de todo, ropa, comida, artesanías y hasta animales. Pero entre estos dos casos hay también centros comerciales modernos al aire libre como el "Mall Aventura Plaza Trujillo" en Arequipa, el centro comercial más grande del interior del país. Es un lugar de encuentro social donde puedes comprar, pasear o sentarte a ver pasar a la gente. (Aquí me compré el suéter de alpaca que llevo puesto en esta foto). El ambiente[1] es muy agradable: no solo se toca música popular por los audio parlantes[2], sino también hay un escenario donde invitan a músicos a dar conciertos. Así es como conocí la música de Yawar, que aquí es un conjunto muy popular. Seguramente voy a comprar varios discos compactos de ellos antes de volver a mi casa en septiembre.

[1]*atmosphere* [2]*speakers*

8-14 En su opinión. Conversen sobre los siguientes temas.

• ¿Dónde prefieren comprar? ¿En tiendas especializadas, en almacenes grandes o en tiendas de segunda mano?

• ¿Prefieren los centros comerciales cubiertos (*enclosed*) o los al aire libre? ¿Por qué?

• ¿Con qué frecuencia van a los centros comerciales? Además de comprar, ¿qué más hacen allí?

• Según su experiencia, ¿en qué situaciones se acepta regatear? ¿En la compra de carros, de casas, en un mercado callejero (*fleamarket*), en una tienda de aparatos electrónicos, una tienda de segunda mano...?

• ¿Prefieren tener la opción de regatear o prefieren pagar lo que les pide el vendedor?

Mi música

"COMPAÑERA" (YAWAR, PERÚ)

Este grupo musical, conocido por todo Perú y Bolivia, toma su nombre *Yawar* de una antigua tradición de los incas. El grupo Yawar se conoce por su original mezcla de ritmos andinos y contemporáneos, en los cuales predominan instrumentos como la zampoña (*panpipe*) y la quena (un tipo de flauta).

Antes de ver y escuchar

8-15 **"Compañera".**   A continuación hay algunas palabras y expresiones que vas a escuchar en esta canción. Emparéjalas con sus significados y después adivina (*guess*) el tema de la canción.

1. _g_ despedirme
2. _h_ vida eterna
3. _f_ una luz que ilumina
4. _a_ alma
5. _d_ emociones
6. _c_ esperanza
7. _e_ mi pena
8. _b_ sin tus besos

a. soul
b. without your kisses
c. hope
d. emotions
e. my pain
f. a light that shines
g. say good-bye
h. eternal life

¿Cuál es el tema?

Para ver y escuchar

8-16 **La canción.**   Conéctate a la Internet para ver un video de "Compañera". ¿Cuáles de estos instrumentos escuchas o ves?

> **Busca:** video yawar companera; letra yawar companera
>
> **Si te interesa comprar la canción:** Go to iTunes Store>Music>More to Explore> iMix>Arriba 6e

_____ el piano   __X__ la guitarra   __X__ la quena   __X__ la zampoña
__X__ la batería (*drums*)   _____ la pandereta (*tambourine*)

Después de ver y escuchar

8-17 **Una carta de despedida.**   Escribe una breve carta para explicar por qué tienes que despedirte de tu amor. Incluye por lo menos dos ejemplos con el pretérito y el imperfecto y algunas de las expresiones de la actividad **8-15**.

MODELO: *Cariño:*
Te <u>llamé</u> hoy para decirte que te quiero, pero no <u>estabas</u> en casa. Te <u>quería</u> decir que tengo que irme por un tiempo. <u>Pasé</u> por tu casa pero...

*Además de los dioses creadores, los incas veneraban a tres dioses adicionales: la serpiente, el puma y el cóndor. La serpiente representaba el intelecto, el conocimiento y el pasado. El puma representaba el valor y la fuerza interior. El cóndor representaba 2 cosas: primero, a lo que uno debe aspirar en la vida, el equilibrio, y segundo, un futuro en que uno puede volar libremente por el mundo. Una vez al año, los descendientes de los incas suben los altos picos de los Andes para cazar (*hunt*) un cóndor para usarlo en la celebración de la independencia de Perú. En la celebración, atan el cóndor a la espalda de un toro, el que representa la dominación española. Al final de la pelea, liberan el cóndor.*

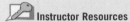
Segunda parte

¡Así lo decimos! VOCABULARIO

 ### ¡Así es la vida! ¿Qué hiciste hoy?

08-26

 Victoria no estaba en casa cuando Lucía la llamó por la mañana.

LUCÍA: Oye, Victoria, esta mañana te llamé tres veces al celular, pero no contestaste. ¿Dónde estabas? ¿Qué hiciste hoy?

VICTORIA: Disculpa. Iba a llamarte pero no pude porque tenía que ir de compras. Estaba en el centro comercial y mi celular no tenía buena recepción. Quería comprar una cadena de plata para mi mamá, pero había un montón de gente y estuve en la joyería toda la mañana. Luego fui a la farmacia a comprar unas cosas. Ahora estoy en una perfumería porque necesito jabón y loción. ¿Dónde estás tú?

LUCÍA: En frente de la heladería Veintiún Sabores. ¿Por qué no vienes para acá y tomamos un helado?

Vocabulario Tiendas y productos personales

08-27 to 08-31

En la farmacia o perfumería	In the pharmacy or beauty supply shop

el cepillo de dientes *toothbrush*
la colonia *cologne*
el desodorante *deodorant*
la pasta de dientes *toothpaste*
el perfume *perfume*
el talco *talcum powder*

En la joyería	In the jewelry store

el anillo *ring*
los aretes *earrings*
la cadena *chain*
el collar *necklace*
la pulsera *bracelet*
el reloj de pulsera *wristwatch*

Descripciones	Descriptions

de diamantes *diamond*
de oro *gold*
de perlas *pearl*
de plata *silver*

Más tiendas	More shops

la florería *flower shop*
la heladería *ice cream shop*
la papelería *stationery shop*
la zapatería *shoe store*

Verbos	Verbs

devolver (ue) *to return (something)*
gastar *to spend*
hacer juego (con) *to match, to go well with*

Variaciones
In Spain, **floristería** is used in place of **florería.**

Variaciones
In Mexico, there are many variations on **heladería.** For example, **una nevería** sells **nieve** (a water-based product like sherbet), and **una paletería** sells **paletas** (water- or cream-based frozen bars on sticks).

Los aretes hacen juego con el collar de perlas.

¿Llevas muchas pulseras?

¿Qué compras en una perfumería?

Se compran flores en una florería.

Presentation tip for ¡Así lo decimos!
Ask students to look over the list of stores for a pattern in the words. Point out that the ending -ería in Spanish refers to a shop that specializes in the product expressed in the base word, e.g., flor / flor-ist-a → flor-ería / flor-ist-ería; helad-o → helad-ería; papel → papel-ería; perfum-e → perfum-ería; zapat-o → zapat-ería. Some other possibilities include: frut-a → frut-ería; pastel → pastel-ería; churr-o → churr-ería; poll-o → poll-ería; tequil-a → tequil-ería; cervez-a → cervec-ería. A few more difficult examples are: carn-e / carn-ic-er-o → carn-ic-er-ía; pan / pan-ad-er-o → pan-ad-er-ía, where the direct base is the person who sells or makes the product, rather than simply the product itself. You may prefer to point out these patterns as a warm-up for activity 8-18.

Note on la farmacia
In most Hispanic countries, you can purchase various prescription drugs over the counter if you know the name and dosage.

Optional activity for Tiendas y artículos personales
Use the following cloze passage to practice with vocabulary. The complete activity is available for download from the IRC.
De compras en Lima. Completa el párrafo de una manera lógica.
Ayer fui al (1) centro comercial Arenales porque tiene una buena selección de (2) tiendas y almacenes. Primero, tuve que (3) devolver un vestido que recibí…

¡Hola!

08-32 to 08-33

Letras y sonidos

The sequences *j*, *ge*, *gi*, and *x*

In Spanish, the letter **j**, as well as **g** before the vowels **e** and **i**, all correspond to the same sound, the *h* sound in English *hip*:

jo-ya	tra-je	re-loj	ge-ne-ro-so	gim-na-sio

In some Spanish words, the letter **x** also has the *h* sound:

Mé-xi-co   **Xa-vier**

In most cases, however, the letter **x** creates two sounds, *k* and *s*, as in English *extra*:

exigente → (e[k-s]i-gen-te)   **extra → (e[ks]-tra)**

¡Hola!

Cultura en vivo

In many countries, including Spain, a **farmacia** is where you buy prescriptions and baby care products; a **perfumería** is for cosmetics. Some larger drug chains in Latin America, such as Sanbornes, are similar to large drugstores in the U.S. and Canada, and may even include a restaurant. Are restaurants common in drugstores in the U.S. or Canada?

APLICACIÓN

8-18 Las tiendas especializadas. Aquí tienes unas tiendas especializadas. Emparéjalas con las cosas que venden.

1. __d__ la farmacia
2. __a__ la joyería
3. __g__ la perfumería
4. __e__ la florería
5. __h__ la zapatería
6. __c__ la librería
7. __f__ la papelería
8. __b__ la heladería

a. un collar de esmeraldas
b. un helado
c. una novela
d. penicilina
e. rosas
f. invitaciones
g. colonia
h. unas sandalias

¿Qué se puede comprar en esta farmacia?

 8-19 ¡Yo también fui de compras! Lucía también fue de compras ayer. Escucha e indica las tiendas que visitó, los artículos que compró y los que devolvió.

Tiendas		Compró		Devolvió
X	el almacén		una agenda	
X	la farmacia		una blusa	
	la joyería	X	unas sandalias	
	la papelería		una camisa	
X	la perfumería	X	talco	
X	la librería		desodorante	
	el supermercado	X	un té especial	
X	la zapatería		un frasco de colonia	
X	la tienda pequeña		una torta de queso	
	la heladería	X	una falda	X
	la florería	X	un libro de arte	
	la panadería (*bakery*)		un reloj	

8-20 ¿Hacen juego? Decidan si estos artículos hacen juego. Si no, cámbienlos.

MODELO: un traje de baño y zapatos de cuero
No hacen juego. Es mejor llevar chanclas con un traje de baño.

1. una camisa de cuadros y pantalones de rayas

2. un vestido de seda y botas de cuero

3. un collar de oro y aretes de plata

4. unas sandalias con calcetines

5. unos vaqueros y tenis

6. una gorra y un traje

7. unos vaqueros y aretes de diamantes

8. unos zapatos negros de cuero con calcetines de rayas rojas y blancas

8-21 ¿En qué tiendas compras? Conversen sobre dónde hacen las compras para las siguientes cosas y por qué.

MODELO: *Me gusta comprar helado en la heladería La Crema que está en mi ciudad porque tiene veintiún sabores deliciosos.*

la ropa informal de todos los días
la ropa elegante
las bebidas para una fiesta
un regalo para una persona especial

los productos de higiene personal
la comida
los libros para la universidad
un postre para una cena especial

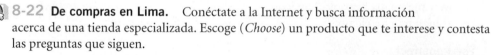

8-22 De compras en Lima. Conéctate a la Internet y busca información acerca de una tienda especializada. Escoge (*Choose*) un producto que te interese y contesta las preguntas que siguen.

> **Busca:** donde comprar en lima; donde comprar (perfume, flores, pan, ropa, zapatos, etc.) lima

1. ¿Cuál es el producto?

2. ¿Cómo es?

3. ¿Dónde se vende?

Centro Comercial Largo Mar en Miraflores, Lima, Perú

Presencia hispana

The increased Latino presence, higher levels of education, and increased purchasing power have affected the consumer marketplace, creating a potentially lucrative, yet uniquely challenging, opportunity for retail and service businesses. To effectively reach the diverse population, Hispanic marketing messages must accommodate the values, customs, beliefs, behaviors, and attitudes found in this population. Can you name a custom or value that might be important to market a product to the Hispanic population?

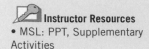
¡Así lo hacemos! ESTRUCTURAS

 3. Preterit versus imperfect

In Spanish, the use of the preterit and the imperfect reflects the way the speaker views the action or event being expressed in the past. A comparison of their uses follows.

The preterit . . .

1. narrates actions or events in the past that the speaker views as completed or finished.

Victoria y Lucía **hablaron** por teléfono por dos horas.	*Victoria and Lucía talked on the phone for two hours.*

2. expresses the beginning or end of a past event or action.

El zapatero **llegó** a las cinco.	*The shoemaker arrived at five.*
La película **terminó** a las ocho de la noche.	*The movie ended at eight at night.*

3. narrates completed events that occurred in a series.

Carlos **entró** en la farmacia, **vio** a su exnovia y **salió** inmediatamente.	*Carlos entered the pharmacy, saw his ex-girlfriend, and left immediately.*

4. expresses changes in mental, physical, and emotional conditions or states in the past.

Alejandra **se puso** furiosa cuando **vio** el cuarto en desorden.	*Alejandra became furious when she saw the messy room.*
Estuve nerviosa durante la entrevista.	*I was nervous during the interview (but now I'm not).*

5. describes weather and scenes as events or within specific time parameters.

Ayer **fue** un día horrible. **Llovió** e **hizo** mucho viento.	*Yesterday was a horrible day. It rained and was very windy.*

The imperfect . . .

1. describes what was happening in the past, usually in relation to another event or at a given time, with no reference to the beginning or end of an action.

Rosa **hablaba** mientras **miraba** las compras.	*Rosa was talking while she was looking at her purchases.*

2. expresses habitual actions or events in the past.

Pedro **comía** en ese restaurante todos los sábados.	*Pedro used to eat at that restaurant every Saturday.*
Ana **iba** de compras todo el tiempo.	*Ana used to go shopping all the time.*

3. expresses time or age in the past.

Eran las once de la noche.	*It was eleven in the evening.*
Teníamos seis años en el 2000.	*We were six years old in 2000.*

4. expresses mental, physical, and emotional conditions or states in the past.

Alicia **estaba** contenta durante el concierto.	*Alicia was happy during the concert.*
Nos **sentíamos** mal después de comer allí.	*We felt sick after eating there.*

5. sets the scene (weather, activities in progress, etc.) for other actions and events that take place.

Hacía muy mal tiempo y **llovía.**	*The weather was bad and it was raining.*
Yo **leía** en mi cuarto y **esperaba** la llamada.	*I was reading in my room and waiting for the call.*

• The preterit and the imperfect are often used together. In the following examples, the imperfect describes what was happening or in progress when another action (in the preterit) interrupted and took place.

Conversábamos con el dependiente cuando Lourdes **entró** en la joyería.	*We were talking with the sales clerk when Lourdes entered the jewelry store.*
Las chicas **salían** de la tienda cuando Jorge las **vio.**	*The girls were leaving the store when Jorge saw them.*

Study Tips — Distinguishing between the preterit and the imperfect

1. Analyze the context in which the verb will be used and decide whether the verb describes the way things were (imperfect) or it tells what happened (preterit).

    Era de noche cuando **volvieron** a casa.

    Era: describes → *It was nighttime. (Imperfect)*

    volvieron: tells what happened →*They returned. (Preterit)*

2. In many instances, both aspects produce a grammatical sentence. Your choice will depend on the message you are communicating.

Así **fue.**	*That's how it happened.*
Así **era.**	*That's how it used to be.*
Ayer **fue** un día horrible.	*Yesterday was a horrible day.* (This is the point; it's not background information.)
Era un día horrible.	*It was a horrible day.* (This is background information for the actions that will be narrated.)

3. Here are some temporal expressions that are frequently (but not always) associated with the imperfect and preterit.

Preterit	Imperfect
anoche	a menudo
anteayer	con frecuencia
ayer	de vez en cuando
de repente (*suddenly*)	mientras
esta mañana	frecuentemente
el fin de semana pasado	todos los lunes/martes/...
el mes pasado	todas las semanas
el lunes/martes/... pasado	todos los días/meses
una vez	muchas veces
siempre (*when an end point is obvious*)	siempre (*when an event is repeated with no particular end point*)

Presentation tip for *Preterit versus imperfect*
Prepare the following context on the board or a transparency substituting the infinitive for the answers in parentheses.

De vacaciones en la playa.
Era un día ideal. (Hacía) sol y el agua (estaba) caliente. Los pájaros (cantaban) y todos (estaban/estábamos) contentos. De repente (apareció) una tormenta. (Empezó) a llover. (Llovió) por dos días. Por fin, (apareció) el sol de nuevo y nosotros nos (pusimos) contentos. (Fuimos) a la playa y (nadamos).

Ask students to use the correct form of the infinitive in each sentence. Then emphasize the use of the imperfect to describe and set the scene of the narration (*Hacía, estaba, cantaban, estaban*) and the use of the preterit to express the beginning of an action or state (*Empezó, apareció, nos pusimos*) as well as a completed action viewed as a whole including its beginning, duration, and end (*Llovió, Fuimos, nadamos*).

Presentation tip for *Preterit versus imperfect*
Have students note how the temporal expressions that require imperfect generally imply repetition or habit and those that use the preterit refer to specific points in time.

Guayasamín en su estudio

¡Hola!

Cultura en vivo

Many Latin American writers and artists have devoted their work to human rights. Peruvian Mario Vargas Llosa gained international attention with his novel, *La ciudad y los perros* (1963), in which he criticized the way of life and military culture (aggressiveness, courage, manhood, sexuality) that he experienced as a boy in a Peruvian military academy. Many of his novels and essays since then revolve around the quest for justice and human rights. In 2010, Mario Vargas Llosa won the Nobel Prize for Literature, the first Latin American winner since Gabriel García Márquez 28 years earlier. Can you name other Nobel Prize winners dedicated to human justice?

APLICACIÓN

8-23 Guayasamín. Este artista se destaca (*stands out*) por su dedicación a los derechos humanos.

Paso 1 Lee la selección sobre el famoso artista ecuatoriano Oswaldo Guayasamín. Después haz una lista con los verbos en el pretérito y otra lista con los verbos en el imperfecto.

Oswaldo Guayasamín nació en Quito el 6 de julio de 1919. De niño, su familia era muy pobre. Se graduó de pintor y escultor en la Escuela de Bellas Artes de Quito. Realizó su primera exposición cuando tenía veintitrés años, en 1942. Durante su vida, recibió muchos premios[1] nacionales y varios internacionales. Tuvo una vida artística muy productiva: hizo cuadros, murales, esculturas y monumentos.

Toda su vida, Guayasamín simpatizó con ideales comunistas y apoyó[2] causas socialistas. Sin embargo, siempre estuvo en contra de todo tipo de violencia. Su obra humanista quiso reflejar la miseria que sufría la mayor parte de la humanidad.

Murió el 10 de marzo de 1999, a los setenta y nueve años, antes de poder terminar la obra que él consideraba su más importante: *La capilla[3] del hombre.*

[1]*prizes* [2]*supported* [3]*chapel*

Paso 2 Ahora explica por qué se usa el pretérito versus el imperfecto en la biografía de Guayasamín en **Paso 1.**

MODELO: *nació: completed event*

Paso 3 ¿Comprendiste? Contesta las siguientes preguntas basadas en el texto anterior sobre Guayasamín.

1. ¿Dónde y en qué año nació?
   Nació en Quito el 6 de julio de 1919.
2. ¿Cuántos años tenía cuando murió?
   Tenía setenta y nueve años.
3. ¿Con qué causas se identificó durante su vida?
   Simpatizó con ideales comunistas y apoyó causas socialistas.
4. ¿Qué honores recibió durante su vida?
   Recibió premios nacionales e internacionales.
5. ¿Qué quiso reflejar Guayasamín en su obra humanista?
   Quiso reflejar la miseria humana.
6. ¿En qué trabajaba cuando murió?
   Trabajaba en *La capilla del hombre.*

8-24 **Las obras de Guayasamín.** Conéctate a la Internet para ver otras obras de Guayasamín. Describe una de sus obras, contestando las preguntas que siguen.

> **Busca:** museo guayasamin

1. ¿Qué tipo de obra es?
2. ¿Qué colores predominan en la obra?
3. ¿Es una imagen triste o alegre? ¿Optimista o pesimista? Explica.

8-25 **Una escena en el mercado.** Completa el párrafo con la forma correcta del verbo entre paréntesis en el pretérito o el imperfecto, según el contexto.

Cuando llegamos al mercado ese día (1) __había__ (había/hubo) mucha actividad: un vendedor de fruta (2) __vendía__ (vendía/vendió) mangos y plátanos. Una artesana (3) __mostraba__ (mostraba/mostró) sus tejidos[1] de alpaca. Muchos niños (4) __jugaban__ (jugaban/jugaron) en la plaza. De repente, (5) __llegaron__ (llegaban/llegaron) algunas nubes muy oscuras y el cielo (6) __se puso__ (se ponía/se puso) muy gris. Luego (7) __empezó__ (empezaba/empezó) a llover y el viento (8) __sopló__ (soplaba/sopló)[2] violentamente. Cuando vino la lluvia, los niños (9) __corrieron__ (corrían/corrieron) a sus casas. Los vendedores (10) __cerraron__ (cerraron/cerraban) sus puestos[3] y los artesanos (11) __cubrieron__ (cubrieron/cubrían)[4] sus artículos. La tempestad (12) __duró__ (duraba/duró) media hora y después, todo (13) __continuó__ (continuaba/continuó) como antes.

---

[1]*weavings* [2]*blew* [3]*stalls* [4]*covered*

8-26 **¿Cómo era Otavalo?** Un amigo te cuenta de su viaje a Otavalo. Combina una frase de la primera columna con una terminación lógica para completar su descripción. Usa el imperfecto del verbo en la primera columna y el pretérito en la segunda columna. Hay más de una combinación posible.

MODELO: **ser** temprano cuando…
Era temprano cuando llegamos a Otavalo.

Lo que pasaba

1. (nosotros/as) **llegar** al mercado cuando…
2. (nosotros/as) **mirar** las camisas de algodón cuando…
3. (nosotros/as) **estar** regateando con la vendedora cuando…
4. (nosotros/as) **pagarle** la camisa cuando…
5. **ser** las doce del día, por eso…
6. **ser** tarde

Lo que ocurrió

- **decidir** almorzar un plato típico
- (ella) **ofrecernos** un precio mucho mejor
- ella **querer** vendernos otra
- **irse** de Otavalo y **regresar** al hotel
- la vendedora **venir** a hablarnos
- **ver** todos los puestos (*stalls*) y las artesanías

Answers for 8-26
Possible answers include:
1. Llegábamos al mercado cuando vimos todos los puestos y las artesanías. 2. Mirábamos las camisas de algodón cuando la vendedora vino a hablarnos. 3. Estábamos regateando con la vendedora cuando nos ofreció un precio mucho mejor. 4. Le pagábamos la camisa cuando ella quiso vendernos otra. 5. Eran las doce del día, por eso decidimos almorzar un plato típico. 6. Era tarde cuando nos fuimos de Otavalo y regresamos al hotel.

Wrap-up for 8-24
Have students share the results of their research, either in small groups or as a class. To provide visual support for their comments and ideas, bring in images of the artist's work or have students do so. Alternatively, if you have access to the web in your classroom, project the images directly from the Internet.

Optional activity before 8-25
The following offers practice with imperfect and preterit conjugations in controlled, juxtaposed contexts at the sentence level. According to your available time and preference, have students complete it before or in place of 8-25, which provides practice at the paragraph level. Substitute blanks for the answers in italics. This activity can be downloaded from the IRC.
Esta vez fue diferente.
Completa las frases con la forma correcta del verbo indicado en el imperfecto o en el pretérito, según el contexto.

1. **ir:** Todos los días yo *iba* a comprar fruta en la frutería Sánchez, pero ayer no *fui*.
2. **comprar:** Generalmente, Manuel y Victoria *compraban* en Saga Falabella, pero esta vez *compraron* en otro almacén.
3. **ver:** Nosotros siempre *veíamos* las nuevas modas en la primavera, pero este año las *vimos* en el otoño.
4. **ser:** Otavalo siempre *era* el mercado preferido de los turistas, pero este año, por las lluvias, no lo *fue*.
5. **hacer:** Antes, tú *hacías* tus compras en la farmacia Gómez, pero ayer las *hiciste* en la farmacia Hernández.

Warm-up for 8-25
Have students scan the verbs in parentheses and review their meanings as needed: *mostrar, soplar, cubrir, durar.* Be ready to clarify the meanings of any other words they may not know, such as *artesano/a, alpaca, oscuras, cielo, puestos, tempestad.*

8-27 Queríamos… Túrnense para completar las oraciones, indicando lo que querían hacer y lo que hicieron según el contexto. Vean los modelos.

MODELOS: Iba a… esta noche pero…
Iba a ver a mi novio esta noche pero me llamó y me dijo que estaba cansado.
quería… mientras…
Yo quería estudiar mientras escuchaba música.

1. Ayer venía a clase cuando…

2. Una vez el año pasado…

3. Cuando era más joven, frecuentemente…

4. Esta mañana iba a… pero…

5. Muchas veces en el pasado…

6. Ayer tenía ganas de… mientras…

8-28A Artículos encontrados. Ustedes trabajan en la oficina de Artículos encontrados en un almacén. Comparen lo que encontraron con lo que la gente perdió. Cada uno/a tiene parte de la información. **Estudiante B,** por favor ve al **Apéndice 1,** página A-14.

MODELOS: un guante
ESTUDIANTE A: *Encontré un guante.*
ESTUDIANTE B: *¿Era pequeño?*
ESTUDIANTE A: *Sí, era pequeño y de lana.*
ESTUDIANTE B: *Ah, una señora perdió un guante pequeño de cuero. No es de ella.*

Estudiante A:

Encontré:	Alguien perdió:	¿Se encontró?
Modelo: *un guante (pequeño; de lana)*	• *Una señora perdió un guante (pequeño; de cuero)*	*NO*
1. una camisa (azul; talla 40)	• Una chica perdió un bolso (rojo; con una billetera negra)	_____
2. unas sandalias (amarillas; de tacón alto)	• Una mujer perdió un collar (de oro; largo)	_____
3. unos vaqueros (de mujer; talla mediana)	• Un chico perdió un zapato (de tenis; número 9; de hombre)	_____
4. unos calcetines (de algodón; de niño)	• Un joven perdió una camiseta (de algodón; que decía "Ecuador"; roja)	_____
5. una sudadera (negra; con capucha)	• Una mujer perdió una blusa (blanca; de seda; talla 12)	_____

Optional activity after 8-28
The following offers oral/aural practice with imperfect and preterit conjugations in an open-ended, story-telling context. Have students complete it after 8-28, according to your available time and preference. This activity is available for download from the IRC.
La última liquidación.
Túrnense para describir la última liquidación de su tienda favorita. Incluyan esta información.
¿Qué día era?
¿Cuánta gente había?
¿Qué estaba en rebaja?
¿Cómo eran los precios?
¿Pudiste regatear?
¿Qué compraste?
¿Cuánto pagaste?
¿Fue una ganga?

4. Impersonal constructions with *se*

 Instructor Resources
• MSL: PPT, Supplementary Activities

Impersonal constructions with **se** are commonly used on signs and in instructions and rules in order to attribute actions to no one in particular.

- Use **se** and the third-person singular of the verb in statements attributed to no one in particular. These are generally followed by an infinitive, a clause introduced by **que,** or an adverb.

Se prohíbe fumar en el almacén.	*Smoking is prohibited in the department store.*
Se dice que hay una liquidación hoy en la zapatería León.	*They say there is a liquidation sale today in the Leon shoe store.*
Se compra bien en Saga Falabella.	*You (One, They) buy well in Saga Falabella.*

¿Qué se prohíbe en el Canal?

- Use the pronoun **se** and the third-person singular or plural form of the verb as a substitute for the passive voice in Spanish to say what is done (see Appendix 2). Notice that the subject of the verb is the object/s that is/are offered, sold, seen, bought, and so on.

Se ofrecen descuentos en la Internet.	*Discounts are offered on the Internet.*
Se encontró el anillo en el probador.	*The ring was found in the dressing room.*
Se vendían artículos de segunda mano en esta tienda.	*Second-hand articles used to be sold in this store.*

Note on *Impersonal* se
These uses are often separated as impersonal and passive uses of *se*. We present the uses together to simplify the concept for beginning students. Point out that the subject of the verb is either third-person singular or plural. An infinitive, adverb, or noun clause will always trigger the singular. Nouns will trigger either singular or plural.

Presentation tip for *Impersonal* se
Ask students, *¿Dónde se compra bien en esta ciudad? ¿Se dice que hay una liquidación este fin de semana? ¿Se permite fumar en clase? ¿Dónde se permite fumar?* Then ask students who buys, says, or permits in these cases? Try to elicit the "one," "they," or "you," which imply no one in particular in English.

Presentation tip for *Differences between the impersonal* se *and the passive* se
Have students complete these sentences with the correct forms of the verb *vender*.

En el concierto se ____ boletos.
En la sección de clasificados del periódico, se ____ coches y bicicletas.
En la playa, se ____ refrescos.
En la librería, se ____ mucho.

Then have them explain to you the difference between the first 3 sentences and the final one.

APLICACIÓN

8-29 Un concierto al aire libre. ¿Te gusta esuchar música al aire libre? Aquí tienes información sobre un concierto de música andina.

Paso 1 Primero, subraya las expresiones con una construcción impersonal con **se**.

Si a usted le apasiona la música andina, lo invitamos este fin de semana a este gran concierto que <u>se conoce</u> como uno de los mejores del mundo y donde <u>se escucha</u> la música más típica de Perú y de Ecuador. Como recuerdo, <u>se venden</u> programas con bellas fotos de los músicos de este espectáculo. La taquilla donde <u>se venden</u> los boletos <u>se abre</u> a las nueve de la mañana y <u>se cierra</u> a las ocho de la noche. Además, <u>se ofrece</u> una gran variedad de precios. <u>Se recibe</u> un descuento si <u>se compran</u> más de cinco boletos. Después del concierto, <u>se puede</u> pasear por los jardines, tomar una copa de champán y conocer a algunos de los músicos.

GRAN CONCIERTO DE
música andina

VENGA Y VEA EL ESPECTÁCULO

sábado, 13 de octubre • 20:00 h
Teatro Municipal

Paso 2 Ahora contesta las siguientes preguntas, basándote en la actividad anterior.

1. ¿Qué se anuncia?
   Se anuncia un concierto.
2. ¿Entre qué horas se puede comprar boletos?
   Se puede comprar boletos entre las nueve y las ocho.
3. ¿Cómo son los precios que se ofrecen?
   Se ofrecen precios variados.
4. ¿Qué tipo de música se oye?
   Se oye música andina.
5. ¿Qué más se puede comprar durante el concierto?
   Se puede comprar programas.
6. ¿Qué se hace después del concierto?
   Se puede pasear, tomar una copa de champán y conocer a los músicos.

8-30 ¿Qué se hace? Pregúntense si se hacen las siguientes actividades en su universidad o ciudad. Incluyan otros detalles en sus preguntas para poder hablar más sobre estos temas.

MODELO: permitir fumar en esta universidad
¿Se permite fumar en esta universidad? ¿Dónde? ¿Por qué? ¿Cuándo?

- permitir fumar en tu apartamento
- permitir animales domésticos en tu apartamento
- comer bien en tu casa
- poder pasear por la noche en esta ciudad sin tener que preocuparse
- decir que es tradicional o liberal esta ciudad
- dar descuentos a estudiantes en los restaurantes cerca de la universidad

8-31A Ofertas de esta semana. Cada uno/a de ustedes tiene parte de un anuncio sobre las ofertas de esta semana en el almacén. Usen una construcción impersonal con **se** en sus preguntas sobre los artículos, los descuentos y los precios para conseguir la información que falta. Empiecen con los artículos que necesitan de su lista.
Estudiante B, por favor ve al **Apéndice 1,** página A-15.

MODELO: cadenas de plata
    ESTUDIANTE A: *¿Se venden cadenas de plata?*
    ESTUDIANTE B: *Sí, se venden cadenas de plata en el departamento de joyería.*
    ESTUDIANTE A: *¿Qué descuentos se dan?*
    ESTUDIANTE B: *Se dan descuentos del 25 al 50 por ciento.*

Saga Falabella, Buenos Aires, Argentina

Expansion of 8-31
You may wish to divide students into groups, bring in various random objects/parts such as a part from a toy or a metal ring, and have students create funny, ridiculous *anuncios* using these items.
Se vende(n) _____. Se usa(n) para _____ y _____. Se ofrece(n) a precios _____. Se paga con _____ y _____.

Estudiante A:

Saga Falabella Ofertas Fin de Temporada		
Ofertas por departamento	**Artículos que necesito**	**Descuentos que recibo**
MODELO: *Joyería: Plata y oro: cadenas, aretes… Descuentos del 25% al 50%*	*cadenas de plata*	*del 25% al 50%*
Joyería: Todo menos relojes de pulsera, descuentos del 25% al 50%		
Departamento juvenil:	ropa de niños para el invierno	
Departamento para mujeres chic: Blusas, faldas, vaqueros de diseñador, descuentos del 25%		
Departamento para hombres:	camisas de talla 34 corbatas de seda	
Departamento de calzado: Zapatos tenis, sandalias, calcetines, descuentos del 30% al 50%		
Departamento deportivo:	raquetas de tenis esquís acuáticos	

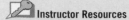
8-32 **Planes para este fin de semana.** Hagan planes para hacer algo interesante este fin de semana. Usen una construcción impersonal con **se** para hablar de las posibilidades y hacer sus planes. A continuación tienen algunas expresiones que pueden usar.

se dice que...	se vende(n)...	se necesita(n)...
se cree que...	se abre(n)...	(no) se permite...
se anuncia(n)...	se puede...	¿...?

MODELO: E1: *Se dice que el sábado hay un concierto de Taylor Swift en el estadio de la universidad. ¿Sabes dónde se venden las entradas?*

E2: *Creo que se venden entradas en la Internet o en la taquilla... Se cree que ella...*

08-45 to 08-50

¿Cuánto saben?

Primero, pregúntate si puedes llevar a cabo las siguientes funciones comunicativas en español. Después, júntate con dos o tres compañeros/as de clase para presentar las situaciones. Hagan y respondan a por lo menos cuatro preguntas en cada situación.

✓ CAN YOU . . .

WITH YOUR CLASSMATE(S) . . .

☐ shop for personal care products?

Situación: De compras
Uno/a de ustedes necesita comprar varios artículos personales. Explica qué quieres comprar y para quién(es), y decide entre varias opciones. El/la dependiente/a siempre quiere venderles los artículos más caros. Usen el vocabulario y las expresiones de **¡Así lo decimos!**
Para empezar: *Necesito comprar champú y pasta de dientes para mi compañera de cuarto. ¿Tiene alguna rebaja?*

☐ contrast what happened in the past with something else that was going on?

Situación: Un evento importante
Hablen sobre lo que hacían cuando algo importante ocurrió en el pasado, por ejemplo, recibieron alguna noticia importante, anunciaron la muerte de una persona importante o los resultados de una elección política, tuvieron un accidente, etc. Usen expresiones como **anoche, el año pasado, ayer, mientras, de repente,** etc., para describir la acción.
Para empezar: *Ayer veía la televisión cuando de repente anunciaron...*

☐ talk about what people say, believe, sell, etc.?

Situación: Mi tienda favorita
Hablen sobre las mejores tiendas de su ciudad donde pueden comprar los mejores productos por un precio bueno, etc. Usen expresiones como **se dice, se cree,** etc.
Para empezar: *Se dice que este almacén es el más barato de esta ciudad. ¿Estás de acuerdo?*

☐ talk about what is done?

Situación: Mis productos favoritos
Hablen sobre los mejores productos personales, dónde y por cuánto se venden. Usen expresiones como **se vende, se ofrece, se abre,** etc.
Para empezar: *En mi opinión, el mejor champú se vende en el salón Bello...*

Observaciones

08-51
to 08-54

¡Pura vida! EPISODIO 8

En este episodio Silvia y Marcela van de compras.

Antes de ver el video

8-33 El regateo en los mercados. Lee la explicación de cómo es el regateo en Latinoamérica y contesta las siguientes preguntas.

> En Costa Rica existe la costumbre de regatear el precio de los productos que se venden en los mercados centrales: hamacas[1], sandalias de cuero, platos de cerámica, gorras, joyas, ropa y hasta verduras y comida. El regateo es especialmente intenso en las tiendas de artesanías[2], en las que se venden pequeñas carretas pintadas de colores vivos y otros objetos de madera[3]. Es importante no mostrar mucho interés en el producto que deseas comprar y ofrecer un precio bajo para negociar con el vendedor el precio del producto. El precio final depende de la habilidad de cada cliente.

[1]*hammocks*   [2]*crafts*   [3]*wood*

1. ¿Qué se regatea en Costa Rica?
   El precio de los productos que se venden en los mercados centrales.

2. ¿Qué productos se regatean?
   Hamacas, zapatos de cuero, platos de cerámica, sombreros, joyas, ropa y hasta verduras y comida.

3. ¿Qué es importante hacer cuando se regatea?
   No mostrar mucho interés en el producto y ofrecer un precio bajo.

A ver el video

8-34 Las compras. Mira el octavo episodio de **¡Pura vida!** para identificar qué compran Silvia y Marcela y para quién lo compran, según el video.

El artículo	¿Lo compra?	¿Para quién?
un arco y una flecha	no	
unos aretes	no	
una pieza de madera	sí	Marcela
sandalias de cuero	no	
una blusa	sí	Silvia

La vendedora

De compras

Marcela y Silvia

Después de ver el video

 8-35 Los mercados. Conéctate a la Internet para ver imágenes de mercados en Ecuador y Costa Rica. Escribe un párrafo de por lo menos siete líneas en que describas los productos que veas.

> **Busca:** foto mercado ecuador; foto mercado peru

 Instructor Resources
• IRM: Videoscript

Presentation tip for *Observaciones*
Use the pre-viewing activity as an advance organizer to give students an idea of what they will see in the episode. Complete the activity in class, and assign the viewing and comprehension questions as homework. The review and follow-up activity can be done the following day in class.

Expansion of 8-34
Bring in to class numerous small items/trinkets and/or invite students to do so. Stage a market by setting up desks in a row and dividing the class into 2 groups—a group of *vendedores* and a group of *clientes*. Write and review key expressions on the board to help students in their interactions. Then have the *clientes* circulate around, engaging in bargaining with the *vendedores* for the "purchase" of items. You can even provide fake money, for example, from a board game, or create fake *nuevos soles*. Perhaps have students switch roles for a second round. To conclude, have various volunteers recount their experiences to the class, stating what they bought and for how much money. The class can decide whether these students got a bargain or paid too much money for an item!

En Costa Rica se pintan las carretas (*oxcarts*) de colores vivos.

Nuestro mundo

Panoramas

El reino inca: Perú y Ecuador

08-55 to 08-56

El archipiélago de las Islas Galápagos es famoso por su exquisita variedad de vida marítima y terrestre. Es aquí también donde se encuentra el Centro de Investigación Charles Darwin. Hoy en día, el gobierno ecuatoriano coopera con los movimientos ecológicos para estudiar y proteger las especies únicas, como el galápago (*giant tortoise*), el booby con patas azules (*blue-footed booby*) y la iguana marina.

Según la leyenda, el Padre Sol (que se llamaba Inti Tayta) creó la civilización inca en el lago Titicaca. Los habitantes de esta región conservan sus antiguas tradiciones, incluyendo la construcción y uso de barcos de juncos (*reeds*) del lago.

Una experiencia inolvidable es seguir el Camino Inca por Perú en un viaje de cuatro días. La mejor estación del año para hacer esta excursión es durante la temporada seca: de mayo a octubre. Antes de empezar la excursión, es importante acostumbrarte a la altura de 2.380 m.

Ecuador, tierra de volcanes activos, densas selvas, aguas termales y extravagantes vistas.

Perú y Ecuador

	Perú	**Ecuador**
Población:	20,5 millones	14,6 millones
Lenguas:	español, quechua (oficiales); aimara y otras lenguas amazónicas	español (oficial); idiomas amerindios, especialmente quechua
Tarjetas de crédito:	En almacenes y restaurantes grandes; no en mercados ni en restaurantes pequeños.	No en tiendas pequeñas, en mercados, ni en las Islas Galápagos.
Cajeros automáticos[1]:	En todas partes; pero se cobra una comisión del 2% al 3% por uso internacional.	

[1]*ATMs*

Note on *Fact box*
Source: worldtravels.com

Note on *Fact box*
Credit and debit card companies typically charge an international transaction fee when their cards are used abroad. A notable exception at the time of publication was Capital One. Visa is the most commonly accepted credit card.

8-36 Identifica. Identifica, describe y/o explica lo siguiente.

1. el científico inglés que hizo investigaciones en las Islas Galápagos Charles Darwin
2. un animal protegido en las Islas Galápagos el galápago, el booby con patas azules, la iguana marina
3. una civilización antigua de América del Sur la inca
4. el dios creador (*creator*) de los incas Inti Tayta
5. dónde se encuentra el Camino Inca en Perú

8-37 Desafío. Consulta el mapa y la caja para identificar lo siguiente.

1. la capital de Ecuador y la de Perú Quito; Lima
2. los países en las fronteras de Perú y de Ecuador **Perú**: Bolivia, Chile, Colombia, Ecuador, Brasil; **Ecuador**: Perú, Colombia
3. dónde se permite usar tarjetas de crédito en los restaurantes y los almacenes grandes
4. cuánto se cobra cuando se usa el cajero automático entre el 2% y el 3%
5. dónde se encuentra el lago Titicaca entre Perú y Bolivia

8-38 Proyecto. Escoge uno de los siguientes temas: **música andina, Nazca, Cuzco, Cuenca, Islas Galápagos, la comida** u otro que te interese, para investigar más sobre uno de estos países. Usa el Modelo para escribir un resumen en que incluyas lo siguiente:

- su nombre y dónde se encuentra
- por qué es importante o interesante
- cómo era en el pasado; cómo es ahora
- si quieres visitarlo o verlo algún día y por qué
- si piensas estudiar más sobre este tema
- una foto representativa

> **Busca:** musica andina; nazca; comida peru (ecuador); cuzco; cuenca ecuador

MODELO: *Quito es la capital de Ecuador. Se encuentra a una altura de 2.850 metros y está rodeada de las altas montañas de los Andes...*

Optional activity
Have students complete this activity as an alternative or as a follow-up to the comprehension questions in *Expansion of Panoramas*. This activity can be downloaded from the IRC. Tell students: *Emparejen las expresiones en la primera columna con su definición o explicación en la segunda.*

1. _g_ Titicaca
2. _e_ el quechua y el aimara
3. _d_ el Camino Inca
4. _c_ Charles Darwin
5. _b_ el galápago
6. _a_ Inti Tayta
7. _f_ las Islas Galápagos

a. el Padre Sol de los incas
b. una tortuga gigantesca en peligro de extinción
c. el científico inglés conocido por su teoría de la evolución de las especies
d. un antiguo sendero (*trail*) por las montañas de Perú
e. lenguas indígenas
f. el archipiélago donde viven muchas especies únicas
g. el lago grande entre Bolivia y Perú

Warm-up for *Páginas*
Have students complete
these statements to help
them anticipate the story.
1. *La acción tiene lugar en…
a. la universidad b. una
laguna c. mi casa. 2. Los
personajes principales son…
a. animales b. niños
c. jóvenes. 3. Una fábula
siempre termina…
a. trágicamente b. felizmente
c. con una lección moral
(una moraleja).*

Note on Reading strategies
Activity **8-39** encourages
students to connect previous
knowledge about genre to
help them anticipate what
they will read.

Expansion of *Páginas*
You may want to have
students act out this reading
as a puppet show. Photocopy,
enlarge, and color the images
of the 3 characters from the
textbook. Have students go
through the motions of the
characters, talking while
making the sounds.

"Los rivales y el juez" (Ciro Alegría, Perú)

Ciro Alegría nació en Huamachuco, Perú, en 1909 y murió en 1967. Vivió muchos años entre los indígenas y sus obras dan vida y validez a sus tradiciones y a su folklore. "Los rivales y el juez" es una fábula.

ANTES DE LEER

8-39 El género de la obra. Si sabes el género (*genre*), puedes anticipar cierta información. Según tu experiencia con las fábulas, ¿cuáles de estas características se pueden aplicar?

___X___ Tiene una lección.

_____ Los personajes son dioses.

_____ Es algo que realmente ocurrió.

___X___ Los personajes son animales generalmente.

8-40 ¿Quiénes son? Aquí tienes los personajes de esta fábula. Empareja el personaje con su descripción.

El sapo

La cigarra

La garza

1. __c__ el sapo   a. pequeña, negra, seis patas

2. __a__ la cigarra   b. alta, gris, elegante, pico largo

3. __b__ la garza   c. bajo, verde o pardo, cuatro patas, feo

Answers for 8-41
Answers will vary.
1. Aesop (Esopo)
*2. "The Fox and the
Grapes"; "The Lion and
the Mouse"; "The Hare
and the Tortoise";*
*3. The crow in "The Fox
and the Crow" is tricked
into dropping his cheeses
because he wants to prove
to the fox how beautifully
he sings.*

8-41 Para pensar. Piensa en una fábula en inglés y da la información a continuación.

1. el nombre de un escritor de fábulas

2. el nombre en inglés de una fábula famosa

3. el nombre de un personaje ufano (*conceited*)

A LEER

8-42 La historia. Lee la siguiente fábula para saber qué les pasó al sapo, a la cigarra y a la garza.

"Los rivales y el juez°"

Un sapo estaba muy ufano° de su voz y toda la noche se la pasaba cantando:
toc, toc, toc.

Y una cigarra estaba más ufana de su voz, y se pasaba toda la noche y también todo el día
cantando: chirr, chirr, chirr.

Una vez se encontraron y el sapo le dijo: "Mi voz es mejor".

Y la cigarra contestó: "La mía es mejor".

Se armó una discusión que no tenía cuándo acabar°.

El sapo decía que él cantaba toda la noche.

La cigarra decía que ella cantaba día y noche.

El sapo decía que su voz se oía a más distancia y la cigarra que su voz se oía siempre.

Se pusieron a cantar alternándose: toc, toc, toc; chirr, chirr, chirr y ninguno se convencía.

Y el sapo dijo: "Por aquí a la orilla° de la laguna, se para° una garza. Vamos
a que haga de juez".

Y la cigarra dijo: "Vamos". Saltaron y saltaron hasta que vieron a la garza.

Y la cigarra gritó: "Garza, queremos únicamente que nos digas cuál de nosotros dos
canta mejor".

La garza respondió: "Entonces acérquense° para oírlos bien".

El sapo se puso a cantar, indiferente a todo y mientras tanto la garza se comió a la cigarra.
Cuando el sapo terminó, dijo la garza: "Ahora seguirá la discusión en mi buche°",
y también se lo comió. Y la garza, satisfecha de su acción, encogió una pata° y siguió
mirando tranquilamente el agua.

judge

conceited

had no end

bank/hay

vengan cerca

belly

drew up a leg

DESPUÉS DE LEER

8-43 ¿Comprendieron? Habla con tu compañero/a de los personajes y la moraleja de la fábula.

1. ¿Quiénes son?
   Son la garza, el sapo y la cigarra.

2. ¿Quién canta mejor? ¿Quién es más inteligente?
   Cada uno cree que canta mejor. La garza es la más inteligente de los tres.

3. En su opinión, ¿cuál es la moraleja (*moral*)?
   Answers will vary: por ejemplo, no es bueno ser ufano o muy orgulloso.

4. ¿Conocen otra fábula con una moraleja semejante (*similar*)?
   Answers will vary: por ejemplo, de Esopo, "El cuervo y el zorro" ("The Fox and the Crow")

8-44 Sus animales favoritos. Hablen de los animales que les gustan y de los que no les gustan. Luego expliquen por qué.

Comprehension check for
Páginas
Have students put the following events in order according to the fable: *Pon estos eventos en orden cronológico.*

__6__ ¡La garza se los comió!
__1__ El sapo cantaba "toc, toc, toc".
__5__ La garza fue juez.
__3__ El sapo y la cigarra estaban ufanos.
__2__ La cigarra cantaba "chirr, chirr, chirr".
__4__ Toda la noche se oía "toc, chirr, toc, chirr, toc, chirr".

Warm-up for 8-43
Write the names of various animals on the board in Spanish for students to reference. Be prepared to provide additional names as requested by students. You also may want to provide adjectives that describe animals for students to use in support of their opinions and reasons.
   Animales salvajes: el león, el elefante, la jirafa, el mono, el flamenco, el tucán
   Animales domésticos: el perro, el gato, el caballo, el cerdo, la vaca, el pollo, el pavo, la oveja

Taller

8-45 Una fábula. En esta actividad vas a escribir una fábula. Recuerda que los personajes son animales y que debe contener una moraleja explícita o implícita.

MODELO: *En la alta sierra de Perú vivían una alpaca y un cóndor. La alpaca se creía la criatura más bella de todo el mundo. El cóndor también se creía muy, muy bello, aún más bello que la alpaca...*

La alpaca   **El cóndor**

ANTES DE ESCRIBIR

- **Descripción.** Escribe una breve descripción de dos o tres personajes. Incluye sus aspectos físicos y personales.

  Algunos animales

la araña	*spider*	la iguana	*iguana*
la ardilla	*squirrel*	el lobo	*wolf*
el booby con patas azules	*blue-footed booby*	el loro	*parrot*
la culebra	*snake*	el pato	*duck*
el galápago	*giant tortoise*	el perro	*dog*
el gato	*cat*	el zorro	*fox*

A ESCRIBIR

- Escribe dos o tres oraciones para describir el lugar. Usa el imperfecto.

- Escribe dos o tres oraciones para explicar el problema o el conflicto entre los personajes. Usa el imperfecto.

- Escribe dos o tres oraciones, describiendo su encuentro (*encounter*) y los resultados. Usa el pretérito.

- Escribe la moraleja (*moral of the story*) para resumir la fábula. La moraleja empieza con esta frase: (*No*) *hay que...*

DESPUÉS DE ESCRIBIR

- **Revisar.** Revisa tu fábula para verificar los siguientes puntos:

  ☐ el uso del imperfecto (la escena)

  ☐ el uso del pretérito (los acontecimientos [*events*])

  ☐ la ortografía y la concordancia

- **Intercambiar.** Intercambia tu fábula con la fábula de otro/a compañero/a para hacer correcciones y sugerencias y para comentar sobre el mensaje (*message*) de la fábula.

- **Entregar.** Pon tu fábula en limpio, incorporando las sugerencias de tu compañero/a. Después, entrégasela a tu profesor/a.

Vocabulario

Primera parte

La ropa y los accesorios   Clothing and accessories

el abrigo   *coat*
la billetera   *wallet*
la blusa   *blouse*
el bolso   *bag, purse*
las botas   *boots*
los calcetines   *socks*
la camisa   *shirt*
la camiseta (sin mangas)   *t-shirt (tank top)*
las chanclas   *flip-flops*
la chaqueta   *jacket*
la corbata   *tie*
la (mini)falda   *(mini-)skirt*
la gorra   *cap*
el gorro   *winter hat*
los pantalones   *pants (shorts)*
las sandalias   *sandals*
la sudadera (con capucha)   *(hooded) sweatshirt*
el suéter   *sweater*
el traje   *suit*
los vaqueros   *jeans*
el vestido   *dress*
los zapatos (de tacón alto)   *(high-heeled) shoes*

Lugares donde vamos a comprar   Places where we shop

el almacén   *department store*
el centro comercial   *shopping center, mall*
el mercado (al aire libre)   *(open-air) market*
la tienda   *store, shop*

En una tienda   At a store

la caja   *cash register*
el/la dependiente/a   *sales clerk*
el descuento   *discount*
la ganga   *bargain, good deal*
el precio   *price*
el probador   *fitting room*
el recibo   *receipt*
la tarjeta de crédito/débito   *credit/debit card*
el/la vendedor/a   *vendor, seller*
la liquidación   *clearance sale*

Las telas   Fabrics

el algodón   *cotton*   **la lana**   *wool*
el cuero   *leather*   **la seda**   *silk*

Verbos   Verbs

estar en rebaja   *to be on sale*
llevar   *to wear*
pagar (en efectivo)   *to pay (cash)*
probarse (ue)   *to try on*
regatear   *to bargain, to haggle over*

Descripciones   Descriptions

de cuadros   *plaid*
de manga corta/larga   *short-/long-sleeved*
de moda   *in style*
de rayas   *striped*

Segunda parte

En la joyería   At the jewelry store

el anillo   *ring*
los aretes   *earrings*
la cadena   *chain*
el collar   *necklace*
la pulsera   *bracelet*
el reloj de pulsera   *wristwatch*

Descripciones   Descriptions

de diamantes   *diamond*
de oro   *gold*
de perlas   *pearl*
de plata   *silver*

En la farmacia   At the pharmacy

el cepillo de dientes   *toothbrush*
la colonia   *cologne*
el desodorante   *deodorant*
la pasta de dientes   *toothpaste*
el perfume   *perfume*
el talco   *talcum powder*

Las tiendas   Shops

la farmacia   *pharmacy*
la florería   *flower shop*
la heladería   *ice cream shop*
la joyería   *jewelry store*
la papelería   *stationery shop*
la perfumería   *beauty supply shop*
la zapatería   *shoe store*

Verbos   Verbs

devolver (ue)   *to return (something)*
gastar   *to spend*
hacer juego (con)   *to match, to go well with*

Presentation tip for *Vocabulario*
Help students better assimilate vocabulary through images and realia (articles of clothing from fashion magazines, jewelry, personal care items, etc.), role-plays, or dialogs based on shopping, and review games. Some examples of the latter that will work successfully with these word sets include word associations (identifying articles of clothing for men, for women, for exercise, for a formal occasion, for warm weather, for cold weather, etc.; matching types of stores with the items they sell: *la papelería* → *el papel, los cuadernos, los bolígrafos…; la zapatería* → *las sandalias, los zapatos de cuero, los zapatos de tenis, los tacones, las botas…; la joyería* → *el anillo de oro, el collar de perlas…;* etc.), spelling races at the board, and Pictionary. By interacting with others and using words in meaningful ways, students greatly enhance their vocabulary acquisition.

Instructor Resources
• MSL: Testing Program

Shopping expressions *See page 251.*   **Ordinal numbers** *See page 258.*   **Expressions used with preterit and imperfect** *See page 267.*

Instructor Resources

• IRM: Syllabi and Lesson Plans
• MSL: Textbook images, PPT

Warm-up for *Capítulo 9*
Review the previous chapter by asking students to talk about a recent shopping trip. Ask if there were many people in the store (imperfect), if there were markdowns (imperfect), what items they bought (preterit), how much each item cost (preterit), etc.

Warm-up for *Capítulo 9*
Introduce *Capítulo 9* by telling students that you and some of your celebrity friends (such as Shakira) are planning a trip to Colombia and Venezuela. Refer to the map of South America and point out some of the places that you plan to visit. Provide a list of some of the activities you must do before taking your trip. Ask students if they would like to go with you and your celebrity friends.

The Five C's

Communication: Activities requesting opinions, such as in *Perfiles* and *Páginas*; writing activities (*Taller*), information gap (9-5, 9-10, 9-12, 9-25, 9-29), information sharing activities (9-6, 9-9, 9-13, 9-15, 9-18, 9-20, 9-22, 9-23, 9-26, 9-42).

Cultures: See Chapter Opener, *Perfiles, Cultura en vivo, Presencia hispana, Observaciones, Panoramas, Páginas,* and *Taller*. See also, activities with a cultural context, such as 9-1, 9-3, 9-4, 9-5, 9-6, 9-7, 9-8, 9-11, 9-12, 9-19, 9-23, 9-24, 9-27, 9-29; also photos and teacher notes that expand on cultural topics, found throughout.

Connections: For example, activities asking students to connect previous knowledge: *Mi experiencia, Mi música, Panoramas, Presencia hispana, Cultura en vivo, Taller* (writing).

Comparisons: *Estructuras, Perfiles, Cultura en vivo, Variaciones, Presencia hispana.*

Communities: Internet activities, such as 9-1, 9-11, 9-17, 9-27, 9-35, 9-38, 9-43.

9
Vamos de viaje

OBJETIVOS COMUNICATIVOS

- Making travel arrangements
- Requesting travel-related information
- Talking about going to and through places
- Describing how and when actions take place

- Describing travel and vacation experiences
- Trying to influence another person
- Giving advice

Readiness Check

Los países caribeños de Sudamérica: Venezuela y Colombia

«Allá donde fueres, haz como vieres».

Refrán: When in Rome, do as the Romans do. *(lit., Wherever you go, do as you see.)*

Fernando Botero, pintor y escultor colombiano, es conocido por sus figuras voluptuosas que frecuentemente reflejan un mensaje social o político. La escultura "Hombre a caballo" se encuentra en un parque de Medellín, Colombia, donde Botero nació.

Shakira es ganadora de varios Grammy Latinos. Es mundialmente conocida como cantante y también por sus obras caritativas. En 2006, fundó, con otros artistas famosos, América Latina en Acción Solidaria (ALAS) para combatir la pobreza infantil en Latino América.

doscientos ochenta y tres ●●● **283**

Presentation tip for *Refrán*
Write the verb forms *fueres, haz,* and *vieres* on the board. Act out the 3 actions in sequence, and elicit from students the infinitive for each one (*ir, hacer, ver*), adding the words to the board. Have students guess the meaning of the *refrán* and whether they are familiar with the expression in English, "When in Rome, do as the Romans do." Ask students if they agree with this statement or not and to explain their reasons.

Note on *Images*
Fernando Botero (1932–): pintor y escultor colombiano. Sus obras se conocen por sus proporciones exageradas y por la corpulencia de sus figuras. La escultura "Hombre a caballo" es de 2004. Desde sus inicios, ha representado escenas costumbristas y en su obra reciente, ha representado la situación política colombiana y mundial, por ejemplo, en su serie de 79 cuadros sobre *Abu Ghraib* (2005) que muestran los horrores de la tortura y de la guerra.
    Shakira (1977–): cantautora, productora, bailarina, actriz y filántropa colombiana; su nombre completo es Shakira Isabel Mebarak Ripoll, nacida de madre colombiana y de padre de descendencia libanesa. Además de su trabajo con ALAS, es también la fundadora de Pies Descalzos, organización caritativa que establece escuelas para niños pobres en Colombia. Tiene dos Premios Grammy y siete Grammy Latinos; ha vendido más de 50 millones de discos a nivel mundial desde junio 2009. Su gran éxito "La tortura" del álbum *Fijación Oral, Vol. 1* (lanzado en junio 2005) fue la primera canción en español tocada con frecuencia en la radio estadounidense, en MTV y en VH1 y le llevó a tres nominaciones para los Premios MTV Video Music, nuevo logro para una canción en español en EE. UU.

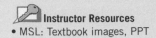
Primera parte

¡Así lo decimos! VOCABULARIO

 ¡Así es la vida! De vacaciones

 Marisela, Mauricio y Daniel, unos estudiantes universitarios de Caracas, están por abordar un avión para tomarse unas vacaciones en Colombia.

MARISELA: ¡Ay! ¡Toda una semana sin clases! ¡Qué chévere!

MAURICIO: Sí, pero primero tenemos que hacer cola para pasar por el control de seguridad...

DANIEL: ... y quitarnos los zapatos, sacar la portátil de la mochila, ...

MARISELA: ¡Hombre, no es para tanto! ¡Nos vamos de vacaciones!

 Mientras esperan...

MARISELA: Oye Daniel, ¿tienes tu tarjeta de embarque a mano?

DANIEL: ¡Claro! Y el itinerario en la maleta. El precio que nos dieron para este viaje, con todo incluido, fue una ganga.

MAURICIO: Es verdad, pasaje de ida y vuelta, hotel en Cartagena, excursión a la isla de San Andrés...

MARISELA: ...¡que tiene una playa fabulosa!

DANIEL: Y todo por solo dos mil doscientos bolívares por persona.

09-02 to 09-08

Vocabulario En el aeropuerto

Variaciones
In Latin America you purchase **un boleto;** in Spain, **un billete.**

En la agencia de viajes At the travel agency

el/la agente de viajes	*travel agent*
el boleto (electrónico)	*(e-)ticket*
el folleto	*brochure*
el pasaje (de ida y vuelta)	*(roundtrip) fare, ticket*
la reservación / reserva	*reservation*
el/la viajero/a	*traveler*

En el aeropuerto In the airport

la aduana	*customs*
el avión	*plane*
el control de seguridad	*security checkpoint*
el/la inspector/a de aduanas	*customs inspector*
el pasaporte	*passport*
la puerta de embarque	*boarding gate*
la sala de espera	*waiting room*
el reclamo de equipaje	*baggage claim*
la tarjeta de embarque	*boarding pass*
el vuelo	*flight*

Pasa por el control de seguridad.

Variaciones
Although **el carro** is commonly used throughout the Americas for *car,* **el auto** (from **el automóvil**) is preferred in Argentina and Chile, la **máquina** in Cuba, and **el coche** in Spain (where **el carro** means *cart, wagon*).

En el avión On the plane

el asiento de pasillo / de ventanilla	*aisle seat / window seat*
el/la asistente de vuelo	*flight attendant*
la clase turista	*coach class*
la demora	*delay*
la escala	*stopover*
la llegada	*arrival*
el/la pasajero/a	*passenger*
el/la piloto	*pilot*
la salida	*departure*

Verbos Verbs

abordar	*to board*
aterrizar	*to land*
bajarse (de)	*to get off (of), to get down (from)*
despegar	*to take off*
esperar	*to wait for*
facturar el equipaje	*to check baggage*
hacer cola	*to stand in line*
hacer la(s) maleta(s)	*to pack one's suitcase(s)*
hacer un crucero	*to take a cruise*
pasar por (...)	*to pass through (...)*
viajar por barco	*to travel by ship*
tren	*train*
carro / coche / auto	*car*
autobús	*bus*

Variaciones
For *bus,* **el autobús** is generally understood by Spanish speakers, although the term **el camión** is more frequent in Mexico, especially for a commuter bus.

Revisa la hora de salida.

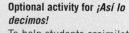

Esperan sus maletas en el reclamo de equipaje.

Instructor Resources
• MSL: Textbook images, PPT, Supplementary Activities

Note on ¡Así lo decimos!
Your students are probably not seasoned travelers, but they may be interested in visiting other parts of the world. The activities in *Primera parte* will help them think about their travel options, make reservations, and navigate the airport and airplane in Spanish.

Presentation tip for ¡Así lo decimos!
Ask questions, either orally or as a writing assignment, to review and personalize the vocabulary: *¿Dónde haces tus reservaciones para un viaje? ¿Cómo prefieres viajar: por carro, por avión, por tren, por autobús, por barco...? Cuando viajas por avión, ¿prefieres facturar tu equipaje o llevarlo en la mano? Si lo facturas, ¿adónde tienes que ir a recogerlo después? ¿Qué objetos se prohíbe llevar en la maleta por avión? ¿Cómo te sientes cuando hay una demora en salir? ¿Prefieres tomar vuelos directos o hacer escalas? ¿Qué pasa si pierdes tu tarjeta de embarque? ¿Prefieres un asiento de ventanilla o de pasillo? ¿Qué hacen los asistentes de vuelo en el avión? Si vuelves de un viaje en el extranjero, ¿quién te revisa la maleta? ¿Qué productos se prohíbe traer por avión a EE. UU.? ...*

Optional activity for ¡Así lo decimos!
To help students assimilate this somewhat technical vocabulary, have them form groups of 4 and play Pictionary. Refer to the IRM for complete game instructions.

APLICACIÓN

9-1 En el aeropuerto. Siempre hay mucha actividad en el Aeropuerto Internacional de Maiquetía (Simón Bolívar), Caracas.

Paso 1 Empareja las frases para formar oraciones completas basadas en ¡**Así es la vida!**

1. __c__ Los tres amigos están esperando en...

2. __e__ Antes de abordar el avión, los inspectores de seguridad les revisan...

3. __d__ Piensan pasar sus vacaciones en...

4. __b__ El paquete que les dieron no costó mucho, fue...

5. __f__ Solo pagaron 2.200 bolívares por...

6. __a__ Van a estar en Colombia...

a. por una semana.

b. una verdadera ganga.

c. la cola para pasar por el control de seguridad.

d. la isla de San Andrés y la ciudad colonial de Cartagena.

e. la maleta y las bolsas.

f. el pasaje, el hotel y las excursiones.

 Paso 2 Mira el siguiente mapa y traza la ruta entre Caracas, San Andrés y Cartagena de Indias. ¿Cuántos kilómetros hay en total? Después, conéctate a la Internet para localizar los lugares que siguen e indíquenlos en el mapa. Baja (*download*) una foto representativa de un lugar que te interese.

 Busca: isla de margarita, medellin, laguna de guatavita, parque nacional tayrona, salto angel, cueva guacharo

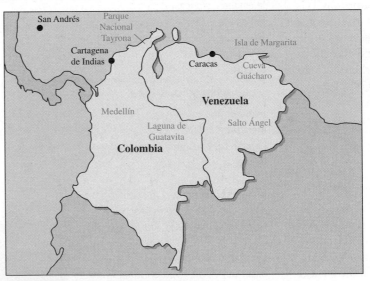

Cartagena de Indias – San Andrés: 827 kms.
Cartagena de Indias – Caracas: 944 kms.

9-2 Planes para un viaje. Prepara un viaje como el de Marisela y sus amigos. Pon las siguientes actividades en orden lógico para poder hacer el viaje.

Voy a...

_1_ pedir dos semanas de vacaciones

_8_ bajarme del avión

_9_ abrirle la maleta al aduanero

_6_ hacer cola para abordar el avión

_4_ hacer la maleta

_2_ hablar con un agente de viajes

_5_ pedir un taxi para el aeropuerto

_7_ darle la tarjeta de embarque al asistente de vuelo

_3_ hacer las reservaciones del avión

9-3 En el avión destino a Caracas. Escribe la palabra o frase que mejor complete cada oración.

MODELO: *Los pasajeros* le piden un refresco al asistente de vuelos.

1. Para las Navidades, tenemos ____pasajes____ de ida y vuelta de Cleveland a Caracas.

2. Desafortunadamente, no hay vuelos directos. Tenemos que hacer ____escala____ en Miami.

3. Tenemos asientos en ____clase turista____ porque es más económico que en primera clase.

4. El avión no puede salir a tiempo por la tempestad y los vientos. Hay una ____demora____ de media hora.

5. Si el avión no ____despega, sale____ a tiempo, vamos a perder nuestra conexión en Miami.

6. En Caracas, tenemos que pasar por el control de inmigración y también por la ____aduana____ antes de salir del aeropuerto.

9-4 Un vuelo en avión. Parece que Marisela, Mauricio y Daniel se equivocaron (*made a mistake*) de vuelo. Escucha el anuncio que ellos oyen en el avión. Indica la información correcta del vuelo.

1. aerolínea: a. IBERIA   (b.) AVENSA   c. LACSA

2. número: a. 895   (b.) 985   c. 995

3. destino: (a.) San Juan   b. San José   c. San Andrés

4. comida: (a.) almuerzo   b. merienda   c. desayuno

5. película: (a.) cubana   b. venezolana   c. colombiana

6. temperatura: (a.) 30° C   b. 30° F   c. 32° C

7. hora de llegada: a. 2:30 a.m.   b. 3:30 p.m.   (c.) 2:30 p.m.

¡Hola!

Cultura en vivo ✳

If you are hungry before boarding your flight in Caracas, you'll find several cafés and restaurants in the airport. A certain menu item is **la arepa,** a staple food that originated in Venezuela and Colombia but is becoming popular in other Latin American countries. It is a flat, unleavened bread made of cornmeal that can be grilled, baked, or fried, then garnished or filled with meat, eggs, vegetables, or cheese. Have you ever tried one or had something similar?

Optional activity before 9-3
This activity offers additional controlled practice. The complete activity is available for download from the IRC.

En la agencia de viajes. Ahora, estás con un agente de viajes. Completa la conversación con palabras y expresiones de la lista siguiente.

buen viaje   pasaje
excursión   salida
folleto   ventanilla
hotel   viaje
paquete   vuelo

Agente: Buenos días, señora. ¿En qué puedo servirle?
Señora: Quiero hacer un (1) ____ a Colombia.
Agente: Bien, ¿quiere que le muestre un (2) ____?
Señora: Sí, por favor...

Audioscript for 9-4
Señores pasajeros, buenas tardes y bienvenidos a bordo de AVENSA, la aerolínea nacional de Venezuela, donde "el tiempo pasa volando". Este es su vuelo número 985, con destino a San Juan, Puerto Rico. El vuelo de hoy va a durar 3 horas y media, y va a ser un viaje tranquilo. En ruta, vamos a pasar por el Mar Caribe y les vamos a señalar algunos lugares de interés, como la Isla de Margarita. Durante el vuelo les vamos a servir almuerzo y cócteles a su gusto. Les ofrecemos también la película cubana *El club social Buena Vista.* En San Juan hace un tiempo muy agradable con 85 grados Fahrenheit, es decir, más o menos 30 grados centígrados. La hora de llegada va a ser a las 2 y media de la tarde, hora local. De nuevo la tripulación les agradece su decisión de volar con AVENSA.

Optional activity after 9-5
To provide additional practice with vocabulary, listening comprehension, and speaking, consider assigning the following paired or group activity after 9-5. This activity is available for download from the IRC.

¿Qué prefieres? Conversen entre ustedes sobre sus preferencias cuando viajan.

MODELO: aerolínea doméstica o extranjera
E1: *Cuando viajas, ¿qué prefieres, una aerolínea doméstica o una extranjera?*
E2: *Prefiero una doméstica.*
E1: *¿Cuál?*
E2: …

1. la comida en el avión o la comida del aeropuerto
2. viajar en primera clase o en clase turista
3. leer o trabajar durante el vuelo
4. ver una película o dormir
5. sentarte al lado del pasillo o al lado de la ventanilla
6. sentarte en la parte de detrás, en la del medio o en la parte del frente del avión

Presentation tip for 9-6
The monetary unit used in Venezuela is the *bolívar*. For *Paso 1,* have students check the current rate of exchange on the Internet before coming to class and ask them to use the information to make decisions during *Paso 2.* You may use the following exchange rate as an estimate: *1 dólar (EE. UU.) = 4,3 bolívares (Bs.).*

Warm-up for 9-6
Before beginning this activity, ask students to look over the words and make any necessary clarifications to meaning.

9-5A En el mostrador de AVIANCA. Eres el agente de viajes en el mostrador (*counter*) de la aerolínea AVIANCA (aerolínea colombiana). Primero hazle las preguntas que siguen al viajero / a la viajera y después dale la información que te pide. **Estudiante B,** por favor ve al **Apéndice 1,** página A-16.

MODELO: ESTUDIANTE A: *Buenas tardes. ¿Tiene su tarjeta de embarque?*
ESTUDIANTE B: *No, pero tengo el número de mi reservación.*

Estudiante A:

Preguntas para el/la viajero/a:	Información para darle:
1. el saludo (Buenos/as... ¿En qué puedo servirle?)	• el número del vuelo = AV402
2. el destino (¿Cuál es ...?)	• el número de la puerta de embarque = G26
3. su preferencia para sentarse (¿Dónde prefiere...?)	• la hora de salida = 17:30
4. el número de maletas que facturar (¿Cuántas...?)	• la hora de abordar el avión = 17:00
5. si lleva algún líquido en la maleta (¿Lleva...?)	• comida abordo = cena y refrescos

9-6 Transportes Ejecutivos desde Caracas. A continuación hay un anuncio para viajes en autobús desde Caracas a otras ciudades en Venezuela.

Paso 1 Primero, consulta el mapa de Venezuela en **Nuestro mundo** de este capítulo para escoger una ciudad que te gustaría visitar y explica por qué. Las tarifas están en moneda venezolana, aproximadamente $1 = 4,3 bolívares (Bs.).

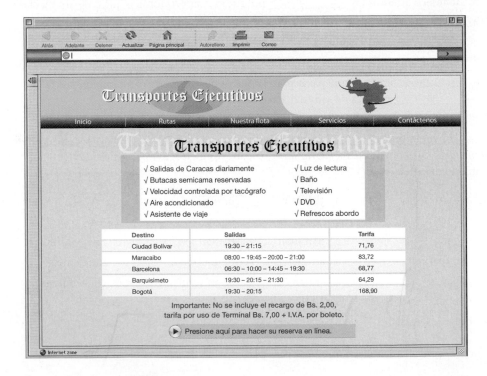

Transportes Ejecutivos

| Inicio | Rutas | Nuestra flota | Servicios | Contáctenos |

Transportes Ejecutivos

√ Salidas de Caracas diariamente
√ Butacas semicama reservadas
√ Velocidad controlada por tacógrafo
√ Aire acondicionado
√ Asistente de viaje

√ Luz de lectura
√ Baño
√ Televisión
√ DVD
√ Refrescos abordo

Destino	Salidas	Tarifa
Ciudad Bolívar	19:30 – 21:15	71,76
Maracaibo	08:00 – 19:45 – 20:00 – 21:00	83,72
Barcelona	06:30 – 10:00 – 14:45 – 19:30	68,77
Barquisimeto	19:30 – 20:15 – 21:30	64,29
Bogotá	19:30 – 20:15	168,90

Importante: No se incluye el recargo de Bs. 2,00, tarifa por uso de Terminal Bs. 7,00 + I.V.A. por boleto.

▶ Presione aquí para hacer su reserva en línea.

Paso 2 Hablen de sus preferencias sobre los destinos y decidan adónde desean viajar. Comparen el costo de los viajes. ¿Cuáles de las comodidades de estos autobuses les parecen las más atractivas y por qué?

¡Así lo hacemos! ESTRUCTURAS

09-09 to 09-14

1. *Por* or *para*

Although the prepositions **por** and **para** may both be translated as *for* in English, they are not interchangeable. Each word has a distinct use in Spanish, as outlined below.

Por...

- expresses the time during which an action takes place or its duration (*during, for*).

  Vamos al aeropuerto **por** la tarde.
  We are going to the airport during the afternoon.

  Pienso estudiar en Caracas **por** un semestre.
  I am planning to study in Caracas for a semester.

- expresses *because of, in exchange for,* or *on behalf of.*

  Tuve que cancelar el vuelo **por** una emergencia.
  I had to cancel the flight because of an emergency.

  Pagué $250 **por** el boleto.
  I paid $250 for the ticket.

  ¿Lo hiciste **por** mí?
  Did you do it for me?

- expresses the object/goal of an action or a person being sought after (*for*).

  Venimos **por** usted a las dos.
  We'll come by for you at two.

  Los estudiantes fueron **por** el equipaje.
  The students went for their luggage.

- expresses motion (*through, by, along, around*).

  Pasé **por** la agencia ayer.
  I went by the agency yesterday.

  Las chicas salieron **por** la puerta número 12.
  The girls left through gate number 12.

- expresses the means by or manner in which an action is accomplished (*by, for*).

  ¿Recibiste los pasajes **por** correo electrónico?
  Did you receive the tickets by e-mail?

  Hicimos las reservaciones **por** teléfono.
  We made the reservations by telephone.

- is used in many common idiomatic expressions.

por ahora	*for now*
por aquí	*around here*
por Dios	*for heaven's (lit. God's) sake*
por eso	*that's why*
por ejemplo	*for example*
por favor	*please*
por fin	*finally, at last*
por lo general	*in general*
por supuesto	*of course*
por último	*finally (last item in a statement)*

 Instructor Resources
- MSL: PPT, Supplementary Activities

Note on *Por* or *para*
Students have already heard and practiced several uses of *por* and *para* in class. It may help them to remember that *por* is used when there is a reason or cause for an action. *Para*, in contrast, is used when there is a goal in space or time. Also, there are various formulas that use *por*, many of which are presented here. The activities in this section encourage students to understand meaning in context in order to complete each activity.

Note on *Por*
You may wish to point out that when expressing duration of time, *por* may be omitted: *Pienso estudiar en Caracas un semestre*, or *Pienso estudiar un semestre en Caracas*. Also, *durante* is a common substitute for *por* when expressing duration of time: *Pienso estudiar en Caracas durante un semestre.*

Expansion of *Por*
Additional formulas or idiomatic expressions using *por* include the following:

por casualidad	coincidentally
por cierto	incidentally
por consiguiente	consequently
por desgracia	unfortunately
por escrito	in writing
por fortuna	luckily
por gusto	for pleasure, just for fun
por la mañana	in the morning
por la noche	at night
por lo menos	at least
por la tarde	in the afternoon
por lo tanto	consequently, therefore
por lo visto	apparently
por otro lado	on the other hand
por poco	almost
por si acaso	just in case
por siempre	forever
por suerte	luckily
por todas partes	everywhere
por todo el mundo	all over the world

Para…

- expresses the purpose of an action (*in order to* + infinitive) or of an object (*for*).

  Vamos a Colombia **para** conocer el país.

  We're going to Colombia in order to get to know the country.

  La cámara es **para** sacar fotos.

  The camera is for taking pictures.

- expresses destination (*a place or a recipient*).

  Mañana salimos **para** Maracaibo.

  Tomorrow we're leaving for Maracaibo.

  Este pasaje es **para** ti.

  This ticket is for you.

- expresses work objective.

  Ana estudia **para** piloto.

  Ana is studying to be a pilot.

- expresses time limits or specific deadlines (*by, for*).

  Necesito el pasaporte **para** esta tarde.

  I need the passport for this afternoon.

  Pienso estar en Cartagena **para** las tres de la tarde.

  I plan to be in Cartagena by three in the afternoon.

- expresses in whose opinion.

  Para mí siempre es divertido viajar.

  For me, it's always fun to travel.

Study tips — Distinguishing between *por* and *para*

1. The uses of **por** and **para** have apparent similarities, which sometimes cause confusion. In some cases it may be helpful to link their uses to the questions **¿para qué?** (*for what purpose?*) and **¿por qué?** (*for what reason?*)

   —**¿Por qué** viniste?

   Why (For what reason) did you come?

   —Vine porque necesitaba los boletos.

   I came because I needed the tickets.

   —**¿Para qué** viniste?

   For what purpose did you come?

   —Vine **para** pedirte un favor.

   I came (in order) to ask a favor of you.

2. In many instances the use of either **por** or **para** will be grammatically correct, but the meanings will be different. Compare the following sentences:

   Mario viaja **para** Cartagena.

   Mario is traveling to (toward) Cartagena. (destination)

   Mario viaja **por** Cartagena.

   Mario is traveling through (in) (motion) Cartagena.

3. Remember that after a preposition you use **mí** and **ti** in place of **yo** and **tú**.

   Para **mí** es importante viajar. ¿Y para **ti**?

   For me it's important to travel. And for you?

Note on *Por* or *para*

We exclude the use of *estar por/para* + infinitive to mean "to be about to do something." The *RAE* accepts both according to regional variation. In Spain, *estar por* conveys something that is yet to happen. (*La historia verdadera de la guerra está por escribirse.* "The true story of the war is yet to be written.") It also can mean "to be tempted to do something." (*Estamos por pedir las ostras.* "We're tempted to order the oysters.") These uses are deferred for more advanced students.

APLICACIÓN

9-7 **Una entrevista con Fernando Botero.** Este artista colombiano es uno de los más destacados de este siglo. Es tanto escultor como pintor, y sus obras están en museos y en lugares públicos por todo el mundo.

Paso 1 Lee esta entrevista y subraya las preposiciones **por** y **para.** Después, explica el uso de cada una.

MODELO: ¿<u>Por</u> qué no se quedó en Medellín?
reason or cause

ENTREVISTADORA: Buenas tardes, Sr. Botero. Usted nació en Medellín pero después se fue a vivir a Bogotá. ¿<u>Por</u> qué no se quedó en Medellín?

BOTERO: Me fui <u>por</u> todas las oportunidades que se ofrecían en la capital. Mi primera exposición de pinturas fue en Bogotá cuando tenía veinte años. Después, gané varios premios y decidí ir a Europa. <u>Por</u> supuesto, allí había muchas oportunidades <u>para</u> colaborar con artistas de todo el mundo.

ENTREVISTADORA: ¿Y qué hizo allí?

BOTERO: Primero, viajé <u>por</u> Francia, España e Italia <u>para</u> conocer las grandes obras maestras de los museos europeos. Estudié <u>por</u> varios meses en cada lugar, y luego me fui <u>para</u> México.

ENTREVISTADORA: ¿Y <u>por</u> qué fue a México?

BOTERO: Fui <u>para</u> conocer mejor el arte mexicano, y allí pinté varios cuadros. Luego, salí <u>para</u> Nueva York y en esa ciudad pinté mi *Mona Lisa, 12 años de edad*, que está en el Museo de Arte Moderno.

ENTREVISTADORA: Y, ahora ¿qué hace?

BOTERO: Me interesa el arte colonial y monumental, especialmente la escultura. Vivo en París, Nueva York y Bogotá. <u>Para</u> mí, es una vida llena de satisfacción y <u>por</u> el momento, soy feliz.

Paso 2 Ahora contesta las preguntas siguientes basadas en la entrevista.

1. ¿Cuál es la nacionalidad de Botero? Su nacionalidad es colombiana.

2. ¿Por qué se fue a vivir a Bogotá? Se fue a vivir a Bogotá por todas las oportunidades que se ofrecían.

3. ¿Qué hizo en Europa? ¿Qué oportunidades encontró allí? Viajó por varios países para conocer las grandes obras maestras. Estudió por varios meses en cada lugar. Encontró oportunidades para colaborar con otros artistas.

4. Después, ¿adónde fue? ¿Por qué? Después se fue para México para conocer mejor el arte mexicano.

5. ¿Para qué museo pintó su *Mona Lisa, 12 años de edad*? Lo pintó para el Museo de Arte Moderno de Nueva York.

6. ¿Qué tipo de arte hace hoy en día? Hace arte/escultura colonial y monumental.

7. ¿Cómo encuentra su vida ahora? Para él, es una vida muy satisfactoria y es feliz por ahora.

8. ¿Cuál es tu opinión de su escultura? *Answers will vary.*

Optional activity after 9-9
The following provides
additional practice with *por*
versus *para* in a semi-controlled
context at the sentence level.
Have students complete it
after 9-9, according to time
available. The complete activity
is available for download from
the IRC.

Un viaje de vuelta frustrante.
Unos amigos y tú acaban de
volver de un viaje estupendo,
pero tuvieron un viaje de vuelta
difícil. Combina palabras de
cada columna más otros
detalles para formar oraciones
completas en el pretérito.

MODELO: *Melinda y yo salimos
para el aeropuerto media
hora tarde.*

Optional activity after 9-10
The following provides
additional practice with *por*
versus *para* in a semi-
controlled context at the
paragraph level. Perhaps have
students complete it as
homework after 9-10,
according to time available.
This activity is available for
download from the IRC.

Los viajes con la familia.
Escribe un párrafo para contar
cómo eran los viajes con tu
familia cuando eras pequeño/a.
Puedes inventar una historia, si
quieres. Puedes usar las
oraciones siguientes para
escribir la historia: Cuando era
pequeño/a, hacíamos viajes a...
(No)Íbamos a la agencia para...
Siempre hablábamos con el/la
agente de viajes para...
Mirábamos folletos de viajes
para... Por supuesto,... Pero
para nosotros,... Por fin,...
Después de hacer los planes,...

MODELO: *Cuando era pequeño/a,
hacíamos un viaje a San
Antonio todos los veranos. No
íbamos a la agencia de viajes,
porque teníamos parientes en
San Antonio...*

Note on *Presencia hispana*
Las arepas.

El Salto Ángel, Venezuela

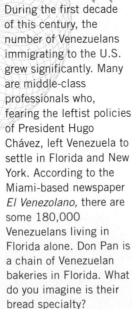

Presencia hispana

During the first decade
of this century, the
number of Venezuelans
immigrating to the U.S.
grew significantly. Many
are middle-class
professionals who,
fearing the leftist policies
of President Hugo
Chávez, left Venezuela to
settle in Florida and New
York. According to the
Miami-based newspaper
El Venezolano, there are
some 180,000
Venezuelans living in
Florida alone. Don Pan is
a chain of Venezuelan
bakeries in Florida. What
do you imagine is their
bread specialty?

9-8 Planes para un viaje al Salto Ángel. Completa cada espacio en blanco con **por** o **para**.

En enero Carmen y yo decidimos hacer un viaje al Salto Ángel en Venezuela. Queríamos ir (1) ___para___ Semana Santa, que es en la primavera. El día que hicimos los planes, yo pasé (2) ___por___ Carmen y luego nosotras salimos (3) ___para___ la agencia de viajes. Carmen y yo caminamos (4) ___por___ el parque Central, (5) ___por___ Times Square y, (6) ___por___ fin, (7) ___por___ la estación de Grand Central donde encontramos la agencia.

En la agencia le dijimos a la directora que (8) ___para___ nosotras abril era el mejor mes del año. (9) ___Por___ eso, queríamos hacer el viaje en ese mes. Con la agente hicimos los planes. Íbamos a pescar (10) ___por___ el río. Íbamos a hacer una excursión (11) ___por___ el parque nacional. Íbamos a pasar quince días viajando (12) ___por___ toda la región. ¿Cuánto pagamos (13) ___por___ un viaje tan bonito? ¡Solo $850! ¡(14) ___Para___ mí era una ganga!

La agente dijo: "Está bien. Estos boletos de avión son (15) ___para___ ustedes (16) ___para___ el viaje. Pero deben pasar (17) ___por___ una librería (18) ___para___ comprar una guía turística". También teníamos que ir al banco (19) ___para___ aumentar el límite de nuestra tarjeta de crédito. Y entonces, con todo listo, ¡solo nos quedaba esperar otros tres meses!

9-9 El viaje a un lugar interesante. Ustedes piensan visitar un lugar interesante este verano. Háganse las preguntas a continuación para planear el viaje y después hagan un resumen de sus planes.

1. ¿Para qué hacemos el viaje?

2. ¿Salimos por la mañana o por la tarde?

3. ¿Cuánto dinero vamos a necesitar para el viaje?

4. ¿Por cuánto tiempo vamos?

5. ¿Es necesario cambiar dólares para pagar en ese lugar?

9-10A ¡Planes para las vacaciones de primavera! Hablen sobre los viajes que van a hacer en la primavera, usando las preguntas e información en tu itinerario. Luego, intenta convencer (*convince*) a tu compañero/a para viajar juntos/as. **Estudiante B,** por favor ve al **Apéndice 1,** página A-16.

Estudiante A:

	Mi viaje	El viaje de mi compañero/a
Destino:	*Concepción, Honduras*	
Propósito:	*hacer servicio en una comunidad rural*	
Transporte:	*avión, autobús*	
Ruta:	*Miami, Tegucigalpa*	
Duración del viaje:	*una semana*	
Fecha de llegada:	*el primero de marzo*	

1. ¿Adónde vas?

2. ¿Por qué ruta vas a viajar?

3. ¿Cómo vas a viajar, por tren, por carro, por...?

4. ¿Cuándo es el viaje?

5. ¿Por cuánto tiempo vas?

6. ¿Para qué vas?

Al final, para convencer a tu compañero/a:

7. ¿Por qué no vienes conmigo? Creo que mi viaje va a ser...

2. Adverbs ending in -*mente*

An adverb modifies a verb, an adjective, or another adverb. In Spanish many adverbs are formed by adding **-mente** to the feminine singular form of adjectives that end in **-o** or **-a.** Adjectives that have only one form simply add **-mente**. Note that the ending **-mente** is equivalent to the English ending *-ly*. Also note that if the adjective requires an accent mark, the accent remains on the adverb.

lento	→	lentamente	rápido	→	rápidamente
alegre	→	alegremente	fácil	→	fácilmente

Teresa canceló el viaje **inmediatamente.**

Teresa canceled the trip immediately.

Cartagena de Indias es **particularmente** bella.

Cartagena de Indias is particularly beautiful.

El piloto habla **especialmente** bien en inglés.

The pilot speaks especially well in English.

¡Nos queremos enormemente!

APLICACIÓN

9-11 En el Museo del Oro de Bogotá. El Museo del Oro fue ampliado en 2008 con un nuevo edificio y con cuatro salas de exposición.

Paso 1 Lee el párrafo sobre una visita al Museo del Oro de Bogotá e identifica los adverbios que terminan en **-mente**. Después, escribe oraciones originales usando cinco de ellos.

Cuando Alina y José vivían en Bogotá, iban <u>frecuentemente</u> al Museo del Oro para ver las diferentes exposiciones que tenían. Para llegar al museo <u>normalmente</u> pasaban por el parque, <u>especialmente</u> cuando hacía buen tiempo. A José siempre le gustaba caminar <u>lentamente</u>, pero Alina tenía más prisa y caminaba <u>rápidamente</u>. En el museo, José se sentaba en los bancos y <u>tranquilamente</u> leía todos los letreros (*signs*) sobre las piezas, pero Alina <u>solamente</u> sacaba fotos de ellas. Salían <u>puntualmente</u> a la hora que cerraba el museo y <u>generalmente</u> iban a una heladería donde se sentaban a tomar un refresco y a conversar <u>animadamente</u> sobre la visita. Siempre lo pasaban <u>maravillosamente</u> bien. Ahora que viven en Medellín, <u>usualmente</u> visitan el Museo de Botero los domingos.

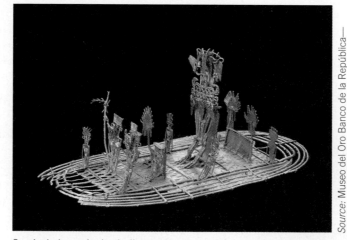

Source: Museo del Oro Banco de la República—Bogotá—Colombia

Según la leyenda, los indios muiscas cubrían (*used to cover*) de oro a su cacique (*chief*).

Paso 2   Contesta ahora las siguientes preguntas sobre el texto que acabas de leer.

1. ¿Cuántas veces iban Alina y José al Museo del Oro?
   Iban frecuentemente.

2. ¿Cómo iban normalmente?
   Normalmente caminaban por el parque, especialmente cuando hacía buen tiempo.

3. ¿Cómo caminaba cada uno?
   José caminaba lentamente, y Alina caminaba rápidamente.

4. ¿Qué hacía José en el museo? ¿Y Alina?
   José se sentaba y tranquilamente leía todos los letreros. Alina solamente sacaba fotos.

5. ¿Qué hacían después de visitar el museo?
   Generalmente iban a una heladería.

6. ¿Qué hacen ahora los domingos? ¿Por qué?
   Usualmente visitan el Museo de Botero ahora porque viven en Medellín.

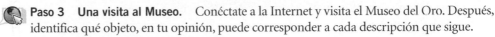 **Paso 3   Una visita al Museo.**   Conéctate a la Internet y visita el Museo del Oro. Después, identifica qué objeto, en tu opinión, puede corresponder a cada descripción que sigue.

>  **Busca:** museo oro, colombia

MODELO: un objeto especialmente bello
   Los ídolos de los indios muiscas me parecen especialmente bellos.

1. un objeto enormemente importante

2. un objeto elegantemente diseñado (*designed*)

3. un objeto particularmente original

4. un objeto increíblemente detallado

5. un objeto especialmente impresionante

9-12A El robo en el museo.   Hubo un robo en un museo en Colombia y ustedes creen que encontraron algunos de los objetos robados. Túrnense para hacerse preguntas y descubrir (*discover*) qué objeto encontró cada uno. Contesten cada pregunta con un adverbio que termina en -**mente. Estudiante B,** por favor ve al **Apéndice 1,** página A-17.

MODELO: Encontré una pintura de Picasso (**enorme**) valiosa.
   Estudiante A: *¿Qué encontraste?*
   Estudiante B: *Encontré una pintura de Picasso enormemente valiosa.*

Fernando Botero, "El gato"

Estudiante A:

Preguntas para mi compañero/a	Respuestas para mi compañero
1. ¿Qué encontraste?	• Encontré una escultura de Botero (**especial**) voluptuosa.
2. ¿Cómo es?	
3. ¿Quién crees que robó el objeto?	• (**Inmediato**) llamé a la policía.
4. ¿Cómo se escapó?	• Me dieron una recompensa (**increíble**) generosa.
5. ¿Qué hiciste con el objeto?	• La encontré (**fácil**) en el jardín.
	• Vale (**posible**) más de un millón de dólares.

Warm-up for 9-12 and/or 9-13
Before beginning the activity, ask students to look over the suggested answers and make any necessary clarifications to meaning. On the board, write 3 columns titled *-o, -e,* and *C* (for consonant), and have students write the target adjectives in the correct columns. Then ask them how the adverb ending in *-mente* is formed for each column of adjectives and implement the rule with the first adjective in each list to illustrate in writing. Then say the other adverbial forms aloud as a class. This warm-up may serve for other activities in this section, as well.

9-13 Desafío (*Challenge*). Formen dos equipos para desafiarse formando adverbios de la lista de adjetivos y usándolos en oraciones lógicas. Cada oración debe tener un mínimo de seis palabras y un verbo diferente.

alegre	cómodo	feliz	maravilloso
amable	cuidadoso	frecuente	particular
animado	difícil	generoso	rápido
ansioso	elegante	lento	raro
brutal	fácil	loco	tranquilo

MODELO: EQUIPO A: frecuente
EQUIPO B: *Viajo frecuentemente a Colombia y Venezuela.*

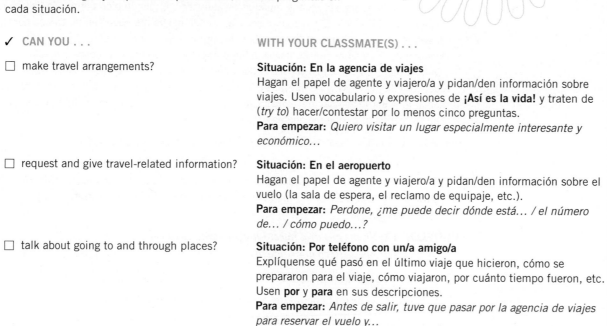

¿Cuánto saben?

09-20
to 09-24

Primero, pregúntate si puedes llevar a cabo (*carry out*) las siguientes funciones comunicativas en español. Después, júntate con dos o tres compañeros/as de clase para presentar las situaciones. Hagan y respondan a por lo menos cuatro preguntas en cada situación.

✓ CAN YOU . . .

☐ make travel arrangements?

☐ request and give travel-related information?

☐ talk about going to and through places?

☐ describe how and when actions take place?

WITH YOUR CLASSMATE(S) . . .

Situación: En la agencia de viajes
Hagan el papel de agente y viajero/a y pidan/den información sobre viajes. Usen vocabulario y expresiones de **¡Así es la vida!** y traten de (*try to*) hacer/contestar por lo menos cinco preguntas.
Para empezar: *Quiero visitar un lugar especialmente interesante y económico...*

Situación: En el aeropuerto
Hagan el papel de agente y viajero/a y pidan/den información sobre el vuelo (la sala de espera, el reclamo de equipaje, etc.).
Para empezar: *Perdone, ¿me puede decir dónde está... / el número de... / cómo puedo...?*

Situación: Por teléfono con un/a amigo/a
Explíquense qué pasó en el último viaje que hicieron, cómo se prepararon para el viaje, cómo viajaron, por cuánto tiempo fueron, etc. Usen **por** y **para** en sus descripciones.
Para empezar: *Antes de salir, tuve que pasar por la agencia de viajes para reservar el vuelo y...*

Situación: Un viaje inolvidable
Hablen de sus impresiones de un lugar que conocieron. Usen adverbios que terminan en **-mente** para describir qué vieron en ese lugar y qué hicieron allí.
Para empezar: *Vancouver es una ciudad increíblemente bella. Caminamos lentamente por las calles y los parques...*

Instructor Resources
• MSL: MediaShare
• IRM: Rubrics

Optional activity before 9-13
The following provides an open-ended, creative context for paired conversation (and perhaps writing) practice. Have students complete it as a warm-up for the all-class format. The complete activity is available for download from the IRC.

Semejanzas y diferencias.
Háganse preguntas para completar el cuadro con los adverbios correspondientes. Luego comparen cómo hacen las actividades para ver qué tienen en común y cómo se diferencian.

MODELO: caminar a clase
E1: *¿Cómo caminas a clase?*
E2: *Camino a clase rápidamente.*
E1: *Pues, yo camino a clase lentamente.*
E2: *¿Por qué?*

Presentation tip for 9-13
Have students prepare the adverbs and some sample sentences as homework.

STUDENT LEARNING OUTCOMES
Use the **¿Cuánto saben?** activities to assess the extent to which students can perform the **Objetivos comunicativos** for **Primera parte** presented in the chapter opener: Making travel arrangements; requesting travel-related information; talking about going to and through places; and describing how and when actions take place. Provide an assessment for vocabulary, structures and fluency appropriate to the chapter theme and level (**5:** excellent – **1:** poor). See the IRM for more information on rubrics.

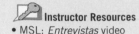

📖 Perfiles

09-25
to 09-26

Mi experiencia

AUYENTEPUY: UN VIAJE DE AVENTURA

9-14 Para ti. ¿Cuáles son algunos de los parques nacionales más importantes de EE. UU. y Canadá? ¿Conoces alguno? ¿Fuiste de camping o hiciste un viaje de aventura? A continuación Felipe te cuenta de una excursión que hizo a Venezuela. ¿Harías (*would you take*) esta excursión también?

> ¿Qué húbole[1], muchachos? Soy Felipe, de Uruguay. Este verano estoy viajando por Latinoamérica, en mi furgoneta[2], para conocer mejor este tremendo continente. Pienso contarles a todos mis amigos que me siguen por la Internet todas mis aventuras. Primero paré unos días en Venezuela e hice un trekking a Auyentepuy, una montaña en el Parque Nacional Canaima. ¡Qué lugar tan misterioso! Tiene paisajes irregulares, cuevas[3] y ríos que aparecen y desaparecen, rocas y murallas de arenisca[4]. Entiendo bien por qué la llaman la "Montaña del Diablo". El viaje duró diez días y cada noche me quedé en un campamento diferente dentro del parque. Además de trekking, hice kayaking por el río Orinoco. El mejor momento del viaje fue cuando llegué al Salto Ángel y vi las cascadas desde un helicóptero. ¡Qué bárbaro! Bueno, ahora voy hasta Colombia, la tierra de mi "amigo" Juanes, para conocer Villa de Leyva y las cuevas de la región. Cada experiencia y aventura que tengo me hacen recordar la canción de Juanes, "Me enamora", pues para mí, el continente de Latinoamérica es el que me enamora[5]. ¡Hasta la próxima!

[1]*What's up?* (Venezuela) [2]*van* [3]*caves* [4]*walls of sandstone* [5]*makes me fall in love with it*

9-15 En su opinión. Expliquen si también harían (*would do*) una excursión como la de Felipe y por qué. Después, pongan en orden de preferencia estas actividades y comparen sus gustos.

MODELO: E1: *Sí, me gustaría hacer un viaje como el de Felipe...*
E2: *No sé. Creo que prefiero...*

_____ bajar una cascada en kayak

_____ hacer un viaje en helicóptero para ver la selva (*jungle*) amazónica

_____ hacer montañismo en los Andes

_____ hacer rafting por un río con fuertes corrientes

_____ hacer windsurf

_____ navegar a vela (*sail*) por alta mar

_____ hacer parapente (*hang-glide*)

_____ hacer salto en bungee

_____ ¿...?

Mi música

"ME ENAMORA" (JUANES, COLOMBIA)

Según el periódico *Los Angeles Times,* Juanes es hoy en día "la figura más importante de la música latina contemporánea". Es ganador de 17 Grammy Latinos y, según la revista *Time,* una de las "cien personas más influyentes del mundo". No solo es el cantante de rock latino con el mayor número de ventas (*sales*), sino también un activista social prominente. En esta canción Juanes se dirige a una persona importante en su vida.

Antes de ver y escuchar

9-16 El por y el para qué. Completa lógicamente cada oración a continuación con **por** o **para** para darte una idea del tema de la canción.

1. El cantante le canta _para_ explicarle _por_ qué la quiere.

2. La quiere ___por___ que ella lo hace feliz.

3. _Para_ él es siempre agradable estar con ella.

4. _Por_ eso dice que su vida no tiene sentido sin ella.

5. Ella es como el sol _para_ él.

6. Sin ella, la vida _para_ él es como un remolino de cenizas (*whirlwind of ashes*).

Para ver y escuchar

 9-17 La canción. Conéctate a la Internet para ver un video de "Me enamora". Compara el ritmo de esta canción con otros estilos que conozcas (salsa, pop, rock, etc). ¿Es más rápido? ¿Más bailable? ¿Más divertido?

> **Busca:** juanes me enamora video; juanes me enamora letra
>
> **Si te interesa comprar la canción:** *Go to iTunes Store>Music>More to Explore>iMix>Arriba 6e*

Después de ver y escuchar

 9-18 Las razones. Con un/a compañero/a, identifica cuáles de estas razones se mencionan en la canción. ¿Les parecen válidas? ¿Hay otras más importantes para ustedes?

1. __✓__ La desea con toda su alma (*soul*).

2. __✓__ La quiere físicamente.

3. _____ Ella lo quiere a él.

4. __✓__ Él está perdido sin ella.

5. __✓__ Él quiere estar con ella para siempre.

Note on *Mi música*
Juanes (1972–): cantautor, músico de rock y guitarrista colombiano; su nombre completo es Juan Esteban Aristizábal Vásquez; tiene 17 Grammy Latinos, más que cualquier otro artista, y un Premio Grammy.

Note on 9-17
The song "Me enamora" is the first radio single and third track off of Juanes's fourth solo studio album titled "La vida…es un ratico" (2007). According to *¡Hola!* magazine, Juanes wrote this song for his wife, Karen Martínez. Married since 2004, they have 3 children.

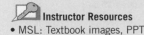
Segunda parte

¡Así lo decimos! VOCABULARIO

 ¡Así es la vida! Unos correos electrónicos de Marisela

09-27

Marisela, Mauricio y Daniel lo están pasando de maravilla en Colombia. Ahora Marisela le escribe unos correos electrónicos a su amiga Raquel.

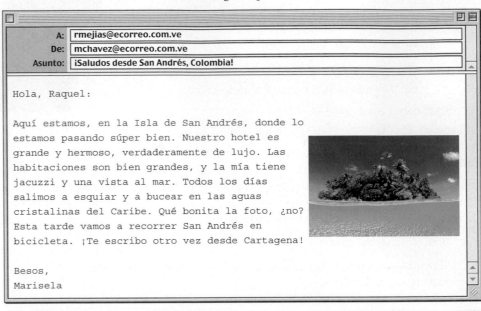

> **A:** rmejias@ecorreo.com.ve
> **De:** mchavez@ecorreo.com.ve
> **Asunto:** ¡Saludos desde San Andrés, Colombia!
>
> Hola, Raquel:
>
> Aquí estamos, en la Isla de San Andrés, donde lo estamos pasando súper bien. Nuestro hotel es grande y hermoso, verdaderamente de lujo. Las habitaciones son bien grandes, y la mía tiene jacuzzi y una vista al mar. Todos los días salimos a esquiar y a bucear en las aguas cristalinas del Caribe. Qué bonita la foto, ¿no? Esta tarde vamos a recorrer San Andrés en bicicleta. ¡Te escribo otro vez desde Cartagena!
>
> Besos,
> Marisela

> **A:** rmejias@ecorreo.com.ve
> **De:** mchavez@ecorreo.com.ve
> **Asunto:** ¡Saludos desde Cartagena, Colombia!
>
> Hola, Raquel:
>
> Ahora en Cartagena nos quedamos en la parte antigua de la ciudad en un hotel colonial con un jardín tropical precioso. Este hotel es más antiguo que el de San Andrés (no hay jacuzzi), pero tenemos una vista impresionante (y hay wifi en el lobby). Aquí te mando una foto digital que saqué de Cartagena. ¡Ojalá que salga bien y la puedas ver!
>
> Besos,
> Marisela

Vocabulario Los viajes

09-28 to 09-31

En el viaje | On the trip

el adaptador eléctrico *electrical adapter*
la cámara digital *digital camera*
la cámara de video *video camera*
el cargador *charger*
la gira *tour*
el/la guía *tour guide*
la guía turística *guidebook*
la pila *battery*
el plano de la ciudad *city map*
la tarjeta de memoria *memory card*
la tarjeta postal *postcard*

la cámara digital

Atracciones turísticas | Tourist attractions

el bosque *forest*
la catedral *cathedral*
el centro histórico *historical center*
la estatua *statue*
las flores *flowers*
la isla *island*
el lago *lake*
el monumento *monument*
las montañas *mountains*
el salto de agua / la catarata *waterfall*
el volcán *volcano*

el adaptador eléctrico

En el hotel | At the hotel

Variaciones
El cuarto doble is **la habitación doble** in Spain. Also, in Spain you will hear **la estancia** in place of **la estadía**.

el cuarto doble *double room*
la estadía *stay*
el/la gerente *manager*
el hostal *inn / youth hostel*
el hotel (de lujo) *(luxury) hotel*
la vista *view*

las pilas y el cargador

Actividades típicas de los viajeros | Typical activities for travelers

Variaciones
In Mexico and other parts of Latin America, you will also hear **pasarla de maravilla**: ¡La pasé de maravilla en la fiesta!

bucear *to scuba dive, to swim under water*
comprar recuerdos *to buy souvenirs*
ir de excursión *to go on an excursion*
montar a caballo *to go horseback riding*
    en bicicleta *bicycle riding*
pasarlo de maravilla *to have a wonderful time*
pescar *to fish*
quedarse *to stay (somewhere)*
recorrer *to travel around, to tour*
viajar al extranjero *to travel abroad*

el plano de la ciudad

Letras y sonidos

The letter *g* in sequences other than *ge* and *gi* in Spanish

Remember that in Spanish, the letter *g* before the vowels **e** and **i** sounds like the *h* in English *hip*. In all other sequences, such as **ga, go,** and **gu,** the letter **g** creates one of two sounds, depending on the context. After a pause or the letter **n,** the letter **g** sounds like the *g* in English *good*. In all other contexts, the **g** is softer, like the *g* in English *sugar*.

Hard **g:**	**ga-lle-ta**	**gus-to**	**ten-go**	**guí-a**
Soft **g:**	**la-ga-lle-ta**	**mu-cho-gus-to**	**ha-go**	**ham-bur-gue-sa**

Note that the letter **u** in the sequences **gue** and **gui** is silent. When two dots (or **diéresis**) are written above the letter **u,** or when **u** is inserted with **ga** and **go,** a glide is created: **bi-lin-güe, pin-güi-no, a-gua, an-ti-guo.**

APLICACIÓN

9-19 Una tarjeta postal desde Venezuela. Aquí tienes una tarjeta postal de la Isla de Margarita, cerca de la costa de Venezuela. Completa la tarjeta con las siguientes palabras.

excursión	montaña	sol	tarjeta postal
flores	pasamos	tarjeta de memoria	vista

Queridos papás:

Esta es una (1) ___tarjeta postal___ con foto de la Isla de Margarita desde nuestro hotel. Desde la ventana tenemos una (2) ___vista___ impresionante del mar y de la (3) ___montaña___. En el jardín hay unas (4) ___flores___ preciosas. Tuvimos que comprar otra (5) ___tarjeta de memoria___ para nuestra cámara porque la original se llenó por completo. Por la tarde, fuimos de (6) ___excursión___ a varios lugares. Nadamos y buceamos en el agua azul verdosa del Caribe. Siempre vamos por la mañana para no tomar demasiado (7) ___sol___. En fin, lo (8) ___pasamos___ de maravilla.

Anita

Isla de Margarita

9-20 Sus gustos. Túrnense para comparar cómo prefieren pasar sus vacaciones e incluyan una actividad original. ¿Qué tienen en común y cómo se diferencian?

	Me gusta o no...		A mi compañero/a le gusta o no...	
Actividad	**Sí**	**No**	**Sí**	**No**
escalar montañas				
visitar museos				
bucear				
comprar recuerdos				
montar a caballo				
pescar				
nadar en el mar				
ir de excursión				
¿...?				

9-21 El viaje de Carlota y Alex. Escucha a Carlota según le cuenta a su mamá de su viaje con Alex. Después completa las siguientes oraciones.

1. Regresaron del viaje…
   - a. hoy.
   - **b.** ayer.
   - c. la semana pasada.

2. Fueron a…
   - a. Colombia.
   - b. Chile.
   - **c.** Venezuela.

3. Estuvieron allí por…
   - **a.** ocho días.
   - b. una semana.
   - c. un mes.

4. Una actividad que no hicieron allí fue…
   - a. nadar.
   - **b.** montar a caballo.
   - c. escalar montañas.

5. Compraron…
   - **a.** pilas.
   - b. unas fotos.
   - c. unas gafas de sol.

6. Les impresionó especialmente…
   - a. el volcán.
   - b. el museo de arte.
   - **c.** el salto.

7. Llegaron al lugar…
   - a. por las montañas.
   - b. a caballo.
   - **c.** en helicóptero.

8. Carlota le dice a su mamá que un día todos van a…
   - **a.** visitar Venezuela.
   - b. montar a caballo.
   - c. un lugar más económico.

9-22 ¿Cómo reaccionan? Túrnense para contar cómo reaccionan o qué hacen cuando les pasa lo siguiente en un viaje.

MODELO: Hay una demora larga en la salida del vuelo.
   E1: *Cuando hay una demora, me pongo impaciente y hablo con el agente.*
   E2: *Pues, yo leo una novela o una revista.*

1. Llego tarde al aeropuerto y pierdo el avión.
2. No hay agua caliente en el baño del hotel.
3. El hotel no tiene mi reservación.
4. Mi equipaje no llega conmigo.
5. No hay vista desde el cuarto del hotel.
6. La cama del hotel es incómoda (*uncomfortable*).

9-23 Un folleto turístico de Venezuela. Lean la información que se incluye en el folleto sobre la cadena de saltos por el río Carrao en Venezuela. Ustedes tienen la oportunidad de viajar a este lugar. Hagan una lista de lo que van a llevar en su viaje y otra lista sobre lo que van a hacer allí.

MODELO: *Vamos a llevar una cámara digital…*

El Río Carrao, *De vuelta al paraíso*

Visita el pueblo de Canaima en el río Carrao y vuelve al paraíso. Observa la variedad de flora y fauna, haz deportes acuáticos y visita la cadena de siete saltos. En un tributario del río, experimenta el gozo de tu vida viendo el espectáculo del Salto Ángel, (¡16 veces más alto que las cataratas de Niágara!). ¡Conoce la naturaleza más prístina del mundo!

Audioscript for 9-21
¡Hola, mamá! Sí, sí... ya estamos en casa, volvimos ayer de nuestro viaje a Venezuela. Y lo pasamos de maravilla... ¡Imagínate, mamá, 8 días recorriendo el país, viendo las atracciones, nadando, escalando montañas! ¡Lo único que no hicimos fue montar a caballo!... Sí, mamá, sacamos tantas fotos que Alex tuvo que comprar más pilas para la cámara. Nos impresionó especialmente el Salto Ángel, el salto más alto del mundo, a más de 800 metros de altura. Es muy difícil llegar allí. Tuvimos que ir con un guía en helicóptero. ¡El lugar es un paraíso con plantas, animales y vistas maravillosas! Tenemos que volver un día contigo, mamá. ¡Te prometo que un día Alex, tú y yo vamos a visitar Venezuela!

Optional activity after 9-22
This activity provides further practice with vocabulary in paired conversation at the sentence level in an open-ended, creative context. Download the complete activity from the IRC.

Asociaciones. ¿Qué experiencias asocian con las siguientes oraciones?

MODELO: Lo pasamos maravillosamente bien.
E1: *Un viaje que hice con mi familia a las montañas el año pasado. ¿Y tú?*
E2: *Un viaje que hice con mis amigos a la playa durante las vacaciones de primavera.*

Optional activity before 9-23
Practice with vocabulary at the word and sentence levels in an open-ended, creative context. Download the complete activity from the IRC.

En un viaje... Decidan individualmente cuáles de estos artículos siempre llevan cuando viajan y los que nunca llevan. Luego comparen la lista para saber si son compatibles.

MODELO: *En un viaje siempre llevo mi cámara, pilas y tarjetas de memoria. Nunca llevo cámara de video.*

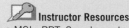
¡Así lo hacemos! ESTRUCTURAS

📖 3. The Spanish subjunctive: An introduction

09-34
to 09-40

Until now, you have been using verb forms (present, preterit, and imperfect) in the indicative mood. The indicative is used to express real, definite, or factual actions or states of being.

In this chapter you will learn about the subjunctive mood, which is used to express the hypothetical or subjective, such as a speaker's attitudes, wishes, feelings, emotions, or doubts. Unlike the indicative, which states facts, the subjunctive describes reality subjectively.

Es cierto que Luis **va** a Cartagena.   *It's certain that Luis is going to Cartagena.* (Certainty: indicative)

No creo que Luis **vaya** a San Andrés.   *I don't think that Luis is going to San Andrés.* (Uncertainty: subjunctive)

Los verbos regulares del presente de subjuntivo

• The following chart shows the present subjunctive forms of regular verbs. Note that the endings for **-er** and **-ir** are identical.

	hablar	comer	vivir
yo	habl**e**	com**a**	viv**a**
tú	habl**es**	com**as**	viv**as**
Ud.	habl**e**	com**a**	viv**a**
él/ella	habl**e**	com**a**	viv**a**
nosotros/as	habl**emos**	com**amos**	viv**amos**
vosotros/as	habl**éis**	com**áis**	viv**áis**
Uds.	habl**en**	com**an**	viv**an**
ellos/as	habl**en**	com**an**	viv**an**

• Verbs that are irregular in the **yo** form of the present indicative use the same spelling changes for all forms in the present subjunctive. These are not considered irregular in the subjunctive.

Infinitive	Present indicative first-person singular	Present subjunctive
decir	digø	diga, digas, diga,...
hacer	hagø	haga, hagas, haga,...
oír	oigø	oiga, oigas, oiga,...
poner	pongø	ponga, pongas, ponga,...
tener	tengø	tenga, tengas, tenga,...
traer	traigø	traiga, traigas, traiga,...
venir	vengø	venga, vengas, venga,...
ver	veø	vea, veas, vea,...

- The following spelling changes occur in all forms of the present subjunctive with infinitives that end in **-car, -gar,** and **-zar.**

-car:	c → qu	buscar	busque, busques, busque…
-gar:	g → gu	llegar	llegue, llegues, llegue…
-zar:	z → c	empezar	empiece, empieces, empiece…

- The subjunctive forms of **-ar** and **-er** stem-changing verbs have the same pattern of the present indicative.

pensar (ie)		devolver (ue)	
pi**e**nse	pensemos	dev**ue**lva	devolvamos
pi**e**nses	penséis	dev**ue**lvas	devolváis
pi**e**nse	pi**e**nsen	dev**ue**lva	dev**ue**lvan
pi**e**nse	pi**e**nsen	dev**ue**lva	dev**ue**lvan

- **-Ir** stem-changing verbs reflect the stem changes of both the present indicative and the preterit. The preterit stem changes occur in the **nosotros/as** and **vosotros/as** forms, where the unstressed **-e-** changes to **-i-**, and the unstressed **-o-** changes to **-u-.** The other persons follow the present-tense pattern.

sentir (ie, i)		pedir (i, i)	
s**ie**nta	s**i**ntamos	p**i**da	p**i**damos
s**ie**ntas	s**i**ntáis	p**i**das	p**i**dáis
s**ie**nta	s**ie**ntan	p**i**da	p**i**dan
s**ie**nta	s**ie**ntan	p**i**da	p**i**dan

dormir (ue, u)	
d**ue**rma	d**u**rmamos
d**ue**rmas	d**u**rmáis
d**ue**rma	d**ue**rman
d**ue**rma	d**ue**rman

Los verbos irregulares del presente de subjuntivo

- The following verbs are irregular in the present subjunctive. The subjunctive form for **hay** is **haya.**

dar	estar	ir	saber	ser
dé	esté	vaya	sepa	sea
des	estés	vayas	sepas	seas
dé	esté	vaya	sepa	sea
dé	esté	vaya	sepa	sea
demos	estemos	vayamos	sepamos	seamos
deis	estéis	vayáis	sepáis	seáis
den	estén	vayan	sepan	sean
den	estén	vayan	sepan	sean

Espero que llegues pronto.

Note on *Spelling changes*
Assure students that the spelling changes are required in order to maintain the original sounds in the infinitive (*c>qu: buscar; g>gu: llegar*) or in the case of *z>c* because in Spanish the sequence of this sound is typically *z + a, o, u,* but *c + e, i.*

Note on *Stem changes e>ie, o>ue*
Remind students that these verbs have a dipthong (*ie, ue*) in the stressed syllable. Since the stem is not stressed in *nosotros* or *vosotros* there is no dipthong.

Note on *Stem changes e>ie, i; e>i, i; o>ue, u*
Remind students that only *-ir* verbs can have two stem-changes. As with other stem-changing verbs, there is no dipthong in *nosotros* or *vosotros.*

Suggestion for *Los verbos irregulares del presente de subjuntivo*
Students may find the acronym DISHES (**dar, ir, saber, hay, estar, ser**) helpful to remember which verbs have irregular present subjunctive forms.

Note on *Usos generales del subjuntivo*

The English equivalents of sentences with the Spanish subjunctive are often different in structure, since the use of the English subjunctive has diminished, although it is used in some cases. Note that with verbs like "insist," "prohibit," "declare," etc. as in the first example above, English can use the subjunctive or indicative, depending on the intent of the speaker.

Usos generales del subjuntivo

- The subjunctive occurs in the dependent clause in a compound sentence and is generally preceded by **que.**

  Queremos **que** viajes al extranjero.   *We want you to travel abroad. (lit., We want that you travel abroad.)*

- The expression in the main clause determines whether to use the subjunctive or the indicative in the dependent clause. The three most common types of expressions that call for the subjunctive in Spanish are those that express influence, emotion, or doubt or denial. All of these imply uncertainty because the action has yet to occur or is outside of the speaker's experience.

  Insisto en que mi novio visite Cartagena.   *I insist that my boyfriend visit Cartagena.*

  Sientes que nuestra madre no pueda ir.   *You're sorry our mother can't go.*

  Es dudoso que el guía nos lleve a la catedral.   *It's doubtful our guide will take us to the cathedral.*

- If there is no change of subject, the subjunctive is not needed; use the infinitive.

  Queremos viajar al extranjero.   *We want to travel abroad.*

APLICACIÓN

Answers to 9-24, Paso 1
haya (haber), establezca (establecer), traigan (traer), pongan (poner), tomen (tomar), estén (estar), tengan (tener), hable (hablar), dé (dar)

9-24 **Botero en el MOMA.** Tres obras de Fernando Botero forman parte de la colección permanente del Museo de Arte Moderno en Nueva York.

Paso 1 Lee la conversación entre el agente de Fernando Botero y el encargado (*person in charge*) en el MOMA. Subraya los verbos en el subjuntivo e identifica el infinitivo.

MODELO: Quiero que me <u>traigan</u> un refresco. (*traer*)

Mona Lisa, 12 años de edad

AGENTE: ¡Oye, Ramón! Veo que no hay un salón especial para las obras del Sr. Botero. Insisto en que <u>haya</u> un "Salón Botero".

ENCARGADO: Tienes razón, Ernesto. Voy a hablar con el gerente y decirle que <u>establezca</u> un salón con su nombre.

AGENTE: Perfecto. Y en ese salón, vamos a pedir que <u>traigan</u> sillones cómodos.

ENCARGADO: ¡Buena idea! Espero que <u>pongan</u> flores y refrescos también.

AGENTE: No, refrescos no. Es mejor que los visitantes <u>tomen</u> refrescos en la cafetería.

ENCARGADO: Y es importante que <u>estén</u> presentes un guardia de seguridad y un guía.

AGENTE: Espero que no <u>tengan</u> que pagarles extra.

ENCARGADO: No sé. ¿Quieres que <u>hable</u> con el gerente sobre eso, también?

AGENTE: Sí, y deseo que le <u>dé</u> al artista un contrato especial para esta exposición.

Answers to 9-24, Paso 2
un salón especial con su nombre, sillones cómodos, flores, refrescos solamente en la cafetería, un guardia de seguridad, una persona experta en su obra, un contrato especial

Paso 2 Haz una lista de lo que pide el agente en el **Paso 1.**

MODELO: *un salón especial*

9-25A Desafío (*Challenge*). Cada uno/a de ustedes tiene una lista de verbos diferentes en el indicativo y el subjuntivo. Dile a tu compañero/a el indicativo del verbo, y él/ella debe darte el presente de subjuntivo de ese verbo. Después muéstrense sus listas de respuestas y ayúdense a corregir las incorrectas. **Estudiante B,** por favor ve al **Apéndice 1,** página A-17.

MODELO: ESTUDIANTE A: *Indicativo: tomamos*
ESTUDIANTE B: *Subjuntivo: tomemos*
ESTUDIANTE A: *Correcto.*

Estudiante A:

Yo digo:	Mi compañero/a debe decir:	Yo marco:	
Indicativo	**Subjuntivo**	**Correcto**	**Incorrecto**
tomamos	*tomemos*	✓	
tengo	tenga		
hablo	hable		
haces	hagas		
pedimos	pidamos		
salen	salgan		
escribe	escriba		
vas	vayas		

9-26 Unos pedidos (*requests*). Imagínense que van de vacaciones a distintos lugares. Túrnense para expresar lo que quieren o no quieren que haga su companero/a durante sus vacaciones. Usen **quiero** o **no quiero** y el subjuntivo.

MODELO: sacar muchas fotos
E1: *Quiero que saques muchas fotos.*
E2: *¡Claro que sí! (No puedo. No tengo cámara.)*

1. visitar los museos
   visites
2. conocer gente interesante
   conozcas
3. traerme un recuerdo
   me traigas
4. comprarme una camiseta
   me compres
5. bucear solo
   bucees
6. ir de excursion a muchos lugares
   vayas
7. llamarme todos los días
   me llames
8. no tomar demasiado (*too much*) sol
   tomes

Quiero que me compres un recuerdo.

Expansion of 9-25
Have students use these verbs in context after a model main clause, such as *Quiero que...*, and then complete each sentence logically.

MODELO: *Quiero que la profesora tenga cuidado.*

📖 4. The subjunctive to express influence

- Verbs of influence express the wishes, preferences, suggestions, requests, and implied commands of the speaker. When the verb in the main clause expresses influence, the verb in the dependent clause is expressed in the subjunctive mood. The following are verbs of influence:

aconsejar	*to advise*	**pedir (i, i)**	*to ask*
decir	*to tell*	**permitir**	*to permit*
desear	*to wish, to desire*	**prohibir**	*to prohibit*
insistir (en)	*to insist*	**querer (ie)**	*to want*
mandar	*to order*	**recomendar (ie)**	*to recommend*
necesitar	*to need*	**sugerir (ie, i)**	*to suggest*

- The subject of the verb in the main clause tries to influence the subject of the dependent clause.

Carmen (querer) + yo (ir):

Carmen **quiere** que (yo) **vaya** con ella de vacaciones.

Carmen wants me to go with her on vacation.

ustedes (necesitar) + yo (llevar):

¿**Necesitan** que (yo) los **lleve** al aeropuerto?

Do you need (for) me to take you to the airport?

mi novia (desear) + yo (recoger) :

Mi novia **desea** que (yo) **recoja** las maletas.

My girlfriend wants me to pick up the luggage.

- Many impersonal expressions also show influence and call for the subjunctive when there is a change of subject.

Es bueno	*It's good*	**Es mejor**	*It's better*
Es importante	*It's important*	**Es necesario**	*It's necessary*
Es imposible	*It's impossible*	**Es preciso**	*It's essential*
Es indispensable	*It's crucial*	**Es urgente**	*It's urgent*

Es imposible que **pasemos** la frontera sin pasaporte.

It's impossible for us to cross the border without a passport.

Es indispensable que **compres** un plano de la ciudad.

It's crucial that you buy a city map.

- When there is no change of subject between the two verbs, use the infinitive.

Sofía (desear) + Sofía (ir)
Sofía **desea ir** a pescar. }

Sofía wants to go fishing.

Es mejor + (conocer)
Es mejor conocer la ciudad a pie. }

It's better to get to know the city on foot.

- Sentences using verbs such as **aconsejar, decir, pedir, recomendar,** and **sugerir** require an indirect object pronoun. This pronoun refers to the subject of the dependent clause.

Le aconsejo (a Ud.) que nade más.

I advise you to swim more. (lit., I advise that you swim more.)

Nos piden que hagamos más ejercicio.

They ask us to exercise more. (lit. They ask that we exercise more.)

- When verbs of communication such as **decir, informar,** and **escribir** are used in the main clause and the subject of the verb is simply reporting information (telling someone something), the indicative is used in the dependent clause. If the verb in the main clause is used in the sense of a command (telling someone to do something), the subjunctive is used.

Information

Julia le **dice** a Juan que **llega** mañana.

Julia tells Juan that she is arriving tomorrow.

El agente nos **informa** que **volvemos** el sábado.

The agent informs us that we're returning on Saturday.

Command

Julia le **dice** a Juan que **llegue** mañana.

Julia tells Juan to arrive tomorrow.

El agente nos **informa** que **volvamos** el sábado.

The agent informs us to return on Saturday.

APLICACIÓN

9-27 Shakira.   Shakira, la primera colombiana que ganó un Grammy Latino, es ahora una estrella internacional.

Paso 1   Lee la entrada que hizo Shakira en su diario y completa la lista de lo que estas personas quieren o esperan de ella.

18 de septiembre de 2011

Querido diario:

¡Me encuentro en un momento muy bueno en la vida! Tengo mucha ilusión por todos mis proyectos, pero siempre queda más por hacer. Mis padres quieren que vuelva a Colombia y que pase más tiempo con ellos. Mi agente sugiere que haga más grabaciones, que viaje por Estados Unidos y Canadá, y que vaya a Europa.

Mis admiradores insisten en que dé más conciertos. Mis amigos colombianos esperan que dedique más tiempo a obras caritativas[1] en Colombia. Mi novio me pide que me case con él y que me convierta en ama de casa. ¿Y yo? ¿Qué quiero yo? Pues, deseo que todo el mundo viva en paz y, especialmente, que disfrute de la música. Ese es mi sueño, pero por ahora, soy feliz.

[1] charitable

Presencia hispana

Another well-known native of Colombia currently residing in the U.S. is racecar driver Juan Pablo Montoya. Mostly known for his open-wheel racing, he has achieved the rare feat of becoming a crossover race winner on Formula One, ChampCar, IndiCar, GrandAm, and Nascar. Montoya established the Formula Smiles Foundation to help improve sports facilities and infrastructures in Colombia's poor neighborhoods. What other Hispanic personalities living in the U.S. or Canada also work to improve conditions in their home countries?

Lista

1. Su agente:
   Sugiere que haga más grabaciones, que viaje y que vaya a Europa.

2. Sus amigos:
   Esperan que dedique más tiempo a obras caritativas.

3. Sus padres:
   Quieren que vuelva a Colombia y que pase más tiempo con ellos.

4. Ella misma:
   Desea que el mundo viva en paz y que disfrute de la música.

5. Sus admiradores:
   Insisten en que dé más conciertos.

6. Su novio:
   Le pide que se case con él y que se convierta en ama de casa.

 Paso 2   Conéctate a la Internet para ver más imágenes de Shakira y escuchar su música. ¿Cómo caracterizas su estilo? ¿Animado? ¿Romántico? ¿Melancólico? ¿Alegre?

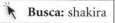 **Busca:** shakira

Note on *Presencia hispana*
Answers may vary; for example, Sammy Sosa, Santana, Isabel Allende

Note on *Shakira*
Desde el año 2000, el novio de Shakira es Antonio de la Rúa, abogado e hijo del ex presidente de Argentina, Fernando de la Rúa. En 2006, Antonio junto con otros empresarios, fundó la fundación América Latina en Acción Solidaria (ALAS) una organización sin fines de lucro que trabaja para difundir el Desarrollo Infantil Temprano en la región. Entre muchas celebridades integrantes de la fundación figuran Shakira, Alejandro Sanz y Juan Luis Guerra.

Note on 9-27
For additional information on Shakira, refer to the photograph, caption, and note to the instructor, all provided in the chapter opener.

¡Hola!
Cultura en vivo

A common custom throughout the Spanish-speaking world is **el piropo,** an expression of admiration, flirtation, or praise that one person calls to another, usually on the street. Creating **piropos** is almost an art form; they can be poetic and imaginative. Here are a few you may hear: "¡Tantas curvas y yo sin frenos (*brakes*)!" "El amor sin un beso es como los espaguetis sin queso". "Eres justo lo que me recetó el doctor". Can you think of other examples in Spanish that you may have heard? Do similar expressions exist in English?

9-28 En la agencia de viajes. La agente de viajes tiene algunos consejos para sus clientes. Completa sus consejos con el verbo lógico en el subjuntivo de la lista que sigue cada entrada.

MODELO: Sra. Domínguez, ¿prefiere que yo le *mande* su itinerario por correo electrónico? (buscar – mandar – traer)

- Sr. López, es necesario que usted (1) __compre__ su pasaje con dos semanas de anticipación. Necesito que usted me (2) __dé__ su número de tarjeta de crédito. (comprar – dar – fumar)

- Juan y Carlos, ustedes saben que ahora las aerolíneas no permiten que los pasajeros (3) __fumen__ en el avión. Si quieren fumar, es mejor que (4) __vayan__ a la sala de fumadores en el aeropuerto antes de abordar. (ir – fumar – llevar)

- Doña María, sugiero que usted (5) __ponga__ las recetas (*prescriptions*) en su bolsa y que (6) __haga__ copias para poner en la maleta. (hacer – llegar – poner)

- Lupe, es importante que (tú) (7) __llegues__ con dos horas de anticipación antes de tu vuelo. Los agentes de seguridad insisten en que los pasajeros (8) __dejen__ los objetos puntiagudos (*sharp*) en su casa. (comprar – dejar – llegar)

- Sres. Echevarría, les recomiendo que ustedes (9) __duerman__ en el avión porque si no, van a estar muy cansados después de más de siete horas de viaje. Por eso, les sugiero que le (10) __pidan__ café descafeinado al asistente de vuelo. (dormir – ir – pedir)

- Carolina, en países hispanos, vas a escuchar muchos piropos (*compliments*) en la calle. Es importante que no te (11) __pongas__ nerviosa o enojada ni que les (12) __respondas__ porque es parte de la cultura. (pedir – poner – responder)

9-29 El Parque Nacional Tayrona. Este es uno de los parques nacionales más visitados de Colombia. Está en la costa y tiene algunas de las playas y bahías más pintorescas de Colombia. Completa los consejos que te da una agente de viajes con la forma correcta de uno de los verbos siguientes.

ayudar	entrar	pagar	comprar	ir	tener

Primero, le aconsejo que (1) __tenga__ listo (*ready*) el pasaporte para poder visitar Colombia. Segundo, le sugiero que (2) __compre__ una buena guía turística. La puede comprar en cualquier (*any*) librería. Ahora, no se permite que los viajeros (3) __entren__ al país con frutas u otros comestibles. Una vez en Colombia, le recomiendo que (4) __vaya__ al parque en carro privado y con guía. Es un viaje inolvidable. También, le sugiero que (5) __pague__ su hotel en el parque aquí en la agencia porque muchas veces cuesta menos desde aquí. Si quiere que le (6) __ayude__ con el viaje, lo hago con mucho gusto.

El Parque Nacional Tayrona

9-30 ¿Qué esperan tus amigos y tu familia? Tus amigos y tu familia quieren que lo pases bien en tus vacaciones. Combina frases de las dos columnas con **que** para decir lo que desean todos.

MODELO: Mi padre quiere… escribirle una tarjeta postal
Mi padre quiere que yo le escriba una tarjeta postal.

1. Mi madre espera…
2. Mi novio/a (esposo/a) desea…
3. Mis amigos me aconsejan…
4. Mi amigo/a me sugiere…   que
5. Mi profesor/a de… insiste en…
6. Mi hermano/a pide…
7. Mi abuelo/a prefiere…
8. Mis tíos recomiendan…

pasarlo bien
tener mucho dinero
ir a un país de habla española
sacar muchas fotos
llevar el pasaporte
comprar muchos recuerdos
llevar una cámara digital
no hacer deportes extremos

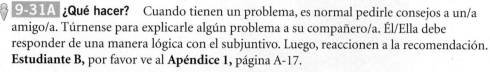

9-31A ¿Qué hacer? Cuando tienen un problema, es normal pedirle consejos a un/a amigo/a. Túrnense para explicarle algún problema a su compañero/a. Él/Ella debe responder de una manera lógica con el subjuntivo. Luego, reaccionen a la recomendación. **Estudiante B,** por favor ve al **Apéndice 1,** página A-17.

MODELO: Te recomiendo que (**estudiar**) mucho.
ESTUDIANTE A: *Tengo un examen de química mañana.*
ESTUDIANTE B: *Te recomiendo que <u>estudies</u> mucho.*
ESTUDIANTE A: *Buena idea. / No tengo tiempo. / No puedo porque…*

Estudiante A:

Mis problemas	Consejos para mi compañero/a
1. Necesito comprar libros para mis clases.	Es mejor que tú (**ir**) solo/a al cine.
2. Hay un crucero de tres días a Cancún, pero nadie quiere ir conmigo.	Te recomiendo que (**limpiar**) la casa antes del fin de semana.
3. Quiero ir de vacaciones, pero no tengo dinero.	Insisto en que (**estudiar**) otro año de español y que luego (**ir**) a estudiar a España o a Latinoamérica.
4. Quiero un trabajo más interesante.	Te pido que (**hablar**) con tu jefe y que le (**pedir**) menos horas de trabajo.

Te recomiendo que hagas un crucero por el Mediterráneo.

Expansion of 9-30
Have students prepare a list of 5 activities that they must do using impersonal expressions such as: *es necesario, es importante, es urgente, es mejor,* etc.
MODELO: *Es indispensable que yo haga una lista de las clases que voy a tomar el próximo semestre.*

9-32 ¿Cuáles son tus deseos?   Escribe cinco deseos que tienes para el futuro. Expresa los deseos con verbos como **querer, desear, preferir, es importante,** etc., usando el subjuntivo cuando haya cambios de sujeto en la oración.

MODELO: *Deseo que mis padres vivan muchos años y que siempre tengamos una buena relación. Espero que mis amigos encuentren un buen trabajo y que ganen mucho dinero. Prefiero viajar después de terminar mis estudios.*

Quiero conocer el mundo y espero que tú me acompañes.

09-45 to 09-49

¿Cuánto saben?

Primero, pregúntate si puedes llevar a cabo las siguientes funciones comunicativas en español. Después, júntate con dos o tres compañeros/as de clase para presentar las situaciones. Hagan y respondan a por lo menos cuatro preguntas en cada situación.

✓ **CAN YOU . . .**

☐ describe travel and vacation experiences?

☐ try to influence others?

☐ give advice to someone?

WITH YOUR CLASSMATE(S) . . .

Situación: Entre amigos
Cuéntense lo que hicieron en sus últimas vacaciones. Hablen de su hotel, de lo que visitaron, de las excursiones que hicieron, de cómo lo pasaron, si compraron algo, etc.
Para empezar: *El año pasado hice un viaje a...*

Situación: Nuestro próximo viaje
Ustedes no pueden decidir adónde ir en su próximo viaje. Todos tienen opiniones muy fuertes (*strong*). Usen el subjuntivo para convencerse y finalmente, llegar a un acuerdo.
Para empezar: *Quiero ir a... Insisto en que... Es necesario que...*

Situación: Problemas personales
Traten de ayudarse con un problema serio como la falta de dinero, problemas en casa, una clase difícil, un horario imposible, etc. Usen el subjuntivo para darse consejos.
Para empezar: *Te aconsejo que... Es importante que... Insisto en que...*

Observaciones

09-50 to 09-52

¡Pura vida! EPISODIO 9

En este episodio Patricio les sirve de guía a Felipe, a Silvia y a David Ortiz-Smith.

Antes de ver el video

9-33 En peligro de extinción. Lee el siguiente artículo y escribe cinco características del guacamayo.

> El guacamayo es un pájaro de hermoso plumaje. La belleza de sus plumas lo ha puesto en peligro de extinción durante años. Sus colores predominantes, el azul, el rojo y el amarillo, atraen la admiración de todos los que lo ven. Estos bellos pájaros, que pasan la mayor parte del día comiendo y tomando el sol, son los loros[1] más grandes y los más coloridos.
>
> Su hábitat en la América tropical se extiende desde el sur de México hasta Paraguay. Algunas de sus características físicas más sobresalientes, además de su bello plumaje, son su enorme pico[2] largo y curvado, y sus ojos redondos y negros.
>
> En particular, las plumas de los guacamayos eran unos de los objetos más apreciados por las culturas indígenas, ya que las utilizaban para adornar sus vestimentas y accesorios. Incluso, las usaban para comerciar o como regalo de amistad.

[1]parrots   [2]beak

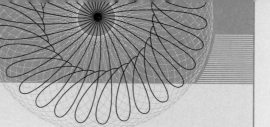

El *Ara macao* habita las selvas desde México hasta Paraguay.

A ver el video

9-34 La excursión. Mira el noveno episodio de **¡Pura vida!** y completa cada oración con la expresión más lógica, según el video.

Patricio

David Ortiz-Smith

Felipe y Silvia

1. _____El Niño_____ es un fenómeno meteorológico que afecta el clima. Ciertos lugares reciben más lluvia; otros reciben menos.

2. El señor David Ortiz-Smith casi pierde el vuelo porque cambiaron _la puerta de embarque_.

3. Panchito es un _____jaguar_____ joven que duerme en los árboles durante el día.

4. Al final, todos observan _____los guacamayos_____.

Después de ver el video

9-35 Un centro de rescate (*rescue*). Conéctate a la Internet para aprender más sobre un centro de rescate en Colombia o en Venezuela. Luego escribe una carta al centro en que expreses tu interés en ser voluntario/a en ese centro.

> **Busca:** centro rescate animales extincion colombia, centro rescate animales extincion venezuela

Nuestro mundo

 Panoramas

Los países caribeños de Sudamérica: Venezuela y Colombia

09-53 to 09-54

Aunque el petróleo contribuye al PIB (*GDP*) de Venezuela, todavía hay muchas personas que viven en la miseria en las afueras de la capital, Caracas.

Es posible que conozcas algunas de las obras del escritor colombiano, Gabriel García Márquez, quien ganó el Premio Nobel de Literatura por sus novelas. En EE. UU. se hizo una película de una de sus novelas, *El amor en los tiempos de cólera*.

Venezuela atrae a muchos turistas aficionados a los deportes extremos que desean gozar (*enjoy*) de su belleza natural.

Cartagena de Indias fue fundada en 1531. En pocos años su excelente puerto se convirtió en el más importante en el Nuevo Mundo para España. Cartagena llegó a ser una de las ciudades más ricas del Imperio Español.

En Colombia hay vastos depósitos de oro y de piedras preciosas, especialmente de esmeraldas. Estas riquezas figuran en las prendas que llevaban los caciques (*chiefs*) de los indígenas. Los conquistadores españoles sacaron y se llevaron muchas de estas riquezas.

Venezuela y Colombia

	Venezuela	Colombia
Población:	26,8 millones	45,6 millones
Sitios de UNESCO[1]:	3	6
Ingresos del turismo:	$16,8 mil millones	$12,5 mil millones
Clima:	tropical en las costas; más templado en el interior	

[1]Patrimonio de la Humanidad

9-36 Identifica. Identifica, describe o explica lo siguiente.

1. el nombre de un escritor y por qué es famoso — Gabriel García Márquez, porque ganó el premio Nobel de Literatura

2. por qué Cartagena de Indias era una de las ciudades más importantes de la época colonial — por su puerto

3. el color de una esmeralda — verde

4. un producto importante en la economía de Venezuela — el petróleo

5. los deportes que atraen turistas a Venezuela — los deportes extremos

6. un metal precioso que se mina en Colombia — el oro

9-37 Desafío. Consulta el mapa y la caja para contestar estas preguntas.

1. el país que tiene costas en el Caribe y en el Pacífico — Colombia

2. la capital de Colombia y la de Venezuela — Bogotá; Caracas

3. el país que tiene mayores ingresos del turismo — Colombia

4. el número de sitios en los dos países que forman parte del Patrimonio de la Humanidad de la UNESCO (*World Heritage Sites*) — Venezuela 3; Colombia 6

5. el clima en las zonas interiores de Colombia y Venezuela — templado

9-38 Proyecto. Estas personas son famosas por sus contribuciones a las artes o por su participación política en su país. Escoge una de las siguientes figuras importantes, u otra que te interese, para investigar más sobre él/ella. Usa el Modelo para escribir un resumen en el que incluyas lo siguiente:

- su nombre y su profesión
- por qué es importante o interesante
- cómo era en el pasado; cómo es ahora
- si quieres conocerlo/la algún día y por qué
- si piensas estudiar más sobre esta persona
- una foto representativa

> **Busca:** shakira; gabriel garcia marquez; juanes; simon bolivar; hugo chavez; juan pablo montoya; antanas mockus; juan manuel santos; alvaro uribe

MODELO: *Dayana Mendoza nació en Caracas en 1986. Sabe varios idiomas y trabaja como modelo. Después de ganar el concurso de Miss Universo en el año 2008, declaró que iba a pasar el año viajando por el mundo para…*

📖 Páginas

09-55

ANTES DE LEER

9-39 Un folleto turístico. De estas actividades, ¿cuáles normalmente encuentras en un folleto turístico? ¿Cuáles son importantes para conocer la cultura de otro lugar?

Normal (N)	**Importante (I)**
_____ las actividades deportivas	_____ la gastronomía
_____ las fiestas y las ferias	_____ las excursiones
_____ la artesanía	_____ la economía

De estas cosas, ¿cuáles te interesan más a ti? ¿Cuáles son las menos importantes para ti?

A LEER

9-40 Los folletos. Los folletos dan información interesante para que decidas visitar un lugar o país. Las imágenes son para estimularte la imaginación. Pueden ser exóticas, hermosas o simplemente diferentes. Ve las imágenes en el folleto y trata de identificar de qué se trata sin leer el texto.

Note on *Reading strategies*
Activity **9-39** encourages students to read for a purpose, in this case to glean information on traveling.

Warm-up for 9-40
Beyond the images, have students read the title of the pamphlet as well as the names and months of the 4 holidays featured. To anticipate content, ask them if they recognize the names, know the meanings behind such holidays, and are familiar with typical ways of celebrating them. Then have students read the text fully.

Expansion of 9-40
After reading, ask questions to confirm comprehension: *¿Cuándo se introdujo en Colombia la fiesta de Carnaval? ¿En qué ciudad es más impresionante la celebración? ¿Cuál es la raíz de la palabra "carnaval"? ¿Qué celebraciones son famosas en Popayán y Mompox? ¿Qué construyeron allá en el siglo XVI los españoles? ¿En qué ciudad de España son famosas también estas celebraciones? ¿Cuáles son las 2 tradiciones que forman parte de la fiesta de Corpus Cristi en ciertas regiones del país?*, etc.

Wrap-up for 9-39 and 9-40
After reading the pamphlet's content, have students revisit the ideas they anticipated in the first activity and consider the extent to which they match. Ask: *¿Qué actividades de la lista en actividad 9-39 aparecen en el folleto? ¿Qué actividades no aparecen? ¿Se celebran las 4 fiestas colombianas de forma similar o diferente de la forma que anticipabas?* Then have students complete the questions in activity 9-41.

¡Fiestas Colombianas!

Carnaval (febrero)

Las fiestas de carnaval fueron iniciadas por los españoles y portugueses durante la época de la Colonia, como fiestas de esclavos. El festival más vistoso y colorido es sin duda el de Barranquilla. La palabra "carnaval" proviene de la práctica de poder comer carne antes de empezar la época de Cuaresma[1], porque en esta época los católicos se abstenían de comerla.

Corpus Cristi (mayo–junio)

En ciertas regiones se observa una síntesis de tradiciones indígenas y cristianas.

¡Visite Colombia en cualquier época del año para pasarlo bien!

Semana Santa (marzo–abril)

Las celebraciones de Semana Santa más famosas de Colombia tienen lugar en Popayán y Mompox, donde los colonizadores españoles construyeron muchas iglesias y capillas, todas importantes en los eventos de Semana Santa. Popayán fue fundada en 1536, y la celebración de Semana Santa es tan tradicional como la de Sevilla, España.

Día de la Independencia (20 de julio)

En 1810, el pueblo colombiano, bajo el liderazgo de Simón Bolívar, se liberó de España. Hoy en día se celebra con fuegos artificiales y es un día festivo.

¡Y en cualquier mes del año hay ferias y festivales por todo el país!

[1] *Lent*

DESPUÉS DE LEER

9-41 Lo normal y lo exótico. Da tus impresiones sobre la información contenida en el folleto.

1. ¿Cuáles de las imágenes te parecen más exóticas?

2. ¿Cuáles de las imágenes te parecen iguales a celebraciones que ya conoces?

3. ¿Cuáles de las fiestas celebras tú?

4. ¿En qué aspectos son parecidas? ¿En qué aspectos son diferentes?

5. Si algún día visitas Colombia, ¿cuál prefieres conocer?

9-42 En su experiencia. Las fiestas reflejan la cultura de la gente. Por ejemplo, mucha gente de origen irlandés celebra el día de San Patricio. Hay desfiles, fiestas, comida, bebidas verdes, etc. Escojan una fiesta que se celebre en su ciudad o su pueblo y contesten estas preguntas:

1. ¿Cuál es el origen de la fiesta?

2. ¿Cuándo y cómo se celebra?

3. ¿Participan ustedes en la celebración? ¿Cómo?

4. ¿Es una fiesta que se celebra en el mundo hispano, también?

En Detroit se celebra el Cinco de Mayo.

9-43 Las fiestas y las comidas. Es común tener comida especial en días festivos. Si te encuentras en Colombia o en Venezuela para la Nochevieja, vas a probar comida muy diferente a la que conoces. Conéctate a la Internet para ver ejemplos de comida típica. Escribe un párrafo, describiendo la comida y sus ingredientes.

> **Busca:** venezuela comida fin ano; colombia comida fin ano

Expansion of 9-43
Have students report back the results of their Internet research during the next day of class. You may want to ask various students (perhaps volunteers who enjoy cooking) to prepare some of the dishes to bring to class for sampling. You may even want to turn the day into a celebration, for which other students take on different tasks, such as creating decorations, bringing in typical music, etc.

📖 Taller

9-44 **Un folleto turístico.** En esta actividad vas a crear un folleto turístico.

MODELO: *¿Por qué conocer Indiana? Por su música, sus deportes, su naturaleza, su arte, su gente…*

ANTES DE ESCRIBIR

- **Ideas.** Piensa en un lugar en el mundo hispano que no conozcas. Haz una lista de lo que quieres saber de este lugar para incluir en el folleto.
- **Investigar.** Busca información e imágenes del lugar en la Internet.

A ESCRIBIR

- Escribe descripciones cortas de las imágenes para el folleto. Incluye puntos interesantes sobre la cultura, la historia, el clima, la comida, fechas importantes, etc.
- Ordena las imágenes y las descripciones en un papel grande.
- Dale un título al folleto.
- Para un modelo, consulta el folleto en la página 314.

DESPUÉS DE ESCRIBIR

- **Revisar.** Revisa tu folleto para verificar los siguientes puntos:
  - ☐ la concordancia de nombres y adjetivos
  - ☐ el uso de **por** y **para**
  - ☐ el uso de adverbios que terminan en -**mente** (**Originalmente el sitio era...**)
  - ☐ el uso del subjuntivo (**Es importante que...; Sugerimos que...; Es necesario que...**)
- **Intercambiar**
  Intercambia tu folleto con el de un/a compañero/a para hacer correcciones y sugerencias y para decidir si quieren visitar el lugar.
- **Entregar**
  Pon el folleto en limpio, incorporando las sugerencias de tu compañero/a. Después, entrégaselo a tu profesor/a.

Vocabulario

Primera parte

En la agencia de viajes   At the travel agency

el/la agente de viajes *travel agent*
el boleto (electrónico) *(e-)ticket*
el folleto *brochure*
el pasaje (de ida y vuelta) *(roundtrip) fare, ticket*
la reservación / reserva *reservation*
el/la viajero/a *traveler*

En el aeropuerto At the airport

la aduana *customs*
el avión *plane*
el control de seguridad *security checkpoint*
el/la inspector/a de aduanas *customs inspector*
el pasaporte *passport*
la puerta de embarque *boarding gate*
la sala de espera *waiting room*
el reclamo de equipaje *baggage claim*
la tarjeta de embarque *boarding pass*
el vuelo *flight*

En el avión   On the plane

el asiento de pasillo / de ventanilla *aisle seat / window seat*
el/la asistente de vuelo *flight attendant*
la clase turista *coach class*
la demora *delay*
la escala *stopover*
la llegada *arrival*
el/la pasajero/a *passenger*
el/la piloto *pilot*
la salida *departure*

Verbos   Verbs

abordar *to board*
aterrizar *to land*
bajarse (de) *to get off (of), to get down (from)*
despegar *to take off*
esperar *to wait for*
facturar el equipaje *to check luggage*
hacer cola *to stand in line*
hacer la(s) maleta(s) *to pack the suitcase(s)*
hacer un crucero *to take a cruise*
pasar por (...) *to pass through (. . .)*
viajar por barco *to travel by ship*
      tren *train*
      carro / coche / auto *car*
      autobús *bus*

Segunda parte

En el viaje   On the trip

el adaptador eléctrico *electrical adapter*
la cámara digital *digital camera*
la cámara de video *video camera*
el cargador *charger*
la gira *tour*
el/la guía *guide*
la guía turística *guidebook*
la pila *battery*
el plano de la ciudad *city map*
la tarjeta de memoria *memory card*
la tarjeta postal *postcard*

Atracciones turísticas   Tourist attractions

el bosque *forest*
la catedral *cathedral*
el centro histórico *historical center*
la estatua *statue*
las flores *flowers*
la isla *island*
el lago *lake*
las montañas *mountains*
el monumento *monument*
el salto de agua / la catarata *waterfall*
el volcán *volcano*

En el hotel   At the hotel

el cuarto doble *double room*
la estadía *stay*
el/la gerente *manager*
el hostal *inn / youth hostel*
el hotel (de lujo) *(luxury) hotel*
la vista *view*

Actividades típicas de los viajeros   Typical activities for travelers

bucear *to scuba dive, to swim under water*
comprar recuerdos *to buy souvenirs*
ir de excursión *to go on an excursion*
montar a caballo *to go horseback riding*
      en bicicleta *bicycle riding*
pasarlo de maravilla *to have a wonderful time*
pescar *to fish*
quedarse *to stay (somewhere)*
recorrer *to travel around, to tour*
viajar al extranjero *to travel abroad*

Expressions with *por*   *See page 289.*   **Verbs and expressions of influence**   *See page 306.*

10
¡Tu salud es lo primero!

 Instructor Resources
- IRM: Syllabi and Lesson Plans
- MSL: Textbook images, PPT

Warm-up for *Capítulo 10*
Review the previous chapter by telling students that you are looking for some vacation ideas. Ask them to promote and offer information about the destination featured in their *folleto turístico,* written for the *Taller* section. ¿Adónde me aconsejan Uds. que vaya de vacaciones? ¿Qué actividades recomiendan que haga en tal lugar? ¿Qué sugieren que no haga? etc.

The Five C's

Communication: Activities requesting opinions, such as in *Perfiles* and *Páginas*; writing activities (*Taller*), information gap (10-5, 10-9, 10-23, 10-29), information sharing activities (10-4, 10-6, 10-8, 10-10, 10-13, 10-14, 10-16, 10-17, 10-20, 10-25, 10-26, 10-32, 10-44).

Cultures: See Chapter Opener, *Perfiles, Cultura en vivo, Presencia hispana, Observaciones, Panoramas, Páginas* and *Taller.* See also, activities with a cultural context, such as 10-19, 10-23, 10-27, 10-28, also photos and teacher notes that expand on cultural topics, found throughout.

Connections: For example, activities asking students to connect previous knowledge: *Mi experiencia, Mi música, Panoramas, Presencia hispana, Cultura en vivo, Taller* (writing).

Comparisons: *Estructuras, Perfiles, Cultura en vivo, Variaciones, Presencia hispana.*

Communities: Internet activities, such as 10-18, 10-23, 10-30, 10-35, 10-38.

1   Primera parte

¡Así lo decimos! Vocabulario	Las partes del cuerpo humano
¡Así lo hacemos! Estructuras	Formal commands
	The subjunctive to express feelings and emotions
Perfiles	
Mi experiencia	La medicina tradicional en Bolivia
Mi música	"Viaje" (Octavia, Bolivia)

OBJETIVOS COMUNICATIVOS

- Talking about your health and explaining what part of your body hurts
- Requesting that others do something
- Expressing emotions

2   Segunda parte

¡Así lo decimos! Vocabulario	Los alimentos
¡Así lo hacemos! Estructuras	The subjunctive to express doubt and denial
Observaciones	¡Pura vida! Episodio 10

- Talking about how to stay fit
- Expressing your opinions and beliefs about something

 ## Nuestro mundo

Panoramas	Bolivia y Paraguay: riquezas por descubrir
Páginas	"La azucena del bosque" (Mito guaraní)
Taller	Un artículo sobre la salud

Readiness Check

Bolivia y Paraguay: riquezas por descubrir

Mar Caribe

VENEZUELA
GUYANA
SURINAM
GUYANA FRANCESA
COLOMBIA
ECUADOR
PERÚ
BRASIL
BOLIVIA
PARAGUAY
CHILE
OCÉANO PACÍFICO
OCÉANO ATLÁNTICO
ARGENTINA
URUGUAY

«Comamos manzanas todo el año y la enfermedad sufrirá un desengaño».

Refrán: Let's eat apples all year long and illness will be deceived. (*An apple a day keeps the doctor away.*)

En Paraguay, *el ñandutí* es una artesanía popular.

Cerca de La Paz, Bolivia, se encuentran los restos de la ciudad de Tihuanaco y su famosa Puerta del Sol, con una imagen del dios creador.

Presentation tip for *Refrán*
Write the words *enfermedad*, *manzana*, *comer*, and *desengaño* on the board. First say that you are not feeling well and act this out by coughing, holding your hand up to your forehead to check your body temperature, etc. Then draw an apple on the board and pretend you are eating one. Change your demeanor and act well and energetic. Point to the word *desengaño*, say *"por ejemplo,"* and tell some obvious lie. Ask students to say the meaning of the expression by connecting the ideas presented, and have them give the English equivalent: "An apple a day keeps the doctor away." Ask them if they agree or not according to their own experiences.

Note on *Images*
You may wish to share the following background information with students in Spanish.

Según una leyenda guaraní, el encaje (*lace*) que se llama ñandutí tiene su origen durante la colonia española de esta región. Una joven española tenía un encaje que le había regalado su mamá antes de irse la hija a las Américas. Una vez, cuando la sirvienta lo lavó, se deshiló (*unraveled*) y se arruinó. La hija se puso inconsolable al verlo totalmente deshecho. La sirvienta pasó noche tras noche a la luz de la luna tratando de crear un encaje idéntico al original. Finalmente se inspiró de una telaraña (*spider web*) que vio en el patio, e imitó su diseño. El resultado fue el bello encaje que ahora se llama ñandutí (*telaraña*) en lengua guaraní.

Tiahuanaco es un sitio arqueológico importante que data del siglo IV. Situado cerca del lago Titicaca, se le considera un lugar precursor a la civilización incaica. Esta región era ideal para establecer un centro político y cultural, ya que abunda en lluvia y suelos fértiles. Los habitantes eran hábiles en construir canales para irrigar sus tierras y cultivar la pesca. Su manera de transmitir su cultura no era escrita, sino oral. Hoy, Tiahuanaco es un sitio del Patrimonio de la Humanidad de la UNESCO.

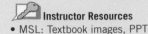
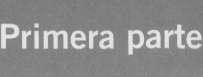

¡Así lo decimos! VOCABULARIO

 ### ¡Así es la vida! En el consultorio del médico

 Muchas personas tienen cita con la doctora Méndez. Mientras esperan, hablan de sus síntomas.

ANABEL: Me torcí la rodilla mientras hacía jogging.

ALFREDO: Y yo, tengo náuseas. ¡Qué mal me siento!

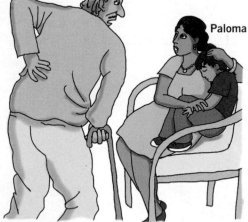

DON LUIS: ¡Ay, cuánto me duele la espalda! No puedo sentarme.

PALOMA: Mi hijo tiene fiebre y no quiere comer nada. No sé si es un simple resfriado o algo más serio.

EUGENIO: Tengo mucha tos y me duele todo el cuerpo. Creo que tengo gripe.

MARISA: Es mejor que se lo diga a la doctora.

Vocabulario Las partes del cuerpo humano

10-02 to 10-09

Las partes del cuerpo humano	Parts of the human body

la boca	mouth	la muela	molar
el brazo	arm	el oído	ear (inner)
la cabeza	head	la oreja	ear (outer)
el corazón	heart	el pecho	chest
el dedo (del pie)	finger (toe)	el pie	foot
la espalda	back	la pierna	leg
el estómago	stomach	el pulmón	lung
la garganta	throat	la rodilla	knee
la lengua	tongue		

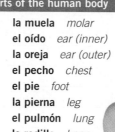

Me duele la garganta.

Problemas de salud	Health problems

doler (ue)[1]	to hurt
lastimarse	to hurt oneself
romperse (un hueso)	to break (a bone)
ser alérgico/a a	to be allergic to
tener fiebre (f.)	to have a fever
dolor de cabeza (m.)	a headache
gripe (f.)	a flu
infección (f.)	an infection
resfriado (m.)	a cold
tos (f.)	a cough
náuseas (f.)	(to feel) nauseated
torcerse (ue)	to twist
toser	to cough

Sugerencias y remedios médicos	Medical advice and remedies

dejar de (fumar)	to quit (smoking)
guardar cama	to stay in bed due to sickness
hacer una cita	to make an appointment
mejorarse	to get better, to get well
respirar	to breathe
seguir (i, i)[2] los consejos del médico	to follow the doctor's advice
tomar la presión	to take blood pressure
la temperatura	temperature

Me duele una muela.

Medicinas comunes	Common medicines

el antiácido	antacid	el calmante	tranquilizer, painkiller
el antibiótico	antibiotic	el jarabe	cough syrup
la aspirina	aspirin	la pastilla	pill, lozenge

En el consultorio del médico	At the doctor's office

el diagnóstico	diagnosis	el/la paciente	patient
el dolor	pain, ache	la radiografía	X-ray
la enfermedad	illness	la receta	prescription
el examen físico	checkup	el síntoma	symptom
la inyección	shot	la sala de urgencias	emergency room

Me rompí la pierna.

[1] like gustar: Me duelen los pies - *My feet hurt.*
[2] sigo, sigues, sigue, seguimos, seguís, siguen; seguí, seguiste, siguió, seguimos, seguisteis, siguieron

Variaciones
While most of the Spanish-speaking world says **la gripe,** in Mexico the term used is **la gripa,** with a final **a** instead of **e.**

Variaciones
Lastimarse is more common in the Americas, whereas **hacerse daño** is preferred in Spain.

Variaciones
The expression **tomarse la presión** is typical in Latin America; **tomarse la tensión** in Spain.

Instructor Resources
• MSL: Textbook images, PPT, Supplementary Activities

Note on *tener* + illness
Use the indefinite article when the illness is modified. For example, *Tengo dolor de cabeza. Tengo un tremendo dolor de cabeza.*

Expansion of ¡*Así lo decimos!*
Be prepared to provide additional expressions, as relevant to your students: *romperse un ligamento, un cartílago* (to rupture/tear a ligament, cartilage); *desgarrarse un músculo* (to tear a muscle); *reventar un vaso sanguíneo* (to break a blood vessel); *tener una hernia, un ataque de corazón, un derrame cerebral* (a stroke), *cáncer de...* , etc.

Optional activity for *Las partes del cuerpo humano*
Have students draw a picture following some odd description that you give. Have them compare their drawings in small groups or pairs. Then present your own version on a transparency or a doc cam as a final comprehension check and review it with students. For example: *Esta criatura tiene dos cabezas. En la cara a la derecha tiene un solo ojo grande y redondo. En la cara izquierda tiene tres ojos pequeños cuadrados. En la cara derecha tiene una boca pequeña con un diente. A la izquierda, tiene una boca grande con muchos dientes,* etc.

Optional activity for *Problemas de salud*
Have students in small groups act out and guess symptoms in the *Problemas de salud* section.

APLICACIÓN

10-1 Categorías. Pon una X en la(s) columna(s) que mejor describe(n) la parte del cuerpo y añade una más al final.

Parte del cuerpo	Tienes uno	Tienes dos	Tienes más de dos	Órgano interno
el dedo			X	
el corazón	X			X
la nariz	X			
el ojo		X		
el pulmón		X		X
la oreja		X		
el brazo		X		
el estómago	X			X
la pierna		X		
la muela			X	
¿...?				

10-2 ¿Qué le pasa? Describe lo que les pasa a estas personas y da una posible causa de su(s) problema(s).

MODELO:

Alicia

Answers may vary.

A Alicia le duele el estómago porque comió dos hamburguesas.

A Alberto le duele la cabeza porque está cansado.

1.

Alberto

Ana María tiene un resfriado y debe tomar vitamina C.

2.

Ana María

Samuel y Ricardo se rompieron la pierna cuando jugaban al fútbol.

3.

Samuel y Ricardo

Carlos se torció el tobillo cuando subía las escaleras.

4.

Carlos

Ramiro y Marta están vomitando y tienen una fiebre alta porque tienen gripe.

5.
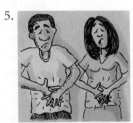
Ramiro y Marta

10-3 ¡Qué mal me siento! Escucha a doña Carmen mientras habla por teléfono con su médico; anota sus síntomas, un diagnóstico lógico y el consejo del médico.

Síntoma	Diagnóstico	Consejo
—— tos	—— alergias	—— tomar aspirina
—— fiebre	_X_ presiones del trabajo	_X_ descansar
_X_ dolor de cabeza	—— resfriado	—— comer sopa
_X_ dolor de estómago	—— gripe	_X_ comer mejor
—— dolor de garganta	—— úlceras	—— hacer ejercicio
—— dolor en una muela	_X_ mala dieta	—— tomar antibióticos

 10-4 ¿Cuándo consultas al médico? Pregúntense si consultan al médico en las siguientes situaciones.

MODELO: Te duele la cabeza.
　　　　E1: *¿Consultas al médico si te duele la cabeza?*
　　　　E2: *No. Por lo general tomo dos aspirinas y me siento mejor. ¿Y tú?*

1. Tienes tos.
2. Tienes una fiebre alta.
3. Te duele la espalda.
4. Te rompes un hueso.
5. Necesitas un examen físico para el trabajo.
6. Tienes náuseas.
7. Te duele la garganta.
8. Tienes resfriado.

10-5A **Consejos médicos.** Habla con tu compañero/a para que te dé consejos sobre los siguientes síntomas. **Estudiante B,** por favor ve al **Apéndice 1,** página A-18.

MODELO: ESTUDIANTE A: *Me duelen los pulmones.*
　　　　ESTUDIANTE B: *Debes dejar de fumar.*

Estudiante A:

Mis síntomas:	Consejos para mi compañero/a:
1. Me duelen las piernas.	• comer carne
2. Creo que tengo fiebre.	• beber un refresco
3. No tengo energía.	• tomar aspirinas
4. No me siento bien.	• descansar mucho y no ir a clase
5. Tengo un resfriado terrible.	• beber mucha cafeína
6. Me duele el estómago.	• tomar jarabe

¿Qué se vende en una farmacia homeopática?

¡Hola!

Cultura en vivo

According to the World Health Organization (WHO), traditional medicine is widely practiced in much of Latin America and is often relied on for primary health care. Herbal medicines are the most lucrative form of traditional medicine, generating billions of dollars in revenue. There are over 2,000 documented indigenous medicinal plants in Bolivia alone. Have you ever taken an herbal remedy?

Audioscript for 10-3
¡Ay, doctor! No sé qué tengo. Me siento muy mal. Me duelen la cabeza y el estómago… No, no tengo fiebre… No, no tengo tos, ni dolor de garganta… Bueno, la verdad es que estoy trabajando mucho, doctor. Trabajo 12 horas al día en la oficina, después tengo que preparar la comida, limpiar la casa, cuidar a los niños. No tengo tiempo de preparar más que pizza y hamburguesas… ¿Usted cree que debo trabajar menos y comer mejor?… Tiene razón. Voy a seguir sus consejos: descansar más y comer comida saludable. Gracias, doctor. Adiós.

Optional activity after 10-3
Have students role-play a conversation between doctor and patient, similar to 10-3. The complete activity is available for download from the IRC.

Doctor/a: Hola… ¿Qué tal? ¿Cómo…?
Paciente:…
Doctor/a: ¿Qué tiene? ¿Qué le pasa?
Paciente:…
Doctor/a: Debe…

Warm-up for 10-5
Review the structure *deber* + infinitive shown in the model.

Note on *Cultura en vivo*
Due to the abundance of counterfeit or adulterated herbal products, some 100 countries have developed regulations for herbal medicines.

Optional activity after 10-5
Have students carry out role-plays to practice target vocabulary. Refer to the IRM for sample situations.

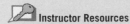
¡Así lo hacemos! ESTRUCTURAS

1. Formal commands

10-10 to 10-15

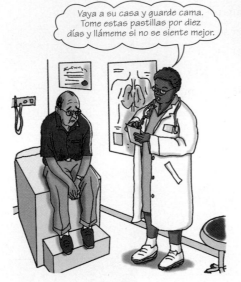

> Vaya a su casa y guarde cama. Tome estas pastillas por diez días y llámeme si no se siente mejor.

We use commands to give instructions or to ask people to do things. In Spanish, commands have different forms to distinguish between formal (**usted/ustedes**) and informal (**tú/vosotros**) address. Formal commands use subjunctive forms, with the implied meaning that the speaker is trying to influence the listener to do something.

Infinitive	Subjunctive	Formal commands	
		Ud.	Uds.
hablar	hable	hable	hablen
comer	coma	coma	coman
escribir	escriba	escriba	escriban
pensar	piense	piense	piensen
pedir	pida	pida	pidan
saber	sepa	sepa	sepan
ir	vaya	vaya	vayan

Cuide su salud. **Coma** comida sana.	*Take care of your health. Eat healthy food.*
Haga una cita con el médico.	*Make an appointment with the doctor.*
Pida una receta para antibióticos.	*Ask for a prescription for antibiotics.*

- Negative commands are formed by placing **no** in front of the command form.

No guarde cama más de dos días.	*Don't stay in bed for more than two days.*
No tosan durante un concierto.	*Don't cough during a concert.*

- Subject pronouns may be used with commands for emphasis or clarification. As a rule, they are placed after the verb.

Tenga **usted** cuidado.	***You** be careful.*
No fumen **ustedes** en el trabajo.	*Don't **you** smoke at work.*

- Object pronouns (direct, indirect) and reflexive pronouns are attached to affirmative commands. With the added syllable, the command then requires a written accent.

¡Váyase de aquí!	*Leave here!*
Tómele la presión, por favor.	*Take her blood pressure, please.*

- Object pronouns and reflexive pronouns precede negative commands.

No se tuerza la rodilla esquiando.	*Don't twist your knee skiing.*
No se lo den a la doctora.	*Don't give it to the doctor.*

APLICACIÓN

10-6 En el consultorio médico. Parece que la doctora Villalba se confunde un poco cuando les da consejos a sus pacientes o le pide algo a su asistente.

Paso 1 Primero, subraya todos los mandatos e identifica los infinitivos.

DOCTORA: Sra. Martínez, usted tiene la gripe porcina[1]. <u>Vaya</u> a su casa y <u>guarde</u> cama. <u>Tome</u> mucha agua y <u>no se bañe</u> por una semana.

DOCTORA: Luisa, por favor <u>llame</u> a la farmacia y <u>dígales</u> que necesitamos una botella grande de aspirinas. <u>Pídales</u> las pastillas grandes, las que no les gustan a los pacientes.

DOCTORA: Sr. Duarte, usted necesita un examen físico completo. <u>Tome</u> esta receta y <u>vaya</u> a un restaurante. <u>Pídale</u> al camarero que le haga el examen.

DOCTORA: Srta. Vera, usted se rompió un dedo. <u>No use</u> la mano durante dos semanas. <u>No cocine</u> ni <u>escriba</u> en la computadora. <u>Tenga</u> cuidado de no lastimarse más.

DOCTORA: Luisa, por favor <u>vaya</u> al departamento de radiografías y <u>busque</u> la de la Srta. Vera. <u>Explíqueles</u> que la necesito ahora mismo. Si dicen que no la tienen, <u>déles</u> una inyección de penicilina.

DOCTORA: Sr. Fernández, usted tiene los pulmones congestionados. <u>Deje</u> de fumar, <u>haga</u> por lo menos una hora de ejercicio diario, y <u>no respire</u> mucho durante dos semanas. <u>Venga</u> a verme en un mes, y por favor, <u>no se mejore</u>.

[1] *swine*

Paso 2 Ahora indica cuáles de los consejos son muy lógicos (**L**) y cuáles son ilógicos (**I**) en un consultorio médico.

10-7 El doctor Chiringa. El doctor Chiringa es una persona que siempre les da muchas órdenes a sus pacientes. Completa la conversación que tiene con sus pacientes Roberto y Tomás Cruz, usando mandatos formales.

DR. CHIRINGA: Señores Cruz, ustedes tienen que hacer algo por su salud. No (1) __cenen__ (cenar) tan tarde y no (2) __se acuesten__ (acostarse) todos los días después de las doce de la noche.

ROBERTO: Sí, doctor, pero es que llegamos del trabajo muy tarde.

DR. CHIRINGA: Entiendo, pero (3) __tengan__ (tener) más cuidado, no (4) __trabajen__ (trabajar) tanto. (5) __Lleguen__ (Llegar) a casa más temprano; (6) __descansen__ (descansar) más y (7) __pongan__ (poner) más atención a su salud.

TOMÁS: Doctor, es que tenemos muchas presiones. Mire usted, por la mañana trabajamos en un restaurante, y después, tenemos otro trabajo en una panadería. Volvemos tarde por la noche, comemos algo rápido y nos acostamos enseguida. Todos los días es igual.

DR. CHIRINGA: Bueno, no (8) __se enojen__ (enojarse). (9) __Sigan__ (Seguir) estos consejos y, si es posible, (10) __cambien__ (cambiar) de trabajo.

ROBERTO: No es fácil, doctor, siempre estamos buscando otro trabajo mejor.

DR. CHIRINGA: Sí, lo sé. Pero su salud es lo primero.

TOMÁS: ¡De acuerdo, doctor! No (11) __se preocupe__ (preocuparse). Vamos a seguir sus consejos.

Answers to 10-6, Paso 1
Infinitives: ir, guardar, tomar, bañarse, llamar, decir, pedir, tomar, ir, pedir, usar, cocinar, escribir, tener, ir, buscar, explicar, dar, dejar, hacer, respirar, venir, mejorarse

Answers to 10-6, Paso 2
Logical commands: Vaya a su casa; guarde cama; Tome mucha agua; llame a la farmacia; dígales que...; Tome esta receta; No use la mano; No cocine ni escriba; Tenga cuidado; vaya al departamento...; busque; Explíqueles; Deje de fumar; haga ejercicio; Venga a verme.
Illogical commands: no se bañe; Pídales las pastillas grandes; vaya a un restaurante; Pídale al camarero; déles una inyección; no respire; no se mejore.

Hispanos en EE. UU.

According to the American Medical Association (AMA), less than 3% of U.S. physicians are Hispanic even though Hispanics make up 16% of the nation's population. To increase the number of minority physicians, the AMA launched the Hispanic Physician Outreach Initiative to discuss strategies for increasing the voice of Hispanic physicians. Why is it important to have Hispanic physicians in Hispanic communities?

Presentation tip for 10-6, Paso 2
You may choose to do *Paso 2* at the class level by recording on the board student responses under the headings, *Lógicos* and *Ilógicos,* and then have students replace the illogical commands with logical ones.

Wrap-up for 10-7
Ask students for their opinions to check comprehension: *¿Deben Tomás y Roberto trabajar tanto? ¿Qué otras sugerencias tienen para ellos?* Then, have students prepare their own dialogs using this or similar communicative contexts.

10-8 Servicios médicos de urgencias. Ustedes están entrenándose para ser paramédicos. Decidan el orden de importancia de las acciones en cada emergencia y túrnense para darle mandatos a su compañero/a.

10-8 Servicios médicos de urgencias. Ustedes están entrenándose para ser paramédicos. Decidan el orden de importancia de las acciones en cada emergencia y túrnense para darle mandatos a su compañero/a.

MODELO: Un señor no puede respirar: darle oxígeno, darle respiración artificial, llamar a un cardiólogo

E1: *Primero, déle respiración artificial, después llame a un cardiólogo y finalmente déle oxígeno.* *Answers will vary but should include the*

E2: *No, primero llame a un cardiólogo.* *following forms.*

1. Hay un accidente en el centro: avisar al hospital, investigar cuál es el hospital que está más cerca, poner todo el equipo de emergencia en la ambulancia. avise, investigue, ponga

2. Un niño tuvo un accidente en su bicicleta: contactar a los padres, llevarlo al hospital, examinarlo para ver si se rompió algún hueso. contacte, llévelo, examínelo

3. Hay un escape de gas en una casa de apartamentos: llamar a los bomberos, darles oxígeno a las víctimas, sacar a los residentes del edificio. llame, déles, saque

4. Un paciente está desorientado: hacerle preguntas, llamar a un familiar, tomarle la presión. hágale, llame, tómele

5. Una mujer tiene un tremendo dolor de cabeza: darle un calmante, tomarle la temperatura, preguntarle su nombre. déle, tómele, pregúntele

6. Es necesario preparar el equipo de la ambulancia para empezar un nuevo día: llenar el tanque de gasolina, revisar (*check*) los tanques de oxígeno, reponer (*restock*) las medicinas. llene, revise, reponga

Prepare la ambulancia para una emergencia.

10-9A En la sala de urgencias. Ustedes tienen que decidir qué deben hacer en situaciones urgentes. Un/a estudiante presenta unas situaciones. El otro/la otra responde con instrucciones lógicas de su lista, usando mandatos formales. Túrnense, cambiando de papel. **Estudiante B,** por favor ve al **Apéndice 1,** página A-18.

MODELO: ESTUDIANTE A: *El niño tiene gripe.*
ESTUDIANTE B: *Déle muchos líquidos como jugo o agua.*

Estudiante A:

Situaciones urgentes	Acciones
1. El paciente necesita oxígeno.	• buscarle un calmante
2. A la niña le duele el estómago.	• darle dos aspirinas
3. El bebé está tosiendo mucho.	• darle té con limón
4. La señora tiene una infección en el brazo.	• hacerle una radiografía
5. El Sr. Pérez tiene una fiebre muy alta.	• mandarlo al dentista
6. ¿...?	¿...?

10-10 Consejos sobre la salud. En parejas, escriban en un papel un problema que tienen. Puede ser un problema de salud o de otro tipo. Intercambien papeles con otra pareja y escríbanles seis consejos para remediar su problema. Después, devuélvanse los papeles y escojan el mejor y el peor consejo que recibieron para presentarlos a la clase.

Optional activity after 10-9
This activity provides additional creative practice with formal commands. Have students work in pairs to create a list of 5 or more common-sense healthy-living commands such as they might see in *el consultorio médico*. Have the groups share their lists with the class to create one comprehensive class list.

MODELO: *Lávese las manos antes de comer.*

2. The subjunctive to express feelings and emotions

10-16 to 10-21

- The subjunctive is used in dependent clauses after verbs and impersonal expressions that express emotions such as hope, fear, surprise, regret, pity, anger, joy, and sorrow.

Speech bubble: *Temo que tu hija tenga una infección de oído.*

Algunos verbos:

alegrarse (de)	*to be glad*
enojar	*to anger*
esperar	*to hope*
estar contento/a (de)	*to be happy*
lamentar	*to regret*
molestar	*to bother*
sentir (ie, i)	*to regret*
sorprender(se)	*to surprise*
temer	*to fear*
tener miedo (de)	*to be afraid*

Algunas expresiones impersonales:

es bueno/malo/mejor	*it's good/bad/better*
es extraño	*it's strange*
es fácil/difícil	*it's easy/difficult*
es fantástico	*it's fantastic*
es lamentable	*it's regrettable*
es una lástima	*it's a shame*
es (i)lógico	*it's (il)logical*
es (im)posible	*it's (im)possible*
es ridículo	*it's ridiculous*
es sorprendente	*it's surprising*

Talisa **lamenta** que su amigo Carlos **esté** enfermo.	*Talisa regrets that her friend Carlos is sick.*
Espero que **hagas** más ejercicio esta semana.	*I hope that you exercise more this week.*
Es fácil que el médico **dé** consejos sobre la salud.	*It's easy for the doctor to give health advice.*

- As with the verbs of influence, verbs that express feelings and emotions require the subjunctive in the dependent clause if the subject is different from that of the main clause. If there is only one subject, the infinitive is generally used in the dependent clause.

Carlos **lamenta estar** enfermo.	*Carlos regrets being sick.*
Esperamos hacer más ejercicio esta semana.	*We hope to exercise more this week.*
Es fácil dar consejos sobre la salud.	*It's easy to give health advice.*

El subjuntivo con Ojalá

- The expression **Ojalá** entered the Spanish language during the Arab occupation of Spain. It comes from an Arabic expression meaning *God (Allah) willing* and is used in Spanish as the equivalent of *I hope that.* **Ojalá** may be used with or without **que** and is followed by the subjunctive.

¡Ojalá (que) nos mantengamos en forma!	*I hope that we stay in shape!*
¡Ojalá (que) visites el spa en Bolivia!	*I hope you visit the spa in Bolivia!*

Instructor Resources
- MSL: PPT, Supplementary Activities

Note on *The subjunctive to express feelings and emotions*
Whether the action of the dependent clause has occurred or will occur, the subjunctive must be used. The subjunctive, in general, is used when the dependent clause is beyond our experience or control.

Presentation tip for *The subjunctive to express feelings and emotions*
Point out to students that they have used *sentirse* and *enojarse* as reflexive verbs (*to feel* and *to become angry*). These verbs are used nonreflexively when a situation or someone else makes the subject sorry or angry. Provide examples such as the following on the board:
1. *Nos sentimos cansados. Sentimos que tengas que trabajar tanto.*
2. *Me enojé con Juan. Me enoja que Juan no tome su medicina.*

Optional activity for *The subjunctive to express feelings and emotions*
Have students complete the following passage using verbs of emotion from the list or download the complete activity from the IRC.
—*En la casa de los Ramírez, la señora (1) ___ que su esposo esté enfermo. (2) ___ que él no descanse y que no coma bien. (3) ___ de que el médico lo vaya a ver esta tarde...*

Presentation tip for *The subjunctive to express feelings and emotions*
Provide additional examples with *Ojalá*. Express your health-related plans for the coming year, following each with *Ojalá* plus the desired outcome. For example: *Este año voy a hacer muchos ejercicios aeróbicos. Ojalá adelgace diez libras.* Then have students write and comment on 2 of their personal plans and desired outcomes.

APLICACIÓN

10-11 Seis consejos para practicar un deporte. Antes de empezar a practicar un deporte, es importante seguir algunos consejos.

Paso 1 Primero, lee los consejos que siguen y subraya todos los mandatos.

1. Siga un programa de entrenamiento para estar en forma para su deporte. Comience por caminar o montar en bicicleta durante quince minutos. Gradualmente aumente su entrenamiento con otros ejercicios.

2. Conozca bien y siga las reglas del deporte, especialmente los deportes de contacto. Aprenda de las tácticas de los demás.

3. Use protección apropiada para las rodillas, las manos, los dientes, los ojos y la cabeza. Mantenga la guardia atenta y no tome riesgos[1] innecesarios.

4. Descanse. No se entrene todos los días. Tome días de descanso para evitar lesiones[2].

5. Siempre haga ejercicios de calentamiento para estirar[3] los músculos antes de jugar. Los músculos calientes son menos susceptibles a lastimarse.

6. Nunca juegue si está muy cansado. No ignore el dolor o la fatiga.

[1]*risks* [2]*injuries* [3]*stretch*

Paso 2 Ahora usa expresiones de emoción para comentar sobre los consejos para practicar un deporte.

MODELO: *Es sorprendente que algunas personas no sigan un programa de entrenamiento.*

10-12 Un examen médico. Completa la conversación entre el médico y el paciente con la forma correcta del verbo entre paréntesis, usando el indicativo, el subjuntivo o el infinitivo.

PACIENTE: Buenos días, doctor. Me siento muy mal.

MÉDICO: A ver ¿qué le (1) ___duele___ (doler)?

PACIENTE: No me duele nada pero yo (2) ___me siento___ (sentirse) mal.

MÉDICO: Bueno, quiero ver cómo está del corazón. Quiero que (3) ___se quite___ (quitarse) la camisa y que (4) ___respire___ (respirar) profundamente.

PACIENTE: Espero que no (5) ___sea___ (ser) nada serio.

MÉDICO: No, pero temo que su comida (6) ___contenga___ (contener) demasiado colesterol y grasas trans.

PACIENTE: Me sorprende que (7) ___diga___ (decir) eso. Soy vegetariano.

MÉDICO: Mmmm... Me alegro de (8) ___saber___ (saber) eso. ¿Qué come para el desayuno?

PACIENTE: Donuts, galletas y panqueques.

MÉDICO: Ah... ¡Ahora entiendo! Es mejor que (9) ___deje___ (dejar) de comer comida chatarra (*junk*).

10-13 ¡Mejoremos nuestra salud! ¿Cómo propones cambiar tu vida para mejorar tu salud?

Paso 1 Escribe cinco resoluciones para mejorar la salud que piensas hacer el año que viene.

MODELO: *Espero hacerme un examen físico todos los años.*

 Paso 2 Ahora túrnense para expresar sus resoluciones y reaccionar usando una expresión apropiada para cada resolución.

Ojalá (que)...	Temo que...
Siento que...	Es bueno/malo/mejor que...
Es ridículo que...	Es sorprendente que...
Me alegro de que...	¿...?

MODELO: E1: *Espero hacerme un examen físico todos los años.*
E2: *Ojalá tengas buenos resultados. Es bueno que consultes al médico.*

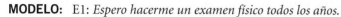 **10-14 ¿Qué les molesta?** Túrnense para hablar de cosas que les molestan.

MODELO: E1: *Me molesta que la gente fume.*
E2: *¿Sí? ¿Por qué?*

10-22 to 10-26

¿Cuánto saben?

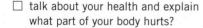

Primero, pregúntate si puedes llevar a cabo las siguientes funciones comunicativas en español. Después, júntate con dos o tres compañeros/as de clase para presentar las situaciones. Hagan y respondan a por lo menos cuatro preguntas en cada situación.

✓ CAN YOU . . .

☐ talk about your health and explain what part of your body hurts?

☐ request that others do something?

☐ express emotions?

WITH YOUR CLASSMATE(S) . . .

Situación: En un consultorio médico
Túrnense para hacer los papeles de médico/a y paciente. Pregúntense y explíquense cuáles son los problemas y los remedios para curarlos. Usen mandatos formales para explicar qué debe hacer el paciente o para darle consejos.
Para empezar: *Doctor, no sé qué me pasa. Me duele...*

Situación: En la sala de urgencias
Hagan los papeles de médicos/as en urgencias que atienden a un paciente que no puede explicar sus problemas. Usen mandatos formales.
Para empezar: *Doctor, deme la radiografía del paciente...*

Situación: Avances médicos
Hablen sobre avances y problemas médicos que conozcan. Usen expresiones de emoción para expresar su opinión.
Para empezar: *Leo en el periódico que hay un nuevo tratamiento para el cáncer. Me alegro de que haya avances... Me sorprende que...*

 Instructor Resources
• MSL: MediaShare
• IRM: Rubrics

Optional activity to follow 10-14
Give students an additional opportunity to engage openly in conversation about health-related issues. While activity 10-14 has a narrow focus, this additional activity focuses on wider national and/or world issues.
Los problemas de salud más graves de esta década. Escribe una lista de los problemas de salud más graves de esta década. Compara tu lista con la de tu compañero/a y comenten cada entrada.
MODELO: E1: *Creo que la gripe porcina es un problema grave de esta década.*
E2: *Tienes razón. Tengo miedo de que muchas personas se enfermen de ella.*

STUDENT LEARNING OUTCOMES
Use the **¿Cuánto saben?** activities to assess the extent to which students can perform the **Objetivos comunicativos** for **Primera parte** presented in the chapter opener: Talking about your health and explaining what part of your body hurts; requesting others do something; and expressing emotions. Provide an assessment for vocabulary, structures and fluency appropriate to the chapter theme and level (**5:** excellent −**1:** poor). See the IRM for more information on rubrics.

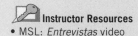**Instructor Resources**
• MSL: *Entrevistas* video

Presentation tip for
Mi experiencia
Students often are concerned with being healthy and staying fit. Have them do activity 10-15 and the reading as homework. Then do 10-16 as a follow-up during the next day of class.

Note on *Coca*
Originally coca leaves were considered sacred by the Incas and were reserved for the ruling class. When the Spanish forced indigenous people to work in the mines, they gave them coca so they could work longer and harder. Today, coca leaves play an important role in Andean culture. Chewing them or using them in tea has been shown to help a person endure the harsh conditions of the Andes including altitude illness, thirst, hunger and fatigue. Coca also plays an important role in the religious cosmology of the Andean people. It is used in religious offerings and ceremonies to assure health, fertility and good harvest. Evo Morales, president of Bolivia (2005–) is a former coca union leader. Coca Colla is an energy drink containing coca and produced in Bolivia.

Comprehension check for
Mi experiencia
Ask students questions to check reading comprehension: *¿Dónde estudia Rosario? ¿Qué estudia? ¿Por qué está en Bolivia? ¿Por cuánto tiempo se queda allí? ¿Por qué le interesa la medicina tradicional? ¿Qué es un médico kallawaya? ¿Para qué sirve el mate de coca?*

Note on *açai*
Known as a superfood, this is the berry of a type of palm grown in Brazil.

📖 Perfiles

10-27 to 10-28

Mi experiencia

LA MEDICINA TRADICIONAL EN BOLIVIA

10-15 Para ti. ¿Tienes experiencia con la medicina tradicional (la homeopatía, la acupuntura, la medicina naturista)? ¿Qué opinas sobre estas prácticas? ¿Prefieres tomar antibióticos y otras medicinas o buscas otras alternativas? ¿Cuáles funcionan bien para ti? A continuación, lee el blog de Rosario donde nos cuenta de sus experiencias con estas prácticas.

Hola. Soy Rosario Domínguez y soy estudiante de antropología biológica en la Universidad de Toronto. Este año tengo un internado con la Organización Panamericana de la Salud (OPS). Este es mi blog sobre mi año en Bolivia, donde voy a trabajar con la OPS en una comunidad para mejorar la salud de sus habitantes y para aprender sobre la medicina tradicional.

15 de enero

La semana pasada terminamos la orientación y ahora estoy en uno de los pueblos donde voy a hacer mi internado. Allí aprendí que en las zonas más retiradas es muy común que los habitantes tengan más confianza en los médicos tradicionales que en la medicina moderna. Yo creo que es lógico, pues Bolivia tiene una larga tradición con estas prácticas, tanto que el viceministro de Medicina Tradicional e Interculturalidad, Emilio Cusi, es un conocido curandero[1]. ¿Qué curioso, no? Cuando llegué, tenía unos dolores de cabeza terribles a causa de la altura y fui a ver a un médico *kallawaya* quien me preparó mate de coca, un té hecho de las hojas de coca. Aunque[2] al principio tenía mis dudas, poco a poco empecé a sentirme mejor. Nunca se sabe, ¿verdad?

Durante mi internado, vamos a tener un concierto benéfico para recaudar fondos[3] para estas comunidades a la vez que promocionamos el trabajo de la OPS. Entre los artistas, va a tocar Octavia, la banda boliviana más popular de este momento. Sigan mi blog y les cuento más de mis experiencias.

[1]*healer* [2]*even though* [3]*raise funds*

👥👥 **10-16 En su opinión.** Como a Rosario, ¿les gustaría investigar más sobre la medicina tradicional? ¿Qué riesgos (*risks*) hay? Hagan una lista de las ventajas y desventajas de cada sugerencia o de cada uno de los siguientes tratamientos. Luego, comparen sus opiniones.

MODELO: una copa de vino diaria para proteger el corazón
E1: *Creo que es una buena idea tomar una copa de vino todos los días para proteger el corazón.*
E2: *No estoy de acuerdo. Las bebidas alcohólicas nunca son saludables y creo que…*

1. la quiropráctica para aliviar el dolor de espalda
2. el té verde para protegerse del cáncer
3. la acupuntura para aliviar el dolor de la rodilla
4. las bebidas "power" para mantenerse fuerte
5. la superfruta *açai* para mantener la buena salud
6. la aspirina para mantener la buena circulación de la sangre (*blood*)

Mi música

"VIAJE" (OCTAVIA, BOLIVIA)

En 1995, Octavia debutó en el MTV Latino, y desde ese momento la banda fue conocida a nivel mundial. Sus discos se han vendido mucho por todas las Américas. Su música recoge la experiencia del boliviano orgulloso de la riqueza de sus raíces étnicas. Sus miembros son Omar (cantante principal) Simón y Vladi (guitarra), Martín (batería) y Jimbo (zampoña).

Antes de ver y escuchar

 10-17 Ir de viaje. ¿Cuáles son algunas de las razones por las que uno/a hace un viaje? ¿Es siempre para llegar a un lugar, o también puede ser para irse de un lugar? Da ejemplos de los dos motivos.

Para ver y escuchar

 10-18 La canción. Conéctate a la Internet para ver un video de Octavia cantando "Viaje". Identifica si el motivo es para llegar a o para irse de un lugar. ¿Qué se descubre al final?

> **Busca:** octavia viaje video; octavia viaje letra
>
> **Si te interesa comprar la canción:** *Go to iTunes Store>Music>More to Explore>iMix>Arriba 6e*

Answers for 10-18
El viaje es en busca de sí mismo. Encuentra su hogar (*home*) adentro.

Después de ver y escuchar

10-19 El paisaje. El video de "Viaje" te da una idea del paisaje en zonas remotas de Bolivia. Escribe un párrafo en el que describas lo que ves y cómo imaginas la vida de la gente que vive allí.

MODELO: *Me parece que la zona es muy árida porque...*

 10-20 Un concierto para ayudar a la OPS. Imagínense que organizan un concierto para la Organización Panamericana de la Salud (OPS). Trabajen juntos y hagan una lista de las cosas que tienen que hacer o de las preocupaciones que tienen antes del concierto de Octavia.

MODELO: Es necesario que... *le escribamos una invitación al agente de Octavia.*

1. Espero que...
2. Es importante que...
3. Me sorprende que...
4. Me alegro de que...
5. Temo que...

Note on *Octavia*
The pop rock band Octavia originally called itself Coda, but changed its name to avoid confusion with a Mexican band with the same name. Since 1996 when they began recording with Sony Music Entertainment, their music has become wildly popular in Bolivia and resulted in record sales. With their success on MTV, as well as other music channels, they began to tour throughout Latin America and the U.S. Octavia's music is a unique mix of catchy pop sounds, Andean, electronic and acoustic music. The band is widely regarded as one of the most important and influential bands in the history of Bolivian rock.

Note on *Mi música* lyrics
You and students can easily access lyrics on the Internet:
Busca: octavia viaje letra

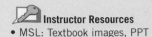
Segunda parte

¡Así lo decimos! VOCABULARIO

 ¡Así es la vida! ¡Mejora tu salud!

10-29

 La doctora Soto Mejía da una clase de nutrición.

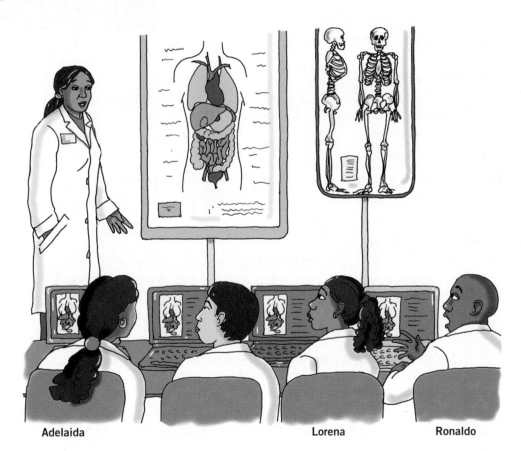

Adelaida   Lorena   Ronaldo

DRA. SOTO MEJÍA:	¿Cierto o falso? Se puede adelgazar comiendo una dieta de puros carbohidratos.
ADELAIDA:	Cierto, pero enseguida se engorda después.
LORENA:	Cierto, pero el cuerpo necesita proteínas también.
RONALDO:	Depende de si son carbohidratos buenos o malos...
DRA. SOTO MEJÍA:	Me gustan todas sus repuestas, pero dudo que haya una sola respuesta a este dilema.

Vocabulario Los alimentos

10-30 to 10-35

Sigan una dieta rica en...	Follow a diet rich in . . .

(los) antioxidantes *antioxidants*
(el) calcio *calcium*
(la) fibra *fiber*
(las) proteínas *proteins*
(los) carbohidratos complejos *complex carbohydrates*

En moderación coman alimentos con...	In moderation, eat foods with ...

(los) carbohidratos sencillos *simple carbohydrates*
(el) colesterol *cholesterol*
(las) grasas monoinsaturadas (poliinsaturadas)
  monounsaturated polyunsaturated fats

Eviten...	Avoid . . .

las bebidas alcohólicas *alcoholic beverages*
la comida chatarra *junk food*
los dulces *sweets*
las grasas saturadas (trans) *saturated (trans) fats*

Las enfermedades y el bienestar	Illnesses and well-being

la diabetes *diabetes*
los ejercicios aeróbicos *aerobics*
el estrés *stress*
el (sobre)peso *(excess) weight*

Tu línea y tu salud	Your weight and your health

adelgazar *to lose weight*
bajar de peso *to lose weight*
cuidar(se) *to take care (of oneself)*
engordar *to gain weight*
estar a dieta *to be on a diet*
guardar la línea *to stay trim, to watch one's figure*
mantenerse (ie) en forma *to stay in shape*
padecer (zc) (de) *to suffer (from)*
ponerse en forma *to get in shape*
subir de peso *to gain weight*

Variaciones

La comida chatarra is used mainly in Mexico and Uruguay. **La comida basura** and **las porquerías** are common alternatives in other Spanish-speaking countries. Examples of these foods include **las papas fritas** (in the Americas) and **las patatas fritas** (in Spain) for both *potato chips* and *French fries*.

El médico nos aconseja que evitemos los carbohidratos sencillos.

Es mejor que seleccionemos comidas ricas en proteínas, vitaminas y con poca grasa saturada...

...y que tomemos bebidas alcohólicas en moderación.

Instructor Resources
• MSL: Textbook images, PPT, Supplementary Activities

Note on *Variaciones*
A bag of chips in Mexico is *papitas.*

Note on *¡Así lo decimos!*
Monounsaturated (*Monoinsaturadas*) fats are liquid at room temperature but start to solidify under refrigeration (olive, canola, peanut, avocado).

Polyunsaturated (*Poliinsaturadas*) fats are liquid both at room temperature and refrigerated (safflower, soy, corn).

Saturated (*saturadas*) and trans fats (*grasas trans*) are solid at room temperature (palm, coconut, butter, lard, hydrogenated vegetable oil).

The American Heart Association recommends avoiding all saturated and trans fats found in baked goods, and instead to use in moderation monounsaturated and polyunsaturated fats.

Optional activity for *¡Así lo decimos!*
Help students acquire the target vocabulary by connecting concepts through word associations. Choose 4 to 6 vocabulary items and write these on the board as the headers of separate columns. Have students work in pairs and write down 2 to 3 concepts that they associate with each item. Various students then record their ideas on the board under each header. Review the lists, clarifying meaning as necessary and asking if others agree. Example:
los ejercicios aeróbicos → adelgazar, bajar de peso, ponerse en forma,... (Refer to the IRM for additional examples.)

¡Hola!
10-36
to 10-37

Letras y sonidos

The consonants *r* and *rr*

In Spanish, there are two **r** sounds: a flap (or tap) and a trill. A flap involves one quick touch of the tongue behind the upper front teeth. This sound is similar to the English flap made for the letters *tt* in *butter*. A Spanish trill is a rapid series of two or more flaps. English has no trill, but this sound is approximated when imitating a race car revving up its engine.

The trill sound occurs in Spanish in the contexts:

rr:	pe-**rr**o	pi-za-**rr**a	a-bu-**rr**i-do
Word initial:	**R**o-sa	**R**a-món	**r**á-pi-do
After l, n, or **s:**	al-re-de-dor	En-**r**i-que	Is-**r**a-el

In other contexts, the **r** is usually a single flap:

    pe-**r**o   o-pe-**r**ar   es-t**r**és   g**r**a-sa

APLICACIÓN

10-21 Los alimentos. Coloca las comidas a continuación en una categoría apropiada. Hay un ejemplo en cada categoría. Algunas comidas pueden formar parte de más de una categoría.

las bebidas alcohólicas: *el vino* 6, 12	el calcio: *la leche* 2, 3, 7	los carbohidratos complejos: *la manzana* 9, 11	la comida chatarra: *las papas fritas* 15	el colesterol: *el bistec* 3, 4, 5, 10, 15
la fibra: *los frijoles* 9, 11	los carbohidratos sencillos: *el azúcar* 2, 3, 8, 13, 15	las grasas mono o poliinsaturadas: *el aceite de oliva* 14	las proteínas: *el pescado* 1, 4, 5, 7, 8, 10, 5	los antioxidantes: *las fresas* 11

1. el pollo
2. el flan
3. el helado
4. la hamburguesa
5. los camarones
6. el tequila
7. el yogur
8. los espaguetis
9. la banana
10. los huevos
11. las uvas
12. la cerveza
13. el pan blanco
14. el aceite de maíz
15. la pizza

¿Sigues los consejos de la pirámide alimenticia?

Note on *Contexts where either the tapped or trilled r is acceptable*

There is variation among dialects and speakers for the single **r** at the end of a syllable:

do-lo**r** par-te**r** guar-da**r**

Optional activity for *Letras y sonidos*

Write the following words for each of the cases on the board. First, review their meanings with students. Then ask them to underline the single *r* or *rr* in each word. Ask what context is common to all of the words. Remind students when a flap or trill is required in these contexts. Finally, have students listen and repeat after you pronounce each word. (The complete activities are available for download from the IRC.)

The *r* as an obligatory flap:
1–3 (*r* between vowels) and 4–6 (*r* in a cluster)

1. a-ho-**r**a
2. ja-**r**a-be
3. as-pi-**r**i-na
4. p**r**o-ble-ma
5. p**r**e-sión
6. fie-b**r**e

The *r* (flap) and *rr* (trill) in contrast. Say only one of the words in each pair and ask students to identify which word you said (*la primera* or *la segunda*). Finally, have students carry out this same sound discrimination activity in pairs, alternating roles as speaker and listener.

1. pe-**r**o / pe-**rr**o
2. ca-**r**o / ca-**rr**o
3. pe-**r**a / pe-**rr**a
4. co-**r**o ("choir") / co-**rr**o

More practice with the *rr* (trill).
1. ma-**rr**ón
2. cie-**rr**a
3. a-**rr**i-ba
4. pi-za-**rr**a
5. co-**rr**e-mos

The *r* as an obligatory trill: in 1–3 (*r* at the beginning of a word) and 4–6 (*r* after *l, n,* or *s*).

1. **r**o-jo
2. **r**e-loj
3. **r**u-bio
4. hon-**r**a
5. En-**r**i-que
6. Is-**r**a-el

10-22 En la oficina de la doctora Menéndez. Completa los consejos de la Dra. Menéndez con una palabra o expresión del vocabulario de **¡Así lo decimos!** Conjuga los verbos cuando sea necesario.

MODELO: Sra. García, es bueno _guardar la línea_, es decir, no subir ni bajar mucho de peso.

1. Sra. García, usted tiene mucho _____estrés_____ en su vida. Quiero que tome calmantes y que se vaya de vacaciones por una semana.

2. Sra. López, su hijo _____padece_____ de alergias a los productos lácteos. No debe beber leche ni comer helado.

3. Sr. González, para mantenerse en forma, usted debe hacer ___ejercicios aeróbicos___ como el jogging o el tenis. Pronto va a ___ponerse en forma___.

4. Srta. Casals, usted está muy flaca. No debe seguir _____una dieta_____ tan rígida de solo verduras.

5. Sr. Rojas, usted perdió dos kilos este mes. ¿Cómo ___bajó de peso/adelgazó___?

10-23 Un chequeo para la salud. La diabetes es una enfermedad seria.

Paso 1 Completa el cuestionario sobre la diabetes y decide si tienes riesgo.

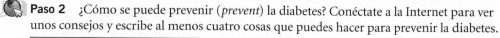

CHEQUEO PARA SU SALUD...
Los hispanos son más propensos a sufrir diabetes... ¿por qué correr este riesgo sin necesidad?

En honor a la "Semana de Alerta a la Diabetes", hágase una simple prueba. Este servicio es **gratis** para la comunidad. A continuación tiene unas preguntas, solamente necesita responder SÍ o NO y debe anotar 10 puntos por cada respuesta afirmativa.

Estoy sintiendo los siguientes síntomas con regularidad:	SÍ	NO
Sed excesiva	❑	❑
Orino[1] con frecuencia	❑	❑
Mucho cansancio	❑	❑
Pérdida de peso inexplicable	❑	❑
Vista nublada a veces	❑	❑
Tengo más de 40 años:	❑	❑
Según las tablas de peso, tengo más peso del debido:	❑	❑
Soy mujer y he tenido niños que han pesado más de 9 libras al nacer:	❑	❑
Mi madre/padre es diabético/a:	❑	❑
Mi gemelo/a[2] tiene diabetes:	❑	❑
Mi hermano/a tiene diabetes:	❑	❑

Si su total es de 20 o de más de 20 puntos, le recomendamos que se haga una prueba de diabetes, absolutamente gratis.

LAS PRUEBAS SE EFECTUARÁN:

Martes, 19 de marzo—8:00 am -11:00 am
Vestíbulo del Hospital San Vicente
Calle Reina del Río
Asunción

Las personas que deseen hacerse esta prueba no deben comer <u>dos horas</u> antes del examen.

Contaremos con una dietista que podrá informarle sobre las comidas y contestar cualquier pregunta que pueda tener.

Para más información o si quiere recibir nuestra revista gratis, llame al
5-56-68-50

Hospital San Vicente
Calle Reina del Río, Asunción, Paraguay

[1]urinate [2]twin

Paso 2 ¿Cómo se puede prevenir (*prevent*) la diabetes? Conéctate a la Internet para ver unos consejos y escribe al menos cuatro cosas que puedes hacer para prevenir la diabetes.

Busca: prevenir diabetes

MODELO: *Es importante hacer ejercicio todos los días.*

¡Hola!

Cultura en vivo

Una farmacia is a place to buy health-related products, not the wide range of sundries typical in U.S. or Canadian stores. In many countries, you can purchase prescription medicines over the counter in a pharmacy. The pharmacist is usually helpful in identifying the medication and dosage that is appropriate for the ailment. When you travel, it is a good idea to have the generic name and exact dosage of any medications to be sure you get the correct drug.

10-24A Te recomiendo que… Un/a estudiante presenta los siguientes problemas y el/la otro/a ofrece recomendaciones. Túrnense, cambiando de papel. Pueden usar **te/le/les recomiendo que** más el subjuntivo. **Estudiante B,** por favor ve al **Apéndice 1,** página A-19.

MODELO: ESTUDIANTE A: *Estoy muy flaco/a.*
ESTUDIANTE B: *Te recomiendo que comas tres comidas completas todos los días.*

Estudiante A:

Mis problemas:	Recomendaciones para mi compañero/a:
1. Quiero bajar de peso. 2. Necesito bajar mi nivel de azúcar. 3. Fumo más de un paquete de cigarrillos todos los días. 4. Mi hermano tiene dolor de cabeza. 5. Mi tío padece de Alzheimer.	• tomar pastillas para el colesterol • tomar una bebida llena de vitaminas • tomar antiácidos • tomar antibióticos • (no) tomar bebidas alcohólicas

10-25 Una encuesta (*poll*) médica. Con frecuencia, la Asociación Americana de Diabetes hace encuestas para educar al público y así, prevenir la diabetes.

Paso 1 Escucha y completa la siguiente encuesta telefónica escogiendo entre las respuestas **a, b** y **c** según tu propia situación.

MODELO: ¿Cuántos cigarrillos fuma usted al día?
   a. ni uno   b. de cinco a diez   c. más de un paquete
   a. ni uno

1. a. 0 mg	b. 300 mg	c. 600 mg
2. a. muchos	b. algunos	c. ni uno
3. a. mucho	b. un poco	c. nada
4. a. de oliva	b. de maíz	c. de animal
5. a. 80%	b. 50–60%	c. 30%
6. a. menos de una vez	b. dos o tres veces	c. todos los días

Paso 2 Ahora, compara tus respuestas con las de un/a compañero/a para ver quién tiene más riesgo (*risk*) de volverse diabético/a. ¿Hay algo en tu vida que debes cambiar, según esta encuesta y las respuestas de tu compañero/a?

10-26 ¿Cómo se comparan? Primero, cada uno/a de ustedes deber evaluar su rutina según la lista de actividades a continuación. Usen expresiones como **casi nunca, dos/tres veces a la semana** o **casi todos los días**. Después, comparen su régimen diario. ¿Qué tienen en común y en qué varían?

MODELO: hacer jogging
   E1: *No me gusta hacer jogging. Prefiero caminar y lo hago casi todos los días.*
   E2: *Pues prefiero hacer jogging, pero solo tres veces a la semana.*

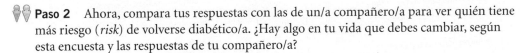

1. hacer ejercicio
2. comer grasa animal
3. padecer de estrés
4. fumar
5. tomar mucha cafeína
6. tomar bebidas alcohólicas
7. dormir de siete a ocho horas por la noche
8. comer comida chatarra

¡Así lo hacemos! ESTRUCTURAS

3. The subjunctive to express doubt and denial

10-38
to 10-44

- The subjunctive is used in dependent clauses after expressions of doubt, uncertainty, or denial. As with other uses of the subjunctive, these expressions suggest that what is commented on is outside of the speaker's experience.

dudar	*to doubt*
negar (ie)	*to deny*
no pensar (ie)	*to not think*
no creer	*to not believe*
no estar seguro/a (de)	*to not be sure (of)*
es dudoso	*it's doubtful*
no es cierto	*it's not certain*
es increíble	*it's incredible*
no es verdad	*it's not true*

Dudo que las grasas trans sean buenas para la salud.

No es cierto que Camilo **padezca** de artritis.
It's not certain that Camilo suffers from arthritis.

No creo que el médico **sepa** el diagnóstico.
I don't believe that the doctor knows the diagnosis.

No estamos seguros de que el ejercicio **beneficie** la salud.
We're not sure that exercise is beneficial for health.

El médico **niega** que mi padre **tenga** un nivel alto de colesterol.
The doctor denies that my father has a high cholesterol level.

- Use the indicative in the dependent clause when there is no doubt, uncertainty, or disbelief about an action or event. For most expressions of doubt or uncertainty, the indicative will be used for the opposing expression (**dudar** versus **no dudar; no creer** versus **creer; no es cierto** versus **es cierto**).

Es cierto que Camilo **padece** de artritis.
It's certain that Camilo suffers from arthritis.

Creo que el médico **sabe** el diagnóstico.
I believe that the doctor knows the diagnosis.

Estamos seguros de que el ejercicio **beneficia** la salud.
We're sure that exercise is beneficial for health.

El médico **no niega** que mi padre **tiene** un nivel alto de colesterol.
The doctor does not deny that my father has a high cholesterol level.

 Instructor Resources
- MSL: PPT, Suuplementary Activities

Note on *The subjunctive to express doubt and denial*
Some native speakers do not distinguish between *dudar* and *no dudar* and use the subjunctive with both: *(No) dudo que el medico tenga razón.* For this reason we leave it up to the discretion of the instructor and do not present it her.

It is also possible to hear cases where the speaker uses the subjunctive without a change of subject in the dependent clause: *No creo que (yo) vaya a consultarle al médico.* In either case, the speaker can imply doubt, uncertainty, or lack of experience simply by the choice of mood. You may wish to mention these uses; however, for the sake of simplicity, we do not present them here.

- When the verb **creer** is used in a question, it can imply doubt in the mind of the speaker, thereby triggering the subjunctive in the dependent clause. If the speaker expresses no opinion or does not anticipate a negative response, the indicative is preferred.

¿**Crees** que el alcohol **afecte** el corazón?

Do you believe (think) that alcohol affects the heart? (speaker implies doubt)

¿**Crees** que el alcohol **afecta** el corazón?

Do you believe (think) that alcohol affects the heart? (speaker has no opinion)

- If there is no change of subject, you can use the infinitive.

Carlos niega **tomar** bebidas alcohólicas.
Es increíble **ver** cuántas calorías tiene una hamburguesa.

Carlos denies drinking alcoholic beverages.
It's unbelieveable seeing how many calories a hamburger has.

El subjuntivo con *tal vez* y *quizá(s)*

- The expressions **tal vez** and **quizá(s),** meaning *perhaps* or *maybe,* are followed by the subjunctive when the speaker wishes to convey uncertainty or doubt. Both expressions are used without **que.**

Tal vez funcione no comer tanta grasa.

Perhaps not eating so much fat will work.

Quizás el ejercicio me **haga** sentir mejor.

Maybe exercise will make me feel better.

Es importante que estudies para ser médico.

Resumen de los usos del subjuntivo

You have now seen that the subjunctive is used in dependent clauses when the main clause expresses influence, emotion, doubt, or denial and (with the exception of **tal vez** and **quizás**) there is a change in subject between the two clauses. All of these uses suggest that the action in the dependent clause is outside of the speaker's experience.

Queremos que te cuides mejor.

We want you to take better care of yourself.

Dudas que **haga** ejercicio todos los días.

You doubt that I exercise every day.

Es una lástima que la madre de Jorge **esté** enferma.

It's a shame Jorge's mother is sick.

Ojalá (que) se mejore.

I hope that she gets better.

Tal vez el médico me **dé** antibióticos.

Perhaps the doctor will give me antibiotics.

APLICACIÓN

10-27 Sobre Raquel Welch. Raquel (Tejada) Welch es de ascendencia inglesa y boliviana. Aunque nació en 1940, todavía se le considera una de las actrices más bellas del cine norteamericano. En esta conversación, un periodista conversa con Marta Salazar, la ayudante de esta extraordinaria actriz.

Paso 1 Lee la entrevista y subraya los verbos en el subjuntivo. Explica por qué se usa el subjuntivo en cada caso.

PERIODISTA: Buenas tardes, Srta. Salazar. Lamento que Raquel no <u>pueda</u> participar en esta entrevista. Ojalá que <u>se encuentre</u> bien.

AYUDANTE: ¡Claro que sí! Es que tiene un ensayo[1] esta tarde y tiene que memorizar su parte. No creemos que <u>termine</u> a tiempo para estar con nosotros. Pero tal vez usted <u>quiera</u> hacerme a mí algunas preguntas sobre su carrera.

PERIODISTA: ¡Sin duda! Quizás usted <u>pueda</u> hablarme un poco sobre la película favorita de ella.

AYUDANTE: Pues, no creo que ella <u>quiera</u> limitarse a solo una, pero quizás usted <u>conozca</u> *Tortilla Soup*. Sé que a Raquel le gustó mucho porque es una comedia con un mensaje serio, y se divirtió mucho rodándola[2].

PERIODISTA: Ella también actuó en la televisión.

AYUDANTE: Es verdad. Estoy segura de que su papel en *American Family* en PBS es uno de sus favoritos. Es dudoso que se <u>repita</u> tal oportunidad en el futuro, pero ¿quién sabe?

Raquel Welch y Héctor Elizondo en *Tortilla Soup*.

PERIODISTA: ¿Cómo se mantiene ella en tan buena forma?

AYUDANTE: Bueno, seguramente algunas personas niegan que <u>esté</u> en perfecta forma, pero es verdad que va al gimnasio todos los días. Para ella, la buena salud es muy importante. No creo que <u>pierda</u> ni un día de ir al gimnasio.

PERIODISTA: Bueno, Srta. Salazar. Muchas gracias, y tal vez <u>veamos</u> a Raquel Welch en otra película pronto.

AYUDANTE: Gracias a usted. ¡Quizás <u>tenga</u> razón! A ella le gusta que la gente todavía la <u>quiera</u> como actriz.

---

[1]*rehearsal* [2]*filming it*

Paso 2 Vuelve a leer la entrevista sobre Raquel Welch y contesta las siguientes preguntas.

1. ¿Quién es Raquel Welch? ¿Cuál es su ascendencia?
   Es actriz. Su ascendencia es inglesa y boliviana.
2. ¿Por qué le gustó mucho la película *Tortilla Soup*?
   Le gustó porque es una comedia con un mensaje serio.
3. ¿Qué oportunidad tuvo en la televisión?
   Interpretó un papel en el programa *American Family*.
4. ¿Cuántos años tiene ahora?
   Current year − 1940 = ?
5. ¿Cómo se mantiene en forma?
   Va al gimnasio todos los días.
6. ¿Conoces algunas de sus películas? ¿Crees que tiene mucho talento?
   Answers will vary.

Presentation tip for 10-27
Put the following uses of the subjunctive in columns on the board: Influence, Emotion, Doubt or Denial, *Tal vez/Quizás*. Have students provide examples from the interview for each category.

Note on Raquel Welch
The Raquel Welch Total Beauty and Fitness Program (1984) includes a Hatha Yoga fitness program, her views on healthy living and nutrition, and her beauty and personal style philosophy. As a businesswoman, Welch succeeded with her signature line of wigs, jewelry and skincare lines, although the latter two were less successful than her wig collection. In 2010, the web site **elPeriódico.com** named her *"una de las estrellas más sexis del siglo XX."* Her latest book, *Raquel: Beyond the Cleavage* (2010) attributes the secret of her eternal youth to exercising 6 days a week and consuming a healthy diet.

Expansion of 10-27
Have students comment on what they have read by completing the following sentences.

MODELO: No creo que... *Raquel Welch haga otra película porque...*
1. No es verdad que...
2. Tal vez...
3. Niego que...
4. Es cierto que...

10-28 En el Spa-Hotel Hacienda La Fortuna. A continuación hay un anuncio para un spa en Bolivia. Contesta las siguientes preguntas, usando expresiones de duda, negación y emoción.

Bienvenidos a Hacienda La Fortuna
Spa-Hotel, Lago Titicaca, Bolivia

La Hacienda La Fortuna le ofrece un servicio único y personal. Nuestro spa-hotel tiene todo lo que pueda desear en un solo lugar con un ambiente de total relajamiento. Cuenta con 23 habitaciones de lujo con vistas espectaculares, así como jacuzzi y piscina con agua de manantiales[1] termales.

PLANES
Adelgazamiento
• sauna, masajes, baños termales, yoga, caminatas • consulta médica • lodo[2] medicinal • dieta de baja grasa • entrenador personal

Antiestrés
• masajes • baño con esencias botánicas • manicura, pedicura

Tratamiento para enfermedades crónicas
• acupuntura • reflexología • baño con barro[3] • dieta de alta proteína y bajos carbohidratos • control de peso

Contamos con el ambiente perfecto para que sus vacaciones sean inolvidables y muy saludables. Nuestros paquetes le ofrecen planes de adelgazamiento, antiestrés, tratamiento para las enfermedades crónicas, clases de cocina y todo tipo de actividades para que usted pueda olvidarse del estrés. La variedad de servicios le deja crear su propia experiencia...

Consulte nuestra página web para ver tarifas y fechas.

[1]springs [2]mud [3]earth

MODELO: ¿Vas a bañarte en las aguas termales?
Tal vez me bañe.

1. ¿Vas por más de una semana?
   Quizás... vaya

2. ¿Vas a seguir los consejos del entrenador?
   Creo que... los voy a seguir / voy a seguirlos

3. ¿Vas a hacer alguna excursión?
   Estoy seguro/a de que... la voy a hacer / voy a hacerla

4. ¿Tienes una cita para hacerte la pedicura?
   Es dudoso que... la haga/la tenga

5. ¿Vas a caminar o hacer otro ejercicio?
   Niego que... camine/lo haga

6. ¿Vas a divertirte mucho?
   Ojalá... me divierta

10-29 El Centro Naturista. En esta tienda dentro del Spa-Hotel, puedes comprar todo tipo de productos naturales. Completa el diálogo con la forma correcta del verbo entre paréntesis.

SRA. LÓPEZ: Hola, buenos días. ¿Sabe Ud. dónde están las supervitaminas?

DEPENDIENTE: Sí, señora. Creo que (1) ___están___ (estar) en el pasillo a la izquierda. Estoy seguro de que (2) ___hay___ (haber) por lo menos 10 botellas.

SRA. LÓPEZ: No creo que (3) ___necesite___ (necesitar) tantas. ¿Cree que (4) ___están / estén___ (estar) frescas?

DEPENDIENTE: Tal vez Ud. (5) ___quiere / quiera___ (querer) ver la fecha de vencimiento (*expiration date*) antes de comprarlas pero no creo que nosotros (6) ___vendamos___ (vender) aquí productos vencidos.

SRA. LÓPEZ: Claro. ¿Tiene jabones naturales también? Me gustaría comprar algunos.

DEPENDIENTE: Sí, pero dudo que nosotros (7) ___tengamos___ (tener) una buena selección en este momento. Pienso que nosotros (8) ___vamos___ (ir) a recibir una selección más amplia dentro de unos días. No estoy seguro que (9) ___llegue___ (llegar) a tiempo. Si quiere, la puedo llamar si los recibimos pronto.

SRA. LÓPEZ: No es necesario, gracias. Quizás (10) ___vuelva / vuelvo___ (volver) en unos días.

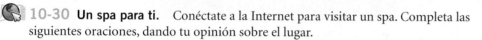 **10-30 Un spa para ti.** Conéctate a la Internet para visitar un spa. Completa las siguientes oraciones, dando tu opinión sobre el lugar.

> **Busca:** aguas termales spa; terapia spa hotel +bolivia; terapia spa hotel +paraguay

MODELO: Creo que... *tienen planes muy interesantes.*

1. Dudo que...
2. Espero que...
3. Es importante que...
4. Estoy seguro/a que...
5. Ojalá que...
6. Prefiero que...

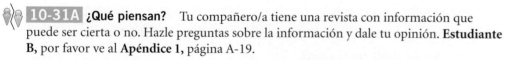 **10-31A ¿Qué piensan?** Tu compañero/a tiene una revista con información que puede ser cierta o no. Hazle preguntas sobre la información y dale tu opinión. **Estudiante B,** por favor ve al **Apéndice 1,** página A-19.

MODELO: ESTUDIANTE A: *¿Hay algún consejo para una persona que tiene problemas cardíacos?*
ESTUDIANTE B: *Según la revista, la aspirina es buena para el corazón.*
ESTUDIANTE A: *No creo que sea buena idea tomar mucha aspirina.*
ESTUDIANTE B: *Pues, es cierto que es bueno tomar una por día.*

Estudiante A:

Para preguntar:	Para reaccionar:
1. ¿Qué dice sobre el consumo de bebidas alcohólicas?	• (no) creo
2. ¿Es posible adelgazar mucho en poco tiempo?	• (no) es verdad
	• ojalá
3. ¿Hay algún tratamiento tradicional para curar el resfriado común?	• (no) estoy seguro/a
	• (no) niego
4. Mi abuelo se preocupa de ser viejo.	• es lógico
5. ¿Cómo es posible hacer más ejercicio?	• me alegro de
	• tal vez
6. Tengo muy mala memoria. ¿Qué hago?	• es bueno (malo)

Expansion of 10-30
There are many health sources available in Spanish both online and in pamphlets through local health agencies and doctors' offices. The World Health Organization (WHO), for example, maintains a site in Spanish, as does the National Institutes of Health (NIH). You may want to have students explore these sites and then report back to the class on something interesting or new that they saw, learned, etc.
Busca: OMS; INS.gov

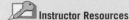
10-32 Sus opiniones sobre la salud. Todos tenemos opiniones sobre lo que se debe hacer para mantenerse con buena salud.

Paso 1 Primero, escribe una lista de 10 afirmaciones que sean importantes para ti. Empieza cada afirmación con una cláusula independiente seguida de una dependiente y el subjuntivo o el indicativo según el contexto. También puedes usar un infinitivo. Trata de variar los usos del subjuntivo (influencia, emoción, duda).

MODELO: *Ojalá que todos sigan mis consejos sobre la salud.*
Primero, creo que es importante seguir una dieta saludable.
Segundo,...

Ojalá que todos participen en un maratón.

 Paso 2 Ahora formen un grupo de tres o cuatro personas para compartir sus opiniones y consejos. ¿Cuáles tienen en común y en cuáles varían? ¿Quién tiene el consejo más novedoso (*original*)? ¿Quién tiene el consejo menos razonable?

10-45
to 10-49

¿Cuánto saben?

Primero, pregúntate si puedes llevar a cabo las siguientes funciones comunicativas en español. Después, júntate con dos o tres compañeros/as de clase para presentar las situaciones. Hagan y respondan a por lo menos cuatro preguntas en cada situación.

✓ CAN YOU . . .

☐ talk about how to stay fit?

☐ express your opinions and beliefs about something?

WITH YOUR CLASSMATE(S) . . .

Situación: En un gimnasio
Hagan los papeles de entrenador/a personal y cliente. Háganse preguntas y dense consejos para mantenerse en forma.
Para empezar: *¿Qué hago para sentirme mejor? Es necesario que...*

Situación: En un restaurante
Ustedes están leyendo el menú en un restaurante de comida rápida y opinan sobre la comida y sus ingredientes. Usen expresiones como **Dudo que..., No pienso que..., Creo que..., Es increíble que...,** y otras para expresar su opinión y creencias.
Para empezar: *Aquí todo es comida chatarra... Es increíble que...*

10-50
to 10-53

Observaciones

Instructor Resources
• IRM: Videoscript

¡Pura vida! EPISODIO 10

En este episodio doña María y Marcela atienden a Patricio porque no se siente bien.

Antes de ver el video

10-33 ¿Tengo gripe o resfriado? Lee el artículo para ver cómo se diferencian los síntomas del resfriado y de la gripe y después haz una lista de los síntomas de cada uno.

El resfriado y la gripe pueden tener muchos de los mismos síntomas. Pero un resfriado generalmente es leve, mientras que la gripe es mucho más intensa.

Con frecuencia, con un resfriado comienzas sintiéndote cansado, estornudando[1], tosiendo y con la nariz tapada[2]. Si tienes fiebre, es baja, solo uno o dos grados más de lo normal. Es probable que te duelan los músculos y la garganta, y que tengas los ojos llorosos y dolor de cabeza.

La gripe comienza de repente[3] y es más fuerte. Es probable que te sientas débil y cansado, y que tengas fiebre alta, tos seca, la nariz tapada, escalofríos[4], dolores musculares, dolor de cabeza intenso, dolor en los ojos y dolor de garganta. Generalmente, toma más tiempo mejorarse de la gripe que de un resfriado. La mejor manera de evitar la gripe es ponerte una vacuna cada otoño.

[1]*sneezing* [2]*stuffy nose* [3]*suddenly* [4]*chills*

¿Hay una cura para el resfriado común?

Presentation tip for 10-33
Reproduce the following table on a transparency or a handout for students. (Note: The Xs are included here as an answer key; be sure to remove them on the students' version.)

Características	El resfriado	La gripe
fiebre alta		X
tos seca		X
nariz tapada	X	X
dolor en los ojos		X
dolor de garganta	X	X
dolores musculares	X	X
debilidad		X
dolor de cabeza	X	X
dura menos tiempo	X	
hay vacuna		X

Expansion of 10-33
Have students work in small groups to discuss a few personalized questions shown on the board, a transparency, or a doc cam: *¿Te enfermas fácil o frecuentemente? ¿Qué haces cuando tienes fiebre? ¿Y cuando te duele la garganta? ¿Qué te recomienda tu madre que hagas? ¿Te pones nervioso/a cuando tienes que ir al médico? etc.*

A ver el video

10-34 Lo que tiene Patricio. Mira el décimo episodio de **¡Pura vida!** para identificar la enfermedad que tiene Patricio.

Patricio está enfermo.

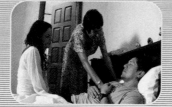

Doña María y Marcela visitan a Patricio.

Marcela va a la farmacia.

Según los síntomas, es probable que Patricio tenga...

_____ resfriado _____ diabetes __X__ gripe _____ gastritis

Después de ver el video

10-35 ¿Qué puedo hacer para sentirme mejor? Conéctate a la Internet y lee algunos consejos para sentirte mejor si tienes un resfriado o una gripe. Escribe por lo menos cinco consejos.

> ⌖ **Busca:** aliviar gripe; aliviar resfriado

Expansion of 10-34
After going over activity 10-34, have students review aspects of the episode's content. Show questions such as the following on the board, a transparency, or a doc cam: *¿Qué enfermedad tiene Patricio? ¿Cuáles son los síntomas de esta enfermedad? ¿Qué hacen doña María y Marcela para ayudar a Patricio? ¿Qué le recomienda a Patricio doña María? etc.*

Nuestro mundo

Panoramas

Bolivia y Paraguay: riquezas por descubrir
10-54 to 10-55

Los hermosos paisajes de Bolivia ocultan la difícil vida de la mayoría de sus ciudadanos.

El embalse (*dam*) de Itaipú en el río Paraná proporciona toda la electricidad que necesita Paraguay y el 25% de la electricidad que usa Brasil. En 1994, la American Society of Civil Engineers lo nombró una de las "siete maravillas del mundo moderno".

En Bolivia, el salar de Uyuni es un inmenso lago seco (*dry*) lleno de sal. Además tiene grandes depósitos de litio (*lithium*), un elemento con múltiples usos industriales.

Durante los siglos XVII y XVIII, los jesuitas españoles construyeron una cadena de misiones en Paraguay para educar y cristianizar a los indígenas. La Santísima Trinidad de Paraná es "la más grande y la mejor de todas las misiones". Ahora es parte del Patrimonio de la Humanidad de las Naciones Unidas.

Paraguay ha producido varias estrellas del deporte, como José Luis Félix Chilavert González. En su carrera, el arquero (*goalie*) marcó 62 goles, lo que fue por muchos años un récord.

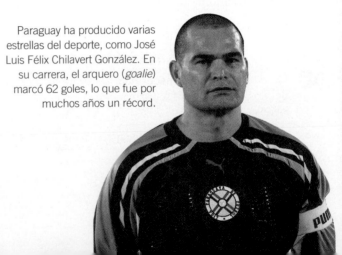

Bolivia y Paraguay

	Bolivia	Paraguay
Población:	9,8 millones	7 millones
Alfabetismo:	87%	94%
Lenguas ficiales:	español, quechua, aimara	español y guaraní
Expectativa de vida:	67 años	76 años
PIB per cápita:	$4.600	$4.100
PIB gastado en la salud:	6,6%	7,6%

10-36 Identifica. Identifica, describe o explica lo siguiente.

1. el deporte que crea fanáticos
   el fútbol
2. la importancia del litio
   Tiene múltiples usos industriales.
3. el país con terreno montañoso, y la dificultad que esto causa
   Bolivia; le hace difícil la vida a la gente.
4. la importancia del embalse de Itaipú
   La producción de electricidad para Paraguay y Brasil.
5. el país que tiene una cadena de misiones de los siglos XVII y XVIII
   Paraguay

10-37 Desafío. Consulta el mapa y la caja para contestar estas preguntas.

1. el país que gasta más por persona para mantener la salud
   Son casi iguales: Bolivia $303.60; Paraguay $311.60
2. el país que tiene costa
   ninguno de los dos
3. el más poblado
   Bolivia
4. el país rico en minerales
   Bolivia
5. el país trilingüe
   Bolivia (Paraguay es bilingüe)

 10-38 Proyecto. Conéctate a la Internet para ver más imágenes de Bolivia y Paraguay. Escribe un párrafo para describir uno de los lugares. Incluye esta información:

- el lugar
- la escena (las montañas, la planicie de los Andes, el agua, etcétera)
- la gente (si la hay)
- el clima
- los recursos naturales y sus productos
- una foto representativa

Busca: imagenes bolivia; imagenes paraguay

MODELO: *Los guaraníes son los indígenas de Paraguay, de partes de Brasil y de Argentina. Tienen su propio idioma, pero muchos son bilingües en español o portugués y guaraní y tienen sus propias tradiciones culturales...*

Note on Fact Box
Expectativa de vida: EE. UU.: 78,11 años; Canadá: 81,23 años
PIB per capita: EE. UU.: $46.400; Canadá: $38.400
Porcentaje de PIB gastado para mantener la salud: EE. UU.: 15,3%; Canadá: 10%
Source: *CIA-The World Fact Book* (2010)

Note on *Litio*
Lithium has been used for decades in medicine as a treatment for bipolar disease. In industry, it is important to aeronautics, optometry, electronics and nuclear energy. It has great potential in the fabrication of storage batteries for the new electric cars. Half of the known reserves of lithium are in Bolivia, which will have to invest heavily in the technology required for its efficient extraction.

Expansion of 10-36
Ask students additional questions based on the map. For example, *¿Qué no tienen ni Bolivia ni Paraguay que tienen todos los demás países de Sudamérica? ¿Qué país está al este de Bolivia y de Paraguay? ¿Qué país está al sur? ¿Qué cordillera de montañas pasa por Bolivia? ¿Qué define la frontera sureña de Paraguay? etc.*

"La azucena del bosque" (Mito guaraní)

ANTES DE LEER

10-39 Leyendas y mitos.   Lee la introducción a continuación e indica si las afirmaciones que la siguen son ciertas o falsas. Corrige las falsas.

Las leyendas y los mitos como tradición oral son populares en todo el mundo hispano. Sirven para transmitir la historia, la cultura y los valores de una generación a la siguiente. Aunque la leyenda se basa en un evento histórico, el mito tiene alguna intervención sobrenatural. Los dos se hacen propiedad de la persona que los cuenta. Por eso, existen muchas versiones de la misma leyenda o del mismo mito, y pueden transformarse a través de los años hasta que haya poca relación entre el mito original y el actual. Lo mismo pasa con leyendas que tal vez tú conozcas, por ejemplo, la de Pocahontas o la de Davy Crockett. A continuación tienes un mito paraguayo que se originó entre los guaraníes antes de la colonización española. Pero es posible que notes alguna semejanza a otras historias que tú conozcas de tu infancia (*childhood*). Este mito explica el origen de una flor común, la azucena del bosque (*forest lily*).

1. Los mitos tienen base histórica.
   Falso. Una leyenda transmite la historia, pero un mito tiene aspectos sobrenaturales.
2. "Pocahontas" es un ejemplo de una leyenda.
   Cierto. Es una leyenda estadounidense.
3. Las leyendas y los mitos no tienen valor (*value*) cultural.
   Falso. Sirven para transmitir valores cultural es de una generación a otra.
4. Originalmente las leyendas y los mitos eran literatura escrita.
   Falso. Eran literatura oral.
5. "La azucena del bosque" se originó durante la colonia española.
   Falso. Se originó durante la época pre colonial.

10-40 Anticipa.   Ahora, escribe tres preguntas que quieres contestar en relación a esta historia.

MODELO: *¿Quiénes son los personajes?*

A LEER

10-41 El mito.   Ahora lee este mito guaraní. A ver si puedes contestar las preguntas que escribiste en la actividad **10-40.**

Once upon a time there was

ferocious

mixed
skin

he rubbed / sparks

wild pig
lit / he threw / flames
it came off

Había una vez° una hermosa región de la tierra donde solo existían animales. Pasó por allí Tupá, el dios sol, que había creado los animales y los bosques, y decidió crear a los hombres, con suficiente inteligencia para poder gobernar hasta los animales más feroces°. Entonces le pidió a I-Yara, el dueño de las aguas, que trajera un poco de tierra de ese lugar. Tupá amasó° la tierra y le dio forma humana creando dos hombres, uno con la piel° roja llamado Pitá y otro con la piel blanca llamado Morotí.

Estos hombres necesitaban compañeras y Tupá ordenó a I-Yara que, con un poco más de tierra, hiciera a dos mujeres. Y Pitá y Morotí tuvieron muchos hijos con sus mujeres y vivían felices en la selva comiendo de sus frutos.

Pero un día Pitá frotó° dos piedras y salieron unas chispas° y descubrió el fuego. Ese mismo día por casualidad Morotí tuvo que matar un jabalí° que lo atacaba. Al ver que Pitá había encendido° un hermoso fuego, arrojó° el animal muerto a las llamas°. Al poco rato se desprendió° de la carne un olor delicioso y cuando

probaron la carne, les pareció exquisita. Desde ese momento abandonaron la recolección de las frutas y comenzaron a cazar° para comer.

Con los años fueron perfeccionando sus armas y de esa forma inventaron el arco, la flecha° y la lanza. Debido a que la caza° era cada vez más escasa, empezaron a competir entre ellos y tan grande fue el rencor y el odio° que sintieron entre las dos familias que decidieron separarse.

Tupá decidió castigarlos° por necios°. El castigo serviría para que no olvidaran que Tupá los había puesto en el mundo para vivir en paz y para amarse los unos a los otros. Provocó entonces una terrible tormenta que duró tres días y tres noches, al cabo de los cuales° salió el sol y por uno de sus rayos bajó a la Tierra I-Yara.

I-Yara llamó a todas las tribus y las reunió en un claro° del bosque. Allí les habló de esta forma:

—Tupá, nuestro creador me envía— les dijo a los dos hermanos. —La furia se ha apoderado° de él al conocer la ingratitud de ustedes. Él los creó para que el amor y la paz guiaran sus vidas, pero la codicia° pudo más y se dejaron llevar por la intriga y la envidia. Ustedes son hermanos, hijos de hermanos. Tupá me envía para que hagan la paz entre ustedes.

—¡Pitá!, ¡Morotí!, ¡Abrácense, Tupá lo manda!

Arrepentidos y avergonzados° los hermanos se abrazaron y, allí, en presencia de todos, fueron perdiendo sus formas humanas y se fueron fundiendo° hasta convertirse en un solo cuerpo, que se hizo una planta de donde salían ramas° y de las ramas hojas° y flores.

Y las flores fueron rojas al principio como la piel de Pitá, y con el tiempo perdían su color hasta llegar a ser blancas, como la piel de Morotí. Eran Pitá y Morotí que, convertidos en flores, simbolizaban la unión y la paz entre hermanos.

Así nació la Azucena del Bosque, que Tupá dejó en la Tierra para recordarles a los hombres que deben vivir en paz.

hunt

arrow
[*Debido...caza:* Due to the fact that hunting]
hatred

punish them / fools

[*al...cuales:* at the end of which]
clearing

has taken hold
greed

ashamed
melting
branches / leaves

DESPUÉS DE LEER

10-42 ¿En qué orden? Pon las oraciones en el orden cronológico de la historia. Luego, termínala.

___4___ También creó a dos mujeres y entre ellos tuvieron muchos hijos.

___6___ Así descubrieron la delicia de la carne asada.

___3___ Uno de ellos era de piel roja; el otro de piel blanca.

___1___ Había un hermoso lugar lleno de animales y flores.

___5___ Un día, uno de los hombres descubrió el fuego y el otro mató un jabalí.

___8___ Tupá se puso enojado al ver su envidia.

___2___ El dios sol decidió crear un par de hombres para dominar la naturaleza.

___7___ Pero dentro de poco empezaron a discutir porque cada día había menos caza.

A ver si ahora puedes terminar la historia...

10-43 Los valores. Las leyendas y los mitos transmiten los valores de una sociedad. ¿Cuáles de estos valores figuran en esta historia? Explica por qué.

1. la paz   2. el amor fraternal   3. la rivalidad

10-44 Entrevista. Divídanse en dos grupos. Un grupo representa a Tupá y el otro representa a los dos hermanos. Preparen preguntas para entrevistar al otro grupo, y luego entrevístense.

MODELO: GRUPO 1: *Tupá, ¿Por qué decidió crear dos hombres en vez de uno?*
GRUPO 2: *Porque...*

Optional activity before 10-42
As an additional comprehension activity to help students sort the characters and important elements in the story, have students complete the following matching activity or download it from the IRC.

Identifica a los personajes y las cosas. Empareja los nombres con su descripción.

Los nombres:
1. Tupá
2. I-Yara
3. la tierra
4. Pitá
5. Morotí
6. el jabalí
7. el arco, la flecha y la lanza
8. la azucena del bosque

Las descripciones:
a. el hombre de piel roja
b. la primera carne que comieron
c. el dios sol, creador
d. las primeras armas
e. el símbolo de la unión y la paz entre hermanos
f. el hombre de piel blanca
g. el origen de los primeros hombres y las primeras mujeres
h. el dueño de las aguas

Answers: 1. c; 2. h; 3. g; 4. a; 5. f; 6. b; 7. d; 8. e

Taller

10-45 Un artículo sobre la salud. En revistas populares para hombres o mujeres es común encontrar artículos que dan consejos sobre la salud. En este taller vas a escribir un artículo al estilo de una de estas revistas.

MODELO:

Consulta Médica

04 abril, 2012

Los tratamientos naturales

La manzanilla

La flor de manzanilla tiene muchos usos en el tratamiento de enfermedades. Tiene un efecto calmante general, alivia el dolor y previene las infecciones. Se usa para aliviar síntomas en personas que tienen baja tolerancia al dolor o que están nerviosas....

ANTES DE ESCRIBIR

- **Ideas.** Piensa en un problema o en una condición que quieres tratar, por ejemplo, la falta de ejercicio, el sobrepeso, los efectos del sol en la piel (*skin*), etcétera.

A ESCRIBIR

- **El problema.** Escribe un párrafo en el que expliques el problema. Indica a cuánta gente afecta y por qué es importante hacer algo para solucionarlo.

- **Estrategias.** Haz una lista de tres a cinco estrategias o consejos que ayuden al lector/a la lectora a seguir tus consejos.

- **Conclusión.** Concluye el artículo de una manera positiva, explicando cómo el lector/la lectora va a sentirse mejor si sigue tus consejos.

- **Ilustrar.** Agrega alguna foto o algún dibujo que ilustre el problema.

DESPUÉS DE ESCRIBIR

- **Revisar.** Revisa tu artículo para verificar los siguientes puntos.

  ☐ los diferentes usos del subjuntivo

  ☐ la ortografía y la concordancia

- **Intercambiar**
  Intercambia tu artículo con el de un/a compañero/a para hacer correcciones y sugerencias, y para comentar sobre el contenido.

- **Entregar**
  Pon tu artículo en limpio, incorporando las sugerencias de tu compañero/a. Después entrégaselo a tu profesor/a.

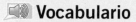 **Vocabulario**

Primera parte

Las partes del cuerpo humano — Parts of the human body

la boca *mouth*
el brazo *arm*
la cabeza *head*
el corazón *heart*
el dedo (del pie) *finger (toe)*
la espalda *back*
el estómago *stomach*
la garganta *throat*
la lengua *tongue*
la muela *molar*
el oído *(inner) ear*
la oreja *(outer) ear*
el pecho *chest*
el pie *foot*
la pierna *leg*
el pulmón *lung*
la rodilla *knee*

Problemas de salud — Health problems

doler (ue) *to hurt*
lastimarse *to hurt oneself*
romperse (un hueso) *to break (a bone)*
ser alérgico/a a *to be allergic to*
tener (ie) fiebre (f.) *to have a fever*
    dolor de cabeza (m.) *a headache*
    gripe (f.) *flu*
    infección (f.) *an infection*
    resfriado (m.) *a cold*
    tos (f.) *a cough*
    náuseas (f.) … *(to feel) nauseated*
torcerse (ue) *to twist*
toser *to cough*

Sugerencias y remedios médicos — Medical advice and remedies

dejar de (fumar) *to quit (smoking)*
guardar cama *to stay in bed*
hacer una cita *to make an appointment*
mejorarse *to get better, to get well*
respirar *to breathe*
seguir (i, i) los consejos del médico *to follow the doctor's advice*
tomar la presión *to take blood pressure*
    la temperatura *temperature*

Medicinas comunes — Common medicines

el antiácido *antacid*
el antibiótico *antibiotic*
la aspirina *aspirin*
el calmante *tranquilizer, painkiller*
el jarabe *cough syrup*
la pastilla *pill, lozenge*

En el consultorio del médico — At the doctor's office

el diagnóstico *diagnosis*
el dolor *pain, ache*
la enfermedad *illness*
el examen físico *checkup*
la inyección *shot*
el/la paciente *patient*
la radiografía *X-ray*
la receta *prescription*
el síntoma *symptom*
la sala de urgencias *emergency room*

Segunda parte

Sigan una dieta rica en… — Follow a diet rich in . . .

(los) antioxidantes *antioxidants*
(el) calcio *calcium*
(la) fibra *fiber*
(las) proteínas *proteins*
(los) carbohidratos complejos *complex carbohydrates*

En moderación coman alimentos con… — In moderation, eat foods with . . .

(los) carbohidratos sencillos *simple carbohydrates*
(el) colesterol *cholesterol*
(las) grasas monoinsaturadas (poliinsaturadas) *monounsaturated (polyunsaturated) fats*

Eviten… — Avoid …

las bebidas alcohólicas *alcoholic beverages*
la comida chatarra *junk food*
los dulces *sweets*
las grasas saturadas (trans) *saturated (trans) fats*

Las enfermedades y el bienestar — Illnesses and well-being

la diabetes *diabetes*
los ejercicios aeróbicos *aerobics*
el estrés *stress*
el (sobre)peso *(excess) weight*

Tu línea y tu salud — Your weight and your health

adelgazar *to lose weight*
bajar de peso *to lose weight*
cuidar(se) *to take care (of oneself)*
engordar *to gain weight*
estar a dieta *to be on a diet*
guardar la línea *to stay trim, to watch one's figure*
mantenerse (ie) en forma *to stay in shape*
padecer (zc) (de) *to suffer (from)*
ponerse en forma *to get in shape*
subir de peso *to gain weight*

Verbs and expresssions of emotion *See page 327.*   **Verbs and expressions of doubt and denial** *See page 337.*

Verbs and expresssions of emotion *See page 327.*   **Verbs and expressions of doubt and denial** *See page 337.*

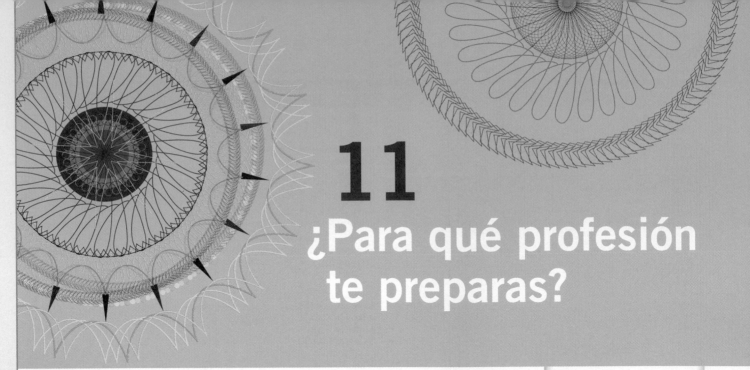

11

¿Para qué profesión te preparas?

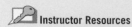
1 | Primera parte

¡Así lo decimos! Vocabulario	Los oficios y las profesiones
¡Así lo hacemos! Estructuras	**Tú** commands
	The subjunctive and the indicative with adverbial conjunctions
Perfiles	
Mi experiencia	Los empleos y las recomendaciones
Mi música	"Yo vengo a ofrecer mi corazón" (Fito Páez, Argentina)

2 | Segunda parte

¡Así lo decimos! Vocabulario	La búsqueda de empleo
¡Así lo hacemos! Estructuras	The subjunctive with indefinite people and things
Observaciones	¡Pura vida! Episodio 11

Nuestro mundo

Panoramas	El virreinato de la Plata: Argentina y Uruguay
Páginas	"No hay que complicar la felicidad" (Marco Denevi, Argentina)
Taller	Un currículum vítae y una carta de presentación para solicitar trabajo

Readiness Check

El virreinato de la Plata: Argentina y Uruguay

«El trabajo no deshonra, dignifica».

Refrán: Work doesn't bring you dishonor, but dignity.

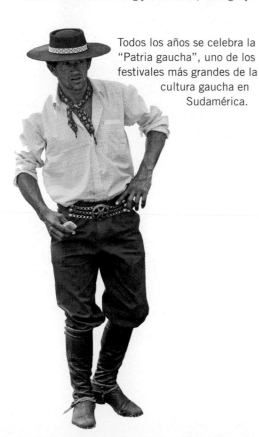

Todos los años se celebra la "Patria gaucha", uno de los festivales más grandes de la cultura gaucha en Sudamérica.

Las cataratas del Iguazú son cuatro veces más grandes que las del Niágara. Sus 275 cascadas son el resultado de una erupción volcánica. Ahora las cataratas son parte del Patrimonio de la Humanidad de la UNESCO.

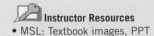
Primera parte

¡Así lo decimos! VOCABULARIO

 ¡Así es la vida! El mundo del trabajo
11-01

Muchas personas esperan su turno en la Oficina de Empleo.

SR. FERNÁNDEZ:	Dale tu currículum vítae al recepcionista.
DRA. MESSI:	Ya se lo di. Ojalá que me llame pronto.

ANGÉLICA:	Espero conseguir trabajo antes de que se me acaben los beneficios.
SERGIO:	Pero no aceptes el sueldo mínimo sin antes negociar el contrato.

🔊 Vocabulario Los oficios y las profesiones

📖 11-02 to 11-08

📋 **Instructor Resources**
• MSL: Textbook images, PPT, Supplementary Activities

Variaciones

In Latin America you will hear **el/la contador/a**, but usually **el/la contable** in Spain. Likewise, **el/la plomero/a** in the Americas and **el/la fontanero/a** in Spain.

Los oficios y profesiones	Occupations and professions
el/la analista de sistemas	*systems analyst*
el/la arquitecto/a	*architect*
el/la bombero/a	*firefighter*
el/la carpintero/a	*carpenter*
el/la cartero/a	*mail carrier*
el/la cocinero/a	*cook, chef*
el/la contador/a	*accountant*
el/la dentista	*dentist*
el/la enfermero/a	*nurse*
el hombre / la mujer de negocios	*businessman/woman*
el/la ingeniero/a	*engineer*
el/la intérprete	*interpreter*
el/la mecánico/a	*mechanic*
el/la obrero/a de construcción	*construction worker*
el/la peluquero/a	*hairdresser*
el/la periodista	*journalist*
el/la plomero/a	*plumber*
el/la psicólogo/a	*psychologist*
el/la veterinario/a	*veterinarian*
el/la viajante	*traveling salesperson*

la arquitecta

Términos y expresiones de trabajo	Work-related terms and expressions
los beneficios	*benefits*
las cualificaciones	*qualifications*
el currículum vítae	*curriculum vitae (vita)*
el (des)empleo	*(un)employment*
la empresa	*company, firm*
el entrenamiento	*training*
la formación	*education*
la meta	*goal*
el puesto	*position (job)*
el sueldo (mínimo)	*(minimum) wage*
la (des)ventaja	*(dis)advantage*

Variaciones

El/la jefe/a ejecutivo/a has many variants: **jefe/a** may be **director/a**, **presidente/a**, or an adjective may be added, such as in **el/la principal oficial ejecutivo/a,** common in Puerto Rico.

el peluquero

Cargos	Positions
el/la director/a	*director*
el/la empleado/a	*employee*
el/la gerente	*manager*
el/la jefe/a	*boss*
el/la jefe/a ejecutivo/a	*CEO*

¡Manos a la obra!	Let's get to work!
apagar (fuegos/incendios)	*to put out, extinguish (fires)*
conseguir[1] **(i, i)**	*to get, to obtain*
diseñar	*to design*
estar en paro / sin trabajo	*to be out of work*
reparar	*to repair*
repartir	*to deliver, to distribute*
trabajar a tiempo completo / parcial	*to work full-time/part-time*

[1]conjugated like *seguir*: sigo, sigues, sigue, seguimos, seguís, siguen...

la contadora

Presentation tip for ¡Así es lo decimos!
Ask students to look over the images. Then have them work in pairs to write sentences describing what each of the workers is doing or usually does.

Presentation tip for ¡Así lo decimos!
Have students categorize professions based on the education required and write them on the board: *2 años de escuela técnica, 4 años de universidad, 6 años de universidad, 8 años o más de universidad, un internado.* After students have provided examples either orally or on the board, ask the class whether they agree.

Presentation tip for ¡Así lo decimos!
On the board, write verbs from the ¡Manos a la obra! section: *apagar, diseñar, reparar, repartir, trabajar a tiempo parcial.* You may want to add other familiar verbs, such as: *comunicar, cortar, contar, escribir en la computadora, limpiar.* Ask students to associate each verb with 2 to 4 trades or professions that involve the activity. Review these orally, or have students list them on the board under each verb.

Note on Vocabulario
Point out to students how some professions, when inflected for feminine gender in Spanish, coincide with other nouns in the language: *el cartero → la cartera* (wallet or female mail carrier). In these cases, variation among speakers is prevalent and renders alternative expressions such as *la mujer cartero.*

Note on Variaciones
As with *CEO,* other English acronyms for jobs in the business world are expressed in various ways in Spanish. Generally, the terms *jefe/a, director/a,* and *presidente/a* refer to top-ranking positions, while a rank or more below is termed *el/la gerente.* (Presented in *Capítulo 9*).

Presencia hispana

According to HispanicBusiness.com, by 2013 the number of Hispanic-owned businesses in the U.S. is expected to reach 4.3 million, generating over $539 billion. How many Hispanic businesses are in your community now?

APLICACIÓN

11-1 ¿A quién llamas? ¿A qué profesionales llamas en cada una de las siguientes situaciones? Empareja las descripciones con las profesiones u oficios. Luego, explica tus selecciones.

MODELO: Tienes el pelo muy largo y necesitas un corte nuevo.
Llamo a mi peluquera. Siempre voy a "Supercorte" donde no tengo que pagar mucho.

1. __b__ No hay agua en el baño.
2. __c__ Necesitas resolver algunos problemas emocionales.
3. __f__ Tu perro está enfermo.
4. __a__ Quieres reparar unas sillas de tu comedor.
5. __d__ Necesitas ayuda para hacer los impuestos (*taxes*).
6. __e__ Quieres un diseño original para tu casa nueva.

a. carpintero/a
b. plomero/a
c. psicólogo/a
d. contador/a
e. arquitecto/a
f. veterinario/a

11-2 ¿Qué es lo que hace? Identifica la profesión u oficio que corresponde a cada persona a continuación. Luego explica algo más de su trabajo o describe alguna característica que se necesita para poder hacer este trabajo.

MODELO:

doña Maruja

Doña Maruja es enfermera. Les toma la temperatura y les pone inyecciones a sus pacientes. Tiene compasión.

1. don Lucas

2. el Sr. Castillo

3. Pilar

11-3 Las profesiones y los oficios. Escucha a las siguientes personas e indica la profesión u oficio que le interesa a cada una.

MODELO: Soy bilingüe. Me gusta trabajar en la computadora y contestar el teléfono.
secretario/a

a. analista de sistemas
b. arquitecto/a
c. cocinero/a
d. contador/a
e. dentista
f. mecánico/a
g. peluquero/a
h. periodista

1. __f__   3. __h__   5. __g__   7. __e__
2. __b__   4. __c__   6. __a__   8. __d__

11-4 ¿En qué orden?

Paso 1 Pon los siguientes aspectos de un trabajo en orden de importancia para ti personalmente. (1: más importante… 6: menos importante)

_____ la oportunidad de aprender más   _____ un buen horario de trabajo

_____ un sueldo o un salario adecuado   _____ el seguro médico

_____ un/a jefe/a paciente   _____ un trabajo a comisión

                                       _____ ¿otro? _____

Paso 2 Ahora, comparen sus listas. Cuando no estén de acuerdo, explíquense sus puntos de vista.

MODELO: E1: *Quiero un trabajo interesante porque no quiero estar aburrido/a.*

E2: *Bueno, para mí el horario de trabajo es lo más importante. Prefiero no tener que levantarme demasiado temprano. Después, para mí es…*

11-5 Avisos clasificados de *todo.com.uy.*

Este es un sitio en la Internet donde se puede poner y responder a avisos clasificados.

Paso 1 Lee los avisos y contesta las preguntas a continuación.

LA TIENDA DE COCINAS Y BAÑOS
necesita
VENDEDORES
—ambos sexos—

SE REQUIERE:
• Experiencia en venta de servicios.
• Capacidad de trabajo y ganas de superación.

SE OFRECE:
• Integración en la primera empresa del sector.
• Incorporación inmediata.
• Ingresos superiores a 13.000 pesos argentinos, entre sueldo fijo y comisiones.

Para entrevista personal, llamar al teléfono **4978 0875.**

CASALINDA

EMPRESA DE ÁMBITO NACIONAL QUE FABRICA CASAS MODULARES PRECISA PARA SU DELEGACIÓN EN MONTEVIDEO

ARQUITECTO TÉCNICO

• Con experiencia mínima de un año para incorporarse a empresa líder en el sector.

• Responsabilidades: realizar proyectos de producto, nuevos diseños de casas y promoción de productos.

• Cualidades necesarias: iniciativa, facilidad de trabajo con la gente, facilidad para convencer, capacidad de trabajo y espíritu competitivo.

• Salario mínimo inicial 52.000 pesos uruguayos al mes.

• Gastos de kilometraje y comida.

Interesados enviar C.V., con carta de presentación escrita a mano y fotografía reciente, al apartado de Correos 20-037, Montevideo.

Pilotos de ambos sexos para nueva aerolínea uruguaya con sede en Montevideo. Se requiere un mínimo de seis años de experiencia con aviones en rutas regionales. Salario y beneficios. Llamar Oficina de Personal de AeroUR al 8989 3411.

1. ¿Cuál(es) de estos avisos tiene(n) puestos para hombres y mujeres?
   el aviso de la tienda de cocinas y baños y el de AeroUR
2. ¿Qué empresa busca gente entrenada en aviación?
   la nueva aerolínea uruguaya AeroUR
3. ¿Cuál(es) paga(n) salario y comisión?
   el puesto de vendedor
4. ¿Cuál(es) paga(n) los gastos de viaje?
   el puesto de arquitecto técnico para Casalinda
5. ¿Cuál de los puestos te atrae más y por qué?
   Answers will vary.

Paso 2 Ahora eres jefe/a de personal. Escribe un aviso clasificado para *todo.com.uy* para anunciar un puesto en tu compañía.

Paso 3 Ahora túrnense para llamar a sus empresas con vacantes y hacerse más preguntas sobre la posición.

MODELO: E1: *Buenas tardes. AeroEur. ¿A quién le dirijo su llamada?*

E2: *Al jefe de personal, por favor…*

¡Hola!
Cultura en vivo ✳

In contrast to the U.S. or Canada, it is acceptable in many Spanish-speaking countries to advertise for male or female applicants exclusively. Applicants also routinely include a photo with their application. What concerns might you have when responding to a gender-specific ad?

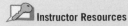
¡Así lo hacemos! ESTRUCTURAS

 1. *Tú* commands

11-09
to 11-15

In **Capítulo 10** you learned that formal commands use the forms of the subjunctive. Here are the informal (**tú**) commands. Note how they compare with the subjunctive.

Toma estos formularios y rellénalos con tus datos personales. No te olvides de incluir una foto.

Director de Personal

Infinitive	Affirmative	Negative	(Subjunctive)
comprar	**compra**	**no compres**	(compres)
comer	**come**	**no comas**	(comas)
escribir	**escribe**	**no escribas**	(escribas)
pensar	**piensa**	**no pienses**	(pienses)
dormir	**duerme**	**no duermas**	(duermas)
pedir	**pide**	**no pidas**	(pidas)
traer	**trae**	**no traigas**	(traigas)

• Regular affirmative **tú** commands have the same form as the third-person singular of the present indicative.

Estudia para ser abogada.	*Study to be a lawyer.*
Lee los avisos clasificados.	*Read the classified ads.*

• Negative **tú** commands use the subjunctive.

No trabajes a comisión.	*Don't work on commission.*
No estés sin trabajo.	*Don't be out of work.*

• Remember that irregularities in the subjunctive will also appear in the negative **tú** command.

No apagues la computadora.	*Don't turn off the computer.*
No te vayas.	*Don't leave.*

Mandatos afirmativos irregulares de la forma *tú*

Ten paciencia y vas a ver muchos pájaros exóticos.

• The following verbs have irregular **affirmative** command forms:

decir	**di**	**Di** por qué.	*Tell (Say) why.*
hacer	**haz**	**Haz** el informe.	*Do the report.*
ir	**ve**	**Ve** a la oficina de empleo.	*Go to the employment office.*
poner	**pon**	**Pon** tu solicitud aquí.	*Put your application here.*
salir	**sal**	**Sal** a tiempo.	*Leave on time.*
ser	**sé**	**Sé** amable con la jefa.	*Be nice to the boss.*
tener	**ten**	**Ten** paciencia.	*Be patient.*
venir	**ven**	**Ven** a mi oficina ahora.	*Come to my office now.*

• As with the formal commands, attach pronouns to the affirmative command and place them in front of the negative command. Remember to place an accent on the next-to-last syllable of the verb in the affirmative command form.

Tenlo para esta tarde.	*Have it by this afternoon.*
Háblale mañana.	*Talk to her tomorrow.*

APLICACIÓN

11-6 En la oficina de la presidenta Cristina Fernández. En 2007, Cristina Fernández se convirtió en primera mujer presidenta de Argentina, y con un formidable margen de votos. Su jefe de gabinete (*chief of staff*) está muy ocupado y cuando habla con su personal en la oficina, le da muchas órdenes. ¿Cuáles de estas órdenes son ilógicas, en tu opinión? Explica por qué.

MODELO: María, tráeme los periódicos de hoy, por favor.
Sí.
María, prepárame una empanada, por favor.
No, porque no se cocina en una oficina.

Cristina Fernández

1. Tomás, no trabajes más de cinco horas diarias.   *Answers may vary.*
   No, porque hay que trabajar ocho horas diarias.
2. Clarisa, escribe este informe en latín.
   No, porque los informes en latín no se van a entender.
3. Ramón, ve a la piscina y nada por tres horas.
   No, porque Ramón no está de vacaciones.
4. Josefina, búscame el informe del Secretario General de la Organización de Estados Americanos.
   Sí.
5. Raúl, llama al jefe de la oposición y dile que done mil dólares a nuestra campaña política.
   No, porque el partido de la oposición no va a donar dinero al otro partido.
6. Conchita, sé amable con los visitantes.
   Sí.
7. Eduardo, pon las sillas alrededor de la mesa para la reunión.
   Sí.
8. Julia, descansa. No hagas tu trabajo.
   No, porque es necesario que todos hagan su trabajo.

11-7 Tú, en la oficina de la presidenta. ¿Qué mandatos das tú en la oficina? Combina elementos de las dos columnas para formar mandatos lógicos.

MODELO: poner—los papeles en la mesa
Sandra, pon los papeles en la mesa, por favor.

(no) buscar	una cafetera para tu oficina
(no) comprar	copias de la agenda antes de la reunión
(no) repartir	a la cafetería por facturas (pan dulce argentino)
(no) salir	a trabajar el sábado
(no) decirle	la verdad al público
(no) hacer	información en la Internet
(no) ir	antes de las seis de la tarde
(no) venir	información sin antes consultar al director

Note on Cristina Fernández
When Argentine president Néstor Kirchner decided not to run for a second term in 2007, his wife Cristina Fernández presented herself as a candidate and won by a landslide. She ran on a platform of continuing Kirchner's policies, which helped Argentina recover from an economic recession beginning in 2001.

In 2009, *Forbes* magazine named her 11th (of 100) most powerful woman in the world. In 2010, *Time* named her 3rd (of 10) most powerful women in the world. It was generally expected that Néstor Kirchner would again run for the presidency in 2011; however, his sudden death at the age of 60 in October 2010 left a political vacuum in Argentina and speculation of whether or not Fernández would run in his place. At the time, Foreign Affairs Minister Héctor Timerman told CNN, "Es una líder política por derecho propio, no es la viuda que hereda, es la conductora del gobierno porque así fue elegida".

Presencia hispana

The U.S. Hispanic Chamber of Commerce was founded in 1979 to increase business relationships and partnerships between the corporate sector and Hispanic-owned businesses; to promote international trade between Hispanic businesses in the U.S. and Latin America; to monitor legislation, policies, and programs that affect the Hispanic business community; and to provide technical assistance to Hispanic business associations and entrepreneurs. Why would a separate chamber of commerce for Hispanic businesses be important?

11-8 Un trabajo nuevo. Un/a buen/a amigo/a acaba de conseguir su primer trabajo y quieres darle buenos consejos. Complétalos con el mandato informal de un verbo lógico de la lista.

ponerse	hacer	llegar	ser
hablar	ir	pedir	tomar

MODELO: *Ten* paciencia con los clientes.

1. No ___te pongas___ nervioso/a el primer día.
2. ___Ve___ a todas las reuniones obligatorias.
3. ___Toma___ en serio las sesiones de entrenamiento.
4. ___Haz___ bien tu trabajo.
5. ___Sé___ amable con los clientes.
6. ¡No ___llegues___ tarde!
7. ¡No ___hables___ mal de tu jefe ni de tus colegas!
8. ___Pide___ un sueldo más alto después de seis meses.

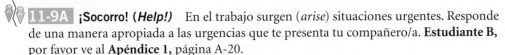

11-9A ¡Socorro! (*Help!*) En el trabajo surgen (*arise*) situaciones urgentes. Responde de una manera apropiada a las urgencias que te presenta tu compañero/a. **Estudiante B,** por favor ve al **Apéndice 1,** página A-20.

MODELO: ESTUDIANTE A: *La reunión es ahora, pero no hay café.*
ESTUDIANTE B: ¡(Llamar) al restaurante ahora mismo! *¡Llama al restaurante ahora mismo!*

Estudiante A:

Mis situaciones urgentes:	Posibles soluciones para mi compañero/a:
1. Hay un carpintero que necesita arreglar algo en tu oficina ahora.	• ¡(Dárselo) enseguida!
2. Hay un pequeño fuego en mi escritorio.	• ¡(Llamar) a la agencia de intérpretes!
3. Mi supervisora insiste en que lleve traje.	• ¡(Pedir) la opinión de otro contador!
4. No hay luz en todo el edificio.	• ¡(Llamar) al plomero ahora mismo!
5. Un periodista pide información confidencial.	• ¡(Explicarle) que es imposible irse de vacaciones ahora!

 11-10 Consejos. Túrnense para darse consejos sobre el trabajo. Respondan a cada consejo.

MODELO: E1: El jefe quiere que yo haga muchas cosas esta mañana.
E2: *Dile que no puedes hacerlas todas en una mañana.*
E1: *¡Tienes razón! ¡Buen consejo!* / *No me parece una buena idea porque…*

Algunos problemas

1. Gano muy poco por todo lo que tengo que hacer.
2. Necesito encontrar trabajo para pagar mis estudios.
3. Quiero estudiar para ser veterinario/a pero soy alérgico/a a ciertos animales.
4. Mi empresa va a despedir (*fire*) a cincuenta empleados.
5. La computadora de mi oficina es muy vieja y necesito una nueva.
6. Tengo buenas cualificaciones pero no hay muchas oportunidades de trabajo ahora.

2. The subjunctive and the indicative with adverbial conjunctions

11-16 to 11-21

Conjunciones que siempre requieren el subjuntivo

- Certain conjunctions are always followed by the subjunctive in the dependent clause because they express purpose, intent, condition, or anticipation. The use of these conjunctions presupposes that the action described in the dependent clause is uncertain or has not yet taken place. The following are some of these conjunctions.

a fin de que	*in order that*	**en caso de que**	*in case*
a menos (de) que	*unless*	**para que**	*in order that, so that*
antes (de) que	*before*	**sin que**	*without*
con tal (de) que	*provided (that)*		

Reparte los informes **para que** todos los **lean.**

Distribute the reports so that everyone reads them.

Carmen no va a aceptar el trabajo **a menos que** le **suban** el sueldo.

Carmen is not going to accept the job unless they raise the salary.

No me enojo **con tal que** el jefe me **dé** un buen horario.

I will not get angry provided that the boss gives me a good schedule.

Lleva la evaluación **en caso de que** la **necesitemos.**

Take the evaluation in case we need it.

Le recomiendo que visite la oficina de empleo **antes de que se cierre.**

I recommend that you visit the employment office before it closes.

Conjunciones que se usan con el subjuntivo y el indicativo

- The subjunctive is used after some conjunctions that introduce dependent clauses referring to an action that has not yet taken place. Because the action has yet to take place, we cannot speak with certainty about it. The verb in the main clause may be in the future tense, the present indicative (with future meaning), or the imperative (direct command).

cuando	*when*	**hasta que**	*until*
después (de) que	*after*	**luego que**	*as soon as*
donde	*where*	**mientras que**	*as long as*
en cuanto	*as soon as*	**tan pronto como**	*as soon as*

José, habla con el gerente **cuando** él **llegue** a la oficina.

José, talk to the manager when he arrives at the office.

Le voy a explicar las responsabilidades **en cuanto llene** la solicitud de empleo.

I'm going to explain the responsibilities to you as soon as you fill out the job application.

No puedo hacer nada **mientras que** no me **den** la respuesta.

I can't do anything as long as they don't give me the answer.

No van a hablar con el empleado problemático **hasta que se vaya** su amigo.

They won't talk to the problematic employee until his friend leaves.

Cuando la supervisora **cambie** de posición, me voy a sentir mejor.

When the supervisor gets a job change, I'm going to feel better.

Instructor Resources
- MSL: PPT, Supplementary Activities

Note on *Conjunctions*
You may wish to remind students that some conjunctions always take the indicative because they convey that the action in the dependent clause is within the speaker's experience. These include *ahora que / ya que* (now that), *desde que* (since), and *porque* (because). *Srta. Martínez, le ofrezco el trabajo ahora que la necesito.* (Miss Martínez, I'm offering you the job now that I need you.) *El puesto es más atractivo desde que incluimos 2 semanas de vacaciones.* (The position is more attractive since we included 2 weeks of vacation.) *El jefe le dio el trabajo a Pedro porque lo impresionó mucho.* (The boss gave the job to Pedro because he impressed him a lot.)

Note on *The subjunctive/indicative with adverbial conjunctions*
With certain conjunctions, the indicative versus subjunctive follows the rule of certainty versus uncertainty, respectively. Where there is a choice, it usually depends on the meaning of the verb in the main clause. When this verb implies the future or non-experience, the subjunctive is used in the dependent clause.

• However, if the action referred to in the dependent clause is habitual or has already taken place, the present or past indicative is used after these conjunctions because we can speak with certainty about things that have already occurred or that occur regularly.

Ana pregunta por el sueldo **cuando tiene** una entrevista.	*Ana asks about the salary whenever she has an interview.* (habit)
Isabel preguntó por el sueldo **cuando se reunió** con el supervisor.	*Isabel asked about the salary when she met with the supervisor.* (past)
El veterinario nunca sale de la clínica **mientras que hay** animales que atender.	*The veterinarian never leaves the clinic as long as there are animals to attend to.* (habit)
Los Rosales salieron de la clínica **mientras que** el veterinario **atendía** a su mascota.	*The Rosaleses left the clinic while the veterinarian attended to their pet.* (past)

• When there is no change in subject, the following prepositions are used with the infinitive: **antes de, después de, para,** and **sin**.

Van a comprar un teléfono celular **después** de hablar con el dependiente.	*They are going to buy a cellular phone after talking with the clerk.*
No puedes preparar un contrato **sin usar** una computadora.	*You can't prepare a contract without using a computer.*
Trabajo mucho en la empresa **para aprender** sus normas.	*I work a lot at the firm in order to learn the rules.*

APLICACIÓN

11-11 Soy gaucha. El gaucho es una figura popular que se asocia con las pampas argentinas y uruguayas.

Paso 1 Lee la descripción de su vida diaria y subraya todas las conjunciones adverbiales. Identifica si se usa el subjuntivo, el indicativo o el infinitivo y explica por qué.

Soy Juana María Soldado y soy "gaucha" de profesión. Todos los días, <u>antes de que salga</u> el sol, me levanto, me visto y preparo mi yerba mate. Siempre pongo a calentar agua, y <u>tan pronto como está</u> caliente, la echo a una calabaza[1] que ya tiene yerba mate. Machaco[2] las hojas[3] <u>para que se mezclen</u> bien con el agua caliente. Es una bebida sabrosa y saludable. (Y además, ¡tiene la cafeína que necesito <u>cuando me levanto</u> tan temprano!) <u>Después de tomar</u> el mate, le doy agua y heno[4] a Diablo, mi caballo. En la estancia (el rancho) <u>donde trabajo</u>, tenemos cinco mil ovejas[5] y hoy es el día para llevarlas al mercado. Le pongo la silla a mi caballo y la ajusto <u>para que esté</u> segura. Lo monto[6] y me dirijo hacia las pampas <u>donde encuentro</u> las ovejas. <u>A menos que sea</u> un día extraordinario, es imposible atraparlas a todas, pero Diablo y yo lo intentamos. Al final del día, mis compañeros y yo preparamos una parrillada (una barbacoa) y nos acostamos temprano <u>a fin de que</u> al día siguiente <u>podamos</u> levantarnos bien temprano y continuar con nuestro trabajo.

---

[1]*gourd* [2]*I mash* [3]*leaves* [4]*hay* [5]*sheep* [6]*mount*

Hoy en día no todos los gauchos son hombres.

Paso 2 Contesta las siguientes preguntas basándote en la lectura sobre Juana María.

1. ¿Cuándo se levanta Juana María?
   Juana María se levanta antes de que salga el sol.

2. ¿Cuándo va a preparar su mate mañana?
   Mañana va a preparar su mate después de levantarse / tan pronto como se levante.

3. ¿Por qué le gusta tomar yerba mate?
   Le gusta tomarla porque es sabrosa, saludable y tiene mucha cafeína.

4. ¿Qué hace después de tomarla?
   Después de tomarla le da agua y heno a su caballo, Diablo.

5. ¿Por qué es imposible atrapar todas las ovejas?
   Hay tantas ovejas que es imposible atraparlas todas a menos que sea un día extraordinario.

6. ¿Por qué se acuestan temprano los gauchos?
   Se acuestan temprano a fin de que puedan levantarse temprano el día siguiente.

11-12 En la oficina de Mundiplásticos. El director de una compañía que fabrica artículos de plástico espera piratear a algunos ingenieros de una empresa rival. Escoge la conjunción más lógica entre paréntesis.

Hoy es 17 de mayo, y mi plan es piratear a cinco ingenieros de la empresa Plásticos, S.A., (1. para que / tan pronto como) pueda. He estudiado todos los documentos (2. para / sin) entender bien su organización. Quiero hablar con todos los empleados (3. en cuanto / a menos que) me lo impidan. Quiero invitarlos a mi fábrica (4. a fin de que / cuando) vean las máquinas modernas que tenemos aquí. ¡Estoy decidido! Voy a aumentar el número de empleados de mi empresa (5. antes de que / mientras que) sea demasiado tarde. El jefe de Plásticos, S.A., va a estar muy sorprendido (6. cuando / sin que) sus ingenieros renuncien a su posición.

Necesito ingenieros con experiencia para mi nueva empresa.

11-13 En la oficina de empleo. Aquí tienes algunos consejos de la directora de empleos. Complétalos con la forma correcta del verbo entre paréntesis. Ten cuidado de usar el indicativo, el subjuntivo o el infinitivo según el contexto.

1. Le voy a enseñar los anuncios clasificados para que (Ud.: ver) ____vea____ los nuevos empleos que publicamos hoy.

2. Ayer recibimos anuncios nuevos después de que (Ud.: salir) ____salió____ de la oficina.

3. Voy a obtenerle una entrevista tan pronto como (yo: hablar) ____hable____ con el jefe de personal.

4. Usted debe hacer copias de su currículum vítae antes de (Ud.: ir) ____ir____ a la entrevista.

5. Vamos a ensayar (*rehearse*) su entrevista para que (Ud.: sentirse) ___se sienta___ cómodo/a.

6. A menos que el taxi le (costar) ____cueste____ demasiado, debe ir a la entrevista en taxi en vez de ir en autobús.

7. Va a conocer a la supervisora cuando le (ellos: enseñar) ___enseñen___ la línea de producción.

8. Va a tener éxito tan pronto como les (Ud.: decir) ____diga____ que tiene buena preparación y mucha experiencia.

Note on *yerba mate*
The *mate* infusion is prepared by steeping dry leaves (and twigs) of *yerba mate* in hot water. The custom is to drink it from a hollowed gourd and through a metal straw with a sieve at the end to filter the leaves. The practice is to take a sip and then pass the gourd to a friend to share. The flavor is similar to green tea, although with twice as much caffeine, and can be bitter if the water is too hot. *Yerba mate* is widely believed to have broad health benefits.

Expansion of 11-14

As a variation of this activity, have students assume the identity of famous people and then create scenarios based on their persona. For example, *Soy Brad Pitt. Este año voy a dirigir un película nueva tan pronto como Angelina Jolie vuelva de África. Vamos a filmar la película donde ella quiera…*

11-14 Estoy decidido/a. Escriban individualmente cinco resoluciones que tengan para el resto de este año. Luego, comparen sus oraciones para ver qué tienen en común. Empiecen la cláusula dependiente con **después de que**.

MODELO: Este año voy a… después de que…
Este año voy a buscar trabajo después de que termine mis clases.

11-15 Excusas en el trabajo. A veces es necesario dar excusas en el trabajo.

Paso 1 Primero escribe un mensaje por correo electrónico en el que le expliques a tu jefe cuándo vas a terminar el trabajo para hoy. Puedes completar las oraciones a continuación en tu mensaje.

MODELO: *Estimada Directora:*
Le prometo que voy a terminar el informe en cuanto tenga la información que necesito…

1. Le prometo que voy a terminar el informe en cuanto…
2. Mi colega promete ayudarme a menos que…
3. Quiero reunirme con el resto del equipo para que…
4. Pienso trabajar hasta que…
5. Voy a estar en la oficina mañana antes de que…
6. Siempre puedo terminar mi trabajo cuando…

Paso 2 Ahora, intercambien sus correos y contéstenlos de una manera lógica.

MODELO: *Estimado/a…*
Me alegro de que usted quiera trabajar en el proyecto hasta que…

11-16 ¿Cuándo vas a...? Túrnense para entrevistarse sobre sus planes para el futuro.

MODELO: E1: ¿Cuándo vas a casarte? (cuando)
E2: *Voy a casarme cuando tenga un trabajo estable.*

1. ¿Cuándo vas a terminar tus estudios? (tan pronto como)
2. ¿Cuándo vas a buscar trabajo? (después de que)
3. ¿Hasta cuándo vas a estudiar español? (hasta que)
4. ¿Cuándo vas a escribir tu currículum vítae? (en cuanto)
5. ¿Cuándo vas a visitar Argentina y Uruguay? (luego que)
6. ¿Cuándo vas a tomar yerba mate? (con tal de que)

11-22
to 11-27

¿Cuánto saben?

Primero, pregúntate si puedes llevar a cabo las siguientes funciones comunicativas en español. Después, júntate con dos o tres compañeros/as de clase para presentar las situaciones. Hagan y respondan a por lo menos cuatro preguntas en cada situación.

✓ **CAN YOU . . .**

WITH YOUR CLASSMATE(S) . . .

☐ describe professions and occupations?

Situación: En la oficina de empleo
En tu empresa, hay varias oportunidades de empleo. Explica los requisitos y las responsabilidades de cinco de los puestos vacantes.
Para empezar: *Tenemos cinco vacantes: ingeniero, plomero, arquitecto, mecánico y...*

☐ talk about the advantages of different professions?

Situación: Consejos
Explícale a un nuevo estudiante cuáles son las ventajas y desventajas de estudiar para ciertas profesiones u oficios. Usa el vocabulario de
¡Así lo decimos!
Para empezar: *Si te interesan los animales, debes estudiar para ser veterinario/a porque...*

☐ give and follow instructions from a friend?

Situación: En la universidad
Usa mandatos de **tú** para decirle a un/a compañero/a lo que tiene que hacer para conseguir un buen trabajo.
Para empezar: *Primero, conéctate a la Internet y busca una página web con anuncios clasificados para trabajo...*

☐ talk about future plans?

Situación: En casa
Explícales a tus padres (o a tu pareja) cuándo vas a terminar los estudios. Usa una variedad de conjunciones (**antes de que, para que, cuando, tan pronto como,** etc.) con el infinitivo, el subjuntivo o el indicativo según el caso.
Para empezar: *Voy a terminar mis estudios cuando... a menos que...*

Instructor Resources
• MSL: MediaShare
• IRM: Rubrics

Note on ¿Cuánto saben?
You may want to use these boxes as guides for preparing quizzes and tests. You may also want to tell your students that these boxes are helpful to them when studying for class quizzes and tests. The *Para empezar* are cues to help students get started on their conversations. Point out to students that these situations mirror what they do in everyday life. Encourage them to greet each other appropriately before they begin conversing and to use gestures and props. Students can also film their presentations and post them for the class using the MediaShare feature found on MySpanishLab.

STUDENT LEARNING OUTCOMES
Use the **¿Cuánto saben?** activities to assess the extent to which students can perform the **Objetivos comunicativos** for **Primera parte** presented in the chapter opener: Describing professions and occupations using work-related terms; talking about the advantages of different professions; and giving and following instructions from a friend; and talking about future plans. Provide an assessment for vocabulary, structures and fluency appropriate to the chapter theme and level (**5**: excellent – **1**: poor). See IRM for more information on rubrics.

Perfiles

11-28 to 11-29

Mi experiencia

LOS EMPLEOS Y LAS RECOMENDACIONES

11-17 Para ti. ¿Tienes un trabajo en este momento? ¿Qué hiciste para conseguirlo? ¿Tuviste que conocer a alguien importante en la empresa para conseguir tu puesto? A la hora de conseguir trabajo, ¿qué crees que es más importante, tener buenos contactos dentro de la empresa o tener la experiencia necesaria para el puesto?

Hola, soy Cristina y estudio ciencias de comunicación social en la Universidad de Buenos Aires. Ahora estoy en mi último año y espero recibir mi título dentro de unos pocos meses. Este año tuve la oportunidad de hacer un internado[1] con el periódico *Clarín*, el más importante de Argentina. ¡Fue bárbaro y aprendí un montón! Espero que esta experiencia me ayude a conseguir un buen trabajo. ¡Pero es difícil en esta economía! Se dice que la tasa[2] de desempleo entre los jóvenes argentinos ha subido a más del 30%. Por eso, a la hora de buscar empleo es crucial conocer personalmente a una persona dentro de la organización que pueda ayudarle a uno. En Argentina, como en muchas partes del mundo hispano, "a quién se conoce" muchas veces es la clave[3] para obtener un puesto. Así pues, lo que voy a hacer primero es hablar con la esposa de mi primo, que es editora de un periódico regional. Ella sabe que soy seria y que merezco[4] una posición dentro de mi campo de estudios. Y si tan solo hay un trabajo a tiempo parcial, lo voy a aceptar porque es importante "tener el pie dentro" de la organización. Luego, en el futuro cuando consiga una posición de tiempo completo, seguramente voy a hacer algo similar por un/a amigo/a que también necesite ayuda.

Y así están las cosas por ahora. Por eso, cuando me llegan esos momentos de poca inspiración, me gusta escuchar la música de Fito Páez, uno de los cantautores más populares entre los jóvenes argentinos. Si no conocen su música, les recomiendo que escuchen "Yo vengo a ofrecer mi corazón". ¡Verán[5] cómo se animan!

[1]*internship* [2]*rate* [3]*key* [4]*deserve* [5]*You'll see*

11-18 En su opinión. Conversen en grupos de tres o más sobre las ventajas y desventajas de conseguir un puesto de trabajo a través de una recomendación familiar o de un/a amigo/a y preparen una lista.

Ventajas de entrar con recomendación	Desventajas de entrar con recomendación
Puede ayudarte cuando hay mucho desempleo.	*Los otros empleados pueden tener envidia de ti.*

Mi música

"YO VENGO A OFRECER MI CORAZÓN" (FITO PÁEZ, ARGENTINA)

Fito Páez es uno de los cantautores más célebres del mundo latino. Su canción "Yo vengo a ofrecer mi corazón" ha sido interpretada por muchos cantantes internacionales, incluso por su compatriota, Mercedes Sosa, y por el cantautor cubano, Pablo Milanés. En la versión a continuación, Fito canta un dueto con la popularísima Ana Belén.

Antes de ver y escuchar

 11-19 ¿Por qué ofrecer su corazón? Haz una lista de las cosas que quieres cambiar en este mundo. Después intercambia tu lista con la de un/a compañero/a ¿Qué tienen en común? ¿Qué quieren hacer de manera diferente? ¿Qué cambios no quieren hacer nunca?

MODELO: *Quiero que se mejore la economía.*

Para ver y escuchar

 11-20 La canción. Conéctate a la Internet para ver un video de la versión de "Yo vengo a ofrecer mi corazón" con Fito Páez y Ana Belén. Mientras la escuchas, rellena los espacios en blanco con las palabras o expresiones de la columna a la derecha.

> 🖱 **Busca:** fito paez ana belen yo vengo a ofrecer; vengo ofrecer corazon letra
>
> **Si te interesa comprar la canción:** *Go to iTunes Store>Music>More to Explore>iMix>Arriba 6e.*

1. vengo a ofrecer ___d___   a. todo
2. tanta ___f___ que se llevó el río   b. el pecho
3. no será (*it won't be*) ___h___   c. nuestra casa
4. abrir ___b___   d. mi corazón
5. me iré (*I will leave*) ___g___   e. la vida
6. te daré (*I will give you*) ___a___ f. sangre
7. hablo por ___e___   g. tranquilo
8. hablo de cambiar ___c___   h. fácil

Después de ver y escuchar

11-21 ¿Qué quieren para el futuro? Cuando el cantautor dice que ofrece su corazón, es evidente que espera un futuro mejor para su país y su gente. Piensa en lo que esperas para el futuro de tus amigos, tu familia y tu propio futuro. Escribe un mínimo de cinco mandatos informales expresándoles tus esperanzas a diferentes personas.

MODELO: *Hermano, busca un trabajo cerca de nosotros. No te vayas lejos de aquí, por favor.*

11-22 Fito Páez. Busca más información sobre Fito Páez para escribir un párrafo en el que contestas estas preguntas: ¿Dónde nació? ¿Cuál es su nombre verdadero? ¿A qué edad empezó su carrera musical? ¿Qué tragedia personal sufrió en los años 80 durante la dictadura militar?

> 🖱 **Busca:** fito paez biografia

Presentation tip for *Mi música*
The *Mi música* section of each chapter addresses a musical selection, artist, and/or style of music. Each selection is representative of the cultural focus of the chapter.

Note on *Mi música*
Born in 1963, Fito Páez was named Rodolfo, after his father, and nicknamed "Fito." The nickname has prevailed. He has won several Latin Grammys, including "Best Rock Solo Album" in 2007 and best male pop vocal album for "No sé si es Baires o Madrid" in 2009. Although "Yo vengo a ofrecer mi corazón" lyrics are full of symbolism deriving from the tragedy of the military dictatorship in Argentina (1976–1983), the message is one of looking forward to a more hopeful future.

Note on *Busca*
Students will discover the same information regardless of case or diacritical marks, for example, "España," "Espana," or "espana."

Note on *Mi música*
If you would like to purchase this song:
– Go to **iTunes store**
– Click on **Music** tab at top
– Scroll down on the page to find **More to Explore** section on the right
– Click on **iMix**
– Type **Arriba 6e** in the Search box
– Arriba 6e iMix will be displayed
The use of iTunes does not constitute Pearson Education's endorsement of iTunes.

Suggestion for *Mi música*
Have students look for other versions of "Yo vengo a ofrecer mi corazón" including ones with Mercedes Sosa and Pablo Milanés. Have them compare the versions and choose a favorite. Mercedes Sosa (1935–2009) was a world-renowned folk singer and defender of human rights in Argentina. Cuban Pablo Milanés is a singer-songwriter, and is considered one of the originators of the Cuban *nueva trova,* which combines traditional folk music with political themes.

Answers to 11-21
Answers will vary.
Fito Páez nació en Rosario, Santa Fe, Argentina (el 13 de marzo de 1963). Su nombre verdadero es Rodolfo, por su padre. Su apodo es Fito. Empezó su carrera musical a la edad de trece. Su tía y su abuela fueron asesinadas por el gobierno militar.

trescientos sesenta y cinco ●●● **365**

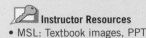
Segunda parte

¡Así lo decimos! VOCABULARIO

 ¡Así es la vida! En busca de empleo

11-30

 Un aspirante a una vacante da una buena impresión.

DRA. MENÉNDEZ: Buenas tardes, Sr. Torres. Siéntese, por favor.

SR. TORRES: Mucho gusto, Dra. Menéndez. Gracias por su interés en mi solicitud.

DRA. MENÉNDEZ: Pues, veo que usted tiene mucha experiencia y buenas cualidades.

 DRA. MENÉNDEZ: ¿Cómo son las cartas de recomendación del Sr. Torres?

ALICIA: Son muy buenas. No hay ninguna que tenga comentarios negativos.

Vocabulario La búsqueda de empleo

11-31
to 11-35

La búsqueda de empleo   The job search

el/la aspirante   *applicant*
los avisos clasificados   *classified ads*
la carta de presentación / recomendación   *letter of introduction / recommendation*
el despacho   *office*
la entrevista   *interview*
el formulario   *form*
la solicitud de empleo   *employment application*
la vacante   *vacancy*

los avisos clasificados

Los beneficios   Benefits

el aumento   *raise*
la bonificación anual   *yearly bonus*
la guardería   *daycare center*
el plan de retiro   *retirement plan*
la licencia por enfermedad / maternidad   *sick/maternity leave*
el seguro médico   *health insurance*

Variaciones
Retirarse is used frequently in Latin America, while **jubilarse** is the most common term in Spain.

Verbos   Verbs

ascender (ie)   *to promote, to move up*
contratar   *to hire*
dejar de   *to stop doing something*
despedir (i, i)   *to fire*
retirarse   *to retire*
rellenar[1]   *to fill completely, to fill out*

los aspirantes al empleo

Adjetivos   Adjectives

capaz   *capable*
entusiasta   *enthusiastic*
honrado/a, honesto/a   *honest*
justo/a   *just*

Variaciones
In Mexico, a popular alternative to **despedir** is the verb **correr** as in **Lo corrieron del trabajo.** (*They fired him.*)

Una carta comercial   A business letter

Saludos   *Salutations, greetings*
Estimado/a señor/a: *Dear Sir/Madam:*

Despedidas   *Closings*
Atentamente,   *Sincerely yours,*
Cordialmente,   *Cordially yours,*
Lo(s)/La(s) saluda atentamente,   *Very truly yours,*

la entrevista en el despacho del director

---

[1]Also: completar, llenar (*to fill*)

Instructor Resources
• MSL: Textbook images, PPT, Supplementary Activities

Expansion of ¡Así lo decimos!
You may want to present some additional words or expressions as needed or requested by students: *la evaluación*; *Ese título lo/la habilita / lo/la faculta a uno/a para...* (That degree qualifies one to . . .); *titularse, recibirse* (to obtain a qualification or degree); *ejercer una profesión* (to practice a profession).

Expansion of ¡Así lo decimos!
There are many positive qualities that are important to job success, some of which are job-specific and others of which are generic. Have students brainstorm qualities other than those listed in the *Adjetivos* section of the vocabulary so that they can use them later on when they write their letters of application.

Presentation tip for ¡Así lo decimos!
Clarify grammatical aspects of the expressions in the section titled *La carta comercial*: the gender and number agreement of the adjectives in *Saludos* (such as *Estimadas señoras*), *Los* versus *Las saluda in Despedidas*, etc. Point out also the formality of these expressions for the purpose of professional letter writing, in contrast to the informal expressions taught in previous chapters (1, 3, and 7): *Hola Juan, Querida Raquel, Saludos de, Un abrazo de, Besos de, Hasta pronto*, etc.

11-36
to 11-37

Letras y sonidos

The consonants b and v

In Spanish, the letters **b** and **v** sound identical, with no distinction between them, as there is in English. While **b** and **v** are identical, two different sounds correspond to them, depending on the context. After a pause or the letters **m** or **n**, the sound for **b** and **v** is like the *b* in English *base*.

Hard bilabial:

bús-que-da	**ve-te-ri-na-rio**	**bom-be-ro**	**con-ven-to**

In all other positions, especially between vowels, the sound for **b** and **v** is softer. English has no sound similar, but this sound is approximated when one imitates the steady murmur of a motor boat in the distance.

Soft bilabial:

la-bús-que-da	**el-ve-te-ri-na-rio**	**con-ta-ble**	**a-vión**

¡Hola!
Cultura en vivo

In many Spanish-speaking countries, professions and trades are either typically male or typically female; however, women are making headway in areas such as the sciences and engineering. In the case of Spain, the European Union has established a set of guidelines that guarantees equal pay for equal work, regardless of sex. Do certain majors in your university seem to attract one sex over the other?

APLICACIÓN

11-23 En busca de empleo. Empareja las siguientes definiciones con la expresión más lógica.

1. __g__ Tu último jefe escribió excelentes comentarios.

2. __d__ Te cuidan a tus hijos durante las horas de trabajo en este lugar.

3. __f__ Firmas este documento. Los términos son por un año, pero el documento es renovable (*renewable*).

4. __a__ Incluyes los nombres y números de teléfono de personas que te van a recomendar favorablemente.

5. __b__ Este beneficio es esencial para cuidar la salud de los empleados.

6. __h__ Esta persona necesita buenas cualificaciones; debe ser entusiasta y capaz.

7. __c__ Después de trabajar bien por unos años en una empresa, tu sueldo sube.

8. __e__ Este beneficio te permite dejar el trabajo temporalmente si sufres de problemas graves de salud.

a. las referencias

b. el seguro médico

c. el aumento

d. la guardería

e. la licencia por enfermedad

f. el contrato

g. la recomendación

h. el/la aspirante

11-24 ¿En qué orden? Indica el orden en que completas estos pasos para conseguir un puesto.

__3__ llamar para hacer una cita con el/la jefe/a de personal

__8__ volver a casa y esperar una llamada

__1__ leer los anuncios clasificados en el periódico

__2__ rellenar la solicitud de empleo

__6__ hacer preguntas sobre los beneficios del trabajo

__4__ tener la entrevista

__5__ contestar las preguntas sobre mi formación y experiencia

__7__ preguntar sobre el sueldo

11-25 La solicitud de empleo. Trabajas en una agencia de empleo y Alejandra es una clienta. Escucha a Alejandra mientras explica su formación y su experiencia. Luego completa su solicitud de empleo.

AGENCIA LÓPEZ

Solicitud de Empleo

Nombre: _____Alejandra_____ Apellidos: _Medina_ _Ayala_

Edad: (current year minus 1988)

Dirección: <u>Avenida</u> la Pampa   No.<u> 33 </u>

Teléfono: ___53-58-11-91___

Empleo deseado: _____contadora_____

Sueldo mínimo: _2.500 pesos/mes_

Estudios universitarios: ___5___ años

Lugar: __Universidad Nacional__ ¿Título? (sí) no

Experiencia: ___1___ años Lugar: _Grimaldi_

Idiomas: _____inglés, portugués_____

Referencias: (sí) no   Nombre(s) ___Dr. Casares___

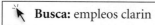

11-26 ¿A qué empresa deseas solicitar? El sitio web del periódico argentino *Clarín* tiene una amplia lista de oportunidades de empleo.

Paso 1 Conéctate a la Internet para ver los avisos clasificados del periódico *Clarín*. Escoge uno que te interese y contesta las preguntas que siguen.

   Busca: empleos clarin

1. ¿Cómo se llama la empresa?
2. ¿Dónde tiene su sede (*head office*)?
3. ¿Qué vende o produce?
4. ¿Por qué te parece interesante?
5. ¿Hay información para solicitar un puesto?

Paso 2 Las cualificaciones para el trabajo. Escribe una lista de las cualificaciones que crees que se necesitan para el empleo que encontraste. Incluye el tipo de formación, de experiencia y de personalidad o de características físicas que requiere el puesto.

MODELO: Analista de sistemas
     Formación: *título universitario...*
     Experiencia: *2 años...*, etc.
     Personalidad: *paciente, trabajador...*

11-27 Ensayar (*rehearse*) la entrevista. Representen al/a la aspirante y al/a la jefe/a de personal para dramatizar una búsqueda de empleo.

MODELO: E1: *Buenas tardes. Soy... Quiero solicitar el puesto de...*
        E2: *Sí, señor/ita. ¿Qué experiencia tiene usted?*

Audioscript for 11-25
Soy Alejandra Medina Ayala. El profesor López me recomendó esta empresa. Soy de Córdoba, Argentina. Mi dirección es Avenida la Pampa, número 33. Mi teléfono es el 53-58-11-91. Nací el 11 de octubre de 1988. Mi meta es encontrar un puesto como contadora. Busco un sueldo mínimo de 2.500 pesos al mes. Estudié 5 años en la Universidad Nacional donde recibí un título. Después, trabajé 1 año con *Grimaldi*. Hablo inglés y portugués. Sé usar la computadora. Tengo como referencia al doctor Casares.

Optional activity after 11-25
The cloze passage, available for download from the IRC, offers additional controlled practice with vocabulary.

Un nuevo puesto. Completa la narración del Sr. Torres en la que nos cuenta lo que hizo después de trabajar 2 años en la empresa de la Dra. Menéndez. Usa la forma correcta de palabras y expresiones de *¡Así lo decimos!*

   Yo (1) _____ mi puesto el año pasado porque me pagaban poco. Fui a una agencia de empleo a buscar otro trabajo. El consejero me dijo que había una (2) _____ en *Grimaldi*. Esta empresa tiene un buen plan de (3) _____. Decidí...

Presentation tip for 11-27
Ask students whether the job-search process (writing letters, calling, applying, interviewing) is more formal or informal. As they take on job-search roles in Spanish, they should be sure to use appropriate vocabulary and a more formal tone, according to the type of work sought.

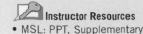
¡Así lo hacemos! ESTRUCTURAS

3. The subjunctive with indefinite people and things

11-38 to 11-43

Buscamos una persona que tenga experiencia con análisis de sistemas.

An adjective describes, limits, or modifies a noun. A clause that modifies a noun is an adjective clause.

Adjective

Tenemos aspirantes **cualificados.**	*We have qualified applicants.*

Adjective clauses

Gustavo Torres es un empleado **que tiene buenas cualificaciones.**	*Gustavo Torres is an employee who is qualified.*
Pero no hay ningún aspirante **que tenga experiencia en supervisión.**	*But there is no applicant who has experience in supervision.*

- The subjunctive is used in an adjective clause when it refers to a person, thing, or event that is indefinite or does not exist.

Buscamos una persona que **hable** español y portugués.	*We are looking for a person who speaks Spanish and Portuguese.*
Necesito un viajante que **trabaje** a comisión.	*I need a traveling salesperson who works on commission.*
No hay nadie que yo **conozca** en esta empresa.	*There is no one that I know at this company.*
No hay ninguna entrevista que **sea** fácil.	*There is no interview that is easy.*

- When the dependent clause refers to a person or thing that is certain or definite, the indicative is used; if it is indefinite or uncertain, the subjunctive is used.

Hay alguien aquí **que conozco.**	*There is someone here that I know.*
No hay nadie aquí **que conozca.**	*There is no one here that I know.*
Necesitamos a la recepcionista **que se expresa bien.**	*We need the receptionist who expresses herself well. (We know her.)*
Busco un secretario **que se exprese bien.**	*I am looking for a secretary who expresses himself well. (I'm still looking.)*

- The subjunctive is used when asking whether something or someone exists, or when saying that something or someone doesn't exist.

¿Conoce usted una empresa que **tenga** vacantes?	*Do you know any company that has vacancies?*
¿No hay ningún supervisor que **quiera** una oficina eficiente?	*Is there any supervisor who doesn't want an efficient office?*

APLICACIÓN

11-28 Las cataratas del Iguazú. Hay una leyenda que explica la creación de las cataratas.

Paso 1 Lee el párrafo sobre las cataratas y subraya las cláusulas adjetivales. Identifica cuáles usan el subjuntivo y cuáles el indicativo, y luego explica por qué.

¿Conoces la leyenda del origen de las cataratas del Iguazú?

Las cataratas del Iguazú captan la imaginación y fascinan a todos quienes las visitan. Están ubicadas en el río Iguazú en la frontera entre Brasil y Argentina. Su nombre, que viene del guaraní, significa "grandes aguas". Según la leyenda, un dios quería casarse con una hermosa indígena, pero ella estaba enamorada de otro y estos se escaparon juntos. En su furia, el dios partió las aguas y así condenó a los amantes a una caída[1] eterna. Por eso los indios de la región siempre las consideraron sagradas. El explorador español Cabeza de Vaca las encontró en 1541, pero ningún otro europeo las vio hasta el siglo XIX. Hoy en día las cataratas atraen a turistas de todo el mundo. Es cierto que no hay nadie que no se impresione de su grandeza y de su hermosura. Con un promedio[2] de 64 metros de altura, no hay ninguna cascada que no tenga una altura impactante.

---

[1]*fall*   [2]*average*

Paso 2 Contesta las siguientes preguntas sobre las cataratas del Iguazú.

1. ¿Dónde están situadas?
   Están situadas en el río Iguazú en la frontera entre Brasil y Argentina.

2. ¿Cuál es el origen del nombre?
   Es del guaraní (una lengua indígena importante).

3. ¿Por qué crees que los indígenas las consideraron sagradas?
   Según una de sus leyendas, un dios las creó.

4. ¿Hay alguna cascada que sea pequeña?
   No, no hay ninguna que sea pequeña.

5. ¿Conoces a alguien que las conozca?
   Answers will vary.

6. ¿Quieres visitarlas algún día? Explica.
   Answers will vary.

 Paso 3 Conéctate a la Internet para ver más imágenes de las cataratas. Elige una escena y escribe un párrafo describiéndola.

Busca: iguazu foto

11-29 Cristina Fernández. El ayudante de la presidenta Fernández tiene que contratar a las mejores personas para su despacho. Haz el papel de ayudante y forma oraciones completas en español, usando **buscar** y **necesitar.** Incluye la información de lista en tus descripciones.

entender mi misión	traducir de/a varios idiomas
poder organizar la oficina	ser honrado/a y capaz
hablar tres idiomas	entender nuestra red de computadoras
conocer los planos de la casa presidential	contestar todas las cartas
querer trabajar los fines de semana	tener experiencia diplomática
	¿...?

MODELO: *Busco una secretaria que... / Necesito un asistente que...*

1. intérprete
2. secretario/a
3. supervisor/a
4. contador/a
5. ayudante
6. chofer
7. arquitecto/a
8. analista de sistemas

11-30A Lo que quiero. Háganse y contesten preguntas sobre qué tipo de cosa, persona o lugar buscan. **Estudiante B,** por favor ve al **Apéndice 1,** página A-20.

MODELO: carro
E1: *¿Qué tipo de carro buscas?*
E2: *Busco un carro que tenga cuatro puertas y que sea rojo.*

Estudiante A:

Mis preguntas	Mis respuestas
1. trabajo	• *tener* dos dormitorios y un baño
2. casa	• *tener* noticias internacionales
3. restaurante	• *estar* llena de acción y misterio
4. lugar para pasar las vacaciones	• *pagarme* bien al comenzar a trabajar
5. programa de televisión	• *tener* posibilidades de ascender rápido

11-31 Las profesiones y los oficios. Entrevístense en grupos de tres o cuatro para saber sus planes después de graduarse. Luego, hagan un resumen de sus planes. Usen las frases siguientes para hacer las preguntas.

MODELO: querer ser ingeniero/a
E1: *¿Hay alguien que quiera ser ingeniero o ingeniera?*
E2: *Sí, quiero ser ingeniero/a porque...*

1. querer ser periodista
2. pensar abrir una peluquería
3. desear ser contador/a
4. soñar con tener un restaurante
5. preferir ser dentista
6. creer que ciertos oficios son mejores que ciertas profesiones
7. pensar estudiar para veterinario/a
8. desear ser bombero/a
9. ¿...?

¿Hay alguien que quiera trabajar en televisión?

Expansion of 11-31
You may wish to add some other professions, or for homework have students prepare a list of unusual or dream jobs, for example:
astronauta
paseador/a de perros
hotelero/a
político/a
cantante de ópera
artista gráfico
novelista
jefe/a financiero/a de una empresa importante
propietario/a de un restaurante
piloto/a
director/a de cine
psiquiatra, etc.

11-32 El mundo real y el mundo ideal. Hay grandes diferencias entre lo que existe y lo que deseamos que exista.

Paso 1 A continuación hay temas donde existen diferencias entre lo real y lo ideal. Escribe oraciones completas en cada categoría.

Lo real	Lo ideal
Tema: Las clases de la universidad	
• *Tengo muchas clases que se dan en línea.*	• *Quiero tener más clases que se den en persona.*
Tema: Los internados (*internships*) para estudiantes	
•	•
Tema: La búsqueda de trabajo	
•	•
Tema: Las residencias estudiantiles	
•	•
Tema: La ayuda financiera para estudiar	
•	•

Paso 2 En grupos de tres o cuatro estudiantes, compartan sus opiniones. Hagan una lista de algunas de sus ideas más interesantes para compartir después con el resto de la clase.

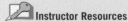
11-33 En mi opinión. ¿Cúales son tus opiniones y deseos sobre el lugar donde vives?

Paso 1 Completa las oraciones para expresar tu opinión, tus deseos y tus experiencias de vivir en esta ciudad o en este pueblo. Usa el subjuntivo o el indicativo, según el caso. Tus respuestas pueden ser serias o cómicas.

MODELO: *En esta ciudad / este pueblo no hay nadie que quiera vivir en otro lugar.*

- tengo amigos que...
- me alegro de que mis amigos...
- no conozco a nadie que ...
- mis padres dudan que yo ...

- no quiero que mis amigos...
- busco un lugar que...
- ojalá que...
- conozco un café donde...

Ojalá que encuentre un buen trabajo.

11-44
to 11-47

Paso 2 Ahora túrnense para expresar sus opiniones y comentarlas. Usen expresiones como: **Me alegro que..., Dudo que..., Es posible que..., Es increíble que...,** etc.

MODELO: E1: *En esta ciudad / este pueblo no hay nadie que quiera vivir en otro lugar.*
E2: *Dudo que tengas razón. Conozco a muchas personas que prefieren vivir en...*

¿Cuánto saben?

Primero, pregúntate si puedes llevar a cabo las siguientes funciones comunicativas en español. Después, júntate con dos o tres compañeros/as de clase para presentar las situaciones. Hagan y respondan a por lo menos cuatro preguntas en cada situación.

✓ CAN YOU . . .

☐ read and respond to the want ads?

☐ write a brief business letter?

☐ interview for a job?

☐ describe existing and nonexistent people and things?

WITH YOUR CLASSMATE(S) . . .

Situación: En casa con amigos/as
Hagan los papeles de amigos/as que están buscando empleo en los avisos del periódico o de la Internet. Hablen sobre por qué les interesan o no las ofertas. Posibles puestos: **cocinero/a, camarero/a, dependiente/a, paseador/a de perros (*dog walker*), viajante, entrenador/a personal...**
Para empezar: *Aquí hay un aviso clasificado para... ¿Crees que es una buena opción para ti? ¿Por qué?*

Situación: Busco empleo
Escribe una carta en la que te presentas y expresas interés en una posición en la empresa. Pídele a un/a amigo/a que te dé sugerencias sobre el contenido de la carta.
Para empezar: *A quién le pueda interesar: Soy Pedro Gómez, un estudiante de...*

Situación: En una entrevista
Hagan los papeles de aspirante y director/a de una empresa. El/la aspirante escribe una carta de presentación. El/la directora/a le hace preguntas sobre sus cualificaciones.
Para empezar: *Buenas tardes. En su carta, usted dice que tiene experiencia en...*

Situación: En tu universidad
Conversen sobre las actividades y cosas que les interesan y las que no existen pero que les gustaría (*you would like*) tener.
Para empezar: *En esta universidad hay muchos deportes que me interesan, por ejemplo... pero no hay ningún deporte que...*

📖 Observaciones

11-48 to 11-50

¡Pura vida! EPISODIO 11

En este episodio David le ofrece trabajo a Patricio.

Antes de ver el video

11-34 **El pluriempleo.** En Latinoamérica es común que la gente tenga más de un empleo. A continuación tienes un aviso que una persona puso en la Internet para buscar trabajo. Lee el aviso y escríbele una carta para recomendarle el tipo de trabajo que debe buscar. Explica tus razones para darle la recomendación.

> **Busco empleo**
>
> Tengo mucho tiempo libre durante la semana ya que solo trabajo dos días. Busco empleo en algo serio. Tengo experiencia como ayudante administrativo y ayudante clínico. Ahora, trabajo como operador de comunicaciones. Soy muy hábil con las manos. Tengo licencia de conducir y tengo un carro grande.

MODELO: *Le recomiendo que...*

A ver el video

11-35 **Las características del trabajo.** Mira el episodio número once de **¡Pura vida!** para identificar las características del trabajo que David le ofrece a Patricio.

La oficina de CREFASI

David Ortiz-Smith

Patricio

Características	Sí	No
1. salario mínimo		X
2. bonificación anual	X	
3. oficina con ventana		X
4. plan de retiro	X	
5. seguro médico	X	
6. una beca universitaria		X
7. un mes de vacaciones al año		X
8. secretaria		X
9. supervisión de cinco empleados	X	
10. camioneta		X

Después de ver el video

11-36 **Busco empleo.** Conéctate a la Internet para ver avisos clasificados. Escoge uno y escribe por lo menos cinco razones por las que te interesa o no el trabajo.

> 🔍 **Busca:** computrabajo argentina; acciontrabajo argentina

---

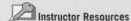
Nuestro mundo

Panoramas

El virreinato de la Plata: Argentina y Uruguay

11-51
to 11-52

Argentina y Uruguay tienen mucha variedad topográfica y climática: la Patagonia, los Andes, las pampas, los bosques, los ríos, las cataratas y las costas.

Los glaciares de El Califate atraen a turistas de todo el mundo.

En 2010, se le nombró al argentino Leo Messi el "Mejor Jugador del Mundo de la FIFA".

La bella ciudad de Colonia del Sacramento, Uruguay fue fundada en 1680 por los portugueses y perteneció a Brasil y a Uruguay en diferentes épocas. Ahora, su barrio histórico es un sitio del Patrimonio de la Humanidad de la UNESCO.

El tango, la música y el baile típico de Argentina y Uruguay, se originó en los barrios pobres de las afueras de las ciudades que bordeaban el río de la Plata a fines del siglo XIX.

Buenos Aires es una ciudad cosmopolita, con mucha vida cultural y social.

Argentina y Uruguay

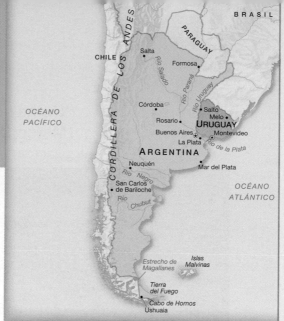

	Argentina	Uruguay
Población:	41 millones	3,5 millones
PIB per cápita:	$14.200	$12.200
Porcentaje de mujeres en la fuerza laboral:	60%	72%
Sueldos femeninos:	66% del sueldo mas.	100% del sueldo mas.
Número mínimo de días de vacaciones:	Depende del número de años en el trabajo: 0–5: 2 semanas 20+: 5 semanas	2 semanas
Días de licencia por paternidad:	2 días	3 días

11-37 Identifica. Identifica, describe y/o explica lo siguiente.

1. un sitio del Patrimonio de la Humanidad de Uruguay
   el barrio histórico de la ciudad de Colonia del Sacramento
2. un lugar donde hay glaciares
   en El Califate, en la región de la Patagonia
3. dónde se encuentra la Patagonia
   en el sur de Argentina
4. el nombre de un futbolista famoso argentino
   Leo Messi
5. una ciudad argentina con mucha actividad cultural
   Buenos Aires

11-38 Desafío. Consulta el mapa y la caja para contestar estas preguntas.

1. la capital de Argentina y la de Uruguay
   Buenos Aires y Montevideo
2. la diferencia entre los sueldos para hombres y mujeres
   En Uruguay las mujeres ganan tanto como los hombres; en Argentina ganan mucho menos (2/3).
3. el país donde los trabajadores tienen derecho a cinco semanas de vacaciones
   Argentina
4. las islas Falkland, según los argentinos
   las Malvinas
5. el río que forma la frontera entre Argentina y Uruguay
   el río Uruguay
6. el país más poblado de los dos
   Argentina

11-39 Proyecto: La diversidad de Argentina y Uruguay. Conéctate a la Internet para ver más imágenes de Argentina y Uruguay. Escoge una región: la Patagonia, las pampas, los Andes o la costa. Después descríbela según los criterios que siguen.

> **Busca:** patagonia; pampas; andes; costa argentina; costa uruguay

- sitios de interés
- deportes
- gastronomía
- productos
- clima
- artes

MODELO: Uno de los productos agrícolas más importantes de Argentina es la carne. Según las estadísticas hay entre 50 y 55 millones de cabezas de ganado principalmente en las pampas...

Note on Fact Box:
PIB (GDP) per capita: US: $46,400; CA: $38,400

Percentage of women in workforce: US: 72%; CA: 73%

Wages for women compared to men: US: 75% of what men earn; CA: 82% of what men earn

Number of paid vacation days: US: Not required, but 1–3 weeks is standard for most employers; CA: 2 weeks required

Number days of parental leave: US: 0; CA: up to $413/week for 35 weeks parental leave (shared between parents)

Comprehension Check for 11-38 Ask students additional questions based on the map. *¿Qué océano está al este de Argentina y Uruguay? ¿Qué país está al oeste de Argentina? ¿Cuál de los 2 países es más grande? ¿Tiene Argentina algunas islas? ¿Cómo se llaman y dónde están?* etc.

Optional activity for *Panoramas* Have students do additional research on *el tango* and present their findings to the class.

El tango, música de la calle. Conéctate a la Internet para obtener más información y escuchar música de tango. Identifica los instrumentos que se usan en la selección y contesta las siguientes preguntas:. ¿Cómo caracterizas el tango? ¿Alegre? ¿Melancólico? ¿Animado? ¿Romántico? ¿Apasionado? ¿Dónde se originó?

Optional activity for *Panoramas* The following reviews cultural content in a paired conversation format and is available for download from the IRC.

Recomendaciones. Háganles recomendaciones a personas que van a Argentina o Uruguay.

MODELO: Me encanta la carne. *¿Por qué no vas a Argentina?*
1. Me gusta el clima frío. (la Patagonia)
2. Me gusta visitar lugares de belleza natural. (el Califate)
3. Deseo visitar una ciudad grande. (Buenos Aires)

"No hay que complicar la felicidad"
(Marco DeR Deney, Argentina)

Marco Denevi (1922–1998) es uno de los cuentistas latinoamericanos más conocidos. Escribió varias novelas, incluyendo *Rosaura a las diez* (1955) y *Ceremonia secreta* (1960). Esta última fue convertida en una película estadounidense con Mia Farrow de protagonista. Denevi es conocido por sus narrativas, minidramas y minicuentos, los cuales comentan verdades humanas y sociológicas.

En "No hay que complicar la felicidad", hay dos novios anónimos que no están satisfechos con su felicidad. La conclusión es, a la vez, sorprendente (*surprising*) y misteriosa.

ANTES DE LEER

11-40 El poder de la imaginación. En la literatura, puede haber varios niveles de interpretación. Esto ocurre especialmente cuando es necesario imaginarnos los motivos de un personaje o adivinar (*guess*) el final de una historia. Muchas veces el autor nos deja con la sensación de ambigüedad o de misterio. Lee las primeras diez líneas de este minidrama y escribe tres preguntas que se te ocurran. Al final, vuelve a tus preguntas para ver si las puedes contestar.

MODELO: *¿Quién es Él?*

11-41 A buscar. Busca esta información en la ilustración.

1. Aquí vemos a dos _____.

   a. amigos   b. enemigos   (c.) novios   d. hermanos

2. Están en _____.

   a. una iglesia   b. una clase   c. una casa   (d.) un parque

3. Según la ilustración, están muy _____.

   a. impacientes   (b.) enamorados   c. enojados   d. aburridos

11-42 Anticipación. En este drama los protagonistas realizan (*carry out*) acciones recíprocas. ¿Cuáles de estas acciones crees que se hacen?

_____ Se miran.	_____ Se gritan.
_____ Se besan.	_____ Se detestan.
_____ Se aman (quieren).	_____ Se matan (*kill each other*).

A LEER

11-43 Una historia de... Lee ahora la siguiente historia de Marco Denevi.

"No hay que complicar la felicidad"

Un parque. Sentados bajo los árboles, Ella y Él se besan.

Él: Te amo.
Ella: Te amo.

Vuelven a besarse.

Él: Te amo.
Ella: Te amo.

Vuelven a besarse.

Él: Te amo.
Ella: Te amo.

Él se pone violentamente de pie.

Él: ¡Basta!° ¿Siempre lo mismo? ¿Por qué, cuando te digo que te amo no contestas que amas a otro?
Ella: ¿A qué otro?
Él: A nadie. Pero lo dices para que yo tenga celos°. Los celos alimentan° al amor. Despojado de este estímulo, el amor languidece°. Nuestra felicidad es demasiado simple, demasiado monótona. Hay que complicarla un poco. ¿Comprendes?
Ella: No quería confesártelo porque pensé que sufrirías°. Pero lo has adivinado°.
Él: ¿Qué es lo que adiviné?

Ella se levanta, se aleja (gets up, moves away) unos pasos.

Ella: Que amo a otro.
Él: Lo dices para complacerme°. Porque te lo pedí.
Ella: No. Amo a otro.
Él: ¿A qué otro?
Ella: No lo conoces.

Un silencio. Él tiene una expresión sombría°.

Él: Entonces, ¿es verdad?
Ella: (*Dulcemente*) Sí, es verdad. Está allí.

Enough

*jealousy / nourish; add spice
   languishes*

*you would suffer / you've
   guessed it*

please me

somber

Presentation tip for *Páginas*
This reading is easily converted into a skit for 4 students to perform: *Ella, Él, el/la narrador/a*, and a final student with a brown paper lunch bag filled with air to be popped at the appropriate moment.

Note on *Marco Denevi*
Denevi has been recognized for his first novel, *Rosaura a las diez*, and later for *Ceremonia secreta*, which was made into a film featuring Elizabeth Taylor. Although he dabbled in theater, his greatest success was in short story, novella and political commentary. He is quoted as saying: "No puedo evitarlo. En una fiesta, mis ojos se apartan de quienes se divierten y van hacia el rincón donde alguien sufre".

gestures   *Él se pasea haciendo ademanes° de furor.*

I'm not faking

Él: Siento celos. No finjo°, créeme. Siento celos. Me gustaría matar a ese otro.

Ella: (*Dulcemente*) Está allí.

Él: ¿Dónde?

Ella: Nos espía. También él es celoso.

I'll look for him

Él: Iré en su busca°.

Ella: Cuidado. Quiere matarte.

Él: No le tengo miedo.

Él desaparece entre los árboles. Al quedar sola ella se ríe.

Ella: ¡Qué niños son los hombres! Para ellos hasta el amor es un juego.

Se oye el disparo de un revólver. Ella deja de reír.

Ella: Juan.

Silencio.

Ella: (*Más alto*) Juan.

Silencio.

Ella: (*Grita.*) ¡Juan!

Silencio. Ella corre y desaparece entre los árboles. Después de unos instantes se oye el grito desgarrador° de ella.

heartrending cry

Ella: ¡Juan!

curtain   *Silencio. Después desciende el telón°.*

DESPUÉS DE LEER

11-44 La cronología.   Pon en orden las siguientes acciones de la historia.

  5   La novia no lo toma en serio (*doesn't take him seriously*).

  3   La novia dice que ama a otro.

  6   La novia grita.

  1   Los novios se besan.

  2   El novio quiere tener celos.

  4   El novio desaparece.

11-45 ¿Comprendiste? Contesta brevemente en español las siguientes preguntas.

1. Según él, ¿por qué es importante tener celos? *Answers will vary.*
   Es importante porque los celos alimentan el amor.

2. ¿Tiene ella la misma opinión?
   No. Ella cree que es un niño.

3. ¿Por qué dice ella que tiene otro novio?
   Lo dice para complacer a su novio (o porque es la verdad).

4. ¿Qué busca él entre los árboles?
   Busca al amante que los espía.

5. ¿Qué hace ella cuando él sale de la escena?
   Se ríe.

6. ¿Qué se oye desde los árboles?
   Se oye un disparo.

7. ¿Qué se oye al final?
   Se oye el grito de Ella.

11-46 Imagínate. Imagínate lo que pasa después. ¿Cuál de estos desenlaces (*conclusions*) te parece el más posible? ¿Por qué?

_____ Todo es una broma (*joke*) del novio.

_____ El segundo amante sale de los árboles. Besa a la novia.

_____ Un policía llega y detiene (*arrests*) a la novia.

_____ El novio mata al segundo amante por celos.

_____ ¿...?

11-47 Una carta para pedir consejos. Asume el punto de vista de uno de los personajes (Él, Ella o el otro) y escribe una carta para pedirle consejos a doña Eulalia, una famosa consejera.

MODELO: *lunes, 4 de abril de 2011*
Estimada doña Eulalia:
¡Necesito sus consejos! Mi novio, Juan,...

11-48 ¿Cuál es su opinión? Hablen en español de las siguientes cuestiones de amor. Usen las siguientes expresiones para dar su opinión: **Sí, estoy de acuerdo porque...,** **No estoy seguro/a. Depende de..., No estoy de acuerdo porque...**

MODELO: A los hombres les gusta tener celos.
E1: *Estoy de acuerdo. Los hombres son mucho más celosos que las mujeres.*
E2: *No estoy de acuerdo. Soy hombre y no tengo celos de mi novia...*
E3: *Bueno, depende de...*

1. Los celos alimentan el amor.

2. El amor lo vence (*conquers*) todo.

3. Es bueno confesárselo todo a tu novio/a o esposo/a.

4. Los novios deben siempre complacerse (*please each other*).

5. En el amor, todos somos niños.

6. Es imposible ser feliz en el amor.

Expansion for *Páginas*
Have students work in pairs to write a short newspaper article of the event in which they recount who was involved, what happened, and a speculation of why it happened.

📖 Taller

11-54

11-49 Un currículum vítae y una carta de presentación para solicitar trabajo.
En esta actividad, vas a escribir tu currículum vítae y una carta para solicitar un puesto.

ANTES DE ESCRIBIR

- **El puesto.** Primero, inventa el puesto que vas a solicitar. ¿Qué tipo de empresa es? ¿Qué tipo de trabajo?

- **Tus datos personales y tu experiencia.** Escribe una lista de tus experiencias académicas y laborales con la fecha de cada una.

Montevideo,
2 de abril de 2011

Estimados Señores:

Soy Alberto Gómez, un estudiante de Informática en la Universidad de la República. Me interesa el puesto de programador que ustedes anuncian en la página web de *Clarín*. Tengo experiencia trabajando…

A ESCRIBIR

- **El currículum vítae.** Escribe tu currículum vítae en una hoja de papel aparte. Usa la información a continuación como guía. La información que incluyas (especialmente las aficiones) debe reflejar de alguna manera el tipo de puesto que solicitas.

(Foto)	Correo electrónico
Nombre y apellidos	Datos académicos (fechas y títulos)
Fecha de nacimiento	Experiencia profesional (fechas y títulos)
Lugar de nacimiento	Publicaciones, colaboraciones, honores
Estado civil	Lenguas
Domicilio actual	Aficiones (viajar, jugar al tenis...)
Teléfonos	Referencias

- **La carta de presentación.** Incluye esta información:

Nombre	Saludo formal	Breve resumen de tus cualificaciones
Dirección	Presentación	
Fecha	Trabajo que solicitas	Despedida formal
Destinatario		Firma

DESPUÉS DE ESCRIBIR

- **Revisar.** Revisa tu currículum vítae y la carta para verificar los siguientes puntos.
  - ☐ las expresiones impersonales
  - ☐ la ortografía y la concordancia
  - ☐ el uso del subjuntivo y del indicativo

- **Intercambiar**
  Intercambia tu trabajo con el de un/a compañero/a para hacer correcciones y sugerencias, y para comentar sobre el contenido.

- **Entregar**
  Pon tu trabajo en limpio, incorporando los comentarios de tu compañero/a. Después, entrégaselo a tu profesor/a.

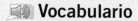
Vocabulario

Primera parte

Oficios y profesiones Occupations and professions

el/la analista de sistemas *systems analyst*
el/la arquitecto/a *arquitect*
el/la bombero/a *firefighter*
el/la carpintero/a *carpenter*
el/la cartero/a *mail carrier*
el/la cocinero/a *cook, chef*
el/la contador/a *accountant*
el/la dentista *dentist*
el/la enfermero/a *nurse*
el hombre / la mujer de negocios *businessman/woman*
el/la ingeniero/a *engineer*
el/la intérprete *interpreter*
el/la mecánico/a *mechanic*
el/la obrero/a de construcción *construction worker*
el/la peluquero/a *hairdresser*
el/la periodista *journalist*
el/la plomero/a *plumber*
el/la psicólogo/a *psychologist*
el/la veterinario/a *veterinarian*
el/la viajante *traveling salesperson*

Términos y expresiones de trabajo Work-related terms and expressions

los beneficios *benefits*
las cualificaciones *qualifications*
el currículum vítae *curriculum vitae (vita)*
el (des)empleo *(un)employment*
la empresa *company, firm*
el entrenamiento *training*
la formación *education*
la meta *goal*
el puesto *position (job)*
el sueldo (mínimo) *(minimum) wage*
la (des)ventaja *(dis)advantage*

Cargos Positions

el/la director/a *director*
el/la empleado/a *employee*
el/la gerente *manager*
el/la jefe/a *boss*
el/la jefe/a ejecutivo/a *CEO*

¡Manos a la obra! Let's get to work!

apagar (gu) (fuegos/incendios) *to put out, to extinguish (fires)*
conseguir (i, i) *to get, to obtain*
diseñar *to design*
estar en paro / sin trabajo *to be out of work*
reparar *to repair*
repartir *to deliver, to distribute*
trabajar a tiempo completo/parcial *to work full-time/part-time*

Segunda parte

La búsqueda de empleo The job search

el/la aspirante *applicant*
los avisos clasificados *classified ads*
la carta de presentación / recomendación *letter of introduction / recommendation*
el despacho *office*
la entrevista *interview*
el formulario *form*
la solicitud de empleo *job application*
la vacante *vacancy*

Los beneficios Benefits

el aumento *raise*
la bonificación anual *yearly bonus*
la guardería *nursery, daycare center*
el plan de retiro *retirement plan*
la licencia por enfermedad/maternidad *sickness/maternity leave*
el seguro médico *health insurance*

Verbos Verbs

ascender (ie) *to promote, to move up*
contratar *to hire*
dejar de *to stop doing something*
despedir (i, i) *to fire*
retirarse *to retire*
rellenar *to fill completely, to fill out*

Adjetivos Adjectives

capaz *capable*
entusiasta *enthusiastic*
honrado/a, honesto/a *honest*
justo/a *just*

Una carta comercial A business letter

Saludos *Salutations, greetings*
Estimado/a señor/a: *Dear Sir/Madam:*
Despedidas *Closings*
Atentamente, *Sincerely yours,*
Cordialmente, *Cordially yours,*
Lo(s)/La(s) saluda atentamente, *Very truly yours,*

Adverbial conjunctions *See page 359.*

Presentation tip for *Vocabulario*

Help students better assimilate vocabulary through images, role-plays, or dialog (e.g., of a job interview, or of an information interview, where a professional is asked questions by someone exploring the same career), and review games. Some examples of the latter that will work successfully with these word sets include word associations (e.g., matching jobs with their associated tasks or activities), spelling races at the board, charades (e.g., acting out a job or profession), and Pictionary. By interacting with others and using words in meaningful ways, students will greatly enhance their vocabulary acquisition.

Instructor Resources
• MSL: Testing Program

12
El futuro es tuyo

			OBJETIVOS COMUNICATIVOS
1	**Primera parte**		
	¡Así lo decimos! Vocabulario	La computadora y otros aparatos electrónicos	• Discussing technology
	¡Así lo hacemos! Estructuras	The past participle	• Describing people and things
		The present perfect indicative	• Talking about what has happened
	Perfiles		
	Mi experiencia	La tecnología y el futuro	
	Mi música	"'Ta bueno ya" (Albita, cubanoamericana)	
2	**Segunda parte**		
	¡Así lo decimos! Vocabulario	El medio ambiente	• Talking about the environment
	¡Así lo hacemos! Estructuras	The future tense	• Talking about what will happen in the future
		The conditional tense	• Discussing what you and others would do
	Observaciones	¡Pura vida! Episodio 12	• Speculating about the present and the past

Nuestro mundo

Panoramas	Los hispanos en Estados Unidos
Páginas	*Cuando era puertorriqueña* (fragmento), (Esmeralda Santiago, Puerto Rico/EE. UU.)
Taller	Foro: El medio ambiente

Readiness Check

Los hispanos en Estados Unidos

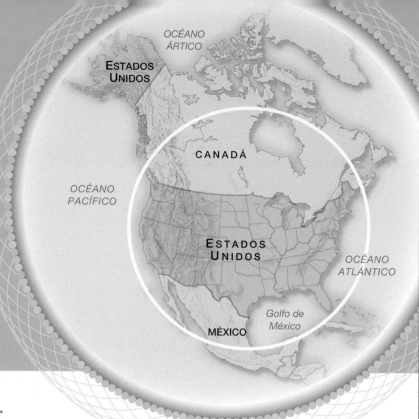

«Hay tres cosas que el ser humano necesita en su vida: alguien a quien amar, algo que hacer y una esperanza para el futuro».

Refrán: There are three things that human beings need in their lives: someone to love, something to do, and hope for the future.

Desde 2003, Soledad O'Brien es presentadora y corresponsal especial para CNN donde sus reportajes y documentales le han ganado numerosos premios. Es neoyorquina de ascendencia cubana y australiana.

El cuadro *Paisajes humanos No. 95* de Melesio Casas representa a trabajadores mexicoamericanos en un campo estadounidense con el logotipo del sindicato (el águila) del United Farm Workers en el fondo.

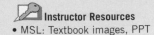
Primera parte

¡Así lo decimos! VOCABULARIO

¡Así es la vida! El impacto de la tecnología

 El Dr. Jorge Díaz, profesor de ingeniería en la Universidad de Chile en Santiago, enseña clases a distancia desde un salón de conferencia a los estudiantes de la Universidad de Valparaíso.

DR. DÍAZ: Bienvenidos a nuestro primer curso virtual. Es cierto que la tecnología ha revolucionado la educación, y como les han dicho todos sus profesores, es importante que hagan la tarea antes de venir a clase.

 Carmen Valdespino, estudiante de ingeniería, Universidad de Valparaíso
Les aseguro que la tecnología ha revolucionado mi carrera. En la universidad hago todos mis diseños en computadora. Asisto a reuniones internacionales a distancia por videoconferencia. Escucho conferencias en mi iPod©. Bajo mis libros de texto a mi iPad©. Busco los recursos de la biblioteca en la Internet, y a veces asisto a clase desde mi casa y vestida en pijama. ¡No puedo imaginarme otra manera de hacerlo!

Vocabulario La computadora y otros aparatos electrónicos

12-02 to 12-06

Los aparatos electrónicos — Electronic devices

la antena parabólica *satellite dish*
los auriculares *earbuds, headphones*
el cajero automático *ATM*
el disco duro (externo) *(external) hard drive*
el DVD *DVD*
el escáner *scanner*
la fotocopiadora *photocopier*
la grabadora de DVD *DVD recorder*
la impresora *printer*
el lector de CD/DVD *CD/DVD reader*
la marca *brand*
la memoria USB *memory stick*
la pantalla *screen*
el ratón (inalámbrico) *(wireless) mouse*
el reproductor de mp3 *mp3 player*
el teclado *keyboard*

Recursos en la computadora — Computer resources

la hoja electrónica *spreadsheet*
el hipervínculo *hyperlink*
el juego electrónico *computer (electronic) game*
la página web *web page*
el sitio web *web site*

Verbos — Verbs

apagar *to turn off*
archivar *to file, to save*
bajar *download*
borrar *to erase*
encender (ie) *to turn on*
enviar *to send, to post online*
fallar *to fail (e.g., computer disk)*
fotocopiar *to photocopy*
funcionar *to function, to work*
grabar *to record*
imprimir[1] *to print*
instalar *to install*
programar *to program*
subir *to upload*
tener éxito *to be successful*

Adjetivos — Adjectives

digital *digital*
electrónico/a *electronic*
tecnológico/a *technological*

Variaciones
Los auriculares are commonly called **los cascos** in Spain.

Variaciones
Variations on *the Internet* abound in Spanish and include **la red (informática)**, **la red mundial**, and **el/la Internet.**

Instala una antena parabólica en su casa.

Saca dinero del cajero automático.

Escucha música por auriculares en su reproductor mp3.

---

[1]The past participle is **imprimido. He imprimido el documento.** With the verb **estar** the past participle is irregular: **impreso. El documento está impreso,** but **está imprimido** is also acceptable.

Instructor Resources
• MSL: Textbook images, PPT, Supplementary Activities

Note on ¡Así lo decimos!
The activities in this section will help students learn vocabulary related to technology. Many of the terms, such as *el escáner,* are cognates in English. Others, such as *el ratón,* are literal translations and make as much sense in Spanish as in English. Encourage students to go online to visit web sites in Spanish, such as Apple España or Hewlett Packard, which has a web page for every Spanish-speaking country. Here they will see how the latest technology is presented to the public.

Presentation tip for ¡Así lo decimos!
Have students share their experiences with technology and then draw conclusions, such as whether their overall experiences with technology have been positive or negative, what the most common uses of technology are among the members of the class, what the least common uses of technology are among them, etc.

Presentation tip for ¡Así lo decimos!
Personalize the expressions with questions such as: *De todos estos aparatos electrónicos, ¿cuáles son los más esenciales para ti? ¿Cuáles son un lujo? ¿Cuáles están ya pasados de moda? ¿Tienes tu propia computadora? ¿Es portátil? ¿De qué marca es? ¿Qué marca de computadora prefieres? ¿Qué marca de teléfono celular te gusta más? ¿Y qué tipo de servicio tienes o prefieres?* etc.

APLICACIÓN

12-1 ¿Para qué se usa? Empareja los aparatos con sus usos.

1. __f__ la grabadora de DVD
2. __d__ el reproductor de mp3
3. __a__ la antena parabólica
4. __h__ el hipervínculo
5. __g__ el cajero automático
6. __b__ la pantalla
7. __c__ la impresora
8. __e__ la memoria USB

a. para recibir programas internacionales

b. para ver un documento en la computadora

c. para imprimir un documento

d. para escuchar música

e. para transferir documentos de una computadora a otra

f. para grabar un programa de televisión

g. para sacar dinero en efectivo

h. para hacer referencia a otra página web o recurso en la Internet

12-2 Otro avance tecnológico. Lee el artículo y contesta las preguntas a continuación.

Imagínate un mega televisor de alta definición que dé una imagen clara y conserve electricidad también. Esta es la meta de los fabricantes de la próxima generación de televisores. Este televisor "verde" responde a las peticiones tanto de los consumidores como de los legisladores y defensores del medio ambiente[1]. Y para los que bajan sus películas directamente de la Internet, todos los televisores tienen conexión directa por DSL. Pero, ¿es alcanzable el costo de tal aparato al consumidor mediano? ¿O va a tener que esperar algunos años hasta que bajen los precios? Ya veremos[2]...

[1] *environment*   [2] *We'll see*

1. ¿De qué tipo de aparato se trata?
   un mega televisor de alta definición que es "verde"
2. ¿Qué beneficios tiene?
   da una imagen clara, conserva electricidad y tiene conexión directa por DSL
3. ¿Por qué lo llaman "verde"?
   no usa tanta electricidad como los televisores actuales
4. ¿Qué tipo de persona busca un aparato como este?   *Answers will vary:* una persona con dinero a quien le guste la tecnología más reciente y/o a quien le preocupe el medio ambiente
5. ¿Crees que es un avance tecnológico importante? Explica tus razones.
   Answers will vary.
6. ¿Te gustaría tener uno? ¿Por qué?
   Answers will vary.

12-3 En la oficina. La Sra. Molina habla con Rafael, su ayudante, sobre problemas que tiene con su computadora. Completa su conversación con los verbos de la lista.

apagar	borrar	encender	instalar
archivar	falló	imprimir	programar

SRA. MOLINA: ¡Ay! Otro día más. Son las seis de la tarde. Voy a (1) __archivar__ estos documentos en mi memoria USB antes de irme. No quiero (2) __borrar__ ninguno porque todos son muy importantes. Ayer me (3) __falló__ el disco duro externo y perdí casi todo mi trabajo.

RAFAEL: ¿Necesita copias? Si usted quiere, las puedo (4) __imprimir__ en color con la nueva impresora. Si no, tengo que (5) __encender__ la fotocopiadora, pero no sé si va a funcionar.

SRA. MOLINA: Bueno, en color entonces. ¿Mañana vas a (6) __instalar__ el nuevo software en mi computadora?

RAFAEL: Claro. Pero primero voy a (7) __programar__ la computadora para que se apague automáticamente. Así ahorramos energía.

SRA. MOLINA: Bueno, eso es para otro día. No te olvides de (8) __apagar__ la computadora antes de irte esta noche.

RAFAEL: De acuerdo. ¡Buenas noches!

12-4 Compre.com. Se puede encontrar cualquier aparato electrónico en *Compre.com*. Escucha la descripción de uno de ellos y completa las siguientes oraciones.

1. El anuncio es para un sistema de…
   a. audio.
   b. computadora portátil.
   c. videocámara digital.

2. No incluye…
   a. lector de CD.
   b. receptor.
   c. televisor.

3. A la persona que compre este sistema, le gusta(n)…
   a. la fotografía.
   b. los juegos electrónicos.
   c. la música.

4. Puedes comprar este sistema en…
   a. seis meses.
   b. un año.
   c. un año y medio.

5. Se compra este sistema…
   a. directamente de la fábrica.
   b. en la Internet.
   c. en tiendas especializadas.

Expansion of 12-3
Have students create novel sentences with these verbs as they relate to their own lives, and then share in small groups.
MODELO: *Nunca apago mi computadora porque no me gusta tener que encenderla la próxima vez que la uso.*

Audioscript for 12-4
Aquí tiene el sistema de audio ideal para su casa. El "sistema en una caja" incluye amplificador, lector de CD/DVD, receptor y 5 altavoces para crear el sonido de teatro en su casa. ¿Le gusta la música clásica? Con este sistema va a escuchar todos los violines de una sinfonía. ¿Prefiere el jazz? Con este sistema, le va a parecer que Arturo Sandoval está en su sala tocando personalmente una pieza suya para usted. ¿Prefiere el rock? Ni hablar de los sonidos de la guitarra eléctrica que salen de los 5 altavoces. Este sistema es suyo por solo 900 dólares, a pagar en 12 meses sin interés. ¡Solo por 75 dólares mensuales! Conéctese hoy mismo con *www.compre.com*, donde va a encontrar no solo esta oferta especial, sino también una excelente variedad de sistemas a precios muy razonables.

12-5 Texting en español. Aquí tienes un mensaje que le envió una estudiante a su amigo. ¿Lo puedes leer? Conéctate a la Internet para ayudarte a descifrarlo y a escribir uno tuyo.

> **Busca:** spanish about sms

> q pasa no te vi en kls
>
> vs fsta julia
>
> pf m1ml
>
> bss amr

12-6A Un producto innovador. Cada uno de ustedes tiene anuncios para dos aparatos nuevos, pero les falta alguna información. Háganse preguntas para completar la información y luego, decidan cuál desean comprar según sus características y su costo. **Estudiante B,** por favor ve al **Apéndice 1,** página A-20.

Posibles preguntas:

¿Cuántos/as...?   ¿Hay...?

¿Qué tipo de...?   ¿Cómo es/son...?

MODELO: ESTUDIANTE A: *El aparato "Mora" puede contener 7.000 canciones. ¿Cuántos gigabytes de memoria tiene?*
ESTUDIANTE B: ...

Estudiante A:

	Aparato "Mora"	Aparato "Fresa"
Memoria		160 gigabytes
Características	7.000 canciones	
		200 horas de video
	Auriculares con micrófono	
Velocidad		El más rápido de todos los modelos
Fecha de envío (*shipping*)	en 48 horas	
Costo de envío		gratuito
Regalo extra	Antes del 31 de diciembre bajar gratis 40 canciones	
Costo		200 €

¡Así lo hacemos! ESTRUCTURAS

12-07 to 12-10

1. The past participle

Instructor Resources
• MSL: PPT, Supplementary Activities

The past participle can be used as an adjective both in Spanish and in English.

Tenemos un programa antivirus **instalado** en la computadora.	*We have an antivirus program installed on the computer.*
Los documentos están **archivados** en la memoria USB.	*The documents are saved on the memory stick.*

Presentation tip for *The past participle*
Point out that compound forms of these irregular verbs repeat these same patterns: *componer → compuesto, devolver → devuelto, predecir → predicho,* etc.

- In English, the past participle is usually the *-ed* or *-en* form of the verb. In Spanish the regular participle is formed by adding **-ado** to the stems of **-ar** verbs and **-ido** to the stems of **-er** and **-ir** verbs.

grabar	grab**ado**	*recorded*
encender	encend**ido**	*turned on*
servir	serv**ido**	*served*

- An accent mark is used when a past participle has the combination of vowels **ai, ei,** or **oi.**

creer	**creído**	*believed*	oír	**oído**	*heard*
leer	**leído**	*read*	traer	**traído**	*brought*

- The following verbs have irregular past participles.

abrir	**abierto**	*opened*	ir	**ido**	*gone*
cubrir	**cubierto**	*covered*	morir	**muerto**	*dead*
decir	**dicho**	*said*	poner	**puesto**	*put, placed*
descubrir	**descubierto**	*discovered*	romper	**roto**	*broken*
escribir	**escrito**	*written*	ver	**visto**	*seen*
hacer	**hecho**	*done, made*	volver	**vuelto**	*returned*

El documento está **abierto.**	*The document is open.*
La pantalla de mi computadora está **rota.**	*My computer monitor is broken.*

- When the past participle is used as an adjective in Spanish, it agrees in gender and number with the noun it modifies.

Vimos las conferencias **grabadas** por nuestro supervisor.	*We saw the lectures recorded by our supervisor.*
¿Tienes programas **abiertos** en este momento?	*Do you have programs open now?*

Los programas están instalados y los archivos copiados al disco duro externo.

- The verb **estar** may be used with the past participle to describe a state or condition that is the result of a previous action. As with any adjective, the past participle used this way agrees in gender and number with the noun it modifies.

La fotocopiadora **está encendida**; la secretaria la encendió.	*The photocopier is turned on; the secretary turned it on.*
Los documentos confidenciales **están borrados;** los borraron mis ayudantes.	*The confidential documents are erased; my assistants erased them.*

12-7 La Calle Ocho. La Calle Ocho está en el centro de la Pequeña Habana en Miami. Completa la conversación entre dos turistas cubanas que están visitando este barrio de Miami. Usa la forma correcta del participio pasado de los verbos en la lista.

abrir	dormir	perder	poner	vestir
morir	hacer	pintar	preparar	

Warm-up for 12-7
Remind students that, as adjectives, the past participles must agree in gender and number with the nouns they modify. Complete the first 2 items with students and write their responses on the board for visual support.

La Calle Ocho en la Pequeña Habana, Miami

FLOR: Vamos, Rosa. Busca las llaves del carro y vamos a pasear por la Calle Ocho.

ROSA: ¿Y dónde están las llaves? ¡No me digas que están (1) ___perdidas___ otra vez!

FLOR: No te preocupes. Creo que las tienes en tu bolso.

ROSA: Tienes razón. ¡Qué día más bonito! Deja la ventana (2) ___abierta___ en el carro. Me gusta el aire fresco.

FLOR: Cómo no, te la abro enseguida.

ROSA: ¿Qué te parece ese mural (3) ___pintado___ en la pared?

FLOR: Es lindo, pero no muy original. Prefiero los murales de Los Ángeles.

ROSA: Tu nieta Laura estaba muy bien (4) ___vestida___ ayer en la fiesta. Y su familia es preciosa.

FLOR: ¡Ay, gracias! Es verdad. Y el bebé de Laura es un encanto. No hay nada más tranquilo que un bebé (5) ___dormido___.

ROSA: Mira la guayabera[1] blanca que lleva ese señor. Esas camisas son típicas del trópico, pero las guayaberas (6) ___hechas___ en Panamá son más baratas.

FLOR: Es verdad, pero prefiero las de *La casa de las guayaberas* aquí en la Calle Ocho, porque son más elegantes.

ROSA: Mira, allí hay un restaurante cubano. ¿Entramos? Es la una y estoy (7) ___muerta___ de hambre.

FLOR: ¡Bueno! Las mesas ya están (8) ___puestas___ y la comida está (9) ___preparada___. Voy a aparcar aquí mismo.

_____

[1]Men's shirt typical of the Caribbean, usually long-sleeved and with four pockets in front.

12-8 La avenida Bergenline, Union City, NJ. Esta avenida comercial, la más larga del estado de Nueva Jersey, tiene más de 300 tiendas y restaurantes, y muchos de ellos son hispanos. ¿Cómo te sentías después de pasar varios días en esta zona? Usa participios pasados para expresar cómo te sentías.

Note on 12-8
R & B singer Marques Houston is of Mexican and African-American heritage. A founding member of Immature/IMX, he now has a successful solo career.

(bien/mal) atender (*attended to*)	encantar	preparar
cansar	enojar	sorprender
decidir (ir a…)	interesar	(bien/mal) vestir
desilusionar	preocupar	¿…?

MODELO: ¿Cómo te sentías cuando llegaste a Union City?
Me sentía emocionado/a.

¿Cómo te sentías…

Answers for 12-8
Answers may vary.
1. Me sentía encantado/a.
2. Me sentía enojado/a.
3. Me sentía emocionado/a.
4. Me sentía interesado/a en la conversación. 5. Me sentía desilusionado/a.
6. Me sentía bien atendido/a.

1. en el club bailando salsa?
2. cuando perdiste tu tarjeta de crédito?
3. después de ver un concierto de Marques Houston?
4. en la fiesta de unos amigos cubanos?
5. cuando perdiste (*missed*) el tren a Manhattan?
6. cuando cenaste en un restaurante argentino?

12-9 ¿Quién…? Pregúntense si tienen algunos de estos artículos. Incluyan en sus respuestas descripciones de cómo son.

MODELO: artículo / hacer en Nuevo México

E1: *¿Tienes algún artículo hecho en Nuevo México?*

E2: *Sí, tengo un collar de plata hecho en Nuevo México.*

1. producto / importar de China
2. correo electrónico / enviar por una persona famosa
3. programa para editar música / instalar en tu computadora
4. fotografías / subir en Facebook
5. mensaje divertido / grabar en tu teléfono móvil
6. página web / escribir por ti
7. aparato electrónico / romper en casa en este momento
8. video cómico / bajar de la Internet

Un collar hecho en Nuevo México

12-10 ¡Juego! Formen dos equipos para desafiarse (*challenge each other*) a hacer frases usando participios como adjetivos. Luego díganse si la respuesta es lógica o no.

MODELO: EQUIPO 1: la computadora

EQUIPO 2: *La computadora está rota.*

EQUIPO 1: *Es lógico.*

Posibles sustantivos	Posibles participios
los auriculares	instalar
la impresora	grabar
la memoria USB	cubrir
el escáner	abrir
el ratón	subir
el reproductor de mp3	preparar
los programas	bajar
la música	borrar
los videos	encender
las fotos	perder
el disco duro	apagar
el teléfono celular	archivar
los documentos	pedir
el televisor	hacer

¡Hola!

Cultura en vivo ✳

According to a study about Hispanic bloggers by bitacoras.com, 81% are male and 19% are female; 62% are between the ages of 19 and 34; 52% are in Spain, followed by 11% in Argentina; and the highest incidence of topics in all countries is personal. How do these demographics compare with your experience on the blogosphere?

Optional activity after 12-10
Have students scan news headlines that use past participles on the Internet from sites such as *CNN en español* (cnnenespañol), *El País* (elpais.com), *Clarín* (clarin.com), *El Nuevo Herald* (elnuevoherald.com), or *La Opinión* (laopinion.com). They can take note of the headline and write a brief summary of the story.
MODELO: *"MINEROS CHILENOS RESCATADOS"* *Los 13 mineros chilenos salieron de la mina después de más de 2 meses atrapados.*

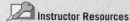

2. The present perfect indicative

12-11 to 12-15

The present perfect in English and Spanish is a compound tense because it requires two verbs. English uses the present tense of the auxiliary verb *to have* + past participle. Spanish uses the present tense of the auxiliary verb **haber** + past participle.

	haber	past participle	to have	past participle
yo	he		*I have*	
tú	has		*you have*	
Ud.	ha		*you (for.) have*	
él/ella	ha	**tomado**	*he/she has*	*taken*
		comido		*eaten*
nosotros/as	hemos	**vivido**	*we have*	*lived*
vosotros/as	habéis		*you (pl.) have*	
Uds.	han		*you (for. pl.) have*	
ellos/as	han		*they have*	

• In general, the present perfect is used to refer to a past action or event that is perceived as having some bearing on the present.

¿Ya **has usado** la impresora?   *Have you already used the printer?*
No **he comprado** todavía un disco duro   *I haven't bought an external hard drive*
externo para archivar mis documentos   *to save my important documents yet.*
importantes.

• The auxiliary verb **haber** agrees with the subject of the sentence. The past participle, however, is invariable when used in the perfect tense.

Mi jefe me **ha dado** un ratón inalámbrico.   *My boss has given me a wireless mouse.*
Los asistentes **han preparado** la hoja   *The assistants have prepared the*
electrónica.   *spreadsheet.*

• The auxiliary verb **haber** and the past participle cannot be separated by another word. Object pronouns and negative words are always placed before **haber.**

No la he preparado.   *I haven't prepared it.*
¿La has grabado?   *Have you recorded it?*

• The verb **haber** is not interchangeable with **tener. Haber** means *to have* only when used as an auxiliary verb with the past participle. **Tener** means *to have* or *to own* in the sense of possession.

Julia **tiene** muchos amigos en esa empresa.   *Julia has many friends in that company.*
¿Has tenido experiencia en hacer diseños?   *Have you had experience in doing designs?*

Acabar de + *infinitive*

You can use the present tense of **acabar**[1] **de** + infinitive in order to describe an event that has just happened.

Acabamos de ver la videoconferencia.   *We have just seen the videoconference.*
Acaban de borrar el archivo.   *They have just erased the file.*

---

[1]**Acabar** means to *finish.*

APLICACIÓN

12-11 Sandra Cisneros. Esta escritora chicana (*House on Mango Street, Caramelo*) es una de las más importantes de su generación.

Note on *Sandra Cisneros*
Cisneros originally wrote her stories in English. Later, they were translated to Spanish by famous Mexican writer, Elena Poniatowska.

Paso 1 Lee el párrafo sobre Sandra Cisneros, subraya cada verbo en el presente perfecto e identifica su infinitivo.

MODELO: <u>Ha tenido</u> mucho éxito.

Ha tenido: tener.

Sandra Cisneros, de padres mexicanos, nació en 1954 en Chicago, pero ahora vive en San Antonio donde dice que se siente "en casa". En su juventud, tuvo muchas experiencias que <u>han influido</u> en sus cuentos. Por ejemplo, <u>ha tenido</u> que cambiar muchas veces de casa. <u>Ha vivido</u> en apartamentos y casas pequeñas con pocas comodidades modernas. <u>Ha ayudado</u> a su mamá con sus hermanos más pequeños. <u>Ha asistido</u> a escuelas donde todos los muchachos eran de familias pobres y donde había pocos recursos educativos. Sin embargo, <u>ha superado</u> las dificultades de su juventud y <u>ha ganado</u> mucha fama por sus colecciones de cuentos cortos como *La casa en Mango Street* y *El Arroyo de La Llorona,* y por sus colecciones de poesía. Si <u>has leído</u> uno de sus cuentos, <u>has visto</u> su manera única de narrar. Además de recibir varios premios del *National Endowment for the Arts,* en 1996, fue honrada por *La Fundación MacArthur* con su *Genius Award*. En los últimos años, Sandra Cisneros <u>ha recibido</u> algunas críticas por su casa de San Antonio. Parece que a los vecinos no les gusta la manera en que Sandra la <u>ha pintado</u>.

La casa de Sandra Cisneros en San Antonio

Infinitives:
han influido: influir; ha tenido: tener; Ha vivido: vivir; Ha ayudado: ayudar; Ha asistido: asistir; ha superado: superar; ha ganado: ganar; has leído: leer; has visto: ver; ha recibido: recibir; ha pintado: pintar.

Paso 2 Contesta ahora las preguntas sobre el texto que acabas de leer.

1. ¿Cuántos años tiene Sandra Cisneros y cuál es su nacionalidad?

Current year – 1954 = ? Es mexicoamericana, estadounidense o chicana.

2. ¿Dónde ha vivido?

Ha vivido en Chicago y en San Antonio.

3. ¿Qué dificultades ha tenido en la escuela?

Había pocos recursos educativos.

4. ¿Cómo ha ganado fama?

Ha ganado fama por sus colecciones de cuentos cortos y de poesía.

5. ¿Por qué ha sido tan polémica (*controversial*) su casa de San Antonio?

A los vecinos no les gusta la manera en que Sandra la ha pintado.

6. ¿Has leído alguna obra suya? ¿Cuál? ¿Te ha gustado?

Answers will vary.

Paso 3 Escriban individualmente tres preguntas que les gustaría hacerle a Sandra Cisneros. Túrnense para hacer el papel de Cisneros y contestar las preguntas de su compañero/a. Usen el presente perfecto.

MODELO: E1: *Sra. Cisneros, ¿ha vivido en otras casas en San Antonio?*

E2: *No. Esta es mi primera casa en San Antonio.*

Presencia hispana

José Hernández is the son of migrant farm workers. He spent much of his youth picking fruit alongside his parents and siblings, traveling every year from Mexico to Southern California and back. Despite not learning English until he was twelve, he excelled in school and earned scholarships to attend collage. In 2009, he was part of a successful mission to perform repairs on the space platform and was the first astronaut to file bilingual Twitter updates from space. His first: "¡Espero la cosecha de mi sueño sirva como inspiración a todos! Acabo de configurar las computadoras. ¡Buenas noches!"

Answers to 12-12
Answers will vary.

12-12 José Hernández, astronauta chicano.
Completa la entrevista de un periodista con José Hernández. Usa el presente perfecto del verbo entre paréntesis en tu pregunta y añade más información lógica en tus preguntas.

MODELO: (viajar) *¿Ha viajado usted a la luna?*
No, no he estado todavía en la luna, pero algún día… *Answers will vary.*

PERIODISTA: ¿…? (vivir) *¿Dónde ha vivido usted?*

HERNÁNDEZ: En varios lugares, pero he pasado más tiempo en Stockton, California.

PERIODISTA: ¿…? (estudiar) *¿Qué materias ha estudiado?*

HERNÁNDEZ: He estudiado mucha ingeniería eléctrica y computación.

PERIODISTA: ¿…? (tener) *¿Ha tenido muchas oportunidades de viajar en naves espaciales?*

HERNÁNDEZ: Hasta ahora he tenido la oportunidad de viajar en la nave Discovery.

PERIODISTA: ¿…? (impresionar) *¿Qué le ha impresionado más?*

HERNÁNDEZ: ¡Lo que más me ha impresionado es la vista de la tierra!

PERIODISTA: ¿…? (hablar) *¿Ha hablado con mucha gente?*

HERNÁNDEZ: Sí, he pasado mucho tiempo en las escuelas hablando con los jóvenes sobre la importancia de completar su educación.

PERIODISTA: Gracias, señor… (ser) un placer. *Ha sido un placer.*

HERNÁNDEZ: De nada. Y para mí también.

 12-13 ¿Alguna vez han…? Hazles preguntas a tus compañeros/as para saber qué experiencias han tenido con la tecnología. Pregúntales qué les ha pasado.

MODELO: perder un documento en la computadora
E1: *¿Alguna vez han perdido un documento en la computadora?*
E2: *No, todavía no he perdido ningún documento.*
E3: *¡Yo sí, he perdido muchos!*

- borrar un documento sin querer
- programar una computadora
- comprar algo por más de $500 en la Internet
- usar una hoja electrónica para organizar información
- calcular los impuestos (*taxes*) usando un programa en la computadora
- poner tu perfil en un sitio social como Facebook
- crear invitaciones o tarjetas usando la computadora
- poner un video en YouTube
- contribuir a un foro en línea
- participar en una videoconferencia
- tener problemas para comprar algo en la Internet
- ¿…?

12-14 Mis experiencias. Túrnense para hablar de experiencias que han tenido y también de experiencias que no han tenido, pero que desean tener.

comer…	escribir…	hacer…	leer…	trabajar…	visitar…
conocer…	estudiar…	ir…	salir…	ver…	volver…

MODELO: ver …

E1: *¿Qué películas has visto este año?*
E2: *Acabo de ver la película de Almodóvar, Los abrazos rotos, en DVD.*
E1: *¿Has visto alguna de sus otras películas?*
E2: *Sí, ya he visto… / No, todavía no, pero…*

¿Has leído algún cuento de Sandra Cisneros?

¿Cuánto saben?

Primero, pregúntate si puedes llevar a cabo las siguientes funciones comunicativas en español. Después, júntate con dos o tres compañeros/as de clase para presentar las situaciones. Hagan y respondan a por lo menos cuatro preguntas en cada situación.

✓ **CAN YOU …**

☐ discuss technology?

☐ describe people and things?

☐ talk about what has happened?

WITH YOUR CLASSMATE(S) …

Situación: En casa
A ustedes les gusta tener los aparatos más novedosos. Hablen de los que han visto y los que quieren comprar.
Para empezar: *Hoy he visto en un sitio web…*

Situación: En una fiesta
Túrnense para describir a las personas y cosas que observen, usando participios pasados como adjetivos. Hablen también de cómo creen que se sienten las personas.
Para empezar. *Mira, la comida está servida… Los libros están… y los estudiantes están…*

Situación: En una cena entre amigos
A ustedes les gusta contar historias sobre sus experiencias. Hablen de las más interesantes que han tenido. Reaccionen con preguntas y comentarios a lo que les dice su compañero/a.
Para empezar: *He viajado varias veces a…*

12-16 to 12-20

Optional activity after 12-14
The following provides for open-ended, personalized practice in a game format. Refer to the IRM for additional examples and suggestions for play.
10 preguntas. Formen 2 grupos o más para tratar de adivinar lo que han hecho sus compañeros/as…

MODELO:
E1: *He hecho un viaje interesante.*
E2: *¿Has viajado a algún país de habla española?*
E1: *No, no he viajado a ningún país de habla española.*
E3: *¿Has visitado…?*

STUDENT LEARNING OUTCOMES
Use the **¿Cuánto saben?** activities to assess the extent to which students can perform the **Objetivos comunicativos** for **Primera parte** presented in the chapter opener: Discussing technology; describing people and things; and talking about what has happened. Provide an assessment for vocabulary, structures and fluency appropriate to the chapter theme and level (**5**: excellent - **1**: poor). See IRM for more information on rubrics.

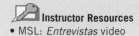
Note on *Mi experiencia*

Technology has become increasingly important in developing countries, including those in Latin America. Most popular brands of hardware and software produced by U.S. companies are sold all over the world.

📖 Perfiles

12-21 to 12-22

Mi experiencia

LA TECNOLOGÍA Y EL FUTURO

12-15 Para ti. ¿Has hecho una consulta alguna vez en algún foro? ¿Qué tipo de consulta has hecho? ¿Crees que se puede beneficiar de las respuestas en línea? Explica.

FORO: JUEGOS

Jugador Argentina	¿Dónde estudiar gaming?
	Bueno, gente, les digo que tengo 22 años y voy terminando una carrera corta en sistemas, realmente no quiero continuar con la rama[1], y mi sueño es meterme[2] en el mundo de los videojuegos como game developer. Estuve viendo las "carreras" en algunos sitios de educación a distancia y además de ser caras, realmente no me parecen nada serias. También estuve viendo la carrera de cine de animación y multimedia, que parece copada[3] y "en teoría" puede ayudar a meterte en el mundo del gaming, pero tampoco estoy seguro de cómo son los programas aquí en Argentina para este tipo de cosas. Si me pueden tirar[4] nombres u opiniones me hacen un gran favor.
Baco EE. UU.	**Re: ¿Dónde estudiar gaming?**
	¡Ja! mira, por lo que sé, hay cientos de carreras relacionadas con videojuegos en EE. UU., Japón, Nueva Zelanda y otros. Supongo que buscas una carrera en cine de animación y multimedia, y por ahora me estoy en esa[5]. Recuerda que para dedicarte a la parte artística no necesitas ser programador. En esa carrera lo más importante es tener título universitario… no es un curso. Estudias mil cosas además de animación que te preparan muy bien como literatura, guión[6], inglés, música, etc. Por ejemplo, aquí en Los Ángeles (el corazón del cine) hay un programa de diseño de videojuegos que es muy destacado[7], pero solo admiten 50 estudiantes al año. ¡'Ta bueno! Oye, ¿escuchas la música de Albita? Estoy preparando un proyecto de multimedia de su música. ¿Qué tal se recibe allá en Argentina?

[1]*branch* [2]*to get involved in* or *to get into* [3]*cool (Argentina)* [4]*throw my way* [5]*that's what I'm involved in* [6]*script-writing* [7]*outstanding*

Expansion of 12-16

Some professions include: *informática, finanzas, contabilidad, sociología, ciencias, arquitectura, diseño, estadística, comercio, antropología, lingüística…*

🍦🍦**12-16 En su opinión.** ¿Creen que la respuesta de Baco fue acertada (*correct*)? ¿Cuáles son otras carreras que dependen de la tecnología? ¿Qué tipo de preparación requieren: carrera universitaria, cursos en una escuela técnica, experiencia dentro del campo, mucha imaginación, etc.? ¿Por cuántos años es necesario estudiar para recibir un título en esas carreras? ¿Hay algunas carreras más sexy que las demás?

MODELO: *La carrera de informática depende mucho de la tecnología. Es necesario estudiar…*

Mi música

"'TA BUENO YA" ALBITA (CUBANOAMERICANA)

La cubanoamericana Albita es una de las cantantes más versátiles de esta época. Ha cantado en cuatro inauguraciones presidenciales y ha sido Reina del Carnaval Calle Ocho en Miami. Su programa "La descarga con Albita" en MEGA TV ha ganado varios Emmy. Ella también ha recibido varios Grammy por su música.

Antes de ver y escuchar

12-17 Lo que está pasando.   En esta canción, Albita canta sobre lo que está pasando en las calles durante el Carnaval. Escribe cinco oraciones para describir cómo te imaginas la escena.

MODELO: *La gente ha llegado y está...*

Para ver y escuchar

12-18 La canción.   Ahora conéctate a la Internet para ver un video de "'Ta bueno ya" para verificar lo que está pasando. ¿Cómo caracterizas el tono de la canción? ¿Es triste, alegre, sentimental?

> **Busca:** albita ta bueno ya video; albita ta bueno ya letra
>
> **Si te interesa comprar la canción:** *Go to iTunes Store>Music>More to Explore>iMix>Arriba 6e*

Después de ver y escuchar

12-19 El mensaje.   En parejas, hablen de cuál es el mensaje (o los mensajes) de "'Ta bueno ya". Compartan sus opiniones y escriban una lista de posibles mensajes para esta canción.

12-20 ¡Carnaval!   La palabra "carnaval" se deriva de "carne". Se refiere a la celebración de la semana antes del comienzo de la cuaresma (*Lent*), los 40 días cuando históricamente los creyentes cristianos no comían carne. ¿Has asistido alguna vez a un carnaval? ¿Has observado las costumbres de la cuaresma o conoces a alguien que las observe? Escribe un párrafo sobre cómo ha sido en tu experiencia.

MODELO: *Tengo un amigo que observa las costumbres de la cuaresma. Durante los 40 días, no...*

Answers to 12-18
Answers may vary. El tono es alegre.

Answers to 12-19
Answers will vary. Algunos posibles mensajes de la canción incluyen: un equilibrio entre el trabajo y la diversión, el olvidarse de los problemas del pasado, la esperanza que da al futuro, el sanarse del dolor del pasado, el perdonar a los demás, el dejar atrás los aspectos negativos de la humanidad, la unidad entre los seres humanos, etc.

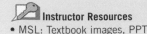
Segunda parte

¡Así lo decimos! VOCABULARIO

 ¡Así es la vida! El medio ambiente: hablan los jóvenes

 Entre los jóvenes hispanos de hoy hay una preocupación por la protección del medio ambiente. Ellos saben que, aunque sus países de origen tienen grandes riquezas naturales, el desarrollo industrial y la falta de preocupación de los gobiernos por proteger estos valiosos recursos naturales, hacen que el medio ambiente se deteriore.

 Hablan los jóvenes...

SALVADOR: La energía nuclear destruirá el medio ambiente.

CRISTINA: ¡Estás equivocado! La energía nuclear es nuestro futuro.

PACO: Tendremos que desarrollar fuentes renovables de energía.

GONZALO: ¡Estás loco! La planta nuclear nos asegurará muchos años de energía económica.

Vocabulario El medio ambiente

12-24
to 12-29

Variaciones
The terms **la deforestación** and **la reforestación** are common in Latin America. In Spain, these same terms are **la despoblación** and **la repoblación forestal,** respectively.

Nuestro mundo y el medio ambiente	Our world and the environment

el bosque pluvial   *rain forest*
el calentamiento global   *global warming*
la deforestación   *deforestation*
el desarrollo   *development*
los desechos   *waste*
la energía (alternativa / solar)   *(alternative/solar) energy*
el envase (de aluminio)   *(aluminum) container*
las especies en peligro de extinción   *endangered species*
la escasez   *shortage*
la fábrica   *factory*
el humo   *smoke*
el medio ambiente   *environment*
la naturaleza   *nature*
los pesticidas   *pesticides*
la planta nuclear   *nuclear plant*
el pozo de petróleo   *oil well*
la radioactividad   *radioactivity*
el recurso natural   *natural resource*
el reciclaje   *recycling*
la reforestación   *reforestation*
la selva   *jungle*

Verbos	Verbs

ahorrar   *to save*
conservar   *to conserve, to preserve*
consumir   *to consume*
contaminar   *to contaminate, to pollute*
multar   *to fine*
proteger (j)   *to protect*
reciclar   *to recycle*
tirar   *to throw (away, out)*

La energía alternativa es nuestro futuro.

El uso excesivo de pesticidas contamina el medio ambiente.

Es importante reciclar para proteger el medio ambiente.

Instructor Resources
• MSL: Textbook images, PPT, Supplementary Activities

Expansion of ¡Así lo decimos!
Have students give examples of these terms, in order to create associations and increase word retention. For example: *el recurso natural → Un gran recurso natural en Venezuela es el petróleo.* Terms: *el recurso natural, la energía alternativa, la energía solar, la escasez, la fábrica, el bosque, la planta nuclear, el reciclaje, la deforestación,* etc.

Comprehension check for ¡Así lo decimos!
Read various statements, some true and some false, related to ways to conserve the environment. Students mentally process target verbs (underlined) and answer *cierto* or *falso* accordingly.

• *Para contaminar menos, es mejor ir en carro que caminar.* (*falso*)
• *Conservamos energía cuando apagamos las luces.* (*cierto*)
• *No es necesario reciclar los envases de aluminio.* (*falso*)
• *El gobierno multa las fábricas que producen mucho humo.* (*cierto*)
• *Si bajamos la temperatura de la casa en el invierno, consumimos menos energía.* (*cierto*)
• *Es necesario proteger la naturaleza.* (*cierto*)
• *Tirar siempre es mejor que reciclar.* (*falso*)
• *Podemos ahorrar dinero si usamos menos energía.* (*cierto*)

Letras y sonidos

The Consonants t and d

In Spanish, the letter **t** sounds like the *t* in English *stop*.

Hard **t**:   te-lé-fo-no   tra-í-do   vuel-to   au-to-má-ti-co

The letter **d** in Spanish creates one of two sounds, depending on the context. After a pause or the letters **n** or **l**, the letter **d** sounds like the *d* in English *den*.

Hard **d**:   dis-co   un-di-se-ño   don-de   el-di-se-ño   suel-do

In all other contexts, especially between vowels, the sound is softer, like the *th* in English *then* or *father*.

Soft **d**:   los-di-se-ños   me-di-da   le-í-do   ver-dad   la red

In sum, Spanish has the same three sounds found at the beginning of the English words *ten* (but with less air expelled), *den* (hard **d**), and *then* (soft **d**). However, in Spanish, all three of these sounds are created with the tongue tip behind the upper front teeth only.

APLICACIÓN

12-21 ¿Qué solución hay?   Empareja cada problema con la solución a la derecha.

1. __g__ la contaminación del aire
2. __f__ la deforestación
3. __a__ tirar basura en el parque
4. __d__ los desechos industriales
5. __c__ la escasez de energía
6. __b__ la escasez de agua
7. __e__ tirar envases de plástico a la calle

a. poner más basureros en el parque
b. ahorrar agua
c. conservar electricidad
d. multar a las fábricas
e. establecer programas de reciclaje
f. plantar más árboles
g. usar un programa de inspección de las emisiones de automóviles

12-22 En las noticias.   Completa cada titular con el verbo correspondiente.

consume	contamina	conservar	multa	protege

1. **Accidente en plataforma petrolífera _____ el Golfo de México**

2. **NIÑOS COSTARRICENSES APRENDEN A _____ ENERGÍA**

3. **El gobierno de la India _____ a la Dow Chemical por un accidente de pesticidas**

4. **La EPA regula y _____ el medio ambiente**

5. **EE. UU. _____ más energía por persona que cualquier otro país del mundo**

🔊 **12-23 Un anuncio público.** Escucha el anuncio de la radio y completa las afirmaciones que siguen.

1. El anuncio habla de un programa…

   ⓐ. del gobierno.

   b. de una organización no gubernamental.

   c. de la ONU.

2. Los participantes son…

   ⓐ. niños y jóvenes.

   b. ancianos.

   c. amas de casa.

3. Van a trabajar en la limpieza y…

   a. el control de los pesticidas.

   b. el reciclaje.

   ⓒ. la reforestación.

4. El trabajo será durante…

   ⓐ. las vacaciones.

   b. el año escolar.

   c. la Semana Santa.

👥 **12-24 Un plan de acción.** ¿Qué problemas y soluciones ven para el futuro?

Paso 1 Trabajen juntos para elegir cinco de los problemas más importantes para el futuro del mundo. Si hay uno que no está en la lista, añádanlo.

_____ la escasez de agua   _____ la sobrepoblación

_____ el sobreconsumo de los recursos naturales   _____ las especies en peligro de extinción

_____ el sobreuso de pesticidas   _____ la deforestación

_____ la contaminación del aire   _____ el calentamiento global

_____ la contaminación nuclear   _____ ¿…?

MODELO: E1: *En tu opinión, ¿cuáles son los problemas más importantes para el futuro del mundo?*

            E2: *Creo que son…*

Paso 2 Propongan soluciones a los problemas que identificaron en **Paso 1**. A continuación hay algunas sugerencias.

aumentar el precio de la energía	limitar el número de autos por familia
combatir la sobrepoblación	limitar el consumo de energía por persona
desarrollar (*develop*) nuevos recursos de energía	mejorar la economía de la región
	montar una campaña publicitaria
implementar un sistema de transporte público	multar a…
	proponer leyes más fuertes

MODELO: *Para combatir la deforestación, los gobiernos del mundo deben…*

¡Hola!

Cultura en vivo ✳

Spain is the world's fourth largest producer of wind power and, with its ample sunshine, one of the most advanced countries in the development of solar energy. The Spanish government has committed to achieve a target of 23% of primary energy from renewable sources by 2020, the highest in the European Union. What are the goals in the U.S. and Canada?

Audioscript for 12-23
Jóvenes costarricenses, ¡manos a la obra! El gobierno ha declarado hoy que todos los jóvenes costarricenses participarán en un programa para ayudar en la limpieza de nuestras lindas playas y la reforestación de nuestras hermosas sierras. Los niños de 10 a 15 años de edad trabajarán en equipos para recoger basura de las playas y de los ríos. Los jóvenes de 16 a 18 años participarán plantando árboles en los bosques pluviales. Estas actividades serán durante las 2 semanas que las escuelas están cerradas por las vacaciones de Navidad. Debemos estar orgullosos de nuestro país. Es la obligación de todos proteger nuestra belleza natural. Este ha sido un anuncio de servicio público. Gracias por su atención.

Note on *Cultura en vivo*
Goals: U.S., 15% by 2020; Canada, No national target, but already generates 59% from renewable sources. The *The Green Budget Coalition* is urging the federal government to commit to 90% by 2020.

Optional activity after 12-24
For further open-ended practice with vocabulary and concepts, assign the following activity for homework.
¡A reciclar! Escriban anuncios para promocionar un programa de reciclaje (u otro programa relacionado con el medio ambiente) en su universidad. Incluyan información que conteste las siguientes preguntas esenciales: ¿qué? ¿cuándo? ¿dónde? ¿cómo? ¿por qué? Muestren sus anuncios en clase y voten por el más efectivo.

Present the following statements on the board, doc cam, or a transparency and have students react to each one with phrases such as *Sí, es muy probable* or *No, es imposible.* Have them identify the verbs and tell you how they are conjugated. *Algún día viviremos en Marte. Convertiremos el planeta en un lugar con bosques y agua potable. En el futuro comeremos comidas sintéticas. Trabajaremos menos de 5 horas diarias. No necesitaremos tener dinero en efectivo. No entraremos en más guerras y viviremos todos en paz.*

Note on *The future tense*
You may want to point out that, historically, the future tense was derived from the stem of a verb + the present indicative form of the verb *haber* (minus the "h") attached to its end: *ir + (h)e = iré; ir + (h)as = irás,* etc.

¡Así lo hacemos! ESTRUCTURAS

3. The future tense

12-33 to 12-37

The Spanish future tense is formed with only one set of endings for the **-ar, -er,** and **-ir** verbs. For regular verbs, the endings are attached to the infinitive (do not drop the **-ar, -er,** or **-ir**). Note that all endings, except for the **nosotros/as** forms, have written accent marks.

	tomar	comer	vivir
yo	tomar**é**	comer**é**	vivir**é**
tú	tomar**ás**	comer**ás**	vivir**ás**
Ud.	tomar**á**	comer**á**	vivir**á**
él/ella	tomar**á**	comer**á**	vivir**á**
nosotros/as	tomar**emos**	comer**emos**	vivir**emos**
vosotros/as	tomar**éis**	comer**éis**	vivir**éis**
Uds.	tomar**án**	comer**án**	vivir**án**
ellos/as	tomar**án**	comer**án**	vivir**án**

• As in English, the Spanish future tense expresses what will happen in the future. The English equivalent is *will* + verb.

¿Quién **protegerá** el medio ambiente? *Who will protect the environment?*
Creo que los pesticidas **contaminarán** el río. *I think the pesticides will pollute the river.*

• The irregular verbs in the future are formed by adding the future endings to an irregular stem. The irregular stems can be grouped into three categories.

1. Drop two letters to form the stem of the future.

decir **dir-** diré, dirás,... hacer **har-** haré, harás,...

2. The **e** of the infinitive ending is dropped to form the stem of the future.

haber **habr-** habrá querer **querr-** querré, querrás,...
poder **podr-** podré, podrás,... saber **sabr-** sabré, sabrás,...

3. The **e** or the **i** of the infinitive ending is replaced by **d** to form the stem of the future.

poner **pondr-** pondré, pondrás... tener **tendr-** tendré, tendrás...
salir **saldr-** saldré, saldrás... venir **vendr-** vendré, vendrás...

Haremos todos los cálculos en la hoja electrónica. *We will do all the calculations on a spreadsheet.*
Habrá menos humo con la nueva fábrica. *There will be less smoke with the new factory.*
Los técnicos **vendrán** a las ocho. *The technicians will come at eight.*

• Remember that the present tense is often used to express the immediate future in Spanish.

Mañana **reclicamos** los envases. *Tomorrow we will recycle (are recycling) the cans.*
Termino mi trabajo esta tarde. *I will finish my paper/work this afternoon.*

• The future may also be conveyed with the present tense of **ir a** + *infinitive*.

Voy a consumir menos energía. *I am going to consume less energy.*
¿**Vas a tirar** los envases en el basurero? *Are you going to throw the containers in the trash can?*

- The idea of willingness, sometimes expressed with the English future, cannot be expressed with the Spanish future tense. Use verbs like **querer** or simple present tense to express willingness.

¿**Quieres** ayudarme con el reciclaje?	*Will you help me with the recycling?*
¿Me **traes** el informe sobre la planta nuclear?	*Will you bring me the report on the nuclear plant?*

- Probability or conjecture in the present may be expressed in Spanish with the future tense. This use of the future has many equivalents in English, for example, *probably, can, may, must, I wonder*, etc.

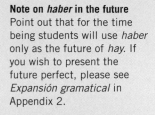

La computadora estará pensando.

¿Dónde **estará** la memoria USB?	*I wonder where the memory stick might be?*
Estará en tu mochila.	*It's probably in your backpack.*
¿Qué hora **será**?	*What time can it be?*
Serán las seis.	*It must be six o'clock.*

APLICACIÓN

12-25 Ralph Álvarez. El cubanoamericano Ralph Álvarez es presidente y jefe de operaciones (COO) de McDonald's Corporation. Para el año que viene, dice que iniciará aún más estrategias para mantener su liderazgo (*leadership*) en la industria de comida rápida.

Paso 1 Lee la entrevista con el portavoz (*spokesperson*) del Sr. Álvarez, subraya los verbos en el futuro y da el infinitivo. Luego expresa la misma acción, usando la expresión **ir a...**

MODELO: sabrá

saber; va a saber

PERIODISTA: ¿Cuándo se anunciarán las nuevas iniciativas del Sr. Álvarez para el próximo año?

PORTAVOZ: El Sr. Álvarez ya ha anunciado varias iniciativas. Primero, eliminará de la flota[1] los carros que usan mucha gasolina y comprará carros eléctricos o híbridos. Segundo, negociará precios más razonables de publicidad. Y tercero, promocionará los nuevos productos, como los cafés especiales que han tenido tanto éxito.

PERIODISTA: De acuerdo, pero ¿habrá discusiones internas para llegar a decisiones entre él y los directores de la empresa?

PORTAVOZ: Claro, el Sr. Álvarez siempre ha sido colaborador y continuará así. Creemos que las ventas del año que viene resultarán aún más positivas.

PERIODISTA: Y si bajan las ventas, ¿qué hará?

PORTAVOZ: Siempre se podrá mejorar algo. El Sr. Álvarez no dejará de buscar otras iniciativas para el futuro.

[1]*fleet*

Paso 2 Ahora resume lo que hará el Sr. Álvarez para mantener el liderazgo de su empresa. ¿Crees que tendrá éxito?

Answers to 12-24, Paso 1

se anunciarán (anunciar, se van a anunciar); eliminará (eliminar, va a eliminar); comprará (comprar, va a comprar); negociará (negociar, va a negociar); promocionará (promocionar, va a promocionar); habrá (haber, va a haber); continuará (continuar, va a continuar); resultarán (resultar, van a resultar); hará (hacer, va a hacer); podrá (poder, va a poder); dejará (dejar, va a dejar)

Presencia hispana

Ralph (Raúl) Álvarez, was born in Havana, Cuba, but left with his family after Fidel Castro gained power. He studied to be a teacher, but later earned a degree in accounting. He tried for many years to get hired by McDonald's, but once he was hired, it took him only twelve years to ascend to the number two spot in the company.

Note on *haber* in the future
Point out that for the time being students will use *haber* only as the future of *hay*. If you wish to present the future perfect, please see *Expansión gramatical* in Appendix 2.

Note on *Probability or conjecture in the present*
You may wish to point out that we sometimes use the future tense in English to communicate probability or conjecture: "Now, who will be calling at this hour of the night?"

Optional activity after 12-24
The following provides semi-guided practice that allows for the expression of personal opinions about the future. You may want to add on additional contexts for students to consider, or ask them to add their own according to their interests and ideas. This activity is available for download from the IRC.

¿Cómo será el mundo en el año 2050? Usa el futuro para expresar tu opinión sobre estas posibilidades.

MODELO: Para el año 2050 vamos a vivir en la Luna. *Es verdad. Viviremos en la Luna. / No, no es cierto. No viviremos nunca en la Luna.*

1. Vamos a trabajar solo 20 horas a la semana.
2. No vamos a tener que ir a la oficina. Vamos a mandar nuestro trabajo por correo electrónico.
3. Nunca vamos a ir al cine. Vamos a ver películas en pantallas enormes en casa.
4. No va a haber restaurantes. Vamos a tomar toda la comida en forma líquida.
5. Los niños no van a asistir a la escuela. Van a recibir sus lecciones por computadora.

Answers:
1. *trabajaremos;*
2. *tendremos, mandaremos;*
3. *iremos, veremos;* 4. *habrá, tomaremos;* 5. *asistirán, recibirán.*

12-26 Una entrevista con la empresa Ecoverde. Isela tiene una entrevista con una empresa que se dedica a conservar el medio ambiente. Completa de una manera lógica la conversación entre ella y el director de personal, usando el futuro de los verbos a continuación.

decir	hacer	llamar	ser	trabajar
haber	informar	poder	tener	

ISELA: Si no le importa, tengo algunas preguntas sobre el puesto. ¿Me puede decir cuántas horas (1. yo) __trabajaré.__ ?

DIRECTOR: Sí, los nuevos investigadores trabajan ocho horas diarias.

ISELA: ¿(2. yo) ___Podré___ trabajar con alguno de los investigadores veteranos?

DIRECTOR: Sí, usted puede trabajar con varias personas con experiencia.

ISELA: ¿(3) ___Habrá___ otras oportunidades para trabajar sola en proyectos?

DIRECTOR: Bueno, sí hay oportunidades pero los nuevos también (4) ___tendrán___ que ayudar a los veteranos.

ISELA: ¿Cuándo (5) ___hará___ usted su decisión?

DIRECTOR: La (6. yo) ___llamaré___ por teléfono mañana por la mañana.

ISELA: ¿Usted me (7) ___dirá___ entonces cuánto me van a pagar?

DIRECTOR: Sí, (8. yo) le ___informaré___ sobre su sueldo cuando hagamos nuestra decisión.

ISELA: Gracias por responder a todas mis preguntas. (9) ___Será___ una gran oportunidad para mí trabajar con ustedes en esta empresa.

12-27 ¿Por qué será? Usa las ideas de la columna a la derecha en el futuro para hacer una conjetura (*guess*) sobre cada situación a la izquierda.

MODELO: Recibes una llamada por teléfono a las siete de la mañana.
Será algo urgente.

1. Hay un paquete en tu escritorio.
2. La grabadora de DVD ha desaparecido.
3. No podemos ver la película.
4. La secretaria no ha hecho las fotocopias.
5. Un colega acaba de salir del edificio.
6. Ha fallado el disco duro de tu computadora.

- (haber) problemas con la antena parabólica
- (ser) una computadora portátil nueva
- la fotocopiadora (estar) rota
- alguien (estar) grabando un programa
- (tener) un virus
- (ir) al cajero automático a sacar dinero

12-28A ¿Qué harás? Túrnense para preguntarse qué harán en estas circunstancias. **Estudiante B,** por favor ve al **Apéndice 1,** página A-21.

MODELO: ESTUDIANTE A: *Acabas de comprar un DVD nuevo.*
ESTUDIANTE B: (**ponerlo** en tu lector de DVD para verlo) *Lo pondré en mi lector de DVD para verlo.*

Estudiante A:

Las circustancias de mi compañero/a	Lo que haré yo
1. Tu computadora funciona lentamente.	• **llamar** a la oficina que ofrece el puesto
2. Quieres un celular nuevo.	• **ir** a la Internet y **buscar** más información para comprarlo
3. Has terminado tus estudios en la universidad.	• no **descansar** hasta que la termine
4. Has conocido a tu pareja ideal.	• **llamar** a todos mis amigos para ver si quieren participar

---

Optional activity after 12-27
The following provides personalized practice in an open-ended context. This activity is available for download from the IRC.

El/La adivino/a. Túrnense para ser el/la adivino/a (*fortune-teller*) y el/la cliente que quiere saber su futuro. Háganse 3 preguntas originales.

MODELO: ¿Dónde / trabajar / el año que viene?
E1: *¿Dónde trabajaré el año que viene?*
E2: *Trabajarás en alguna parte de la universidad.*

1. ¿Dónde / estar / este verano?
2. ¿Qué / hacer / después de graduarme?
3. ¿Con quién / pasar / el resto de mi vida?
4. ¿Cuántos hijos / tener?
5. ¿Dónde / vivir? ¿En una ciudad grande, en un pueblo, en el campo, o en el extranjero?
6. ¿Cómo / ser? ¿Feliz? ¿Infeliz? ¿Rico/a? ¿Pobre?

Answers for 12-27
1. Será una computadora... 2. Alguien estará grabando... 3. Habrá problemas... 4. La fotocopiadora estará rota. 5. Irá al cajero automático... 6. Tendrá un virus.

4. The conditional tense

In Spanish, as in English, the conditional expresses an action that is conditional upon another action, or a future action in the past (*would/could/should* + action).

- In Spanish, the conditional is formed in a similar manner as the future; only the endings differ. Add the **-er/-ir** imperfect endings to the infinitive of regular verbs or the irregular stem.

	tomar	comer	vivir
yo	tomaría	comería	viviría
tú	tomarías	comerías	vivirías
Ud.	tomaría	comería	viviría
él/ella	tomaría	comería	viviría
nosotros/as	tomaríamos	comeríamos	viviríamos
vosotros/as	tomaríais	comeríais	viviríais
Uds.	tomarían	comerían	vivirían
ellos/as	tomarían	comerían	vivirían

- The conditional expresses what you would do under certain circumstances.

  ¿Qué **harías** para mejorar el medio ambiente?
  What would you do to improve the environment?

  Reciclaría envases de aluminio.
  I would recycle aluminum cans.

- The conditional is also used when the speaker is referring to an event that is future to another past event.

  Creíamos que **habría** más gente protestando enfrente de la planta nuclear.
  We thought (that) there would be more people protesting in front of the nuclear plant.

  Nos dijeron que no **contaminarían** el agua.
  They told us (that) they wouldn't pollute the water.

- The verb **deber,** when used in the conditional tense, is equivalent to the English *should* + infinitive.

  Deberías conservar recursos.
  You should conserve resources.

- The conditional has the same irregular stems as the future.

decir	**dir-**	diría, dirías,...	saber	**sabr-**	sabría, sabrías,...
hacer	**har-**	haría, harías,...	poner	**pondr-**	pondría, pondrías,...
haber	**habr-**	habría	salir	**saldr-**	saldría, saldrías,...
poder	**podr-**	podría, podrías,...	tener	**tendr-**	tendría, tendrías,...
querer	**querr-**	querría, querrías,...	venir	**vendr-**	vendría, vendrías,...

- Probability or conjecture in the past is often expressed in Spanish with the conditional.

  —¿A qué hora **sería** la conferencia de prensa?
  I wonder what time the press conference was?

  —**Sería** a las cuatro.
  It was probably at four.

 Instructor Resources
- MSL: PPT, Supplementary Activities

Presentation tip for *The conditional tense*
Present the following context on the board, doc cam, or a transparency and have students identify the forms and explain the use of the conditional. *¿Qué haría yo con un millón de dólares? Bueno, primero, pagaría todas mis deudas. Después, me tomaría un mes de vacaciones en el extranjero. Al volver a mi pueblo, vendería mi casa y compraría otra más grande en la playa. Donaría algún dinero a causas importantes como La Paz Verde, por ejemplo.*

Note on *The conditional tense*
Other softened requests in the conditional include *querría* and *podría.*

Note on *haber*
You may wish to remind students that *habría* is the conditional of *hay.* If you wish to present the conditional perfect, please see *Expansión gramatical* in Appendix 2.

Presentation tip for *Conjecture or probability in the past*
Point out to students that, just as the future tense commonly is used to express conjecture or probability in the *present*, the conditional often is used to express conjecture or probability in the *past*. Provide additional examples to illustrate both in contrast. For example, create two separate columns with the headers *Conjetura en el momento presente* and *Conjetura sobre el pasado*, and provide brief dialogs under each one. Have students identify the verb forms in each and say why they are used.
1. *A: ¿Qué hora es? B: No estoy seguro, no tengo reloj. Serán las 4.*
2. *A: ¿A qué hora llamó Juan? B: No sé, serían las 4.*
3. *A: ¿Cuántos años tiene la profesora? B: Tendrá unos 40.*
4. *A: ¿Cuántos años tenía el actor cuando murió? B: Tendría unos 40.*

APLICACIÓN

12-29 Marc Anthony.   Marc Anthony es uno de los salseros neoyorquinos más admirados. Aquí tienes una narración sobre su juventud.

Paso 1   Léela y subraya los verbos en el condicional. ¿Cuáles expresan el futuro, con respecto a una acción en el pasado, y cuáles expresan el concepto de *should* en inglés?

Cuando tenía diez años, Marc Anthony ya sabía que <u>sería</u> cantante de salsa. Sus padres siempre le decían que <u>tendría</u> éxito porque le gustaba bailar y cantar los ritmos de las islas del Caribe. De niño, cantaba siempre con su padre mientras él tocaba la guitarra. Fue su padre quien le enseñó todo lo que sabía sobre la música puertorriqueña y quien le decía que algún día <u>daría</u> conciertos por todo el mundo. En 1990, conoció a Little Louis Vega, otro músico. Él le dijo que <u>debería</u> sacar un álbum de sus canciones. En ese álbum, también tocó Tito Puente, el gran percusionista puertorriqueño y otro modelo importante en la vida de Anthony. Tito y Celia Cruz lo animaron y lo guiaron mucho. De joven soñaba con crear música, pero nunca se imaginó que <u>trabajaría</u> al lado de esas dos leyendas del mundo hispano. Tampoco sabía que algún día <u>estaría</u> casado con otra caribeña famosa, Jennifer López.

Paso 2   Contesta las preguntas siguientes sobre el texto que acabas de leer.

1. ¿Quién es Marc Anthony?
   Es un salsero neoyorquino.
2. ¿Qué hacía de joven?
   Bailaba y cantaba los ritmos caribeños.
3. ¿Quiénes le sirvieron de modelo?
   Le sirvieron de modelo su padre, Little Louis Vega, Tito Puente y Celia Cruz.
4. ¿Quién le dijo que debería grabar un álbum de sus canciones?
   Little Louis Vega, otro músico, se lo dijo.
5. ¿Qué sabía él de joven?
   Sabía que sería cantante de salsa.
6. ¿Qué no sabía? No sabía que trabajaría al lado de Tito Puente y de Celia Cruz, ni tampoco que estaría casado con Jennifer López.
7. ¿Te gustaría asistir a uno de sus conciertos? Explica.
   Answers will vary.
8. ¿Comprarías un álbum de Marc Anthony? ¿Por qué?
   Answers will vary.

 Paso 3   Conéctate a la Internet para ver más imágenes de Marc Anthony y para escuchar su música. Escribe un párrafo en el que describas al artista o su música.

> **Busca:** marc anthony video; marc anthony foto

12-30 Lo que haría Mario López. El mexicoamericano Mario López es uno de los presentadores en el programa *Extra* en la cadena ABC. En 2008, ganó el segundo premio en *Dancing with the Stars*, y el mismo año, la revista *People* lo nombró "el soltero más sexy". Completa cada promesa que le hizo Mario a la revista con la forma correcta del verbo correspondiente en el condicional.

añadir	buscar	encontrar	poder
atraer	eliminar	haber	tener

MODELO: Dijo que *trabajaría* para aumentar la presencia de hispanos en los medios de comunicación.

1. Prometió que ___encontraría/buscaría___ talento hispano para su programa.

2. Dijo que ___habría/tendría___ más variedad de cantantes.

3. Nos aseguró que sus programas ___atraerían___ a más televidentes.

4. Creía que ___tendría/habría___ más éxito con los patrocinadores (*sponsors*).

5. Prometió que ___eliminaría___ los estereotipos.

6. Dijo que ___buscaría/encontraría___ diferentes maneras de atraer al público hispano.

7. Creía que ___podría___ ayudar a la mujer latina.

8. Prometió que ___añadiría___ otra hora a su programa.

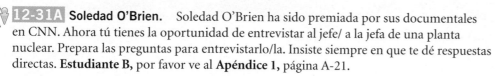 **12-31A Soledad O'Brien.** Soledad O'Brien ha sido premiada por sus documentales en CNN. Ahora tú tienes la oportunidad de entrevistar al jefe/ a la jefa de una planta nuclear. Prepara las preguntas para entrevistarlo/la. Insiste siempre en que te dé respuestas directas. **Estudiante B,** por favor ve al **Apéndice 1,** página A-21.

MODELO: **reciclar** los desechos de su planta
ESTUDIANTE A: *Usted dijo que reciclaría los desechos de su planta...*
ESTUDIANTE A: *Tiene razón. Pero también dije que este proyecto tomaría su tiempo.*
ESTUDIANTE B: *Es verdad, pero dijo que...*

Estudiante A:

Preguntas del / de la entrevistador/a

Usted dijo que...

1. **ser** una planta nuclear ejemplar

2. **proteger** la naturaleza alrededor de la planta

3. **pagar** las multas de la EPA

4. no **contaminar** el agua del mar

5. **trabajar** en la reforestación de las montañas

6. **permitirnos** filmar dentro de su fábrica

Optional activity after 12-30
The following provides further practice with the conditional to express actions under certain circumstances. This activity is available for download from the IRC.
¡Sugerencias! Imagínate que trabajas en la EPA y te encargas de leer las sugerencias que los empleados ponen en el buzón (*drop-box*) de sugerencias para la administración. ¿Cuáles de las siguientes sugerencias llevarías a cabo?

MODELO: darles a los empleados un mes de vacaciones
Les daría a los empleados un mes de vacaciones solo después de un año de servicio.

1. aumentarles el salario a los científicos
2. hacer más viajes de inspección
3. escribir más manuales para la protección del medio ambiente
4. hacer inspecciones inesperadas (*without warning*)
5. publicar los nombres de las empresas que violan las leyes del medio ambiente
6. ¿...?

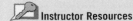
 12-32 En diferentes situaciones. Túrnense para contar lo que harían para proteger el medio ambiente de su país.

MODELO: *en la playa*
E1: *¿Qué harías para proteger las playas?*
E2: *Recogería la basura y los envases. ¿Y tú? ¿Qué harías?*
E1: ...

1. con un millón de dólares
2. en tu universidad
3. en tu ciudad para hacerla más bella
4. en una carta al director del periódico
5. en un bosque
6. en tu carro para conservar gasolina
7. en tu casa para conservar agua
8. en tu casa para conservar energía

 12-33 Adivinar. Tú y tu compañero/a están interesados en la vida de Marc Anthony y Jennifer López. Túrnense para hacerse preguntas sobre qué harían ellos en las siguientes situaciones.

MODELO: en el teatro
E1: *¿Qué verían?*
E2: *Pienso que verían El rey león.* *Answers may vary.*

1. en un restaurante dominicano
   Comerían arroz con pollo.
2. en casa con sus hijos
   Jugarían con ellos y pasarían mucho tiempo juntos.
3. en la playa Rincón, Puerto Rico
   Nadarían; harían surfing.
4. en el cine
   Verían una película de Jennifer López.
5. en un concierto
   Cantarían juntos.
6. en tu casa Hablaríamos de su música; jugaríamos ping-pong, etc.

MediaShare 12-43 to 12-47

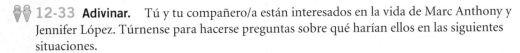

¿Cuánto saben?

Primero, pregúntate si puedes llevar a cabo las siguientes funciones comunicativas en español. Después, júntate con dos o tres compañeros/as de clase para presentar las situaciones. Hagan y respondan a por lo menos cuatro preguntas en cada situación.

✓ CAN YOU . . .

☐ talk about the environment?

☐ talk about what will happen in the future?

☐ discuss what you and others would do?

☐ speculate about the present and the past?

WITH YOUR CLASSMATE(S) . . .

Situación: Una conversación
Túrnense para hablar de los problemas del medio ambiente que consideran los más importantes hoy en día. Usen vocabulario y expresiones de ¡**Así lo decimos!**
Para empezar. *Creo que el calentamiento global es uno de los problemas más grandes que tenemos que enfrentar porque...*

Situación: Un foro sobre el medio ambiente
Túrnense para contarse lo que pasará si no protegemos el medio ambiente.
Para empezar. *En el futuro, tendremos que proteger los espacios verdes, los ríos y los lagos...*

Situación: Una campaña
Túrnense para contarse lo que harían para mejorar el medio ambiente. Usen vocabulario y expresiones de ¡**Así lo decimos!** y los verbos en el condicional.
Para empezar. *Trabajaría para reducir las emisiones de las plantas de carbón...*

Situación: Predicciones
Túrnense para contarse que dijo o prometió la gente que pasaría en el futuro.
Para empezar. *Mis padres dijeron que yo estudiaría medicina. Mis profesores dijeron que estudiaría arte, pero yo dije que sería ingeniero...*

Observaciones

12-48
to 12-50

¡Pura vida! EPISODIO 12

En este episodio Felipe busca una camioneta.

Antes de ver el video

12-34 Vehículos usados en Costa Rica. Cuando Felipe va a la Internet encuentra una página web con camionetas a la venta. Lee sus características y explícale a Felipe por qué crees que la debería comprar o no.

MODELO: *En mi opinión...*

modelo	Chevrolet S10
año	1995
aire acondicionado	✗
vidrios eléctricos	✗
transmisión	Manual
motor	2500 cc diesel
dirección hidráulica	✓
cierre central	✗
kilometraje	224.000 km
color	blanco y azul
precio	US $8.000

Vehículos usados

A ver el video

 12-35 Felipe en la Internet. Mira el episodio número doce de **¡Pura vida!** para ver cómo Felipe busca otra camioneta. Luego, indica si las afirmaciones siguientes son ciertas (**C**) o falsas (**F**).

Felipe

Felipe en la Internet

Los amigos ayudan a Felipe

1. __C__ Felipe se ha conectado a su correo electrónico.
2. __F__ Recibe un mensaje que dice que ha ganado la lotería.
3. __F__ El mecánico ha reparado su camioneta.
4. __F__ Imprime la dirección de la agencia.

5. __C__ Busca una camioneta en **Terra.es**.
6. __F__ El teléfono de Marcela no manda mensajes instantáneos.
7. __C__ A Marcela le interesan más los trajes de baño.
8. __C__ Felipe le pide la moto a Patricio para ir a ver la camioneta.

Después de ver el video

 12-36 www.Terra.es. **Terra.es** es un buscador (*search engine*) muy popular en España. Conéctate a la Internet para ver qué se ofrece en **Terra.es** y anota qué hay en alguna de sus secciones.

 Busca: terra.es

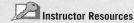 **Instructor Resources**
• IRM: Videoscript

Note on *Observaciones*
The words *camioneta* and *furgoneta* both exist, albeit in different varieties of Spanish, to refer to a "pick-up truck."

Warm-up for 12-35
This episode of *¡Pura vida!* works nicely as a springboard for integrating theater into the classroom. Choose a moment during the episode to play during class. Stop the video before all is revealed and have students predict what will happen next. The students can compose brief dialogs to act out in front of the class. After viewing the skits, play the scene and see which group's skit most closely approximates the video storyline. Students can view the remainder of the episode and complete the comprehension activity as homework.

Wrap-up for 12-35
In this episode, we observe Felipe, Marcela, and Silvia more closely. Have students summarize what they know and have learned about these characters thus far in the series. Write questions such as the following on the board or a transparency: *¿Cómo es Felipe física y personalmente? ¿Y Marcela? ¿Y Silvia? ¿Te cae bien cada uno/a como persona? ¿Por qué sí o por qué no?* etc.

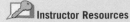
Warm-up for *Panoramas*
Refer students back to the images in the chapter opener. Ask if they know other Hispanic American personalities in the media and if they can guess what the eagle in the picture *Paisajes humanos* symbolizes.

Notes on Panoramas
Roselyn Sánchez organized a triathlon to support San Jorge Children's Foundation and the Casa Cuna of San Juan, Puerto Rico.

Benjamín Bratt fought for years with Hollywood casters to be cast in roles not based on his ethnicity. His efforts have led to him being awarded the ALMA award several times for promoting a positive image in film and television.

Eva Longoria Parker received the National Hispanic Foundation for the Arts' Horizon Award, in recognition of her efforts to advance the presence of Latinos in television and/or film.

John Leguizamo once said people would tell him, because of his fair skin, he should not limit himself to playing Hispanic roles, but his response was that for him it was not a limitation, but an opportunity.

In 2007, América Ferrera was named "Hispana del año" for her efforts to raise the image of Hispanics and Spanish language in film and television.

George López would not accept a role in *Desperado* because he was unwilling to portray a negative image of Hispanics.

Nuestro mundo

Panoramas

Los hispanos en Estados Unidos

12-51 to 12-52

Tradicionalmente los papeles para hispanos en la televisión y en el cine han sido de pandilleros (*gang members*) o ilegales, pero en años recientes son más evidentes en roles positivos. ¿Puedes identificar algún programa o película en que aparecen estas estrellas?

Benjamín Bratt

Eva Longoria Parker

Roselyn Sánchez

América Ferrera

George López

John Leguizamo

Los hispanos en Estados Unidos

Hispanos	
en EE. UU.[1]:	48,4 millones
Estado oficialmente bilingüe[2]:	Nuevo México
Familias hispanas en EE. UU. con computadora[2]:	7 millones
Los que usan la Internet[2]:	64%
Los que dicen que el medio ambiente es importante[2]:	92%
Los que creen que sus hijos tendrán un mejor futuro[2]:	73%

[1]Source: U.S. Census Bureau (2009)
[2]Source: Pew Hispanic Center

12-37 Identifica.
Empareja las estrellas con su origen y algunos de sus papeles.

1. __c__ Roselyn Sánchez
2. __f__ Benjamín Bratt
3. __d__ Eva Longoria Parker
4. __e__ John Leguizamo
5. __a__ América Ferrera
6. __b__ George López

a. mexicoamericano/a – Películas: *The Sisterhood of the Traveling Pants; Real Women Have Curves;* Televisión: "Ugly Betty"

b. mexicoamericano/a – Películas: *Valentine's Day; The Spy Next Door;* Televisión: 118 episodios de una serie que lleva su nombre

c. puertorriqueño/a - Películas: *Act of Valor; Royal Pain* Televisión: "Without a Trace"

d. méxicoamericano/a – Películas: *Días de gracia;* Televisión: "Desperate Housewives"

e. colombiano/a – Películas: *Vanishing on 7th Street; Gamer; Love in the Time of Cholera;* Televisión: "ER"

f. peruanoamericano/a – Películas: *La Mission; Piñero; Miss Congeniality;* Televisión: "Law & Order"

12-38 Desafío.
Consulta el mapa y la caja para identificar o explicar lo siguiente.

1. el número de hispanos en EE. UU.
   Hay 48,4 millones.
2. la opinión que tienen los hispanoamericanos sobre el futuro
   Son optimistas.
3. la ciudadanía (*citizenship*) de los puertorriqueños
   Son estadounidenses.
4. el estado que es oficialmente bilingüe
   Nuevo México
5. la importancia de proteger el medio ambiente, según los hispanoamericanos
   Es importante según 92% de los que respondieron a la encuesta.

12-39 Proyecto.
Conéctate a la Internet para ver nombres de otras personalidades hispanas importantes. Elige una para investigar sus raíces (*roots*) y descubrir por qué es importante.

> Busca: contribuciones notables de hispanos

Cuando era puertorriqueña (fragmento), (Esmeralda Santiago, Puerto Rico/EE. UU.)

Esmeralda Santiago, la mayor de 11 hermanos, nació en Puerto Rico. Tenía trece años cuando su familia se mudó a Nueva York. Allí asistió a la Performing Arts School y después a Harvard y a Sarah Lawrence. Con su esposo, Frank Cantor, fundó CANTOMEDIA, una compañía que produce documentales. *Cuando era puertorriqueña* fue su primera obra, una memoria de su juventud en Puerto Rico y luego en Nueva York. Describe sus esfuerzos para primero aprender inglés y luego, para tener éxito en la escuela. A Esmeralda Santiago se le considera una de las escritoras hispanas más importantes de nuestra época.

ANTES DE LEER

12-40 Recuerdos de la escuela. En este fragmento, Santiago cuenta sobre su primer día en una escuela nueva y cómo quiso comunicarse en inglés. Piensa en tu primer día en una escuela nueva y escribe qué pasó y cómo te sentías.

A LEER

12-41 Cuando era puertorriqueña. Lee ahora el fragmento de esta conocida obra de Santiago.

El primer día de clases, Mami me llevó a un edificio de piedra que dominaba una cuadra de Graham Avenue, su patio de concreto encerrado° detrás de una verja de hierro° con púas° en las puntas. Los escalones del frente eran largos pero angostos°, y daban a dos puertas pesadas que se cerraron de golpe cuando entramos y bajamos por un corredor bien pulido°. Yo llevaba mi tarjeta de la escuela en Puerto Rico llena de *As* y *Bs,* y Mami tenía mi certificado de nacimiento. En la oficina, nos saludó un Mister Grant, un señor desanimado, con lentes bifocales y una sonrisa amable, que no hablaba español. Le dio a Mami un formulario a llenar. Yo entendía casi todas las palabras en los cuadritos que estábamos supuestas° a llenar: *Name, Address (City, State)* y *Occupation.* Se la devolvimos a Mister Grant, quien la revisó, miró mi certificado de nacimiento, estudió mis notas y escribió en una esquina "7–18."

Don Julio me había dicho° que si los estudiantes no hablaban inglés, las escuelas de Brooklyn los ponían un grado atrás hasta que lo aprendieran.

—¿Sében gré?° —le pregunté a Mister Grant, enseñándole los números que él había escrito. Señala con la cabeza que sí. —Ay no guan sében gré. Ay eyt gré. Ay tineyer.

—Tú no hablas inglés —me dijo, pronunciando las palabras inglesas poco a poco para que lo entendiera mejor—. Tienes que volver al séptimo grado hasta que lo aprendas.

—Ay jab *A* in scul Puerto Rico. Ay lern gud. Ay no sében gré gerl.

Mami se me quedó mirando, no entendiendo lo que yo estaba diciendo, pero sabiendo que [yo] le estaba faltando el respeto a un adulto.

—¿Qué es lo que está pasando? —me preguntó. Yo le dije que me querían poner en el séptimo grado, y que yo no quería. Este era el primer acto rebelde que me había visto fuera de mis malcrianzas° en casa.

—Negi, déjalo. Así se hacen las cosas aquí.

—A mí no me importa cómo se hagan las cosas aquí. Yo no voy a repetir el séptimo grado. Yo no soy bruta.

Mami miró al Mister Grant, quien parecía estar esperando que ella hiciera algo conmigo. Ella le sonrió y encogió° los hombros.

enclosed
iron grill / barbs / narrow

polished

supposed

had told me

Seventh grade?

rudeness

shrugged

—Mister Grant —le dije, aprovechando el momento–, ay go eyt gré six mons. Iv ay no lern inglis, ay go sében gré. ¿Okey?

—Así no es como se hacen las cosas aquí —me dijo, vacilante.

—Ay gud studen. Ay lern quik. Yu sí notas —le enseñé las *As* en mi tarjeta de la escuela—. Ay pas sében gré.

Así regateamos.

—Tienes hasta las Navidades —me dijo—. Yo estaré siguiendo tu progreso.

Tachó "7–18" y escribió "8–23" en el margen del papel. Escribió unas palabras en un papel, lo metió dentro de un sobre y me lo dio.

—Tu maestra es Miss Brown. Llévale esta notita. Tu mamá se puede volver a su casa.

Se despidió y desapareció en su oficina.

—¡Qué bien puedes hablar inglés! —exclamó Mami.

Yo estaba tan orgullosa de mí misma que por poco exploto. En Puerto Rico, si hubiera sido tan atrevida°, el equivalente del Mister Grant hubiera dicho que era una mal educada, y me hubiera mandado a casa con una nota para Mami. Pero aquí, era la maestra la que estaba recibiendo la nota, logré° lo que yo quería y mandaron a mi mamá a su casa.

sassy

I got

—Ya yo sé llegar a casa después de la escuela –le dije–. No me tienes que venir a buscar.

—¿Estás segura?

—No te apures°.

Don't worry

Caminé por el corredor enlozado° en blanco y negro, pasando muchas puertas con ventanas, cada una con su número en tinta negra. Otros estudiantes se me quedaban mirando, trataban de llamarme la atención o no me hacían caso de tal manera que yo sabía que querían que yo supiera que no me estaban haciendo caso°. Les pasé como si supiera hacia donde iba, encabezándome° hacia un letrero que decía *STAIRS* con una flecha apuntando para arriba.

tiled

querían… they wanted me to think they didn't notice me.
heading

DESPUÉS DE LEER

12-42 ¿Probable o improbable? Lee las siguientes oraciones e indica si cada una es probable (**P**) o improbable (**I**) según el fragmento que has leído. Corrige las oraciones improbables.

1. ___I___ La joven tenía doce años cuando empezó el octavo grado.
   Llegó a EE. UU. con trece años, cuando empezó el octavo grado.
2. ___I___ El director de la escuela creía que hablaba bastante bien el inglés.
   Dijo que por no hablar bien el inglés, la quería poner en el séptimo grado.
3. ___P___ La manera en que le habló al director no era respetuosa.

4. ___P___ Era evidente que su mamá no entendía mucho de la conversación con el director.

5. ___I___ Cuando caminaba por el pasillo, le parecía que nadie la veía.
   Le parecía que muchos de los estudiantes la miraban.

12-43 Recuerdos del octavo grado. Escribe lo que recuerdas de tu escuela cuando estabas en el octavo grado. ¿Dónde estaba la escuela? ¿Quién era tu maestro/a? ¿Te gustaban las clases? Compara tu experiencia con la que tuvo la narradora durante su primer día en Brooklyn.

MODELO: *En el octavo grado asistí a la escuela… que estaba en …*

Optional activity after 12-42
This activity provides additional comprehension practice and is available for download from the IRC.
¿Sében gré? Cuando la narradora habla con el director, parece que tiene un acento bastante fuerte en inglés. Para entender mejor lo que está diciendo, lee las frases en voz alta con pronunciación española y emparéjalas con la expresión correcta en inglés.

1. ¿Sében gré?
2. Ay eyt gré. Ay tineyer.
3. Ay jab A in scul.
4. Iv ay no lern inglis, ay go sében gré.
5. Ay gud studen
6. Ay lern quik.

a. I'm in eighth grade. I'm a teenager.
b. If I don't learn English, I'll go to seventh grade.
c. I'm a good student.
d. Seventh grade.
e. I learn quickly.
f. I have As in school.

Answers: 1. d; 2. a; 3. f; 4. b; 5. c; 6. e

Presentation tip for 12-44
You and your students can find other models of *foros* on the Internet.
Busca: foro medio ambiente

12-44 Foro: El medio ambiente. Este es un foro para consultar dudas y participar en el debate sobre el medio ambiente. Aquí, expertos en el tema al igual que usuarios interesados se reúnen para compartir conocimientos e información. En este taller, vas a participar en la discusión.

ANTES DE ESCRIBIR

- **El problema.** Piensa en un problema ecológico que quieras debatir en el foro y los argumentos a favor y en contra.

MODELO:

Cristina (ayer) *Buenas tardes. En mi estado se ha montado una campaña para eliminar las bolsas de plástico para las compras. Yo las utilizo para tirar la basura. Entiendo que es por razones ecológicas, pero ¿van a sustituirlas por otras? ¿Hay bolsas que no perjudiquen el medio ambiente? Creo que hay que buscar alternativas a tirar la basura en bolsas de plástico.*

Ramón (hoy) *Hola, Cristina. ¡El gobierno de tu estado es muy progresista! Es verdad que las bolsas de plástico no se descomponen en la naturaleza, pero hay otras que son biodegradables y...*

A ESCRIBIR

- **Introducción.** Abre la discusión y haz una pregunta para animar a otros a responder.
- **Discusión.** Escribe por lo menos cuatro entradas sobre el tema de la discusión. Incluye voces a favor y otras en contra. Si es posible, pídeles a otros compañeros que también participen en la discusión.
- **Conclusión.** Resume o cierra tema.

DESPUÉS DE ESCRIBIR

- **Revisar.** Revisa tu discusión para verificar los siguientes puntos:
  - ☐ el uso del presente perfecto
  - ☐ el uso del futuro y del condicional
  - ☐ la concordancia y la ortografía
- **Intercambiar**
  Intercambia tu discusión con la de un/a compañero/a. Mientras leen los relatos, hagan comentarios y sugerencias sobre el contenido, la estructura y la gramática. Reaccionen también a los relatos.
- **Entregar**
  Pon tu foro en limpio, incorporando las sugerencias de tu compañero/a. Después, entrégaselo a tu profesor/a.

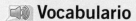

Vocabulario

Primera parte

La computadora y otros aparatos electrónicos — **The computer and other electronics**

la antena parabólica *satellite dish*
los auriculares *earbuds, headphones*
el cajero automático *ATM*
el disco duro (externo) *(external) hard drive*
el DVD *DVD*
el escáner *scanner*
la fotocopiadora *photocopier*
la grabadora de DVD *DVD recorder*
la impresora *printer*
el lector de CD/DVD *CD/DVD player*
la marca *brand*
la memoria USB *memory stick*
la pantalla *screen*
el ratón (inalámbrico) *(wireless) mouse*
el reproductor de mp3 *MP3 player*
el teclado *keyboard*

Recursos en la computadora — **Resources on the computer**

la hoja electrónica *spreadsheet*
el hipervínculo *hyperlink*
el juego electrónico *computer (electronic) game*
la página web *web page*
el sitio web *web site*

Verbos — **Verbs**

apagar *to turn off*
archivar *to file, to save*
bajar *to download*
borrar *to erase*
encender (ie) *to turn on*
enviar *to send, to post online*
fallar *to fail (computer disk)*
fotocopiar *to photocopy*
funcionar *to function, to work*
grabar *to record*
imprimir *to print*
instalar *to install*
programar *to program*
subir *to upload*
tener éxito *to be successful*

Adjetivos — **Adjectives**

digital *digital*
electrónico/a *electronic*
tecnológico/a *technological*

Segunda parte

Nuestro mundo y el medio ambiente — **Our world and the environment**

el bosque pluvial *rain forest*
el calentamiento global *global warming*
la deforestación *deforestation*
el desarrollo *development*
los desechos *waste*
la energía (alternativa/solar) *(alternative/solar) energy*
el envase (de aluminio) *(aluminum) container*
las especies en peligro de extinción *endangered species*
la escasez *shortage*
la fábrica *factory*
el humo *smoke*
el medio ambiente *environment*
la naturaleza *nature*
los pesticidas *pesticides*
la planta nuclear *nuclear plant*
el pozo de petróleo *oil well*
la radioactividad *radioactivity*
el recurso natural *natural resource*
el reciclaje *recycling*
la reforestación *reforestation*
la selva *jungle*

Verbos — **Verbs**

ahorrar *to save*
conservar *to conserve, to preserve*
consumir *to consume*
contaminar *to contaminate, to pollute*
multar *to fine*
proteger (j) *to protect*
reciclar *to recycle*
tirar *to throw (away, out)*

Expressions used with the present perfect indicative *See page 394.*

Presentation tip for *Vocabulario*
Help students better assimilate vocabulary through images and realia (images of natural resources and negative environmental effects, objects from technology, etc.), role-plays, or dialogs (of an infomercial for a new product, of a conversation between a salesperson and a customer in a computer store, etc.), and review games. Some examples of the latter that will work successfully with these word sets include word associations (identifying members of categories, such as *las partes de una computadora, los problemas relacionados con el medio ambiente*, etc.; matching verbs with their associated objects, such as *instalar un programa, borrar un disco duro, grabar un DVD, proteger el bosque, no arrojar los envases*, etc.), spelling races at the board, charades, and Pictionary. By interacting with others and using words in meaningful ways, vocabulary acquisition is greatly enhanced.

Instructor Resources
• MSL: Testing Program

13
¿Oíste las noticias?

Instructor Resources
• IRM: Syllabi and Lesson Plans
MSL: Textbook images, PPT

Warm-up for *Capítulo 13*
Review the previous chapter by having students use the future tense to talk about their personal and professional plans after they graduate from college. As a transition to *Capítulo 13,* look at the photographs in the chapter opener. If you have visited Spain, tell students what sights you have seen and what you plan to see on your next visit. Ask students if they have visited or read about *la Alhambra* or *la Sagrada Familia.* This chapter is about various forms of mass communication. Ask students if they read/heard the news today or if they read/listen to it regularly, and ask also which newspapers (whether in print or online) they prefer and why.

The Five C's

Communication: Activities requesting opinions, such as in *Perfiles* and *Páginas;* writing activities (*Taller*), information gap (13-10, 13-34), information sharing activities (13-3, 13-4, 13-9, 13-11, 13-12, 13-13, 13-16, 13-17, 13-19, 13-28, 13-29, 13-30, 13-35, 13-36, 13-47).

Cultures: See Chapter Opener, *Perfiles, Cultura en vivo, Presencia hispana, Observaciones, Panoramas, Páginas* and *Taller.* See also, activities with a cultural context, such 13-4, 13-5, 13-6, 13-7, 13-14, 13-15, 13-25, 13-27, 13-31, 13-32; also photos and teacher notes that expand on cultural topics, found throughout.

Connections: For example, activities asking students to connect previous knowledge: *Mi experiencia, Mi música, Panoramas, Presencia hispana, Cultura en vivo, Taller* (writing).

Comparisons: *Estructuras, Perfiles, Cultura en vivo, Variaciones, Presencia hispana.*

Communities: Internet activities, such as 13-5, 13-21, 13-23, 13-42, 13-47.

Primera parte

¡Así lo decimos! Vocabulario	Los medios de comunicación
¡Así lo hacemos! Estructuras	The imperfect subjunctive
	Long-form possessive adjectives and pronouns
Perfiles	
Mi experiencia	*El País,* voz de la democracia
Mi música	"Quisiera ser" (Alejandro Sanz, España)

Segunda parte

¡Así lo decimos! Vocabulario	El cine, el teatro y la televisión
¡Así lo hacemos! Estructuras	**Si** clauses
Observaciones	¡Pura vida! Episodio 13

Nuestro mundo

Panoramas	La herencia cultural de España
Páginas	"Estimado Director de *El País*" (Erasmo Santiago García, España)
Taller	Una carta al director

OBJETIVOS COMUNICATIVOS

• Talking about means of communication: newspaper, television, and radio

• Talking about requests or uncertainty in the past

• Emphasizing possession and avoiding repetition

• Discussing television shows, movies, and entertainment

• Hypothesizing

Readiness Check

La herencia cultural de España

«Cree lo que vieres (veas)
y no lo que oyeres (oigas)».

Refrán: Believe what you see, not what you hear. (Seeing is believing.)

Una de las joyas arquitectónicas e históricas de Granada es la Alhambra, el palacio construido por los moros (*Moors*). El nombre significa "castillo rojo" en árabe.

En 1926, cuando murió el arquitecto Antonio Gaudí, la Iglesia de la Sagrada Familia en Barcelona todavía estaba por terminar. Cientos de miles de turistas visitan esta inacabada (*unfinished*) iglesia por su belleza y originalidad.

Note on *Images*
These 2 photographs are iconic images of Spain. The first represents the contributions of the Moors, including language, art, science, and religion beginning in the eighth century and lasting more than 700 years. The second is an example of Christian architecture emanating from an artist whose worldview in the nineteenth and twentieth centuries was well ahead of his time.

Presentation tip for *Refrán*
Ask students to identify the 3 verb forms in the refrán and their infinitives, writing *creer* = *ver* and *creer* = *oír* on the board. Ask students to think of equivalents in English, "Actions speak louder than words" or "Don't believe everything you hear."

Note on Images
La Alhambra es un imponente castillo musulmán situado sobre una colina rocosa de difícil acceso, en los márgenes del río Darío, protegido por las montañas y rodeado de bosque, entre los barrios más antiguos de la ciudad de Granada. Los tonos rojizos de sus murallas ocultan al exterior la belleza delicada de su interior.

Aunque originalmente una zona militar, la Alhambra llegó a ser la residencia real de la corte de Granada en el siglo XIII. El conjunto monumental cuenta también con un palacio independiente frente a la Alhambra, el Generalife, el sitio de recreo de los reyes de Granada.

Cuando Antonio Gaudí empezó el **Templo Expiatorio de la Sagrada Familia**, solo tenía 31 años, y dedicó el resto de su vida a su diseño y construcción.

Cuando se termine el templo, tendrá 18 torres, pero cuando Gaudí murió en un accidente de tranvía en 1926, se había construido una sola torre. En 2005, la UNESCO incluyó la obra que realizó Gaudí (la fachada del Nacimiento y la cripta) en el Sitio del Patrimonio Mundial "Obras de Antoni Gaudí. En el 2007 el sitio fue nombrado uno de los "12 Tesoros de España".

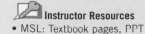
Primera parte

¡Así lo decimos! VOCABULARIO

¡Así es la vida! El cierre de una edición del periódico

 La noche antes de la publicación del periódico *El Mundo,* hay mucho movimiento en la sala de redacción.

PATRICIA:	¿De quién es esta reseña?
ROGELIO:	Es mía. Es de una novela nueva de Carlos Ruiz Zafón.
PATRICIA:	Uy, ¡qué guay[1]! Me gustaría leerla.

SOLEDAD:	Dudabas que el editor aceptara tu artículo, ¿verdad?
GARCÍA:	Sí, pero después me dijo que lo terminara para publicarlo en esta edición.
SOLEDAD:	¿Quieres que te ayude con la redacción?

[1] *How cool!*

Vocabulario Los medios de comunicación

13-02
to 13-07

Variaciones
El/la meteorólogo/a is heard throughout the Spanish-speaking world; however, **el hombre/la mujer del tiempo** is also used.

Variaciones
The front page of a newspaper is **la primera plana** in Latin America and **la portada** in Spain.

La prensa · Press

el artículo	*article*
la caricatura política	*political cartoon*
la cartelera	*entertainment section*
el consultorio sentimental	*advice column*
el editorial[1]	*editorial section*
el horóscopo	*horoscope*
las noticias	*news*
la primera plana	*front page*
la reseña	*review (of books, movies, etc.)*
la revista (del corazón)	*(celebrity) magazine*
la sección deportiva	*sports section*
la sección financiera	*financial section*
el titular	*headline*

Noticias en línea · News online

el buscador	*search engine*
el inicio	*home*
el periódico digital	*online newspaper*

Noticias en la televisión[2] · News on television

el noticiero	*newscast*
el reportaje	*feature*

En la radio[2] · On the radio

la estación de radio	*radio station*
la radio por satélite	*satellite radio*

Gente en los medios · People in the media

el/la comentarista	*newscaster, commentator*
el/la comentarista deportivo/a	*sportscaster*
el/la crítico/a[3]	*critic*
el/la director/a	*editor-in-chief*
el/la locutor/a[4]	*announcer*
el/la meteorólogo/a	*meteorologist*
el/la presentador/a	*host (on television, radio)*
el/la reportero/a	*reporter*

El público · The audience

el/la lector/a	*reader*
el/la radioyente	*listener*
el/la oyente de podcast	*podcast listener*
el/la televidente	*television viewer*

Verbos · Verbs

informar	*to report*
revisar	*to check*
transmitir	*to transmit*

Los titulares llaman la atención.

Hoy la sección financiera tiene buenas noticias.

El presentador da el noticiero cada noche en la televisión.

[1]**El editorial** refers to an editorial; **la editorial** to a publishing house.
[2]The words **la televisión** and **la radio** refer to television and radio broadcasting in general. In most Spanish-speaking countries **el televisor** and **el radio** refer to the actual sets.
[3]**El/la crítico/a** is a film or book critic. **La crítica** (when not referring to a person) is criticism in a general sense.
[4]Also **el/la presentador/a.**

¿Cuáles son los titulares?

APLICACIÓN

13-1 Los medios de información. Empareja cada expresión con la definición correspondiente.

1. ___g___ la caricatura política
2. ___a___ el editorial
3. ___e___ la primera plana
4. ___b___ la cartelera
5. ___d___ el titular
6. ___h___ la reportera
7. ___c___ la comentarista
8. ___f___ el noticiero

a. la sección donde se da la opinión del periódico

b. la sección con información sobre películas y conciertos

c. una persona que ofrece su opinión por radio o televisión

d. el título de un artículo en un periódico o una revista

e. la página del periódico donde aparecen las noticias más importantes

f. un programa que informa sobre los acontecimientos más importantes del día

g. un dibujo que parodia a una persona o situación política

h. una persona que hace investigaciones y escribe artículos o informes

13-2 Los medios de comunicación. Vas a oír un reportaje sobre la importancia de los hispanos en los medios de comunicación norteamericanos. Después de escuchar la selección, indica la mejor terminación para cada una de las frases siguientes.

1. La presencia de los hispanos en EE.UU...
   a. sigue igual que hace veinte años.
   b. está disminuyendo.
   c. está aumentando.

2. Las grandes compañías de productos de consumo quieren saber cómo...
   a. aumentar el mercado hispano.
   b. vender más productos en Hispanoamérica.
   c. hablar español mejor.

3. En Los Ángeles, Nueva York y Chicago...
   a. hay muchos periódicos hispanos.
   b. necesitan más periódicos hispanos.
   c. hay mucho interés en la política.

4. *La Opinión* es un periódico publicado en...
   a. Los Ángeles. b. Chicago. c. Miami.

5. *Vanidades* es...
   a. una revista popular.
   b. un periódico publicado en Miami.
   c. una telenovela bilingüe.

6. El mercado hispano cada vez va adquiriendo más...
   a. dinero. b. importancia. c. público de habla inglesa.

13-3 Su punto de vista. Lean las siguientes oraciones y expliquen por qué están de acuerdo o no con cada una de ellas.

MODELO: La prensa en EE. UU. es muy sensacionalista.
E1: *Estoy de acuerdo. Algunos ejemplos son…*
E2: *No estoy de acuerdo porque los periódicos nos dan información importante…*

1. En EE. UU. y Canadá no hay libertad total de prensa.
2. Muchos de los anuncios en la radio son muy tontos.
3. La censura de la prensa es necesaria para proteger la seguridad nacional.
4. En general, la gente pasa demasiado tiempo en sitios sociales, como Facebook.
5. Pronto no habrá periódicos impresos. Todos se leerán en línea.
6. YouTube es uno de los sitios más importantes de la Internet para las últimas noticias.

13-4 Radio Cádiz. Con 80 años en existencia, Radio Cádiz continúa transmitiendo desde la ciudad de Cádiz en España.

Paso 1 Refiéranse al aviso de Radio Cádiz como modelo y preparen un anuncio para un programa de su estación favorita. Incluyan esta información.

- el nombre o las siglas (*call letters*) de la estación de radio
- un lema publicitario (*slogan*)
- una mascota o un símbolo de la estación de radio
- el tipo de programación
- la gente que la escucha
- el nombre de un/a comentarista
- otra información para atraer a los radioyentes

Paso 2 Usen el aviso que prepararon para hacer un anuncio en la radio. Preséntenle el anuncio a la clase.

MODELO: *Radio Río, KRMP, es tu estación de radio de música guay (cool). Te invitamos a escuchar las mejores entrevistas de las estrellas de la música de hoy, los lunes desde las diez hasta las once de la noche…*

13-5 Periódicos en el mundo hispano. Hay varios periódicos importantes en el mundo hispano. Conéctate a la Internet y lee la primera plana de uno de estos periódicos. ¿Cuáles son los titulares? ¿Son noticias nacionales o internacionales? ¿Son noticias que ya conocías por la prensa norteamericana?

> **Busca:** clarin argentina; la opinion los angeles; el mercurio chile; nuevo herald miami; el pais espana; el tiempo colombia; el universal mexico

EN EL FIN DE SEMANA, SIEMPRE HAY TIEMPO…

para compartir y disfrutar la mejor música.
Música elegida y presentada por Begoña Lomas
los sábados de 13 a 19 y los domingos de 12:30 a 15.
Y en el momento oportuno, noticias, comentarios,
todo lo que usted quiere saber y
con la agenda cultural más completa.
Calidad inconfundible de Begoña Lomas y
Radio Cádiz.
Porque para descansar y divertirse,
siempre hay tiempo en Cádiz.

SIEMPRE HAY TIEMPO.
Sábados de 13 a 19.
Domingos de 12:30 a 15.

EN EL *640* DEL DIAL
CÁDIZ
SIEMPRE MÁS RADIO

Warm-up for 13-3
Before having students begin this activity, review the meanings of any necessary words. You can do so either by asking students if they have questions or by eliciting meanings for all to hear so that those who know will answer, and those who do not will take note: *¿Qué significa… libertad, la censura, proteger, seguridad* etc.?

Expansion of 13-4, Paso 1
Many radio stations broadcast live on the Internet. Have students locate one that originates in a Spanish-speaking community in the U.S. or another country. Have students address as many of the topics from the list in *Paso 1* as possible for that station. Have them report their findings the next day of class, and see if they located any of the same stations. Also ask students to note any similarities and/or differences among their findings. **Busca:** radio por internet

Expansion of 13-4, Paso 2
Have students record their *anuncios* with sound effects.

Note on 13-5
Many Spanish newspapers are available online for free, including *ABC, El País, El Mundo, El Universal* and *Onda Cero*, the last of which also provides audio clips for listening.

¡Así lo hacemos! ESTRUCTURAS

1. The imperfect subjunctive

13-08 to 13-14

In Spanish, the subjunctive mood has both present and past tenses. You have already learned the forms and uses of the present subjunctive. Now you will learn how to form and use the imperfect or past subjunctive.

¿Qué pasó en el senado?

El senador no permitió que hablaran los otros senadores.

NOTICIAS 11

• The imperfect subjunctive of regular and irregular verbs is formed by dropping the -**ron** ending of the third-person plural of the preterit and adding –**ra**, as shown below.[1]

buscar → busca~~ron~~ → **buscara...**
comer → comie~~ron~~ → **comiera...**
vivir → vivie~~ron~~ → **vivie**ra...

Salir			
yo	sali**era**	nosotros/as	salié**ramos**
tú	sali**eras**	vosotros/as	sali**erais**
Ud.	sali**era**	Uds.	sali**eran**
él / ella	sali**era**	ellos/as	sali**eran**

El profesor insistió en que **buscáramos** el periódico digital.

The professor insisted (that) we look for the on-line newspaper.

Esperaba que el meteorólogo **informara** sobre el estado del tiempo.

She hoped the meteorologist would report about the weather.

• Note that any verb irregular in the preterit will follow the same pattern in the imperfect subjunctive. For example:

Infinitive	Third-person plural	First-person singular
	Preterit	**Imperfect subjunctive**
creer	creye~~ron~~	**creyera**
decir	dije~~ron~~	**dijera**
estar	estuvie~~ron~~	**estuviera**
ir	fue~~ron~~	**fuera**
leer	leye~~ron~~	**leyera**
poder	pudie~~ron~~	**pudiera**
poner	pusie~~ron~~	**pusiera**
querer	quisie~~ron~~	**quisiera**
saber	supie~~ron~~	**supiera**
ser	fue~~ron~~	**fuera**
tener	tuvie~~ron~~	**tuviera**
traer	traje~~ron~~	**trajera**
venir	vinie~~ron~~	**viniera**

---

[1]A less commonly used imperfect subjunctive form is the -**se** form. It is equivalent to the -**ra** form, but it tends to be more literary and is used more often in Spain than elsewhere. The endings for this form are: -**se, -ses, -se, -semos, -seis, -sen**. The -**se** first-person plural form also requires an accent: **arreglásemos, pusiésemos**.

Era importante que **leyera** mi horóscopo.

It was important for me to read my horoscope.

El reportero dudaba que el informante **dijera** la verdad.

The reporter doubted that the informant was telling the truth.

- The imperfect subjunctive of **hay** is **hubiera.**

El director insistió en que **hubiera** un editorial sobre el accidente nuclear.

The editor-in-chief insisted that there be an editorial about the nuclear accident.

- A written accent is required on the first-person plural of the imperfect subjunctive forms.

El periodista quería que **arregláramos** la sala para la entrevista.

The journalist wanted us to arrange the living room for the interview.

El gobierno prohibió que **pusiéramos** esa información en el artículo.

The government prohibited us from putting that information in the article.

- Remember that we use the subjunctive to express hypothetical or subjective situations, such as the speaker's uncertainty, attitudes, emotions, or wishes. We use the present subjunctive when speaking about the present or future, and the imperfect subjunctive generally when speaking about the past or hypothetical situations. The verb in the main clause may be in the past tense (preterit or imperfect), or in the conditional (would/could).

Presente	**Pasado**
El reportero **se sorprende** que **publiquen** su artículo.	El reportero **se sorprendió** que **publicaran** su artículo.
The reporter is surprised that they will publish his article.	*The reporter was surprised that they published his article.*
No **hay** nadie que **quiera** escuchar el noticiero.	No **había** nadie que **quisiera** escuchar el noticiero.
There is no one who wants to listen to the newscast.	*There was no one who wanted to listen to the newscast.*
Leo los titulares en la Internet antes de que se **den** en la televisión.	**Leía** los titulares en la Internet antes de que se **dieran** en la televisión.
I read the headlines on the Internet before they are given on television.	*I used to read the headlines on the Internet before they were given on television.*
Quiero que los críticos **sean** más simpáticos.	**Quería** que los críticos **fueran** más simpáticos.
I want the critics to be nicer.	*I wanted the critics to be nicer.*

- We also use the imperfect subjunctive with **como si** (*as if*).

Felipe habla **como si** siempre **tuviera** razón.

Felipe talks as if he always were right.

¡No me mires **como si** yo **fuera** idiota!

Don't look at me as if I were an idiot!

- Use the imperfect subjunctive with **ojalá** when it means *I wish.*

¡**Ojalá** (que) el comentarista **explicara** mejor las noticias!

I wish the commentator would explain the news better!

¡**Ojalá** (que) no **cancelaran** mi telenovela favorita!

I wish they wouldn't cancel my favorite soap opera!

- You can also use the imperfect subjunctive to make polite requests or statements. In such cases the forms of the verbs **querer, poder,** and **deber** are used.

Quisiera leer la primera plana.

I would like to read the front page.

¿**Pudieras** darme la sección deportiva?

Could you give me the sports section?

Debiéramos escribir una carta al director.

We should write a letter to the editor.

United Parcel Service

Tan seguro como si lo llevara Ud. mismo.

APLICACIÓN

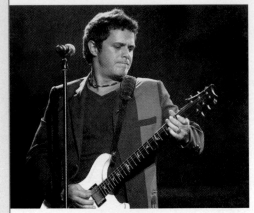

El cantautor español
Alejandro Sanz

13-6 Alejandro Sanz responde a preguntas. El cantautor español, Alejandro Sanz, siempre ha estado dispuesto (*willing*) a responder a las preguntas de sus aficionados. A continuación, hay una selección de preguntas y respuestas que aparecieron en el sitio web publispain.com.

Paso 1 Subraya las formas verbales en el imperfecto de subjuntivo y luego explica por qué se usa el subjuntivo en cada caso. Escoge entre: antecedente no cierto, emoción, influencia, conjunción adverbial, duda, cortesía o como si.

ATILA: ¿Cómo te sentías cuando algunas estaciones de radio no quisieron tocar tu canción "No es lo mismo"?

SANZ: Me dio mucha lástima que <u>decidieran</u> censurar esa canción. Compuse "No es lo mismo" para que la gente <u>entendiera</u> mi opinión de que no tienes que hacerle caso[1] a la gente que te censura.

CARAQUEÑA: Dinos el piropo[2] más simpático que te han dicho.

SANZ: Uno que me dijeron en Argentina, que dice: "<u>Quisiera</u> ser pajarito[3] para posarme[4] en tu tronco". Es genial, ¿no?

MAMITA: ¿Cómo te sentías cuando nació tu hija?

SANZ: Te juro que fue el momento más feliz de mi vida. No podía creer que <u>tuviera</u> una cosita tan preciosa entre mis brazos y que <u>fuera</u> mía[5].

BELLACHICA: Una pregunta hipotética. Imagínate que eres un político importante y muy influyente. ¿A quién seleccionarías como presidente y a quién como primera dama?

SANZ: ¡Qué risa[6]! Bueno, insistiría en que la primera dama <u>fuera</u> Madonna, y el presidente Danny DeVito. Creo que harían una pareja estupenda.

ALEJANDRO: ¿Crees en la reencarnación y en qué te gustaría reencarnarte?

SANZ: Jamás creí que <u>hubiera</u> la posibilidad de reencarnarse. Pero en ese caso, me gustaría ser un pez.

LUMIRF: ¿Qué diferencia hay entre Alejandro Sanz antes y después de tener una hija?

SANZ: Bueno pues, cambian mucho tus prioridades. Te sientes como si todo su futuro <u>dependiera</u> de ti y por eso tienes que hacer todo lo posible para crearle un mundo mejor.

SOLTERO: ¿Con quién harías un dueto?

SANZ: No sé, con Seal, con Aretha Franklin, con Elton John. Acabo de hacer uno con Alicia Keys que salió muy bonito. Me gustaría hacer un dueto con alguien que <u>sintiera</u> la misma pasión que yo por hacer algo importante en el mundo.

---

[1]*pay attention* [2]*compliment* [3]*little bird* [4]*perch* [5]*mine* [6]*how funny*

Paso 2 Vuelve a leer las respuestas de Alejandro Sanz para identificar lo siguiente.

1. El momento más feliz de su vida: cuando nació su hija
2. Un piropo que escuchó en Argentina: "Quisiera ser pajarito para posarme en tu tronco"
3. Una canción suya que fue censurada por algunas estaciones de radio: "No es lo mismo"
4. A quiénes nombraría presidente y primera dama: a Danny DeVito y a Madonna
5. El tipo de persona con quien le gustaría hacer un dueto: con alguien que sintiera la misma pasión que él
6. Cómo ha cambiado su vida después del nacimiento de su hija: ha cambiado de prioridades
7. El animal que sería: un pez
8. Con quién acaba de hacer un dueto: con Alicia Keys

13-7 Hoy en *Cristina*. La presentadora Cristina Saralegui entrevista al agente de Alejandro Sanz en su programa de televisión. Completa la entrevista con la forma correcta del imperfecto de subjuntivo de un verbo lógico de la lista.

asistir	hacer	pasar	recibir	tener
estar	llegar	poder	recordar	ver

CRISTINA: Buenas tardes, Carlos. Esperábamos que Alejandro Sanz (1) _estuviera_ aquí con nosotros en persona, pero entendemos que hubo problemas con su vuelo hasta Miami. ¡Ojalá (2) _pudiera_ viajar en su propio avión!

AGENTE: Hola, Cristina. Sí, fue una lástima que Alejandro no (3) _llegara_ a tiempo. ¿Y sabes? Me gusta esa idea de tener un avión privado, pero no es así.

CRISTINA: Bueno, vamos a hablar de su última gira por Latinoamérica, España y EE. UU., el exitoso Tour Paraíso. ¿Le sorprendió que la gira (4) _tuviera_ tanto éxito?

AGENTE: Bueno, se sintió verdaderamente feliz que el público lo (5) _recibiera_ con tanto entusiasmo. Me pidió que (6) _hiciera_ una buena campaña publicitaria para su disco, *Paraíso Express,* y así lo hice. Pero a nivel personal, sí estuvo sorprendido.

CRISTINA: Y ¿cómo reaccionó su familia?

AGENTE: Fue muy emocionante para Alejandro que sus padres (7) _asistieran_ al primer concierto en México, D.F., y que (8) _vieran_ la reacción del público cuando interpretó "Si hay Dios" junto a imágenes de la tragedia de Haití. Para Alejandro, era importante que todos (9) _recordaran_ a los más necesitados del mundo y el público respondió con mucha emoción.

CRISTINA: Es verdad, fue el momento más emotivo de la noche. ¿Y ahora, Carlos? ¿Cuáles son los planes de Alejandro para el futuro?

AGENTE: Bueno, quería que su familia (10) _pasara_ más tiempo con él en Miami, pero no pudo ser. Entonces, continuará con lo suyo que es cantar, siempre cantar.

Presencia hispana

Cristina Saralegui is one of the most celebrated talk show hosts on television. "El Show de Cristina" made its debut on Univisión in 1989 and continued regularly on Monday nights through 2010, earning her some 12 Emmys, a Hollywood Star of Fame, and induction into the Broadcasting and Cable Hall of Fame. With what English-language talk show hosts could you compare her success?

Optional activity after 13-7
The following cloze passage provides controlled practice with imperfect conjugations in the dependent clauses. According to time available, have students complete it after 13-7 for additional practice with the forms of the imperfect subjunctive. This activity is available for download from the IRC.

Un artículo escandaloso.
Completa el siguiente artículo con la forma correcta del imperfecto de subjuntivo de cada verbo entre paréntesis.

MODELO:
Era importante que yo *leyera* el editorial.

El editor quería que los escritores (1. revisar) ____ el artículo de la reportera antes de publicarlo. La directora del periódico insistió en que la reportera (2. conseguir) ____ toda la información que ella necesitara. Los otros reporteros no estaban seguros de que ella (3. tener) ____ toda la información. Por eso, los lectores dudaban que la reportera (4. saber) ____ toda la verdad del caso...

Note on *Cristina Saralegui*
In 2010, Univisión announced that "El Show de Cristina" would film its final show during the November Sweeps, however, Cristina Saralegui would continue as director of special programs for Univisión. Univisión stated on its web site, "El *Show de Cristina* ha cautivado los corazones y mentes de sus fieles televidentes durante más de 20 años. El programa ha empoderado y entretenido a la comunidad hispana con información de actualidad, con una lista impresionante de invitados de alto perfil, y con su estilo cálido y familiar que la audiencia tanto conoce y quiere."
Students can still view episodes on the Internet, **Busca:** show cristina video

13-8 La mesa redonda. Explica lo que pasó anoche en una reunión del director con los reporteros. Escribe por lo menos ocho oraciones completas en español. Para cada oración, combina un elemento de cada columna y completa la idea.

MODELO: el director / insistir en que / los reporteros / terminar
El director insistió/insistía en que los reporteros terminaran a tiempo.

A	B	C	D
el director	insistir en que	el periódico	publicar
una reportera	dudar que	los lectores	entender
un meteorólogo	temer que	el presidente (no)	decir
unos periodistas	sentir que	el público	aceptar
los críticos	lamentar que	la comentarista	escribir
nosotros	esperar que	el actor	ser

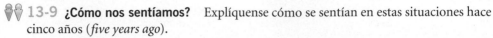 **13-9 ¿Cómo nos sentíamos?** Explíquense cómo se sentían en estas situaciones hace cinco años (*five years ago*).

MODELO: Yo quería que mis amigos...
E1: *Yo quería que mis amigos me invitaran todas las noches a su casa.*
E2: *Pues yo prefería que mis amigos vinieran a mi casa a jugar al básquetbol.*

1. Yo sentía que mi profesor/a favorito/a...

2. Yo quería que mi mejor amigo/a...

3. Yo dudaba que mis padres...

4. Yo temía que la gente...

5. Me alegraba de que mis amigos...

6. Yo esperaba que todo el mundo...

13-10A Cuando eran más jóvenes. Túrnense para hacer y contestar las preguntas sobre lo que sus padres les permitían o les prohibían que hicieran cuando eran más jóvenes. Usen el imperfecto de subjuntivo en sus respuestas. **Estudiante B,** por favor ve al **Apéndice 1,** página A-22.

MODELO: ESTUDIANTE A: *¿Qué querían tus padres que hicieras los fines de semana?*
ESTUDIANTE B: *Querían que yo limpiara mi cuarto.*

Estudiante A:

Mis preguntas	Posibles respuestas a las preguntas de mi compañero/a
1. ¿Qué te prohibían tus padres que hicieras?	• periodismo
2. ¿Qué te pedían que hicieras por las tardes?	• artículos del periódico
3. ¿Qué libros querían tus padres que leyeras?	• los sitios de chat
4. ¿Qué programas esperaban que vieras en la televisión?	• las estaciones públicas

Optional activity before 13-9
This activity allows for open-ended, written responses using complex sentences in the past in creative contexts. Time permitting, assign it before 13-9, which requires spoken responses.

Excusas personales. ¿Tienen Uds. excusas para todo? Piensen en un contexto y construyan 5 buenas excusas para explicar por qué no hicieron lo que debían hacer.

MODELO:
en el restaurante donde trabajan

Disculpa, pero no pude lavar los platos porque los clientes insistieron en que les explicara el menú.

Warm-up for 13-10
You may want to set up the context with some general questions: *Es el año ___. Hace 10 años era el año ___. ¿Cuántos años tenían Uds.? ¿Dónde estaban? ¿Con quiénes vivían? ¿Cómo pasaban el tiempo?* etc.

13-11 Quisiera pedirte un favor. Usen el imperfecto de subjuntivo de **querer, poder** y **deber** para pedirse tres favores. Respondan de una manera apropiada.

MODELO: E1: *Quisiera pedirte un favor. Mañana tengo examen de cálculo.*
¿Pudieras prestarme tu calculadora?
E2: *Me gustaría, pero tengo el mismo examen y la necesito también.*

13-12 ¡Ojalá que la prensa fuera perfecta! Conversen sobre estas cuestiones relacionadas con los medios de comunicación.

MODELO: E1: *¿Reportan siempre la pura verdad los periódicos?*
E2: *¡Ojalá la reportaran! La verdad es que hay reporteros que no son honrados.*

1. ¿Son buenos para los niños los programas de televisión?
2. ¿Respetan siempre los reporteros la privacidad de las celebridades?
3. ¿Siempre encuentran la verdad los reporteros políticos?
4. ¿Son acertadas (*accurate*) las caricaturas políticas?
5. ¿Tiene razón siempre el meteorólogo cuando pronostica el tiempo?
6. ¿Están siempre bien informados los lectores del periódico?

Ojalá pudiera encontrar un periódico menos sensacionalista.

13-13 ¡Ojalá…! Túrnense para expresar sus deseos, aunque sean imposibles. Expresen por los menos cinco deseos cada uno/a.

MODELO: *¡Ojalá pudiéramos irnos de vacaciones!*

¡Hola!

Cultura en vivo

There are several key differences in the way that television news is presented in Spanish America and in Spain. Anchors there tend to serve more as conveyers of news rather than as journalists. In addition to featuring important national happenings, which are often quite graphic in content, a large percentage of the news deals with world events. In this way, the television viewer is well informed about what is happening in the rest of the world. What is your major source for international news?

Warm-up for 13-11
Remind students that the imperfect subjunctive forms of these 3 verbs may be used in a main clause to make polite requests or statements (unlike most contexts, in which the subjunctive can appear only in a dependent clause). Review their conjugation in the imperfect subjunctive and perhaps provide a few additional models to guide students: *Quisiera pedirte un favor… ¿Me lo haces? Tengo que ir de compras. ¿Pudieras llevarme al supermercado? Tengo dolor de cabeza. ¿Pudieras darme 2 aspirinas?*

Warm-up for 13-12
Have students begin each response with the expression *Ojalá* + the imperfect subjunctive. You may want to tell them that the pronoun *lo* is used in Spanish to substitute for an expression with *ser* or *estar*. Complete a few items with them on the board, for example: 1. *¡Ojalá lo fueran siempre!* 6. *¡Ojalá lo estuvieran siempre!* etc.

Note on 13-13
Remind students that *ojalá* means "I wish" when used with the past subjunctive.

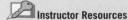
 2. Long-form possessive adjectives and pronouns

13-15 to 13-18

In **Capítulo 3,** you learned the short (unstressed) forms of possessive adjectives (*my, your, his/her, our, your, their*). The long-form possessives are used for emphasis or contrast, or to replace a noun already mentioned.

Short form	**Long form**
Es **mi** amigo.	Es un amigo **mío.**
He's my friend.	*He's a friend of mine.*
Nuestros reporteros son mejores que **tus** reporteros.	Los reporteros **nuestros** son mejores que los reporteros **tuyos.**
Our reporters are better than your reporters.	*Our reporters are better than your reporters.*

The following chart presents the long (stressed) forms.

Possessive adjectives (long forms)			
SUBJECT PRONOUN	SINGULAR	PLURAL	
yo	**mío/a**	**míos/as**	*my, (of) mine*
tú	**tuyo/a**	**tuyos/as**	*your* (fam.), *(of) yours*
Ud.	**suyo/a**	**suyos/as**	*your* (form.), *(of) yours*
él/ella	**suyo/a**	**suyos/as**	*his/her, (of) his/hers, (of) its*
nosotros/as	**nuestro/a**	**nuestros/as**	*our, (of) ours*
vosotros/as	**vuestro/a**	**vuestros/as**	*your* (fam. pl.), *(of) yours*
Uds.	**suyo/a**	**suyos/as**	*your* (form. pl.), *(of) yours*
ellos/ellas	**suyo/a**	**suyos/as**	*their, (of) theirs*

- In contrast to the short forms, which always precede nouns, the long forms of possessive adjectives follow nouns. They also agree with the nouns in gender and number.

  La revista **tuya** está en la mesa.   *The magazine of yours is on the table.*

  Aquí tienes dos reseñas **mías.**   *Here you have two reviews of mine.*
  El titular **nuestro** es grande.   *Our headline is big.*

- The long forms of possessive adjectives may be used as pronouns. In such instances, the definite article is used with the possessive adjective and the noun is omitted.

  Los locutores **nuestros** son muy buenos.   *Our announcers are very good.*
  Los nuestros son muy buenos.   *Ours are very good.*
  Las noticias **tuyas** son horribles.   *Your news is horrible.*
  Las tuyas son horribles.   *Yours is horrible.*

- As with the short form of **su(s),** possessive adjectives and pronouns may be clarified in the third-person forms. For adjectives, the long form **suyo/a(s)** can be replaced by the construction **de** + *pronoun* in order to clarify the identity of the possessor.

  —La crítica **suya** es imposible.   —*His criticism is impossible.*
  —¿La crítica **de quién**?   —*Whose criticism?*
  —La crítica **de Juan.**   —*Juan's criticism.*

- For the pronouns **el suyo, la suya, los suyos,** and **las suyas,** use *definite article* + **de** + *pronoun*: **el/la de usted, los/las de ellos,** etc. The definite article must agree in gender and number with the noun it replaces.

> **La suya** (la cartelera) es más completa que la nuestra.
>
> *Yours (the entertainment section) is more complete than ours.*
>
> **La de usted** es más completa que la nuestra.
>
> *Yours is more complete than ours.*

Study Tips – Possesive adjectives and pronouns

- In order to have the right form of a possessive adjective or pronoun, concentrate on the thing possessed. Is it singular or plural, masculine or feminine? What is important is not the possessor but the gender and number of the thing possessed.

APLICACIÓN

13-14 Javier Bardem. Reconocido por sus excelentes películas, algunos lo consideran el actor español más destacado (*outstanding*) hoy en día.

Paso 1 Lee el blog de Pepe Ritz, un conocido seguidor de las estrellas, sobre Javier Bardem. Subraya las formas posesivas plenas (*long-form*). Después exprésalas otra vez, usando la forma corta.

MODELO: Es un amigo <u>suyo</u>.
> *Es su amigo.*

Javier Bardem, el guapísimo actor español con un estilo muy personal, estuvo en Hollywood esta semana para estudiar el guión[1] de una película nueva que, según indican ciertas fuentes[2], espera hacer con un gran amigo <u>suyo</u>, Tommy Lee Jones. Pues, cuando miembros de la prensa le preguntaron si iban a volver a trabajar juntos, él sonrió de esa manera tan misteriosa <u>suya</u> y dijo: "Quizá". Y es que el público <u>nuestro</u> sigue la carrera <u>suya</u> con mucho interés y espera que les tengamos siempre al día con todos los detalles <u>suyos</u>. Estaremos listos para informarles de cualquier novedad en este caso.

---
[1]*script* [2]*sources*

Paso 2 Vuelve a leer el texto sobre Javier Bardem y contesta las preguntas siguientes.

1. ¿Dónde estaba Javier cuando se dio este informe?
   Estaba en Hollywood.

2. ¿Qué hacía allí? Estudiaba el guión de una película nueva que espera hacer.

3. Según el informe, ¿es cierto que va a hacer una película con Tommy Lee Jones?
   No, no es cierto, es posible que vaya a hacer una.

4. ¿Conoces la película *No Country for Old Men* que hizo con Tommy Lee Jones? ¿Qué tipo de película es?
   Answers will vary. Es muy violenta.

5. ¿Te gustaría ver una película suya? ¿Por qué sí o no?
   Answers will vary.

Un versátil actor, Javier Bardem ha actuado en dramas de mucho éxito como *No Country for Old Men* y comedias como *Vicky Cristina Barcelona.*

Answers to 13-14, Paso 1
gran amigo <u>suyo</u>: su gran amigo; esa manera tan misteriosa <u>suya</u>: su manera tan misteriosa; el público <u>nuestro</u>: nuestro público; la carrera <u>suya</u>: su carrera; los detalles <u>suyos</u>: sus detalles.

Note on *Javier Bardem*
In 2010, Javier Bardem married Penélope Cruz, his compatriot and co-star in *Vicky Cristina Barcelona.*

13-15 En Univisión. Completa la conversación entre el director de noticias y su ayudante con la forma correcta del posesivo pleno (*long-form*), según el contexto.

MODELO: Jefe: Oye, ¿está listo tu informe sobre las noticias políticas?
Ayudante: Sí, *el mío* está listo, pero no el del comentarista.
Jefe: ¿Y por qué no está listo *el suyo/el de él?*

JEFE: ¿Dónde está nuestra campaña publicitaria?

AYUDANTE: (1) __La nuestra/La suya__ está en el estudio.

JEFE: Por cierto, ¿sabes dónde está mi taza de café?

AYUDANTE: Seguramente la taza (2) __tuya__ está en tu escritorio.

JEFE: Ah, sí, ahora la veo. ¿Tiene la meteoróloga sus informes sobre el tiempo?

AYUDANTE: Creo que ella tiene los informes (3) __suyos/de ella__ pero aún necesita las imágenes del satélite.

JEFE: Aquí están las noticias de la comentarista deportiva para hoy. Míralas para ver si están bien.

AYUDANTE: Sí, (4) __las suyas/las de ella__ están al día, pero tengo que buscar las del comentarista político. ¿Sabes cuándo me va a dar (5) __las suyas las de él__?

JEFE: Bueno, ahora se lo pregunto. ¿Está ya en la oficina? Me dijo que tenía problemas con su carro.

AYUDANTE: Es verdad. ¡Ese carro (6) __suyo de él__ es un desastre!

JEFE: Mira, la crítica de nuestra estación es más positiva esta semana.

AYUDANTE: Es verdad. (7) __La nuestra__ es mucho mejor que la de nuestros competidores.

13-16 ¿De quién es? Túrnense para identificar de quiénes son las siguientes cosas. Usen la imaginación para dar la respuesta.

MODELO: el DVD de Javier Bardem / de ti
¿De quién es el DVD de Javier Bardem? ¿Es tuyo?
No, no es mío. El mío es el de Alejandro Sanz.

1. el iPod rosado / de ti
2. el periódico *El País* / de nosotros
3. el CD de Juanes / de los estudiantes colombianos
4. el DVD de Shakira / de ti
5. la sección financiera / del periódico *La Opinión*
6. la revista *People en Español* / de mí
7. la página en Facebook / del/de la profesor/a
8. la entrevista con Soledad O'Brien / de Cristina

—Este puente en Bilbao, ¿es de Santiago Calatrava?
—Sí, es suyo.

13-17 ¿Quién tiene la responsabilidad? Conversen entre ustedes para decidir quién tiene la responsabilidad, la culpa o el crédito en las siguientes situaciones. Usen los posesivos cuando sea posible.

MODELO: la violencia en los videojuegos

E1: *La culpa es de los programadores de los videojuegos.*

E2: *No, no es suya. Es de los padres que permiten que sus hijos los jueguen.*

E3: *No, creo que es de los programadores, porque...*

- la mala calidad de algunos videos en la Internet
- el tiempo que dedicamos a los sitios sociales en la Internet
- el costo de tener acceso a la Internet
- la censura de los medios de comunicación en tiempos de crisis
- la programación de la radio pública nacional (*NPR*)
- el estado financiero de los periódicos impresos

Presentation tip for ¿*Cuánto saben*?
Students can also film their presentations and post them for the class using the MediaShare feature found in MySpanishLab.

13-19 to 13-23

¿Cuánto saben?

Primero, pregúntate si puedes llevar a cabo (*carry out*) las siguientes funciones comunicativas en español. Después, júntate con dos o tres compañeros/as de clase para presentar las situaciones. Hagan y respondan a por lo menos cuatro preguntas en cada situación.

✓ CAN YOU ...

WITH YOUR CLASSMATE(S) ...

☐ talk about means of communication: newspaper, television, and radio?

Situación: En la residencia
Ustedes reciben el periódico solo los domingos y lo tienen que compartir. Explíquense las secciones que prefieren leer primero y por qué.
Para empezar: *Me gusta leer... primero porque...*

☐ talk about requests or uncertainty in the past?

Situación: Testigo
Uno/a de ustedes es reportero/a y el/la otro/a es testigo de un accidente. Háganse y respondan a preguntas en el pasado.
Para empezar: *¿Dudaba que fuera un accidente? ¿Insistió el policía en que usted lo acompañara? ¿Era necesario que...?*

☐ emphasize possession and avoid repetition?

Situación: Entre amigos/as
Al final del semestre, ustedes tienen que dividir sus pertenencias (*belongings*), pero no recuerdan de quiénes son. Háganse por lo menos cuatro preguntas para determinar de quiénes son.
Para empezar: *¿De quién son estas revistas? ¿Son tuyas? No, son de...*

STUDENT LEARNING OUTCOMES
Use the ¿**Cuánto saben**? activities to assess the extent to which students can perform the **Objetivos comunicativos** for **Primera parte** presented in the chapter opener: Talking about means of communication: newspaper, television, and radio; talking about requests or uncertainty in the past; and emphasizing possession and avoiding repetition. Provide an assessment for vocabulary, structures and fluency appropriate to the chapter theme and level (**5**: excellent - **1**: poor). See IRC for more information on rubrics.

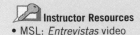

📖 Perfiles

13-24 to 13-25

Mi experiencia

EL PAÍS, VOZ DE LA DEMOCRACIA

13-18 Para ti. ¿Existe en EE. UU. o Canadá un periódico nacional? ¿Cómo se llama? ¿Cuáles son los periódicos de tu ciudad? ¿Tienen los periódicos en EE. UU. y en Canadá influencia en la política? ¿En qué sentido? Lee la siguiente descripción de Renata sobre un periódico muy conocido en España.

> Hola, soy Renata y vivo en Bilbao donde estudio periodismo. Me fascina estudiar los medios de comunicación y ver las diferentes perspectivas de las noticias que se ofrecen. Aquí en España tenemos muchos periódicos regionales y varios nacionales, pero el que tiene más historia es *El País.* Cuenta con más de 2 millones de lectores, el índice más alto de circulación en España. Empezó a publicarse en 1976 durante el proceso de transición de la dictadura de Francisco Franco a una democracia bajo una monarquía constitucional. A través de los años, *El País* ha mantenido una perspectiva centro-izquierda, pero con una voz independiente del gobierno. Ahora, con los periódicos digitales, no importa dónde esté, puedo estar al día con las noticias de España y del mundo simplemente conectándome con su sitio web. Sin embargo, en mi opinión es importante considerar más de un punto de vista en cuestiones de política. Por eso, frecuentemente leo periódicos de otras naciones tales como *La Opinión* de Los Ángeles, *El Mercurio* de Santiago de Chile y el *Clarín* de Buenos Aires. Una cosa que me gusta es que en todos los periódicos siempre hay una sección de cartelera donde tienen noticias sobre las estrellas del día como Shakira, Juanes y por supuesto, ¡mi compatriota Alejandro Sanz!

👥 **13-19 En su opinión.** Conversen sobre las secciones del periódico que leen regularmente y lo que leerían en *El País Digital.*

- ¿Hay un periódico que prefieren más que otros?
- ¿Prefieren leer un periódico impreso o en línea? ¿Por qué?
- ¿Piensan que los periódicos impresos se dejarán de publicar? Expliquen.
- De estas secciones de <u>ElPaís.com</u>, ¿cuáles leerían y por qué?

Internacional	España	Deportes
Economía	Tecnología	Cultura
Gente y TV	Sociedad	Opinión
Blogs	Participa	

MODELO: *Todos los días, leo la sección deportiva en...*

Mi música

"QUISIERA SER" (ALEJANDRO SANZ, ESPAÑA)

Ya has visto alguna información sobre este famosísimo cantautor español. Ganador de dos Grammy y 15 Grammy Latinos, Sanz ha colaborado con muchos otros cantantes; por ejemplo, con Shakira y con Alicia Keys. Su música es una síntesis de rock, flamenco y balada italiana, y es el compositor de pop español que más discos ha vendido en el mundo.

Antes de ver y escuchar

13-20 ¿Qué quisieras ser? Imagínate que pudieras serlo todo para tu pareja. Escribe cinco cosas que quisieras ser.

MODELO: *Quisiera ser tu sonrisa, tus ojos, tu corazón...*

Para ver y escuchar

 13-21 La canción. El cantante expresa muchas cosas que quisiera ser para su amante. Anota por lo menos cinco de ellas.

> **Busca:** sanz quisiera ser video; sanz quisiera ser letra
>
> **Si te interesa comprar la canción:** *Go to iTunes Store>Music> More to Explore>iMix>Arriba 6e*

Después de ver y escuchar

13-22 Lo que quisiera ser. **¿Contesta estas preguntas** sobre lo que expresa el cantautor en esta canción. *Answers will vary.*

1. ¿Cuál es el mensaje fundamental de la canción?
2. ¿Cuáles de los deseos del cantante son posibles?
3. ¿Cómo será la relación entre el cantante y su amada?
4. ¿Coinciden algunos de los deseos tuyos con los del cantante?
5. ¿Qué es lo que quisieras ser para otra persona?

 13-23 Más sobre Alejandro Sanz. Conéctate a la Internet para ver el sitio oficial de Alejandro Sanz.

Paso 1 Lee y resume el tema de un *blog* suyo.

> **Busca:** sanz sitio oficial

Paso 2 Escríbe una observación, reacción o pregunta tuya para Alejandro Sanz.

MODELO: *Hoy escuché una canción suya por primera vez y también vi su sitio web oficial. Me gustaría preguntarle...*

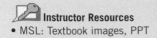
Warm-up for ¡Así es la vida!
Lend context to the dialog by activating students' prior knowledge of live late-night television sketch comedy and variety shows. Ask questions such as the following. *¿Conocen ustedes el programa Saturday Night Live? ¿Cómo es: serio, cómico, satírico, irónico...? ¿Qué formato sigue? ¿Quién es el anfitrión o la anfitriona? ¿Es siempre la misma persona? ¿Conocen otros programas similares? ¿Cuáles? ¿Les gusta ver este tipo de programa? ¿Por qué?*

Comprehension Check for ¡Así es la vida!
Ask questions to confirm comprehension. *¿Por qué se presenta la entrevistadora en la puerta de la señora? Cuando la entrevistadora pregunta sobre el número de personas en la casa, ¿de qué maneras responde la señora? ¿Cómo responde a la pregunta sobre su etnia? En general, ¿cómo son las repuestas de la señora? ¿Crees que la entrevistadora va a conseguir la información que necesita al final?*

Expansion of ¡Así es la vida!
Have students work in pairs to write additional lines of dialog to conclude the skit. Invite them to act out the dialog for the class with their original endings. Perhaps have students vote on the best or most comical ending.

Segunda parte

¡Así lo decimos! VOCABULARIO

 ¡Así es la vida! Una telecomedia popular

 Sábado de Estrellas es un programa popular que cada semana invita a un personaje conocido a ser presentador o presentadora. Esta persona también representa pequeñas parodias cómicas durante el programa. El 8 de mayo la presentadora fue una famosa actriz de 82 años y así empezó la noche…

ENTREVISTADORA:	Buenas tardes, señora. Quisiera hacerle algunas preguntas para el censo. ¿Cuántas personas viven en esta casa?
SEÑORA:	Ninguna.
ENTREVISTADORA:	¿Incluyendo usted?
SEÑORA:	O… en ese caso, tres: Botas, Mimoso…
ENTREVISTADORA:	¿Tres? Usted y… ¿dos gatos?
SEÑORA:	Bueno, a veces parecen personas con esos ojos grandes y el abrigo de piel…
ENTREVISTADORA:	Señora, ¡por favor! ¡Esto es algo serio! ¿Cuál es su etnia?
SEÑORA:	No sé… si tuviera que escoger una, creo que sería china o italiana, o tal vez mexicana. Ponga mexicana. Hay un buen restaurante aquí cerquita…

Vocabulario El cine, el teatro y la televisión

13-27
to 13-31

Variaciones

The term **galán** elicits different meanings in Latin America versus Spain. In Latin America, where **la telenovela** is a very popular television genre, **el galán** refers to a very handsome, savvy leading man. In Spain, however, **un galán** may not be handsome at all; the term is synonymous with *a courteous gentleman* and refers strictly to how a man treats a woman.

El cine, el teatro y la televisión	Film, theater, and television
el canal	*channel*
la cinematografía	*cinematography*
la comedia	*comedy*
el concurso	*game show, pageant*
el documental	*documentary*
el drama	*drama*
el/la espectador/a	*spectator*
el ensayo	*rehearsal*
el estudio	*studio*
el galán	*leading man*
el guión	*script*
la obra	*play (theater)*
el papel	*role (in a play, movie, or television show)*
el premio	*prize*
la primera actriz	*leading lady*
el/la productor/a	*producer*
el/la protagonista	*protagonist, star*
la telenovela	*soap opera*
la televisión por cable	*cable television*
por satélite	*satellite television*
en directo / en vivo	*live (on television)*
la tragedia	*tragedy*

Verbos	Verbs
actuar (actúo, actúas...)	*to act*
filmar	*to film*
ensayar	*to rehearse*
representar	*to perform*

Otras palabras y expresiones	Other words and expressions
el final	*end*
el principio	*beginning*

El premio más deseado por un actor

Un ensayo de una telenovela

El galán de un drama de suspenso

Espectadores de una película de horror en 3D

Instructor Resources
• MSL: Textbook images, PPT, Supplementary Activities

Presentation tip for ¡Así lo decimos!
Write the following concepts on the board, doc cam, or a transparency and have students provide 3 or 4 closely associated terms for each one: *actuar* (→ *representar, el/la protagonista, el galán, la primera actriz, el actor, la actriz, la película, el cine, el teatro*); *filmar* (→ *grabar, la cámara, la cinta, la cinematografía, la película*); *el teatro* (→ *el drama, la comedia, la obra, el/la espectador/a, el galán, la primera actriz*); *el estudio* (→ *la televisión, la cámara, el/la productor/a, filmar, grabar*); *el cine* (→ *la cinematografía, la película, filmar, el/la protagonista, el/la espectador/a*).

Presentation tip for ¡Así lo decimos!
Write the following concepts on the board, doc cam, or a transparency and have students provide synonyms and antonyms. *Sinónimos:* *filmar* (→ *grabar*), *representar* (→ *actuar*), *la película* (→ *el filme*), *el galán* (→ *el protagonista*), *la primera actriz* (→ *la protagonista*). *Antónimos:* *el principio* (→ *el final*), *el drama* (→ *la comedia*), *el/la espectador/a* (→ *el actor/la actriz, el/la protagonista*).

Letras y sonidos

The Consonants *y*, *I*, and the Sequence *II*

As you already know, the letter **y** at the end of a word in Spanish corresponds to a glide sound as in **soy**, and alone it can sound like a vowel as in **Juan y María**. In other contexts, however, the letter **y** produces a consonant, which is stronger and usually sounds like the *y* in English *you* or *yellow*.

| o-**y**e | pla-**y**a | **y**er-no | in-clu-**y**e | le-**y**e-ron |

In most varieties of Spanish, the sequence **II** sounds the same as **y**. Similarly, words that begin with the letters **hie-** in Spanish are pronounced like **ye-**.

| **lle**-var | ta-**lla** | a-ma-ri-**llo** | **hie**-lo | **hier**-ba |

Finally, the letter **I** in Spanish sounds like the *I* in English *low*.

| la-go | re-**l**oj | vo**l**-cán | mi**l** | fa-ta**l** | ge-ne-ra**l** |

APLICACIÓN

13-24 El cine, el teatro y la televisión. Empareja cada palabra con su definición o su descripción.

1. __c__ la comedia
2. __e__ el documental
3. __b__ el protagonista
4. __g__ los espectadores
5. __a__ el ensayo
6. __h__ el guión
7. __d__ la telenovela
8. __f__ el papel

a. la preparación de una obra antes de presentarla

b. el actor principal de la obra

c. una obra divertida

d. un drama en la televisión en el que siempre hay mucha tensión dramática entre los personajes

e. una película informativa, por ejemplo en el canal Discovery

f. la parte que le corresponde a un actor en una obra

g. los que van a ver una obra

h. el material que los actores se memorizan, o las noticias que leen los presentadores

13-25 La guía de hoy. Lee el horario de algunos canales de televisión de España y contesta las preguntas a continuación.

08 abr	TV1	TV2	La Sexta	Cuatro	Canal+
20:30	...Gente	Tu salud	Serie: "La oficina"	Novela: "Amar en tiempos revueltos"	Fútbol: Real Madrid-Barcelona
21:00		Documental: *El mundo en crisis*	Serie: "Investigación criminal"		
21:30	Serie: "Anatomía de Grey"			Concurso: "¡Quiero bailar!"	
22:00			Cine: *La pantera rosa*		
22:30	Noticias	El tiempo			Tenis: Nadal-Safin...
23:00		Cocina con Rubén		La 4 Noticias	

1. ¿Cuál es el canal con programas educativos?
   TV2

2. ¿En qué canales hay noticieros?
   TV1, Cuatro

3. ¿Qué programas son de EE. UU.? la serie "La oficina", la serie "Investigación criminal", la serie "Anatomía de Grey"

4. ¿Qué películas y telenovelas se ofrecen? el documental *El mundo en crisis*, la película *La pantera rosa*, la telenovela "Amar en tiempos revueltos"

5. ¿Qué concursos hay? ¿Son semejantes a concursos en la televisión norteamericana? el concurso "¡Quiero bailar!"; será semejante a los concursos "Dancing with the Stars" y "So You Think You Can Dance?" en EE. UU.

6. Si te gustan los deportes, ¿qué canal te interesa?
   el Canal+ (Plus)

13-26 Una escena de *Sábado de Estrellas*. Usa las expresiones a continuación para completar las instrucciones del director de esta telecomedia popular en la televisión.

ensayar	filmar	galán	papel	protagonistas
en vivo	espectadores	guión	premio	

Director: ¡Atención! Hoy vamos a (1) ___ensayar___ la escena del noticiero con la primera actriz y el (2) ___galán___ para la presentación el sábado. Quiero que ustedes estén bien preparados. Por eso el camarógrafo va a (3) ___filmar___ la escena para que después puedan verse y criticarse. Les quiero recordar que este es un programa (4) ___en vivo___; el teatro estará lleno de (5) _espectadores_. Aunque es una comedia, es importante que los (6) _protagonistas_ no se rían[1] en escena. Estudien bien el (7) ___guión___, especialmente donde deben hacer pausas. Memoricen su (8) ___papel___ y no presten atención a los espectadores cuando se rían. Ustedes pueden ayudarnos a ganar otro (9) ___premio___ Emmy por nuestra comedia.

_____

[1]*laugh*

**13-27 Jorge Ramos.** Jorge Ramos es una personalidad importante en el canal hispanohablante más escuchado de EE. UU.

Paso 1 Escucha el informe sobre él y completa las frases a continuación.

1. Su profesión:
   presentador de noticias en la televisión
2. El canal que representa:
   "Noticiero Univisión"
3. El número de premios que ha ganado:
   ocho
4. Gente que ha entrevistado:
   presidentes, dictadores e insurrectos
5. ¿Qué más hace? Escribe una columna semanal para un periódico, hace comentarios de radio y ha escrito ocho libros.
6. Su opinión sobre la diversidad: Cree firmemente que es posible "ser americano" y a la misma vez mantener la identidad hispana.

Paso 2 Conéctate a la Internet para leer más sobre Jorge Ramos y contestar las preguntas que siguen.

> **Busca:** jorge ramos univision

1. ¿Cuáles son algunas de las personalidades a las que ha entrevistado?
2. ¿Cuáles son algunos de los temas sobre los que opina?
3. ¿Cuántos libros ha escrito?

Jorge Ramos

Note on 13-27
Jorge Ramos states that he has maintained his Mexican citizenship in order to keep open his opportunities to participate in Mexican politics.

Audioscript for 13-27
Desde 1986, Jorge Ramos es presentador del "Noticiero Univisión" y se le considera uno de los hispanos más influyentes del país. En su carrera, ha ganado 7 premios Emmy y el premio Maria Moors Cabot por excelencia en periodismo otorgado por la Universidad de Columbia. Ha entrevistado a presidentes, a dictadores y a insurrectos, y ha sido corresponsal de guerra durante 5 conflictos. Además de su noticiero en Univisión, escribe una columna semanal para un periódico y es comentarista de radio. Ha escrito8 libros, algunos *bestsellers*.
A Jorge Ramos le interesa mucho la diversidad en Estados Unidos. Él mismo emigró a Estados Unidos de México. Cree firmemente que es posible "ser americano" y a la misma vez mantener la identidad hispana. Ramos comenta que actualmente hay 48,4 millones de hispanos en Estados Unidos y que el 75% de ellos son inmigrantes o hijos de inmigrantes. Si todos los hispanos elegibles votaran en las próximas elecciones, serían una importante fuerza política en este país.

¡Hola!

Cultura en vivo

Telenovelas (*soap operas*) are very popular in Spanish America. In Mexico a **telenovela** usually lasts from six months to a year and a half, depending on its popularity. The protagonists are usually well-known actors and actresses, and if a telenovela happens to feature young unknowns, they turn into instant celebrities if the **telenovela** becomes popular. Among television viewers, **telenovelas** are part of their daily conversation. What programs with an on-going plot line do you watch? How long does it take for the story to come to a conclusion?

 13-28 Una serie en la televisión. Las telenovelas y las series dramáticas siempre exageran las cualidades y los defectos de sus protagonistas y las situaciones en que se encuentran. Describan las características y las acciones de los personajes en una serie o telenovela que conozcan.

- el hombre malo
- la mujer mala
- la mujer inocente
- el hombre de buen corazón

13-29 Cara a cara. Uno/a de ustedes es presentador/a de "Cara a cara", un programa de entrevistas dentro del Noticiero 41. El/La otro/a es una personalidad del cine o de la televisión. Háganse y respondan a las preguntas de una manera apropiada.

> **MODELO:** E1: *¿Cuándo empezó su carrera?*
> E2: *La empecé en...*

Algunos temas de conversación

su vida personal
un escándalo
su próxima película o presentación
sus compañeros de reparto (*co-stars*)

Ahora pasamos a nuestro segmento, "Cara a cara" para hablar con...

13-30 Una serie suya. Ustedes tienen un guión para una serie que quieren filmar. Preparen los siguientes elementos de su guión para vender un episodio piloto a un/a patrocinador/a (*sponsor*).

1. ¿Dónde ocurre el principio del episodio?
2. ¿Dónde ocurre el final?
3. ¿Quién será el/la director/a?
4. ¿Quiénes serán el galán y la primera actriz?
5. Describe las cualidades y los defectos de sus protagonistas.
6. ¿En qué situaciones se encontrarán?
7. ¿Cuántos episodios habrá?
8. ¿A qué público le interesará?

¡Así lo hacemos! ESTRUCTURAS

3. *Si* clauses

13-34
to 13-38

Cláusulas con *si* en el indicativo

Si lo comemos todo, ganamos el concurso.

A **si** clause states a condition that must be met in order for something to occur. The verb in a simple **si** clause states a fact and is usually in the present indicative, while the verb in the resultant clause is in the present or future tense, or is a command.

Si vas al ensayo, te acompaño.	*If you go to the rehearsal, I will go with you.*
Si quieres, grabaremos el programa.	*If you want, we will record the program.*
Si deseas ver el concurso, dímelo.	*If you want to see the game show, tell me.*

Cláusulas con *si* para expresar hipótesis e información en contra de los hechos

- When a **si** clause contains implausible or contrary-to-fact information, the imperfect subjunctive is used in the **si** clause and the conditional tense is used in the resultant clause.

Si fuera un drama bueno, **iría** a verlo.	*If it were a good drama, I would go see it.*
El documental sobre China **sería** más interesante **si entendieras** mandarín.	*The documentary about China would be more interesting if you understood Mandarin.*

Si quisiera la nueva edición de la novela, podríamos pedírsela.

- Note that a conditional clause does not have a fixed position in the sentence; it may appear at the beginning or end of the sentence.

Si conociera a Jorge Ramos, lo invitaría a cenar.	*If I knew Jorge Ramos, I'd invite him to dinner.*
Invitaría a cenar a Jorge Ramos **si lo conociera.**	*I'd invite Jorge Ramos to dinner if I knew him.*

 Instructor Resources
- MSL: PPT, Supplementary Activities

Presentation tip for Si *clauses*
Contrast the following 2 sentences to illustrate factual versus contrary-to-fact situations. Have students create other possible versus impossible contexts through similar pairs of sentences. *POSIBLE:* Si tengo 10 dólares, te los doy. (Es posible que tenga el dinero). *IMPOSIBLE:* Si tuviera 10 millones de dólares, te los daría. (No tengo el dinero).

Note on Si *clauses*
In English, the imperfect subjunctive once was commonly used in *if* clauses to express hypotheses or contrary-to-fact statements: *If I were rich, I'd buy a sports car.* Additional examples from a few well-known songs include: *If I were a rich man...* and *If I only had a brain...* Today, the past indicative is becoming more acceptable, at least in everyday speech: *If I was rich, I'd buy a sports car.* The same is true for the expression *as if* in English. Although ungrammatical, using the past indicative instead of the imperfect subjunctive is quite common: *She speaks as if she was a news reporter.* Sensitizing students to these differences may enhance their oral and written expression in English as well as in Spanish.

Note on Si *clauses*
Remind students always to use the imperfect subjunctive after the expression *como si* (as if) in Spanish. Perhaps refer students back to the UPS ad in the first grammar section of this chapter to recall that example. Provide additional examples, as well: *Esa mujer gasta dinero como si fuera millonaria. Aquel señor camina como si estuviera borracho.*

Expansion of 13-31, Paso 1
Have students act out the dialog in groups of 3, or have volunteers act it out in front of the class.

Note on *Bárbara Bermudo*
Bárbara Bermudo, de ascendencia cubana, nació en Puerto Rico en 1975. Ha sido nombrada una de "los más bellos" por *People en Español*.

Note on *Ilia Calderón*
La presentadora colombiana se unió a la cadena de televisión Univisión en el 2007. Anteriormente había trabajado en informes sobre el 11 de septiembre, la invasión a Afganistán y el conflicto en Irak. También estuvo en el Golfo de México para informar sobre el huracán Katrina antes, durante y después de la tormenta.

Bárbara Bermudo

Ilia Calderón

APLICACIÓN

13-31 "Primer Impacto".   Bárbara Bermudo e Ilia Calderón son las presentadoras de "Primer Impacto" un noticiero de Univisión, que cuenta con uno de los índices más altos de audiencia en EE. UU. y en 12 países de Latinoamérica. Los segmentos incluyen, entre otros, noticias de EE. UU. y del mundo, deportes, películas, pronóstico del tiempo, horóscopo y curiosidades.

Paso 1   Lee la conversación entre las dos presentadoras y subraya las cláusulas con **si**. Indica cuáles usan el indicativo y cuáles el subjuntivo y explica por qué. Usa las explicaciones del Modelo en tus respuestas.

MODELO: <u>*Si tienes cable,*</u> *puedes ver Univisión.*
Indicativo: Es algo cierto. No hay duda.
(*Subjuntivo: En este momento, es hipotético.*)

ILIA: Hola, Bárbara. ¿Estás lista para el noticiero de esta noche?

BÁRBARA: Pues sí, pero si <u>tienes las estadísticas demográficas para las elecciones presidenciales</u>, dámelas ahora y las repaso antes de empezar.
I: Es algo cierto. No hay duda.

ILIA: No las tengo, pero si <u>quieres</u>, podemos hablar con la persona que está haciendo la investigación.
I: Es algo cierto. No hay duda.

BÁRBARA: Ah, mira esto. Es magnífico que el número de votantes hispanos aumente todos los años. <u>Si los políticos entendieran el impacto de sus votos</u>, les prestarían más atención.
S: Va en contra de los hechos.

ILIA: Tienes razón. Y si <u>saliera electo un presidente hispano en 2016</u>, o en ese caso también, si <u>saliera electa una presidenta hispana</u>, no habría duda de que la voz hispana es muy importante en este país.
S: En este momento es hipotético.

DIRECTOR: Atención. Quedan cinco segundos para empezar... cinco, cuatro, tres, dos, uno.

ILIA: Muy buenas noches...

Paso 2   Ahora vuelve a leer la conversación entre Bárbara Bermudo e Ilia Calderón y contesta las preguntas siguientes.

1. ¿Quién necesita más información para el noticiero de esta noche? ¿Por qué? Bárbara necesita más información. Necesita las estadísticas demográficas para las elecciones presidenciales.

2. ¿Qué van a hacer para remediar el problema?
Van a hablar con la persona que está haciendo la investigación.

3. ¿Por qué deberían los políticos prestar más atención a los votantes hispanos?
Porque el número de votantes hispanos aumenta todos los años.

4. ¿Qué le gustaría a Ilia que pasara en 2016? Le gustaría que saliera electo un presidente hispano o una presidenta hispana en 2016.

5. ¿Votarías por un candidato hispano en el 2016 si se presentara uno/a con buenas calificaciones? *Answers may vary.* Sí, votaría... si se presentara uno/a...

13-32 El cómico George López. George describe su rutina en el estudio. Completa cada afirmación con la forma correcta del presente de los verbos de la lista.

enojarse	gustar	leer	oír	poner
ganar	ir	llegar	perder	saber

MODELO: Si _leo_ un artículo interesante, siempre lo _recorto_ para mostrárselo a mis amigos.

Si yo (1) ___llego___ tarde al estudio, el director (2) ___se enoja___ conmigo. Si mis compañeros no se (3) ___saben___ el guión, nosotros (4) ___perdemos___ mucho tiempo. Si yo (5) ___leo___ una crítica negativa en el periódico, me (6) ___pongo___ triste. No me (7) ___gusta___ ver mi programa si no (8) ___oigo___ risa (*laughter*) durante la filmación. Y si (9) ___gano___ un Emmy este año, (10) ¡ ___voy___ a estar muy contento!

13-33 ¿Qué pasaría si…? Los cinematógrafos están discutiendo las consecuencias de sus posibles acciones. Completa la conversación con la forma correcta del condicional o del imperfecto de subjuntivo de cada verbo entre paréntesis.

PRODUCTORA: Si (1: nosotros) ___contratáramos___ (contratar) a Penélope Cruz, (2) ___tendríamos___ (tener) que pagarle más de un millón de dólares.

DIRECTOR: Es verdad, pero si ella (3) ___trabajara___ (trabajar) para nosotros, nuestra película (4) ___tendría___ (tener) mucho más éxito.

PRODUCTORA: Mi amigo Javier la conoce bien. Pero, seguramente no le (5) ___diría___ (decir) nada a la prensa si yo lo (6) ___llamara___ (llamar). Es muy discreto.

DIRECTOR: Es bueno que tengas esas conexiones. Si yo (7) ___pudiera___ (poder) usar alguna conexión, ¡(8) ___usaría___ (usar) esa ventaja!

PRODUCTORA: Si tú (9) ___conocieras___ (conocer) a Javier, (10) ___sabrías___ (saber) que tiene conexiones con mucha gente importante.

DIRECTOR: Bueno, yo mismo le (11) ___pagaría___ (pagar) a Penélope para trabajar con ella si yo (12) ___tuviera___ (tener) un millón de dólares.

PRODUCTORA: ¡Tú estás loco! De todas maneras, voy a llamar al agente de Penélope Cruz.

13-34A ¿Qué harías si…? Túrnense para reflexionar sobre lo que harían en estas situaciones hipotéticas. **Estudiante B,** por favor ve al **Apéndice 1,** página A-22.

MODELO: subir los precios de las entradas del cine
ESTUDIANTE A: *¿Qué harías si subieran los precios de las entradas del cine?*
ESTUDIANTE B: *Pues, iría menos…*

Estudiante A:

Mis preguntas	Posibles respuestas a las preguntas de mi compañero/a
¿Qué harías si…?	
1. (yo) **invitarte** a un concierto de rock	• **pedir** dos millones de dólares
2. (tú) **tener** que comprar un televisor plasma	• **prestarte** el dinero que necesitaras
3. (tú) **ganar** un concurso en la televisión	• **aceptar** el papel de extra con mucho gusto
4. (tú) **conocer** una personalidad famosa	• **regalarle** una a mi profesor de drama
5. (tú) **visitar** Hollywood	• **invitarla** a cenar a mi casa

Presencia hispana

Rodrigo García is the son of Colombian Nobel Prize-winning novelist Gabriel García Márquez, but he has earned his own place in the arts as a screenwriter, producer, and director for HBO (*The Sopranos*, *In Treatment*) and for independent films (*Things You Can Tell by Looking at Her, Nine Lives, Mother and Child*). García was born in Colombia, grew up in Mexico, graduated from Harvard, and now lives and writes in Los Angeles. Although his works deal mostly with middle-class white American families, García says the story is interpreted through the eyes of an immigrant. How might a person's culture influence his or her work?

Note on *George López*
George López nació en California en 1961 y se crió allí, cerca de Los Ángeles. Se hizo un comediante popular, especialmente entre la comunidad latina por su forma satírica de ver la vida y la cultura mexicoamericana en EE. UU. Fue nominado para un Grammy en el 2004 por el mejor álbum de comedia. En el 2010, presentó *American Top 40* como invitado especial. López padece de una condición genética que le causó deteriorar los riñones hasta que se le tuvo que buscar un trasplante. En el 2005, su esposa le donó uno suyo y de pronto López experimentó una tremenda mejoría en su salud. Ha usado su programa de televisión para hacer consciente al público la importancia de los trasplantes.

Note on *Presencia hispana*
In an interview with the *Huffington* Post (May 10, 2010), Rodrigo García explained that his films often focus on loss and loneliness. He discusses how it feels to live in a big city where there is little interpersonal communication: ". . .having come from Latin America, I developed a sense of what seemed to be these lonely lives in big American cities. The first time you come to L.A. it always promises so much—the weather is generous, next to the ocean, spacious, rich. But when you spend time there, like in any big city people can lead lonely, isolated lives. L.A. is so spread out and there's no sidewalk culture, you're always alone in the car. The image of the San Fernando valley where you could really get lost and lonely sparked a lot of the stories that I wrote about."

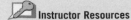
 13-35 Los valores sociales, el público y el dinero. Piensa en los factores que afectan las decisiones de la industria cinematográfica. Luego, hablen de algunas decisiones que se toman o no. Pueden usar los temas que siguen.

MODELO: Si los padres controlaran mejor los programas en la televisión... *sus hijos no verían programas violentos.*

Posibles temas

1. No habría odio (*hatred*) contra los grupos minoritarios...

2. Si hubiera papeles positivos para personas mayores en el cine...

3. Habría más películas apropiadas para niños...

4. Si yo encontrara un DVD pirateado...

5. Los documentales serían más populares...

6. Siempre vería el noticiero de Univisión...

 13-36 Si yo fuera... Túrnense para decir lo que harían si fueran estrellas en el mundo del espectáculo por un día.

Algunas posibilidades: Lady Gaga, Will Smith, Tina Fey, Eva Mendes, Ashton Kutcher, Alicia Keys, Lea Michele, Mario López, Jon Stewart, Taylor Swift, Queen Latifah...

MODELO: E1: *Si yo fuera Javier Bardem, pasaría mis vacaciones en España...*
E2: *¿En qué parte de España?*

13-39
to 13-42

¿Cuánto saben?

Primero, pregúntate si puedes llevar a cabo (*carry out*) las siguientes funciones comunicativas en español. Después, júntate con dos o tres compañeros/as de clase para presentar las situaciones. Hagan y respondan a por lo menos cuatro preguntas en cada situación.

✓ CAN YOU . . .

☐ discuss television shows, movies, and entertainment?

☐ talk about what will happen given certain conditions or circumstances?

☐ talk about hypothetical situations and what you and others would do?

WITH YOUR CLASSMATE(S) . . .

Situación: En un café
Hablen de sus programas y estrellas favoritos y describan los aspectos que les gustan de ellos. Incluyan también los programas y estrellas que no toleran y expliquen por qué.
Para empezar. *¿Cuál es tu programa favorito?*

Situación: Planes
Hagan planes para el sábado, pero propongan las condiciones o circunstancias necesarias para poder llevar a cabo sus planes. Usen cláusulas con **si** en el indicativo.
Para empezar. *Si no llueve, vamos a hacer un pícnic, pero si llueve, vamos a...*

Situación: En otra vida
Hablen de cómo cambiaría su vida si algunas cosas fueran diferentes. Piensen en los amigos, trabajos, clases, etc., que tienen ahora y cómo cambiarían bajo otras circunstancias.
Para empezar. *Si no estudiara ingeniería, querría estudiar arte porque...*

Observaciones

13-43
to 13-45

¡Pura vida! EPISODIO 13

En este episodio Patricio y Marcela celebran la beca que Patricio ha recibido.

Antes de ver el video

13-37 La beca *Fulbright*. Aquí tienes información sobre la Comisión Fulbright en Colombia. Lee sobre su origen y su misión y luego explica por qué es un honor recibir una de sus becas.

> **La Comisión para el Intercambio Educativo entre Estados Unidos y Colombia**
>
> El Programa Fulbright fue creado por el Congreso estadounidense en 1946 para aumentar la comprensión mutua entre Estados Unidos y otras naciones. Hoy en día la comisión maneja un complejo programa de intercambio educativo en más de 125 países.
>
> En Colombia, el Programa Fulbright se inició con el convenio[1] firmado entre el gobierno colombiano y el de EE. UU. en 1957. La Comisión Fulbright, como se conoce comúnmente, por medio de diferentes becas, financia estudios, investigación y docencia en Colombia para ciudadanos estadounidenses, así como programas posgraduados para ciudadanos colombianos que deseen estudiar en universidades de EE. UU. Las becas se otorgan[2] por concurso, basándose en los méritos académicos, profesionales y personales de los candidatos.

[1]*agreement*   [2]*are granted*

A ver el video

 13-38 Patricio y Marcela reciben noticias. Mira el episodio trece de **¡Pura vida!** para saber las noticias que reciben Patricio y Marcela. Luego, completa las siguientes oraciones con la información que falta.

1. __c__ Patricio recibe una invitación para...
2. __d__ En el periódico hay un artículo sobre...
3. __b__ Se cree que David Ortiz-Smith...
4. __a__ Patricio hizo bien en no...

a. aceptar la oferta de trabajo.
b. está involucrado (*involved*) en el incidente.
c. estudiar en Nueva York.
d. el tráfico ilegal de pájaros.

Patricio

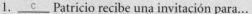
Marcela

La noticia inesperada

Después de ver el video

13-39 Si fueras... Escribe lo que harías si fueras cada uno de estos personajes.

MODELO: Patricio
Si fuera Patricio, aceptaría la beca Fulbright...

1. Marcela
2. Doña María
3. Silvia
4. David Ortiz-Smith

José Hernández-Rebollar, becario de Fulbright, estudió ingeniería en EE. UU.

Instructor Resources
• IRM: Videoscript

Presentation tip for *Observaciones*
Use the pre-viewing activity as an advance organizer to give students an idea of what they will see in the episode. Complete the activity in class, while assigning the viewing and comprehension questions as homework. The review and follow-up activity can be done the following day in class.

Comprehension Check for 13-37
Ask questions such as the following to check student comprehension of the reading passage. *¿Cuándo fue creado el Programa Fulbright? ¿Por qué fue creado? ¿Cuántos países participan en el programa hoy en día? ¿En qué año se inició el Programa Fulbright en Colombia? ¿Qué tipos de actividades financia la Comisión Fulbright? ¿En qué tipos de méritos se basa el concurso para recibir una beca Fulbright?* etc.

Note on *José Hernández-Rebollar*
José Hernández-Rebollar is a native of Puebla, México. After completing his Ph.D. at George Washington University through the Fulbright program, he devoted more than 3 years to helping the deaf communicate more easily with the hearing world. His work resulted in the invention of an electronic glove, called the AcceleGlove, which can turn American Sign Language gestures into spoken words or text.

Wrap-up for 13-38
In this episode, we observe and learn more about the personalities and motives of Patricio, Marcela, and David Ortiz-Smith. Have students summarize what they know and think about these characters.

Nuestro mundo

Panoramas

La herencia cultural de España

13-46
to 13-47

La rica herencia cultural de España se refleja en sus lenguas, sus monumentos, su arte y su gente. Las fotos a continuación muestran algunas de sus maravillas.

Cataluña: La Casa Mila (o la Pedrera) en Barcelona fue diseñada por Antonio Gaudí. Este buen ejemplo del arte nuevo fue construido entre 1906 y 1910.

País Vasco: Empezando con el Museo Guggenheim, Bilbao se ha transformado en un dinámico centro cultural.

Aragón: El acueducto de los Arcos, Teruel es una de las obras de ingeniería civil más notables del Renacimiento (*Renaissance*) español. Su construcción imita el estilo romano de siglos anteriores.

Galicia: Santiago de Compostela ha atraído a peregrinos (*pilgrims*) cristianos desde los tiempos medievales.

Andalucía: La Mezquita de Córdoba fue construida por los musulmanes en el año 600.

España

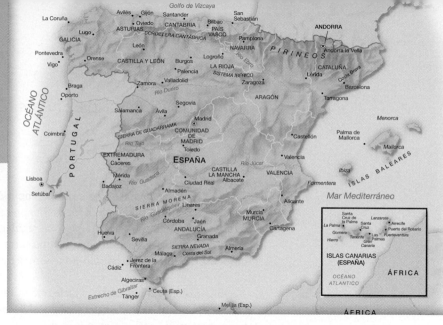

Sitios de la UNESCO: 46
Sitios nominados: 24[1]
Periódicos españoles independientes: *El País, El Mundo, ABC*
Televisión nacional: TVE
Radio nacional: RNE
Libertad de la prensa: 1977[2]

[1]Source UNESCO
[2]Source PressReference.com

13-40 Identifica. Usa las fotos y la información de la caja para identificar o explicar lo siguiente.

1. el nombre de un arquitecto del movimiento "arte nuevo"
   Antonio Gaudí
2. una estructura que se construyó en el siglo XVI para llevar agua
   el acueducto de los Arcos en Teruel
3. el nombre de un periódico independiente español
   El País, El Mundo, ABC
4. una ciudad con un museo impresionante
   Bilbao, el Guggenheim
5. el destino de muchos peregrinos en la Edad Media
   Santiago de Compostela

13-41 Desafío. Localiza los lugares de las fotos en el mapa.

MODELO: *Barcelona está en la Costa Brava de Cataluña...*

13-42 Proyecto. El sitio web, EspañaInfo, tiene información sobre sitios que son parte del Patrimonio de la Humanidad, grandes rutas, museos, monumentos, y jardines históricos de España. Conéctate a la Internet para visitar el sitio web, escoge una Comunidad Autónoma o un sitio de interés y escribe un párrafo sobre por qué te interesa.

> **Busca:** espana info

MODELO: *España tiene muchos sitios que datan de los tiempos romanos, por ejemplo,...*

Note on *Media sources in Spain*
The independent newspapers are independent of any government control or financing. The national or public television and radio are government sponsored. There are also numerous regional newspapers, radio and TV stations, some of which are in the language of the region.

Note on *Spanish cultural diversity*
Today, Spain has one official national language, *castellano* (*español*) and several official regional languages, *gallego* (Galicia), *euskera* (Paías Vasco), *aranés* (Valle de Arán, Cataluña), *catalán* (Cataluña) and *valenciano* (Valencia).
After the death of Spanish dictator Francisco Franco, the Spanish Constitution (1978) explicitly recognized language diversity as part of the cultural heritage of Spain:

Artículo 3 de la Constitución Española
1. El castellano es la lengua española oficial del Estado. Todos los españoles tienen el deber de conocerla y el derecho a usarla.
2. Las demás lenguas españolas serán también oficiales en las respectivas Comunidades Autónomas de acuerdo con sus estatutos.
3. La riqueza de las distintas modalidades lingüísticas de España es un patrimonio cultural que será objeto de especial respeto y protección.

Note on *Libertad de la prensa*
During the Franco dictatorship and until his death in 1975, censorship was a part of life in Spain. The government was intolerant of any political or artistic expression that challenged or seemed to insult the Franco government or military forces. During the Franco years, the press, literature, and the cinema were heavily censored.

Note on *Sitios de UNESCO*
The mission of the UNESCO World Heritage is to help ensure the protection of natural and cultural heritage around the world.

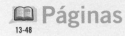

Páginas
13-48

Estimado Director de *El País* (Erasmo Santiago García, España)

ANTES DE LEER

13-43 Estrategias para leer cartas de opinión. En el periódico, siempre hay personas que reaccionan de una manera fuerte y expresan sus opiniones escribiendo cartas al director. Haz una lista de los temas que regularmente evocan opiniones fuertes. ¿Has escrito o querido escribir alguna vez una carta al director? ¿Cuál fue el tema? ¿Qué te motivó a querer escribirla? ¿Cómo te sentiste después de escribirla? Explica.

13-44 El tema de la carta. Dale una mirada rápida (*skim through*) a la carta para buscar su tema y la edad, la profesión y el domicilio de la persona que la escribió. ¿Qué tiene en común contigo y en qué se diferencia?

A LEER

13-45 Estimado Director de *El País*. Lee ahora el mensaje y subraya las opiniones que expresa.

A:	cartasdirector@elpais.es
DE:	erasmosantiago@madridnet.com
ASUNTO:	Estimado Director de *El País*:

En la edición de hoy participé en una encuesta que han puesto sobre los libros electrónicos: "¿Crees que los libros electrónicos llegarán a ocupar el lugar de los libros de papel?" Bueno, soy estudiante universitario y esta cuestión me interesa mucho: uso la biblioteca a diario; estudio los antiguos manuscritos de épocas pasadas; compro mis libros en las librerías universitarias, en las tiendas de segunda mano, o en línea, y los guardo como si fueran objetos de oro en mi colección personal. Por eso, voto que *no*, no creo que los libros electrónicos lleguen a tener tanta importancia como los libros de papel. Pero, ¡cuál fue mi sorpresa cuando se revelaron los resultados, que el 64% de los votantes eran partidarios de los libros electrónicos! No soy como mis padres que tienen una noción romántica del valor de los libros impresos, pero es verdad que el hojear un libro nuevo me da una sensación especial. Tantas ideas puestas en papel por algún autor (o alguna autora) a quien jamás conoceré en persona, pero quien ha querido compartir sus ideas con futuras generaciones. El poder hojear las páginas de un libro físico es muy diferente a hacerlo en pantalla. Y además, los libros de papel tienen un aroma que no tienen las versiones electrónicas. Y para colmo[1], ¿qué pasaría si hubiera un desastre que afectara nuestros medios electrónicos de comunicación? ¿Sería posible que perdiéramos todas las versiones electrónicas y entonces perdiéramos también nuestra historia? ¿Nuestra identidad colectiva? No, yo creo que es esencial que tengamos libros impresos en papel, tal como las antiguas civilizaciones talaban tablas de piedra[2] para transmitir sus historias y valores[3] a futuras generaciones. Si no tuviéramos ese récord, no podríamos tener esa pequeña ventana a un mundo que jamás conoceremos en persona.

Le agradezco con anticipación su atención y la de los estimados lectores de *El País Digital*.

Con todo respeto,
Erasmo Santiago García, Madrid

[1]para ... *to make matters worse*   [2]*stone tablets*   [3]*values*

13-46 **Las opiniones del escritor.** ¿Cuál es tu reacción a sus opiniones? ¿Estás de acuerdo o no? Explica.

 13-47 **Las encuestas de *El País*.** Este prestigioso periódico español periódicamente hace encuestas sobre temas de la actualidad (*current events*). Su sitio web recibe miles de visitas todos los días.

Paso 1 Conéctate a *El País Digital* en línea. Allí puedes participar en otra encuesta que te interese. Al final, verás los resultados hasta la fecha. Resume el tema de la encuesta, sus resultados y tu reacción. ¿Te sorprenden? Explica por qué sí o no.

> **Busca:** encuesta elpais.com

MODELO: *Hoy respondí a una encuesta sobre el uso de esteroides en los deportes...*

 Paso 2 Comparte la información que encontraste y tu opinión de la encuesta con tu compañero/a. ¿Están de acuerdo?

Note on *Encuestas en* El País
In 2010 *when the Real Academia Española* first proposed eliminating some letters from the Spanish alphabet, readers of *El País* reacted by making that article the most widely read, blogged and emailed on that day. *El País* received thousands of responses to its poll on the proposed changes, the majority of which were overwhelmingly opposed.

Expansion of *Páginas*
Have students work in small groups to create their own online surveys in Spanish using *SurveyMonkey*, a questionnaire tool that is free with surveys of 10 questions or less and fewer than 100 respondents. Each group writes questions of interest to them that their classmates answer. Chapter-related topics might include print and/or online newspapers, TV newscasts, TV shows, radio shows, films, and live theater productions. Have groups summarize and report their results to the class.

Taller

13-49

13-48 Una carta al director. En este taller vas a escribir una carta al director de un periódico sobre algún tema que te interese. Puede ser sobre la tecnología, el cine, la música, algún artista, la política, en fin, lo que quieras, pero sobre el que debes tener una opinión fuerte. Tus motivos son: primero, que el director decida publicar tu carta y segundo, que puedas convencer a los lectores que tienes razón.

MODELO: *Estimado Director de* La Opinión:
Acabo de ver la nueva película del director español Almodóvar. A pesar de la reseña negativa que leí en su periódico, tengo que expresarle que estoy en total desacuerdo con el reseñador de la película por las siguientes razones…

ANTES DE ESCRIBIR

- **Ideas.** Busca el sitio web de algún periódico del mundo hispano y dale una mirada rápida a las secciones para ver lo que contienen. Elige un tema que quieras comentar.

- **Apuntes.** Escribe tu posición y por lo menos tres razones que apoyen tu opinión.

A ESCRIBIR

- **Presentación.** Escribe el saludo y la razón por qué le escribes la carta. Escribe una o dos oraciones para explicar por qué te importa este tema.

- **Apoya tu opinión.** Explica las razones por las que tienes una opinión fuerte sobre este tema. Recuerda que quieres convencer a los lectores para que acepten tu opinión.

- **Resumen.** Resume tu argumento y agradécele su tiempo.

- **Cierre.** Cierra la carta de una manera respetuosa.

DESPUÉS DE ESCRIBIR

- **Revisar.** Revisa tu carta para verificar los siguientes puntos:

  ☐ el uso del imperfecto del subjuntivo, el condicional y las cláusulas con **si**

  ☐ el uso de los adjetivos y pronombres posesivos

  ☐ la concordancia y la ortografía

- **Intercambiar**
  Intercambia tu carta con la de un/a compañero/a. Mientras leen las cartas, hagan comentarios y sugerencias sobre el contenido, la estructura y la gramática. Reaccionen también a las cartas.

- **Entregar**
  Pon tu carta en limpio, incorporando las sugerencias de tu compañero/a. Después, entrégasela a tu profesor/a.

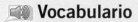 **Vocabulario**

Primera parte

La prensa Press

el artículo *article*
la caricatura política *political cartoon*
la cartelera *entertainment section*
el consultorio sentimental *advice column*
el editorial *editorial section*
el horóscopo *horoscope*
las noticias *news*
la primera plana *front page*
la reseña *review (of books, movies, etc.)*
la revista (del corazón) *(celebrity) magazine*
la sección deportiva *sports section*
la sección financiera *financial section*
el titular *headline*

Noticias en línea News online

el buscador *search engine*
el inicio *home*
el periódico digital *online newspaper*

Noticias en la televisión News on television

el noticiero *newscast*
el reportaje *feature*

En la radio On the radio

la estación de radio *radio station*
la radio por satélite *satellite radio*

Gente en los medios People in the media

el/la comentarista *newscaster, commentator*
el/la comentarista deportivo/a *sportscaster*
el/la crítico/a *critic*
el/la director/a *editor-in-chief*
el/la locutor/a *announcer*
el/la meteorólogo/a *meteorologist*
el/la presentadora *host (on television, radio)*
el/la reportero/a *reporter*

El público The audience

el/la lector/a *reader*
el/la radioyente *listener*
el/la oyente de podcast *podcast listener*
el/la televidente *television viewer*

Verbos Verbs

informar *to report*
revisar *to check*
transmitir *to transmit*

Segunda parte

El cine, el teatro y la televisión Film, theater, and television

el canal *channel*
la cinematografía *cinematography*
la comedia *comedy*
el concurso *game show, pageant*
el documental *documentary*
el drama *drama*
el/la espectador/a *spectator*
el ensayo *rehearsal*
el estudio *studio*
el galán *leading man*
el guión *script*
la obra *play (theater)*
el papel *role (play, movie, or television)*
el premio *prize*
la primera actriz *leading lady*
el/la productor/a *producer*
el/la protagonista *protagonist, star*
la telenovela *soap opera*
la televisión por cable *cable television*
       por satélite *satellite television*
       en directo / en vivo *live (on television)*
la tragedia *tragedy*

Verbos Verbs

actuar (actúo, actúas,…) *to act*
filmar *to film*
ensayar *to rehearse*
representar *to perform*

Otras palabras y expresiones Other words and expressions

el final *end*
el principio *beginning*

Long-form possessive adjectives and pronouns *See page 430.*

Presentation tip for *Vocabulario*
Help students better assimilate vocabulary through images and realia (an actual newspaper in Spanish), role-plays or dialogs (of a radio or television broadcast, an excerpt from a play or movie, etc.), and review games. Some examples of the latter that will work successfully with these word sets include word associations (identifying members of categories such as *las partes del periódico, la gente en el cine o el teatro*, etc.; matching verbs with their associated objects: *revisar el artículo, patrocinar un concurso, representar una obra de teatro, grabar en cinta,* etc.), spelling races at the board, and Pictionary. By interacting with others and using words in meaningful ways, vocabulary acquisition is greatly enhanced.

Instructor Resources
• MSL: Testing Program

Warm-up for *Capítulo 14*
Review the previous chapter by having students talk about what they read in the newspaper yesterday or what television news program they watched. As a transition to *Capítulo 14,* begin by saying that there is a concert you saw last weekend or want to see this weekend. Provide some details (who, what type of music, where). Ask students if they attend concerts regularly and, if so, what types of music they prefer. As a transition to *¡Así es la vida!* ask for a show of hands of students who have attended a classical music concert or an opera and then ask if they enjoyed it.

The Five C's

Communication: Activities requesting opinions, such as in *Perfiles* and *Páginas*; writing activities (*Taller*), information gap (14-8), information sharing activities (14-5, 14-9, 4-11, 14-12, 14-14, 14-18, 14-23, 14-24, 14-26, 14-27, 14-28, 14-40).

Cultures: See Chapter Opener, *Perfiles, Cultura en vivo, Presencia hispana, Observaciones, Panoramas, Páginas* and *Taller.* See also, activities with a cultural context, such 14-3, 14-6, 14-8, 14-20, 14-21, 14-25, 14-28; also, photos and teacher notes that expand on cultural topics, found throughout.

Connections: For example, activities asking students to connect previous knowledge: *Mi experiencia, Mi música, Panoramas, Presencia hispana, Cultura en vivo, Taller* (writing).

Comparisons: *Estructuras, Perfiles, Cultura en vivo, Variaciones, Presencia hispana.*

Communities: Internet activities, such as 14-3, 14-6, 14-8, 14-15, 14-17, 14-25, 14-34.

14

¡Seamos cultos!

1 Primera parte

¡Así lo decimos! Vocabulario	La música y el baile
¡Así lo hacemos! Estructuras	**Hacer** in time expressions
	Nosotros commands
Perfiles	
Mi experiencia	¿Baile o ballet? ¡Esa es la cuestión!
Mi música	"Baila me" (Gipsy Kings, España)

OBJETIVOS COMUNICATIVOS

• Talking about music, art, and dance

• Expressing how long something has been going on or how long ago it happened

• Inviting or convincing others to do something

2 Segunda parte

¡Así lo decimos! Vocabulario	La moda
¡Así lo hacemos! Estructuras	The pluperfect indicative
Observaciones	¡Pura vida! Episodio 14

• Talking about fashion

• Talking about what had happened before another action or event in the past

Nuestro mundo

Panoramas	El arte moderno hispano
Páginas	"El crimen perfecto" (Enrique Anderson Imbert, Argentina)
Taller	Una escena dramática

Readiness Check

AMÉRICA
DEL NORTE

EUROPA

OCÉANO
PACÍFICO

OCÉANO
ATLÁNTICO

ÁFRICA

AMÉRICA
DEL SUR

ANTÁRTIDA

El arte moderno hispano

«De músico, poeta y loco todos tenemos un poco».

Refrán: Musician, poet, and madman, we all have a bit of these.

Cuando tenía solo veintiocho años, el venezolano Gustavo Dudamel fue nombrado Director Artístico de la notable Orquesta Filarmónica de Los Ángeles. Se dice que el estilo de esta superestrella musical es a la vez electrizante e inspirador.

La obra del artista Wilfredo Lam muestra una síntesis de dos culturas, la afrocubana y la europea. Se considera la pintura *La selva* su obra maestra.

Presentation tip for *Refrán*
Read aloud the *refrán* to students and have them repeat it with you a few times. Ask if they can cite examples of musicians (and artists in general) or poets (and writers in general) who are or were considered a little odd, eccentric, or even crazy. Ask for a show of hands of students who play a musical instrument, sing, create some form of visual art, or write poetry or prose. Then ask if they agree that there is a creative or eccentric side to all of us and to explain their view. Finally, have them try to think of equivalent expressions in English.

Notes for *Images*
You may want to share the following information in Spanish with your students:

Gustavo Dudamel (1981–): músico venezolano nacido en Barquisimeto, Venezuela. Su energía infecciosa y su arte excepcional lo han hecho uno de los directores más solicitados por compañías de ópera y orquestas de todo el mundo. Él mismo atribuye su éxito a las experiencias que tuvo en Venezuela en la Orquesta Juvenil.

Wilfredo Lam (1902–1982): pintor cubano de padre inmigrante chino y de madre afrocubana; estudió en La Habana y en Madrid; luego vivió en París, donde recibía el apoyo de Picasso; su pintura refleja un estilo propio que integra el surrealismo y el cubismo con la iconografía de la Santería afrocubana; contiene figuras híbridas, como las que aparecen en *La Selva,* que combinan lo humano, lo animal y lo vegetal/lo tropical para preservar la cultura afrocubana. Lam recibió numerosos premios y reconocimientos durante su vida. Hoy en día sus obras son cotizadas por coleccionistas de arte latinoamericano y se encuentran en los principales museos del mundo. Su pintura, "La mañana verde" fue subastada por Sotheby's por casi 1,3 millones de dólares en 1998.

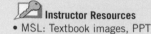
Primera parte

¡Así lo decimos! VOCABULARIO

¡Así es la vida!

 En un concierto del joven director de orquesta, Gustavo Dudamel.

SALVADOR: Hace mucho tiempo que no asistimos a un concierto de música clásica.

MARIPAZ: Sí, es verdad. ¿Sabes? el director de esta noche es un joven venezolano que tiene mucha fama. En solo un par de años ha llevado la sinfónica en giras a las más importantes ciudades del mundo.

SALVADOR: Eso explica por qué fue tan difícil conseguir boletos. El año que viene compremos una suscripción para toda la temporada.

Salvador

Maripaz

 En otro momento del concierto...

SALVADOR: ¡El repertorio de este director es impresionante!

MARIPAZ: Sí, es un verdadero genio.

Vocabulario La música y el baile

14-02
to 14-08

La ópera, la música clásica y el jazz | Opera, classical music, and jazz

la audición	audition
el bailarín / la bailarina	dancer
la comedia musical	musical comedy
el/la compositor/a	composer
el/la coreógrafo/a	choreographer
el/la director/a	conductor, director
la diva	diva
el escenario	stage
el/la músico/a	musician
la ópera	opera
la pieza (musical, de baile)	(musical, dance) piece
el repertorio	repertoire
la sinfonía	symphony
el/la solista	soloist
talentoso/a	talented
la voz	voice

Toca el contrabajo.

Variaciones
In some countries such as Spain, the verb **representar** is more commonly **interpretar.**

Verbos | Verbs

aplaudir	to clap, applaud
componer	to compose
improvisar	to improvise
representar	to perform

Las maracas son populares en la música caribeña.

Los grupos musicales | Musical groups

la banda	band
el conjunto	musical group
el cuarteto	quartet
la orquesta sinfónica	symphony orchestra

Los instrumentos musicales | Musical instruments

el arpa	harp
la batería	drums
el chelo	cello
el clarinete	clarinet
el contrabajo	bass
la corneta	cornet, horn
la flauta	flute
la guitarra	guitar
las maracas	maracas
la marimba	marimba
el piano	piano
el saxofón	saxophone
el tambor	drum
el trombón	trombone
la trompeta	trumpet
el violín	violin

Le encanta el clarinete.

Toca la batería en un conjunto de jazz.

Algunos bailes | Some dances

el baile de salón	ballroom dancing
el ballet	ballet
la danza moderna	modern dance
el flamenco	flamenco

Presentation tip for ¡Así lo decimos!
Have students discuss in small groups. *¿Tocas algún instrumento musical? ¿Cuál? Si no tocas ninguno ahora, ¿cuál te interesaría aprender a tocar? ¿Por qué? ¿Conoces a alguien que lo toque? ¿Qué instrumento prefieres escuchar? ¿Cuál no te gusta escuchar? ¿Por qué? ¿Prefieres música clásica o jazz? ¿Te gusta escuchar una orquesta sinfónica? ¿Tienes un/a compositor/a favorito/a? ¿Conoces alguna óperau opereta? ¿Cuál(es)?,* etc.

Note on *el contrabajo*
This is the bass (viol) common in orchestras or jazz ensembles. The term *bajo* is used for bass voice and also bass guitar. *El bajo eléctrico* is electric bass guitar.

Note on *Instrumentos musicales*
Other instruments include: el flautín (*piccolo*), el corno inglés (*English horn*), el glockenspiel, el oboe, los platillos (*cymbals*), el timbal (*kettle drum*), el triángulo, la tuba, la viola, el xilófono (*xylophone*)

Optional activity for ¡Así lo decimos!
Have students prepare a summary about a concert they attended. This activity is available for download from the IRC.
Un concierto de música clásica. Escribe un párrafo sobre un concierto al que hayas asistido. Las siguientes preguntas pueden servirte de guía:
• ¿Cuándo fue el concierto?
• ¿Quiénes tocaron y/o cantaron?
• ¿Qué instrumentos musicales tocaban en la orquesta?
• ¿Quién fue el/la director/a?
• ¿Quiénes eran los/las compositores/as?
• ¿Cuál de las piezas te impresionó más?

Presencia hispana

Because of their multicultural heritage, many Hispanic-American composers explore the theme of identity in their music. Born in Berkeley, California in 1972, Gabriela Lena Frank is an up-and-coming composer who incorporates her Peruvian, Chinese, Lithuanian, and Jewish ancestry into her work. She has been awarded a prestigious Guggenheim Memorial Foundation Fellowship, as well as numerous commissions for major orchestras and famed musicians. What parts of your heritage would you include if you were a composer?

Gustavo Dudamel

APLICACIÓN

14-1 La música. Clasifica los instrumentos musicales de ¡Así lo decimos! según sus características.

de cuerda	de percusión	de viento
la viola	*el triángulo*	*la tuba*
el arpa	la batería	el clarinete
el contrabajo	las maracas	la corneta
el chelo	la marimba	la flauta
la guitarra	el piano	el saxofón
el violín	el tambor	el trombón
		la trompeta

14-2 En el escenario. Empareja las expresiones con su significado.

1. __b__ el/la solista
2. __h__ la audición
3. __e__ el/la director/a
4. __j__ la diva
5. __g__ la sinfonía
6. __a__ el conjunto
7. __d__ el repertorio
8. __f__ la casa de la ópera; la ópera
9. __c__ el/la compositor/a
10. __i__ el escenario

a. miembros de un grupo musical que tocan y cantan juntos
b. la persona que canta sola
c. una persona que compone música
d. la colección de piezas que toca un músico
e. la persona que dirige la orquesta
f. el lugar donde se presenta una ópera
g. una pieza musical con movimientos
h. un tipo de prueba en que el músico toca o canta
i. el lugar en el teatro donde se presenta un drama
j. una mujer que goza de fama como cantante de ópera

14-3 Un genio causa sensación en Los Ángeles. Es muy raro que una persona tan joven adquiera tanto prestigio en tan poco tiempo.

Paso 1 Escucha el informe sobre Gustavo Dudamel y contesta brevemente las siguientes preguntas.

1. ¿Cuál es su nacionalidad y su profesión?
   venezolano; director de orquesta
2. ¿A qué se debe su éxito, según él?
   al sistema de orquestas juveniles en Venezuela
3. ¿Qué oportunidad tienen los jóvenes con talento en su país?
   tener acceso al arte
4. ¿Qué habilidad especial tiene Dudamel?
   de comunicarse con los músicos e inspirarlos
5. En tu opinión, ¿por qué lo ha llamado la revista *Time* una de las personas más influyentes del mundo?
   Answers may vary: es joven, inspirador; es un gran talento; atrae a un gran público; es un modelo para los jóvenes

Paso 2 Conéctate a la Internet para ver un fragmento de una función en la que aparece Gustavo Dudamel. Escribe un párrafo describiendo lo que ves y escuchas.

Busca: gustavo dudamel video

14-4 La vida de los músicos. Conversen entre ustedes para hacer una lista de las cualidades y talentos que deben tener las personas dedicadas a la música o al baile.

MODELO: *Deben tener mucha perseverancia; por eso hay muy pocas estrellas.*

 14-5 El presupuesto de la NEA. Ustedes son miembros de un comité de la NEA[1] y tienen que distribuir los fondos de la fundación entre varios programas.

Paso 1 En grupos de tres o cuatro estudiantes, decidan entre ustedes cómo van a distribuir los fondos de la NEA y preparen sus razones para justificar sus recomendaciones.

PRESUPUESTO

$3.000.000

PROYECTOS

1. una exposición de murales de pintores del barrio del este de Los Ángeles (costo: $500.000)

2. un programa educativo para llevar la música clásica a las escuelas de Appalachia (costo: $1.000.000)

3. un concierto abierto al público de música de compositores jóvenes no muy conocidos (costo: $750.000)

4. un programa para reparar y donar instrumentos musicales a las escuelas (costo: $250.000)

5. una gira de una compañía de ballet por Europa (costo: $2.000.000)

6. una gira de esculturas de artistas jóvenes por EE. UU. (costo: $350.000)

MODELO: E1: *Creo que debemos donarle $500.000 a la exposición de murales en Los Ángeles.*
E2: *No estoy de acuerdo. Es mucho dinero y hay otros proyectos más importantes. Por ejemplo...,*

¿Es importante financiar las artes?

Paso 2 Ahora, júntense con el resto de la clase para debatir sus selecciones y llegar a un consenso. Usen las siguientes expresiones para expresar su opinión.

No estoy de acuerdo.	No tienes razón.
Pienso que...	En mi opinión...,
Entiendo lo que dices, pero...	Por otro lado..., (*On the other hand, . . .*)

---
[1]National Endowment for the Arts

Wrap-up for 14-5
On the board, doc cam, or a transparency, list the possible projects by number. Ask each group to identify the projects that in their opinion should receive funding, given the projected project costs. Tally the results of each group as you go, and conclude by assessing the level of agreement among groups. Is there agreement or disagreement in general? Ask why this is so.

Optional activity after 14-5
This activity provides additional open-ended speaking practice using target vocabulary. This activity is available for download from the IRC.
El valor de la música clásica. Háganse y contéstense las siguientes preguntas.

1. ¿Es importante la música clásica para los jóvenes? ¿Por qué?
2. ¿Qué compositores asocian ustedes con la música clásica o con el jazz?
3. Algunos estudios han encontrado una relación entre el nivel de inteligencia y la experiencia con la música clásica. ¿Qué opinan ustedes sobre esta teoría?
4. ¿Tuvieron una experiencia agradable o desagradable al aprender a tocar un instrumento musical?
5. Si tuvieran la oportunidad de volver a sus años de la escuela primaria o secundaria, ¿dedicarían más tiempo al estudio de la música? ¿Por qué?
6. ¿Cuáles son algunas de las ventajas y desventajas de ser músico?

¡Así lo hacemos! ESTRUCTURAS

1. *Hacer* in time expressions

14-09
to 14-14

In Spanish, special constructions with the verb **hacer** are used to express the idea that an action began in the past and is still going on in the present.

• To ask *how long* a certain action has been continuing, use the following construction.

> **¿Cuánto (tiempo) hace que** + a verb phrase in the present tense?

¿Cuánto tiempo hace que Gustavo Dudamel dirige la orquesta filarmónica?	*How long has Gustavo Dudamel been conducting the philharmonic orchestra?*
¿Cuántas horas hace que esperas la audición?	*How many hours have you been waiting for the audition?*

• To answer these questions, use these constructions with **hacer.**

> **hace** + a time expression + **que** + a verb phrase in the present

Hace tres años **que** Gustavo Dudamel dirige la orquesta filarmónica.	*Gustavo Dudamel has been conducting the philharmonic orchestra for three years.*

• When the verb phrase is negative, it expresses how long it has been since something occurred.

¿Cuántos años hace **que no** tocas el violín?	*How many years has it been since you played the violin?*
Hace dos años **que no** se enseña arte en esta escuela.	*Art has not been taught in this school for two years.*

• Note that in Spanish, the verb **hacer** and the main verb are in the present tense; the English equivalent, however, uses *has* or *have been.*

Hacer para referirse a eventos pasados

To tell how long ago an action or event occurred in Spanish, you will use a similar construction. **Hace** will be used in the present tense, but the verb phrase will be in the preterit. The order of the phrases is interchangeable; however, when the verb phrase introduces the sentence, omit **que.**

> **hace** + time expression + **que** + verb phrase in the preterit tense
> or
> verb phrase in the preterit tense + **hace** + a time expression

¿Cuánto tiempo hace que salió la violinista para el concierto?	*How long ago did the violinist leave for the concert?*
Hace veinte minutos **que** salió.	*She left twenty minutes ago.*
Vi una función de Gustavo Dudamel en Los Ángeles **hace** dos años.	*I saw a Gustavo Dudamel performance in Los Angeles two years ago.*

APLICACIÓN

14-6 Plácido Domingo. Junto con Luciano Pavarotti y José Carreras, Plácido Domingo es uno de los famosos "Tres Tenores".

Paso 1 Lee el párrafo sobre este talentoso tenor español y contesta las preguntas que siguen.

Plácido Domingo nació en 1941 e hizo su primera audición a los siete años. Sus padres lo llevaron al teatro de la ópera para cantar enfrente de un jurado que iba a elegir a los cantantes más talentosos para un concierto. Plácido impresionó mucho al jurado cuando cantó una pequeña aria de la ópera *Rigoletto.* Aunque empezó su carrera como barítono, siguió la recomendación del jurado y se hizo tenor. Hace más de sesenta años que este gran tenor canta para un público que lo adora. Plácido es un personaje muy popular que tiene buenas relaciones con los otros cantantes y se lleva muy bien con los directores de orquesta sinfónica. Se le atribuye un gran corazón y hace muchas obras benéficas en México, su país adoptivo. Por ejemplo, después del terremoto de 1986, Plácido fue a México y ayudó a mucha gente. Hace un año o más, tuvo que cancelar algunas funciones debido a problemas de salud. Sin embargo, ya se encuentra totalmente recuperado y les recomienda a todos que no dejen de hacerse las pruebas médicas a tiempo.

Plácido Domingo

1. ¿Cuánto tiempo hace que Plácido Domingo canta ópera?
   Hace más de sesenta años.

2. ¿A qué edad tuvo su primera audición?
   La tuvo a la edad de siete años.

3. ¿Qué tipo de voz musical tiene Plácido?
   Es tenor.

4. ¿Cómo es su personalidad?
   Es muy amable; tiene buenas relaciones con los demás; tiene buen corazón.

5. ¿Cuánto tiempo hace que hubo un terremoto en México?
   Hace (current year minus 1986 = ?) años que hubo un terremoto.

6. ¿Cómo respondió Plácido Domingo a la crisis?
   Fue a México y ayudó a mucha gente.

7. ¿Cuándo tuvo que cancelar algunas funciones? ¿Cómo se encuentra ahora?
   Hace un año o más que tuvo que cancelarlas. Ahora se encuentra totalmente recuperado.

Paso 2   En la ópera. Completa el párrafo con el presente del verbo **hacer** y el presente o el pretérito de los verbos de la lista.

devolver	hacer	llegar	querer

Son las ocho y media de la noche y (1) ___hace___ más de una hora que nosotros (2) ___hacemos___ cola para ver si hay boletos para la función. (3. Nosotros) ___Llegamos___ al teatro (4) ___hace___ dos horas, pero tuvimos que esperar en la calle hasta que se abrió el teatro. (5) ___Hace___ más de dos meses que (6. yo) ___quiero___ asistir a esta función. Pero es difícil conseguir boletos para una ópera en la que canta Plácido Domingo. El tenor (7) ___llegó___ al teatro en su limusina (8) ___hace___ media hora. ¡Qué suerte! Acaban de decirnos que una señora (9) ___devolvió___ sus boletos (10) ___hace___ unos minutos.

 Paso 3 ¿Conoces la voz de Plácido Domingo? Conéctate a la Internet para escuchar algunos fragmentos de la música de Plácido Domingo. ¿Dónde fue la función y en qué lengua cantó? ¿Cómo caracterizas su voz? ¿Y su energía musical?

> ❖ **Busca:** placido domingo video

Note on *Plácido Domingo*
Se distingue por su voz versátil que le ha permitido cantar como barítono y tenor. Además de ser uno de los más grandes tenores de todos los tiempos, es director de orquesta, productor y compositor, y director general de la Ópera Nacional de Washington en Washington, D.C. y de la Ópera de Los Ángeles, California. Fue el primer español en aparecer en un episodio de "Los Simpson", en el que se interpretó a sí mismo en "El Homer de Sevilla", capítulo en el que Homer se convierte en una estrella de la ópera.

¡Hola!

Cultura en vivo ✳

Some of the most magnificent theaters and opera houses are located in Hispanic countries. El Teatro Colón in Buenos Aires is renowned for its fine acoustics and grand architecture. The 100-year-old opera house underwent major renovations for the Bicentennial of Argentina's independence in 2010. Buenos Aires is a mecca for the performing arts, attracting top artists and sell-out audiences. What major opera house or theater in the U.S. or Canada compares with the Teatro Colón?

Note on *Cultura en vivo*
Other famous opera houses in the Spanish-speaking world include: El Teatro Real, Madrid; Bellas Artes, México, DF; Teatro Teresa Carreño, Caracas; Teatro Colón, Bogotá; Teatro Municipal, Santiago de Chile; Teatro Municipal, Lima, Perú; el Teatro Solís, Montevideo, Uruguay

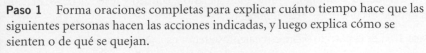

Warm-up for 14-7, Paso 1
Go over the model with students. Point out that they will start the sentence with **Hace** + the time expression + **que** + verb phrase in the present plus their own opinions about how the people are feeling now: tired, angry, bored, excited, etc.

Warm-up for 14-7, Paso 2
Review the model with students. Elicit the other possible sentence order and write it on the board: *Llegó hace una hora.* Then go over the first few items with students, eliciting and writing both sentence orders on the board for visual support:
1. *Hace 5 horas que durmió una siesta. / Durmió una siesta hace 5 horas.*

Ya empieza la función.

14-7 Antes de la función. La función va a empezar a las ocho y todos se están preparando.

Paso 1 Forma oraciones completas para explicar cuánto tiempo hace que las siguientes personas hacen las acciones indicadas, y luego explica cómo se sienten o de qué se quejan.

MODELO: la violinista: practicar / cinco horas
Hace cinco horas que la violinista practica y ahora está cansada.
Answers may vary.

1. la soprano: buscar su vestido / treinta minutos
Hace treinta minutos que la soprano busca su vestido y ahora está nerviosa.

2. los bailarines: bailar sin música / diez minutos
Hace diez minutos que los bailarines bailan sin música y ahora están preocupados.

3. los miembros de la orquesta: esperar a la diva / mucho tiempo
Hace mucho tiempo que los miembros de la orquesta esperan a la diva y ahora se han puesto / están impacientes.

4. los chelistas: hablar con el director / quince minutos
Hace quince minutos que los chelistas hablan con el director y ahora se sienten felices.

5. el director: trabajar con la orquesta / una semana
Hace una semana que el director trabaja con la orquesta y ahora se siente cómodo.

6. el público: esperar entrar / una hora
Hace una hora que el público espera entrar y ahora se siente emocionado.

Paso 2 Ya son las ocho y es la hora de la función. ¿Cuánto tiempo hace que las siguientes cosas ocurrieron?

MODELO: la soprano: llegar a las siete
Hace una hora que llegó la soprano. / Llegó hace una hora.

1. el director: dormir una siesta a las tres
Hace cinco horas que el director durmió una siesta. / Durmió una siesta hace cinco horas.

2. los asistentes: ordenar el escenario a las cinco
Hace tres horas que los asistentes ordenaron el escenario. / Ordenaron el escenario hace tres horas.

3. los músicos: empezar a llegar a las seis y media
Hace una hora y media que los músicos empezaron a llegar. / Empezaron a llegar hace una hora y media.

4. ellos: abrir las puertas al público a las siete y media
Hace media hora que abrieron las puertas al público. / Abrieron las puertas al público hace media hora.

5. nosotros: sentarnos a las ocho menos cuarto
Hace quince minutos que nos sentamos. / Nos sentamos hace quince minutos.

6. el director de escena (*stage manager*): bajar las luces del auditorio a las ocho menos cinco
Hace cinco minutos que el director de escena bajó las luces. / El director de escena bajó las luces hace cinco minutos.

14-8A **¿Cuánto tiempo hace que...?** A continuación tienen información sobre dos famosos artistas hispanos en el mundo del jazz.

Paso 1 Háganse y contesten preguntas sobre cuánto tiempo hace que participan en su arte o que hicieron algunas actividades en el pasado. Tomen apuntes de la información sobre los dos artistas. **Estudiante B,** por favor ve al **Apéndice 1,** página A-22.

MODELOS: Miguel Zenón estudia jazz desde (*since*) 1995

ESTUDIANTE A: *¿Cuánto tiempo hace que Miguel Zenón estudia jazz?*
ESTUDIANTE B: *Hace... años que lo estudia. Empezó en 1995.*
Dafnis Prieto hizo su última gira por Europa en 1999
ESTUDIANTE B: *¿Cuánto tiempo hace que Dafnis Prieto hizo una gira por Europa?*
ESTUDIANTE A: *Hace... años que hizo una gira. Fue en 1999.*

Dafnis Prieto

Miguel Zenón

Estudiante A:

Perfil de Dafnis Prieto	Preguntas sobre Miguel Zenón
• profesión and percusionista de jazz, compositor, profesor	¿Cuál es la profesión de Miguel Zenón?
• lugar/fecha de nacimiento: Cuba/1974	¿Cuántos años hace que nació? ¿Dónde nació?
• salió de Cuba en 1996	¿Cuántos años hace que recibió un premio artístico?
• llegó a Nueva York en 1999	¿Cuántos años hace que fue nombrado el mejor artista de jazz?
• le gusta vivir en Nueva York desde 2003	¿Cuántos años hace que es miembro de un conjunto?
• es profesor de música en NYU desde 2005	¿Cuántos años hace que da clases? ¿Dónde?
• fue nominado al Grammy Latino en 2007	¿Cuánto tiempo hace que hizo una gira por África?
• tocó en una función en el MOMA en 2009	¿Cuántos años hace que fue nominado al Grammy?

 Paso 2 Conéctate a la Internet para aprender más sobre uno de estos artistas y escuchar su música. Escribe un párrafo de cinco o más oraciones para describir lo que ves.

 Busca: miguel zenon video; dafnis prieto video

Warm-up for 14-8
To help students get started, choose an artist such as Lady Gaga (*nació en 1986; es estrella desde 2008*) or Justin Bieber (*nació en 1994; es estrella desde 2009*) and ask: *¿Cuánto tiempo hace que nació Lady Gaga? ¿Cuánto tiempo hace que es estrella?* Emphasize the past *nació* or the present *es* to illustrate the difference between past and ongoing actions.

Note on *Dafnis Prieto*
Nació en Santa Clara, Cuba y tuvo una estricta educación musical clásica en el Instituto Nacional de Música, La Habana, pero se interesó también en música afrocubana, world music y jazz. Como compositor creaba música para películas, ballet, música de cámara y para sus tres grupos: su Latin Ensemble, el Absolute Quintet y el Dafnis Prieto Sextet... Se considera no solo músico de jazz cubano, sino también músico cubano. Su espectro musical es extremamente amplio: latin jazz, post bop, avantgarde... pero sobre todo, "Dafnis Prieto es un terremoto, un drummer de pura sangre". (*Source*: www.apoloybaco.com)

Note on *Miguel Zenón*
Nació y se crió en San Juan, Puerto Rico donde estudió saxofón clásico. Cuando cursaba sus estudios de música en Berklee School of Music, se interesó en la música de jazz. Hizo su Master en *Saxophone Performance* en la Manhattan School of Music. Ha recibido becas de la Fundación Guggenheim y la MacArthur con su *Genius Award*. En 2004 fue uno de los fundadores del SFJAZZ Collective, un octeto que se dedica a componer, interpretar y enseñar música nueva. Ha sido nominado a los Grammy "Best Latin Jazz Album", "Best Improvised Jazz Solo" y "Best Latin Jazz Album". (*Source*: miguelzenon.com)

Warm-up for 14-9

As an advance organizer, present some examples as they apply to you: *Vine a esta universidad en 2005. ¿Cuántos años hace que soy profesor/a? Empecé mis estudios de… en… ¿Cuánto tiempo hace que empecé mis estudios de…?*

14-9 Tu vida personal. ¿Cuánto tiempo hace que haces, hiciste o no haces las actividades a continuación?

Paso 1 Indica tus actividades y experiencias.

MODELOS: Venir a esta universidad: _2010_
Estudiar español: _seis meses_
No limpiar mi apartamento: _dos semanas_

1. Asistir a un concierto: _____
2. Escuchar música jazz: _____
3. No ver ballet: _____
4. Invitar a un amigo a una fiesta: _____
5. Tocar un instrumento musical: _____
6. No tomar clases de baile/música: _____

Paso 2 Ahora, escribe oraciones completas usando **hace que.** Piensa en si la acción ya pasó o si todavía continúa para determinar qué tiempo del verbo debes usar, el presente o el pretérito.

MODELOS: Venir a esta universidad: _2010_   Hace… año(s) que _vine_ a esta universidad.
Estudiar español: _seis meses_   Hace seis meses que _estudio_ español.
No limpiar mi apartamento: _dos semanas_   Hace dos semanas que _no limpio_ mi apartamento.

Paso 3 Finalmente, túrnense para hacerse y responder a preguntas usando **hacer que…** + el presente o el pasado.

MODELO: E1: *¿Cuánto tiempo hace que…?*
E2: *Hace… año(s) que…*

Hace diez años que compone música.

2. *Nosotros* commands

14-15 to 14-19

There are two ways to give a direct command to a group of persons that includes yourself: **vamos a** + *infinitive* or the **nosotros/as** form of the present subjunctive.

> La próxima vez, ¡compremos los boletos en la Internet!

- As you know, **vamos a...** is also used to express a simple statement or to ask a question. The interpretation *Let's* . . . results from intonation and context.

¿**Vamos a** asistir al concierto de Miguel Zenón?	*Shall we attend the Miguel Zenón concert?*
Sí, ¡**vamos a** asistir esta noche!	*Yes, let's attend tonight!*

- With the present subjunctive form of **nosotros/as,** the command is clearly stated.

¿Asistimos al concierto de Miguel Zenón?	*Shall we attend the Miguel Zenón concert?*
Sí, ¡**asistamos** al concierto esta noche!	*Yes, let's attend tonight!*

- As with all command forms, object pronouns are attached to the affirmative forms and precede the negative commands. In an affirmative command with an attached pronoun, an accent mark is added to maintain the original stress.

Busquemos a la solista.	*Let's look for the soloist.*
Busquémosla.	*Let's look for her.*
No molestemos al bailarín.	*Let's not bother the dancer.*
No lo molestemos.	*Let's not bother him.*

- To express *Let's go*, use the indicative **vamos.** For the negative *Let's not go...*, however, you must use the subjunctive form.

Vamos a la audición para la comedia musical.	*Let's go to the audition for the musical comedy.*
No, no vayamos a la audición ahora.	*No, let's not go to the audition now.*

- When the pronouns **nos** or **se** are attached to the **nosotros** affirmative command, the final **-s** is deleted from the verb ending.

¡Vámonos!	*Let's leave! / Let's get out of here!*
Durmámonos.	*Let's fall asleep.*
Démoselo.	*Let's give it (el libro) to him/her/you/them.*
Busquémoselas.	*Let's look for them (las entradas) for him/her/you/them.*

Instructor Resources
- MSL: PPT, Supplementary Activities

Note on *Nosotros commands*
Stress the systematic nature of using the subjunctive with the nosotros commands: *(Quiero que) asistamos al concierto. (Quiero que) compremos las entradas en línea. (Quiero que) consigamos el autógrafo del solista, etc.*

Presentation tip for *Nosotros commands*
Give students the following context in Spanish and cue them to provide appropriate *nosotros* commands using *vamos* a + infinitive: *Quiero asistir a un concierto esta noche. ¿Vamos? Sí, vamos. ¿A qué hora salimos? ¿A las 5? Sí, vamos a salir a las 5. ¿Compramos las entradas en la puerta? Sí, vamos a comprarlas en la puerta. ¿Vamos a comer a un restaurante después? Etc.* Then, use the same examples cuing the subjunctive. *¿Vamos a salir a las 5? Sí salgamos a las 5, etc.* Finally, have students provide additional activities associated with going to a concert and provide the *nosotros* commands for each.

Note on se attached to the affirmative *nosotros* command
Remind students that **le** and **les** change to **se** when they precede another object that begins with l.
se lo
se la
se los
se las
The context will usually clarify the meaning of **se**.

APLICACIÓN

14-10 Una gira de la orquesta sinfónica. El director artístico y el gerente general están planeando los conciertos y las giras para el año que viene.

Paso 1 Lee la conversación y subraya los mandatos con la forma de **nosotros**.

DIRECTOR: ¡Oye, Luis! <u>Hagamos</u> nuestros planes para el año que viene. ¿Hacemos una gira por Europa o vamos esta vez a Sudamérica?

GERENTE: <u>Vamos a planear</u> dos giras. Es muy probable que nos inviten a las grandes ciudades de los dos continentes. <u>Leamos</u> las últimas reseñas en el periódico. El público está pidiéndonos más conciertos para el año que viene.

Toquemos una pieza de Villalobos.

DIRECTOR: Pero antes tenemos que considerar el presupuesto. <u>Revisémoslo</u> con cuidado antes de hacer una decisión definitiva.

GERENTE: Es verdad, pero <u>pensemos</u> en los beneficios de dos giras. A ver, podremos llevar nuestra música a una variedad de públicos; conocerán el gran talento de la sinfónica; podremos experimentar con música nueva. ¡<u>Hagámoslo</u>, es una gran oportunidad!

DIRECTOR: ¡Ay, Luis! ¡<u>Vamos a ver</u> en qué fechas están disponibles[1] los grandes teatros de Europa y de Sudamérica! Y <u>no nos olvidemos</u> que nuestro público aquí en EE. UU. espera que presentemos varios conciertos también.

GERENTE: Bueno, primero <u>escojamos</u> las piezas que serán parte de nuestro repertorio. Después <u>lleguemos</u> a una decisión sobre las fechas. Y finalmente, <u>contratemos</u> a los solistas. ¡Será una gran temporada!

[1]*available*

Paso 2 Ahora contesta las preguntas, basándote en la conversación anterior.

1. ¿Qué quieren hacer el Director y el Gerente General?
2. ¿Cuántas giras quiere hacer el Gerente General? ¿Adónde? ¿Y el Director?
3. ¿Cuáles son algunos de los beneficios de hacer dos giras? ¿Y una desventaja?
4. ¿Qué tienen que hacer antes de llegar a una decisión final?

14-11 En un ballet. Decidan entre ustedes cuáles de estas acciones deben hacer durante una función de ballet y cuáles no deben hacer. Usen mandatos de **nosotros**.

MODELO: fumar en el auditorio   *¡No fumemos en el auditorio!*
pedir el programa   *Pidamos el programa. / Pidámoslo.*

1. sentarnos cerca del escenario
   Sentémonos / No nos sentemos
2. salir durante la función
   Salgamos / No salgamos
3. apagar los celulares
   Apaguémoslos / No los apaguemos
4. filmar la función
   Filmémosla / No la filmemos
5. comer caramelos envueltos en celofán
   Comámoslos / No los comamos
6. aplaudir al final
   Aplaudamos / No aplaudamos
7. pedirles los autógrafos a los bailarines
   Pidámoselos / No se los pidamos
8. dirigir la orquesta
   Dirijámosla / No la dirijamos

14-12 Este fin de semana. Hay muchas oportunidades culturales en tu universidad.

 Instructor Resources
• MSL: MediaShare
• IRM: Rubrics

Paso 1 Forma mandatos de **nosotros** afirmativos y negativos de las frases a continuación. Crea un mandato original al final.

MODELO: cantar en un concierto de jazz   *Cantemos / No cantemos en un concierto de jazz.*

1. ver una ópera
   Veamos / Veámosla (No la veamos)
2. asistir a un concierto de música *New Age*
   Asistamos (No asistamos)
3. escuchar un cuarteto
   Escuchemos / Escuchémoslo (No lo escuchemos)
4. comprar boletos para el ballet
   Compremos / Comprémoslos (No los compremos)

5. ir a una comedia musical
   Vamos (No vayamos)
6. practicar un instrumento musical
   Practiquemos / Practiquémoslo (No lo practiquemos)
7. improvisar una pieza de teatro
   Improvisemos / Improvisémosla (No la improvisemos)
8. ¿...?
   Answers will vary.

 Paso 2 Ahora decidan entre ustedes qué quieren hacer este fin de semana. Usen los mandatos de **nosotros** que formaron en **Paso 1** y justifiquen sus opiniones para llegar a una decisión mutua.

MODELO: E1: *Vamos a un concierto de jazz.*
E2: *¡Ay, por favor! No me gusta el jazz. ¡No vayamos!*
E1: *Entonces, ¿qué hacemos?*

¿Cuánto saben?

Primero, pregúntate si puedes llevar a cabo las siguientes funciones comunicativas en español. Después, júntate con dos o tres compañeros/as de clase para presentar las situaciones. Háganse y respondan a por lo menos cuatro preguntas en cada situación.

✓ CAN YOU . . .

☐ talk about music, art, and dance?

☐ say how long something has been going on?

☐ say how long ago something happened?

☐ invite or convince others to do something?

WITH YOUR CLASSMATE(S) . . .

Situación: Hacer planes
Ustedes quieren asistir a un concierto de música clásica o de jazz, a una función de baile o a una exposición de arte. Hablen sobre lo que quieren ver y por qué. Incluyan información sobre el/la director/a, el/la artista o el/la compositor/a y el estilo de música.
Para empezar. *Hay un concierto de música jazz esta noche... Toca...*

Situación: Una entrevista
Uno/a de ustedes tiene una entrevista para dar clases de música. Hablen sobre sus experiencias y cuánto tiempo hace que les interesa la música.
Para empezar. *Hace diez años que estudio piano...*

Situación: Su último espectáculo
Hablen sobre la última vez que asistieron a un concierto o a una función de baile.
Para empezar. *Hace un mes que asistí a una función de baile moderno...*

Situación: Planes para el verano
Hagan planes para el verano. Pueden incluir sus planes para viajar, trabajar y pasarlo bien. Usen mandatos de **nosotros.**
Para empezar. *Vamos a buscar un buen trabajo para el verano. Busquemos oportunidades de empleo en...*

STUDENT LEARNING OUTCOMES
Use the **¿Cuánto saben?** activities to assess the extent to which students can perform the **Objetivos comunicativos** for **Primera parte** presented in the chapter opener: Talking about music, art and dance; expressing how long something has been going on or how long ago it happened; and inviting or convincing others to do something. Provide an assessment for vocabulary, structures, and fluency appropriate to the chapter theme and level (**5:** excellent - **1:** poor). See the IRM for more information on rubrics.

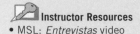

📖 Perfiles

14-25 to 14-26

Mi experiencia

¿BAILE O BALLET? ¡ESA ES LA CUESTIÓN!

14-13 Para ti. ¿Tocas algún instrumento? ¿Cuál? ¿Has escuchado un concierto de música flamenca? ¿Te gusta bailar? ¿Has tomado clases de baile, por ejemplo, de salsa, de jazz o de ballet? ¿Has asistido alguna vez a un espectáculo de ballet clásico o moderno?

Hola, soy Carlos Perreira-Carreras y soy de Venezuela. Desde pequeño siempre me ha encantado la guitarra, y la música flamenca en particular. Hace diez años que estudio guitarra en Caracas y este año tuve la oportunidad de venir a España para estudiar en el Conservatorio Joaquín Tarina en Madrid. Los fines de semana voy mucho a los pequeños bares donde se toca auténtica música flamenca. ¡Está bien pepia'o![1]

La verdad, no soy muy aficionado a la música clásica sinfónica ni al ballet (prefiero salsa ☺), pero en el conservatorio insisten en que asistamos a diferentes funciones para que nos familiaricemos con todo tipo de "cultura". Por eso, he ido bastante al teatro, a la sinfónica y, el fin de semana pasado, ¡fui a un ballet! No pueden imaginarse mi sorpresa cuando vi "Soleá", un ballet coreografiado para los bailarines principales, Ángel y Carmen Corella (te juro que aquí en Europa estos hermanos son una sensación impresionante). Jamás en mi vida había visto una pieza con tanto control físico y mental. ¡Esos chamos[2] son fantásticos! No son solo artistas, sino también gimnastas. Y además, lo que más me gustó fue que ¡la obra tenía un tema flamenco! Me impresionó muchísimo, y como resultado de estas experiencias, tengo ahora un nuevo aprecio por todo tipo de arte. Pero ahora, me voy a lo mío, a un concierto de los Gipsy Kings, que han vuelto a España después de su exitosa gira por Canadá y EE. UU. el año pasado. ¡Chaito[3] pues!

[1] *(En Venezuela) ¡Es estupendo!* [2] *chicos* [3] *chao*

14-14 En su opinión. ¿Cuál es la diferencia entre el arte clásico y el arte popular? ¿Es posible que el arte sea tanto para un público intelectual como para uno popular? Expliquen su opinión y den ejemplos.

14-15 En el teatro. De niño, Ángel Corella no tenía mucha habilidad para los deportes típicos de los jóvenes de su edad, pero sí tenía vocación para el ballet. Empezó a estudiarlo cuando tenía siete años y poco después empezó a bailar su hermana Carmen también. A los veintiún años, Ángel obtuvo la categoría de Bailarín Principal del American Ballet Theatre. Conéctate a la Internet para verlo bailar y escribe un párrafo sobre lo que veas: el baile, los participantes, si es un ballet clásico o moderno, etc.

> 🖱 **Busca:** sitio oficial angel corella video

Note on 14-15
When he was 19, Ángel Corella won First Prize in the National Ballet Competition of Spain and the same year the Grand Prix and Gold Medal at the Concours International de Danse de Paris, dancing the pas de deux from *Don Quixote* and *Le Corsaire*. Soon after, he was contracted by the American Ballet Theater and became one of its youngest soloists. In 2001, Ángel Corella formed a foundation to promote classical dance in Spain and to offer the opportunity for the finest professional training to all dancers, regardless of their economic or social condition. In 2007, the Corella Ballet came into being and is currently the only classical ballet company in Spain.

Mi música

"BAILA ME" (GIPSY KINGS, ESPAÑA)

Los miembros de este grupo nacieron en Francia, pero son hijos de gitanos catalanes que huyeron de España durante la Guerra Civil. Su música es un tipo de flamenco popular que ha tenido mucho éxito en Europa y en EE. UU.

Antes de ver y escuchar

14-16 ¡Bailemos! En esta canción los Gipsy Kings animan (*encourage*) a todos a bailar para disfrutar del momento, del presente. ¿Qué otras cosas le dirías a un/a amigo/a para vivir el momento? Usa mandatos de **nosotros** afirmativos y negativos para animarlo/la.

MODELO: (escuchar) *Escuchemos la música. No pensemos en los problemas.*

1. (bailar)
2. (cantar)
3. (irse)
4. (ponerse)

5. (ir)
6. (levantarse)
7. (sonreír)
4. (hablar)

Para ver y escuchar

14-17 La canción. El instrumento musical predominante de la música flamenca es la guitarra, pero también los músicos usan las manos para golpear (*thump*) la guitarra o para hacer palmadas, y los pies para acompañar el ritmo. Observa el video de los Gipsy Kings para ver si ellos mantienen las características del estilo flamenco clásico.

> **Busca:** gipsy kings baila me video; gipsy kings baila me letra
>
> **Si te interesa comprar la canción:** *Go to iTunes Store>Music>More to Explore> iMix>Arriba 6e*

Después de ver y escuchar

14-18 Eventos culturales. Escribe sobre algunos eventos musicales o culturales (conciertos, obras teatrales, espectáculos de ballet, etc.) a los que has asistido en tu vida. Incluye los nombres de los artistas, los lugares y cuánto tiempo hace que asististe. Luego, con un/a compañero/a, háganse preguntas sobre sus experiencias.

MODELO: E1: *Fui a una presentación de baile moderno en Saint Louis y vi una compañía de bailarines cubanos.*
E2: *¿Te gustó?*
E1: *Sí, me gustó, pero prefiero el ballet clásico.*

Note on *Gipsy Kings*
The Gipsy Kings speak French and *caló*, the traditional language of the Spanish Gypsies. They sing in a Spanish argot that is the same form of Spanish that is used in traditional Flamenco music. They do not sing in either *catalán* or *árabe*.

Note on *gitanos*
You may want to share the following information in Spanish with your students:
Se les llaman **gitanos** a personas de origen indio que emigraron de India y llegaron a diferentes partes de Europa a partir del siglo XV. A través de los siglos, se han destacado en las artes populares, especialmente en la música y el baile, pero también han sido víctimas de la persecución en España a partir de 1499 y que continúa hasta el presente, aunque de una manera menos evidente que en el pasado.

Presentation Tip for *Gipsy Kings*
When watching the video, have students note that some of the group members are left-handed (*zurdos*) and play their guitars upside down. This is because when they learned to play, they didn't have access to left-handed guitars.

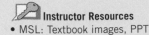
Note on ¡Así es la vida!
You may want to share the following information in Spanish with your students:

Agatha Ruiz de la Prada (1960–): diseñadora española; diseña ropa, muebles y accesorios. Se le conoce por su imaginativo uso de vívidos colores.

Miguel Palacio (1962–): diseñador español premiado de mejor diseñador por varias organizaciones de moda; en 2010 ganó el premio L'Oreal para la mejor colección presentada en la edición 51ª de la Cibeles Madrid Fashion Week.

Comprehension check for ¡Así es la vida!
Ask questions to confirm comprehension. *¿Dónde están estas personas? ¿Quién es la diseñadora? ¿Qué premio ganó el diseñador? ¿Cómo son los colores que usa Ruiz de la Prada? ¿Cómo son los trajes de baño en uno de los desfiles?¿Están de moda hoy en día? ¿Has asistido alguna vez a un desfile de moda? ¿Qué te pareció la experiencia?*

Presentation tip for ¡Así es la vida!
Ask questions to engage further in the topic of fashion design. *¿Sabes el nombre de algún/alguna otro/a diseñador/a de ropa famoso/a? ¿Cuál es su nacionalidad? ¿Cómo es la ropa que diseña? ¿Diseña algo más? Cuando piensas en personas elegantes, ¿en quiénes piensas? ¿Por qué son elegantes?*

Expansion for ¡Así es la vida!
Have students search the Internet for these 2 designers and to compare their style.
Busca: ruiz prada; miguel palacios

Segunda parte

¡Así lo decimos! VOCABULARIO

¡Así es la vida! Elegancia total
14-27

 Cibeles Madrid Fashion Week es uno de los desfiles más importantes del mundo.

PERIODISTA: Nunca había asistido a un desfile de moda de Agatha Ruiz de la Prada. ¡Qué explosión de colores!

CAMARÓGRAFA: Cibeles Madrid Fashion Week es estupendo. Mira, dicen que los desfiles de este año están llenos de más novedades y sorpresas que en años anteriores.

PERIODISTA: Efectivamente. La originalidad de algunos de los diseñadores es increíble. ¿Viste los trajes de baño de estilo 1920, hechos de seda y lentejuelas?

CAMARÓGRAFA: Sí, pero prefiero los diseños de Miguel Palacio. ¡Me encanta el juego de contrastes que ha hecho con las telas! Se merece otro premio L'Oreal este año.

Vocabulario La moda

14-28
to 14-32

La moda Style

la alta costura *high fashion*
el conjunto *outfit*
el desfile de moda *fashion show*
el/la diseñador/a *designer*
el disfraz *costume, disguise*
el esmoquin *tuxedo*
el estilo *style*
el/la modelo *model*
el modo (de vestir) *way, manner (of dressing)*
la prenda *garment*
la sencillez *simplicity*
el traje de noche *evening gown*

Se presenta a la diseñadora, Agatha Ruiz de la Prada…

Variaciones

In Spain, the term **la gabardina,** beyond the name of the fabric, also refers to a long, detective-style raincoat.

Telas y materiales Fabrics and materials

el elástico *elastic*
la gabardina *gabardine (lightweight wool)*
las lentejuelas *sequins*
el nilón *nylon*
la paja *straw*
la pana *corduroy*
la piel *leather, fur*
el poliéster *polyester*
el rayón *rayon*
el terciopelo *velvet*
el tul *tulle (silk or nylon net)*

un esmoquin para un evento especial

Variaciones

In Venezuela, **una prenda** is also a jewel added as an adornment, and in various parts of Latin America, **mi prenda** has been used as a term of endearment.

Otras palabras y expresiones[1] Other words and expressions

bien hecho/a *well made*
encantador/a *enchanting, delightful*
estar dispuesto/a (a) *to be willing (to do something)*

Repaso[2]

el algodón
el cuero
la lana
la seda
estar de moda

un vestido de fiesta con lentejuelas

[1]Many cognates can help you describe clothing: **elegante, formal, informal,** and **simple.**
[2]*Review*

un desfile de moda en Madrid

Instructor Resources
• MSL: Textbook images, PPT, Supplementary Activities

Note on *Madrid Fashion Week*
The organizers announced in 2006 that, in order to develop a healthier image for the event, they would ban overly thin women from the show. The Madrid city council, which sponsors the fashion week, ordered that every model must have a body mass index (BMI) of at least 18; models who are 5 feet 9 inches (1.75m) tall must weigh a minimum of 123 pounds (56 kg).

Presentation tip for *¡Así lo decimos!*
Have students discuss their favorite fabrics for particular articles of clothing: *una blusa, una camisa, los pantalones, la ropa informal, un vestido formal, una falda larga, una corbata, una chaqueta, un saco, un suéter.*

Note on *Hispanic designers*
Other important designers include Óscar de la Renta (República Dominicana), Carolina Herrera (Venezuela), Carmen March (España), Custo Barcelona (España), David Delfín (España), Emilio Abasz (Argentina), Hernán Zajar (Colombia), Jesús del Pozo (España), Manolo Blahnik (Islas Canarias), Manuel Pertegaz Ibáñez (España), Roberto Verino (España), Paloma Picasso (Francia/España), Isabel Toledo (Cuba/EE. UU.), Cristóbal Balenciaga (España),, Eduardo Lucero (México, EE. UU.)

Optional activity
The following allows students to practice target vocabulary while expressing personal opinions about fashion. This activity is available for download from the IRC.
¿Cómo se describen? Identifica personas, estilos o conjuntos que se podrían describir de estas maneras y explica dónde se encuentran.

MODELO: un conjunto formal
Un esmoquin es un conjunto formal que se lleva en una boda.

1. un conjunto elegante
2. un conjunto informal
3. una prenda indispensable
4. una prenda encantadora
5. una prenda bien hecha
6. una prenda extravagante

14-33
to 14-34

Letras y sonidos

The Consonants *m, n,* and *ñ*

Generally, the letter **m** sounds like the *m* in English *mice* and the letter **n** like the *n* in English *nice*. Although the letter **ñ** does not exist in English, its sound in Spanish is approximated by the *ny* sequence in English *canyon*.

mo-da   **la-na**   **ni-ño**   **se-ñor**   **fil-mar**   **es-mo-quin**

When **n** falls at the end of a syllable, its pronunciation in Spanish is affected by the consonant after it. For example, before the letters **p, b, v,** or **m,** the letter **n** is pronounced like the *m* sound, as in the following examples.

un po-co   **un be-so**   **un va-so**   **un mes**   **in-mi-gra-ción**

APLICACIÓN

14-19 Las telas. Clasifica las siguientes telas según su origen, su uso y da un ejemplo.
Answers may vary.

Tela	De animal	Vegetal / sintético	Formal	Informal	Artículo
el tul		X	X		*un tutú*
las lentejuelas		X	X		un traje de noche
el poliéster		X		X	unos pantalones
el terciopelo		X	X		un vestido
el cuero	X		X	X	unas botas
el algodón		X		X	una camiseta

14-20 El desfile de moda. Completa los comentarios del reportero de un desfile de moda con expresiones lógicas de la lista.

alta costura	diseñadora	gabardina	paja	tela
conjunto	diseños	lentejuelas	piel	terciopelo
desfile de moda	estilos	modelos	rayón	sencillez

Buenas tardes, señoras y señores. Estamos aquí esta tarde para presenciar el (1) ___desfile de moda___ de la famosa (2) ___diseñadora___ Carolina Herrera. Dentro de unos pocos minutos van a salir las primeras (3) ___modelos___. En el mundo de la (4) ___alta costura___ no hay nadie que ilustre mejor la feminidad que la Sra. Herrera. Sus (5) ___diseños___ siempre complementan las bellas figuras de sus modelos. Bueno, aquí sale la primera: lleva un hermoso traje de (6) ___gabardina___ adornado con un cuello[1] de (7) ___piel___ de chinchilla. Ahora sale la segunda modelo. Lleva un vestido largo de (8) ___terciopelo___ que sirve tanto para asistir a un concierto, como a una cena elegante. Lleva también un pequeño bolso cubierto de (9) ___lentejuelas___. ¡Qué bonito (10) ___conjunto___! La tercera modelo lleva un vestido corto de (11) ___rayón___, una tela ideal para un clima templado. La (12) ___tela___ con flores multicolores se complementa con un sombrero ancho de (13) ___paja___. Bueno, señoras y señores, hemos visto los nuevos (14) ___estilos___ de la Casa Herrera, los mejores ejemplos de la alta costura: la (15) ___sencillez___ y la elegancia.

――――――――
[1]collar

🔊 **14-21** **Cibeles Madrid Fashion Week.** Escucha la narración sobre este famoso desfile de moda en España y completa las frases que siguen.

1. El Sr. González asistió a Cibeles Madrid Fashion Week para…

   a. presentar a los nuevos diseñadores.

   b. anunciar el premio L'Oreal.

   c.) abrir la feria.

2. En el mundo de la moda, se espera que Madrid sea…

   a.) un destino a nivel internacional.

   b. atractiva a diseñadores franceses e italianos.

   c. dónde se fabrique la ropa de los diseñadores.

3. El primer diseñador presenta una colección de…

   a. vestidos de rayón.   b.) abrigos de piel.   c. trajes de terciopelo.

4. La línea de Ruiz de la Prada es ropa…

   a. para la oficina.   b. para la playa.   c.) de noche.

5. No se permitió que algunas de las modelos participaran porque…

   a. no eran españolas.   b.) estaban muy flacas.   c. suspendieron la prueba de drogas.

14-22 **¿Tienes prendas de estas telas?** Describe qué prendas tienes de estas telas y qué telas no usarías nunca.

MODELO: seda
> *Tengo una camisa de seda…*
> *No usaría nunca pantalones de…*
> lentejuelas   paja   pana   piel   poliéster   terciopelo

👥 **14-23** **En orden de importancia.** Cuando van de compras, tienen en mente ciertas características de la ropa que quieren comprar.

Paso 1 Pon en orden de importancia para ti estos aspectos de la moda y de prendas específicas que has comprado o que comprarías.

_____ el costo   _____ si te queda bien o mal   _____ los gustos de los amigos

_____ la marca   _____ la tela   _____ el color

Paso 2 Ahora comparen sus respuestas y digan qué tienen en común.

MODELO: la durabilidad
> E1: *Para mí, el color es muy importante…*
> E2: *De acuerdo. Estoy dispuesto/a a pagar más por la calidad.*

👥 **14-24** **La moda y tú.** Háganse y contesten las siguientes preguntas.

1. ¿Siguen ustedes las modas? ¿Por qué?

2. ¿Dónde compran su ropa? ¿Siempre buscan una marca en particular?

3. ¿Qué opinan sobre el uso de las pieles de animales en las prendas?

4. ¿Prefieren usar telas naturales o telas sintéticas? ¿Por qué?

¿Diseño o disfraz?

¡Así lo hacemos! ESTRUCTURAS

📖 3. The pluperfect indicative

14-35
to 14-39

> *Antes de esta temporada, este diseñador nunca había creado moda para las masas.*

- Like the present perfect tense, the pluperfect (or past perfect) is a compound tense. It is formed with the imperfect tense of **haber** + *past participle.*

	imperfect tense of *haber*	past participle	past tense of *to have*	past participle
yo	**había**		*I had*	
tú	**habías**		*you had*	
Ud.	**había**		*you (for.) had*	
él/ella	**había**	**tomado** **comido** **vivido**	*he, she had*	*taken* *eaten* *lived*
nosotros/as	**habíamos**		*we had*	
vosotros/as	**habíais**		*you (pl. fam.) had*	
Uds.	**habían**		*you (pl.)*	
ellos/as	**habían**		*they had*	

- The pluperfect is used to refer to an action or event that had occurred before another past action or event. Compare the following sentences with the time line.

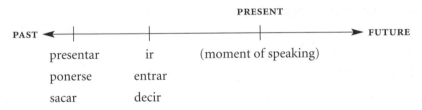

		PRESENT	
PAST ←			→ FUTURE
presentar	ir	(moment of speaking)	
ponerse	entrar		
sacar	decir		

La diseñadora **había presentado** sus diseños en Madrid antes de ir a Barcelona.	*The designer had presented her designs in Madrid before going to Barcelona.*
Cuando entramos, la modelo ya **se había puesto** el vestido.	*When we entered, the model had already put on her dress.*
El fotógrafo nos dijo que **había sacado** mil fotos del desfile de moda.	*The photographer told us he had taken a thousand pictures of the fashion show.*

- Remember that some past participles have irregular forms, such as **abierto** (*abrir*), **escrito** (*escribir*), **hecho** (*hacer*), **puesto** (*poner*), and **visto** (*ver*). See p. 391 for a more complete list.

- Finally, nothing may be inserted between the auxiliary **haber** and the past participle; **haber** must agree in number with the subject, and the past participle has only one form.

El público lo **había visto** antes.	*The public had seen him before.*
Los modelos **habían llegado** tarde.	*The models had arrived late.*

APLICACIÓN

Answers to 14-25, Paso 1
See possible answers below.

Optional activity before 14-25
Prepare an activity on the board, doc cam, or a transparency as a contextualized introduction. Begin by asking what time Spanish class starts. Then draw a timeline; start with class time and put in times of earlier activities such as: *Había tomado un café cuando llegué a las nueve. Había leído el correo electrónico.* Ask students: *¿Qué habías hecho antes de llegar a clase?*

14-25 Inés Sastre, una cara de Lancôme.   La cara de esta modelo y actriz española es conocida mundialmente.

Paso 1   Lee la biografía a continuación y escribe una lista de cosas que Inés Sastre ha hecho en su vida.

MODELO: *Ha vivido en España.*

Inés Sastre nació en Vallodolid y de pequeña asistió a una escuela bilingüe donde se hablaba español y francés. Allí no solo aprendió a hablar francés, sino también italiano e inglés. Cuando tenía doce años, salió[1] en un anuncio de comida chatarra. Poco después, la descubrió el director español, Carlos Saura. Cuando tenía dieciséis años, ganó un concurso de supermodelos, pero decidió continuar sus estudios y por el momento, no seguir la profesión de modelo. Tres años más tarde, fue a París y empezó sus estudios en la Sorbonne. Cuando tenía veintitrés años, recibió un contrato de tres años con Lancôme y la nombraron la nueva cara de un perfume. Cuando tenía veinticuatro años completó su título en literatura francesa; hizo muchos anuncios comerciales; actuó en una película del director italiano, Antonioni, y fue seleccionada para ser embajadora de la UNESCO de las Naciones Unidas.

[1]*she appeared*

Inés Sastre

Paso 2   Ahora escribe una lista de cosas que Inés ya había hecho antes de cumplir los veinte años de edad, y otra lista de cosas que no había hecho todavía.

Answers to 14-25, Paso 2
Answers will vary.

Cosas que ya había hecho antes de cumplir los veinte años	Cosas que todavía no había hecho
Había asistido a una escuela bilingüe.	*Todavía no había recbido un contrato de tres años con Lancôme.*
Había aprendido a hablar francés, italiano e inglés.	Todavía no había sido nombrada la nueva cara de un perfume.
Había salido en un anuncio de comida chatarra.	Todavía no había completado su título en literatura francesa.
Había ganado un concurso de supermodelos.	Todavía no había hecho muchos anuncios comerciales.
Había ido a París.	Todavía no había actuado en una película del director italiano Antonioni.
Había empezado sus estudios en la Sorbonne.	Todavía no había sido seleccionada para ser embajadora de la UNESCO de las Naciones Unidas.

 Paso 3   Conéctate a la Internet para ver más imágenes de Inés Sastre. ¿Cuáles son algunas de las películas en las que ha actuado? ¿En qué anuncios ha salido? ¿Qué hace ahora?

 Busca: ines sastre biografia

Answers for 14-25, Paso 1
Ha asistido a una escuela bilingüe. Ha aprendido no solo a hablar francés, sino también italiano e inglés. Ha salido en un anuncio de comida chatarra. Ha ganado un concurso de supermodelos. Ha decidido continuar sus estudios y por el momento, no seguir la profesión de modelo. Ha ido a París y ha empezado sus estudios en la Sorbonne. Ha recibido un contrato de tres años con Lancôme. Ha sido la nueva cara de un perfume. Ha completado su título en literatura francesa; ha hecho muchos anuncios comerciales; ha actuado en una película del director italiano, Antonioni; ha sido embajadora de la UNESCO de las Naciones Unidas.

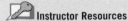

Presencia hispana

Puerto Rican Carlos Alberto is one of the most acclaimed fashion designers in the U.S. and is known for his high quality fashions designed for the unique personality and style of the individual. Throughout his illustrious career, Alberto has been chosen to design fashions for winners of the Miss Puerto Rico, Miss USA, and Miss Universe competitions. What other Hispanic designers in the U.S. or abroad can you name?

 14-26 Antes de asistir a la universidad. Conversen entre ustedes para comparar las experiencias culturales que no habían tenido antes de asistir a la universidad.

MODELO: *Antes de cumplir dieciséis años, nunca había asistido a una ópera, pero vi una el año pasado.*

14-27 Antes de... Expliquen lo que no había ocurrido antes de ciertas fechas. A continuación hay una lista de verbos que pueden usar.

cantar	ganar	necesitar	perder	tener	trabajar
elegir	ir	pagar	presentar	tocar	ver

MODELO: *Antes del 2004 no habíamos aterrizado en el planeta Marte (Mars).*

1. 2001
2. 1939
3. 1776
4. 1900
5. 1492
6. 2008
7. venir a la universidad
8. este año

14-28 Una entrevista con... ¿Qué le preguntarías a una persona famosa en las artes?

Paso 1 Prepara algunas preguntas que le harías a un/a diseñador/a o artista como Ágatha Ruiz de la Prada, Carlos Alberto, Plácido Domingo, Ángel Corella, Inés Sastre, Gustavo Dudamel o Wilfredo Lam, etc. Usa el pluscuamperfecto (*pluperfect*) en tus preguntas.

MODELO: *Sra. Herrera, ¿había visitado usted París antes de presentar su primera colección?*

 Paso 2 Ahora túrnense para hacer los papeles de artista y de entrevistador/a.

MODELO: Estudiante 1: *Sra. Herrera, ¿había visitado usted París antes de presentar su primera colección?*
Estudiante 2: *Sí, había visitado París varias veces con mi familia.*

14-40
to 14-43

¿Cuánto saben?

Primero, pregúntate si puedes llevar a cabo las siguientes funciones comunicativas en español. Después, júntate con dos o tres compañeros/as de clase para presentar las situaciones. Háganse y respondan a por lo menos cuatro preguntas en cada situación.

✓ CAN YOU . . .

☐ talk about fashion?

☐ say what had happened before another action or event in the past?

WITH YOUR CLASSMATE(S) . . .

Situación: En una tienda de moda
Uno/a de ustedes busca una prenda para un evento formal. Hablen de lo que buscan, las telas, los estilos, y algún diseñador/a en particular.
Para empezar. *Busco un traje de noche de seda...*

Situación: Sus intereses
Hablen de sus intereses y lo que habían hecho y no habían hecho antes de este año.
Para empezar. *El año pasado ya había visitado... pero todavía no había conocido...*

Observaciones

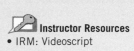**Instructor Resources**
• IRM: Videoscript

¡Pura vida! EPISODIO 14

En este episodio Felipe les explica a sus amigos por qué se va a México.

Antes de ver el video

14-29 La Orquesta Filarmónica de México.   Aquí tienes información sobre la Orquesta Filarmónica de la Ciudad de México (OFCM). Lee el párrafo y busca la información que sigue.:

> La Orquesta Filarmónica de la Ciudad de México se inició en 1978 y durante más de tres décadas ha sido una importante organización cultural con presentaciones en las principales salas de México y en foros importantes de Europa, Estados Unidos, Sudamérica y el lejano Oriente.
>
> A lo largo de su existencia, esta orquesta ha contado con legendarios directores y solistas invitados como Leonard Bernstein, Nicanor Zabaleta, Renata Scotto y Birgit Nilsson, además de los más importantes músicos mexicanos.
>
> La OFCM ha realizado más de cien grabaciones, la mayoría de ellas dedicadas a compositores mexicanos, convirtiéndose en la orquesta más grabada de la historia de la música mexicana. En el año 2000, fue nombrada la mejor orquesta de México por la Unión Mexicana de Críticos de Teatro y Música. En 2004, fue premiada por el concierto realizado con la participación de Wynton Marsalis.

La OFCM da conciertos en el gran Palacio de Bellas Artes.

1. la fecha de su inicio 1978
2. el tipo de música que graba mexicana
3. el honor que recibió en 2000 Fue nombrada la mejor orquesta de México por la Unión Mexicana de Críticos de Teatro y Música.

Expansion of 14-29
Additional photographs of the *Palacio de Bellas Artes* are available on the Internet. Ask students to compare its architectural design to that of other concert halls they know.
Busca: palacio bellas artes mexico df

A ver el video

 14-30 Felipe se va.   Mira el episodio número catorce de **¡Pura vida!** para saber más sobre los planes de Felipe. Luego, indica si las siguientes oraciones son ciertas o falsas y corrige las falsas.

1. Marcela se alegra de que por fin se vaya Felipe. Falso. Preferiría que se quedara.
2. La novia de Felipe es bailarina. Falso. Es violinista.
3. Hermés le regala su chaqueta de seda a Felipe. Falso. La chaqueta es de cuero.
4. Al despedirse, Silvia le da dos besos y un abrazo. Cierto.

Wrap-up for 14-30
In this episode, we observe and learn more about the personalities and motives of Felipe, Marcela, and Hermés. Have students summarize what they know and think about these characters. Write questions such as the following on the board or a transparency: *¿Cómo son estos personajes? ¿Qué piensas de Felipe ahora?* etc.

Felipe y su camioneta nueva   **La despedida de Felipe**   **Doña María está triste**

Después de ver el video

14-31 Ojalá…   Al irse Felipe, cada amigo le desea algo diferente. Imagínate lo que le desearían.

MODELO: Patricio
¡Ojalá que nos volvamos a ver algún día!

1. Marcela   2. Doña María   3. Hermés   4. Silvia

Nuestro mundo

Panoramas

El arte moderno hispano

14-47

El arte moderno hispano abarca una diversidad de medios, estilos y temas. Los artistas han recibido renombre en sus propios países y también en el foro internacional.

New York Street Scene El uruguayo Joaquín Torres-García vivió un tiempo en Nueva York antes de volver a Montevideo.

Gare do Oriente (Estación de Oriente), Lisboa, Portugal El arquitecto español Santiago Calatrava es uno de los más innovadores de este siglo.

Estudio Detrás del espejo. Las pinturas del surrealista catalán Joan Miró incluyen formas tales como pájaros, peces y perros.

Niña con sandía María Izquierdo fue la primera pintora mexicana en exhibir sus obras fuera de México. Según Izquierdo, una pintura es como una ventana al mundo de la imaginación.

Rocks Al pintor chileno Roberto Matta se le conoce por sus paisajes surrealistas.

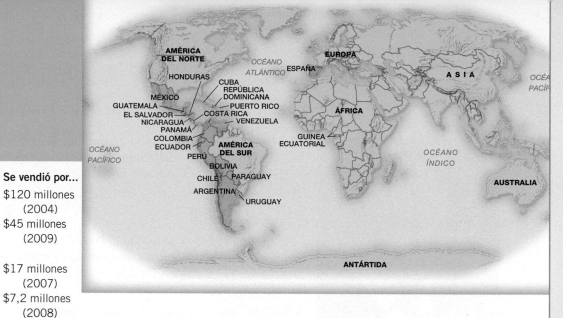

Artista	Obra	Se vendió por...
Pablo Picasso (España)	*Garçon a la pipe*	$120 millones (2004)
Santiago Calatrava (España)	*Science and Technology Building,* USF[1]	$45 millones (2009)
Joan Miró (España)	*Estrella azul*	$17 millones (2007)
Rufino Tamayo (México)	*Trovador*	$7,2 millones (2008)
Frida Kahlo (México)	*Sobreviviente*	$1,8 millones (2010)
Fernando Botero (Colombia)	*Jugadores de cartas II*	$1,7 millones (2006)
Wilfredo Lam (Cuba)	*Sur les traces*	$1,4 millones (2010)

Note on Fact Box
The information in the *Fact Box* illustrates that works by Hispanic artists are becoming increasingly sought after. In contrast to these prices, the highest selling price for a work of art ever was in 2006 for *Painting No. 5* by Jackson Pollock for $151.2 million. Hispanic works of art bringing high prices are typically from the twentieth century. Picasso works consistently fetch millions, with *Garçon a la pipe* ranking as the sixth-highest price ever. According to art economist William Baumol, the value of a piece of art depends greatly on human taste, which is different from investments in stocks or bonds.

[1] *University of South Florida, Polytechnic Campus, Lakeland, FL. Calatrava produced the design for the building. The entire project cost $45 million.*

14-32 Identifica. Usa las fotos y la información de la caja para identificar o explicar lo siguiente.

1. unos ejemplos de artes visuales
   Answers may vary: pintura, arquitectura, escultura, baile, películas

2. el nombre de un arquitecto español que ha diseñado edificios en EE. UU.
   Santiago Calatrava

3. un pintor español cuyas obras son sumamente valiosas
   Pablo Picasso

4. un pintor surrealista chileno
   Roberto Matta

5. un pintor uruguayo que reprodujo escenas de Nueva York
   Joaquín Torres-García

6. una pintora mexicana que exhibió sus obras en EE. UU.
   María Izquierdo; Frida Kahlo

7. un artista español surrealista cuyas obras muchas veces representan animales
   Joan Miró

14-33 Desafío. Localiza en el mapa los países de origen de los artistas mencionados aquí.

Expansion of 14-33
Ask students additional questions based on the map. *¿En qué continentes del mundo hay países de habla hispana? ¿Se habla español en toda América del Sur? ¿Y en toda América Central? ¿Y en América del Norte? ¿Cuáles parecen ser los países de habla hispana más extensos? ¿Y los más pequeños? ¿Has visitado o vivido en algún país de habla hispana? ¿Cuál(es)? ¿Cuál(es) te gustaría visitar en el futuro? ¿Por qué?* etc.

 14-34 Proyecto. Las obras mencionadas arriba representan solo algunas de las más valiosas en el mundo del arte. Conéctate a la Internet para ver otra y escribe un párrafo describiéndola (los colores y el estilo y tu opinión de ella).

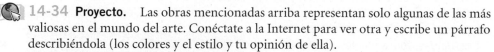

Busca: pablo picasso; santiago calatrava; joan miro; rufino tamayo; frida kahlo; fernando botero; wilfredo lam; roberto matta

MODELO: *Encontré una pintura del el artista mexicano, Rufino Tamayo. Tiene tres figuras...*

Expansion of 14-34
The website Artcyclopedia.com has links to museums around the world with works by the artists mentioned in this chapter. Have students research and describe a piece by an artist that interests them. Ask them to write a paragraph about the piece, its name, a description and why it interests them.
Busca: artcyclopedia

📖 Páginas
14-48

"El crimen perfecto" (Enrique Anderson Imbert, Argentina)

Enrique Anderson Imbert

Presentation tip for *Páginas*
Have students create and complete a chart with biographical information about the author: *nombre, nacionalidad, fecha de nacimiento, otra profesión, tipo de obras que escribe, algunas características de sus cuentos en general y del cuento que se va a presentar a continuación.*

Reading strategies for Páginas
Activity 14-35 reminds students that reading is an activity in which the reader creates meaning. By drawing on their experience with fantasy, they may be more likely to admit the fantasy of this reading.

Presentation tip for *Páginas*
Have students scan the opening paragraph to discover what type of cemetery the author describes and the religious affiliation of the victim. Why would the discrepancy between the two be a problem? Students can read the rest of the story for homework, as well as complete 14-35 and 14-36. Have the students role-play (14-37) during the next day of class.

Note on cypress trees in cemeteries
The cypress tree and cypress wood have long been associated with death and endurance. Ancient Egyptians used cypress wood for their mummy-cases; the ancient Greeks used cypress wood vessels to hold the ashes of those Greeks who died for their country; the coffins of the Popes were generally made of cypress. The Turks planted cypress trees at each end of a grave, knowing that the sweet perfume would neutralize the odors of the cemetery. And because the wood was used to build coffins, the tree became associated with Hades, the Roman god of the Underworld. Still today, cypress trees grow in cemeteries all over the world.

El escritor argentino Enrique Anderson Imbert (1910–2000) es famoso por ser maestro del "microcuento". La mayoría de sus narraciones tiene un fin irónico o sorprendente. En sus cuentos se nota también cierta fusión entre la realidad y el mundo de la fantasía.

ANTES DE LEER

14-35 Lo fantástico en tu vida. En este cuento el lector es tan importante como el autor. Verás que tienes que participar en la acción del cuento y creer lo improbable y lo fantástico. Da ejemplos de literatura, de cine y de arte que utilicen temas fantásticos.

MODELO: una tira cómica con un tema fantástico
Superman Answers will vary.

1. un/a escritor/a de novelas de detectives o de ciencia ficción
Agatha Christy, Isaac Asimov

2. una novela que cuente algo horrible *Salem's Lot* (Stephen King)

3. una novela que combine lo irónico y lo horrible *In Cold Blood* (Truman Capote)

4. un programa de televisión con un tema fantástico
True blood

5. una película con un tema improbable *District 9*

6. una película cuyo (*whose*) tema es "un crimen perfecto" *Ocean's 12*

A LEER

14-36 El contexto. Observa los dibujos y repasa rápidamente el comienzo del cuento. Selecciona la mejor opción para completar las frases siguientes.

1. La acción tiene lugar en…

   a. una casa.　　b. un parque.　　ⓒ un cementerio.　　d. una iglesia.

2. Este es un cuento de…

   a. romance.　　b. acción　　ⓒ misterio.　　d. humor.

3. En el dibujo se ve un lugar…

   a. budista.　　b. musulmán.　　c. judío.　　ⓓ cristiano.

"EL CRIMEN PERFECTO"

I hid

diminutive monja *nun / buried*

cypress trees / gardens on the banks

flower beds

shone
were responsible

a raging atheist

Creí haber cometido el crimen perfecto. Perfecto el plan, perfecta su ejecución. Y para que nunca se encontrara el cadáver lo escondí° donde a nadie se le ocurriera buscarlo: en un cementerio. Yo sabía que el convento de Santa Eulalia estaba desierto desde hacía años y que ya no había monjitas° que enterraran° a monjitas en su cementerio. Cementerio blanco, bonito, hasta alegre con sus cipreses° y paraísos a orillas° del río. Las lápidas, todas iguales y ordenadas como canteros de jardín° alrededor de una hermosa imagen de Jesucristo, lucían° como si las mismas muertas se encargaran° de mantenerlas limpias. Mi error: olvidé que mi víctima había sido furibundo ateo°.

Horrorizadas por el compañero de sepulcro que les acosté al lado, esa noche las muertas decidieron mudarse° y cruzaron a nado° el río llevándose consigo° las lápidas y arreglaron el cementerio en la otra orilla, con Jesucristo y todo. Al día siguiente los viajeros que iban por lancha° al pueblo vieron a su derecha el cementerio que siempre habían visto a su izquierda. Por un instante, se les confundieron las manos y creyeron que estaban navegando en dirección contraria, como si volvieran de Fray Bizco, pero en seguida advirtieron que se trataba de una mudanza° y dieron parte° a las autoridades. Unos policías fueron a inspeccionar el sitio que antes ocupaba el cementerio y, cavando° donde la tierra parecía recién removida, sacaron el cadáver. Por eso, a la noche, las almas en pena° de las monjitas volvieron muy aliviadas, con el cementerio a cuestas° y de investigación en investigación…; ¡bueno! el resto ya lo sabe usted, señor Juez.

to move / nadando
con ellas
barco

move / notificaron

digging
souls in torment
por las espaldas

DESPUÉS DE LEER

14-37 ¿En qué orden? Pon estas acciones en orden cronológico según el cuento.

__3__ Las monjas se enojan.

__1__ El criminal mata a alguien.

__5__ El juez ahora lo sabe todo.

__4__ Las monjas llevan el cementerio a la otra orilla del río.

__2__ El criminal esconde el cadáver en un lugar sagrado (*sacred*).

14-38 ¿Has comprendido? Contesta brevemente las preguntas siguientes.

1. ¿Quién es el narrador y dónde se encuentra?
   Es un criminal que se encuentra en su propio juicio.

2. ¿Cuál es su crimen?
   Mató a un ateo.

3. ¿A quién le confiesa su crimen?
   Se lo confiesa al juez.

4. ¿Por qué era ideal el cementerio de Santa Eulalia?
   Estaba desierto desde hacía años.

5. ¿Cuál fue su gran error?
   Se olvidó de que su víctima era ateo.

6. ¿Quiénes se mudaron de una orilla del río a la otra?
   Se mudaron las monjas muertas del cementerio.

👥 14-39 Un informe periodístico. Uno/a de ustedes es el/la periodista y el/la otro/a es el/la asesino/a. Túrnense para hacer y responder a las preguntas para un informe periodístico.

MODELO: PERIODISTA: *¿Por qué mató al hombre?*
ASESINO/A: *Lo maté en defensa propia* (self-defense).

Note on *Enrique Anderson Imbert*
Se le conoce a Anderson Imbert también por sus ensayos periodísticos. En Argentina, fue editor literario del periódico socialista, *La Vanguardia*. Fue catedrático de literatura en la Universidad de Tucumán hasta 1947, cuando fue destituido de su posición por el gobierno de Juan Perón. Se trasladó a EE.UU. donde fue profesor primero en la Universidad de Michigan y después en Harvard, donde permaneció hasta su jubilación en 1980. Mantuvo su pasión por escribir hasta su muerte en el 2000. Se dice que al momento de fallecer, escribía un cuento corto sobre un violinista que se olvida de la partitura en el acto de tocarla.

"El crimen perfecto" se incluye en una colección de cuentos llamada *El gato de Cheshire*.

Comprehension check for "*El crimen perfecto*"
Do the following comprehension activity with students. Answers are provided in parenthesis.
Las etapas de la narración. Identifica la frase que presenta las siguientes etapas (*phases*) del cuento.

MODELO:
presentación del tema: *Creí haber cometido el crimen perfecto.*

1. la descripción del lugar (*Cementerio blanco, bonito…,*)
2. la complicación (*Mi error: olvidé que…*)
3. el horror (*Horrorizadas por el compañero de sepulcro…*)
4. el descubrimiento (*Unos policías fueron a inspeccionar el sitio…*)
5. la desilusión (*…¡bueno! el resto ya lo sabe usted, señor Juez.*)

Taller

14-49

14-40 Una escena dramática. En este taller vas a escribir una escena dramática en la que hay un conflicto entre los dos personajes. Una escena incluye, no sólo el diálogo, sino también los gestos, las pausas y la entonación de los personajes. Sigue los pasos siguientes para incluir toda la información necesaria en tu escena.

MODELO:

PERSONAJES: Marisa Sainz, Editora; Ramón García, Reportero

ESCENA: La oficina editorial del periódico *ABC*, Madrid

Hay dos escritorios, dos computadoras, máquinas de fax, teléfonos. Hay muchos papeles y periódicos sobre los escritorios. Es de noche. La mujer con su traje azul marino parece muy profesional; el hombre con sus vaqueros, camisa blanca sin corbata y dos días sin afeitarse parece muy tenso. Ella está tranquila; él está agitado.

MARISA: (*Hablando por teléfono*) Sí (*pausa*), sí (*pausa*). De acuerdo. No se preocupe. Lo voy a arreglar yo personalmente. (*Cuelga*).

RAMÓN: ¿Qué dijo? ¿Tenemos permiso para publicar el artículo sobre el escándalo?

ANTES DE ESCRIBIR

* **Contexto.** Piensa en el contexto y la situación en que haya dos o tres personajes, por ejemplo, un restaurante, una oficina, un parque, etcétera.

A ESCRIBIR

* **Descripción.** Describe la escena, la hora del día y los personajes, incluso la manera en que están vestidos.
* **Diálogo.** Escribe de ocho a diez líneas de diálogo entre los protagonistas. Incluye información sobre los gestos y la entonación.
* **Conflicto.** Da una indicación del conflicto. No es necesario resolverlo.
* **Conclusión.** Escribe algunas líneas para terminar la escena e indicar qué hacen los personajes.

DESPUÉS DE ESCRIBIR

* **Revisar.** Revisa tu escena para verificar los siguientes puntos:
  * ☐ el uso del pluscuamperfecto del indicativo (**Había creído que...**)
  * ☐ el uso del mandato de **nosotros** para indicar lo que van a hacer (**Llamemos a...**)
  * ☐ el uso de **hace que...** (**Ahora, hace cinco minutos que no se mueve.**)
  * ☐ la concordancia y la ortografía
* **Intercambiar**
  Intercambia tu escena con la de un/a compañero/a para hacer correcciones y sugerencias y reaccionar a lo que ha escrito.
* **Entregar**
  Pon tu escena en limpio, incorporando las sugerencias de tu compañero/a. Después, entrégasela a tu profesor/a.

Presentation tip for *Taller*
Have students brainstorm the context and description of the scene in class and complete the *Taller* as homework.

Expansion of *Taller*
After writing their scenes, have students form small groups and share their work with one another. Ask them to choose one of the scenes to produce and perform in front of the class.

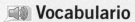 **Vocabulario**

Primera parte

La ópera, la música clásica y el jazz — Opera, classical music, and jazz

la audición *audition*
el bailarín / la bailarina *dancer*
la comedia musical *musical comedy*
el/la compositor/a *composer*
el/la coreógrafo/a *choreographer*
el/la director/a *conductor, director*
la diva *diva*
el escenario *stage*
el/la músico/a *musician*
la ópera *opera*
la pieza (musical, de baile) *(musical, dance) piece*
el repertorio *repertoire*
la sinfonía *symphony*
el/la solista *soloist*
talentoso/a *talented*
la voz *voice*

Verbos — Verbs

aplaudir *to clap, applaud*
componer *to compose*
improvisar *to improvise*
representar *to perform*

Los grupos musicales — Musical groups

la banda *band*
el conjunto *musical group*
el cuarteto *quartet*
la orquesta sinfónica *symphony orchestra*

Los instrumentos musciales — Musical instruments

el arpa *harp*
la batería *drums*
el chelo *cello*
el clarinete *clarinet*
el contrabajo *bass*
la corneta *cornet, horn*
la flauta *flute*
la guitarra *guitar*
las maracas *maracas*
la marimba *marimba*
el piano *piano*
el saxofón *saxophone*
el tambor *drum*
el trombón *trombone*
la trompeta *trumpet*
el violín *violin*

Algunos bailes — Some dances

el baile de salón *ballroom dancing*
el ballet *ballet*
la danza moderna *modern dance*
el flamenco *flamenco*

Segunda parte

La moda — Style

la alta costura *high fashion*
el conjunto *outfit*
el desfile de moda *fashion show*
el/la diseñador/a *designer*
el disfraz *costume, disguise*
el esmoquin *tuxedo*
el estilo *style*
el/la modelo *model*
el modo (de vestir) *way, manner (of dressing)*
la prenda *garment*
la sencillez *simplicity*
el traje de noche *evening gown*

Telas y materiales — Fabrics and materials

el elástico *elastic*
la gabardina *gabardine (lightweight wool)*
las lentejuelas *sequins*
el nilón *nylon*
la paja *straw*
la pana *corduroy*
la piel *leather, fur*
el poliéster *polyester*
el rayón *rayon*
el terciopelo *velvet*
el tul *tulle (silk or nylon net)*

Otras palabras y expresiones — Other words and expressions

bien hecho/a *well made*
encantador/a *enchanting, delightful*
estar dispuesto/a (a) *to be willing (to do something)*

Hacer in time expressions   See page 458.

Presentation tip for *Vocabulario*
Help students better assimilate vocabulary through images (of musical instruments, high fashion, etc.) and realia (examples of fabrics to touch, etc.), role-plays or dialogs (between a designer and a model, between 2 characters in a famous opera or musical comedy written as an added scene, etc.), and review games. Some examples of the latter that will work successfully with these word sets include word associations (identifying members of categories such as *las telas, los instrumentos musicales,* etc.; matching verbs with their associated objects, such as *componer una sinfonía, la diva canta en la ópera,* etc.), spelling races at the board, charades (acting out the playing of a particular musical instrument, etc.), and Pictionary. By interacting with others and using words in meaningful ways, students greatly enchance their vocabulary acquisition.

Instructor Resources
• MSL: Testing Program

Instructor Resources
• IRM: Syllabi and Lesson Plans
• MSL: Textbook images, PPT

Warm-up for *Capítulo 15*
Review the previous chapter by having students talk about the artists mentioned in that chapter, in particular those individuals whose work they especially admired. As a transition to *Capítulo 15,* ask students if they can name the head of state of a Spanish-speaking country. Also ask if they can give the names of those Latin American figures who have won the Nobel Peace Prize (Adolfo Pérez Esquivel in 1980, Óscar Arias in 1987, and Rigoberta Menchú in 1992).

The Five C's

Communication: Activities requesting opinions, such as in *Perfiles* and *Páginas*; writing activities (*Taller*), information gap (15-20), information sharing activities (15-4. 15-5, 15-9, 15-11, 15-19, 15-23, 15-24, 15-27, 15-37).

Cultures: See Chapter Opener, *Perfiles, Cultura en vivo, Presencia hispana,* photos and captions throughout, *Observaciones, Panoramas,* and *Páginas.* See also activities with a cultural context, such as 15-2, 15-3, 15-6, 15-9, 15-25; also teacher notes that expand on cultural topics, found throughout.

Connections: For example, activities requiring knowledge about politics and world figures, *Panoramas* (geography), *Taller* (writing). Both *Presencia hispana* and *Cultura en vivo* require students to connect to other disciplines.

Comparisons: *Estructuras, Perfiles, Cultura en vivo, Variaciones, Presencia hispana.*

Communities: Internet activities, such as 15-2, 15-5, 15-25, 15-33, 15-38.

15
¿Te gusta la política?

 Primera parte

¡Así lo decimos! Vocabulario	Las crisis políticas y económicas
¡Así lo hacemos! Estructuras	The relative pronouns **que, quien,** and **lo que**
Perfiles	
Mi experiencia	La política y los hispanos
Mi música	"De paisano a paisano" (Los Tigres del Norte, México/EE. UU.)

OBJETIVOS COMUNICATIVOS

• Talking about world problems and possible solutions

• Providing additional information to a discussion about ideas, events, and situations

2 **Segunda parte**

¡Así lo decimos! Vocabulario	Cargos políticos y tipos de gobierno
¡Así lo hacemos! Estructuras	**Se** for unplanned occurrences
	Pero or **sino**
Observaciones	¡Pura vida! Episodio 15

• Expressing political points of view and identifying types of government

• Describing unplanned events; making excuses

• Contrasting ideas and descriptions

 Nuestro mundo

Panoramas	La herencia indígena
Páginas	"En solidaridad" (fragmento), (Francisco Jiménez, México)
Taller	Un recuerdo

Readiness Check

La herencia indígena

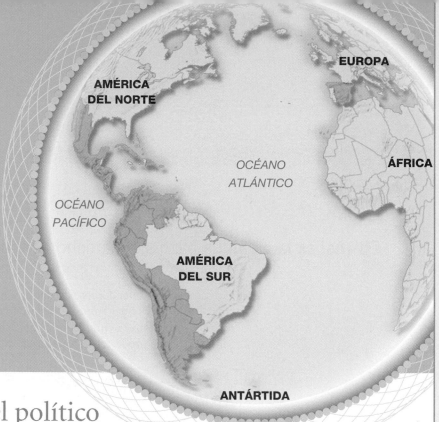

AMÉRICA DEL NORTE

EUROPA

OCÉANO PACÍFICO

OCÉANO ATLÁNTICO

ÁFRICA

AMÉRICA DEL SUR

ANTÁRTIDA

«Por agarrar una silla, el político promete villas y Castilla».

Refrán: In order to get elected, a politician will promise grand summer homes and the Spanish province of Castilla. (*In order to get elected, a politician will promise anything.*)

En 2009, Sonia Sotomayor fue nombrada jueza del Tribunal Supremo de EE. UU. Ella es la tercera mujer y la primera persona de ascendencia hispana en la historia que accede al máximo tribunal.

El Observatorio "El Caracol", Chichén Itzá Hoy sabemos que los mayas conocían la duración exacta del ciclo solar anual y que lo medían en 365,24 días.

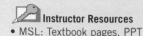
Primera parte

¡Así lo decimos! VOCABULARIO

 ¡Así es la vida! La paz es el derecho de todos

 Lograr la paz y defender los derechos humanos es el deber de todos. Hay diferentes maneras de participar como ciudadanos comprometidos; cada uno elige la manera que cree más conveniente. Algunos prefieren efectuar el cambio a través de una elección; otros prefieren un foro más público y unirse a un partido político.

 Los activistas apoyan los derechos humanos y protestan contra la guerra.

ACTIVISTA 1: ¡Lo que queremos es la paz ahora!

ACTIVISTA 2: ¡Pedimos el desarme universal!

ACTIVISTA 3: ¡Defendemos los derechos humanos de todos!

ACTIVISTA 4: ¡Sí a la eliminación de la pobreza!

ACTIVISTA 5: ¡Ciudadanos! ¡Unámonos a la causa de la justicia social!

Vocabulario Las crisis políticas y económicas

15-02 to 15-07

Variaciones

La bomba is used in numerous contexts outside of violence. In the Andes, **la bomba** is a *gas station*. In Chile, **la bomba** can be a *fire truck, fire station,* or even *fire department!* In Argentina, **ser una bomba** is *to be gorgeous.* In Spain, **pasarlo bomba** means to *have a great time.*

Variaciones

In Latin America, **la huelga** is commonly **el paro.** In Spain, however, **el paro** means unemployment.

Cuestiones Issues

la bomba (nuclear) *(nuclear) bomb*
el conflicto *conflict*
los derechos humanos *human rights*
el desarme *disarmament*
el desastre natural *natural disaster*
la deuda pública *public debt*
el esfuerzo *effort*
el golpe de estado *coup d'etat*
la guerra *war*
la huelga *strike*
la inmigración *immigration*
la (in)justicia *(in)justice*
el mercado global *global market*
el país en vías de desarrollo *developing country*
la paz (mundial, duradera) *(world, lasting) peace*
la pobreza *poverty*
el poder *power*
el terrorismo *terrorism*

Los personajes People

el/la activista *activist*
el/la ciudadano/a *citizen*
el ejército *army*
el/la pacifista *pacifist*
el/la político/a *politician*
el/la soldado *soldier*

Verbos Verbs

abolir *to abolish*
firmar (el acuerdo, el tratado) *to sign (the accord, the treaty)*
fortalecer (zc) *to strengthen, to fortify*
lograr *to achieve*
protestar *to protest*
promover (ue) *to promote*
unirse (a) *to join forces*
violar *to violate*

la soldado

llegar a un acuerdo

los activistas

la paz mundial

APLICACIÓN

15-1 La política mundial. Empareja las expresiones con sus significados o ejemplos.

1. __h__ el ciudadano/a
2. __d__ el desarme
3. __a__ el ejército
4. __g__ en vías de desarrollo
5. __f__ la pobreza
6. __b__ el/la activista
7. __c__ el/la pacifista
8. __e__ el conflicto
9. __j__ el golpe de estado
10. __i__ la deuda pública

a. una fuerza armada
b. lucha vigorosamente por una causa en la que cree
c. trabaja por la paz
d. la acción de desarmar a una nación
e. puede resultar en una guerra si no se resuelve
f. no tener lo suficiente para vivir
g. el estado de un país que intenta mejorar su situación económica
h. es miembro del país en que nació
i. las obligaciones financieras del gobierno
j. una rebelión contra el gobierno en el poder

15-2 Una fundación que defiende los derechos humanos. Es importante reconocer la gran labor que hacen algunos para promover la paz en el mundo.

 Paso 1 Escucha el reportaje sobre el fundador de una organización importante y sus labores para promover la paz. Contesta brevemente las preguntas que siguen.

1. ¿Quién es Óscar Arias? ¿Cuál es su nacionalidad?
   el expresidente de Costa Rica; costarricense

2. ¿Qué premio ganó en 1987 y por qué lo ganó?
   el premio Nobel de la Paz por sus esfuerzos para conseguir una paz duradera en Centroamérica

3. ¿Cuál es el propósito de la Fundación?
   Answers may vary: la desmilitarización de los países con gobiernos militares; la resolución de conflictos en todas partes del mundo; la protección de los derechos humanos

4. ¿Para qué sirve el ejército en algunos países?
   para mantener la estabilidad política

5. ¿Qué trata de controlar la Fundación?
   la compra de armas

6. ¿Cuál es el nombre de otra fundación humanitaria internacional que conoces?
   Answers may vary, for example: la Cruz Roja, Médicos sin Fronteras, el Ejército de Salvación

 Paso 2 Conéctate a la Internet para buscar información sobre otra organización internacional humanitaria. Escribe un párrafo sobre la organización: sus metas y sus éxitos.

 Busca: fundacion humanitaria

15-3 **Las aspiraciones de Óscar Arias.** Estas bellas palabras del Dr. Óscar Arias aparecen en el sitio web de la Fundación Arias para la Paz y el Progreso Humano. Léelas y en un párrafo explica la filosofía del Dr. Arias. Puedes empezar con: **El Dr. Arias cree en… No cree en…**

> *"Porque mi tierra es tierra de maestros, cerramos los cuarteles, y nuestros niños marchan con libros bajo el brazo y no con fusiles sobre el hombro. Repudiamos la violencia."*
>
> — *Dr. Óscar Arias*

15-4 **¿Por ejemplo?** Muchos países del mundo han experimentado períodos de conflicto o de progreso durante los últimos cincuenta años. Da ejemplos de las siguientes situaciones.

MODELO: la democratización

Varias naciones de Centroamérica han experimentado un período de democratización, por ejemplo…

la inmigración	un desastre natural	la opresión de un grupo minoritario
un golpe de estado	una paz duradera	un conflicto

15-5 **¿Qué harían ustedes?** Decidan qué harían para aliviar un conflicto mundial actual o reciente. Pueden incluir la intervención militar, económica, diplomática, etcétera.

MODELO: un conflicto militar

E1: *Le diría al Secretario de Estado que fuera a hablar con los jefes de estado de los dos países.*

E2: *Mandaría fuerzas militares…*

1. el tráfico de armas ilegales
2. el tráfico de drogas
3. la pobreza en muchos países del mundo
4. el asesinato de un político
5. un ataque contra una embajada (*embassy*)
6. una huelga de trabajadores agrícolas

Los padres buscan justicia para su hijo que sufrió un accidente debilitante.

Note on 15-3
The Arias text reads: "Porque mi tierra es tierra de maestros, cerramos los cuarteles, y nuestros hijos marchan con libros bajo el brazo y no con fusiles sobre el hombro. Repudiamos la violencia."
—Dr. Óscar Arias

(Because my land is a land of teachers, we closed our barracks, and our children march with books under their arms and not with rifles on their shoulders. We reject violence.
—Dr. Óscar Arias)

Comprehension check for 15-3
Ask questions to confirm comprehension. *¿Quién es Óscar Arias? ¿Cuántas veces ha sido presidente de Costa Rica? ¿Qué problema rechaza? ¿Cómo se soluciona la violencia, según Arias? ¿Por qué creen Uds. que menciona a los niños?*

Warm-up for 15-5
Have students analyze the grammar used in the activity title and models. Ask them what verb conjugations are used (the conditional and the imperfect subjunctive) and why. Tell them to use similar structures in their own responses.

Note on Presencia hispana
Other labor unions may include: *AFL-CIO, Amalgamated Clothing and Textile Workers Union (ACTWU), International Brotherhood of Teamsters, Writer's Guild of America, American Postal Workers Union.*

Presencia hispana

The **United Farm Workers of America** (UFWA) was founded by Philip Vera Cruz, Dolores Huerta, and César Chávez. In 1965, the organization launched a boycott of table grapes that, after five years of struggle, resulted in a contract with the major grape growers in California. Among the goals of the strike was the elimination of five of the most toxic chemicals plaguing farm workers and their families. What other labor unions have been instrumental in improving conditions and wages for workers?

¡Así lo hacemos! ESTRUCTURAS

1. The relative pronouns *que*, *quien*, and *lo que*

15-08
to 15-11

Relative pronouns are used to join two sentences that have a noun or a pronoun in common.

La Fundación escribió el código. El código prohíbe la venta de armas a ciertos países.	*The Foundation wrote the code. The code prohibits the sale of arms to certain countries.*
La Fundación escribió el código **que** prohíbe la venta de armas a ciertos países.	*The Foundation wrote the code that prohibits the sale of arms to certain countries.*

- The relative pronoun **que,** meaning *that, which, who,* and *whom,* is used for both people and objects.

El folleto **que** te di está en la mesa.	*The brochure (that) I gave you is on the table.*
Esa chica **que** está con Jorge activista de los derechos humanos.	*That girl (who) is with Jorge is a human rights activist.*

- The relative pronoun **quien(es),** meaning *who* and *whom,* refers only to a person(s) and is most commonly used as an indirect object or after a preposition. Use **que** to express *who* or *whom,* unless the phrase is set off by commas or introduced by a preposition. (Note that sentences in Spanish never end with prepositions.)

José Luis Rodríguez Zapatero, **quien** fue elegido presidente de España en 2004, es líder del Partido Socialista Obrero Español (PSOE).	*José Luis Rodríguez Zapatero, who was elected president of Spain in 2004, is the leader of the Spanish Socialist Worker Party (PSOE).*
Esa es la pacifista **con quien** te vi.	*That's the pacifist with whom I saw you (whom I saw you with).*
Ese es el candidato **a quien** buscabas.	*That's the candidate for whom you were looking (whom you were looking for).*

- The relative pronoun **lo que,** meaning *what* or *that which,* is a neuter form that refers to an idea, event, or situation.

Lo que quiero es la paz y la libertad en mi país.	*What I want is peace and liberty in my country.*
No me gustó **lo que** hiciste.	*I didn't like what you did.*
¿Entiendes **lo que** dice el presidente?	*Do you understand what the president is saying?*

- In Spanish, the use of the relative pronoun **que** is never optional.

Busco el contrato **que** firmaste.	*I'm looking for the contract (that) you signed.*
La comisión **que** formó el presidente terminó el trabajo.	*The commission (that) the president formed finished its work.*

APLICACIÓN

15-6 La herencia indígena. Hoy en día hay grupos de mujeres peruanas que se dedican a hacer tejidos (*weavings*) que imitan los tejidos incas de sus antepasados (*ancestors*).

Paso 1 Lee acerca de los tejidos de los incas y subraya los pronombres relativos. Luego identifica el referente (el **quien** o el **que**) de cada uno de ellos.

MODELO: El tejido que se encontró era del cacique (*chief*).
"*Que*" *se refiere al* "*tejido*".

Los incas, quienes habitaban la región que ahora conocemos como Perú, Bolivia y Ecuador, eran muy diestros[1] en el arte de tejer[2]. Los pocos tejidos que todavía se conservan muestran el uso de la lana de alpaca para elaborar bellos y útiles textiles. Los usaban para hacer la ropa que los protegía del frío del altiplano, en sus decoraciones y también en sus ceremonias religiosas. Las figuras que tejían representaban dioses, animales y otros elementos naturales. Las personas que tejían eran maestros que luego pasaban su conocimiento a las generaciones siguientes, y de esa manera preservaban la costumbre. Las personas para quienes tejían eran, por lo general, gente de la nobleza. Se sabe esto porque se han encontrado piezas muy finas en las tumbas de los incas nobles. Lo que sí es un misterio es cómo estos bellos tejidos han podido sobrevivir por tantos años sin perder sus vívidos colores. Hoy en día, la tradición de tejer continúa entre las mujeres que son de ascendencia incaica.

Un antiguo tejido inca

---

[1]*skillful*   [2]*weaving*

Paso 2 Vuelve a leer el párrafo sobre los tejidos incaicos y contesta las preguntas siguientes.

1. ¿Dónde vivían los incas?
   Vivían en Perú, Bolivia y Ecuador.
2. ¿Cuál era uno de sus talentos artísticos?
   Era tejer.
3. ¿Qué material usaban?
   Usaban la lana de alpaca.
4. ¿Qué figuras se ven en sus piezas?
   Se ven dioses, animales y otros elementos naturales.
5. ¿Quiénes las usaban?
   Las usaba la gente de la nobleza.
6. ¿Dónde las han encontrado?
   Las han encontrado en las tumbas de los incas nobles.
7. ¿Quiénes continúan la tradición de tejer hoy en día?
   Las mujeres de ascendencia incaica la continúan.

  Paso 3 Conéctate a la Internet y busca imágenes de otros tejidos incaicos. Escoge uno y escribe un párrafo describiéndolo.

> **Busca:** tejidos antiguos incaicos foto

Answers to 15-6, Paso 1
"quienes" (los incas), "que" (la región), "que" (los pocos tejidos), "que" (la ropa), "que" (las figuras), "que" (las personas), "que" (maestros), "quienes" (las personas), "lo que" (cómo estos bellos tejidos…), "que" (las mujeres)

Note on *Tejidos*
Los exquisitos tejidos antiguos de los incas han sobrevivido en tumbas de las zonas secas de Perú. Ambos hombres y mujeres practicaban la tradición de tejer y bordar para satisfacer las necesidades de sus familias y también para pagar tributos e impuestos a sus gobernantes. Los textiles se tejían principalmente de lana de alpaca, llama o vicuña. Los tejidos antiguos variaban de formas geométricas abstractas hasta imágenes estilizadas de aves, peces, animales y seres humanos. La forma de vestir reflejaba la clase social de una persona. La gente de buena posición llevaba tejidos de vicuña de colores vivos; la gente común llevaba telas de lana de alpaca de colores naturales.

Optional activity after 15-6
This activity allows for basic practice using relative pronouns to combine and rewrite sentences. The complete activity is available for download from the IRC.
Editor/a. Combina los siguientes pares de oraciones para formar una, usando el pronombre relativo apropiado (*que, quien(es)*, etc.)

MODELO: *Ayer se anunció un acuerdo de paz. El acuerdo será entre las 2 Coreas.*
Ayer se anunció un acuerdo de paz que será entre las 2 Coreas.

1. Los países en vías de desarrollo necesitan recursos económicos. Los recursos económicos son escasos.
2. Firmaron un acuerdo entre los 2 países. El acuerdo no fue duradero.
3. El presidente se reunió ayer con el jefe de estado mexicano. El jefe de estado mexicano daba un discurso ante las Naciones Unidas en Nueva York.
4. Ayer hubo una resolución en el Senado. La resolución pedía armas para el gobierno colombiano...

15-7 El Comité del Premio Nobel de la Paz. Completa la conversación con los pronombres relativos apropiados: **que, quien/es** o **lo que.**

MIEMBRO 1: ¿Dónde están las cartas (1) __que__ recibimos del comité del año pasado? Las personas (2) __que__ fueron nominadas también serán consideradas este año.

MIEMBRO 2: El secretario con (3) __quien__ hablé ayer me dijo que había dejado copias en su escritorio. Los candidatos, (4) __quienes__ son excelentes, han hecho una gran labor para promover la paz mundial.

MIEMBRO 3: ¿Son estas las cartas (5) __que__ usted busca? (6) __Lo que__ más me preocupa es la seguridad de este proceso. Temo que la prensa se entere[1] de nuestras deliberaciones.

MIEMBRO 1: No se preocupe. El oficial de seguridad, a (7) __quien__ consulté ayer, me aseguró que tenía todo bajo control. No es posible que la prensa sepa (8) __lo que__ está pasando en este salón.

MIEMBRO 2: Pero, ¿por qué hay un micrófono en la lámpara (9) __que__ tiene usted en la mesa?

MIEMBRO 3: ¡Dios mío! (10) __Lo que__ tenemos que hacer es buscar otro salón más seguro.

_____
[1]*finds out*

15-8 Lo que se necesita. A continuación hay varios problemas que se han presentado en el mundo este siglo. Empareja cada problema con una posible solución y usa el pronombre relativo **lo que** para expresar lo que se necesita para resolverlos.

MODELO: Hay un conflicto en Somalia.
Lo que se necesita es un acuerdo entre las dos facciones del conflicto.

Problemas mundiales

1. __c__ La tasa (*rate*) de desempleo ha subido a más del 10% (por ciento).

2. __b__ Hay corrupción en el gobierno de algunos países.

3. __a__ Los impuestos (*taxes*) son cada vez más altos para la clase media.

4. __g__ La tasa de inflación va a subir al 5% (por ciento) este año.

5. __h__ Hay casos de abuso de los derechos humanos en algunas prisiones.

6. __e__ Hay muchos niños que viven en la pobreza.

7. __f__ Algunos países insisten en tener armas nucleares.

8. __d__ Algunas personas no pudieron votar en las últimas elecciones.

Soluciones

a. cortar programas sociales

b. elegir políticos honrados

c. extender el plan de estímulo económico

d. extender las horas para votar

e. iniciar programas sociales para ayudar a los necesitados

f. promover el desarme mundial

g. subir la tasa de interés para controlar la inflación

h. iniciar el procedimiento (*proceedings*) criminal contra los abusadores

15-9 El Banco Mundial.
El Banco Mundial promueve proyectos para mejorar la situación económica de países en vías de desarrollo. Túrnense para darse consejos sobre algunos de sus proyectos.

Los proyectos

1. Un grupo de mujeres chilenas crea artesanías que se podrían vender por todo el mundo.

2. Los agricultores peruanos quieren cambiar el cultivo de coca en sus terrenos por el cultivo de otro producto.

3. El gobierno panameño quiere que naves más grandes pasen por el Canal.

4. Un grupo de activistas quiere abolir la práctica de la dote (*dowry*) en India.

5. El gobierno salvadoreño quiere mejorar los medios de comunicación en las zonas rurales.

6. Un grupo de mujeres espera información del gobierno argentino sobre sus hijos desaparecidos.

Algunos consejos

- apoyar (*support*) la expansión del pasaje del Atlántico al Pacífico
- ayudarles a crear un sitio web para promover sus productos
- darles equipos de radio y teléfono por vía satélite
- enseñarles a cultivar algodón u otro producto viable
- insistir en que un tribunal investigue los casos
- promover la posición de la mujer en la sociedad

Un proyecto agrícola del Banco Mundial en Guatemala

MODELO: E1: *Guatemala ha experimentado una crisis económica por los daños del volcán.*

E2: *Lo que debemos / tenemos que / hay que / necesitamos hacer es darle un préstamo (loan) para reconstruir los caminos.*

¿Cuánto saben?

15-12 to 15-15

Primero, pregúntate si puedes llevar a cabo las siguientes funciones comunicativas en español. Después, júntate con dos o tres compañeros/as de clase para presentar las situaciones. Háganse y respondan a por lo menos cuatro preguntas en cada situación.

✓ CAN YOU . . .

☐ talk about world problems and possible solutions?

☐ provide additional information to a discussion about ideas, events, and situations?

WITH YOUR CLASSMATE(S) . . .

Situación: Una organización benéfica
Ustedes quieren ser voluntarios en una organización que ayuda a gente víctima de alguna crisis política o desastre natural. Hablen de la organización, cómo sirve a la gente, y lo que ustedes pueden contribuir a la organización.
Para empezar. *La organización Médicos sin Fronteras ayuda a... Yo puedo / quiero / voy a...*

Situación: Una causa social
Hagan planes para organizar una campaña para una causa social o política. Piensen en temas como la pobreza, la deuda pública y otros que se presentaron en el capítulo. Incluyan sus metas y sus estrategias. Usen los pronombres relativos **que, quien** y **lo que.**
Para empezar. *Nuestra meta es mejorar las condiciones de los niños que.... Estos inocentes, quienes no tienen... Lo que nos preocupa es que...*

Instructor Resources
- MSL: MediaShare
- IRM: Rubrics

Note on *Banco Mundial*
Según su sitio web, la misión del Banco Mundial es "combatir la pobreza con pasión y profesionalidad para obtener resultados duraderos, y ayudar a la gente a ayudarse a sí misma y al medio ambiente que la rodea, suministrando recursos, entregando conocimientos, creando capacidad y forjando asociaciones en los sectores público y privado. No se trata de un banco en el sentido corriente; esta organización internacional es propiedad de 187 países miembros y está formada por dos instituciones de desarrollo singulares: el Banco Internacional de Reconstrucción y Fomento (BIRF) y la Asociación Internacional de Fomento (AIF). (*Source:* bancomundial.org)

STUDENT LEARNING OUTCOMES
Use the **¿Cuánto saben?** activities to assess the extent to which students can perform the **Objetivos comunicativos** for **Primera parte** presented in the chapter opener: Talking about world problems and possible solutions; and providing additional information to a discussion about ideas, events and situations. Provide an assessment for vocabulary, structures and fluency appropriate to the chapter theme and level (**5:** excellent - **1:** poor). See the IRM for more information on rubrics.

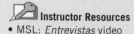

Expansion of *Perfiles*
Students may be interested in listening to episodes of *Latino USA* on National Public Radio (NPR). The show documents the growing Hispanic voice and importance of Hispanic culture in the U.S. María Hinojosa, the host and managing editor, was the first Latina to be hired by NPR. The podcasts are available on the *Latino USA* web site.

Note on *Compulsory voting*
Most democratic governments consider participating in national elections a right of citizenship; some 32 countries also consider it a civic responsibility. Hispanic countries include Argentina, Bolivia, Chile, Costa Rica, Dominican Republic, Ecuador, Guatemala, Honduras, Mexico, Panama, Paraguay, Peru, Spain, Uruguay and Venezuela. Sanctions vary from country to country ranging from requiring an explanation for not voting, to fines or imprisonment. However, not all of these countries enforce the law.

Optional activity after 15-11
This activity allows for additional open-ended practice and encourages self-expression. This activity is available for download from the IRC.
En su opinión. Den su opinión sobre los siguientes temas.
• No hay que discriminar contra una persona solo por su apariencia.
• La protección de nuestras fronteras es urgente.
• Si no hubiera inmigrantes, ¿quiénes trabajarían en el campo, en las fábricas y en la construcción?

📖 Perfiles

15-16 to 15-17

Mi experiencia

LA POLÍTICA Y LOS HISPANOS

15-10 Para ti. ¿Participas en algún grupo político? ¿Te gustaría ser candidato/a para un cargo político? Cuando tienes una opinión fuerte sobre algún tema político, ¿escribes a algún miembro del congreso o del parlamento? ¿Cuáles son los temas políticos más importantes para ti? ¿Por qué?

Hola, soy Marisela Ramos y soy chicana. Nací en Phoenix, Arizona, y ahora soy estudiante en la Universidad de Arizona donde estudio relaciones internacionales. También participo en un grupo de acción política de estudiantes latinos. Una de nuestras metas es organizar el voto latino para que tengamos mayor voz en las próximas elecciones. En las del 2008 votaron casi 11 millones de latinos. Es interesante, pues según una encuesta que hicieron a los latinos que votaron, los temas más importantes para los votantes eran la economía, la reforma del sistema de salud y la inmigración. El comentarista de Univisión Jorge Ramos, en su libro recién publicado, *Tierra de todos,* declara que el voto latino será "la fuerza política del siglo" y estoy totalmente de acuerdo con él. Para mí, no tengo más remedio que participar activamente en esa fuerza si quiero que consigamos esa estabilidad política, económica y social que pide nuestra comunidad latina. Cuando termine mis estudios, pienso presentarme como candidata a la legislatura de Arizona, y después, ¿quién sabe? Ya tenemos una jueza en el Tribunal Supremo y también a Susana Martínez, recién electa gobernadora de Nuevo México. ¡Tal vez algún día sea yo la primera latina en la Casa Blanca! (Por cierto, hay un montón de corridos sobre el tema de los inmigrantes. El grupo más popular es los Tigres del Norte. ¡Búsquenlos en la Internet!)

15-11 En su opinión. Aunque vivimos bajo un gobierno democrático, no siempre ejercemos nuestros derechos ni cumplimos con nuestras obligaciones. Hablen sobre los siguientes temas.

• ¿Cuáles son nuestros derechos y obligaciones más importantes como ciudadanos?

• ¿Son ustedes miembros de alguna organización política en su universidad? Expliquen por qué sí o no.

• En muchos países, el votar es obligatorio. ¿Qué opinan de esto?

• Si el votar fuera obligatorio para todos los ciudadanos, ¿cuál sería la penalidad para las personas que no voten?

• ¿Creen que se debería subir o bajar la edad para votar? ¿Por qué?

Mi música

"DE PAISANO A PAISANO" (LOS TIGRES DEL NORTE, EE. UU.)

Los Tigres del Norte es un conjunto de música
norteña mexicana (por haberse originado en el norte
de México). Su campo principal son los corridos
(canciones que cuentan una historia) los cuales han
sido censurados en varias ocasiones, incluso en su
propio país. Es uno de los grupos más reconocidos
del género, debido a su larga historia y éxitos a nivel
mundial.

Antes de ver y escuchar

15-12 El paisano. Un paisano es una persona
compatriota (de la misma patria) que comparte la
misma historia, cultura y tradiciones. Escribe una
lista de cosas y personas que echarías de menos
(*would miss*) si tuvieras que dejar tu patria y
mudarte a otro país. ¿Cuáles serían algunos de los
problemas que tendrías si no hablaras la lengua del
nuevo país?

MODELO: *Si tuviera que dejar mi patria, echaría de menos a mis amigos...*

A ver y escuchar

15-13 La canción. En este corrido, se mencionan algunos de los problemas que
tienen los inmigrantes. Mientras escuchas la canción anota algunos de ellos.

> **Busca:** tigres paisano video; tigres paisano letra
>
> **Si te interesa comprar la canción:** *Go to iTunes Store>Music>More to Explore>
> iMix>Arriba 6e*

Después de ver y escuchar

15-14 Consejos para un inmigrante. Sabiendo las dificultades que tienen los
inmigrantes, escribe cinco consejos que les darías si estuvieras en su situación.

MODELO: *Es muy importante que...*

Note on *corrido*
El corrido es una forma
musical y literaria popular
mexicana que tiene su origen
en los romances españoles
del siglo XV. Las letras vienen
de las antiguas leyendas de la
frontera entre México y EE.
UU., y muchas veces el
personaje principal es un
héroe insólito. Los corridos
contemporáneos tienen temas
modernos, tales como la
inmigración o los trabajadores
migrantes. En su forma mejor
conocida consiste de

- un saludo y presentación
del cantor y prólogo de la
historia;
- una anécdota;
- una moraleja y despedida
del cantor; y
- 8 silabas por estrofa.

Se generan los corridos casi
espontáneamente y por lo
general sus autores son
anónimos. En casi todos los
pueblos de México se cantan
corridos acompañados de
guitarra.

Answers for 15-13
Answers may vary.
Quieren darle una vida
mejor a la familia; tienen
que arriesgar la vida;
temen morir fuera de su
patria; siempre tienen
problemas con "la migra";
echan de menos su patria;
su trabajo es duro y se
paga poco; muchas veces
no les pagan; el patrón le
informa a "la Migra" si se
quejan.

Note on *Los Tigres del Norte*
Durante su carrera han
grabado más de 55 álbumes,
con más de 500 canciones;
han vendido más de 32
millones de copias, con 130
discos de platino y 125 de
oro. Han participado en más
de 14 películas; han sido
nominados 12 veces a los
premios Grammy, ganándolo
en 1987 por su grabación
"América sin Fronteras". En
1993 lograron un récord de
asistencia de más de
200.000 personas en un
concierto en la Arena
Deportiva de Los Ángeles.
La Fundación Los Tigres del
Norte, con base en la
universidad de UCLA, se
dedica a conservar y defender
la herencia y tradición
mexicana en Estados Unidos.
Por su labor social han
recibido premios diversos.

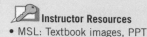
Segunda parte

¡Así lo decimos! VOCABULARIO

 ¡Así es la vida! La política
15-18

 ¡Voten por mí!

En el año 2012 hay varios candidatos a la presidencia de España. Aquí tienes parte del último discurso que pronunció Julián Pérez, gobernador del Banco Comercial de Bilbao, en su campaña electoral.

Compañeros y amigos:

¿Buscan un candidato que verdaderamente represente al pueblo y que se interese por el futuro de nuestro mundo? Ese candidato soy yo. Como ustedes saben, nuestro país afronta problemas muy serios. Se nos ha perdido el camino, y dudo que el gobierno de mis contrincantes pueda encontrarlo. Es importante que todos nos unamos y que ustedes voten por mí. Si gano las elecciones, les aseguro que cumpliré con las siguientes promesas:

• Reduciré la deuda pública.
• Generaré más oportunidades de empleo.
• Mejoraré la seguridad ciudadana.
• Y para combatir el calentamiento global, invertiré mil millones de euros en proyectos verdes nacionales.

Recuerden mi lema: "Si quieren un presidente que no solamente se interesa por el pueblo, sino que también se interesa por el futuro del mundo, voten por mí". Muchas gracias.

Vocabulario Cargos políticos y tipos de gobierno

España tiene una monarquía parlamentaria.

En Colombia, un debate entre los candidatos presidenciales Antanas Mockus y su contrincante Manuel Santos.

La jueza preside el tribunal.

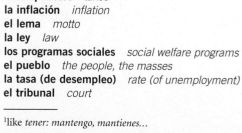

Variaciones
In the Río de la Plata region (Argentina and Uruguay), **el/la alcalde/alcaldesa** is more commonly **el/la intendente**.

Cargos políticos — Political posts

el/la alcalde/alcaldesa *mayor*
el/la dictador/a *dictator*
el/la gobernador/a *governor*
el/la juez/a *judge*
el/la ministro/a *minister*
el/la presidente/a *president*
el/la representante *representative*
el/la rey / reina *king/queen*
el/la senador/a *senator*

Tipos de gobierno — Types of government

la democracia *democracy*
la dictadura *dictatorship*
la monarquía *monarchy*
la república *republic*

Verbos — Verbs

afrontar *to face*
apoyar *to support*
aumentar *to increase*
caerse *to fall down*
combatir *to fight, to combat*
controlar *to control*
cumplir (con) *to make good, to fulfill (a promise)*
dañarse *to break down, to be damaged*
debatir *to debate*
elegir (i, i) *to elect*
eliminar *to end*
mantener (ie)[1] *to support (a family, etc.)*
mejorar *to improve*
resolver (ue) *to solve*
votar (por) *to vote (for)*

La política y otros temas actuales — Politics and other current topics

el/la asesor/a *consultant, advisor*
la campaña (política) *(political) campaign*
el/la candidato/a *candidate*
el/la contrincante *opponent*
la corrupción *corruption*
el deber *duty*
el derecho *right*
el discurso *speech*
la drogadicción *drug addiction*
el fraude (electoral) *(electoral) fraud*
la honradez, la honestidad *honesty*
los impuestos *taxes*
la inflación *inflation*
el lema *motto*
la ley *law*
los programas sociales *social welfare programs*
el pueblo *the people, the masses*
la tasa (de desempleo) *rate (of unemployment)*
el tribunal *court*

---

[1]like *tener: mantengo, mantienes...*

15-19 to 15-23

Instructor Resources
• MSL: Textbook images, PPT, Supplementary Activities

Presentation tip for ¡Así lo decimos!
Ask or write questions such as the following: *¿Cuál es la diferencia entre una democracia, una dictadura, una monarquía y una monarquía parlamentaria? ¿Cómo se llama un líder de gobierno a nivel... local? ...estatal? ...nacional? En EE. UU., ¿cuánto tiempo dura un mandato* (term) *de presidente/a? ¿Y de senador/a? ¿Y de representante? ¿Y de juez/a en el Tribunal Supremo? ¿Cuántos jueces hay en el Tribunal Supremo? ¿Qué rama del gobierno escribe nuestras leyes? ¿Quién las firma? ¿Quiénes las interpretan?*

Presentation tip for ¡Así lo decimos!
Write various terms on the board, doc cam, or a transparency and have students provide associated terms for each one.
la campaña (→ *el/la candidato/a, el/la contrincante, el discurso, el lema, votar, elegir, las elecciones, cumplir, la democracia, la corrupción*)
la economía (→ *la inflación, la corrupción, la tasa de desempleo, el desempleo, los impuestos, aumentar, mejorar*)
el pueblo (→ *los derechos* (humanos), *el deber, la responsabilidad, la defensa, la tasa de desempleo, el...*)

Note on *el/la gobernador/a*
The title for the head of a bank is also *gobernador/a*.

Note on *el tribunal*
La corte generally refers to "royal court" (**la corte del rey**), although in the Americas, it may be used synonymously with **el tribunal. La Corte/ Tribunal Penal Internacional** refers to a special court located in The Hague, Netherlands and dedicated to adjudicating human rights violations.

¡Hola!

15-24 to 15-25

Letras y sonidos

Linking and Rhythm

In Spanish, words often are connected or linked together, giving the impression that a phrase is one long word. One case of obligatory linking concerns a consonant followed by a vowel. A consonant at the end of a word always links to the initial vowel of a following word:

mi̲s + a̲-mi-gas → mi-s̲a̲-mi-gas   **ta̲n + a̲-ma-ble → ta-n̲a̲-ma-ble**

Other cases of linking affect adjacent vowels. In fast speech, two identical, adjacent vowels may be pronounced as one long vowel (where a colon designates a long vowel):

la̲ + a̲-bue-la → la̲:-bue-la   le̲ + e̲n-vió + flo-res → le̲:n-vió-flo-res   mi̲ + (h)i̲-jo → mi̲:-jo

Additionally, two non-identical vowels may be linked together, creating a diphthong (if one of the vowels is *i* or *u*) or two reduced vowels (if both vowels are from the set *a, e, o*).

mi̲ + a̲-mi-ga → mi̲a̲-mi-ga   su̲ + (h)e̲r-ma-no → su̲e̲r-ma-no   me̲ + a̲-ma → me̲a̲-ma

Linking directly affects the rhythm of Spanish. When speaking Spanish, make sure to give equal time to each syllable and follow a steady rhythm.

APLICACIÓN

15-15 En otras palabras. Empareja cada expresión con su definición o con el ejemplo correspondiente.

1. __d__ los impuestos
2. __a__ la alcaldesa
3. __f__ el juez
4. __g__ la inflación
5. __b__ los contrincantes
6. __i__ el deber
7. __c__ los programas sociales
8. __e__ la dictadura
9. __j__ la drogadicción
10. __h__ la monarquía

a. encabeza (*heads*) el gobierno municipal

b. personas que compiten en las elecciones

c. programas para las personas necesitadas

d. en EE. UU. los pagamos el 15 de abril

e. el control del gobierno por una persona que no acepta tener oposición política

f. preside un tribunal

g. se produce cuando los precios siempre están subiendo

h. el jefe del gobierno es miembro de una familia real (*royal*)

i. lo que hay que hacer

j. el no poder dejar de usar sustancias nocivas (*harmful*)

15-16 ¿Quién es Julián Pérez? Contesta las siguientes preguntas basadas en **¡Así es la vida!**

1. ¿Para qué posición se presenta Julián Pérez?
   Se presenta para la presidencia de España.

2. ¿Cuáles son sus promesas económicas? ¿Y las promesas para el medio ambiente?
   Reducirá la deuda pública generará más oportunidades de empleo. Invertirá mil millones de euros en proyectos verdes nacionales.

3. ¿Qué promete hacer para la seguridad ciudadana?
   La mejorará.

4. ¿Hay alguna contradicción en lo que promete?
   Es difícil gastar más dinero a la vez que se intenta reducir la deuda pública.

5. ¿Votarías por él? ¿Por qué?
   Answers will vary.

15-17 Una campaña política. Completa el resto de la plataforma de Julián Pérez con los verbos apropiados. Hay más de una respuesta correcta.

apoyar	combatir	cumplir	mejorar
ayudar	controlar	eliminar	resolver

Les aseguro que voy a... *Answers may vary.*

1. __resolver__ el problema del desempleo.
2. __controlar__ la inflación.
3. __combatir__ los problemas del medio ambiente.
4. __apoyar__ a la familia.
5. __eliminar__ la drogadicción.
6. __mejorar__ el sistema de educación.
7. __ayudar__ a las minorías.
8. __cumplir__ todas mis promesas.

15-18 ¡Voten por mí! Escucha el discurso de Pepe Maldonado, otro candidato. Mientras escuchas el discurso, indica sus cualificaciones y su plataforma política.

	SÍ	NO	
1.	X		Está casado.
2.	X		Tiene hijos.
3.		X	Es rico.
4.	X		Es trabajador.
5.	X		Va a darles una casa a todos los ciudadanos.
6.		X	Va a reducir la inflación.
7.	X		Va a aumentar la tasa de empleo.
8.	X		Va a apoyar la educación.
9.		X	Va a proteger el medio ambiente.
10.	X		Va a resolver el problema de los políticos deshonestos.

Optional activity after 15-17
The following provides further contextualized practice with vocabulary. The complete activity is available for download from the IRC.
Una carta al / a la director/a.
Completa la carta en la que le explicas al/a la director/a de un periódico por qué vas a votar por Mario García, candidato para la presidencia de Utopía. Usa palabras de la lista.

candidato elecciones
discursos lema
país presidente
partido República

Señor/a Director/a:
Este año voy a votar por Mario García para (1) ____ de la (2) ____ de Utopía. El Sr. García es miembro de *Acción en Acción*, un (3) ____ político que hasta ahora ha tenido poca influencia en el (4) ____. Sin embargo...
Answers:
1. *presidente*; 2. *República*; 3. *partido*; 4. *país*;

Audioscript for 15-18
Compañeros y amigos:
Lo que necesitamos es un presidente honrado. Mi contrincante dice que él es el candidato del pueblo, pero no es verdad. Nunca ha trabajado con sus propias manos. Nunca ha tenido un empleo fijo. Nunca ha tenido que mantener a una familia. Yo sí soy un hombre del pueblo. Trabajo 14 horas al día para mantener a mi esposa y a mis 5 hijos. ¡Mi contrincante ni está casado! Si gano las elecciones, yo les aseguro que cumpliré con las siguientes promesas:

• Aseguraré una casa adecuada para todos los ciudadanos.
• Eliminaré el desempleo.
• Aumentaré el presupuesto para la educación.
• Meteré en la cárcel a todos los políticos deshonestos.
Recuerden mi lema: "Si quieren un presidente honrado, voten por Maldonado". Gracias.

15-19 Para ser candidato/a.   Un candidato competente debe tener una plataforma bien pensada.

Paso 1   Hablen de las cualidades importantes de un/a congresista o de un/a miembro del parlamento. Hagan una lista de las cualidades en orden de importancia y compárenla con las de otros estudiantes de la clase.

Paso 2   Uno/a de ustedes es candidato/a para el Congreso o el Parlamento. Preparen juntos un lema para su campaña.

MODELO: *¡Abajo los impuestos!*

Paso 3   Ahora trabajen juntos para escribir cinco proyectos para su plataforma. Después, preséntenle su lema y su plataforma a la clase. Los otros miembros de la clase votarán por la mejor campaña.

MODELO: *Nuestro partido va a reducir los impuestos.*

El candidato presenta su plataforma.

¡Hola!
Cultura en vivo

In contrast to the U.S., there have been several female presidents in the Hispanic world, including Violeta Chamorro (Nicaragua), Mireya Moscoso (Panamá), Michele Bachelet (Chile), Cristina Fernández (Argentina), and Laura Chinchilla (Costa Rica). What other female heads of state can you name?

15-20A   **Una entrevista a un/a candidato/a.**   Eres candidato/a en las próximas elecciones municipales y tu compañero/a es reportero/a. Como buen/a político/a, no quieres dar mucha información pero quieres saber la opinión de los demás. Aquí tienes algunas respuestas y preguntas tuyas para el/la reportero/a. **Estudiante B,** por favor ve al **Apéndice 1,** página A-23.

Estudiante A:

- Mi contrincante no entiende la situación. Mi plan es usar pesticidas para erradicar el cultivo de la planta de la coca. ¿Tiene usted una idea mejor?

- Tengo muchos expertos económicos, pero realmente depende de ustedes los consumidores. ¿Cuál es su opinión?

- En este momento no tengo respuesta. Pero creo que es buena idea trabajar hasta los ochenta años de edad. ¿Cuál es su opinión?

- Porque soy la persona con las mejores ideas. ¿Conoce a alguien que entienda mejor a su pueblo?

- No he decidido todavía. ¿Tiene a alguien en mente (*in mind*)?

¡Así lo hacemos! ESTRUCTURAS

 2. *Se* for unplanned occurrences

15-26
to 15-30

In order to describe an involuntary or unplanned event, Spanish frequently uses **se** with the third-person singular or plural form of the verb.

> Se me perdió el discurso.

- The action is not viewed as being carried out by someone but rather as happening to someone. Hence, that someone is an indirect object, and an indirect object pronoun also is used.

  Se me quedaron las estadísticas en casa.   *My statistics were left at home.*
  Al candidato **se le ha perdido** el discurso.   *The candidate's speech has been lost.*

- The construction is similar to verbs like **gustar** where the subject follows the verb and affects someone (often a victim) indirectly:

  > **se** + (indirect object) + (third-person verb) + **subject**

  Se nos olvidó **la dirección**.   *We forgot the address.*
  Siempre **se te** dañaba **la computadora**.   *Your computer always used to break down.*

- As always, the indirect object can be explained or emphasized with a prepositional phrase *a (mí, ti, usted, etc.)*:

  En el accidente, **a Ramón** se **le** rompieron   *In the accident, Ramón's jeans were*
  los jeans; **a ti**, se **te** rompió la camiseta.   *torn and your t-shirt was torn.*

- Where English uses the possessive adjective, Spanish uses the definite article, since possession is indicated by the indirect object pronoun. The preposition **a** + *noun or pronoun* may be added for clarity or emphasis.

  ¿A ustedes se les olvidó la tarea otra vez?   *You forgot your homework again?*
  Al senador se le perdieron los papeles.   *The senator lost his papers.*

Instructor Resources
• MSL: PPT, Supplementary Activities

Presentation tip for Se *for unplanned occurrences*
Point out to students that in English, we convey this idea with expressions such as "My car broke down on me." = *Se me averió/descompuso el carro.* This is also true with the verb *to die.* *Se me murió el perro.* = "My dog (up and) died on me."

Note on *caerse*
Conjugated in the preterit like *oír: se cayó, se cayeron*

Optional activity before 15-22
In this activity, students produce the target grammar in a guided context before moving on to more open-ended production. The complete activity is available for download from the IRC.

Me levanté con el pie izquierdo (*on the wrong side of bed*). Completa el párrafo lógicamente con la forma correcta de los siguientes verbos.

caer   olvidar   quedar
ocurrir   perder   romper

¡Qué desastre! Hoy me levanté con el pie izquierdo. (1) ____ poner el despertador y me quedé dormido hasta las 8. Después cuando me preparaba el café, (2) ____ la botella de leche y (3) ____. A las 10, salí a buscar el periódico y (4) ____ las llaves adentro. Tuve que...

Answers:
1. *Se me olvidó;* 2. *se me cayó;* 3. *se me rompió;* 4. *se me quedaron.*

¡Todo le fue mal a Alejandro!

Answers to 15-21, Paso 3
Answers may vary. ¡Se me perdieron las instrucciones! ¡Se me quedó el discurso en casa! ¡Se me olvidó pasar por la esposa! ¡Se me cayeron los apuntes! ¡Se me cayeron y se me rompieron los lentes del candidato! ¡Se me quedó el permiso de manejar en casa!

APLICACIÓN

15-21 Todo le fue mal a Alejandro.   Alejandro, el administrador de campaña de uno de los candidatos en las elecciones para la presidencia de Colombia, no dirigió una buena campaña y su candidato perdió.

Paso 1   Lee lo que le pasó y subraya todos los sucesos inesperados (*unplanned*) que le ocurrieron a Alejandro.

En las elecciones del 2010 se presentaron tres candidatos fuertes, y otros menos preparados. Uno en particular apenas sobrevivió la campaña por culpa de su desastroso administrador de campaña, Alejandro. En el primer debate, por ejemplo, <u>se le perdieron las instrucciones</u> de dónde iba a tener lugar, y por eso, el candidato llegó tarde. Después, a Alejandro <u>se le quedó el discurso</u> del candidato en casa, y por eso, la presentación pareció muy desorganizada. Además, a Alejandro <u>se le olvidó recoger</u> a la esposa del candidato, y ella se puso furiosa. En el debate, a Alejandro <u>se le cayeron los apuntes</u> y cuando fue a recogerlos, chocó con el candidato. <u>Se le cayeron los lentes</u> al candidato y <u>se le rompieron</u> y no pudo leer sus apuntes. Después del debate, cuando Alejandro lo llevaba a casa, los detuvo un policía. Entonces Alejandro se dio cuenta que <u>se le había quedado</u> el permiso de manejar en casa. El policía lo llevó a la cárcel y tuvo que pasar allí toda la noche. Con esto, el candidato decidió buscar un nuevo administrador de campaña.

Paso 2   Ahora contesta las preguntas siguientes.

1. ¿Qué cargo tenía Alejandro?
   Era el administrador de campaña de uno de los candidatos.
2. ¿Por qué llegó tarde al debate el candidato?
   Porque a Alejandro se le perdieron las instrucciones de dónde iba a ser el debate.
3. ¿Por qué se molestó la esposa del candidato?
   Porque a Alejandro se le olvidó recogerla.
4. ¿Por qué pareció desorganizada la presentación del candidato?
   Porque a Alejandro se le quedó el discurso en casa.
5. ¿Por qué el candidato no pudo leer sus apuntes?
   Porque al candidato se le cayeron los lentes y se le rompieron.
6. ¿Qué le pasó a Alejandro cuando llevaba al candidato a su casa? ¿Y al día siguiente?
   Lo detuvo un policía. Lo despidió el candidato.

Paso 3   Ahora cuenta la historia de Alejandro como si fueras él.

MODELO: A Alejandro se le quedó el discurso en casa.
              Alejandro dice: *Ay, ¡se me quedó el discurso en casa!*

15-22 Sucesos inesperados.   Combina elementos de cada columna para describir seis acciones que ocurrieron. Explica lo que pasó, usando el **se** inesperado. Inventa por lo menos una oración original.

MODELO: al candidato / caerse / los papeles
              Al candidato se le cayeron los papeles.

al presidente	perderse	la fecha de la reunión
a la congresista	caerse	el informe en casa
a mí / a ti	quedarse	los apuntes para la reunión
a nosotros	olvidarse	el disco duro de la computadora
a la jueza	romperse	los carteles políticos
a los senadores	acabar	la presentación para la reunión
¿a ...?	¿...?	¿...?

15-23 Fue sin querer (*I didn't mean to*). Túrnense para preguntarse sobre lo que les ha ocurrido sin querer en el pasado.

MODELO: ¿Se te quedaron las llaves en tu auto alguna vez?
Sí, se me quedaron las llaves en el auto ayer y tuve que caminar a mi casa.

1. ¿Se te olvidó algo hoy?

2. ¿Se te ha roto algún objeto últimamente?

3. ¿Se te han perdido algunas cosas en estos días?

4. ¿Se te quedó el permiso de manejar en casa alguna vez?

5. ¿Se te ha dañado el carro en los últimos meses?

6. ¿Se te caían objetos de las manos cuando eras pequeño/a?

7. ¿Se te ha dañado la computadora alguna vez? ¿Se te perdió mucha información?

¡Se me borró el documento!

15-24 Excusas. ¿Qué dicen ustedes para disculparse en estas situaciones? Representen algunas de las situaciones a continuación.

MODELO: PROFESOR: ¿Dónde está la tarea?
ESTUDIANTE: ¡Ay! *¡Se me quedó en casa esta mañana!*

se me quedó / quedaron	se me olvidó / olvidaron	se me rompió / rompieron
se me perdió / perdieron	se me cayó / cayeron	

1. PROFESORA: ¿Por qué no tiene el libro abierto en el Capítulo 15?

   ESTUDIANTE:

2. BIBLIOTECARIO: Tiene que devolvernos los tres libros que le prestamos o nos los tiene que pagar.

   CLIENTE:

3. DUEÑO DEL APARTAMENTO: No recibí su alquiler (*rent*) este mes.

   INQUILINO/A:

4. POLICÍA: Se prohíbe estacionar (*park*) el carro aquí.

   CONDUCTOR/A:

5. CAMARERO: Aquí tiene la cuenta. ¿Cómo prefiere pagar?

   CLIENTE:

6. JUEZ: ¿Por qué estaba usted en la calle a las tres de la mañana?

   ACUSADO/A:

7. DIRECTOR: Busco el artículo que usted escribió.

   PERIODISTA:

8. AMIGO: ¿Dónde está el suéter que te presté (*lent*) ayer?

   AMIGO/A:

9. PROFESOR: Usted recibió una nota muy baja en el último examen.

   ESTUDIANTE:

10. SUPERVISOR/A: No entiendo por qué esta lámpara no funciona.

    DEPENDIENTE:

¡Hola!
Cultura en vivo

During the 1980s, many Argentine political prisoners "disappeared" at the hands of the military dictatorship. However, in 2010, the Argentine courts brought some of the perpetrators to justice, finally bringing a degree of closure to some of the many families who lost loved ones known as **los desaparecidos**. The group **Madres de la Plaza de Mayo** were instrumental in keeping the names of their disappeared children in public view. What other women's groups have been successful in keeping human rights issues in the public eye?

Suggestion for 15-24
Have students role-play and expand on these situations before the class.

Note on Cultura en vivo
Other women's groups may include: *Mothers Against Drunk Drivers (MADD)*, *MADRE* ("*international women's human rights organization that works in partnership with community-based women's organizations worldwide to address issues of health and reproductive rights, economic development, education and other human rights*"), *National Organization for Women (NOW)*.

Note on *Las Madres de la Plaza de Mayo*
The symbol of **Las Madres de la Plaza de Mayo** is a white kerchief, embroidered with the name of a victim of the Argentine military dictatorship (1976–1983). The group chose la Plaza de Mayo because it is located in front of the Presidential Palace in Buenos Aires.

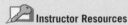
 ## 3. *Pero* or *sino*

15-31
to 15-33

- The conjunction *but* is usually expressed in Spanish by **pero.**

Quiero ser representante, **pero** un buen representante.	*I want to be a representative, but a good representative.*
Los impuestos son necesarios, **pero** no me gustan.	*Taxes are necessary, but I don't like them.*

- When *but* means *on the contrary* or *but rather*, use **sino. Sino** always follows a negative statement and introduces the correction (an affirmative statement) or contradiction. If the correction is a word or phrase, simply use **sino.** If the correction includes a verb phrase, use **sino que.**

No quiero hablar con el juez **sino** con el senador.	*I don't want to speak with the judge but (rather) with the senator.*
El candidato no va a dar un discurso, **sino que** prefiere tener una mesa redonda con varios ciudadanos.	*The candidate is not going to give a speech, but rather he prefers to have a round table with several citizens.*

- The expression *not only … but also* is expressed by **no solo… sino (que) también…:**

El candidato **no solo** es arrogante, **sino también** corrupto.	*The candidate is not only arrogant, but also corrupt.*
La senadora **no solo** es capaz, **sino que también** tiene mucha experiencia.	*The senator is not only capable, but also has a lot of experience.*

APLICACIÓN

Los incas usaban *quipus* para comunicarse.

15-25 El *pero* y el *sino* de los incas. Los antropólogos siguen investigando la antigua civilización de los incas, quienes se comunicaban de una manera peculiar.

Paso 1 Lee el párrafo sobre la civilización incaica y subraya las conjunciones **pero** y **sino.** Después, explica por qué se usa cada una.

De todas las importantes civilizaciones de la Edad de Bronce, la incaica es la única que aparentemente no tenía un sistema de escritura, lo que les extraña mucho a los antropólogos. Es verdad que dejaron muestras de una civilización muy avanzada en su arquitectura, en su tecnología, en sus ciudades y en sus instituciones políticas, pero no en su escritura. Pero aunque no escribían, tenían un sistema complejo para comunicarse. No usaban palabras escritas sino cuerdas anudadas[1] que se llamaban **quipus**. Los nudos representaban números para mantener las cuentas y el censo. Ahora, algunos antropólogos creen que representaban no solo números, sino que también algunos quipus comunicaban historias y narrativas. Es posible que estos quipus nos revelen más secretos del Imperio Inca. Pero, desafortunadamente, los españoles destruyeron muchos de los quipus después de la conquista de ese territorio en 1532.

[1]*knotted strings*

Paso 2 Vuelve a leer el texto y contesta las preguntas siguientes.

1. ¿Por qué se considera avanzada la civilización inca? Se considera avanzada en su arquitectura y por su tecnología, sus ciudades y sus instituciones políticas.

2. ¿Qué elemento de una civilización avanzada no practicaban?
No practicaban la escritura.

3. ¿Para qué servía un **quipu**?
Servía para mantener las cuentas y el censo.

4. ¿Qué hipótesis ha surgido (*emerged*) recientemente?
Además de números, los quipus comunicaban historias y narrativas.

5. ¿Por qué es difícil comprobar esta hipótesis?
Es difícil porque muchos de los quipus fueron destruidos por los españoles.

6. ¿Qué opinas tú sobre esta posibilidad?
Answers will vary.

 Paso 3 Conéctate a la Internet para buscar más información sobre el **quipu** y explica tu respuesta al número 6 del **Paso 2.**

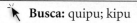 **Busca:** quipu; kipu

15-26 Asesores políticos. Ustedes van a planear las estrategias de su candidato/a. Completen cada oración lógicamente usando **pero, sino** o **sino que,** según el contexto.

MODELO: Nuestra candidata, Lourdes Abascal, quiere ganar las elecciones…
… *pero no sabe si tiene el apoyo del pueblo.*

1. Quiere reducir la inflación…

2. No quiere obligar a las mujeres a que trabajen fuera de la casa…

3. Espera nombrar a otra mujer al Tribunal Supremo…

4. Dice que es feminista…

5. No quiere apoyar los programas del presidente…

6. No le gusta la plataforma conservadora…

7. Espera establecer más programas sociales…

8. No quiere reducir los impuestos…

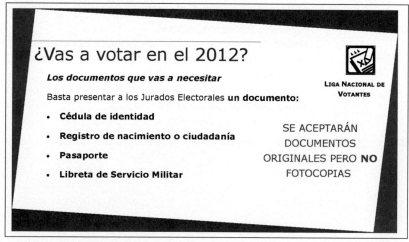

¿Vas a votar en el 2012?

Los documentos que vas a necesitar

Basta presentar a los Jurados Electorales **un documento:**

- **Cédula de identidad**
- **Registro de nacimiento o ciudadanía**
- **Pasaporte**
- **Libreta de Servicio Militar**

LIGA NACIONAL DE VOTANTES

SE ACEPTARÁN DOCUMENTOS ORIGINALES PERO **NO** FOTOCOPIAS

Para votar en las elecciones puedes presentar tu tarjeta de identidad, pero no se acepta fotocopia.

Presencia hispana

Although Hispanics make up about 16% of the U.S. population, they are still not well represented in the U.S. Congress or in the courts. In the House of Representatives, states with the highest number of members who are of Hispanic descent include California, Texas, and Florida. Moreover, according to a Michigan State University survey, Hispanics hold only 3.7% of federal judgeships. What factors contribute to political participation among any group?

Note on *Presencia hispana*
Some factors may include: age (voters must be at least 18 years old); education and occupation (voters tend to have higher levels of education and work at higher paying jobs than non-voters).

Note on *Presencia hispana*
You may point out to students that as of 2010 there were 9 members representing California districts, 7 for Texas, and 3 for Florida, for a total of 27 members of Hispanic descent among the 435 members in the House of Representatives. Also, about 35% of Hispanics are victims of crime. With more than 35,000 Hispanic attorneys in the U.S., an increase in the number of Hispanic judges is likely to occur.

Optional activity before 15-26
For additional guided practice with the target grammar before moving on to more open-ended activities have students complete the following. The complete activity is available for download from the IRC.
   ¡Lo que queremos hacer!
Imagínate que tus compañeros/as y tú son congresistas con diferentes metas y propósitos. Completa las oraciones, usando **pero, sino** o **sino que,** según el contexto.

1. Yo no quiero combatir el juego en los casinos _____ el crimen violento.
2. Marta desea eliminar la burocracia, _____ no en su estado.
3. A Julio no le interesa ser asesor del presidente _____ quiere ser candidato para la presidencia.
4. El senador Ramírez no va a aprobar leyes que beneficien a pocos _____ a muchos.
5. Queremos reducir la tasa de desempleo, _____ solo si esto no produce una inflación grande…

Answers: 1. *sino*; 2. *pero*;
3. *sino que*; 4. *sino*; 5. *pero.*

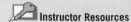
 15-27 Un debate político. Formen dos equipos (uno a favor y el otro en contra) para debatir estos asuntos. Incluyan **pero** y **sino** en sus discusiones.

1. Debemos invertir recursos para disminuir la tasa de desempleo en los centros urbanos.
2. Debemos garantizar seguro médico para todos.
3. Tenemos que reducir la deuda pública.
4. Es urgente que paremos el calentamiento global.
5. Hay que eliminar la burocracia en los programas sociales.
6. Es necesario tener una fuerza militar fuerte.

15-34
to 15-38

¿Cuánto saben?

Primero, pregúntate si puedes llevar a cabo las siguientes funciones comunicativas en español. Después, júntate con dos o tres compañeros/as de clase para presentar las situaciones. Háganse y respondan a por lo menos cuatro preguntas en cada situación.

✓ CAN YOU . . .

☐ express political points of view and identify types of government?

☐ describe unplanned events and make excuses?

☐ contrast ideas and descriptions?

WITH YOUR CLASSMATE(S) . . .

Situación: Una discusión política
Ustedes quieren examinar las ventajas y desventajas de diferentes tipos de gobiernos. Cada uno/a apoya y defiende solo uno.
Para empezar. *Para algunos países, la única forma de gobierno posible es... En mi opinión,...*

Situación: Pedir disculpas
Uno/a de ustedes ha llegado tarde hoy al trabajo. Explica lo que pasó y por qué no fue culpa tuya. La otra persona no quiere aceptar las excusas. Usen expresiones con el **se** inesperado para defender su punto de vista.
Para empezar. *Perdone, jefe/a. No llegué tarde porque quería, es que, se me quedaron las llaves en el carro y...*

Situación: Problemas políticos
Hablen de las razones por las cuales nunca hay acuerdo entre los miembros del gobierno. Usen **pero** y **sino** en su discusión.
Para empezar.
—Los políticos deben trabajar por el bien del pueblo, pero parece que trabajan por el bien personal...
—¡Tu opinión no es objetiva, sino subjetiva!

15-39
to 15-41

Observaciones

Instructor Resources
• IRM: Videoscript

¡Pura vida! EPISODIO 15

En este episodio Marcela y Patricio acaban de asistir a un congreso internacional.

Antes de ver el vídeo

15-28 La Fundación Rigoberta Menchú Tum (FRMT).   Aquí tienes información sobre la fundación que lleva el nombre de la activista Rigoberta Menchú. Lee el párrafo siguiente y escribe tres preguntas que pueden contestarse de la lectura.

> Según su página en la Internet, la FRMT es "la plataforma institucional de Rigoberta Menchú Tum que garantiza la realización y ejecución de los planes, programas y acciones a favor de los derechos humanos, de los derechos de los pueblos indígenas y de los aportes[1] a la solución política de los conflictos mediante el diálogo, las negociaciones y los acuerdos de paz. La Sra. Rigoberta Menchú Tum, ganadora del Premio Nobel de la Paz, mujer indígena y sobreviviente del genocidio en Guatemala, y la Fundación con su plataforma de acción institucional, buscan generar procesos para impulsar UN CÓDIGO DE ÉTICA PARA UNA ERA DE PAZ como contribución a la humanidad."
>
> **CÓDIGO DE ÉTICA PARA UN MILENIO DE PAZ**
> No hay paz sin justicia;
> No hay justicia sin equidad;
> No hay equidad sin desarrollo;
> No hay desarrollo sin democracia;
> No hay democracia sin respeto a la
> identidad de las culturas y los pueblos.

[1] *contributions*

A ver el vídeo

15-29 El congreso.   Mira el episodio número quince de **¡Pura vida!** para saber más sobre las ideas de Rigoberta Menchú. Después identifica cuatro temas que se incluyen en el congreso.

Marcela y Patricio hablan de la política.　　　**Cristina**　　　**¿Y Felipe?**

Después de ver el vídeo

15-30 Tu punto de vista.   Prepara una lista con algunos aspectos positivos y otros negativos, relacionados con la globalización. ¿Estás a favor o en contra (*for or against*)?

MODELO:

Aspectos positivos	Aspectos negativos
Crea oportunidades de trabajo, como por ejemplo, en las maquiladoras.	

Presentation tip for 15-28
This reading passage consists of long sentences. Point out to students that this is a common characteristic of formal writing in Spanish. Help students parse the sentences by breaking them down into their component phrases as a class.

Presentation tip for 15-30
First have students work alone to formulate their own ideas and opinions in Spanish. Then ask them to form groups of 3 to 4 students to present and discuss their views. Finally, in a whole-class format, have volunteers present some highlights from their group discussions.

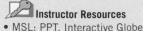

Nuestro mundo

 Panoramas

 ## La herencia indígena

15-42

Los pueblos indígenas han contribuido mucho a la cultura que ahora llamamos hispanoamericana. Representan una variedad de culturas que todavía conservan aspectos de su herencia lingüística, artística, agrícola y arqueológica.

Las culturas indígenas son evidentes en las celebraciones. El Día de los Muertos (el 2 de noviembre) tiene su origen entre las antiguas civilizaciones de Mesoamérica.

Del quechua, el léxico español ha incorporado las palabras *pampa, papa* y *coca.* Los incas, como muchos otros indígenas de las antiguas sociedades, elaboraban piezas de cerámica que eran bellas y prácticas. También confeccionaban exquisitas joyas de oro.

El Templo de las Calaveras, Chichen Itzá

El idioma náhuatl de los aztecas contribuyó muchas palabras al léxico español; por ejemplo, *cacao, chocolate, tomate, cacahuete, chicle* y *tiza.*

El pueblo guaraní era nómada antes de la colonización española. Mantenían una tradición oral para transmitir sus historias y sus tradiciones. De su idioma tenemos las palabras *tapioca, tucán* y *jaguar.* La yerba mate, una bebida popular entre muchos latinoamericanos, tiene su origen en la región de los guaraníes.

Unas calaveras modernas

La herencia indígena

Aportes de indígenas de las Américas

Museo del Oro de Bogotá:	Más de 10.000 artefactos de oro
Deporte maya antiguo:	Juego de pelota[1]
Lenguas indígenas actuales:	749
Países bilingües:	Bolivia, Guatemala, México[2], Paraguay, Perú

[1]El capitán del equipo ganador recibía el honor de ser sacrificado a los dioses.
[2]En México dan clases en la lengua indígena hasta el tercer grado, luego se hace una transición al español.

15-31 Identifica. Usa las fotos y la información de la caja para identificar o explicar lo siguiente.

1. una fecha que se celebra dos días después de la celebración norteamericana de *Hallowe'en*
   el Día de los Muertos, el 2 de noviembre

2. el número de lenguas indígenas que aún se hablan en Latinoamérica
   749; entre las más importantes: el quechua, el guaraní y el náhuatl

3. algunas palabras en español que tienen su origen en un idioma indígena
   del quechua: pampa, papa, coca; del guaraní: tapioca, tucán, jaguar; del náhuatl: cacao, chocolate, tomate, cacahuete, chicle, tiza

4. la cultura indígena que asociamos con los Andes
   la de los incas / la incaica

5. un museo conocido por su colección de artefactos de oro
   el Museo del Oro de Bogotá

6. un deporte en que el ganador perdía la vida
   la pelota

15-32 Desafío. Localiza los países donde florecían las civilizaciones indígenas mencionadas aquí.

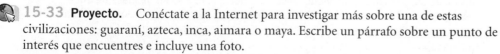 **15-33 Proyecto.** Conéctate a la Internet para investigar más sobre una de estas civilizaciones: guaraní, azteca, inca, aimara o maya. Escribe un párrafo sobre un punto de interés que encuentres e incluye una foto.

> **Busca:** guarani; azteca; inca; aimara maya

Note on Fact Box

• The Museo del Oro in Bogotá is probably the best known in the world for its vast collection of pre-Columbian artifacts; however also noteworthy is the Museo del Oro Precolombino de Costa Rica, which houses over 1600 gold artifacts in addition to many other pieces dating from 500 to 1600 A.D.

• 154 indigenous languages still spoken in the U.S.; 86 in Canada.

• Evidence of *pelota* originating 3000 years ago has been found throughout Mesoamerica. The Mayas played *pelota* believing it was a re-enactment of the creation of the world. Using only their hips, players had to pass a hard rubber ball through stone hoops located on the sides of a long stone ball court. Only the strongest and most valiant warriors played the game before an audience of rulers and priests. The sports of lacrosse and both ice and field hockey are indigenous to North America.

• English is the *de facto* language in the U.S.; however, there is no official national language. Although no state has Spanish as an official language, many states, such as New Mexico, Florida, and California, provide official information in both languages.

• Since 1982, The Canadian Constitution Act guaranteed the equal status of the official languages English and French. At the provincial level, New Brunswick is officially bilingual French/English; Quebec is officially unilingual French. However, all provinces offer some bilingual services and some education in both official languages up to the high school level. Additionally, Inuktitut is an official language in Nunavut, and nine aboriginal languages have official status in the Northwest Territories.

"En solidaridad" (Francisco Jiménez, México/EE. UU.)

Francisco Jiménez (1943–) nació en Tlaquepaque, un pueblito cerca de la ciudad de Guadalajara, México. Cuando tenía cinco años de edad, su familia decidió dejar su pueblo e irse en busca de una vida mejor en California, donde según las películas, "la gente barre el dinero de las calles". Jiménez ha publicado tres colecciones en las que cuenta sus experiencias como hijo de trabajadores migrantes que siguen la cosecha de fruta, legumbres y algodón. En la tercera colección, *Más allá de mí*, narra sus experiencias como estudiante universitario de primera generación. Para Jiménez, estudiar en la universidad es un tremendo ajuste cultural, especialmente el conflicto que enfrenta entre el mundo académico y lo que siente en su corazón. Jiménez ha recibido múltiples honores por sus esfuerzos por concienciar al público sobre la ardua vida de los trabajadores migrantes.

ANTES DE LEER

15-34 La ética. En la vida, es necesario seguir las normas y leyes de nuestra sociedad. Sin embargo, es común ver injusticias y sentirse casi incapaz de rectificarlas. Piensa en una o dos injusticias que te parezcan casi imposibles de remediar, pero que quisieras hacer algo por cambiarlas.

MODELO: *Hay mucha hambre en mi ciudad. Personalmente, puedo trabajar en un comedor comunitario* (soup kitchen) *para ayudar a remediar este problema.*

A LEER

15-35 El conflicto. Este cuento se ve a través de los ojos de un joven en su último trimestre de la universidad. Busca información en los primeros párrafos que explique el conflicto ético que siente el narrador. ¿Has tenido alguna vez que tomar una decisión difícil como la que tomó él? ¿Recibiste algún consejo de un familiar, de un amigo o de un profesor que te guiara?

"EN SOLIDARIDAD"

Al comienzo del tercer trimestre de mi último año, yo tomé una decisión a la cual mi mamá se opuso fuertemente y que afectó mis notas parciales en mi clase de ética: decidí apoyar la lucha de César Chávez para sindicalizar a los trabajadores agrícolas.

—Vamos a perder nuestros empleos; nos correrán° si hacemos huelga, mijo°—me dijo mi mamá—.

—¿Quién va a alimentar a nuestra familia cuando estemos sin trabajo?

Yo le expliqué a ella que al hacer los trabajadores huelga y afiliarse a la Asociación Nacional de Trabajadores Agrícolas, los dueños° de las granjas° se verían forzados a darnos a nosotros y a otros trabajadores agrícolas un seguro contra el desempleo, mejores condiciones de trabajo, y a garantizar un salario mínimo.

—¡Ay, mijo, piénsalo bien! Los granjeros° tienen todo el poder. Los trabajadores agrícolas pobres, como nosotros, no tenemos ninguna posibilidad de ganarles. Dejé de discutir° con ella por respeto. Además, yo comprendía sus temores°.

Marginal glosses:

nos...: *they will fire us /*
mijo = mi hijo

owners / farms

farmers

I stopped arguing / fears

Me afiancé° en la convicción de que había tomado la decisión correcta después de asistir a un foro sobre el tema de los trabajadores agrícolas que tuvo lugar al mediodía del 4 de abril frente al edificio de la Unión de Estudiantes.

El Padre Tenant Wright, un joven y dinámico sacerdote° jesuita que organizó el evento, se paró en medio de un grupito de estudiantes y preguntó:

—¿Es necesario formar un sindicato para representar a los trabajadores agrícolas?

Él miró en derredor° y gritó la misma pregunta, instando° a los estudiantes que pasaban por ahí° a unirse a la creciente° multitud. A medida que crecía la concentración, yo vi a Laura a unos cuantos pies de distancia. Me abrí paso a codazos° entre el gentío hasta el lugar donde se encontraba ella y me paré a su lado. Me alegraba que ella estuviera ahí.

El Padre Wright explicó el propósito de aquel foro. Dijo que la huelga de uvas en Delano había empezado siete meses antes, cuando los trabajadores agrícolas de Delano se retiraron de las granjas viñeras de uvas de mesa, exigiendo° salarios que estuviesen° al nivel del salario mínimo federal. La huelga estaba siendo dirigida por César Chávez y Dolores Huerta, de la Asociación Nacional de Trabajadores Agrícolas. Ellos les estaban pidiendo a los trabajadores agrícolas que se unieran a su sindicato.

—Una vez más: ¿es esto necesario? —preguntó el Padre Wright—. Para ayudarnos a responder a esta pregunta, he invitado a dos personas a hablar sobre este asunto°.

El Padre Wright presentó entonces a Frank Bergon, el hijo de un granjero, que expuso° la posición de los granjeros, y a Les Grube, un distribuidor de huevos y activista de larga trayectoria en programas católicos de asistencia social, quien defendía el punto de vista de la NFWA. Bergon dispuso° que los trabajadores agrícolas estaban ya bien pagados y que el número de huelguistas era pequeño.

—¿Cómo puede él decir eso? —Puse los ojos en blanco° y sacudí la cabeza. A los jornaleros° agrícolas se les pagaba ochenta y cinco centavos la hora y a veces menos.

—¿Por qué no dices tú algo? —dijo Laura.

Sentí el corazón latiéndome aceleradamente° y un fuego en el estómago, pero yo aún era demasiado tímido para hablar ante un público numeroso. Supe que la había defraudado° y deseé no haber estado con ella en ese momento. Ella se disculpó por retirarse° y se fue a su clase.

Cogí un volante° que me dio un representante de la Asociación Nacional de Trabajadores Agrícolas y me apresuré° en regresar a mi cuarto con el fin de prepararme para mi clase de ética esa tarde. Yo completé la tarea de lectura en nuestro libro de texto titulado *Right and Reason* (Derecho y razón) y luego leí el volante. Era una invitación abierta de César Chávez para unirse a él en una marcha hacia Sacramento. Puse el volante sobre mi escritorio y me puse a caminar en el cuarto de un lado a otro, pensando en si yo debería unirme o no a la marcha. Había aprendido en Sodality°, así como en mis clases de religión y filosofía, que era una obligación moral el luchar por la justicia social. Recordaba al Padre Shanks diciéndome que los líderes deben tener un fuerte sentido de la responsabilidad personal, y dar algo de ellos mismos para impulsar° el cambio positivo en la sociedad. Una ola° de tristeza y de coraje° se apoderó° de mí. Yo tenía que unirme a la peregrinación a Sacramento.

Al concluir mi clase de ética, le dije al Padre Charles McQuillan, el instructor, que yo faltaría a° la clase el jueves porque había decidido unirme a la marcha a Sacramento. Él me recordó que ese día teníamos examen.

—Supongo que pensaste bien esto y estás al tanto de las consecuencias, —dijo, ajustándose su cuello romano°.

—Sí. —pero esperaba que usted me permitiera hacer el examen en otra ocasión.

—Sabes que yo no hago exámenes especiales.

—Sí, lo sé, pero…

— Así que, ¿vale la pena° sacrificar tu calificación por ir a la marcha? —preguntó él, clavándome la vista en los ojos.°

—Sí —dije sin vacilación.

—Entonces, anda. Algunas veces tenemos que hacer sacrificios por lo que creemos.

—El sonrió y me estrechó° la mano.

I became strengthened

priest

Él… derredor: *He looked around* / *urging* / allí / *growing* / Me… *I elbowed my way*

demanding / estuvieran

matter

explicó

dijo

Puse… *I rolled my eyes* day laborers

Sentí…aceleradamente: *I felt my heart racing* desilusionado Ella…retirarse: *She excused herself to leave* *flier* *I hurried*

una organización religiosa de la universidad

promover *wave* / enojo / *took hold*

estaría ausente de

su vestimento

vale…por: *is it worth while* clavándome…ojos: *staring at me*

extended

Note on *Laura*
At the time, Francisco and Laura were classmates and friends. They were married shortly after he completed his undergraduate degree and began his graduate studies at Columbia University.

Note on *Dolores Huerta* and *Philip Vera Cruz*
In 2010, at the age of 80, Dolores Huerta was still active in pursuing rights for workers and women. The Dolores Huerta Foundation states as its mission "To inspire and motivate people to organize sustainable communities to attain social justice." An ongoing concern for Huerta and other activists is the health risks to workers and nearby residents due to the overuse of agricultural chemicals. Philip Vera Cruz (1904–1994) was a Filipino American farm worker and activist who was active in social justice movements his entire life.

llevaban
banner

muy caliente / quemando
soles

harvest

drivers / hacían…claxon:
honked their horns
signal

burned with / A…camino:
Along the way

plataforma
we calmed down

prevailing

source

Nos…gradas: *We took over
the bleachers* / *una
empresa que fabrica vino*

la bandera

Tres días antes de Pascuas, la mañana del Jueves Santo, el siete de abril a las cinco de la mañana, Jerry McGrath nos llevó a cuatro estudiantes y a mí en un microbús de ocho pasajeros en un viaje de hora y media, hasta que encontramos la cola de la manifestación.

Delante de mí, a unos cuantos pasos de distancia, marchaba César Chávez. El caminaba flanqueado por trabajadores agrícolas que portaban° la bandera americana, la bandera de México, la bandera de las Filipinas y un pendón° de la Virgen de Guadalupe.

El candente° sol brillaba en el cielo azul pálido. Podía sentir el asfalto calcinante° en las plantas° de mis cansados pies, mientras seguíamos caminando a lo largo de centenares de acres de campos verdes que se extendían por muchas millas a ambos lados de la Autopista 99. Mi familia había recorrido este mismo camino un año tras otro, durante nueve años, buscando trabajo durante las épocas de cosecha° de uvas y algodón.

Cuando los conductores° hacían sonar el claxon° de sus autos y saludaban con la mano, yo les sonreía y levantaba la bandera. El conductor de una camioneta *pick up* hizo una señal° grosera con el dedo del medio y nos gritó por la ventana: —¡Regresen a México!

Que idiota, pensé, mientras ardía de° coraje. A lo largo del camino°, los simpatizantes locales se nos unían por un rato, mientras otros nos ofrecían tacos de arroz con frijoles y agua para el almuerzo.

Esa noche nos congregamos como un grupo en las afueras de Galt, un pueblito donde los organizadores habían planeado un programa para nosotros.

—¡Viva la causa! ¡Viva la huelga! —gritamos todos. Sentí una ola de energía que no había experimentado nunca antes. Cuando César Chávez subió al estrado°, nosotros nos aquietamos°. El nos agradeció nuestro apoyo y dijo:

—Si ustedes están indignados por las condiciones prevalecientes°, entonces ustedes no podrán ser libres ni felices hasta que dediquen todo su tiempo a cambiarlas y no hagan nada más que eso. Luchar por la justicia social, me parece, es uno de las más profundas formas en que hombres y mujeres podemos decirle sí a la dignidad humana, y eso significa realmente sacrificio. La mejor fuente° de poder, la mejor fuente de esperanza, emana directamente de ustedes, el pueblo. El boicot no es solo un asunto de uvas y lechugas. El boicot es básicamente el pueblo, es básicamente la preocupación del pueblo por el pueblo…

El domingo de Pascua, miles de nosotros entramos en Sacramento. Nos apoderamos de las gradas° del Capitolio, donde César Chávez anunció que Schenley° había aceptado reconocer al sindicato. Todos aplaudimos y gritamos con alegría ¡Sí se puede! durante varios minutos. Después de agradecer a los sindicatos, la iglesia y a todos los estudiantes y trabajadores que defendían los derechos sociales y que nos habían ayudado a ganar esta victoria, César Chávez nos dijo en español:

—Es bueno recordar que debe haber valor, pero también que, en la victoria, debe haber humildad…

Mientras él continuaba hablando, yo miraba el estandarte° de la Virgen de Guadalupe y sentía profundamente el sufrimiento y el dolor de los trabajadores migrantes.

—¿Qué puedo y debo hacer en mi vida para ayudarles? —me pregunté. Aún no tenía la respuesta.

DESPUÉS DE LEER

15-36 ¿Ocurrió o no ocurrió? Indica si las siguientes afirmaciones son ciertas o falsas según lo que leyeron en el cuento "En solidaridad". Explica las falsas.

1. _____ En este relato, el narrador estudiaba en su tercer año de la universidad.

2. _____ Una de las clases que cursaba era la de ética.

3. _____ El profesor de su curso insistió en que presentara su examen parcial con el resto de la clase.

4. _____ Los padres del joven estaban a favor de su decisión de apoyar la huelga.

5. _____ Los sindicalistas organizaron un boicot de las uvas.

6. _____ Las acciones del sindicato tuvieron éxito.

7. _____ Según la ley, el gobierno federal todavía no garantiza el sueldo de los trabajadores migrantes.

8. _____ Para el narrador, le fue fácil decidir qué tenía que hacer en el futuro para ayudar a los trabajadores migrantes.

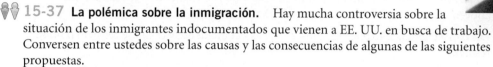 **15-37 La polémica sobre la inmigración.** Hay mucha controversia sobre la situación de los inmigrantes indocumentados que vienen a EE. UU. en busca de trabajo. Conversen entre ustedes sobre las causas y las consecuencias de algunas de las siguientes propuestas.

MODELO: El gobierno federal debe abrirles la frontera a los trabajadores migrantes.

> E1: *Es verdad que pocos estadounidenses quieren hacer el trabajo duro que hacen los trabajadores migrantes.*
>
> E2: *Pero en esta economía, no es justo darles el trabajo a los indocumentados y negárselo a los que sí son legales.*

1. Los agricultores deben mejorar las condiciones de vivienda y sanidad de todos los trabajadores migrantes.

2. No se les debe dar servicios sociales a los inmigrantes indocumentados.

3. Si todos ganan un sueldo mínimo, el costo de la vida va a subir.

4. Se debe vigilar para que no se explote a los menores de edad, obligándolos a trabajar.

5. No es necesario que los hijos de los trabajadores migrantes asistan a la escuela.

6. Hay que proteger mejor la frontera para impedir que entren los indocumentados.

15-38 César Chávez. César Chávez fue importante en la organización del sindicato de trabajadores agrícolas (*UFW*). Conéctate a la Internet para buscar la siguiente información sobre Chávez y su causa.

- si todavía vive
- unas experiencias que influyeron sobre él
- una causa importante que encabezó

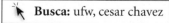 **Busca:** ufw, cesar chavez

Taller

15-44

15-39 Un recuerdo. En la lectura "En solidaridad" leíste un recuerdo impresionante que tuvo Francisco Jiménez. En este taller vas a escribir un recuerdo que tienes tú de una experiencia de tu juventud que te haya impresionado mucho (un viaje, una persona memorable, un lugar especial).

MODELO: *Cuando tenía 10 años, mi familia se mudó de Nueva Jersey a Texas. El cambio fue muy difícil para mí hasta que conocí a...*

ANTES DE ESCRIBIR

• **Ideas.** Piensa en una experiencia que tuviste alguna vez que te impresionó mucho.

A ESCRIBIR

• **Presentación.** Escribe una o dos oraciones para presentar el tema y por qué te impresionó.

• **Tu punto de vista.** Presenta tu punto de vista y da por lo menos tres razones que lo apoyen.

• **Las consecuencias.** Explica las consecuencias del incidente y cómo se resolvió o no se resolvió.

• **Conclusión.** Termina tu recuerdo e incluye lo que aprendiste o cómo te ha afectado el futuro.

DESPUÉS DE ESCRIBIR

• **Revisar.** Revisa tu recuerdo para verificar los siguientes puntos:

☐ el uso del **se** inesperado, por ejemplo, **y luego en el restaurante mi amigo me dijo que ¡se le había olvidado el dinero!...**

☐ el uso de **pero** y **sino**, por ejemplo, **no quería pagar la cuenta de mi amigo pero no había otra alternativa...**

☐ la concordancia y la ortografía

• **Intercambiar**
Intercambia tu recuerdo con un/a compañero/a para hacer correcciones y sugerencias y comentar el mensaje.

• **Entregar**
Pon tu recuerdo en limpio, incorporando las sugerencias de tu compañero/a. Después, entrégaselo a tu profesor/a.

🔊 Vocabulario

Primera parte

Eventos y personajes Events and people

el/la activista activist
la bomba (nuclear) (nuclear) bomb
el/la ciudadano/a citizen
el conflicto (sangriento) conflict
los derechos humanos human rights
el desarme disarmament
el desastre natural natural disaster
la deuda pública public debt
el ejército army
el esfuerzo effort
el golpe de estado coup d'etat
la guerra war
la huelga strike
la inmigración immigration
la (in)justicia (in)justice
el mercado global global markets
el/la pacifista pacifist
el país en vías de desarrollo developing country
la paz (mundial, duradera) (world, lasting) peace
la pobreza poverty
el poder power
el/la político/a politician
el/la soldado soldier
el terrorismo terrorism

Verbos Verbs

abolir to abolish
firmar (el acuerdo, el tratado) to sign (the accord, the treaty)
fortalecer (zc) to strengthen, to fortify
lograr to achieve
protestar to protest
promover (ue) to promote
unirse (a) to join forces
violar to violate

Segunda parte

Cargos políticos Political posts

el/la alcalde/alcaldesa mayor
el/la dictador/a dictator
el/la gobernador/a governor
el/la juez/a judge
el/la ministro/a minister
el/la presidente/a president
el/la representante representative
el/la rey/reina king/queeen
el/la senador/a senator

Tipos de gobierno Types of government

la democracia democracy
la dictadura dictatorship
la monarquía monarchy
la república republic

Verbos Verbs

afrontar to face
apoyar to support
aumentar to increase
caerse to fall down
combatir to fight, to combat
controlar to control
cumplir (con) to make good, to fulfill (a promise)
dañarse to break down, to be damaged
debatir to debate
elegir (i, i) to elect
eliminar to end
mantener (ie) to support (a family, etc.)
mejorar to improve
resolver (ue) to solve
votar (por) to vote (for)

La política y otros temas actuales Politics and other current topics

el/la asesor/a consultant, advisor
la campaña (política) (political) campaign
el/la candidato/a candidate
el/la contrincante opponent
la corrupción corruption
el deber duty
el derecho right
el discurso speech
la drogadicción drug addiction
el fraude (electoral) (electoral) fraud
la honradez, la honestidad honesty
los impuestos taxes
la inflación inflation
el lema motto
la ley law
los programas sociales social welfare programs
el pueblo the people, the masses
la tasa (de desempleo) rate (of unemployment)
el tribunal court

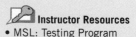 **Instructor Resources**
• MSL: Testing Program

B Activities

CAPÍTULO 1

 1-5B **¿Cómo está usted?**   Your partner will assume the role of instructor; you are his/her student. Act out the following conversation using the information provided to complete your end of the conversation.

MODELO: Estudiante A: *Buenos días...*
　　　　　　Estudiante B: *Hola...*

Estudiante B:

- Answer your instructor. Then ask him/her how he/she feels.
- Say that you are not feeling very well.
- Respond and then say good-bye to your instructor, that you'll see him/her later.

 1-9B **Otra vez, por favor (*please*).**   Take turns spelling out your words in parentheses to your partner while he/she writes them down. Be sure to say in what category they belong. If you need to hear the spelling again, ask your partner to repeat by saying **Repite, por favor.**

MODELO: cosa (*thing*) (quesadilla)
　　　　　　Estudiante A: *Es una cosa, cu – u – e – ese – a – de – i – ele – ele – a*
　　　　　　Estudiante B: (After writing down the word) *¿Es una quesadilla?*
　　　　　　Estudiante A: *¡Correcto!*

Estudiante B:

I say and spell ...	I write ...
1. persona famosa (Salma Hayek)	1. persona famosa: _____
2. ciudad (Tampa)	2. ciudad (*city*): _____
3. cosa (café)	3. cosa: _____
4. ciudad (San Francisco)	4. ciudad: _____

1-17B Los días, los meses y las estaciones. Take turns asking each other questions to fill in the missing days, dates and months on each of your grids.

MODELO: ESTUDIANTE A: (You need) *¿Un mes de otoño?*
ESTUDIANTE B: (You have) *octubre*

Estudiante B:

You need . . .	My partner gives me . . .	Your partner needs . . .
1. un mes de primavera		miércoles
2. el primer día de la semana		el 4 de julio
3. un mes con veintiocho o veintinueve días		domingo
4. el Día de San Valentín		septiembre
5. un mes con cinco letras		agosto

1-29B ¡Escucha bien! Take turns telling each other in Spanish what to do using the cues in English and acting out the commands.

MODELO: (Open your book)
ESTUDIANTE A: *Abre el libro.*
ESTUDIANTE B: (opens his/her book)
ESTUDIANTE A: *Correcto.*

Estudiante B:

You say in Spanish:
1. (Close your book)
2. (Take out your homework)
3. (Go to the chalkboard)

1-30B Un pedido (*order*) por teléfono. You are a student worker in the bookstore. A departmental worker calls you to give a supply order over the phone. Below is a list of items you have. Respond whether you have enough and mark the items the caller would be able to purchase. When you finish, compare your lists.

MODELO: ESTUDIANTE A: *Necesitamos cinco calculadoras. ¿Hay cinco calculadoras?*
ESTUDIANTE B: *Sí, tengo diez. / No, solo (only) hay cuatro.*

Estudiante B:

Hay...	Necesita...	Hay...	Necesita...	Hay...	Necesita...
79 bolígrafos	_____	30 lápices	_____	95 cajas de tiza	_____
22 libros	_____	96 mapas	_____	90 cajas de papel	_____
11 sillas	_____	1 mesa	_____	15 diccionarios	_____
14 cuadernos	_____			2 relojes	_____

CAPÍTULO 2

 2-9B **¿A qué hora?**   Complete your calendar by asking your partner when events with missing times take place. To ask your partner to repeat something, remember to say: **Repite, por favor.**

MODELO: la fiesta (20:30)
      ESTUDIANTE A: *¿A qué hora es la fiesta?*
      ESTUDIANTE B: *Es a las ocho y media de la noche.*

Hora	Actividad
_____	la clase de historia
10:30	la clase de arte
_____	la clase de español
13:30	la conferencia[1]
_____	la reunión
16:30	el examen
_____	el partido de fútbol
20:00	el programa "Ídolo americano" en la televisión
_____	la fiesta
24:00	el programa de noticias en la televisión

[1]*lecture*

 2-16B **¿Quién eres? ¿Cómo eres?**   Ask questions to learn about your partner's new identity.

Paso 1   Assume the identity of one of the people outlined below and read through the information.

Estudiante B:

♂	♀
Juan López García	María Jiménez Cruz
Universidad Complutense de Madrid	Universidad Autónoma Nacional
España	México
arte	sociología
el profesor Sánchez	la profesora Alvarado
muy interesante	fantástica
25 estudiantes en la clase	15 estudiantes en la clase
alto y guapo	alta y simpática

1. ¿ _____ te llamas?
2. ¿ _____ estudias?
3. ¿ De _____ eres?
4. ¿ _____ eres?
5. ¿ _____ es tu clase de...?
6. ¿ _____ es el profesor de...?
7. ¿ _____ es tu clase favorita?
8. ¿ _____ estudiantes hay en la clase?

Paso 2   Ask each other about yourselves to find out what you have in common. Use interrogatives such as **qué, dónde, cómo, cuántos/as,** and **cuál** in the prompts above to help you form your questions.

MODELO: ESTUDIANTE A: *¿Dónde estudias?*
      ESTUDIANTE B: *Estudio en la Universidad Nacional. ¿Y tú?*
      ESTUDIANTE A: *Estudio...*

2-26B ¿De dónde eres?   Take turns identifying the country your partner is from based on the language he/she tells you he/she speaks. Remember that in Spanish, the masculine form of the nationality corresponds to the language spoken there.

MODELO: ESTUDIANTE A: *Hablo italiano.*
ESTUDIANTE B: *¿Eres de Italia?*
ESTUDIANTE A: *Sí, es verdad.*

Estudiante B:

Hablo...	Mi compañero/a es de...
1. español	Corea
2. japonés	Inglaterra
3. chino	Portugal
4. alemán	Rusia

2-35B Entrevistas.   Ask each other questions to share the information below. Be sure to respond using complete sentences and logical information.

MODELO: ESTUDIANTE A: *¿A qué hora llegas a clase?*
ESTUDIANTE B: (1:30 p.m.) *Llego a la una y media de la tarde.*

Estudiante B:

Mis preguntas	Mis respuestas
1. ¿Dónde estudias?	• todos los días
2. ¿Aprendes mucho en clase?	• tenis
3. ¿Qué música escuchas?	• solo los lunes, miércoles y viernes
4. ¿Qué comes en un restaurante?	• inglés, y un poquito de español
5. ¿Qué programa ves en la televisión?	• el *New York Times*

2-39B ¿Tienes?   Take turns asking each other if you have the items on your list. If your partner has the item you want, you make a pair. The first person who has five pairs of items wins.

MODELO: ☐ un libro de historia
ESTUDIANTE A: *¿Tienes un libro de historia?*
ESTUDIANTE B: *Sí, tengo. (No, no tengo libro de historia, pero tengo un libro de física).*

Estudiante B:

☐ un cuaderno verde	☐ una novela de Hemingway	☐ un examen difícil
☐ una mochila negra	☐ un reloj grande	☐ un/a profesor/a inteligente
☐ un libro de francés	☐ un lápiz rojo	☐ un libro viejo
☐ una pintura de Dalí	☐ un cuaderno viejo	☐ un buen amigo

CAPÍTULO 3

 3-7B **Inventario en el almacén (*warehouse*).** You and your classmate are stock workers compiling end-of-year inventory figures. Each of you is missing data. Take turns asking each other questions to fill in the missing parts on each of your grids. **¡Ojo!** (*Watch out!*) Watch for agreement. Then check all your figures by calling out each item and quantity.

MODELO: ESTUDIANTE A: (You need) *¿Cuántas mesas tienes?*
ESTUDIANTE B: (You have) *Tengo setecientas cuarenta y siete mesas.*

Estudiante B:

600.450 CD	11.399 lápices
_____ diccionarios	2.700.000 bolígrafos
110 sillas	_____ cuadernos
5.002 escritorios	672 computadoras
2.400 libros de texto	_____ calculadoras
_____ pizarras	52 mapas

 3-27B **Las materias, la hora, el lugar.** Take turns asking and answering questions in order to complete the missing information on your class schedules.

MODELO: ESTUDIANTE A: *¿A qué hora es la clase de...?*
ESTUDIANTE B: *¿Qué clase es a la/s...?*
ESTUDIANTE A: *¿Dónde es la clase de...?*
ESTUDIANTE B: *¿Quién es el/la profesor/a de...?*

Estudiante B:

Hora	Clase	Lugar	Profesor/a
8:30	cálculo	Facultad de Informática	
9:00			Ramón Sánchez Guillón
10:00	biología	Facultad de Medicina	
	lingüística	Facultad de Letras	
1:55		Facultad de Ingeniería	Carlos Santos Pérez

3-36B **¿Dónde estoy?** Take turns acting out your situations while your partner tries to guess where you are. Then challenge other members of the class to guess where you are by acting out what you are doing.

MODELO: ESTUDIANTE A: (act out reading a book) *¿Dónde estoy?*
ESTUDIANTE B: *Estás en la biblioteca.*

Estudiante B:

1. (working out in gym)
2. (playing tennis on the tennis courts)
3. (painting a picture in art class)
4. (looking at the stars through a telescope in the observatory)
5. ¿...?

3-39B ¿Quién es? Take turns describing the following people using **ser, estar,** and **tener** and guessing who the person is.

MODELO: ESTUDIANTE A: *Es una mujer. Tiene unos treinta años. Es muy inteligente. Está aquí en la clase con nosotros…*
ESTUDIANTE B: *¡Es la profesora!*

Estudiante B:

1. Lil Wayne (rapper)	3. Lady Gaga (pop singer)
2. Miley Cyrus (actress, pop singer)	4. ¿…?

CAPÍTULO 4

 4-14B Una entrevista para *Prensa Libre*. *Prensa Libre* is an independent newspaper in Guatemala. You are reporters who are preparing to interview the **Presidente de la República.** Ask and respond logically to each other's questions, being careful to use the correct object pronouns and verb forms.

MODELO: ESTUDIANTE A: *¿Tienes tu cámara?*
ESTUDIANTE B: *Sí, la tengo.*

Estudiante B:

Mis preguntas	Mis respuestas a las preguntas de mi compañero/a
1. ¿Vas a llamar al secretario antes de ir?	_____ La escucha cuando está cansado.
2. ¿El presidente quiere ver el artículo antes de publicarlo?	_____ No, lo van a visitar en junio.
3. ¿La esposa del presidente quiere leer la entrevista también?	_____ No, no las necesitamos.
	_____ Sí, la tiene.
4. El presidente juega fútbol, ¿verdad?	_____ Sí, la tengo.
5. ¿También toca el piano?	_____ Sí, lo habla perfectamente bien.
6. ¿El presidente recibe al embajador norteamericano mañana?	

4-25B ¡Estoy aburrido/a! Your partner is bored. Invite him/her to do something that he/she might enjoy. Continue offering suggestions until he/she accepts one.

MODELO: ESTUDIANTE A: *Estoy aburrido/a.*
ESTUDIANTE B: *¿Quieres ir a bailar? (¿Te gustaría…? ¿Prefieres…?)*
ESTUDIANTE A: *Me encantaría. ¡Vamos! / Gracias, pero no puedo. No tengo dinero.*

Estudiante B:

Algunas actividades:	
almorzar conmigo	pasear por el centro
correr por el parque	tener una fiesta
ir al cine / al partido de…	tomar un café
ir al parque	venir a mi casa
jugar al…	ver una película de acción
llamar por teléfono a…	visitar a amigos / a la familia

4-37B **Entrevista.** First, interview your partner using the questions below to find out about him/her. Write down his/her answers. Then, read the profile about the person you will be role-playing. Answer your partner's questions based on the information you have.

MODELO: ESTUDIANTE A: *¿Conoces a alguna* (any) *persona famosa?*
ESTUDIANTE B: *Sí, conozco a Ricky Martin. Soy amigo/a de él.*

1. ¿Conoces a algún político importante?
2. ¿A qué artistas famosos conoces?
3. ¿Qué idiomas sabes hablar?
4. ¿Qué países conoces muy bien?
5. ¿Estudias biología?
6. ¿Juegas bien al fútbol?

Estudiante B:

> Soy amigo/a del presidente de Costa Rica.
>
> Toco muy bien el piano.
>
> No practico mucho los deportes.
>
> Vivo y trabajo en Ciudad de Guatemala.
>
> Hablo español y una lengua maya.
>
> Soy arqueólogo/a y estudio las pirámides mayas.

CAPÍTULO 5

5-6B **Compras para su clóset del baño.** Tienen que equipar el clóset de su baño. Tú tienes el volante (*flier*) del periódico con los productos en venta esta semana; tu compañero/a tiene una lista de posibles productos para comprar. Decidan qué productos van a comprar según los precios. ¿Cuánto gastan en total?

MODELO: ESTUDIANTE A: *Necesitamos … ¿Cuánto cuesta(n)?*
ESTUDIANTE B: *Está(n) en venta esta semana por … / Lo siento, no está(n) en venta esta semana.*
ESTUDIANTE A: *Bien, vamos a comprar … por … en total. / Entonces, necesitamos …*

Estudiante B:

Volante del periódico			
máquina de afeitar	$29	navajas desechables (*disposable*)	$3
desodorante superseco masculino	$3	loción perfume de rosa	$6
cepillos para el pelo	$5	loción sin perfume	$4
champú Todopelo	$3,50	crema Barbasol	$1,50
jabón desodorante	$0,50	cepillo de dientes	$1,50
secador ultrarápido	$15	maquillaje "La Linda"	$10

5-27B En la agencia de bienes raíces (*real estate*). Eres un/a agente de bienes raíces en Panamá y tienes un cliente que busca una casa o apartamento. A continuación tienes varias posibilidades, pero tienes que hacerle preguntas a tu cliente para decidir cuál es la mejor opción para su situación.

Casa Linda

cuatro dormitorios, cocina grande,
dos baños; centro ciudad;
$1.200/mes,
luz y gas incluidos

Apartamento en la playa

tres dormitorios; un baño grande,
uno pequeño con ducha; cocina pequeña,
patio; se permiten perros. $1.300/mes,
luz y gas incluidos

Apartamento con vista al mar

cuatro dormitorios, dos baños con ducha, cocina,
patio pequeño; se permiten perros;
parking en la calle. $1.200/mes,
luz y gas incluidos

Casa cerca de la playa

tres dormitorios, cocina grande,
patio, tres baños; cerca de la línea de autobuses,
garaje para dos carros;
se permite un perro pequeño; $1.000/mes,
luz y gas extra

Apartamento en zona exclusiva

con gimnasio y acceso a la playa.
Seguridad las 24 horas; tres habitaciones grandes;
tres baños; garaje para un carro y espacio para bicicletas;
terraza; cerca de la línea de autobuses;
se permiten gatos; 1.200/mes,
luz y gas incluidos

MODELO: ESTUDIANTE A: *Busco una casa o un apartamento.*
ESTUDIANTE B: *¿Para cuántas personas?*
ESTUDIANTE A: *Para cinco. Queremos...*

Estudiante B:

- ¿Cuántos dormitorios necesitan?
- ¿Cuántos baños prefieren?
- ¿Cuánto quieren pagar al mes?
- ¿Necesitan estar cerca del transporte público?
- ¿Tienen mascotas (*pets*)?

- ¿Tienen carro?
- ¿Qué más necesitan?
- Entonces, creo que tengo una buena opción para ustedes. Es un apartamento/una casa....

5-35B **¿Qué estoy haciendo?** Mientras (*While*) actúas una de las siguientes situaciones, tu compañero/a trata de adivinar (*guess*) lo que estás haciendo. Túrnense para actuar y adivinar.

MODELO: afeitarse

ESTUDIANTE A: (act out shaving) *¿Qué estoy haciendo?*

ESTUDIANTE B: *Estás afeitándote.*

Estudiante B:

1. secarse el pelo
2. ponerse el desodorante
3. levantarse de la cama
4. lavarse las manos
5. dormirse
6. ponerse impaciente

CAPÍTULO 6

 6-12B **Las especialidades de la casa.** Túrnense para hacer el papel (*play the role*) de mesero/a y cliente en los restaurantes de su lista. El/La mesero/a le tiene que recomendar a su cliente algunos platos que sirven en su restaurante. El/La cliente tiene que pedir una de las recomendaciones.

MODELO: ESTUDIANTE A: *Por favor, ¿qué me recomienda Ud. aquí en Casa Roma?*

ESTUDIANTE B: *Nuestra especialidad es la comida italiana. Le recomiendo la pasta con marisco o la pizza Margarita.*

ESTUDIANTE A: *¿Me trae por favor la pizza Margarita?*

ESTUDIANTE B: *¡Enseguida!*

Estudiante B:

Restaurantes que visito:	Restaurantes donde trabajo y sus especialidades:
Casa Miguel	**Cocina Cándida:** Comida chilena. Pescado frito o a la parrilla. Sopa de mariscos.
Cafetería Universo	**El Unicornio:** Comida vegetariana. Tortilla de papa, arroz con frijoles, pastel de maíz, yogur de frutas.
El Rincón Argentino	**Café del Diablo:** Postres. Cafés de todo el mundo. Helado, pasteles, galletas, flanes. Jugos de frutas exóticas. Chocolate caliente.

6-26B El arroz con pollo. El arroz con pollo es un plato muy conocido en todo el mundo hispano. **Estudiante A** tiene la receta y tú tienes la lista de los ingredientes y utensilios que hay en tu cocina. Escriban una lista de los ingredientes que necesitan comprar y los utensilios que necesitan pedir prestados (*borrow*) para preparar este plato.

MODELO: ESTUDIANTE A: *Necesitamos una taza de arroz.*
ESTUDIANTE B: *No tenemos suficiente arroz. Tenemos que comprarlo.*

Estudiante B:

Ingredientes en tu cocina	Utensilios en tu cocina
aceite de maíz	un tazón de plástico
media taza de arroz	una cuchara
sal	un cuchillo pequeño
un pimiento rojo	una cazuela
un pollo pequeño	
una taza de jugo de tomate	
una cabeza de ajo	
una cebolla pequeña	
Para comprar: *arroz*	Para pedir prestado (*borrow*):

6-32B Charadas. Túrnense para representar estas y otras acciones en el pasado para ver si su compañero/a puede adivinar la acción.

MODELO: ESTUDIANTE A: (Act out: *Corté el pan.*)
ESTUDIANTE B: *Cortaste el pan.*

Estudiante B:

Pelé una banana.	Freí un huevo en una sartén.
Mezclé dos huevos en un tazón.	Calenté la comida en el microondas.
Le eché azucar y leche al café.	¿...?

6-36B **¿Qué pasó?** Túrnense para preguntarse qué pasó en algunas situaciones. Contesta usando actividades lógicas de la lista.

> **MODELO:** en la fiesta familiar
> ESTUDIANTE A: *¿Qué pasó en la fiesta familiar?*
> ESTUDIANTE B: *Mi mamá sirvió nuestra comida favorita.*

Estudiante B:

Algunas actividades:	Situaciones:
• no oír el diálogo	1. anoche
• dormirse	2. en el restaurante el sábado
• servir arroz con pollo	3. en el museo

CAPÍTULO 7

 7-6B **Una invitación a un concierto de Jennifer López (J.Lo) y Marc Anthony.** Responde a la invitación de tu compañero/a. Usa las preguntas de la lista e incluye otras dos tuyas (*of your own*). Puedes preguntar cómo van a ir al concierto, si puedes invitar a otros amigos, si tu amigo/a quiere ir a cenar antes del concierto, etc.

> **MODELO:** ESTUDIANTE A: *¿Quieres ir a un concierto de J.Lo y Marc Anthony?*
> ESTUDIANTE B: *¡Estupendo! ¿A qué hora empieza?*

Estudiante B:

¿Qué día es?	¿Quiénes van?	¿A qué hora volvemos?
¿Dónde es?	¿Cuánto cuesta?	¿Vamos a cenar antes? etc.

 7-9B **Una fiesta sorpresa.** En el foro de un amigo, hay entradas (*entries*) sobre una fiesta sorpresa que hubo. Cada uno/a de ustedes tiene parte de la información sobre la fiesta. Háganse preguntas para saber qué pasó en la fiesta.

Estudiante B:

La información que necesito:	La información que tengo:
1. ¿Quién dio la fiesta?	
2. ¿Quiénes estuvieron en la fiesta?	
3. ¿Qué sirvieron?	
4. ¿Quiénes no fueron? ¿Por qué?	

Juan Tiburón

La fiesta para Luisita

Regalos[1]: Carlos y su novia—un CD de Juan Luis Guerra;
Ramón—boletos para un partido de fútbol;
Yo—una novela cubana

Salió temprano: el hermano de Ramón

Luisita: muy sorprendida y feliz

[1]*gifts*

7-21B Consejos.   Explíquense cómo se sienten y pidan consejos sobre lo que deben hacer. Pueden aceptar o rechazar los consejos, pero es necesario dar excusas si no los aceptan.

MODELO: ESTUDIANTE A: *Estoy aburrido/a. ¿Qué hago?*
ESTUDIANTE B: *¿Qué tal si das un paseo?*
ESTUDIANTE A: *No quiero. No me gusta salir de noche.*
ESTUDIANTE B: *Bueno, yo voy contigo. ¿Está bien?*
ESTUDIANTE B: *¡Perfecto!*

Estudiante B:

Situaciones	y mis reacciones	Sugerencias para mi compañero/a
Te sientes muy solo/a.	• ¡Fabuloso!	hacer un pícnic
Estás en la oficina todo el día sin salir.	• No me gusta(n)…	jugar al voleibol
Quieres conocer al golfista Phil Mickelson.	• ¡Ideal!	escuchar música
Tienes mucho calor.	• ¡Qué buena idea!	trabajar en la biblioteca
Compraste una raqueta nueva.	• Me da igual.	ver la televisión
	• ¡Qué mala idea!	volar un papalote
	• No quiero porque…	tomar un té verde

7-24B Una película excepcional.   Ayer tu amigo salió con una amiga al cine y lo pasaron muy bien. Quieres saber los detalles de lo que hicieron esa noche.

Paso 1   Primero conjuga los verbos en cada pregunta en el pretérito.

MODELO: ¿A quién **invitar** (tú) al cine?   *¿A quién invitaste al cine?*

Estudiante B:

- ¿Qué **ver** ayer en el cine?
- ¿Cómo **saber** (tú) de la película?
- ¿A qué hora **ir** ustedes al cine?
- ¿**Poder** ustedes llegar temprano a la película?
- ¿Qué **decir** tu amiga después de la película?
- ¿Adónde **ir** ustedes?
- ¿Cómo **ser**?
- ¿Qué **hacer** ustedes después?

Paso 2   Ahora hazle tus preguntas a tu compañero/a. Toma apuntes para poder informarle a la clase.

7-27B ¿Tienes?   Eres asistente deportivo. El/La entrenador/a te pide cosas para el partido. Si las tienes, dile que se las vas a traer. Si no las tienes, dile que se las vas a buscar.

MODELO: ESTUDIANTE A: *¿Tienes las botellas de agua para los jugadores?*
ESTUDIANTE B: *Sí, tengo botellas de agua. / No, no tengo botellas de agua.*
ESTUDIANTE A: *¿Me las traes? / ¿Me las buscas?*
ESTUDIANTE B: *Sí, te las traigo. / Sí, te las busco.*

Estudiante B:

Tengo...			
los boletos para el partido	el bate de aluminio	los uniformes del equipo	las botellas de agua
las pelotas	los guantes	el bolígrafo del/de la entrenador/a	la lista de los jugadores
las galletas	las naranjas	los lentes de sol del/de la entrenador/a	el cuaderno del/de la entrenador/a

CAPÍTULO 8

8-3B ¿Tienes?   ¿Qué compró Sara para su viaje a Machu Picchu? Túrnense para completar la informacion que falta en su recibo. Usen las siguientes preguntas para llenar su recibo: **¿Qué compró por...? ¿Qué compró de la talla...? ¿De qué talla es/son...?** Después confirmen las compras que hizo Sara y cuánto gastó.

MODELO: ESTUDIANTE A: *¿Qué compró por veinte nuevos soles?*
ESTUDIANTE B: *Compró una camiseta de algodón. ¿De qué talla es?*
ESTUDIANTE A: *Es de la talla cuarenta.*
ESTUDIANTE B: *Así que compró una camiseta de algodón de la talla cuarenta por veinte nuevos soles.*

falabella

DOCUMENTO DE VENTA

0UFDSYEVW9NG0LWI9T0D20J

Vendedor	T.T	EmpCent	Operac.	Fecha	Hora	EdPIZN	T
51106219	9	001006	0367886	12/12/2010	19:16	0100000	00

Descripción	Talla	Importe (NUEVOS SOLES)
camiseta de algodón	40	NS 20
blusa de manga corta	36	_____
_____	40	NS 75
suéter de lana	_____	NS 80
_____	42	NS 200
zapatos de tacón alto	39	NS 39
_____	50	NS 100

TOTAL COMPRA NS _____

Gracias por su compra.
Visítenos en www.falabella.com

Estudiante B:

8-8B ¿Qué pasaba en el almacén ayer? Cada uno/a de ustedes tiene una versión diferente de lo que pasaba ayer en el almacén. Describan lo que ven en su dibujo para encontrar seis diferencias.

MODELO: ESTUDIANTE A: *Una mujer se probaba zapatos.*
ESTUDIANTE B: *Es cierto. Una mujer se probaba zapatos.*

Estudiante B:

8-11B Atención al cliente (*Customer service*). Cada uno/a de ustedes tiene información del directorio del almacén Saga Falabella. Túrnense para pedir información sobre dónde comprar los siguientes productos o cumplir (*carry out*) algún deber. Añadan más información cuando sea posible.

MODELO: una blusa para tu mamá
ESTUDIANTE A: *Quiero comprar una blusa para mi mamá porque es su cumpleaños.*
ESTUDIANTE B: *La puede buscar en el segundo piso, en Ropa de mujer.*
ESTUDIANTE A: *Muchas gracias.*

Estudiante B:

saga falabella.

1.er piso Ropa de hombre Calzado (zapatos, botas, sandalias)	**6.° piso**
2.° piso *Ropa de mujer (trajes, vestidos, ropa informal)*	**7.° piso** Ropa formal (trajes de noche, vestidos de noche) Trajes de novia
3.er piso	**8.° piso** Restaurante
4.° piso Equipo deportivo (ropa, pelotas, bates)	**9.° piso**
5.° piso	**10.° piso** Oficinas de administración Cambio de moneda

1. platos y vasos	4. una botella de aceite de oliva
2. una camisa barata	5. dónde pagar tu cuenta
3. un televisor grande de plasma	6. un suéter para tu sobrino que tiene dos años

8-28B Artículos encontrados. Ustedes trabajan en la oficina de Artículos encontrados en un almacén. Comparen lo que encontraron con lo que la gente perdió. Cada uno/a tiene parte de la información.

MODELO: un guante
ESTUDIANTE A: *Encontré un guante.*
ESTUDIANTE B: *¿Era pequeño?*
ESTUDIANTE A: *Sí, era pequeño y de lana.*
ESTUDIANTE B: *Ah, una señora perdió un guante pequeño de cuero. No es de ella.*

Estudiante B:

Encontré:	Alguien perdió:	¿Se encontró?
MODELO: *un guante (pequeño; de lana)*	• *Una señora perdió un guante (pequeño; de cuero)*	<u>*NO*</u>
1. una blusa (blanca; de seda; talla 10)	• Un chico perdió unos vaqueros (para hombre; talla mediana)	____
2. un zapato (de cuero; número 9; de hombre)	• Una chica perdió unos calcetines (de algodón; de mujer)	____
3. un bolso (rojo; con una billetera negra)	• Una mujer perdió unas sandalias (amarillas; de tacón alto)	____
4. una camiseta (de algodón; que decía "Ecuador"; amarilla)	• Un hombre perdió una camisa (azul; talla 38)	____
5. un collar (de plata; largo)	• Una chica perdió una sudadera (negra; sin capucha)	____

8-31B **Ofertas esta semana.** Cada uno/a de ustedes tiene parte de un anuncio sobre las ofertas esta semana en el almacén. Usen una construcción impersonal con **se** en sus preguntas sobre los artículos, los descuentos y los precios para conseguir la información que falta.

MODELO: cadenas de plata

> ESTUDIANTE A: *¿Se venden cadenas de plata?*
> ESTUDIANTE B: *Sí, se venden cadenas de plata en el departamento de joyería.*
> ESTUDIANTE A: *¿Qué descuentos se dan?*
> ESTUDIANTE B: *Se dan descuentos del 25 al 50 por ciento.*

Estudiante B:

Saga Falabella Ofertas Fin de Temporada		
Ofertas por departamento	**Artículos que necesito**	**Descuentos que recibo**
Joyería: *Plata y oro: cadenas, aretes... Descuentos del 25% al 50%*	*cadenas de plata*	*del 25% al 50%*
Joyería:	relojes de pulsera	
Departamento juvenil: Ropa de niños para el verano, descuentos del 40%		
Departamento para mujeres chic:	faldas de diseñador	
Departamento para hombres: Camisas, trajes, corbatas, descuentos del 20% al 40%, tallas 36 a 42		
Departamento de calzado:	sandalias botas de invierno	
Departamento deportivo: Todo equipo deportivo (pelotas, raquetas, bates, trajes de baño), descuentos del 10% al 40%		

CAPÍTULO 9

 9-5B **En el mostrador de AVIANCA.** Eres un/a viajero/a en el mostrador (*counter*) de la aerolínea AVIANCA (aerolínea colombiana). Primero, responde a las preguntas del / de la agente y después, pregúntale la siguiente información.

MODELO: ESTUDIANTE A: *Buenas tardes. ¿Tiene su tarjeta de embarque?*
ESTUDIANTE B: *No, pero tengo el número de mi reservación.*

Estudiante B:

Información para el/la agente:	Preguntas para el/la agente:
destino = Caracas	1. la hora de salida (¿A qué hora...?)
equipaje = dos maletas	2. el número del vuelo (¿Cuál es ...?)
solo dos botellas de champú	3. el número de la puerta de embarque (¿Cuál es ...?)
el asiento = de ventanilla	4. la hora de abordar el avión (¿A qué hora debo ...?)
comprar un billete	5. si se sirve comida en el vuelo (¿Sirven...?)

 9-10B **¡Planes para las vacaciones de primavera!** Hablen sobre los viajes que van a hacer en la primavera, usando las categorías del modelo. Luego, háganse las preguntas siguientes e intenten convencer (*convince*) al otro / a la otra para ir juntos/as.

Estudiante B:

	Mi viaje	El viaje de mi compañero/a
Transporte:	avión, taxi	
Destino:	Cancún	
Fecha de llegada:	el 2 de marzo	
Ruta:	Houston	
Propósito:	tomar el sol, divertirme, visitar Chichén Itzá	
Duración del viaje:	cinco días	

1. ¿Adónde vas?

2. ¿Por qué ruta vas a viajar?

3. ¿Cómo vas a viajar, por tren, por carro, por...?

4. ¿Cuándo es el viaje?

5. ¿Por cuánto tiempo vas?

6. ¿Para qué vas?

Al final, para convencer a tu compañero/a:

7. ¿Por qué no vienes conmigo? Creo que mi viaje va a ser...

9-12B **El robo en el museo.** Hubo un robo en un museo en Colombia y ustedes creen que encontraron algunos de los objetos robados. Túrnense para hacerse preguntas y descubrir (*discover*) qué objeto encontró cada uno. Contesten cada pregunta con un adverbio que termina en -**mente**.

MODELO: Encontré una pintura de Picasso (**enorme**) valiosa.

ESTUDIANTE A: *¿Qué encontraste?*

ESTUDIANTE B: *Encontré una pintura de Picasso enormemente valiosa.*

Estudiante B:

Preguntas para mi compañero/a	Respuestas para mi compañero/a
1. ¿Qué encontraste?	• Se escapó (**difícil**), por una ventana.
2. ¿Cómo lo encontraste?	• (**Seguro**) lo robó un empleado del museo.
3. ¿Qué valor crees que tiene?	• Es (**particular**) hermosa.
4. ¿Qué hiciste cuando encontraste el objeto?	• Encontré una figura (**exquisito**) hecha de oro.
5. ¿Qué hicieron los directores del museo?	• La puse (**tranquilo**) en mi mochila.

Figura de oro de los indios muiscas del Museo del Oro

 9-25B **Desafío (*Challenge*).** Cada uno/a de ustedes tiene una lista de verbos diferentes en el indicativo y el subjuntivo. Dile a tu compañero/a el indicativo del verbo, y él/ella debe darte el presente de subjuntivo de ese verbo. Después, muéstrense su lista de respuestas y ayúdense a corregir las incorrectas.

MODELO: ESTUDIANTE A: *Indicativo: tomamos*

ESTUDIANTE B: *Subjuntivo: tomemos*

ESTUDIANTE A: *Correcto.*

Estudiante B:

Digo:		Mi compañero/a debe decir:	Yo marco:	
Indicativo	**Subjuntivo**		**Correcto**	**Incorrecto**
tomamos	*tomemos*		✓	
vemos	veamos			
voy	vaya			
lees	leas			
dormimos	durmamos			
ponen	pongan			
quiere	quiera			
siguen	sigan			

9-31B **¿Qué hacer?** Cuando tienen un problema, es normal pedirle consejos a un/a amigo/a. Túrnense para explicarle algún problema a su compañero/a. Él/Ella debe responder de una manera lógica con el subjuntivo. Luego, reaccionen a la recomendación.

MODELO: Te recomiendo que (**estudiar**) mucho.

ESTUDIANTE A: *Tengo un examen de química mañana.*

ESTUDIANTE B: *Te recomiendo que <u>estudies</u> mucho.*

ESTUDIANTE A: *Buena idea. / No tengo tiempo. / No puedo porque...*

Estudiante B:

Mis problemas:	Consejos para mi compañero:
1. Mi casa está en desorden y tengo invitados este fin de semana.	• Es difícil que (tú) (**encontrar**) un buen trabajo si no estudias más.
2. A mi mejor amigo no le gustan las películas que a mí me gustan.	• Te sugiero que (**buscar**) trabajo, o que les (**pedir**) dinero a tus padres.
3. Quiero estudiar en el extranjero, pero las clases son en español.	• Te aconsejo que (**buscar**) los libros en línea.
4. Mi trabajo no me da tiempo para estudiar.	• Me encanta México. Quiero que me (**invitar**) a mí al crucero.

CAPÍTULO 10

 10-5B Consejos médicos. Habla con tu compañero/a para que te dé consejos sobre los siguientes síntomas.

MODELO: ESTUDIANTE A: *Me duelen los pulmones.*
ESTUDIANTE B: *Debes dejar de fumar.*

Estudiante B:

Mis síntomas:	Consejos para mi compañero/a:
1. Tengo gripe.	• tomar antiácidos
2. Tengo náuseas.	• tomarse la temperatura
3. Tengo un dolor de cabeza terrible.	• tomar más café
4. Toso mucho.	• ir de vacaciones
5. No tengo energía.	• no caminar tanto y usar más el carro
6. Tengo alergia a los mariscos.	• comprar *Kleenex*

 10-9B En la sala de urgencias. Ustedes tienen que decidir qué deben hacer en situaciones urgentes. Un/a estudiante presenta unas situaciones. El/La otro/a responde con instrucciones lógicas de su lista, usando mandatos formales. Túrnense, cambiando de papel.

MODELO: ESTUDIANTE A: *El niño tiene gripe.*
ESTUDIANTE B: *Déle muchos liquídos como jugo o agua.*

Estudiante B:

Situaciones urgentes	Acciones
1. La paciente se rompió una pierna.	• buscar un tanque de oxígeno
2. El señor viejo está muy ansioso.	• darle un antiácido
3. La niña tiene resfriado.	• ponerle una inyección de penicilina
4. La señora tiene dolor de cabeza.	• tomarle la temperatura
5. Al joven le duele una muela.	• darle un jarabe para controlar la tos
6. ¿...?	• ¿...?

10-24B **Te recomiendo que...** Un/a estudiante presenta los siguientes problemas y el/la otro/a ofrece recomendaciones. Túrnense, cambiando de papel. Pueden usar **te/le/les recomiendo que** más el subjuntivo.

MODELO: ESTUDIANTE A: *Estoy muy flaco/a.*

ESTUDIANTE B: *Te recomiendo que comas tres comidas completas todos los días.*

Estudiante B:

Mis problemas:	Recomendaciones para mi compañero/a:
1. Mi jefe/a padece de úlceras.	• tomar una aspirina
2. A mi abuelo/a le preocupa su alto nivel de colesterol.	• practicar juegos para la memoria
3. A mi amigo/a le falta energía.	• hacer jogging
4. No quiero engordar cuando voy de vacaciones.	• dejar de fumar
5. Creo que tengo una infección en la garganta.	• no comer postres

10-31B **¿Qué piensan?** Tienes una revista sobre la salud con información que puede ser cierta o no. Tu compañero/a te va a hacer preguntas que puedes contestar según las afirmaciones a continuación. Luego ustedes van a dar su opinión sobre las afirmaciones.

MODELO: ESTUDIANTE A: *¿Hay algún consejo para una persona que tiene problemas cardíacos?*

ESTUDIANTE B: *Según la revista, la aspirina es buena para el corazón.*

ESTUDIANTE A: *No creo que sea buena idea tomar mucha aspirina.*

ESTUDIANTE B: *Pues, es cierto que es bueno tomar una por día.*

Estudiante B:

La información que tengo:	Para reaccionar:
• Puedes hacer más ejercicio si tomas mucha agua.	• (no) creo
• Los bolivianos tienen una cura para el resfriado común.	• (no) dudo
• Hay una pastilla para mejorar la memoria.	• (no) es verdad
• Puedes bajar cinco kilos en ocho días comiendo solo pan y mantequilla.	• ojalá
• Un vaso de vino diario protege el corazón.	• (no) estoy seguro/a
• Hay una hierba paraguaya para mantenerte siempre joven.	• (no) niego
	• es lógico
	• es interesante
	• me alegro de
	• tal vez
	• es bueno (malo)

CAPÍTULO 11

 11-9B **¡Socorro! (*Help!*)** En el trabajo surgen (*arise*) situaciones urgentes. Responde de una manera apropiada a las urgencias que te presenta tu compañero/a.

MODELO: ESTUDIANTE A: *La reunión es ahora, pero no hay café.*
ESTUDIANTE B: ¡(Llamar) al restaurante ahora mismo! *¡Llama al restaurante ahora mismo!*

Estudiante B:

Mis situaciones urgentes:	Posibles soluciones para mi compañero/a:
1. El gerente quiere el informe rápidamente.	• ¡(Apagarlo) ahora mismo!
2. El secretario pide seis semanas de vacaciones inmediatamente.	• ¡(Ponerte) traje mañana!
3. Hay agua por todas partes en el baño.	• ¡(No dársela) nunca!
4. La contadora dice que hay una gran discrepancia en nuestra cuenta.	• ¡(Decirle) que no puede trabajar en mi oficina ahora!
5. Necesitamos un intérprete para los invitados de China.	• ¡(Decirle) al electricista que venga enseguida!

 11-30B **Lo que quiero.** Háganse y contesten preguntas sobre qué tipo de cosa, persona o lugar buscan.

MODELO: carro
ESTUDIANTE A: *¿Qué tipo de carro buscas?*
ESTUDIANTE B: *Busco un carro que tenga cuatro puertas y que sea rojo.*

Estudiante B:

Mis preguntas:	Mis respuestas:
1. puesto	• no *empezar* hasta las diez de la mañana
2. película	• *tener* un lago para pescar y una playa bonita
3. sueldo	• *tener* buenos actores y poca violencia
4. apartamento	• no *cerrarse* hasta la medianoche
5. periódico	• *tener* una bella vista de las montañas

CAPÍTULO 12

 12-6B **Un producto innovador.** Cada uno de ustedes tiene anuncios para dos aparatos nuevos, pero les falta alguna información. Háganse preguntas para completar la información y luego, decidan cuál desean comprar según sus características y su costo.

Posibles preguntas:

¿Cuántos/as...?   ¿Hay ....?
¿Qué tipo de ...?   ¿Cómo es/son ...?

MODELO: ESTUDIANTE A: *El aparato "Mora" puede contener 7.000 canciones. ¿Cuántos gigabytes de memoria tiene?*
ESTUDIANTE B: ...

Estudiante B:

	Aparato "Mora"	Aparato "Fresa"
Memoria	32 gigabytes	
Características		40.000 canciones
	40 horas de video	
		Auriculares con mando remoto y micrófono
Velocidad	Más rápido que el modelo original	
Fecha de envío (*shipping*)		en 24 horas
Costo de envío	$10	
Regalo extra		Antes del 31 de diciembre bajar gratis 100 canciones
Costo	$269	

12-28B **¿Qué harás?** Túrnense para preguntarse qué harán en estas circunstancias.

MODELO: Estudiante A: *Acabas de comprar un DVD nuevo.*
Estudiante B: (**ponerlo** en tu lector de DVD para verlo) *Lo pondré en mi lector de DVD para verlo.*

Estudiante B:

Las circunstancias de mi compañero/a	Lo que haré yo
1. Hay un aparato nuevo e innovador que no tienes. 2. Has organizado un grupo para reciclar envases y papel. 3. Has encontrado un anuncio para un buen empleo. 4. Tienes que terminar una tarea importante para mañana.	• **hacer** planes para el futuro con esa persona • **bajar** un programa antivirus de la Internet • **buscar** uno por un precio razonable • **volver** a casa hasta que encuentre trabajo

12-31B **Soledad O'Brien.** Soledad O'Brien ha sido premiada por sus documentales en CNN. Eres el/la jefe/a de una planta nuclear y la asistente de Soledad O'Brien te entrevista sobre algunos problemas en tu planta nuclear. Contesta sus preguntas con la información que tienes.

MODELO: **reciclar** los desechos de su planta
Estudiante A: *Usted dijo que reciclaría los desechos de su planta...*
Estudiante B: *Es verdad. Pero también dije que este proyecto tomaría su tiempo.*
Estudiante A: *Es verdad, pero...*

Estudiante B:

Respuestas del/de la jefe/a
Yo dije que...
1. **implementar** todos los cambios para el año 2015   4. **tener** que conseguir nueva maquinaria   2. **hacerlo** en colaboración con el estado   5. **necesitar** la ayuda de la comunidad   3. **ser** difícil hacerlo en menos de un año   6. **poder** filmar en cualquier momento

CAPÍTULO 13

 13-10B Cuando eran más jóvenes. Túrnense para hacer y contestar las preguntas sobre lo que sus padres les permitían o les prohibían que hicieran cuando eran más jóvenes. Usen el imperfecto de subjuntivo en sus respuestas.

MODELO: ESTUDIANTE A: *¿Qué querían tus padres que hicieras los fines de semana?*
ESTUDIANTE B: *Querían que yo limpiara mi cuarto.*

Estudiante B:

Mis preguntas	Posibles respuestas a las preguntas de mi compañero/a
1. ¿Qué esperaban que leyeras en la Internet?	• mis tareas
2. ¿Qué sitios te prohibían que visitaras en la Internet?	• solo libros serios
	• salir solo/a
3. ¿Qué carrera sugirieron que hicieras en la universidad?	• solo los programas educativos
4. ¿Qué deseaban que escucharas en la radio?	

 13-34B ¿Qué harías si...? Túrnense para reflexionar sobre lo que harían en estas situaciones hipotéticas.

MODELO: subir los precios de las entradas del cine
ESTUDIANTE A: *¿Qué harías si subieran los precios de las entradas del cine?*
ESTUDIANTE B: *Pues, iría menos...*

Estudiante B:

Mis preguntas	Posibles respuestas a las preguntas de mi compañero/a
¿Qué harías si...?	• **consultar** a un amigo que sabe mucho sobre aparatos electrónicos
1. (yo) no **tener** dinero para ir a un concierto	• **ir,** sin duda
2. (tú) **tener** dos entradas para el teatro	• **pedirle** su autógrafo
3. (tú) **tener** la oportunidad de participar como extra en una película	• **invitar** a todos mis amigos a cenar
4. **llamarte** una estrella de cine	• **visitar** el Teatro Chino *Grauman*
5. alguien **ofrecerte** un millón de dólares por una novela que escribiste	

CAPÍTULO 14

 14-8B ¿Cuánto tiempo hace que...? A continuación tienen información sobre dos famosos artistas hispanos en el mundo del jazz.

Paso 1 Háganse y contesten preguntas sobre cuánto tiempo hace que participan en su arte o que hicieron algunas actividades en el pasado. Tomen apuntes de la información sobre los dos artistas.

MODELOS: Miguel Zenón estudia jazz desde 1995
ESTUDIANTE A: *¿Cuánto tiempo hace que Miguel Zenón estudia jazz?*
ESTUDIANTE B: *Hace ... años que lo estudia. Empezó en 1995.*

Dafnis Prieto hizo su última gira por Europa en 1999

ESTUDIANTE B: *¿Cuánto tiempo hace que Dafnis Prieto hizo una gira por Europa?*

ESTUDIANTE A: *Hace… años que hizo una gira. Fue en 1999.*

Estudiante B:

Miguel Zenón

Dafnis Prieto

Perfil de Miguel Zenón:	Preguntas sobre Dafnis Prieto:
• Profesión: saxofonista y percusionista de jazz	¿Cuál es la profesión de Dafnis Prieto?
• Lugar/fecha de nacimiento: Puerto Rico/ 1976	¿Cuántos años hace que nació? ¿Dónde nació?
• recibió el premio Guggenheim en 2008; el MacArthur Genius Award en 2008	¿Cuántos años hace que decidió salir de Cuba?
• participa en el conjunto SF Jazz Collective desde 2004	¿Cuántos años hace que llegó a Nueva York?
• hizo una gira por África: 2003	¿Cuántos años hace que tocó en el MOMA?
• fue nombrado el mejor artista de jazz por la revista *Jazz Times* en 2006	¿Cuántos años hace que le gusta vivir en Nueva York?
• fue nominado al Grammy en 2009; 2010	¿Cuántos años hace que fue nominado al Grammy Latino?
• es profesor de música en el Conservatorio de New England desde 2009	¿Cuántos años hace que da clases? ¿Dónde?

CAPÍTULO 15

 15-20B **Una entrevista a un/a candidato/a.** Eres reportero/a y tu compañero/a es candidato/a en las próximas elecciones municipales. Trata de conseguir toda la información posible sobre su plataforma a la vez que contestas sus preguntas.

Estudiante B:

1. ¿Cómo piensa usted resolver el problema de la economía en su distrito?

2. ¿Nos puede explicar su posición sobre el seguro social?

3. ¿Quién será responsable de administrar las donaciones a su campaña?

4. ¿Cómo va a resolver el tráfico de drogas en esta ciudad?

5. ¿Por qué quiere usted ser candidato/a?

Appendix 2

EXPANSIÓN GRAMATICAL

The *Expansión gramatical* appendix includes grammar points that were included as part of the chapter content in the fifth edition of *¡Arriba!* By moving them to the newly created appendix, we lighten the grammar load in **Capítulos 10** through **15,** and are able to include more language input to reinforce and expand students' lexicon and cultural understanding. Furthermore, these grammar points are less frequent in everyday speech; therefore, we do not compromise students' communicative abilities by placing them in the appendix.

The explanation and activities in this section use the same format used throughout the text in **¡Así lo hacemos!** in order to facilitate their incorporation into the core lessons of the program. Additional practice activities are available in the Student Activities Manual in the Appendix.

These grammar points along with their corresponding communicative objectives include:

1. Indirect commands (Making suggestions indirectly)

2. The present perfect subjunctive (Expressing opinions about what **has** happened)

3. The future perfect and the conditional perfect (Talking about what **will** have happened in the future and what **would** have happened in the past)

4. The pluperfect subjunctive and the conditional perfect (Conjecturing about what **would have** been if something different **had happened**)

5. The passive voice (Relating what is or was caused by someone or something)

Note on *Expansión gramatical*
In the previous edition, these grammar points were found in the following chapters: Indirect commands (*Capítulo 10*); The present perfect subjunctive (*Capítulo 12*); The future perfect and the conditional perfect (*Capítulo 13*); The pluperfect subjunctive and the conditional perfect (*Capítulo 14*); The passive voice (*Capítulo 15*).

1. Indirect commands

Commands may be expressed indirectly, either to the person with whom you are speaking or to express what a third party should do.

- The basic format of an indirect command is as follows.

> **Que** + *subjunctive verb* (+ *subject*)

¿Quién va a llamar al Dr. Estrada?	*Who is going to call Dr. Estrada?*
Que lo **llames** tú.	*You call him.*
Que lo **haga** Alicia.	*Let (Have) Alicia do it.*
Que no me **moleste** más el enfermero.	*Have the nurse not bother me anymore.*

- This construction is also used to express your wishes for someone else.

¡Que no **te duela** la garganta mañana!	*I hope that your throat doesn't hurt you tomorrow!*

- Object and reflexive pronouns always precede the verb. In a negative statement, **no** also precedes the verb.

¡Que **se** vayan!	*Let them leave!*
¡Que papá **no se** tome la presión después de comer!	*Don't let Dad take his blood pressure after eating!*

- When a subject is expressed, it generally follows the verb.

¡Que lo hagas **tú!**	*You do it!*
¿La inyección? Que se la ponga **la enfermera.**	*The shot? Let the nurse give it to him.*

APLICACIÓN

EG-1 Viracocha, el dios creador. Según la mitología inca, Viracocha, el dios supremo, creó el mundo y a los seres humanos.

Paso 1 Lee el monólogo de Viracocha y subraya todos sus deseos expresados con mandatos indirectos. Luego escribe el infinitivo del verbo.

MODELO: ¡Que <u>haya</u> luz!
haber

Hoy voy a crear el mundo y a sus habitantes. Que se abran las aguas y que surjan[1] montañas además de los llanos[2]. Que aparezcan los pájaros en el aire, los animales en la tierra y toda clase de insectos. Que se creen el sol y la luna, el hombre y la mujer, y que ellos procreen hijos. Que salga el sol, que llueva mucho y que crezcan los alimentos en abundancia. Que no haya guerra y que reine la paz por todo el mundo.

---

[1]*rise* [2]*plains*

Paso 2 Ahora, escribe cuatro de los deseos de Viracocha.

MODELO: *Quiere que se abran las aguas.*

EG-2 ¿Y tú? Escribe cinco mandatos indirectos que representen tus deseos para el futuro.

MODELO: *Que tenga éxito en los exámenes.*

Speech bubbles: Que le pongan una inyección. Que le saquen una radiografía. Que le receten antibióticos.

Instructor Resources
- MSL: PPT

Presentation tip for *Indirect commands*
Have students brainstorm some indirect commands based on their hopes for the week. For example, *¡Que no tengamos prueba mañana! ¡Que no llueva para el partido de béisbol! ¡Que ganen los… la Serie Mundial!* etc.

Expansion of *Indirect commands*
You may wish to introduce the following common **despedidas:** *¡Que te vaya bien! ¡Que estés bien! ¡Que me llames!*

Answers to EG-1
abran (abrir), surjan (surgir), aparezcan (aparecer), creen (crear), procreen (procrear), salga (salir), llueva (llover), crezcan (crecer), haya (haber), reine (reinar)

Expansion of EG-2
Ask each student to think of someone very special to him/her and write down that person's name and relationship to him/her. (*Tammy, mi mejor amiga.*) Have them each write 3 to 5 additional indirect commands expressing good wishes for this person. *Que se case con un buen hombre, Que viva por muchos años, Que seamos muy buenas amigas siempre,* etc.

📖 2. The present perfect subjunctive

EG-05 to EG-09

• The present perfect subjunctive is formed with the present subjunctive of the auxiliary verb **haber** + the past participle.

	Present subjunctive of *haber*	Past participle
yo	**haya**	
tú	**hayas**	
Ud.	**haya**	tomado
él/ella	**haya**	comido
		vivido
nosotros/as	**hayamos**	
vosotros/as	**hayáis**	
Uds.	**hayan**	
ellos/as	**hayan**	

• The present perfect subjunctive, like the present subjunctive, is used when the main clause expresses a wish, emotion, doubt, denial, etc. pertaining to the subject of another clause. Generally, the verb in the main clause is in the present tense.

Dudamos que Antonio Villaraigosa **haya sido** nominado para gobernador.

We doubt that Antonio Villaraigosa has been nominated for governor.

Espero que el teléfono celular **haya funcionado** bien.

I hope that the cellular phone has worked well.

APLICACIÓN

EG-3 Un comité de búsqueda (*search*). La empresa Ecomundo fabrica productos para conservar el medio ambiente. Cuatro ejecutivos de la empresa conversan sobre los candidatos al puesto de ingeniero del medio ambiente que necesitan. Primero subraya los verbos en el presente perfecto y luego explica por qué se usa el indicativo o el subjuntivo.

MODELO: Espero que <u>hayamos recibido</u> suficientes solicitudes para el puesto.
Se usa el subjuntivo después de un verbo de emoción cuando hay un cambio de sujeto en los verbos.

RAMÓN: Aquí tienen todas las solicitudes que <u>han llegado</u> hasta hoy. Ojalá que <u>hayan solicitado</u> los mejores candidatos.

CARIDAD: <u>Hemos recibido</u> más de 20 solicitudes. ¿Quiénes <u>han tenido</u> tiempo para leerlas todas?

RAMÓN: Yo <u>he leído</u> 10, pero hay pocas que me <u>han impresionado</u> tanto como la que leí ayer por la tarde de Gabriela González.

CLEMENCIA: Yo creo que Gabriela González es un buen ejemplo. Es una ingeniera que <u>ha sobresalido</u>[1] en sus estudios y <u>ha tenido</u> mucho éxito en su carrera. Pero ya tiene un buen trabajo y realmente dudo que ella <u>haya solicitado</u> este puesto en serio.

URBANO: Bueno, vamos a entrevistar a los cinco mejores candidatos, a menos que ustedes <u>hayan identificado</u> a otros.

CARIDAD: De acuerdo. Creo que los mejores ya <u>han presentado</u> sus solicitudes. Vamos a cerrar la búsqueda para identificar a los finalistas. ¿Les parece bien?

[1]*excelled*

EG-4 Gabriela decide solicitar el puesto. Aunque Gabriela ya tiene un buen puesto con otra empresa, ha decidido solicitar el puesto de ingeniero del medio ambiente. Esa noche, Gabriela le cuenta a su amigo sobre la entrevista con Ecomundo. Empareja las frases para completarlas de una manera lógica.

MODELO: Gabriela: *Espero que les haya gustado mi currículum vítae.*

SAÚL:	No hay duda que...	• he aprendido mucho en esta entrevista.
GABRIELA:	Ojalá que...	• les has impresionado favorablemente.
SAÚL:	Es bueno que...	• hayan pasado varios días.
GABRIELA:	No los llamo hasta que...	• no te hayan avisado de inmediato.
SAÚL:	Es una lástima que...	• no hayan contratado a otro candidato.
GABRIELA:	Es cierto que...	• hayas tenido mucha experiencia.

EG-5 En su experiencia. Usen expresiones como: **es necesario, es bueno, es malo, es lógico** o **es excepcional,** para decir algo que hayan hecho antes de su primera entrevista para un trabajo.

MODELO: Es bueno que... (yo) *haya investigado sobre esa empresa.*

1. Es verdad que...
2. Es malo que...
3. Es cierto que...
4. Es necesario que...
5. Es verdad que...

Answers to EG-4
Answers will vary. No hay duda que les has impresionado favorablemente. Ojalá que no hayan contratado a otro candidato. Es bueno que hayas tenido mucha experiencia. No los llamo hasta que hayan pasado varios días. Es una lástima que no te hayan avisado de inmediato. Es cierto que he aprendido mucho en esta entrevista.

Answers to EG-5
Items 1, 3, and 5 use the indicative.

Warm-up for EG-4
Remind students that they must have a subject in the dependent clause that is different from that of the main clause in order to conjugate the dependent verb and thus require the subjunctive (as opposed to an infinitive).

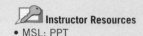
 3. The future perfect and the conditional perfect

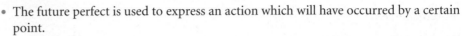

El futuro perfecto

The future perfect is formed with the future of the auxiliary verb **haber** + *past participle.*

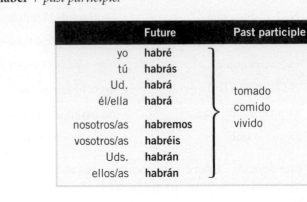

	Future	Past participle
yo	**habré**	
tú	**habrás**	
Ud.	**habrá**	tomado
él/ella	**habrá**	comido
		vivido
nosotros/as	**habremos**	
vosotros/as	**habréis**	
Uds.	**habrán**	
ellos/as	**habrán**	

• The future perfect is used to express an action which will have occurred by a certain point.

¿**Habrá hecho** Salma Hayek otra película para el año que viene?

Will Salma Hayek have made another film by next year?

Sí, **habrá hecho** dos.

Yes, she will have made two.

¿Cuándo **habrás terminado** el editorial?

When will you have finished the editorial?

Lo **habré terminado** en diez minutos.

I will have finished it in ten minutes.

El condicional perfecto

• The conditional perfect is formed with the conditional of the auxiliary verb **haber** + *past participle.*

	Conditional	Past participle
yo	**habría**	
tú	**habrías**	
Ud.	**habría**	tomado
él/ella	**habría**	comido
		vivido
nosotros/as	**habríamos**	
vosotros/as	**habríais**	
Uds.	**habrían**	
ellos/as	**habrían**	

• The conditional perfect is used to express an action that would or should have occurred but did not.

Habría visto el drama, pero preferí la comedia.

I would have seen the drama, but I preferred the comedy.

Habríamos grabado el programa, pero no teníamos cinta.

We would have recorded the program, but we didn't have a tape.

APLICACIÓN

EG-6 ¿Qué habrá pasado? Expresa tus conjeturas sobre las situaciones siguientes.

MODELO: En el teatro todos están aplaudiendo.
Habrá terminado la obra.

1. __e__ El dramaturgo está muy frustrado.
2. __d__ El director está enojado.
3. __a__ El galán está muy triste.
4. __c__ El actor no está en su camerino (*dressing room*).
5. __f__ El protagonista está en el suelo.
6. __b__ La televidente está muy contenta.

a. Habrá descubierto que tiene canas (*gray hair*).
b. Le habrá gustado el programa que veía.
c. Habrá terminado de vestirse.
d. Los actores no habrán memorizado el guión.
e. Habrá perdido el guión de la obra.
f. Alguien lo habrá asesinado.

Presentation tip for EG-6
You may want to point out to students that in this activity, the future perfect functions to express probability in the recent past (as opposed to expressing an action that will have occurred by a certain point in time in the future).

EG-7 Para el año 2025... ¿Qué habrán hecho ustedes para el año 2025? ¿Qué no habrán hecho? Túrnense para contarse sus planes para el futuro. ¿Tienen algunas metas en común?

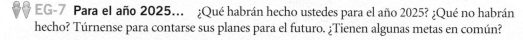

| aprender | conseguir | escribir | terminar | visitar |
| conocer | empezar | ganar | trabajar | vivir |

MODELO: terminar
E1: *Para el año 2025 habré terminado mis estudios.*
E2: *¿Sí? ¿En qué?*

Presentation tip for EG-7
Encourage students to ask at least 1 question for every statement that their partner makes. Also tell them to use subjects beyond simply *yo*, such as *mi familia y yo, mis padres, mi hermano/a, mi esposoa/a*, etc.

EG-8 Habría hecho algo diferente. Conversen entre ustedes para decidir cómo habría sido diferente sus vidas en las siguientes situaciones.

MODELO: tener mucho dinero
E1: *Habría viajado por todo el mundo antes de empezar mis estudios.*
E2: *Habría dejado mi puesto.*

1. vivir en España
2. ser actor/actriz
3. ser periodista
4. trabajar en un teatro
5. escribir drama
6. ser presentador/a
7. ser rico/a
8. ver a Jorge Ramos o a Soledad O'Brian en la calle

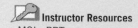

4. The pluperfect subjunctive and the conditional perfect

EG-15 to EG-21

El pluscuamperfecto del subjuntivo

• The pluperfect subjunctive is formed with the imperfect subjunctive of the auxiliary verb **haber** + *the past participle.*

	Imperfect subjunctive	Past participle
yo	**hubiera**	
tú	**hubieras**	
Ud.	**hubiera**	
él/ella	**hubiera**	tomado
		comido
		vivido
nosotros/as	**hubiéramos**	
vosotros/as	**hubierais**	
Uds.	**hubieran**	
ellos/as	**hubieran**	

• The pluperfect subjunctive is used in dependent clauses under the same conditions as the present perfect subjunctive. However, the pluperfect subjunctive is used to refer to an event prior to another past event. Compare the following sentences with the time line.

PRESENT

PAST ◄─────────┼─────────┼─────────► FUTURE

vestirse   desear

ser   sentir

Deseaba que su novio se **hubiera vestido** mejor para la fiesta.
She wished that her boyfriend had dressed better for the party.

Sentíamos que el desfile de moda **hubiera sido** tan malo.
We were sorry that the fashion show had been so bad.

Si me hubieras presentado antes a tu hermana, habría podido bailar con ella.

El condicional perfecto y el pluscuamperfecto de subjuntivo

The conditional perfect and pluperfect subjunctive are used in **si** clauses that express contrary-to-fact information that occurred before another point in the past. In the following example, the point in the past is probably the day of the concert or ticketed event. Before then, the problem was not explained, and the speaker did not look for other tickets.

Si me **hubieras explicado** el problema con las entradas, **habría buscado** otras.
If you had explained to me the problem with the tickets, I would have looked for others.

• The pluperfect subjunctive can also be used with **Ojalá** to express a contrary-to-fact situation that has already happened.

Ojalá hubieras conocido al cantante después del concierto.
I wish you had met the singer after the concert.

Ojalá no **hubieran cancelado** el baile.
I wish they hadn't cancelled the dance.

APLICACIÓN

EG-9 Si hubiera sabido... Lee la conversación entre la directora y los miembros de la orquesta y subraya el pluscuamperfecto del subjuntivo y el condicional perfecto.

DIRECTORA: Vamos a empezar la pieza de Manuel de Falla, uno... dos... y...

VIOLINISTA: Disculpe, maestra. Si <u>hubiera sabido</u> que íbamos a ensayar esa pieza, <u>habría traído</u> la partitura[1].

CHELISTA: Sí, maestra. Yo también <u>habría practicado</u> más, si usted nos <u>hubiera informado</u> que íbamos a ensayar esa pieza hoy.

PERCUSIONISTA: Disculpe, maestra. Se me rompió un palillo[2]. Si no se me <u>hubiera roto</u>, <u>habría estado</u> mejor preparado para el ensayo.

CLARINETISTA: Maestra, si no <u>hubiera perdido</u> mi clarinete, <u>habría llegado</u> a tiempo para el ensayo.

DIRECTORA: Entonces, no vamos a ensayar. Si los organizadores me <u>hubieran dicho</u> que ustedes estaban tan mal preparados, nunca <u>habría aceptado</u> este puesto.

TROMPETISTA: Maestra, no importa. ¡Toquemos la pieza, por favor!

---

[1]*sheet music*　　[2]*stick*

EG-10 ¿Por qué le fue mal a la directora? Vuelve a leer la conversación de la actividad EG-9 y explica por qué todo le salió mal a la directora.

MODELO: *La violinista... no sabía que debía traer la partitura.*

El chelista...

La clarinetista...

A la percusionista...

La directora...

Answers to EG-10
Answers may vary. no había practicado, perdió su clarinete, se le rompió un palillo, lamentó haber aceptado el puesto

EG-11 El desfile de modas en Caracas, Venezuela. Explica qué habría sido diferente durante un desfile de modas que tuvo lugar en Caracas, según la información siguiente.

MODELO: Las modelos no llegaron a tiempo porque hubo un atasco (*traffic jam*) en la carretera.
　　　　　Las modelos habrían llegado a tiempo si no hubiera habido un atasco.

1. No tuvimos asientos porque no planearon las cosas bien.
2. Muchas personas se enojaron porque no pudieron entrar a la casa de diseños.
3. El conjunto musical estaba tenso porque no había ensayado en ese lugar.
4. El público se quejó porque no había champán durante el desfile de modas.
5. No había suficientes programas para todos porque muchos se mojaron por la lluvia.
6. La casa de diseños perdió mucho dinero porque no pudieron vender todos los diseños.

Answers to EG-11
1. Si hubieran planeado... habríamos tenido...
2. ...no se habrían enojado si hubieran podido...
3. ...no habría estado tenso si hubieran ensayado...
4. ...no se habría quejado si hubiera habido champán...
5. Habría habido suficientes programas si no se hubieran mojado...
6. ...no habría perdido...si hubieran podido vender...

EG-12 ¡Ojalá! Túrnense para explicar momentos incómodos o vergonzosos (*embarrassing*) que tuvieron en el pasado. Su compañero/a debe hacer un comentario, usando **Ojalá** para expresar compasión por algo que les ocurrió en el pasado.

MODELO: E1: *Me puse el mismo vestido que otra estudiante para el baile formal de la universidad.*
　　　　　E2: *¡Ojalá no te hubieras puesto ese vestido!*

Warm-up for EG-12
Have students make a list of embarrassing moments for homework or before working with their partners. You may need to brainstorm as a group when beginning this type of open-ended activity. Providing the start of a list of infinitives or of nouns may facilitate student creativity. *Momentos incómodos: caerse, olvidarse de...*

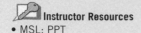
Presentation tip for *The passive voice*
Prepare 4 or 5 messages on paper for students. In the messages, give each student a time and instructions for something to do in class: get up and shut the door, get up and open a window, etc. Space each action a few minutes apart. After the last student has completed his or her task, prepare the following on the board or a transparency and ask students to respond and explain.
*La puerta fue cerrada por...;
La ventana fue abierta por...;
Mi libro fue cerrado por...*

Presentation tip for *The passive voice*
Contrast and analyze with students the 3 possible constructions discussed, using a controlled example:
• 1a) *3 países firmaron un acuerdo.* (The active voice: the doer is the subject, and the "done-to" is the direct object.)
• 1b) *Un acuerdo fue firmado por 3 países.* (The passive voice: the "done-to" is the subject, and the doer is the object of a preposition, indicating that the doer's identity is relevant or important to know.)
• 1c) *Se firmó un acuerdo. / Un acuerdo se firmó.* (The passive *se,* where the "done-to" is the subject, and the doer is not expressed, either because it is unknown or for some reason irrelevant.)
• Create a similar trio of sentences for students to analyze on their own, or provide a few active sentences for students to transform into the passive voice and the passive *se.*

 5. The passive voice

EG-22 to EG-26

La pirámide fue construida por los mayas en . . .

Spanish and English both have active and passive voices. In an active voice construction, the subject of the sentence is the doer of the action.

Óscar Arias fundó el Centro para la Paz.	*Óscar Arias founded the Center for Peace.*
Los dos bandos hicieron la guerra.	*The two sides waged war.*

• In the passive voice, the agent of the action can be expressed in a prepositional phrase most often introduced by **por.**

El Centro para la Paz fue fundado **por** Óscar Arias.	*The Center for Peace was founded by Óscar Arias.*
La guerra fue hecha **por** los dos bandos.	*The war was waged by the two sides.*

• The passive voice construction in Spanish is very similar to that in English. The direct object of the active sentence becomes the subject of the verb **ser. Ser** is followed by the *past participle* of the active verb. The past participle agrees in gender and number with the subject because it is used as an adjective.

ACTIVE VOICE

El congreso **aprobó la abolición** del ejército panameño en 1994.	*The congress approved the abolition of the Panamanian army in 1994.*

PASSIVE VOICE

La abolición del ejército panameño **fue aprobada** por el Congreso en 1994.	*The abolition of the Panamanian army was approved by Congress in 1994.*

ACTIVE VOICE

La sociedad civil **ha tratado** muy mal a **las mujeres** centroamericanas.	*Civil society has treated Central American women very poorly.*

PASSIVE VOICE

Las mujeres centroamericanas **han sido tratadas** muy mal por la sociedad civil.	*Central American women have been treated very poorly by civil society.*

• Generally the passive voice is used less frequently in spoken language in Spanish than in written narratives and documents.

EXPANSIÓN
More on structure and usage
Passive *se*
Remember that in ***Capítulo 8*** you learned that if the subject of the passive voice statement is an object and the agent is not expressed, the pronoun **se** is more commonly used than the passive voice.

Se cerró la fundación. *The foundation was closed.*

Se abrieron los centros. *The centers were opened.*

APLICACIÓN

EG-13 Botero lleva "la violencia" a Panamá. Hubo una exposición importante del pintor colombiano Fernando Botero.

Paso 1 Lee el artículo y subraya las oraciones en voz pasiva y explica en cada caso quién hizo (**H**) la acción y quién(es) la recibieron (**R**).

MODELO: *La exposición fue organizada por la directora del museo.*

H: la directora; R: La exposición

Una exposición del pintor colombiano se inauguró la semana pasada

PANAMÁ – Una exposicón de 50 pinturas y dibujos del pintor colombiano Fernando Botero fue inaugurada por el Mueso de Arte Contemporáneo de Panamá, en la que el drama de la violencia en Colombia es expresado por hombres y mujeres gordos.

La colección *La violencia en Colombia* está compuesta por 23 óleos y 27 dibujos que Botero donó al Museo Nacional de Colombia. La colección fue traída al país por la galerista Carmen Alemán. Ella comentó que era la primera vez que se exhibían obras de Botero en Panamá.

El Museo de Arte Contemporáneo tuvo que hacer cambios relativos a la humedad, aire acondicionado, iluminación y reforzar el sistema de seguridad para albergar la obra de Botero, que se exhibirá hasta el 30 de abril.

La colección ya fue llevada por los organizadores a ciudades colombianas como Barranquilla, Manizales y Medellín, así como a Quito, Ecuador.

Answers to EG-13, Paso 1
R: Una exposición de 50 pinturas y dibujos; H: el Mueso de Arte Contemporáneo de Panamá
R: el drama de la violencia en Colombia; H: hombres y mujeres gordos.
R: La colección; H: la galerista Carmen Alemán.
R: La colección; H: los organizadores

Expansion of EG-13
After students identify and analyze examples of the passive voice found in the reading passage, have them also identify and analyze other related structures found in it, such as the active voice (*El Museo tuvo que hacer cambios*), the passive *se* (*se exhibirá*) and *estar* + past participle in the function of the adjective, which expresses a resultant state (*está compuesta*).

Note on EG-13
Students can easily find images on the Internet from this series by Botero.
Busca: botero violencia

Paso 2 Ahora contesta las siguientes preguntas.

1. ¿Qué se organizó?
   Se organizó una exposición.

2. ¿Dónde tuvo lugar?
   Tuvo lugar en Panamá.

3. ¿Quién es Fernando Botero?
   Es un conocido pintor colombiano.

4. ¿Cuál es el tema de la exposición?
   Es la violencia.

5. ¿Cómo son las personas representadas?
   Son personas gordas.

6. ¿Has visto otras piezas de Botero? ¿Cuál era el tema?
   Answers will vary, but also tell students to refer to Capítulo 9 *and* Capítulo 14.

EG-14 La guía del Palacio de la Moneda. Completa las siguientes oraciones de la guía del Palacio de la Moneda (el palacio presidencial) de Chile con la construcción pasiva. Usa el pretérito del verbo **ser.**

MODELO: El Palacio de la Moneda (visitar) *fue visitado por* miles de turistas el año pasado.

1. Estos retratos (pintar) _fueron pintados por_ grandes pintores.

2. Estos muebles (hacer) _fueron hechos por_ un famoso diseñador del siglo XIX.

3. Estos libros (escribir) _fueron escritos por_ escritores españoles.

4. Esta carta (firmar) _fue firmada por_ Sebastián Piñera.

5. Este discurso (escribir) _fue escrito por_ Salvador Allende.

6. Estos platos (regalar) _fueron regalados por_ el rey de España.

Expansion of EG-14
Have students restate each sentence using the active voice: *Miles de turistas visitaron el Palacio de la Moneda el año pasado.*

EG-15 En tu ciudad. Escribe una guía de tu ciudad o de otra ciudad interesante en la que incluyas cinco lugares de interés. Usa la voz pasiva para contestar estas preguntas. Preséntale tu guía a la clase.

1. ¿Por quién fue diseñado/a (construido/a)?

2. ¿Para quién(es) fue construido/a?

3. ¿Por cuántas personas es visitado/a cada año?

4. ¿Es conocido/a en otras partes?

VERB CHARTS

Regular Verbs: Simple Tenses

Infinitive Present Participle Past Participle	Indicative					Subjunctive		Imperative
	Present	Imperfect	Preterit	Future	Conditional	Present	Imperfect	Commands
hablar hablando hablado	hablo hablas habla hablamos habláis hablan	hablaba hablabas hablaba hablábamos hablabais hablaban	hablé hablaste habló hablamos hablasteis hablaron	hablaré hablarás hablará hablaremos hablaréis hablarán	hablaría hablarías hablaría hablaríamos hablaríais hablarían	hable hables hable hablemos habléis hablen	hablara hablaras hablara habláramos hablarais hablaran	habla (tú), no hables hable (usted) hablemos hablad (vosotros), no habléis hablen (Uds.)
comer comiendo comido	como comes come comemos coméis comen	comía comías comía comíamos comíais comían	comí comiste comió comimos comisteis comieron	comeré comerás comerá comeremos comeréis comerán	comería comerías comería comeríamos comeríais comerían	coma comas coma comamos comáis coman	comiera comieras comiera comiéramos comierais comieran	come (tú), no comas coma (usted) comamos comed (vosotros), no comáis coman (Uds.)
vivir viviendo vivido	vivo vives vive vivimos vivís viven	vivía vivías vivía vivíamos vivíais vivían	viví viviste vivió vivimos vivisteis vivieron	viviré vivirás vivirá viviremos viviréis vivirán	viviría vivirías viviría viviríamos viviríais vivirían	viva vivas viva vivamos viváis vivan	viviera vivieras viviera viviéramos vivierais vivieran	vive (tú), no vivas viva (usted) vivamos vivid (vosotros), no viváis vivan (Uds.)

Regular Verbs: Perfect Tenses

	Indicative					Subjunctive	
	Present Perfect	Past Perfect	Preterit Perfect	Future Perfect	Conditional Perfect	Present Perfect	Past Perfect
	he has ha hemos habéis han	había habías había habíamos habíais habían	hube hubiste hubo hubimos hubisteis hubieron	habré habrás habrá habremos habréis habrán	habría habrías habría habríamos habríais habrían	haya hayas haya hayamos hayáis hayan	hubiera hubieras hubiera hubiéramos hubierais hubieran
	hablado comido vivido	hablado comido vivido	hablado comido vivido	hablado comido vivido	hablado comido vivido	hablado comido vivido	hablado comido vivido

Irregular Verbs

Infinitive Present Participle Past Participle	Indicative					Subjunctive		Imperative
	Present	Imperfect	Preterit	Future	Conditional	Present	Imperfect	Commands
andar andando andado	ando andas anda andamos andáis andan	andaba andabas andaba andábamos andabais andaban	anduve anduviste anduvo anduvimos anduvisteis anduvieron	andaré andarás andará andaremos andaréis andarán	andaría andarías andaría andaríamos andaríais andarían	ande andes ande andemos andéis anden	anduviera anduvieras anduviera anduviéramos anduvierais anduvieran	anda (tú), no andes ande (usted) andemos andad (vosotros), no andéis anden (Uds.)
caer cayendo caído	caigo caes cae caemos caéis caen	caía caías caía caíamos caíais caían	caí caíste cayó caímos caísteis cayeron	caeré caerás caerá caeremos caeréis caerán	caería caerías caería caeríamos caeríais caerían	caiga caigas caiga caigamos caigáis caigan	cayera cayeras cayera cayéramos cayerais cayeran	cae (tú), no caigas caiga (usted) caigamos caed (vosotros), no caigáis caigan (Uds.)
dar dando dado	doy das da damos dais dan	daba dabas daba dábamos dabais daban	di diste dio dimos disteis dieron	daré darás dará daremos daréis darán	daría darías daría daríamos daríais darían	dé des dé demos deis den	diera dieras diera diéramos dierais dieran	da (tú), no des dé (usted) demos dad (vosotros), no deis den (Uds.)
decir diciendo dicho	digo dices dice decimos decís dicen	decía decías decía decíamos decíais decían	dije dijiste dijo dijimos dijisteis dijeron	diré dirás dirá diremos diréis dirán	diría dirías diría diríamos diríais dirían	diga digas diga digamos digáis digan	dijera dijeras dijera dijéramos dijerais dijeran	di (tú), no digas diga (usted) digamos decid (vosotros), no digáis digan (Uds.)

Irregular Verbs (continued)

Infinitive / Present Participle / Past Participle	Indicative — Present	Imperfect	Preterit	Future	Conditional	Subjunctive — Present	Imperfect	Imperative — Commands
estar estando estado	estoy estás está estamos estáis están	estaba estabas estaba estábamos estabais estaban	estuve estuviste estuvo estuvimos estuvisteis estuvieron	estaré estarás estará estaremos estaréis estarán	estaría estarías estaría estaríamos estaríais estarían	esté estés esté estemos estéis estén	estuviera estuvieras estuviera estuviéramos estuvierais estuvieran	está (tú), no estés esté (usted) estemos estad (vosotros), no estéis estén (Uds.)
haber habiendo habido	he has ha hemos habéis han	había habías había habíamos habíais habían	hube hubiste hubo hubimos hubisteis hubieron	habré habrás habrá habremos habréis habrán	habría habrías habría habríamos habríais habrían	haya hayas haya hayamos hayáis hayan	hubiera hubieras hubiera hubiéramos hubierais hubieran	
hacer haciendo hecho	hago haces hace hacemos hacéis hacen	hacía hacías hacía hacíamos hacíais hacían	hice hiciste hizo hicimos hicisteis hicieron	haré harás hará haremos haréis harán	haría harías haría haríamos haríais harían	haga hagas haga hagamos hagáis hagan	hiciera hicieras hiciera hiciéramos hicierais hicieran	haz (tú), no hagas haga (usted) hagamos haced (vosotros), no hagáis hagan (Uds.)
ir yendo ido	voy vas va vamos vais van	iba ibas iba íbamos ibais iban	fui fuiste fue fuimos fuisteis fueron	iré irás irá iremos iréis irán	iría irías iría iríamos iríais irían	vaya vayas vaya vayamos vayáis vayan	fuera fueras fuera fuéramos fuerais fueran	ve (tú), no vayas vaya (usted) vamos, no vayamos id (vosotros), no vayáis vayan (Uds.)
oír oyendo oído	oigo oyes oye oímos oís oyen	oía oías oía oíamos oíais oían	oí oíste oyó oímos oísteis oyeron	oiré oirás oirá oiremos oiréis oirán	oiría oirías oiría oiríamos oiríais oirían	oiga oigas oiga oigamos oigáis oigan	oyera oyeras oyera oyéramos oyerais oyeran	oye (tú), no oigas oiga (usted) oigamos oíd (vosotros), no oigáis oigan (Uds.)

Irregular Verbs (continued)

Infinitive Present Participle Past Participle	Indicative						Subjunctive		Imperative
	Present	Imperfect	Preterit	Future	Conditional		Present	Imperfect	Commands
poder pudiendo podido	puedo puedes puede podemos podéis pueden	podía podías podía podíamos podíais podían	pude pudiste pudo pudimos pudisteis pudieron	podré podrás podrá podremos podréis podrán	podría podrías podría podríamos podríais podrían		pueda puedas pueda podamos podáis puedan	pudiera pudieras pudiera pudiéramos pudierais pudieran	
poner poniendo puesto	pongo pones pone ponemos ponéis ponen	ponía ponías ponía poníamos poníais ponían	puse pusiste puso pusimos pusisteis pusieron	pondré pondrás pondrá pondremos pondréis pondrán	pondría pondrías pondría pondríamos pondríais pondrían		ponga pongas ponga pongamos pongáis pongan	pusiera pusieras pusiera pusiéramos pusierais pusieran	pon (tú), no pongas ponga (usted) pongamos poned (vosotros), no pongáis pongan (Uds.)
querer queriendo querido	quiero quieres quiere queremos queréis quieren	quería querías quería queríamos queríais querían	quise quisiste quiso quisimos quisisteis quisieron	querré querrás querrá querremos querréis querrán	querría querrías querría querríamos querríais querrían		quiera quieras quiera queramos queráis quieran	quisiera quisieras quisiera quisiéramos quisierais quisieran	quiere (tú), no quieras quiera (usted) queramos quered (vosotros), no queráis quieran (Uds.)
saber sabiendo sabido	sé sabes sabe sabemos sabéis saben	sabía sabías sabía sabíamos sabíais sabían	supe supiste supo supimos supisteis supieron	sabré sabrás sabrá sabremos sabréis sabrán	sabría sabrías sabría sabríamos sabríais sabrían		sepa sepas sepa sepamos sepáis sepan	supiera supieras supiera supiéramos supierais supieran	sabe (tú), no sepas sepa (usted) sepamos sabed (vosotros), no sepáis sepan (Uds.)
salir saliendo salido	salgo sales sale salimos salís salen	salía salías salía salíamos salíais salían	salí saliste salió salimos salisteis salieron	saldré saldrás saldrá saldremos saldréis saldrán	saldría saldrías saldría saldríamos saldríais saldrían		salga salgas salga salgamos salgáis salgan	saliera salieras saliera saliéramos salierais salieran	sal (tú), no salgas salga (usted) salgamos salid (vosotros), no salgáis salgan (Uds.)

Irregular Verbs (continued)

Infinitive / Present Participle / Past Participle	Indicative					Subjunctive		Imperative
	Present	Imperfect	Preterit	Future	Conditional	Present	Imperfect	Commands
ser / siendo / sido	soy eres es somos sois son	era eras era éramos erais eran	fui fuiste fue fuimos fuisteis fueron	seré serás será seremos seréis serán	sería serías sería seríamos seríais serían	sea seas sea seamos seáis sean	fuera fueras fuera fuéramos fuerais fueran	sé (tú), no seas sea (usted) seamos sed (vosotros), no seáis sean (Uds.)
tener / teniendo / tenido	tengo tienes tiene tenemos tenéis tienen	tenía tenías tenía teníamos teníais tenían	tuve tuviste tuvo tuvimos tuvisteis tuvieron	tendré tendrás tendrá tendremos tendréis tendrán	tendría tendrías tendría tendríamos tendríais tendrían	tenga tengas tenga tengamos tengáis tengan	tuviera tuvieras tuviera tuviéramos tuvierais tuvieran	ten (tú), no tengas tenga (usted) tengamos tened (vosotros), no tengáis tengan (Uds.)
traer / trayendo / traído	traigo traes trae traemos traéis traen	traía traías traía traíamos traíais traían	traje trajiste trajo trajimos trajisteis trajeron	traeré traerás traerá traeremos traeréis traerán	traería traerías traería traeríamos traeríais traerían	traiga traigas traiga traigamos traigáis traigan	trajera trajeras trajera trajéramos trajerais trajeran	trae (tú), no traigas traiga (usted) traigamos traed (vosotros), no traigáis traigan (Uds.)
venir / viniendo / venido	vengo vienes viene venimos venís vienen	venía venías venía veníamos veníais venían	vine viniste vino vinimos vinisteis vinieron	vendré vendrás vendrá vendremos vendréis vendrán	vendría vendrías vendría vendríamos vendríais vendrían	venga vengas venga vengamos vengáis vengan	viniera vinieras viniera viniéramos vinierais vinieran	ven (tú), no vengas venga (usted) vengamos venid (vosotros), no vengáis vengan (Uds.)
ver / viendo / visto	veo ves ve vemos veis ven	veía veías veía veíamos veíais veían	vi viste vio vimos visteis vieron	veré verás verá veremos veréis verán	vería verías vería veríamos veríais verían	vea veas vea veamos veáis vean	viera vieras viera viéramos vierais vieran	ve (tú), no veas vea (usted) veamos ved (vosotros), no veáis vean (Uds.)

Stem-Changing and Orthographic-Changing Verbs

Infinitive / Present Participle / Past Participle	Indicative — Present	Imperfect	Preterit	Future	Conditional	Subjunctive — Present	Imperfect	Imperative — Commands
almorzar (ue) (c) almorzando almorzado	almuerzo almuerzas almuerza almorzamos almorzáis almuerzan	almorzaba almorzabas almorzaba almorzábamos almorzabais almorzaban	almorcé almorzaste almorzó almorzamos almorzasteis almorzaron	almorzaré almorzarás almorzará almorzaremos almorzaréis almorzarán	almorzaría almorzarías almorzaría almorzaríamos almorzaríais almorzarían	almuerce almuerces almuerce almorcemos almorcéis almuercen	almorzara almorzaras almorzara almorzáramos almorzarais almorzaran	almuerza (tú) no almuerces almuerce (usted) almorcemos almorzad (vosotros) no almorcéis almuercen (Uds.)
buscar (qu) buscando buscado	busco buscas busca buscamos buscáis buscan	buscaba buscabas buscaba buscábamos buscabais buscaban	busqué buscaste buscó buscamos buscasteis buscaron	buscaré buscarás buscará buscaremos buscaréis buscarán	buscaría buscarías buscaría buscaríamos buscaríais buscarían	busque busques busque busquemos busquéis busquen	buscara buscaras buscara buscáramos buscarais buscaran	busca (tú) no busques busque (usted) busquemos buscad (vosotros) no busquéis busquen (Uds.)
corregir (i, i) (j) corrigiendo corregido	corrijo corriges corrige corregimos corregís corrigen	corregía corregías corregía corregíamos corregíais corregían	corregí corregiste corrigió corregimos corregisteis corrigieron	corregiré corregirás corregirá corregiremos corregiréis corregirán	corregiría corregirías corregiría corregiríamos corregiríais corregirían	corrija corrijas corrija corrijamos corrijáis corrijan	corrigiera corrigieras corrigiera corrigiéramos corrigierais corrigieran	corrige (tú) no corrijas corrija (usted) corrijamos corregid (vosotros) no corrijáis corrijan (Uds.)
dormir (ue, u) durmiendo dormido	duermo duermes duerme dormimos dormís duermen	dormía dormías dormía dormíamos dormíais dormían	dormí dormiste durmió dormimos dormisteis durmieron	dormiré dormirás dormirá dormiremos dormiréis dormirán	dormiría dormirías dormiría dormiríamos dormiríais dormirían	duerma duermas duerma durmamos durmáis duerman	durmiera durmieras durmiera durmiéramos durmierais durmieran	duerme (tú), no duermas duerma (usted) durmamos dormid (vosotros), no durmáis duerman (Uds.)
incluir (y) incluyendo incluido	incluyo incluyes incluye incluimos incluís incluyen	incluía incluías incluía incluíamos incluíais incluían	incluí incluiste incluyó incluimos incluisteis incluyeron	incluiré incluirás incluirá incluiremos incluiréis incluirán	incluiría incluirías incluiría incluiríamos incluiríais incluirían	incluya incluyas incluya incluyamos incluyáis incluyan	incluyera incluyeras incluyera incluyéramos incluyerais incluyeran	incluye (tú), no incluyas incluya (usted) incluyamos incluid (vosotros), no incluyáis incluyan (Uds.)

Stem-Changing and Orthographic-Changing Verbs (continued)

Infinitive / Present Participle / Past Participle	Indicative — Present	Imperfect	Preterit	Future	Conditional	Subjunctive — Present	Imperfect	Imperative — Commands
llegar (gu) / llegando / llegado	llego	llegaba	llegué	llegaré	llegaría	llegue	llegara	llega (tú),
	llegas	llegabas	llegaste	llegarás	llegarías	llegues	llegaras	no llegues
	llega	llegaba	llegó	llegará	llegaría	llegue	llegara	llegue (usted)
	llegamos	llegábamos	llegamos	llegaremos	llegaríamos	lleguemos	llegáramos	lleguemos
	llegáis	llegabais	llegasteis	llegaréis	llegaríais	lleguéis	llegarais	llegad (vosotros), no lleguéis
	llegan	llegaban	llegaron	llegarán	llegarían	lleguen	llegaran	lleguen (Uds.)
pedir (i, i) / pidiendo / pedido	pido	pedía	pedí	pediré	pediría	pida	pidiera	pide (tú),
	pides	pedías	pediste	pedirás	pedirías	pidas	pidieras	no pidas
	pide	pedía	pidió	pedirá	pediría	pida	pidiera	pida (usted)
	pedimos	pedíamos	pedimos	pediremos	pediríamos	pidamos	pidiéramos	pidamos
	pedís	pedíais	pedisteis	pediréis	pediríais	pidáis	pidierais	pedid (vosotros), no pidáis
	piden	pedían	pidieron	pedirán	pedirían	pidan	pidieran	pidan (Uds.)
pensar (ie) / pensando / pensado	pienso	pensaba	pensé	pensaré	pensaría	piense	pensara	piensa (tú),
	piensas	pensabas	pensaste	pensarás	pensarías	pienses	pensaras	no pienses
	piensa	pensaba	pensó	pensará	pensaría	piense	pensara	piense (usted)
	pensamos	pensábamos	pensamos	pensaremos	pensaríamos	pensemos	pensáramos	pensemos
	pensáis	pensabais	pensasteis	pensaréis	pensaríais	penséis	pensarais	pensad (vosotros), no penséis
	piensan	pensaban	pensaron	pensarán	pensarían	piensen	pensaran	piensen (Uds.)
producir (zc) (j) / produciendo / producido	produzco	producía	produje	produciré	produciría	produzca	produjera	produce (tú),
	produces	producías	produjiste	producirás	producirías	produzcas	produjeras	no produzcas
	produce	producía	produjo	producirá	produciría	produzca	produjera	produzca (usted)
	producimos	producíamos	produjimos	produciremos	produciríamos	produzcamos	produjéramos	produzcamos
	producís	producíais	produjisteis	produciréis	produciríais	produzcáis	produjerais	producid (vosotros), no produzcáis
	producen	producían	produjeron	producirán	producirían	produzcan	produjeran	produzcan (Uds.)
reír (i, i) / riendo / reído	río	reía	reí	reiré	reiría	ría	riera	ríe (tú),
	ríes	reías	reíste	reirás	reirías	rías	rieras	no rías
	ríe	reía	rio	reirá	reiría	ría	riera	ría (usted)
	reímos	reíamos	reímos	reiremos	reiríamos	riamos	riéramos	riamos
	reís	reíais	reísteis	reiréis	reiríais	riáis	rierais	reíd (vosotros), no riáis
	ríen	reían	rieron	reirán	reirían	rían	rieran	rían (Uds.)

Stem-Changing and Orthographic-Changing Verbs (continued)

Infinitive Present Participle Past Participle	Indicative					Subjunctive		Imperative
	Present	Imperfect	Preterit	Future	Conditional	Present	Imperfect	Commands
seguir (i, i) (ga) siguiendo seguido	sigo sigues sigue seguimos seguís siguen	seguía seguías seguía seguíamos seguíais seguían	seguí seguiste siguió seguimos seguisteis siguieron	seguiré seguirás seguirá seguiremos seguiréis seguirán	seguiría seguirías seguiría seguiríamos seguiríais seguirían	siga sigas siga sigamos sigáis sigan	siguiera siguieras siguiera siguiéramos siguierais siguieran	sigue (tú), no sigas siga (usted) sigamos seguid (vosotros), no sigáis sigan (Uds.)
sentir (ie, i) sintiendo sentido	siento sientes siente sentimos sentís sienten	sentía sentías sentía sentíamos sentíais sentían	sentí sentiste sintió sentimos sentisteis sintieron	sentiré sentirás sentirá sentiremos sentiréis sentirán	sentiría sentirías sentiría sentiríamos sentiríais sentirían	sienta sientas sienta sintamos sintáis sientan	sintiera sintieras sintiera sintiéramos sintierais sintieran	siente (tú), no sientas sienta (usted) sintamos sentid (vosotros), no sintáis sientan (Uds.)
volver (ue) volviendo vuelto	vuelvo vuelves vuelve volvemos volvéis vuelven	volvía volvías volvía volvíamos volvíais volvían	volví volviste volvió volvimos volvisteis volvieron	volveré volverás volverá volveremos volveréis volverán	volvería volverías volvería volveríamos volveríais volverían	vuelva vuelvas vuelva volvamos volváis vuelvan	volviera volvieras volviera volviéramos volvierais volvieran	vuelve (tú), no vuelvas vuelva (usted) volvamos volved (vosotros), no volváis vuelvan (Uds.)

SPANISH-ENGLISH VOCABULARY

A

abandonar to abandon 7
abarcar to extend to 14
abogar to advocate 7
abolir to abolish 15
abordar to board 9
abrazar to embrace 10
abrazo, el hug; embrace 2
abrigo, el coat 8
abril April 1
abrir to open 1, 2, 12
abstener to abstain 9
abuelita, la grandma (*diminutive*) 4
abuelo/a, el/la grandfather/grandmother 4
abundar to abound 6
aburrido/a boring 1
aburrir to bore; to tire 6
abuso, el abuse 15
acabar (de) (+ *inf.*) to finish; to have just (done something) 5, 11, 12
académico/a academic 3
acampar to camp 5
acceder to accede 15
accessorio, el accessory 8
accidente, el accident 10
acción, la action 15
aceite (de oliva), el (olive) oil 6
aceituna, la olive 6
acelerar to accelerate 15
aceptar to accept 4
acerca de with respect to 8
acertado/a correct 12
acomodar to accommodate 5
acompañante, el/la escort; companion 7
acompañar to accompany 6
aconsejar to advise 9
acontecimiento, el event 7
acordeón, el accordion 14
acostar (ue) to put in bed 5
acostarse (ue) to go to bed 5
acostumbrar to be accustomed to 13
acostumbrarse to become accustomed 8
actividad, la activity 8
activista, el/la activist 15
activo/a active 2
actor, el actor 5
actriz, la actress 1

actual current 10, **15**
actualidad, la current events 13
actuar to act 5, **13**
acuático/a aquatic 9
acudir to present oneself 11
acueducto, el aqueducto 2
acuerdo, el accord 15
acupuntura, la acupuncture 10
adaptador eléctrico, el electrical adaptor 9
adecuado/a adequate 7
adelgazar to lose weight 10
además, el gesture 11
además in addition 4, 9
Adiós. Good-bye. 1
adivinar to guess 5
administración, la administration 2
administración de empresas, la business administration 3
admiración, la admiration 9
admirador/a, el/la admirer 9
admitir to admit 7
¿Adónde...? To where...? 2
adoptivo/a adoptive 14
adorar to adore 14
adornado/a adorned 8
adornar to adorn 9
adquirir (ie, i) to acquire 13
aduana, la customs 9
advertir (ie, i) to warn 14
aeróbico/a aerobic 10
aerolínea, la airline 9
aeropuerto, el airport 9
afectar to affect 9
afectuoso/a affectionate 4
afeitarse to shave 5
afianzar (c) to strengthen; to fortify 15
aficionado/a, el/la fan 7
a fin de que in order that 11
afirmación, la statement 12
afirmar to affirm 6
afrodisíaco aphrodisiac 6
afrontar to face 15
afueras, las outskirts 9
agarrar to grab 11
agencia de viajes, la travel agency 9
agente de viajes, el/la travel agent 9
agosto August 1

agradable agreeable 5
agradecer to thank 13
agregar to add 10
agrícola agricultural 4
agua (mineral), el (*fem.*) (mineral) water 6
aguacate, el avocado 6
águila, el (*fem.*) eagle 12
ahora (mismo) (right) now 2
ahorrar to save 12
aire acondicionado, el air conditioning 5
aire libre, al outside 4
ajo, el garlic 6
ajustar to adjust 11
alabanza, la praise 12
albergar to house 3
álbum, el album 5
alcalde/sa, el/la mayor 15
alcanzable reachable 12
alcanzar to reach 2
alegrarse (de) to become happy; to be glad 5
alegrarse de to become happy; to be glad 10
alegremente happily 9
alejarse to go away 11
alemán, el German 2
alergia, la allergy 10
alérgico/a allergic 10
álgebra, el (*fem.*) algebra 3
algo something; anything 3, 6, 7
algodón, el cotton 8
alguien someone 7
algún día someday 4
alguno/a/os/as some 5, 7
alimentación, la nutrition 6
alimentar to nourish 11
alimentos, los foods 10
aliviado/a alleviated 14
aliviar to alleviate 10
allá there 9
alma, el (*fem.*) soul 8
almacén, el department store 8
almorzar (ue) to eat lunch 8
almuerzo, el lunch 2, 6
alpinismo, el mountain climbing 6, 7
alquilar to rent 5
alquiler, el rent 15
alrededor about; around 12

alta costura, la high fashion 14
altavoz, la speaker 7
alternarse to alternate 8
altiplano, el high plateau 10
alto/a tall 2
altura, la altitude 8
aluminio, el aluminum 7
amado/a beloved 13
amanecer, el dawn 11
amante, el/la lover 6
amar to love 6
amarillo/a yellow 1
amasar to mix 10
ambiental environmental 10
ambiente, el atmosphere 6
ambigüedad, la ambiguity 11
ambulancia, la ambulance 10
a menos (de) que unless 11
americana, la blazer (Spain) 8
amigo/a, el/la friend 1
amor, el love 6
amoroso/a amorous 6
ampliar to expand 6
amplio/a wide; ample 10
amueblado/a furnished 5
añadir to add 6
análisis, el analysis 3
analista (de sistemas), el/la (systems) analyst 11
anaranjado/a orange 1
ancho/a wide 5
anciano/a, el/la old person 12
andino/a Andean 8
anécdota, la anecdote 6
anfitrión/anfitriona, el/la host/hostess 7
angosto/a narrow 12
anillo de oro, el gold ring 8
animadamente enthusiastically 9
animado/a animated 9
animal, el animal 3
animar to encourage; to cheer 3
animarse to be game 5
aniversario, el anniversary 6
año, el year 1
anoche last night 6, 8
años, tener... to be... years old 3
anotar to note; to write down 5

ansioso/a anxious 9
ante before 7
anteayer day before yesterday 6, 8
antena parabólica, la satellite dish 12
antepasado/a, el/la ancestor 4
antes (de) before 2
antes (de) que before 11
antiácido, el antacid 10
antibiótico, el antibiotic 10
anticipación, la anticipation 9
anticipar to anticipate 8
antiguo/a ancient 3, 5
antioxidantes, los antioxidants 10
antropología, la anthropology 3
anualmente yearly 7
anudado/a knotted 15
anunciar to announce 8
anuncios clasificados, los classified ads 13
apagar (fuegos/incendios) to turn off; to put out; to extinguish (fires) 11, 12
aparato, el appliance 6
aparatos electrónicos, los electronics 12
aparecer to appear 9
apariencia, la appearance 1
aparente apparent 15
aparentemente apparently 15
apartamento, el apartment 3
apasionar to impassion 6
apellido, el surname 2
apender to learn 7
aperitivo, el appetizer 2
apetecer to feel like; to appeal to 6
aplaudir to applaud 14
apoderarse to take hold 15
apodo, el nickname 2
aporte, el contribution 15
apoyar to support 8, 15
apoyo, el support 4
apreciado/a appreciated 11
apreciar to appreciate 4
aprender to learn 2
apropriado/a appropriate 10
aprovechar to take advantage of 12
aproximadamente approximately 3
apunte, el note 5

aquel/la that (over there) 4 that one (over there) 4
aquello that (neuter) (over there) 4
aquellos/as those (over there) 4
aquí here 1
aquietar to calm down 15
árabe, el Arab; Arabic 2
araña, la spider 8
árbitro, el referee 5
árbol, el tree 4
archipiélago, el archipelago 8
archivar to file; to save 12
arco, el bow 8
arder to burn 15
ardilla, la squirrel 8
área, el (fem.) 7
arenisca, la sandstone 9
aretes (de diamantes), los (diamond) earrings 8
argentino/a Argentine 2
argumento, el argument 4
aria, el (fem.) aria 14
arma, el (fem.) weapon 15
armado/a armed 15
armar to assemble; to furnish 8
arpa, el (fem.) harp 5, 14
arqueólogo, el archeologist 8
arquitecto/a, el/la architect 2, 11
arquitectura, la architecture 7
arrancar to yank 1
arreglo, el arrangement 5
arrepentido/a repentant 10
arribada, la arrival 5
arriba de above 5
arrojar to throw 10
arroz, el rice 6
arte, el art 3
artefacto, el artifact 5
artesanía, la handicraft 3
artesano/a, el/la artisan 3
artículo, el article 7, 13
artritis, la arthritis 10
arzobispo, el archbishop 4
ascendencia, la ancestry 10
ascendente ascending 6
ascender (ie) to promote; to move up 11
asco disgust 6
asegurar to assure 5
asesinato, el murderer 15
asesor/a, el/la consultant; advisor 15
asiento (de ventanilla /de pasillo), el (window/aisle) seat 9
asistente, el/la assistant 7

asistente de vuelo, el/la flight attendant 9
asistir (a) to attend 2
asma, el (fem.) asthma 10
asociación, la association 7
asociar to associate 2
aspecto, el aspect 8
aspiración, la aspiration 15
aspiradora, la vacuum cleaner 5
aspirante, el/la job candidate 11
aspirina, la aspirin 10
asunto, el matter 15
atacar to attack 10
ataque, el attack 4
atención al cliente, la customer service 8
atentamente sincerely yours 11
aterrizar to land 9
a tiempo on time 3
atletismo, el track and field 7
atmósfera, la atmosphere 3
atracción, la attraction 9
atractivo/a attractive 3
atraer to attract 6
atrapar to trap 4
atrás behind 7
a través along 8
atrevido/a sassy; daring 12
atribuir to attribute 14
audición, la audition 14
audio parlantes, los speakers 8
auditorio, el auditorium 3
aumentar to increase 6, 15
aumento, el raise; increase 4, 6, 11
aunque although 4; even though 7
auriculares, los earbuds 12
ausente absent 15
auténtico/a authentic 14
auto, el car 9
autobiográfico autobiographical 2
autobús, el bus 5, 9
autógrafo, el autograph 14
autónomo/a autonomous 2
autor/a, el/la author 2
autoridad, la authority 14
autorretrato, el self-portrait 3
avance, el advance 3
avanzado/a advanced; advancing 3 advancted 8
ave, la bird 3
avenida, la avenue 12
aventura, la adventure 4

avergonzado/a ashamed 10
avión, el plane 9
aviso, el notice; announcement 13
avisos clasificados, los classified ads 11
ayer yesterday 6
ayuda, la help 5
ayudante, el/la assistant 6
ayudar to help 2
azúcar, el sugar 3, 6
azucena, la lily 10
azul blue 1

B

bailable danceable 9
bailar to dance 2
bailarín/a, el/la dancer 14
baile, el dance 3, 14
baile de salón, el ballroom dancing 14
bajar to decrease; to download; to lower 4, 12
bajar de peso to lose weight 10
bajarse (de) to get off (of); to get down (from) 9
bajo, el bass 3
bajo/a short (in stature) 2
balada, la ballad 13
balboa, el monetary unit of Panama 5
ballet, el ballet 1, 14
balón, el (soccer, basket) ball 7
banana, la banana 6
bañarse to bathe 5
banco, el bank; bench 8
banda, la band 4, 14
baño, el bathroom 5
banquete, el banquet 7
bar, el bar 2
barato/a cheap; inexpensive 1
barbaridad, la outrage 5
barco, el boat 5, 9
barítono/a baritone 14
barrio, el neighborhood 3
basado/a based 6
básquetbol, el basketball 5, 7
bastante quite; fairly 3
bastar to be enough 8
basurero, el garbage can 5
batalla, la battle 1
bate, el bat 7
batería, la drums 8, 14
batir to beat 6
bebida, la beverage 6
bebidas alcohólicas, las alcoholic beverages 10
béisbol, el baseball 4

beisbolista, el baseball player 2
belleza, la beauty 9
bellísimo/a really beautiful 6
bello/a beautiful 2
beneficio/s, el/los benefit/s 11
benéfico/a charitable 14
beso, el kiss 4
biblioteca, la library 2
bibliotecario/a, el/la librarian 15
bicicleta, la bicycle 2
bien well 1
bien, el good 6
bienes, los goods 5
bienes raíces, los real estate 5
bienestar, el well-being 6
bien hecho/a well made 14
bienvenida, la welcome 2
bilingüe bilingual 12
billetera, la wallet 8
biografía, la biography 2
biología, la biology 3
biológico/a biological 10
biosfera, la biosphere 3
bistec, el steak 6
blanco/a white 1
bloque, el block 8
blusa, la blouse 8
boca, la mouth 10
bocadillo, el sandwich 6
boda, la wedding 3
boicot, el boycott 15
boleto (electrónico), el (e-)ticket 3, 4, 9
bolígrafo, el pen 1
bolívar, el Colombian currency 9
bolsa, la (big) bag 7
bolso, el bag; purse 7, 8
bomba (nuclear), la (nuclear) bomb 15
bomba, la firetruck fire station (Chile); gas station (Andes) 15
bomba, ser una to be gorgeous 15
bombero/a, el/la firefighter 10, 11
bondad, la goodness 7
bonificación anual, la yearly bonus 11
bonito/a pretty; cute 2
booby con patas azules, el blue-footed booby 8
bordar to embroider 4
bordo, a aboard 6
bosque, el forest 9, 10, 12
bosque pluvial, el rain forest 12

botas, las boots 8
botella, la bottle 7
brasileño/a Brazilian 2
brazo, el arm 10
breve brief 6
brillante brillant 3
brillar to shine 8
brillo de labios, el lip gloss 5
broma, la joke 11
bucear to scuba dive; snorkel 9
buche, el belly 8
budista Buddhist 14
Buenas noches. Good evening. 1
Buenas tardes. Good afternoon. 1
¿Bueno? Hello? (*on the phone*) 4
bueno… well . . . 5
bueno/a good 1, 9, 10
Buenos días. Good morning. 1
¡Buen provecho! Enjoy your meal! 6
buscador, el search engine 12, 13
buscar to look for 1, 2
búsqueda, la search 11
búsqueda de empleo, la job search 11

C

cabecear to make a head shot 7
cabeza, la head 10
cacique, el chief 9
cada each 5
cadáver, el cadaver 14
cadena (de plata), la (silver) chain 8
caerse *to fall down* 15
café (al aire libre), el (outdoor) café 4
café, el coffee 6
cafeína, la caffeine 6
cafetera, la coffee maker 6
cafetería, la cafeteria 2
caída, la fall 11
caja, la box; cash register 8
cajero automático, el ATM (automatic teller machine) 4, 8, 12
calabaza, la gourd; squash 11
calamar, el squid 2, 6
calavera, la skull 3
calcetines, los socks 8
calcio, el calcium 10
calculadora, la calculator 1
calcular to calculate 7

cálculo, el calculus 3
calentamiento, el warm-up 10
calentamiento global, el global warming 12
calentar (ie) to heat 6
calidad, la quality 13
caliente hot 6
calle, la street 2
calmante, el tranquilizer 10
calor, hace it is hot 7
calor, tener to be hot 3
caloría, la calorie 6
calzado, el footwear 8
calzar to wear a shoe size 8
cama, la bed 5, 10
cámara, la camera 4
cámara de video, la video camera 9
cámara digital, la digital camera 9
camarero/a, el/la waiter/waitress 6
camarones, los shrimp 6, 10
cambiar to change 4
cambio, el change; exchange 4
caminar to walk 2
camino, el path; road 2
camión, el pickup truck; van 9 truck; bus (*Mexico*) 8
camioneta, la pickup truck van 1
camisa, la shirt 8
camiseta (sin mangas), la t-shirt (tank top) 8
campamento, el camp 9
campaña, la campaign 12, 15
campeón/campeona, el/la champion 7
campesino, el peasant; farmer 5
campo, el country 5
caña, la small beer 2; reed
Canadá Canada 6
canadiense Canadian 2
canal, el canal; channel 13
canas, tener to be grey-haired 4
cancelar to cancel 9
cáncer, el cancer 10
cancha (de tenis), la (tennis) court 2, 3
canción, la song 2
candidato/a, el/la candidate 6, 15
cansado/a tired 4
cansancio, el fatigue 10
cansar to tire 7
cantante, el/la singer 1
cantar to sing 5

cantautor/a, el/la songwriter 2
cantero de jardín, el flower bed 14
cantidad, la quantity 6
capacidad, la capacity 11
capaz capable 11
capilla, la chapel 8
capital, la capital city 1, 2
capucha, la hood 8
cara, la face 5
carácter, el character 13
característica, la characteristic 11
carbohidratos, los carbohydrates 10
cárcel, la jail 15
cardiólogo, el cardiologist 10
cardo, el thistle/nettle 1
cargador, el charger 9
cargo, el position 11
cargo político, el political post 15
caricatura política, la political cartoon 13
cariño, con with affection 4
caritativo/a charitable 9
carnaval, el Mardi Gras 9
carne, la meat 6
carnero, el mutton 6
caro/a expensive 1
carpintero/a, el/la carpenter 11
carrera, la career 3
carro, el car 3, 9
carta comercial, la business letter 11
carta de presentación, la cover letter 11
carta de recomendación, la letter of recommendation 11
cartel, el poster 7
cartelera, la entertainment section 13
cartero/a, el/la mail carrier 11
casa, la house 4, 5
casado/a married 4
casarse to marry 4
cascadas, las cascades 9, 11
casco, el helmet; earbud 12
casi almost 10
caso, hacer to pay attention 13
castaño/a brown; brunette 2
castigar to punish 10
castillo, el castle 13
cataratas, las falls 11 waterfall 9

catedral, la cathedral 9
católico/a Catholic 9
causa, la cause 7
causar to cause 5
cavar to dig 14
caza, la hunting 10
cazuela, la stewpot; casserole 6
cebolla, la onion 3, 6
cebolleta, la shallot 6
celebración, la celebration 7
celebrar to celebrate 5
celebridad, la celebrity 7
celofán, el cellophane 14
celos, los jealousy 11
celos, tener to be jealous 11
celoso/a jealous 11
celta Celtic 2
cementerio, el cemetery 14
cena, la dinner 2, 6
cenar to have dinner 6
cenizas, las ashes 9
censo, el census 13
censura, la censorship 13
censurar to censure 13
centenares, los hundreds 4
centenario, el centennial 5
centro, el downtown 3, 4
centro comercial, el shopping center; mall 8
centro estudiantil, el student union 3
centro histórico, el historical center 9
cepillarse to brush 5
cepillo de dientes, el toothbrush 8
cerámica, la ceramic 4
cerca (de) nearby; close (to) 2
cercano/a nearby 8
cerdo, el pork 10
ceremonia, la ceremony 4
cerrado/a closed 3
cerrar (ie) to close 1
cerveza, la beer 3, 6
cesta, la basket 3
chaito chao 14
champán, el champagne 8
champú, el shampoo 5
chancla, la flip-flop 8
chaqueta, la jacket 8
charada, la charade 6
charango, el guitar-like instrument 4
chelista, el/la chellist 14
chelo, el cello 14
chévere super 7
chicano/a Mexican-American 12

chico/a, el/la boy/girl 3
chileno/a Chilean 2
chimichurri, la sauce popular in Argentina 6
chinchilla, la chinchilla 14
chino, el Chinese 2
chismoso/a gossipy 5
chispa, la spark 10
chofer, el chauffeur 11
chorizo, el sausage 2
chubasco, el heavy rain; shower 7
ciclismo, el cycling 7
cielo, el heaven; sky 8
ciencia, la science 2
ciencia ficción, la science fiction 7
ciencias políticas, las political science 3
ciencias sociales, las social science 3
científico/a, el/la scientist 1, 8
cien(to) hundred 5
cierto/a certain 10 true; certain 2
cigarra, la cricket 8
cine, el film; movie theater 2, 13
cinematografía, la cinematography 13
cinematógrafo, el/la cinematographer 13
ciprés, el cypress 14
circulación, la circulation 13
cita, (hacer una) (to make an) appointment 10, 11
ciudad, la city 1, 2
ciudadanía, la citizenship 12
ciudadano/a, el/la citizen 15
civilización, la civilization 3
clarinete, el clarinet 14
claro of course 4
claro/a clear; light (color) 1, 6
clase, la class 1
clase turista, la coach class 9
clásico/a classic 14 classical 4
cláusula, la clause 10
clavar to drive; to thrust 15
clave, la key 11
claxon, el horn 15
cliente, el/la client; customer 2
clima, el climate 4, 5
clínica, la clinic 11
cobardía, la cowardice 1
cobrar to charge 4
cobre, el copper 6
coche, el car 9
cochinillo, el suckling pig 8

cocina, la cuisine; kitchen 3 kitchen 5
cocinar to cook 6
cocinero/a, el/la chef; cook 6, 11
coco, el coconut 6
cocodrilo, el crocodile 9
codazo, el elbow jabs 15
codicia, la greed 10
código, el code 15
coincidir to coincide 13
cola, hacer to stand in line 9
cola, la line 9
colaborar to collaborate 9
colección, la collection 3
colega, el/la colleague 11
cólera, el cholera 5
colesterol, el cholesterol 10
colgar (ue) to hang 3
collar, el necklace 8
colombiano/a Colombian 2
colonia, la colony; cologne 8
colonizador/a, el/la colonizer 9
color café, el brown 1
colorido/a brightly colored; coloring 9
combatiente, el/la combatant 4
combatir to combat 9, 15
combinación, la combination 10
comedia (musical), la (musical) comedy 4, 13, 14
comedor, el dining room 5
comentar to comment 5
comentario, el commentary 3
comentarista, el/la newscaster; commentator 7, 13
comentarista deportivo, el/la sportscaster 13
comenzar (ie) to begin 7
comer to eat 2, 6, 8, 9, 10, 11, 12
comerciar to trade 9
comercio, el commerce 3
comestibles, los provisions; groceries 9
cometer to commit 14
cómico/a comic 4
comida, la food; meal 2, 3, 4, 6
comida basura, la junk food 10
comida chatarra, la junk food 10
comienzo, el beginning 5
comisión, la fee; commission 8

comité, el committee 4
cómo how; what 1, 2
como since; as 5
¿Cómo...? How...? 2
cómoda, la dress 5 dresser 5
comodidad, la comfort 14
comodidades, las comforts 9
cómodo/a comfortable 9
¿Cómo estás? How are you? (inf.) 1
¿Cómo está usted? How are you? (for.) 1
¿Cómo se llama usted? What's your name? (for.) 1
¿Cómo se escribe...? How do you spell . . . ? 1
compañero/a de clase, el/la classmate 8
compañero/a de reparto, el/la co-star 13
compañía, la company; firm 13
comparación, la comparison 5
comparar to compare 5
compartir to share 2
compatriota, el/la compatriot 5
competir (i, i) to compete 10
complacer to please 11
complejo/a complex 10
complementar to complement 3
completo/a complete 6
complicado/a complicated 3
complicar to complicate 11
componer to compose 14
composición, la composition 2
compositor/a, el/la composer 7, 14
comprar to buy 2, 8, 9, 11
compras, ir de to go shopping 8
comprender to understand 2, 7
comprensión, la comprehension 13
comprobar (ue) to prove 15
compromiso, el commitment; obligation 7, 11
computación, la computer science 3
computadora, la computer 1, 3, 12
computadora portátil, la laptop computer 1
común common 1
comunicaciones, las communications 3
comunidad, la community 3
con with 1

con cariño with affection **4**
conceder to grant **2**
concepto, el concept **4**
concienciar al público to raise public consciousness **15**
concierto, el concert **2, 3, 4**
concordancia, la agreement **10**
concreto/a concrete **7**
concurso, el contest; game show; pageant **13**
condenado/a condemned **13**
condenar to condemn **11**
condición, la condition **5**
cóndor, el condor **8**
conducir to drive **2**
conductora, el/la conductor **15**
conectar to connect **5**
conexión, la connection **12**
confeccionar to make up **15**
conferencia, la lecture **2**
conferencia de prensa, la press conference **15**
confianza, la trust; confidence **10**
conflicto, el conflict **8, 15**
confundir to confuse **10**
congelador, el freezer **6**
congestionado/a congested **10**
congregar to gather **15**
congresista, el/la congressman/woman **15**
congreso, el congress **15**
conjetura, la conjecture **12**
conjunto, el outfit; group **4, 8, 14**
conmemorar to commemorate **3**
conmigo with me **4**
conocedor, el connoisseur **6**
conocer (zc) to know (someone); to be familiar with **4**
conocido/a known **6**
conocimiento, el knowledge **2**
conquista, la conquest **3**
consecuencias, las consequences **15**
conseguir (i, i) to get; to obtain **9, 11**
consejo, el advice **7, 10**
consenso, el consensus **14**
conservador/a conservative **13**
conservar to conserve; to preserve **7, 8, 12**
considerado/a considered; considerate **15**
considerar to consider **3**
construcción, la construction **2, 5**

construir to construct **2**
consultar to consult **9**
consultorio, el doctor's office **10**
consultorio sentimental, el advice column **13**
consumidor/a, el/la consumer **1**
consumir to consume **12**
consumo, el consumption **6**
contabilidad, la accounting **3**
contactar to contact **10**
contador/a, el/la accountant **11**
con tal (de) que provided (that) **11**
contaminación, hay there is pollution; there is smog **7**
contaminar to contaminate; to pollute **12**
contar (ue) to tell (a story) **4**
contemporáneo/a contemporaneous **6**
contenedor, el container **13**
contener (ie) to contain **3**
contenido, el content **10**
contento/a happy **5**
contestar to answer **1**
contigo with you **4**
continuación, a following **6**
continuar to continue **6**
contra, (en) against **5**
contrabajo, el bass **14**
contrario, por el on the contrary **8**
contraste, el contrast **6**
contratar to contract **13** to hire **11**
contrato, el contract **9, 11**
contribuir to contribute **9**
contrincante, el/la opponent **15**
controlar to control **13**
control de seguridad, el security checkpoint **9**
convencer to convince **2**
convencional conventional **13**
convenio, el agreement **13**
conversación, la conversation **7**
conversar to converse **3**
convertir (ie, i) to convert **9**
convicción, la conviction **15**
cooperar to cooperate **8**
coordinador/a, el/la coordinator **11**
copado/a cool **12**
copia, la copy **7**
corazón, el heart **1**
corbata, la tie **8**

cordialmente cordially yours **11**
coreano, el Korean **2**
coreografiar to choreograph **14**
coreógrafo/a, el/la choreographer **14**
corneta, la cornet **14**
corredor, el corridor **12**
correo, el mail **2**
correr to run; to fire someone (Mexico) **2**
corresponsal, el/la correspondent **12**
corriente, la electric current **9**
corrupción, la corruption **15**
cortar to cut **6**
cosa, la thing **1**
cosecha, la harvest **15**
cosmopolita cosmopolitan **11**
cosquillas, hacer a to tickle **7**
costa, la coast **2, 6**
costar (ue) to cost **2**
costarricense Costa Rican **3**
costo, el cost **13**
costoso/a costly; expensive **7**
costumbre, la custom **6**
costura, la fashion **14**
creador/a, el/la creator **8**
crear to create **6**
creatividad, la creativity **2**
creciente growing **15**
creencia, la belief **2**
creer to believe **2, 6, 10, 12**
crema (de afeitar), la (shaving) cream **5**
cría, la raising; chick **5**
criadero, el hatchery **5**
criar to raise **7**
criarse to grow up **4**
crimen, el crime **14**
criollo/a creole **6**
cristalino/a clear; crystalline **5**
cristianizar to christianize **10**
cristiano/a Christian **9**
crítico/a, el/la critic **13**
crónico/a chronic **10**
cronología, la chronology **11**
crucero, el cruise **9**
cruzar to cross **14**
cuaderno, el notebook **1**
cuadra, la block **3**
cuadrado/a square **5**
cuadro, el picture; painting **5**
cuadros, de plaid **8**
cual/es which (one/s) **2**
¿Cuál(es)...? Which (one/ones) . . . ? **2**
cualidad, la quality **14**

cualificaciones, las qualifications **11**
cualquier/a any/one **9**
cuando when **2, 11**
¿Cuándo...? When . . . ? **2**
cuanto/a how much/many **1**
Cuaresma, la Lent **9**
cuarteto, el quartet **14**
cuarto, el room **5**
cuarto/a fourth; quarter **2, 8**
cuarto doble, el double room **9**
cubano/a Cuban **2**
cubeta, la bucket **5**
cubierto/a covered; enclosed **8**
cubrir to cover **8, 12**
cuchara, la spoon **6**
cucharada, la tablespoon **6**
cucharadita, la teaspoon **6**
cuchillo, el knife **6**
cuello, el neck; collar **15**
cuenta, la bill; account; bead **6**
cuenta, por su on one's own **7**
cuentista, el/la storyteller **11**
cuento, el story **12**
cuerda, la cord **14**
cuero, el leather **2, 8**
cuerpo, el body **5, 10**
cuestas, a on the back **14**
cuestionario, el questionnaire **10**
cueva, la cave **9**
cuidado, tener to be careful **3**
cuidadoso/a careful **9**
cuidar(se) to take care (of oneself) **10**
culebra, la snake **8**
culinario/a culinary **6**
culto/a cultured **14**
cultura, la culture **4**
cumpleaños, el birthday **1**
cumplir to complete **1**
cumplir (con) to make good (on a promise); to fulfill (a promise) **15**
cuñado/a, el/la brother-in-law/sister-in-law **4**
curar to cure **10**
curioso/a curious **7**
curriculum vítae, el curriculum vitae (vita) **11**
curso, el course **3**
curvado/a curved **9**

D

dañarse to break down **15**
daño, el damage; harm **15**
danza (moderna), la (modern) dance **14**

dar to give 1, **6**
dar igual to be the same **7**
dar la vuelta to turn 6
dar una mirada rápida to skim through 13
dar un paseo to go out; to take a walk **7**
dato, el data; information 1
de acuerdo fine with me; okay; in agreement; agreed 4
debajo (de) under; below 5
debate, el debate 15
debatir to debate 14, **15**
deber (+ inf.) to owe (to ought to do something) 2
deber, el duty **15**
débil weak 10
debut, el debut 14
debutar to debut 10
década, la decade 14
decidir to decide 2
décimo tenth 8
decir (i) to say 6, **7** to tell **9**, 12
declaración, la declaration 6
decoración, la decoration 3
dedicado/a dedicated 9
dedicar to dedicate 7
dedo (del pie), el finger (toe) **10**
¿De dónde...? From where . . . ? **2**
defecto, el defect 13
defender (ie) to defend 7
defensa propia, la self-defense 14
definir to define 4
deforestación, la deforestation **12**
defraudar to disillusion 15
dejar (de) to leave (behind); to quit (doing something) 3, 6, 10, **11**
delante de in front of 2, **3**
delgado/a thin 2
delicia, la delight 6
delicioso/a delicious 2
demás, los the rest 10
demasiado too much 9
democracia, la democracy **15**
democratización, la democratization 15
demográfico/a demographic 13
demora, la delay 9, **9**
De nada. You're welcome. 1
dentista, el/la dentist 10
dentro de within; inside of 5
denunciar to denounce 4
departamento, el department 8

dependiente/a, el/la sales clerk 8
deporte, el sport 1, **7**
deportiva, la sección sports section 13
deportivo/a sporting 7
depósito, el deposit 9
¿De quién(es)...? Whose . . . ? **2**
derecha, a la to/on the right 3
derecho, el law; right 3, **15**
derechos humanos, los human rights 4, 8, **15**
de repente suddenly 8
derivar to derive 6
derredor, en around 15
desafío, el challenge 3
desanimado/a discouraged; lifeless 12
desaparecer to disappear 9
desarmar to disarm 15
desarme, el disarmament **15**
desarrollar to develop 3
desarrollo, el development 6, **12**
desastre (natural), el natural disaster 13, **15**
desayunar to have breakfast 4, **6**
desayuno, el breakfast 2, **6**
descafeinado/a decaffeinated 2
descansar to rest 10
descanso, el rest 10
descender (ie) to descend 11
descendiente, el/la descendants 3
describir to describe 1
descripción, la description 5
descubierto/a discovered 13
descubrir to discover 6, **12**
descuento, el discount 8
desde from; since 2
desear to desire 3 to wish; to desire 9
desechos, los waste 12
desempleo, el unemployment 6, **11**, 15
desengaño, el disillusionment 10
desenlace, el conclusion 11
desenterrar to dig up 5
deseo, el desire 13
desfile, el parade 2
desfile de moda, el fashion show 14
desgarrador/a heartrending 11
desgraciadamente unfortunately 5
deshonesto/a dishonest 15
deshonrar to dishonor 11

desierto, el desert 4
desierto/a deserted 5
desilusionar to disillusion 15
desodorante, el deodorant 8
desorden, el disorder 8
desordenado/a disorganized 5
desorientado/a disoriented 10
despacho, el office 11
despacio slowly 5
despedida, la closing; farewell 1, 4, **11**
despedir (i, i) to fire **11**
despedirse (i, i) to say good-bye 4
despegar to take off **9**
despejado/a clear 8
despertarse (ie) to wake up 5
despoblación, la depopulation 12
despojar to strip 11
desprender to loosen; detach 10
después (de) (que) after 3, **7**, **11**
destacado/a outstanding 12
destacar to stand out 4
destinatario/a, el/la addressee 11
destino, el destination 2
destruir to destroy 12
desventaja, la disadvantage 6, **11**
detalle, el detail 6
detener (ie) to arrest; to detain 11
deteriorar to deteriorate 12
detestar to detest 11
detrás (de) behind 3
deuda pública, la public debt 15
¿De verdad? Really? **1**
devolver (ue) to return (something) **8**, **9**
día, el day 1
diabetes, la diabetes **10**
diagnóstico, el diagnosis 10
diamantes, de diamond 8
diario/a daily 2
dibujar to draw 5
dibujo, el drawing 5
diccionario, el dictionary 1
diciembre December 1
dictador/a, el/la dictator 15
dictadura, la dictatorship 15
dientes, los teeth; cloves of garlic 5, 6, **10**
diestro/a skilled 15
dieta, estar a to be on a diet 10

dieta, la diet 6, **10**
dieta, seguir una to follow a diet 10
diferente different 8
difícil difficult 2, 6, **10**
dificultar to make difficult 4
¿Diga? Hello? (*on the phone*) 4
¿Dígame? Hello? (*on the phone*) 4
dignidad, la dignity 4
dignificar to dignify 11
dilema, el dilemma 10
dinámico/a dynamic 4
dinero, el money 4
dios, el god 8, 9
directamente directly 7
director/a, el/la director; conductor 9, 11, **14** editor-in-chief 13
director/a de escena, el/la stage manager 14
dirigido/a directed 13
dirigir to conduct; to direct 9, 14
discapacitado/a, el/la disabled person 3
disco compacto, el compact disc (CD) 8
disco duro (externo), el (external) hard drive 12
discoteca, ir a una to go to a nightclub 7
discreto/a discrete 13
disculparse to apologize 15
discurso, el speech 6, 7, **15**
discusión, la argument; discussion 8
diseñador/a, el/la designer 14
diseñar to design 2
diseño, el design 3
disfraz, el disguise; costume 14
disfrutar de to enjoy 6
disminuir to diminish; to lessen 13
disparar to shoot 11
disponible available 5
dispuesto/a willing; ready; disposed 13, **14**
disputar to dispute 7
distancia, la distance 8
distinto/a different 6
diva, la diva 14
diversidad, la diversity 2
divertido/a fun 3
divertirse (ie, i) to enjoy oneself; to have fun 5, 7
divorciado/a divorced 4
doble double 9

docencia, la teaching 13
doctor/a, el/la doctor 10
doctorado, el doctorate 3
documental, el documentary 13
dólar, el dollar 6
doler (ue) to hurt 10
dolor, el pain; ache 10
dolor de cabeza, el headache 10
doméstico/a domestic 3
dominar to dominate 12
domingo, el Sunday 1
dominicano/a Dominican 2
donar to donate 7
donde where 2, 11
¿Dónde…? Where . . . ? 2
dormir (ue, u) to sleep 4
dormirse (ue, u) to fall asleep 5
dormitorio, el bedroom 5
dote, el/la dowry 15
drama, el drama 13
dramático/a dramatic 13
dramatizar to dramatize 11
droga, la drug 14
drogadicción, la drug addiction 15
ducha, la shower 5
ducharse to shower 5
duda, la doubt 2
dudar to doubt 10
dudoso/a doubtful 10
dueño/a, el/la owner 15
dulces, los sweets 10
durabilidad, la durability 14
duradero/a lasting 15
durante during 2
durar to last 7
DVD, el DVD 12

E

echar to add; to throw in 6, 12
ecológico/a ecological 8
economía, la economy 3
económico/a economic 6
ecoturismo, el ecotourism 4
eco voluntariado, el eco-volunteering 5
ecuatoriano/a Ecuadorian 2
edad, la age 4
edición, la edition 13
edificio, el building 8
editar to edit 12
editor, el editor 13
editorial, el editorial (page) 13
educación, la education 6

educar to educate 10
EE. UU. United States 6
efectivo, en in cash 8
efectivo/a effective 5
efectuar to bring into effect 10
eficiente efficient 11
ejecución, la execution 14
ejecutivo/a, el/la executive 3
ejemplo, el example 2
ejercer to exercise 15
ejercicio, hacer to exercise 7
ejercicios aeróbiocs aerobics 10
ejército, el army 15
él he 1
el the 1
elaboración, la elaboration 15
elaborado/a elaborated 4
elaborar to elaborate 15
elástico, el elastic 14
elección, la election 7
electo/a elected 6
electricidad, la electricity 10
electricista, el/la electrician 11
eléctrico/a electrical 3, 9
electrizante electrifying 14
electrónico/a electronic 2, 12
elegir (i, i) to elect; to choose 13, 15
eliminación, la elimination 15
eliminar to end 15
ella she 1
ellos/as they 1
emanar to emanate 15
embajada, la embassy 15
embajador/a, el/la embassador 7
embalse, el dam 10
emisora, la radio station (business entity) 7
emoción, la emotion 8
emocional emotional; exciting 11
emocionante exciting 2
empanada (empanadilla), la turnover 6
empaquetado/a packaged 10
emparejar to pair 5
empatar to tie (the score) 7
empezar (ie) to begin 1, 3, 4, 7, 9
empleado/a, el/la employee 11
empresa, la company; firm 2, 11
empresario, el impresario 10
enamorarse (de) to fall in love (with) 5
encabezar to head 12

encajar to fit 8
Encantado/a. Delighted.; Pleased to meet you. 1
encantador/a enchanting; delightful 2, 4, 14
encantar to delight; to be extremely pleasing 6
encanto, el charm; delight 7
encargar to take on 14
encargarse de to be responsible for 5
en caso de que in case 11
encender (ie) to turn on 12
encerrar to enclose 12
encoger draw up 8
encontrar (ue) to find 1, 3, 4
encontrarse (ue) con to meet up with someone 5
en cuanto as soon as 11
encuentro, el encounter 8
encuesta, la survey; poll 10
enemigo/a, el/la enemy 3
energía (alternativa/solar), la (alternative/solar) energy 7, 12
enero January 1
enfermar to make sick 5
enfermarse to become sick 5
enfermedad, la illness 5, 6, 10
enfermero/a, el/la nurse 11
enfrentar to confront 7
enfrente in front 12
enfrente de facing; across from 3, 14
engañar to deceive 13
engaño, el deceit 4
engordar to gain weight 10
enlace, el hyperlink 12
enlozado/a tiled 12
enojar to anger 10
enojarse (con) to get angry (with) 5, 14
enojo, el anger 15
enorme enormous 3
ensalada, la salad 6
ensayar to rehearse 11, 13
ensayo, el rehearsal 10, 13
enseguida right away 6
enseñar to teach 2, 7
entender (ie) to understand 4
enterarse to become aware 15
enterrar (ie) to bury 14
entonación, la intonation 14
entonces then 7
entrada, la appetizer 6 ticket 4
entre between 3
entregar to deliver; to turn in 1
entrenador/a, el/la trainer; coach 7

entrenamiento, el training 4, 11
entrenar to train 6
entre sí themselves 4
entretener (ie) to entertain 5
entretenimiento, el entertainment 7
entrevista, la interview 2, 11
entrevistador/a, el/la interviewer 7
entusiasta enthusiastic 2
envase (de aluminio), el (aluminum) container 12
enviar to send; to post online 12
en vías de desarrollo developing 4
envío, el shipment 4
época, la epoch 4
equidad, la equity 15
equipaje, el baggage 9
equipo, el team; equipment 5
equivocado/a mistaken 15
equivocarse to make a mistake 9
erradicar to eradicate 6
erupción, la eruption 5
escala, la stopover 9
escalar to climb 9
escalofrío, el chill 10
escalón, el step 12
escándalo, el scandal 13
escáner, el scanner 12
escaparse to escape 4
escasez, la shortage 12
escaso/a scarce 10
escena, la scene 8
escenario, el stage 8, 14
esclavo/a, el/la slave 9
escoger to choose 5
escolar scholastic 12
escribir to write 1, 2, 8, 10, 11, 12
escritor/a, el/la writer 6
escritorio, el desk 15
escuchar to listen 1, 2
escuela, la school 5
escultor/a, el/la sculptor 9
escultura, la sculpture 8
ese/a that; that one 4
esencial essential 13
esfuerzo, el effort 4, 15
esmeralda, la emerald 9
esmoquin, el tuxedo 14
esos/as those 4
espaguetis, los spaghetti 10
espalda, la back 10
España Spain 2

español, el Spanish 2
español/a Spanish 1, 2
español/a, el/la Spaniard 9
espátula, la spatula 6
especial special 5
especialidad de la casa, la
   house specialty 6
especializar to specialize 6
especialmente especially 8
especie, la species 3, 5, 12
especies en peligro de
   extinción, las endangered
   species 12
espectacular spectacular 5
espectáculo, el show
   business 7
espectador/a, el/la spectator
   13
esperanza, la hope 8
esperar to hope; to wait for 7,
   10 to wait for 9
espiar to spy 11
espíritu, el spirit 11
esposo/a, el/la husband; wife
   1, 3, 4
esquí (acuático), el (water)
   skiing 7
esquiar to ski 7
esquina, la corner 3
establecer (zc) to establish 12
estación, la season; station
   1, 8
estacionar to park 11
estación de radio, la radio
   station 13, 13
estadía, la stay 9
estadio, el stadium 3
estadísticas, las statistics 3
estado, el state 7
estado libre asociado, el
   commonwealth 7
estancia, la ranch 11
estandarte, el standard 15
estante, el bookcase 5
estar to be 3, 5, 7, 9
estar seguro/a (de) to be sure
   of 10
estatua, la statue 9
estatura, la height 5
esta vez this time 4
este… uhh… 5
este/a this; this one 4
estereotipo, el stereotype 12
estilo, el style 6, 14
estimado/a esteemed 11
estimularse to stimulate 9
estímulo, el stimulus 11
Estocolmo Stockholm 4
estómago, el stomach 10

estornudar to sneeze 10
estos/as these; these ones 4
estratégico/a strategic 7
estrechar (la mano) to extend
   one's hand) 15
estrecho/a narrow; tight
   (clothing) 5, 8
estrella, la star 5
estrenar to debut 13
estrés, el stress 10
estricto/a strict 6
estudiante, el/la student 1
estudiantil student (adj.) 6
estudiar to study 1, 2
estudio, el studio; study 3, 13
estufa, la stove 6
estupendo/a terrific 7
etapa, la stage 3
eterno/a eternal 8
ética, la ethics 11
etnia, la ethnicity 13
étnico/a ethnic 10
eusquera, el Basque
   language 2
evento, el event 7
evitar to avoid 10
evolución, la evolution 8
exagerar to exaggerate 6
examen, el exam 3
examen físico, el medical
   checkup 10
excelente excellent 2
excepcional exceptional 7
excesivo/a excessive 12
excursión, ir de to go on an
   outing; to tour 9
excursión, la excursion 6, 9
excusa, la excuse 5
exhausto/a exhausted 8
exhibir to exhibit 14
exigente challenging;
   demanding 3
existir to exist 8
éxito, el success 5
éxito, tener to be successful 12
exótico/a exotic 1, 5
expediente, el dossier 11
experiencia, la experience 5
experimentar to experience 2
explicar to explain 5
explícito/a explicit 13
explotación, la exploitation 7
explotar to exploit 15
exponer to explain 15
exportar to export 6
exposición, la exposition; show 3
expresar to express 15
expresarse to express oneself 11
extender (ie) to extend 3

extenso/a extensive 3
extinción, la extinction 5
extranjero, el abroad 4, 9
extranjero/a foreign 7
extranjero/a, el/la foreigner 7
extraño/a strange 10
extraordinario/a
   extraordinary 11
extremo/a extreme 6
extrovertido/a outgoing 1

F

fábrica, la factory 12
fabricante, el manufacturer 12
fabricar to make; to fabricate
   14 to manufacture 12
fábula, la fable 8
fabuloso/a fabulous; great 2, 7
fácil easy 2, 6, 7, 10
facilidad, la facility 11
facilitar to facilitate 5
fácilmente easily 9
factor, el factor 10
facturar el equipaje to check
   luggage 9
Facultad de Arte, la School of
   Art 3
Facultad de Ciencias, la
   School of Sciences 3
Facultad de Derecho, la
   School of Law 3
Facultad de Ingeniería, la
   School of Engineering 3
Facultad de Matemáticas, la
   School of Mathematics 3
Facultad de Medicina, la
   School of Medicine 3
falda, la skirt; slope 8
fallar to fail (computer disk) 12
falso/a false 2
falta, la lack 12
faltar to be missing; to be
   lacking 8
familia, la family 3, 4
familia política, la in-laws 4
familiarizarse to familiarize
   oneself 14
fanático/, el/la fanatic 2
fantasía, la fantasy 14
fantástico/a fantastic 7, 10
farmacia, la pharmacy 8
fascinante fascinating 1
fascinar to be fascinating 6
fatiga, la fatigue 10
favor, a in favor of 15
febrero February 1
fecha, la date 1, 5
fecha de vencimiento, la
   expiration date 10

felicidad, la happiness 4
feliz happy 1
femenino/a feminine 6
feminidad, la femininity 14
feo/a ugly 2
feria, la fair 9
feroz ferocious 10
fibra, la fiber 10
ficción, la fiction 4
fiebre, la fever 5, 10
fiesta, la party; celebration
   1, 3
figura, la figure 3, 9
figurar to represent 2
filarmónico/a philharmonic 14
filmación, la filming 13
filmar to film 13
filme negro, el film noir 4
filosofía, la philosophy 15
fin, el end 7
final, al finally 5
final, el end 13
financiera, la sección
   business section 13
financiero/a financial 3
finanzas, las finance 3
fingir to pretend 11
firma, la signature 11
firmar to sign 7, 15
física, la physics 3
físico/a physical 5
flaco/a skinny 2
flamenco, el flamenco 14
flamenco/a flamenco
   (dance) 2
flan, el custard dessert 6
flanquear to flank 15
flauta, la flute 14
flecha, la arrow 8
flor, la flower 7, 9
florecer to flourish 15
florería, la flower shop 8
folleto, el brochure 9
fondo, el bottom;
   background 14
fondos, los funds 14
footing, hacer to go
   jogging 7
forma, en in shape 10
formación, la education 11
formar to form 8
fórmula, la formula 5
formular to formulate 3
formulario, el form 11
foro, el forum 7, 14
fortalecer (zc) to strengthen;
   to fortify 6, 15
fortaleza, la fortress 7
foto, la photograph 7

fotocopiadora, la photocopier **12**
fotocopiar to photocopy **12**
fotógrafo/a, el/la photographer 1
fragmento, el fragment 12
francés, el French **2**
francés/esa French **1**
Francia France 2
frase, la phrase 5
fraude (electoral), el (electoral) fraud **15**
frecuencia, con frequently 5, **8**
frecuente frequent 11
frecuentemente frequently **8**
freír (i, i) to fry **6**
fresco, hace it is cool **7**
fresco/a fresh 6
frigorífico, el refrigerator 6
frijoles, los beans 6
frío, hace it is cold **7**
frío, tener to be cold **3**
frío/a cold 6
frito/a fried 6
frontera, la frontier; border 3, 8
frutas, las fruits 6
fruto, el fruit; benefit; profit 10
fuego, el fire 10
fuegos artificiales, los fireworks 9
fuente, la source 13
fuera outside 5
fuerte strong 6
fuerza, la force 15
fumar to smoke 8, 10
función, la show; function; event **4**
funcionar to function; to work 10, **12**
fundación, la founding; foundation 7, 13
fundado/a founded 9
fundar to found 7
furgoneta, la van 9
furia, la fury 10
furibundo/a raging 14
furioso/a angry 5
fusión, la fusion 14
fusionar to fuse 3
fútbol (americano), el soccer (football) 2, 5, **7**
futuro, el future 12

G

gabardina, la gabardine (lightweight wool) **14**
gabinete, el cabinet 11

gafas, las glasses 15
galán, el leading man **13**
galápago, el tortoise 8
galletas, las cookies **6**, 10
ganador/a, el/la winner 2
ganar to earn; to win 2, **4**, **7** to win **7**
ganas de, tener + inf. to be eager (to); feel like (doing something) 3
ganga, la bargain; good deal 8, 9
garaje, el garage 5
garantizado/a guaranteed 5
garantizar to guarantee 15
garganta, la throat 10
garza, la crane 8
gasolina, la gasoline 12
gastado/a worn out; spent 10
gastar to spend 5, **8**
gasto, el expense 5
gato/a, el/la cat 5, **8**
gaucho, el Argentine cowboy 11
gemelo/a, el/la twin 10
genealógico/a genealogical **4**
generación, la generation 7
generalizar to generalize 4
generalmente generally 9
generar to generate 15
género, el genre 4
generoso/a generous 5
genético/a genetic 10
gente, la people 1, 8, **13**
geografía, la geography 3
geología, la geology 3
gerente, el/la manager **9**, 11
gesto, el gesture 14
gimnasia, la gymnastics 7
gimnasio, el gymnasium 3
gira, la tour **9**
gitano/a, el/la gypsy 14
globalización, la globalization 4
gloria, la glory 7
gobernador/a, el/la governor **15**
gobierno, el government 2, 6, 12, **15**
gol, el goal 7
golf, el golf 2, **7**
golpe, de suddenly 12
golpear to thump 14
golpe de estado, el coup d'état **15**
gordo/a chubby; fat **2**, 5
gorra, la cap 8
gorro, el stocking cap 8
gozar de to enjoy 9

grabación, la recording 9
grabado/a recorded 13
grabadora de DVD, la DVD recorder **12**
grabar to record 7, **13**
Gracias. Thank you. 1, 4
gracioso/a funny 4
gradas, las bleachers 15
grado, el degree 10
gramática, la grammar 13
grande big 1, 2
Gran Depresión, la Great Depression 3
granja, la farm 15
granjero, el farmer 15
grasa, la fat 6, **10**
grasas monoinsaturadas (polliinsaturadas), las monounsaturated (polyunsaturated) fats **10**
grasas saturadas (trans), las saturated (trans) fats **10**
gratis free 10
grave serious 7
gripa, la flu (Mexico) 10
gripe, la flu **10**
gripe porcina, la swine flu 10
gris grey 1
gritar to yell 11
grito, el cry; shout 11
grosero/a crude; rough 15
grupo, el group 5, **14**
guacamayo, el macaw 5
guante, el glove 7
guapo/a good-looking 2
guaraní, el Guarani 10
guardar to save; to keep 6, **10**
guardar la cama to stay in bed **10**
guardar la línea, la to stay trim; to watch one's figure **10**
guardería, la nursery; daycare center **11**
guardia, el/la guard 9
guay super 13
guayabera, la men's shirt typical of the Caribbean 12
gubernamental governmental 12
guerra, la war 3, 5, **15**
Guerra Civil, la Civil War 3
guerrero, el warrior 3
guía, el/la tour guide 6, 7, **9**
guiar to guide 10
guía turística, la guidebook **9**
guión, el script 12, **13**
guionista, el/la script writer 13
guitarra, la guitar 3, **14**

gustar to like 2, **6**
gusto, el taste; pleasure 5

H

haber (*auxiliary verb*) **12, 14**
habilidad, la ability 8
habitación, la room 9
habitante, el/la inhabitant 8
habitar to inhabit; to live 6
hábito, el habit 5
hablar to speak 2, 7, 8, **10**
hace (in time expressions) ago; since 5, **14**
hacer to do; to make 2
hacer (las maletas) to pack (the suitcases) **9**
hacer cola to stand in line **9**
hacer juego (con) to match; to go well with **8**
hacer la cama to make the bed **5**
hacerse daño to hurt oneself (*Spain*) 10
hacer una cita to make an appointment **10**
hacer un crucero to take a cruise **9**
hacia toward 7
hamaca, la hammock 8
hambre, tener to be hungry 3
hamburguesa, la hamburger 6
harina, la flour 6
hasta until 6
Hasta luego. See you later. 1
Hasta mañana. See you tomorrow. **1**
Hasta pronto. See you soon. **1**
hasta que until **11**
hay there is/are 1, **7**
hay que one must 8
haz do; make (*inf. command*) 9
heladera, la cooler 7
heladería, la ice cream shop **8**
helado, el ice cream 6
helicóptero, el helicopter 9
heno, el hay 11
herencia, la heritage 15
hermanastro/a, el/la stepbrother/stepsister **4**
hermano/a, el/la brother/sister 3, **4**
hermoso/a beautiful 6
híbrido/a hybrid 3
hielo, el ice 7
hierro, el iron 6
hijo/a, el/la son/daughter 4, **6**
hipermercado, el hypermarket 6

hipervínculo, el hyperlink **12**
hipótesis, la hypothesis **3**
hipotético/a hypothetical **13**
hispano/a Hispanic **1**
historia, la history **3**
histórico/a historical **6**
hockey, el hockey **7**
hogar, el home **4**
hoja, la leaf **5**
hoja electrónica, la spreadsheet **12**
hojear to leaf through **13**
Hola. Hello; Hi. **1**
holandés/esa Dutch **7**
hombre, el man **1**
hombre de negocios, el businessman **11**
hombre/mujer del tiempo, el/la meteorologist **13**
hombro, el shoulder **12**
homeopatía, la homeopathy **10**
honestidad, la honesty **15**
honesto/a honest **11**
honradez, la honesty **15**
honrado/a honest; honored **11**
horario, el schedule **2, 3**
hornear to bake; to roast **6**
horno, el oven **6**
horóscopo, el horoscope **13**
horrorizado/a horrified **14**
hospital, el hospital **3**
hostal, el inn **9**
hotel (de lujo), el (luxury) hotel **9**
hoy today **2**
hoy en día nowadays **3**
huelga, la strike **15**
huelgista, el/la striker **15**
huella, la trace **12**
hueso, el bone **10**
huésped, el guest **5**
huevo, el egg **5, 6**
huir to flee **14**
humanidad, la humanity **11**
humanista humanist **8**
humano/a human **10**
humedad, hace to be humid **7**
humildad, la humility **15**
humilde humble **6**
humo, el smoke **12**
humorístico/a humoristic **4**
huracán, el hurricane **4**

I

ibero/a Iberian **2**
ida y vuelta roundtrip **9**
ideal ideal **1**
idealista idealistic **1**

identidad, la identity **13**
identificar to identify **7**
ideología, la ideology **4**
idioma, el language **7**
iglesia, la church **7**
igualdad, la equality **5**
igual de equally **7**
igualmente likewise **1**
ilegalidad, la illegality **7**
ilógico/a illogical **10**
iluminar to illuminate **8**
ilusión, la illusion **9**
ilustrar to illustrate **10**
imagen, la image **8**
imaginar to imagine **10**
imaginería, la statuary **4**
impaciente impatient **1**
impactante stunning **5**
imperio, el empire **8**
implementar to implement **12**
importante importante **9**
importar to import **12**
imposible impossible **9, 10**
impresionante impressive **14**
impresionar to impress **6**
impresora, la printer **12**
imprimir to print **12**
improvisar to improvise **14**
impuestos, los taxes **11, 15**
impulsar to push; to promote **15**
inacabado/a unfinished **13**
inaugurar to inaugurate **5**
inca Inca **15**
incendio, el fire **11**
incentivo, el incentive **11**
incluir to include **4**
incluso even; including **9**
incógnito/a unknown **7**
incómodo/a uncomfortable **9**
incorporar incorporate **6**
incorporarse to join **7**
increíble incredible **7, 10**
indefinido/a indefinite **7**
indicar to indicate **6**
índice, el index; sign **13**
índice de natalidad, el birthrate **4**
indiferente indifferent **8**
indígena indigenous **3**
indispensable crucial **9**
industria, la industry **6**
inesperado/a unexpected **15**
infantil childish **8**
infección, la infection **10**
inflación, la inflation **15**
influencia, la influence **3**
influido/a influenced **12**

influir to influence **2**
influyente influential **9, 13**
informar to inform **7** to report **13**
informática, la computer science **3**
ingeniería (eléctrica), la (electrical) engineering **2, 3**
ingeniero/a, el/la engineer **3, 5, 11**
inglés, el English **2**
ingrediente, el ingredient **6**
iniciado/a initiated **9**
iniciar to begin **9** to initiate **13**
iniciativa, la initiative **11**
inicio, el beginning; home (*website*) **4**
injusticia, la injustice **15**
inmediatamente immediately **9**
inmediato/a immediate **9**
inmenso/a immense **8**
inmigración, la immigration **15**
inmoralidad, la immorality **7**
inmunología, la immunology **1**
innecesario/a unnecessary **10**
innovador/a innovative **14**
inolvidable unforgettable **7**
insertar to insert **8**
insistir (en) to insist (on) **9**
inspeccionar to inspect **14**
inspector/a de aduanas, el/la customs inspector **9**
inspiración, la inspiration **6**
inspirador/a inspiring **14**
instalar to install **12**
instar to urge **15**
instrumento, el instrument **2, 14**
intacto/a intact **3**
integración, la integration **11**
inteligente intelligent **1**
intendente, el/la mayor **15**
intenso/a intense **8**
intercambiar to exchange **1**
intercambio, el exchange **2**
interés, el interest **8**
interesante interesting **1, 3**
interesar to be interesting **6**
internacional international **2**
internado, el internship **10**
interpretar to perform (*Spain*) **14**
intérprete, el/la interpreter **4, 11**
intervención, la intervention **15**

íntimo/a intimate **10**
intriga, la intrigue **10**
introvertido/a introverted **1**
invasión, la invasion **7**
inventar to invent **5**
invertir to invest **15**
investigación, la research; investigation **3**
investigador/a, el/la researcher **3**
investigar to investigate **6** to research **8**
invierno, el winter **1**
invitación, la invitation **4**
invitar to invite **3, 4**
involucrar to be involved **13**
inyección, la shot **10**
ir to go **1, 3, 8, 10, 12**
ir de excursión to go on an outing; to tour **9**
irlandés/esa, el/la Irish **9**
irónico/a ironic **14**
irse to go away; to leave **5**
isla, la island **2, 7, 9**
italiano, el Italian **2**
itinerario, el itinerary **4**
izquierda (de), a la to/on the left of) **3**

J

jabón, el soap **5**
jaguar, el jaguar **9**
jamás never **4**
jamón, el ham **6**
japonés, el Japanese **2**
jarabe, el cough syrup **10**
jardín, el garden **5**
jeans, los jeans **8**
jefe/a, el/la boss **9, 11**
jefe/a ejecutivo/a, el/la CEO **11**
jesuita, el Jesuit **10**
jogging, hacer to go jogging **7**
jornalero, el day laborer **15**
joven young **2**
joven, el/la youth **6**
joya, la jewel **8**
joyería, la jewelry store **8**
jubilado/a, el/la retiree **3**
jubilarse to retire **11**
judías verdes, las green beans string beans **6**
judío/a Jewish **14**
judío/a, el/la Jew **2**
juego electrónico, el computer (electronic) game **12**
Juegos Olímpicos, los Olympic Games **3**

jueves, el Thursday 1
juez/a, el/la judge 8, **15**
jugador/a, el/la player 2
jugar (ue) a to play 4
jugo, el juice **6**
julio July 1
junio June 1
juntarse to get together 5
juntos/as together 4
jurado, el jury 14
justicia, la justice 7, **15**
justificar to justify 14
justo/a just 11
juvenil juvenile 7
juventud, la youth 1

K
kilo, el kilogram 6

L
la the 1
labio, el lip **5**
laboral work (*adj.*) 7
laboratorio (de lenguas/de idiomas), el (language) laboratory 2, **3**
lácteo/a milky 10
lado (de), al next to 3
lado, el side 7
lago, el lake 8, **9**
lágrima, la tear 8
lamentable regrettable 10
lamentar to regret 10
lámpara, la lamp **5**
lana, la wool **8**
languidecer to languish 11
lanza, la lance 10
lanzar to launch 7
lápida, la tomb stone 14
lápiz, el pencil 1
largo long 5
las the 1
lástima, la shame 10
lastimarse to hurt oneself 10
latir to beat 15
lavadora, la washing machine **5**
lavaplatos, el dishwasher **5**
lavar la ropa to wash clothes **5**
lavar los platos to wash dishes **5**
lavarse to wash **5**
le him/her (*masc./fem.*); you (*for.*) (*masc./fem.*) 6
lección, la lesson; moral 1
leche, la milk **6**
lechuga, la lettuce **6**
lector/a, el/la reader 7, **13**

lector de CD/DVD, el CD/DVD player 12
leer to read 1, 2, 7, **12**
legumbre, la vegetable 3
lejano/a faraway 11
lejos (de) far 3
lema publicitario, el motto 13, **15**
lengua, la tongue; language 2, **10**
lentamente slowly 9
lentejuelas, las sequins **14**
lentes, los glasses 12
lentes de natación, los swim goggles 7
lentes de sol, los sunglasses 7
lento/a slow 9
les them (*masc./fem.*); you (*for. pl.*) 6
lesión, la injury 10
letra, la letter; lyric 2, 3
letrero, el sign 9
levantar to lift 5
levantarse to get up; to stand up 5
léxico, el lexicon 15
ley, la law 6, **15**
leyenda, la legend 5
liberar to liberate 9
libra, la pound 10
libre free 4
librería, la bookstore 3
libro, el book 1
licencia por enfermedad/maternidad sickness/maternity leave 11
licenciatura, la degree 3
líder, el/la leader 15
liderazgo, el leadership 9
limitar to limit 10
límite, el limit 6
limón, el lemon 6
limonada, la lemonade 6
limosina, la limousine 14
limpiar (la casa) to clean (the house) 5
limpio/a clean 6
lindo/a pretty 12
línea, la line; figure 5, **10**
línea ecuatorial, la equator 8
lingüístico/a linguistic 13
liquidación, la clearance sale 8
listo/a clever; ready 9
literatura, la literature 3
llama, la flame 10
llamar to call 5
llamarse to be called 5
llave, la key 12

llegada, la arrival 2, 3, **9**
llegar to arrive 2
llenar el lavaplatos to fill the dishwasher 5
llevar to take; to wear; to spend time in 5, 6, **8**
llevar a cabo to carry out 5
llorar to cry 7
lloroso/a teary 10
llover (ue) to rain 7
lluvia, la rain 7
lobo, el wolf 8
lobo marino, el sea lion 6
loco/a crazy 7
locutor/a, el/la announcer 13
lógico/a logical 5, 7, **10**
logotipo, el emblem 12
lograr to achieve 12, **15**
logro, el achievement 4
lo/la him/her it (*masc./fem.*); them (*masc./fem.*) 4
lo que what; that which 5, **15**
loro, el parrot 9
Lo siento. I'm sorry. 4, 5
los/las you (*for.*) (*masc./fem.*) 1, 4
Lo(s)/La(s) saluda atentamente,... Very truly yours, . . . 11
lucha, la struggle 15
lucir to shine 14
luego later 1
luego que as soon as 11
lugar, el place 7
lujo, el luxury 9
lujoso/a luxurious 5
luna, la moon 8
lunes, el Monday 1
luto, el mourning 6
luz, la light 5

M
machacar to crush 11 to mash 11
madera, la wood 3
madrastra, la stepmother 4
madre, la mother 4
madrugada, la dawn 4
maduro/a mature 6
maestro/a, el/la master/mistress; teacher 15
magia, la magic 14
magnífico/a great; wonderful 7
maíz, el corn 6
mal bad 1
malcrianza, la rudeness 12
maleta, la suitcase 4, **9**

maletas, (hacer) las (to pack) the suitcases 9
maletín, el briefcase 4
malo/a bad 1, **10**
mamá, la mom 4
mañana, la morning; tomorrow 1, 2, **8**
manantial, el spring 10
mandar to send 4, 6, **9**
mandato, el command 11
manera, la way 3, 6
manga, la sleeve 8
manga, sin sleeveless 8, **8**
manga corta/larga, de short-/ long-sleeved **8**
manifestación, la protest 15
mano, a by hand 4
mano, la hand 1, 5, **10**
¡Manos a la obra! Let's get to work! 11
mantener (ie) to maintain, to support (a family etc.) 4, 12, **15**
mantenerse (ie) en forma to stay in shape **10**
mantequilla, la butter **6**
manzana, la apple; block (*Spain*) 3, **6**
mapa, el map 1
Mapoma Marathon in Madrid 1
maquiladora, la assembly plant 15
maquillaje, el makeup 5
maquillarse to apply makeup **5**
máquina, la machine 11
máquina de afeitar, la electric razor 5
mar, el sea; ocean 2, 6, **7**
maracas, las maracas **14**
maratón, el marathon 6
maravillado/a surprised 4
maravillosamente marvelously 9
maravilloso/a marvelous 4
marca, la brand 12
marcador, el marker 1
marcar to mark 7
marcharse to go away 9
marco, el framework 4
margen, el margin 11
mariachi, el mariachi musician (*Mexico*) 3
marimba, la marimba 14
marino/a marine 6
mariscos, los seafood 2, **6**
martes, el Tuesday 1
marzo March 1

más... que more . . . than **5**
mascota, la pet **6**
masivo/a massive **5**
Más o menos. So-so; More or less. **1**
matar to kill **10**
matemáticas, las mathematics **2, 3**
materia, la academic subject; course **3**
matrimonio, el matrimony **4**
mayo May **1**
mayor older **4**
me me **4**
mecánico/a, el/la mechanic **11**
mecánicos, los jeans (Cuba) **8**
Me da igual. It's all the same to me. **7**
medianoche, la midnight **2**
mediante through; by way of **15**
medicina, la medicine **3, 10**
médico/a medical **10**
médico/a el/la doctor **10**
medida, la measurement; measure **12**
medio/a half **2**
medio ambiente, el environment **5, 12**
medio de transporte, el mode of transportation **5**
mediodía, el noon **2**
medios, los means; media **13, 14**
medir (i, i) to measure **6**
Me encantaría. I would love to. **4**
Me gusta... I like **2**
mejor better **3, 5, 9, 10**
mejorar to improve **6, 7, 15**
mejorarse to get better; to get well **10**
Me llamo... My name is . . . **1**
memoria, la memory **6**
memoria USB, la flash drive **12**
memorizar to memorize **10**
mencionar to mention **6**
menor younger **4, 5**
menos less **2**
menos, por lo at least **6**
menos... que less . . . than **5**
mensaje, el message **2**
mente, en in mind **15**
mentiroso/a lying **6**
menú, el menu **6**
menú de degustación, el tasting menu **6**
menudo, a often **8**

mercado (al aire libre) (open-air) market **8**
mercado, el market **5**
mercado callejero, el fleamarket **8**
mercado global, el global markets **15**
merecer (zc) to deserve **2**
merengue, el Caribbean dance **7**
merienda, la snack **6**
mérito, el merit **11**
mes, el month **1**
mesa, la table **1**
mesa de noche, la nightstand **5**
mesero/a, el/la waiter/waitress **3, 6**
mestizo/a of mixed race **4**
meta, la goal **7, 11**
meteorólogo/a, el/la weatherman/woman **13**
meterse to get involved in **12**
metro, el meter **8**
mexicano/a Mexican **2**
mezcla, la mixture **2**
mezclar to mix **5, 6**
mezclilla, de mixed fibers **8**
mí me **6**
micrófono, el microphone **15**
microondas, el microwave **6**
microscopio, el microscope **1**
miedo, tener (ie) to be afraid **3, 10**
miembro, el member **4**
mientras while **5**
mientras que as long as **11**
miércoles, el Wednesday **1**
migración, la migration **4**
migrante migrant **15**
milenio, el millennium **3**
militar military **4**
milla, la mile **15**
millón/millones, el/los million/s **2**
mi/mis my **1, 3**
(mini)falda, la (mini-) skirt **8**
mínimo, el minimum **5**
mínimo/a minimum **9**
ministro/a, el/la minister **4, 6, 15**
Mi nombre es... My name is . . . **1**
minoría, la minority **13**
minuto, el minute **6**
mío/a/os/as mine; my; (of) mine **13**
mirada, la glance **13**
mirar to look at; to watch **2**

misa, la Mass **7**
miseria, la misery **8**
mismo/a same **5**
misterio, el mystery **1**
misterioso/a mysterious **1**
mito, el myth **10**
mochila, la backpack **1**
moda, de in style **8**
moda, la fashion; style **14**
modelo, el/la model **14**
moderación, la moderation **10**
moderno/a modern **3**
modo (de, vestir), el way/manner (of dressing) **4, 14**
mola, la Panamanian embroidery **5**
moler (ue) to grind **4**
molestar to be a bother; to annoy **6, 10**
molesto/a annoyed **5**
monarquía, la monarchy **15**
moneda, la coin **8**
monjita, la little nun **14**
monótono/a monotonous **11**
montaña, la mountain **2, 9**
montañoso/a mountainous **4**
montar mount **11** to ride **11**
montar a caballo horseback riding **9**
montar en bicicleta to go bike riding **7, 9**
montón, el pile **11**
monumento, el monument **8, 9**
morado/a purple **1**
moraleja, la moral of the story **8**
moralidad, la morality **2**
moreno/a brunet/te **2**
morir (ue, u) to die **7, 8, 12**
moro/a, el/la Moor (Arab) **13**
mostrador, el counter **9**
mostrar (ue) to show **8**
motivar to motivate **13**
motivo, el motive **10**
movilidad, la mobility **6**
movimiento, el movement **8**
muchacho/a, el/la boy/girl **2**
Mucho gusto. Pleased to meet you. **1**
mudanza, la move **14**
muebles, los furniture **5**
muela, la molar **10**
muerte, la death **3**
muestra, la sample **15**
mujer, la woman **1**

mujer de negocios, la businesswoman **11**
multa, la fine **12**
multar to fine **12**
multinacional multinational **15**
mundial world (*adj.*) **15**
mundialmente world-wide **9**
mundo, el world **1**
muralista, el/la muralist **3**
muralla, la wall **9**
músculo, el muscle **10**
musculoso/a muscular **13**
museo, el museum **2, 3**
música, la music **1, 14**
músico/a, el/la musician **8, 14**
musulmán/ana, el/la Muslim **13**
mutuo/a mutual **6**
muy very **1**

N

nacer to be born **2**
nacimiento, el birth **1**
nación, la nation **1**
nacionalidad, la nationality **2**
Naciones Unidas, las United Nations **7**
nada nothing **6, 7**
nadar to swim **5, 7**
nadie no one; nobody **7**
naranja, la orange **6**
nariz, la nose **5**
narración, la narration **12**
narrador/a, el/la narrator **14**
naturaleza, la nature **5, 12**
naturaleza muerta, la still life **6**
náusea, la nausea **10**
navaja de afeitar, la razor blade **5**
navegable navigable **5**
navegante, el/la navigator **7**
navegar a vela to sail **9**
Navidad, la Christmas **4**
necesario/a necessary **7, 9**
necesitado/a in need **7**
necesitar to need **1, 9**
necio/a, el/la fool **10**
negar (ie) to deny **10**
negativo/a negative **7**
negocio, el business **3**
negro/a black **1**
neoyorquino/a New Yorker **12**
nervioso/a nervous **3, 5**
nevar (ie) to snow **7**
nevera, la refrigerator **6**
ni... ni neither . . . nor **7**

nido, el nest 11
niebla, la fog 9
nieto/a, el/la grandson/granddaughter 4
nilón, el nylon 14
ninguna vez never 7
ningún/ninguna none 7
ninguno/a no one; none 6, 7
niños/as, los/las children 1, 7
nivel, el level 10
nobleza, la nobility 15
noche, la night 2
Nochevieja, la New Year's Eve 9
noción, la notion 13
nocivo/a harmful 15
No comprendo. I don't understand. 1
no creer to not believe 10
no estar seguro/a (de) to not be sure of 10
nombrar to name 7
nombre, el name 1
nominación, la nomination 13
no pensar (ie) to not think 10
normalmente normally 9
norteamericano/a American (US) 2
nos us 4, 6
No sé. I don't know. 1
nosotros/as we 1, 14
nota, la grade 3
No te preocupes. Don't worry. 10
noticias, las news 13
noticias en línea, las news online 13
noticiero, el newscast 13
notificar to notify 14
novedad, la news 13
novedoso/a new 12
novela, la novel 2, 7
novelista, el/la novelist 2
noveno/a ninth 8
noviembre November 1
novio/a, el/la boyfriend/girlfriend; groom/bride 3, 4
nube, la cloud 8
nublado/a cloudy 7
núcleo, el nucleus 4
nudo, el knot 15
nuera, la daughter-in-law 4
nuestro/a/os/as our (of) ours 3, 13
nuevo/a new 2
número, el number; size 5, 8
nunca never 7

Ñ

ñandutí, el cloth woven with a spider web pattern 10

O

o or 1
o… o either . . . or 7
objeto, el object 9
obligación, la obligation 15
obligar to oblige 6
obra, la play (theater); work 2, 13
obra maestra, la masterpiece 4
obrero/a de construcción, el/la construction worker 11
observar to observe 5
observatorio, el observatory 3
obtener (ie) to obtain 11
océano, el ocean 5
ocio, el leisure 4
octavo/a eighth 8
octubre October 1
ocupado/a busy 4
ocupar to occupy 7
ocurrir to occur 5, 7
odio, el hatred 10
oferta, la offer 1
oficial official 12, 13
oficina, la office 2
oficio, el trade 11
ofrecer (zc) to offer 3
oído, el inner ear 10
oír to hear 6, 8, 12
Ojalá I hope; God willing 9, 10
ojo, el eye 5
ola, la wave 5
olor, el perfume; odor; smell 8
olvidar(se) (de) to forget 5, 7
ONU, la UN 12
ópera, la opera 1, 14
opinar to express an opinion 5
opinión, la opinion 2
oportunidad, la opportunity 4
oportuno/a opportune 13
opresión, la oppression 15
optimista optimistic 1
opulencia, la opulence 4
oración, la sentence 6, 7
orden, el order 4
ordenar la casa to clean the house 5
oreja, la outer ear 10
orgánico/a organic 6
organización, la organization 7
orgulloso/a proud 2
orientación, la orientation 10
origen, el origin 3
originalidad, la originality 13

orilla, la bank; shore 5
orinar to urinate 10
ornamento, el ornament 8
oro gold 1, 8
orquesta (sinfónica), la (symphony) orchestra 4, 14
ortiga, la a prickly plant 1
ortografía, la spelling 6
os you (inf. fam. Spain) 4, 6
oscuro/a dark 8
oso, el bear 3
otorgar to be granted 13
otra vez again 5
otro/a other; another 2
oveja, la sheep 11
oxígeno, el oxygen 10
Oye. Listen. (command) 7
oyente de podcast, el/la podcast listener 13
oyeres whatever you hear 13

P

paciente patient 1
paciente, el/la patient 10
pacifista, el/la pacifist 15
padecer (zc) (de) to suffer (from) 10
padrastro, el stepfather 4
padre awesome 4
padre, el father 4
padres, los parents 2
pagar (en efectivo) to pay (in cash) 8
página, la page 1
página web, la web page 6, 12
pago, el payment 3
país (en vías de desarrollo), el (developing) country 2, 15
país, el country 8
paisaje, el landscape 1
paisano, el countryman 15
paja, la straw 14
pájaro, el bird 5, 9
palabra, la word 2
palacio, el palace 3
palmada, la clap 14
pampas, las plains of Argentina 11
pan, el bread 6
pana, la corduroy 14
panameño/a Panamanian 2
pandereta, la tambourine 8
pandillero, el gang member 12
panqueques, los pancakes 10
pantalla, la screen 12
pantalones, los pants 8
pantalones de mezclilla, los jeans (Mexico) 8
papalote, el kite 7

papas, las potatoes 6
papas fritas, las potato chips; French fries 10
papel, el paper; role 1 role (play, movie, or television) 13
papelería, la stationery shop 8
papel maché, el papier mâché 3
para for; in order to 1, 9
para colmo to make matters worse 13
paraíso, el paradise 2
parapente, hacer to hang-glide 9
para que in order that; so that 11
pardo/a brown 8
parecer (zc) to appear; to seem 6
pareja, la couple; partner 4
pariente, el/la relative (family) 4
parlamento, el parliament 15
paro, el strike (Latin America); unemployment (Spain) 15
paro, estar en el to be out of work 11
parodia, la parody 13
parque, el park 1
párrafo, el paragraph 5
parrilla, la grill 6
parrillada, la grill 11
parte, la part 3
participante, el/la participant 1
participar to participate 5
particularmente particularly 9
partidario/a partisan 4
partidario/a, el/la supporter 13
partido, (ir a un) (to go to a) game 2
partido, el game; match 5
partir to split; to divide 11
pasa, la raisin
pasado, el past 15
pasado/a last 6
pasaje (de ida y vuelta), el (roundtrip) fare; ticket 9
pasajero/a, el/la passenger 9
pasaporte, el passport 9
pasar to pass (a test); to approve 5
pasar la aspiradora to vacuum 5
pasarlo bien/mal/de maravilla to have a good/bad/ wonderful time 7, 9
pasarlo bomba to have a great time 15

pasar por (...) to pass through (. . .) **9**
pasatiempo, el pastime **7**
paseador/a de perros, el/la dog walker **11**
pasear to take a walk **4**
paseo, dar un to take a walk **7**
paseo, el stroll **1** walk **7**
pasillo, el hallway; aisle **5**
pasión, la passion **4, 13**
paso, el step **4**
Paso por ti. I'll come by for you. **4**
pasta de dientes, la toothpaste **8**
pastel, el cake; pie **6**
pastilla, la pill; lozenge **10**
patear to kick **7**
patinaje, el skating **7**
patinar to skate **7**
patio, el yard; patio **5**
pato, el duck **8**
patrimonio, el heritage **10**
patrocinador/a, el/la sponsor **12**
patrocinar to sponsor **13**
patronato, el board of trustees **1**
pavo, el turkey **6**
paz, la peace **1, 4, 10, 15**
pecho, el chest **10**
pedagogía, la teaching **3**
pedazo, el piece **6**
pedicura, la pedicure **10**
pedido, el request **9**
pedir (i, i) to ask **9** to ask for; to request **6, 9, 10, 11**
pedir prestado to borrow **6**
peinarse to comb one's hair **5**
peine, el comb **5**
pelar to peel **6**
peli, la movie; film **4**
película, la movie; film **4, 7**
película, poner una to show a movie **4**
peligro, el danger **5, 9, 12**
peligroso/a dangerous **2**
pelo, el hair **5**
pelota, la baseball **7**
peluquero/a, el/la hairstylist **11**
pena, la pity; sorrow **8**
penalización, la punishment **15**
pendón, el banner **15**
penicilina, la penicillin **10**
península, la peninsula **3**
pensamiento, el thought **3**
pensar (ie) to think **3, 4, 9, 10, 11**

peor worse **5**
pequeño/a small **1**
percusión, la percussion **14**
percusionista, el/la percussionist **14**
perder (ie) to lose; to miss (someone) **4**
pérdida, la loss **10**
perdido/a lost **4**
peregrino/a, el/la pilgrim **13**
perejil, el parsley **6**
perezoso, el sloth **5**
perezoso/a lazy **1**
perfeccionar to perfect **10**
perfecto/a perfect **2, 7**
perfil, el profile **1**
perfume, el perfume **8**
perfumería, la perfume shop **8**
periódico, el newspaper **2, 4, 7**
periódico digital, el online newspaper **13**
periodista, el/la journalist **10, 11, 13**
perjudicar to damage; to harm **12**
perlas, las pearls **8**
permancer to remain **2**
permanente permanent **3**
permiso, el permit **3**
permitir to permit **2, 7, 9**
pero but **2, 3, 15**
perro/a, el/la dog **4, 5, 8**
perseverancia, la perseverance **13**
persona, la person **1**
personaje, el character **1**
personal, el personnel **11**
personalidad, la personality **7**
pertenencias, las belongings **13**
peruano/a Peruvian **2**
perversidad, la perversity **7**
pesado/a heavy **12**
pesas, levantar to lift weights **7**
pescado, el fish **6**
pescar to fish **9**
pesimista pessimistic **1**
peso, el weight **10**
pesquero/a fishing **6**
pesticidas, los pesticides **12**
petróleo, el oil **9**
piano, el piano **14**
PIB, el GDP **9**
picante spicy **6**
picar to chop **6**
pícnic, hacer un to have a picnic **7**
pico, el beak **8, 9**

pie, el foot **10**
piedra, la stone **4, 9**
piel, la skin; leather; fur **10, 14**
pierna, la leg **10**
pieza (musical), la (musical) piece **3, 14**
pijama, la pajamas **12**
pila, la battery **9**
piloto, el/la pilot **9**
pimienta, la pepper **6**
pincho, el bar snack **2**
pingüino, el penguin **6**
pintado/a painted **3**
pintor/a, el/la painter **1**
pintura, la painting **2**
pirámide, la pyramid **3**
pirata, el pirate **7**
piratear to pirate **11**
piropo, el compliment **9**
pisar to step on **11**
piscina, la pool **7** swimming pool **5**
piso, el floor **5, 8**
pizarra, la blackboard **1**
pizca, la pinch **6**
placer, el pleasure **6**
plancha, la iron; metal sheet **5**
planchar to iron **5**
plan de retiro, el retirement plan **11**
planear to plan **14**
plano de la ciudad, el city map **9**
planta nuclear, la nuclear plant **12**
plantar to plant **12**
plástico, el plastic **3**
plata, la silver **1, 8**
plataforma, la platform **15**
plátano, el banana **6, 8**
platería, la silver **4**
plato, el plate **6**
playa, la beach **5**
pleno/a long-form **13**
plomero/a, el/la plumber **11**
plumaje, el plumage **9**
población, la population **2**
pobre poor **2**
pobreza, la poverty **6, 9, 15**
poder (ue) to be able; can **4, 7**
poder, el power **11, 15**
poeta, el/la poet **2**
polémica, la controversy **12**
policía, la police **9**
poliéster, el polyester **14**
política, la politics **15**
político, el politician **15**
político/a political **6, 15**
pollo, el chicken **6, 10**

poner to put **4, 7, 12**
poner la mesa to set the table **5**
poner los ojos en blanco to role one's eyes **15**
ponerse to become **5**
ponerse en forma to get in shape **10**
por for; through; during; by **9**
por ahora for now **9**
por aquí around here **9**
por casualidad coincidentally **10**
por Dios for heaven's (*lit.* God's) sake **9**
por ejemplo for example **6, 9**
por eso that's why; therefore **2, 7, 9**
por favor please **1, 7, 9**
por fin finally; at last **6, 9**
por lo general in general **9**
porque because **2**
¿Por qué...? Why . . . ? **2, 9**
porquerías, las junk food **10**
por supuesto of course **7, 9**
portada, la front page **13**
portar to carry **15**
portátil, la computadora laptop computer **1**
portugués, el Portuguese **2**
portugués/esa, el/la Portuguese person **9**
por último finally **9**
posar to perch **13**
posible possible **10**
pozo de petróleo, el oil well **12**
practicar (un deporte) to practice (a sport) **2**
precio, el price **2, 5, 8**
precioso/a precious **6**
preciso/a essential **9**
precolombino/a pre-Colombian **5**
predecesor/a, el/la predecessor **6**
predecible predictable **4**
predominante predominant **9**
predominar to predominate **8**
preferencia, la preference **5**
preferir (ie, i) to prefer **2, 4**
pregunta, la question **1**
preguntar to ask **6**
prehispánico/a prehispanic **3**
prehistórico/a prehistoric **3**
premiar to reward **11**
premio, el prize **4, 5, 8, 13**
prenda, la garment **9, 14**

prensa, la press 4, **13**
preocupación, la preoccupation 10
preocuparse to worry 8
preparación, la preparation 6
preparar to prepare 2
presenciar to present 14
presentación introduction 1
presentador/a, el/la moderator 12, **13**
presidencia, la presidency 15
presidente/a, el/la president 5, **15**
presidir to preside 15
presión, la blood pressure 10
prestación, la service 2
préstamo, el loan 11
prestar to lend 15
prevaleciente prevalent 15
prevenible preventable 7
previo/a previous 2
primavera, la spring 1
primera actriz, la leading lady 13
primera plana, la front page 13
primer/o/a first 2, 7, **8**
primo/a, el/la cousin 4
princesa, la princess 7
príncipe, el prince 2
principio, al at first 5
principio, el beginning 3, **13**
prioridad, la priority 13
prisa, tener (ie) to be in a hurry 3
prístino/a pristine 9
privacidad, la privacy 5
privado/a private 3
probablemente probably 3
probador, el fitting room 8
probar (ue) to try 6
probarse (ue) to try on 8
problema, el problem 5
procesión, la procession 1
proceso, el process 15
producir (zc) to produce 6
producto, el product 2, 8
productor/a, el/la producer 13
productos lácteos dairy products 6
profesión, la profession 11
profesor/a, el/la professor 1
profundamente profoundly 10
profundo/a deep; profound 5
programación, la programming 13
programador/a programmer 12

programar to program 4, **12**
programas sociales, los social welfare programs 15
progreso, el progress 15
prohibido/a prohibited 6
prohibir to prohibit 8, **9**
prolífico/a prolific 2
promedio, el average 11
promesa, la promise 6
prometer to promise 6
prominente prominent 9
promoción, la promotion 11
promocionar to promote 10
promover (ue) to promote 15
pronóstico, el forecast 4
pronto soon 1
pronunciar to pronounce 6
propiedad, la property 10
propina, la tip (monetary) **6**
propio/a own 13
proponer to propose 6
proporcionar to proportion; to provide 1, 10
propósito, el goal; objective 7
protagonista, el/la protagonist; star 13
protección, la protection 10
proteger (j) to protect 5, 6, 8, **12**
protegido/a protected 6
proteínas, las proteins 6, **10**
protestar to protest 15
provenir to orginate; to arise from 9
provocar to provoke 10
próximo/a nearby; close; next 2, 7
proyecto, el project 5, 9
prueba, la test; trial; sample 4, 10
psicología, la psychology 3
psicólogo/a, el/la psychologist 11
púas, las barbs 12
publicar to publish 6
publicidad, la publicity 6
publicista, el/la publicist 7
publicitario/a publicity (adj.) 13
público, el public; audience 12, **13**
público/a public 3
pueblo, el people 2 town; the people; the masses 4, 10, **15**
puerta, la door 1
puerta de embarque, la boarding gate 9
puertorriqueño/a Puerto Rican 2

pues well; because 3
puesto, el place; stall; position (job) 11 position 2 stall 8
pulir to polish 12
pulmones, los lungs 10
pulsera, la bracelet 8
puntiagudo/a sharp 9
punto, el point of view 6
punto, en on the dot 2
puntualmente punctually 9
pureza, la purity 1
puro/a pure 7

Q

que that; which; who; whom 15
qué what 1, 2
¿Qué, tal? What's up? (*inf.*) 1
¿Qué…? What? 2
¡Qué asco! How revolting! 6
¿Qué barbaridad? What nonsense! 1
¡Qué bárbaro! How terrific! 9
quedar to be left; to be remaining; to fit **6**, **8**
quedarse to stay (somewhere); to remain 7, **9**
¡Qué estudiantes! What students! 1
¿Qué hora es? What time is it? **2**
¿Qué húbole? What's up? (*Venezuela*) 9
quejar to complain 14
quena, la Andean flute 8
¡Qué padre! How awesome! 4
¿Qué pasa? What's happening?; What's up? (*inf.*) 1
querer (ie) to want; to love 7, 8, **9**
querido/a dear 4
queso, el cheese **6**
¡Qué suerte! What luck! 2
¿Qué tal sí… ? How about . . . ? 4
¿Qué te gusta hacer? What do you like to do? 2
quien who; whom 2, 15
¿Quién(es)…? Who . . . ? 2
¿Quieres ir a…? Do you want to go to . . . ? 4
química, la chemistry 3
quinto/a fifth 8
quipu, el knotted string (Inca) 15
quiropráctico/a, el/la chiropractor 10
quitar to remove 5

quitar la mesa to clear the table 5
quitarse to take off (clothing) 5
quizás perhaps 10

R

radioactividad, la radioactivity 12
radiografía, la X-ray 10
radio por satélite, la satellite radio 13
radioyente, el/la radio listener 13
raíz, la root 10
rama, la branch 10
ramo, el bouquet 7
rápidamente rapidly 9
rápido/a rapid 2
raqueta, la racket 7
raro/a strange; uncommon 7
rato, el short time; while 13
ratón (inalámbrico), el (wireless) mouse 12
rayas, de striped 8
rayo, el ray 10
rayón, el rayon 14
razón, la reason 4
razón, tener to have a point; to be right 3
razonable reasonable 12
reacción, la reaction 7
reaccionar to react 7
real royal 15
realista realistic 1
realizar to achieve 8 to carry out 11
realmente really 6
rebaja, en on sale 8
rebaja, la sale 8
rebelión, la rebellion 15
recargable rechargeable 12
recepcionista, el/la receptionist 5
receptor, el receiver 12
receta, la prescription 9, **10** recipe 6
rechazar to reject 4
recibir to receive 2
recibo, el receipt 8
reciclaje, el recycling 12
reciclar to recycle 7, 12, **12**
recién casados, los newlyweds 4
recientemente recently 6
recíproco/a reciprocal 11
reclamo de equipaje, el baggage claim area 9
recoger to pick up 5
recolección, la gathering 10

recomendar (ie) to recommend **9**
recompensa, la compensation 9
reconocido/a recognized 3
recordar (ue) to remember 7
recorrer to go round; to travel through/across **9**
recorrido, el trip 6
recortar to clip 13
rectificar to rectify 15
recto, todo straight ahead 3
rectoría, la president's office **3**
recuerdo, el souvenir; memory 6, **9**
recuperar to recuperate 2
recurso (natural), el (natural) resource **12**
recursos humanos, los human resources 3
red, la network 6
redacción, la editing 13
redondo/a round 9
reducir (zc) to reduce 15
reencarnar to reincarnate 13
referir (ie, i) to refer 14
reflejar to reflect 3
reforestación, la reforestation **12**
refresco, el refreshment; soft drink 3, 4, **6**
refrigerador, el refrigerator **6**
refugio, el refuge 3
regalar to give a gift 13
regalo, el gift 4
regatear to bargain; to haggle over **8**
regateo, el haggling 8
régimen, el diet 10
región, la region 6
regla, la rule 10
regresar to return 6
regreso, de on return 11
reina, la queen 15
reino, el kingdom 8
reírse (i, i) to laugh 13
relación, la relation 4 relationship 6
relajamiento, el relaxation 10
relatar to relate 7
relativo/a relative 15
religioso/a religious 15
rellenar to fill completely; to fill out **11**
relleno, el filling **4**
relleno/a filled 6
reloj, el clock; watch **1**
reloj de pulsera, el wristwatch 8, **8**

remediar to remedy 13
remedio, el remedy **10**
remesa, la remittance; payment 4
remolino, el whirlwind 9
remoto/a remote 4
remover (ue) to remove 14
rendir (i, i) to defeat 13
renombre, el renown 14
renovable renewable 11
renunciar to renounce 11
reparar to repair **11**
repartir to deliver; to distribute **11**
repaso, el review 13
repente, de suddenly **8**
repertorio, el repertoire **14**
repetir (i, i) to repeat **1**
Repita, por favor. Repeat please. **1**
repoblación, la repopulation 12
reponer to restock **10**
reportaje, el feature **13**
reportar report 13
reportero/a, el/la (television) reporter 4, 7, **13**
representante, el/la representative **15**
representar to perform; to represent 6, 8, **13**, **14**
representativo/a representative 3
reproducir (zc) to reproduce 5, 14
reproductor de mp3, el mp3 player **12**
república, la republic **15**
requisito, el requirement 3, 5
resaltar to feature 7
rescate, el rescue el 9
reseña, la review 4, 6, **13**
reserva/reservación, la reservation **9**
resfriado, el cold **10**
residencia, la residence 2
resolver (ue) to solve **15**
respetar to respect 6
respeto, el respect 15
respetuoso/a respectful 12
respirar to breathe **10**
respiratorio/a respiratory 10
responder to respond 6
responsabilidades, las responsibilities 11
responsable responsible 3
respuesta, la answer; response 1 response **1**
restaurante, el restaurant 6
resto, el rest 2

restos, los remains; leftovers 10
resultado, el result 5, 6
resumen, el summary 5
resumir to summarize 7
retar to challenge 5
retirado/a distant 10
retirarse to excuse oneself; to retire **11**, 15
retrasar to detain; to be behind 4
reunión, la meeting; get-together 2
reunirse to meet with someone 11
revelar to reveal 6
revisar to check; to review 1, 2, **10**, 12, **13**
revista (del corazón), la (celebrity) magazine 13
revista, la magazine **7**
revolucionado/a revolutionized 12
revolucionar to revolutionize 12
revólver, el revolver 11
rey, el king 15
rico/a rich; delicious 2, 4, **6**
ridículo/a ridiculous 5, **6**, 10
riesgo, el risk 10
rígido/a rigid 10
río, el river 2
riqueza, la wealth; richness 9
risa, la laughter 13
ritmo, el rhythm 1
roca, la rock 9
rodaje, el filming 4
rodar to film 10
rodeado/a surrounded 12
rodear to surround 7
rodilla, la knee **10**
rojo/a red **1**
romano/a Roman 2
romántico/a romantic **1**
romper to break 12
romperse (un hueso) to break (a bone) 10
ropa, la clothing 5, **8**
roquero/a, el/la rocker 2
rosado/a pink **1**
roto/a broken 2
rubio/a blond **2**
ruina, la ruin 4
rumbo a towards 6
Rusia Russia 2
ruso, el Russian **2**
rústico/a rustic 3
ruta, la route 6
rutina, la routine 5

S

sábado, el Saturday **1**
sabelotodo, el/la know-it-all 4
saber to know (something or how to do something) 2, 4, 6, **7**, **9**, **10**
sabor, el flavor 1
sabroso/a delicious; tasty **6**
sacar to take (out) **1**, **5**
sacar fotos to take pictures 9
saco, el blazer **8**
sacudir to shake; to dust 15
sagrado/a sacred 11
sal, la salt **6**
sala, la living room 3, **5**
sala de espera, la waiting area **9**
sala de reclamación, de equipaje baggage claim area 9
sala de urgencias, la emergency room 10
salario, el salary 11
salida, la departure 2, 6, **9**
salir to leave; to go out **4**
salir bien to end well 9
salón, el room 9
salsa, la sauce 6
salsero/a, el/la salsa performer 12
saltar to leap 8
salto, el waterfall **9**
salto en bungee, hacer to bungee jump 9
salud, la health 4, 7, **10**
saludable healthy 10
saludo/s, el/los greeting/s; salutation/s 1, **11**
salvadoreño/a Salvadorian 2
salvar to save 4
sandalias, las sandals 8
sándwich, el sandwich 3, **6**
sanfermines, los Sanfermín festival 2
sangre, la blood 11
sanidad, la sanitation; public health 15
sapo, el toad 8
sartén, la skillet; frying pan **6**
satisfacción, la satisfaction 9
satisfactorio/a satisfactory 6
satisfecho/a satisfied 8
saturado/a saturated **10**
saxofón, el saxophone 14
se himself; herself; yourself; itself; themselves **5**

secador, el hair dryer 5
secadora, la dryer 5
sección, la section 6
sección deportiva, la sports section 13
sección financiera, la financial section 13
seco/a dry 6
secretario/a, el/la secretary 11
secreto, el secret 4
secuestrar to kidnap 4
sed, la thirsty 10
sed, tener (ie) to be thirsty 3, 7
seda, la silk 8
sede, la head office; seat of government 8, 11
seguir (i, i) to follow 9, 10
según according to 5
segunda mano, de secondhand 8
segundo/a second 7, 8
seguramente surely 3
seguridad, la security 9
seguro/a sure; certain 4, 5, 10
seguro médico, el health insurance 11
selección, la selection 7
seleccionar to select 10, 15
selva, la jungle 5, 9, 10, 12
semana, la week 1
Semana Santa, la Holy Week 1
semejante similar 8
semestre, el semester 3
senador/a, el/la senator 15
sencillez, la simplicity 14
sencillo/a simple 5
sensación, la sensation 11
sensacionalista sensationalist 13
sentarse (ie) to sit 5
sentimental sentimental 4
sentir (ie, i) to regret 9, 10
sentirse (ie, i) to feel 5, 8
señal, la signal 15
señalar to point out 12
señor, el (Sr.) Mr. 1
señora, la (Sra.) Mrs. 1
señorita, la (Srta.) Miss 1
septiembre September 1
séptimo/a seventh 8
sepulcro, el grave 14
ser to be 1, 2, 3, 7, 8, 9
ser humano, el human being 6
serie, la series 13
serio/a serious 10
serpiente, la snake 6
servicio, el service 2
servicio de limpieza, el cleaning service 5

servilleta, la napkin 6
servir (i, i) to serve 2, 3, 4, 5, 8
severo/a severe 8
sexto/a sixth 8
siempre always 2, 3, 7, 8
siglas, las call letters 7
siglo, el century 1, 6
significado, el meaning 2
significante significant 13
significar to mean 13
significativo/a significant 7
siguiente following 4
silla, la chair 1
sillón, el armchair; overstuffed chair 5
simbolizar to symbolize 10
simpático/a kind; nice; amusing 1, 8
simpatizante, el/la sympathizer 15
simpatizar to sympathize 8
sindicalizar to unionize 15
sindicato, el union 12
sin duda without a doubt 10
sin embargo nevertheless 7
sinfonía, la symphony 14
sinfónica, la symphonic orchestra 14
sino but; but rather 1, 15
sin que without 11
síntesis, la synthesis 3
sintético/a synthetic 14
síntoma, el symptom 10
sin trabajo, estar to be out of work 11
sirviente/a, el/la servant 4
sitio, el place 4
sitio web, el website 7, 12
situación, la situation 5, 6
situado/a situated 8
sobre on 5
sobreconsumo, el overconsumption 12
sobrenatural supernatural 10
sobrepeso, el excess weight; obesity 10
sobrepoblación, la overpopulation 13
sobrevivencia, la survival 4
sobrevivir to survive 5
socialista, el/la socialist 8
sociología, la sociology 3
socorro, el help 11
sofá, el sofa; couch 5
sol, hace it is sunny 7
sol, tomar el to sunbathe 7
solamente only 3
soldado, el soldier 15

solemne solemn 4
solicitar to apply for 3, 11
solicitud de empleo, la job application 11
sólido/a solid 6
solista, el/la soloist 7, 14
solitario/a solitary 11
solo only 3
soltar (ue) to let go 2
soltero/a single; unmarried 4
sombría somber 11
sombrilla, la umbrella 7
soñar (ue) (con) to dream about) 4
sonreír (i, i) to smile 15
sopa, la soup 6
soplar to blow 8
sorprendente surprising 10
sorprender(se) to surprise 10
sorpresa, la surprise 6
sospecha, la suspicion 11
Soy... I am . . . 1
subir to raise; to go up; to climb 6 to upload 12
subir de peso to gain weight 10
subrayar to underscore 5
sucio/a dirty 6
sudadera (con capucha), la (hooded) sweatshirt 8
suegro/a, el/la father-in-law/mother-in-law 4
sueldo (mínimo), el minimum wage 11
sueño, el dream 6, 12
sueño, tener to be sleepy 3
suerte, la luck 7
suéter, el sweater 8
sufrimiento, el suffering 15
sufrir (de) to suffer (from) 8
sugerencia, la suggestion 6
sugerir (ie, i) to suggest 9
sumamente very 7
sumario, el summary 2
superación, la overcoming 11
superar to overcome 12
supervisión, la supervision 11
supervisor/a, el/la supervisor 11
supuesto/a supposed 9
sur, el south 6
surfear to surf 7
surgir to emerge 15
suspender to suspend 14
suspensivo/a suspenseful 4
sustancia, la substance 15
sustantivo, el noun 1
suyo/a/os/as your (for. pl.) (of) ours; his/her (of) his/hers (of) its; their (of) yours 13

T

tabla, la board; table 10, 12
tacaño/a stingy 5
tacógrafo, el tachograph 9
tacón, el heel 8
táctica, la tactic 10
talco, el talcum powder 8
talentoso/a talented 14
talla, la clothing size 8 size 8
tallado, el carving 3
tallado/a carved 3
taller, el workshop 3
tal vez perhaps 10
también also too 1, 2, 7
tambor, el drum 14
tampoco neither; not either 7
tan... como as much as 5
tan pronto como as soon as 11
tanque, el tank 10
tanto... como as much as 5
tantos/as... como as many as 5
tapado/a stuffy 10
tapas, las appetizers 2
taquilla, la box office 8
tarde late 2
tarde, la afternoon 1, 2
tarea, la homework; task 1
tarifa, la fee; commission 10
tarjeta de crédito, la credit card 8
tarjeta de embarque, la boarding pass 9
tarjeta de memoria, la memory card 9
tarjeta postal, la postcard 9
tasa (de desempleo), la rate (of unemployment) 15
tasa, la rate 11
taxista, el/la taxi driver 4
taza, la coffee cup/mug 6
tazón (de cristal), el (glass) bowl 6
te you (inf.) 4, 6
té, el tea 6
teatro, el theater 3, 4, 13
techo, el roof 3
teclado, el keyboard 12
técnica, la technique 6
tecnología, la technology 13
tecnológico/a technological 12
Te gusta... you like . . . 2
¿Te gustaría (+ inf.)? Would you like (+ inf.)? 4
tejanos, los jeans (Spain) 8
tejer to weave 15
tejido, el weaving 4
tela, la cloth; fabric 8, 14
tele, la television 6

teléfono celular/móvil, el cell phone 1
telenovela, la soap opera 13
televidente, el/la television viewer 12, 13
televisión (en directo), la live television 13
televisión (en vivo), la live television 13
televisión (por cable), la cable television 13
televisión (por satélite), la satellite television 13
televisión, la television 7, 13
televisor de alta definición, el high-definition television 12
telón, el curtain 11
tema, el theme 5
temer to fear 10
temor, el fear 15
temperatura, la temperature 9, 10
tempestad, la storm 8
templado/a temperate 6
templo, el temple 8
temporada, la season 7
temporal temporary 3
temprano/a early 2
tender a to tend to 6
tenedor, el fork 6
tener (ie) to have 1, 2, 2, 7
tengo I have 1
tenis, el tennis 2
tenista, el/la tennis player 2
tensión, la tension, pressure 13
tenso/a tense 14
tentación, la temptation 6
teoría, la theory 8
tercer/o/a third 8
terciopelo, el velvet 14
termal thermal 10
terminar to end; to finish 6, 10
término, el term 4
términos, los terms 11
terrateniente, el landowner 5
terraza, la terrace 5
terremoto, el earthquake 14
terreno, el land; terrain 4
terrestre terrestrial 8
terrorismo, el terrorism 15
tesoro, el treasure 2
testigo/a, el/la witness 13
ti you (inf.) 6
tibio/a lukewarm 7
tiempo, el time; weather 2, 6, 7
tiempo completo, trabajar a to work full-time 11

tiempo parcial, trabajar a to work part-time 11
tienda, la store; shop 8
tienda especializa, la speciality store 8
tierra, la earth; land 10
tímido/a shy; timid 1
tinta, la ink 12
tío/a, el/la uncle/aunt 4
típico/a typical 3
tipo, el type 15
tira cómica, la comic strip 14
tirar to throw (away out) 12
titular to title 7
titular, el headline 13
título, el degree; title 2, 6, 12
tiza, la chalk 1
toalla, la towel 7
tobillo, el ankle 10
tocar (un instrumento) to play (an instrument) 3, 4
todo/a/os/as all; every; everyone 2, 3
tomar to drink; to take 2, 6 to take; to drink 12
tomarse la presión to take blood pressure (Latin America) 10
tomar la tensión to take blood pressure (Spain) 10
tomate, el tomato 6
tonto/a stupid 13
topografía, la topography 4
torcer (ue) to twist 10
torneo, el tournament 2
torno a, en pertaining to 3
toro, el bull 2
toronja, la grapefruit 6
torta, la cake 5
torta de chocolate, la chocolate cake 6
tortilla, la omelet 2, 6
tortuga, la turtle 5
torturar to torture 4
tos, la cough 10
toser to cough 10
tostadora, la toaster 6
tostar (ue) to toast 6
trabajador/a hard-working 1
trabajador/a, el/la worker 1
trabajar to work 6
trabajar (a comisión) to work (on commission) 2
trabajo, el work 6, 11
trabajo, estar sin to be out of work 11
tradición, la tradition 4
traducir (zc) to translate 11
traer to bring 4, 7, 9, 11, 12

traficar to traffic 7
tráfico, el traffic 13
tragedia, la tragedy 7, 13
traje, el suit 8
traje de baño, el swimsuit 7
traje de noche, el evening gown 14
tranquilamente calmly 8
transferir (ie, i) to transfer 12
transformar to transform 10
transición, la transition 7
transmitir to transmit 10, 13
transporte, el transportation 3
tras behind 15
tratado, el treaty 15
tratamiento, el treatment 10
trayectoria, la trajectory 15
trazar to race 9
trekking, el hike 9
tremendo/a tremendous 7
tren, el train 6, 9 tren 7
tribu, la tribe 10
tribunal, el court 15
triste sad 4, 5
triunfo, el triumph 5
trombón, el trombone 2, 14
trompeta, la trumpet 14
tú you (inf.) 1
tul, el tulle (silk or nylon net) 14
tumba, la tomb 15
turismo, el tourism 5
turista, el/la tourist 2
turístico/a touristy 9
turnarse to take turns 5
tu/tus your (inf.) 1
tuyo/a/os/as your (inf.) (of) yours 7, 13

U

ubicación, la location 5
ubicado/a located 8
ufano/a conceited 8
úlcera, la ulcer 10
últimamente lately 15
último/a last; latest 2, 4, 7
una vez one time; once 5
único/a only; unique 5, 8, 10
unidad, la unity 4
unido/a close close-knit 4
uniforme, el uniform 7
unirse (a) to join together 4, 15
universidad, la university 1
un/o/a a; one 1
urgente urgent 9
usar to use 4
usted/es you (for.) (masc./fem.) 1
usualmente usually 9

utensilio, el utensil 6
útil useful 15
utilizar to use 4
uvas, las grapes 6

V

vacaciones, las vacation 5
vacante, la vacancy 11
vaciar to empty 5
vacuna, la vaccine 10
valer to be worth; to cost 9
valioso/a useful 12
valor, el value 10
vamos let's go 4
¿Vamos a…? Should we go . . . ? 4
vaqueros, los jeans (Spain) 8
variar to vary 6
variedad, la variety 5
varios/as several; various 7
vaso, el glass 6
veces, a sometimes; at times 5
vecino/a, el/la neighbor 5
vegetariano/a, el/la vegetarian 6
velocidad, la speed 9
vencer to conquer 11
vendedor/a ambulante, el/la street vendor 8
vender to sell 2
venganza, la revenge 4
venir (ie) to come 4, 7
venta, en on sale 5
venta, la sale 9
ventaja, la advantage 6, 7, 10, 11
ventana, la window 9
ventanilla, la window 9
ver (la televisión/una película) to see; to watch (television/a movie) 2, 7, 7, 8, 12
verano, el summer 1
verdad, la truth 6, 10
verdaderamente truly 9
verdadero/a true 4
verde green 1
verduras, las vegetables 6
verificar to verify 6
verja, la iron grill 12
versátil versatile 13
versión, la version 10
vestido, el dress 7, 8
vestimenta, la clothing 9
vestir (i, i) to dress 5
vestirse (i, i) to get dressed 5
veterano/a veteran 12
veterinaria, la veterinary science 3

veterinario/a, el/la veterinarian **11**

vez, la time; instance **5**

vez en cuando, de once in a while **5**

vía, la lane; way **5**

viajante, el/la traveling salesperson **11**

viajar to travel **2, 9**

viaje, el trip **1, 7, 9**

viajero/a, el/la traveler **9**

vías de desarrollo, en developing 15

víctima, la victim 3

vida, la life 2

videograbadora, la VCR 12

viejo/a old 2

viento, el wind 14

viento, hace it is windy **7**

vieres whatever you see 9

viernes, el Friday **1**

vigilar to watch 15

vigoroso/a vigorous 15

villa, la town 15

vinagre, el vinegar **6**

vino, el (tinto, blanco) (red white) wine **6**

viola, la viola 14

violar to violate **15**

violencia, la violence 4

violento/a violent 14

violín, el violin 14

virreinato, el viceroyalty 11

visado, el visa 7

visita, la guests; visit 5

visitante, el/la visitor 9

visitar to visit 2

vista, la view **2, 5, 9**

vistoso/a showy 9

vitamina, la vitamin 10

viudo/a, el/la widow/er **4**

vivienda, la housing 15

vivir to live **1, 2, 5, 6, 12**

vivo/a alive 3

volante, el flier 5

volar (ue) to fly **7**

volcán, el volcano **4, 5, 9**

voleibol, el volleyball **7**

voluntad, la will 7

voluntario/a voluntary 5

voluntario/a, el/la volunteer 5

voluptuoso/a voluptuous 9

volver (ue) to return **4, 7, 12**

vosotros/as you (*inf. pl.*) (*Spain*) **1, 4**

votante, el/la voter 13

votar (por) to vote (for) **2, 15**

voto, el vote 13

voz, la voice **8, 14**

vuelo, el flight **4, 9**

vuestro/a/os/as your; yours (*inf. pl.*); (of) yours **3, 13**

Y

y and **1**

ya already 14

yerno, el son-in-law **4**

yo I **1**

yogur, el yogurt **6**

Z

zampoña, la panpipe 8

zanahoria, la carrot **6**

zapatería, la shoe store **8**

zapatos, los shoes **8**

zoológico, el zoo 3

zorro, el fox **8**

zumo, el juice **6**

A

a un/o/a **1**
abandon abandonar 7
ability la habilidad 8
aboard bordo a 6
abolish abolir **15**
abound abundar 6
about alrededor 12
above arriba de **5**
abroad el extranjero 4, **9**
absent ausente 15
abstain abstener 9
abuse el abuso 15
academic académico/a 3
academic subject la
   materia **3**
accede acceder 15
accelerate acelerar 15
accept aceptar **4**
accessory el accessorio **8**; la
   prenda 9, **14**
accident el accidente **10**
accommodate acomodar 5
accompany acompañar 6
accord el acuerdo **15**
according to según 5
accordion el acordeón 14
account la cuenta **6**
accountant el/la contador/a **11**
accounting la contabilidad 3
ache el dolor **10**
achieve lograr 12, **15**;
   realizar 8
achievement el logro 4
acquire adquirir (ie, i) 13
across from enfrente de **3**, 14
act actuar 5, **13**
action la acción 15
active activo/a **2**
activist el/la activista **15**
activity la actividad 8
actor el actor 5
actress la actriz 1
acupuncture la acupuntura
   10
add añadir 6; (**in**) echar **6**, 12;
   agregar 10
addressee el/la destinatario/a
   11
adequate adecuado/a 7
adjust ajustar 11
administration la
   administración 2

admiration la admiración 9
admirer el/la admirador/a 9
admit admitir 7
adoptive adoptivo/a 14
adore adorar 14
adorn adornar 9
adorned adornado/a 8
advance el avance 3
advanced avanzado/a 3, 8
advancing avanzado/a 3, 8
advantage la ventaja 6, 7,
   10, **11**
adventure la aventura 4
advice el consejo 7, **10**
advice column el consultorio
   sentimental **13**
advise aconsejar 9
advisor el/la asesor/a **15**
advocate abogar 7
aerobic aeróbico/a **10**
aerobics ejercicios
   aeróbicos **10**
affect afectar 9
affection cariño **4**
affectionate afectuoso/a **4**
affirm afirmar 6
after después (de) (que)
   3, **7**, **11**
afternoon la tarde 1, **2**
again otra vez **5**
against en contra **5**
age la edad 4
ago hace 5, **14**
agreeable agradable 5
agreed de acuerdo 4
agreement el convenio 13; la
   concordancia 10
agricultural agrícola 4
air conditioning el aire
   acondicionado 5
airline la aerolínea 9
airport el aeropuerto **9**
aisle el pasillo **5**
album el álbum 5
alcoholic beverages la
   bebidas alcohólicas **10**
algebra el álgebra (*fem.*) 3
alive vivo/a **3**
all todo/a/os/as 2, **3**
allergic alérgico/a **10**
allergy la alergia 10
alleviate aliviar 10
alleviated aliviado/a 14

almost casi 10
along a través 8
already ya 14
also también 1, **2**, **7**
alternate alternarse 8
although aunque 4, **7**
altitude la altura 8
aluminum el aluminio 7
always siempre 2, **3**, **7**, **8**
ambiguity la ambigüedad 11
ambulance la ambulancia 10
American (US)
   norteamericano/a **2**
amorous amoroso/a 6
ample amplio/a 10
amusing simpático/a **1**, 8
analysis el análisis 3
analyst el/la analista **11**
ancestor el/la antepasado/a 4
ancestry la ascendencia 10
ancient antiguo/a 3 **and** y **1**
Andean andino/a 8
Andean flute la quena 8
anecdote la anécdota 6
anger el enojo 15; enojar **10**
angry furioso/a **5**
animal el animal 3
animated animado/a 9
ankle el tobillo 10
anniversary el aniversario 6
announce anunciar 8
announcement el aviso 13
announcer el/la locutor/a **13**
annoy molestar **6**, **10**
annoyed molesto/a **5**
another otro/a 2
answer contestar **1**; la
   respuesta 1
antacid el antiácido **10**
anthropology la
   antropología 3
antibiotic el antibiótico **10**
anticipate anticipar 8
anticipation la anticipación 9
antioxidants los
   antioxidantes **10**
anxious ansioso/a 9
any/one cualquier/a 9
anything algo 3, **6**, **7**
apartment el apartamento 3
aphrodisiac el afrodisíaco 6
apologize disculparse 15
apparent aparente 15

apparently aparentemente 15
appeal to apetecer **6**
appear aparecer 9
appearance la aparencia 1
appetizer el aperitivo 2; la
   entrada 6; las tapas 2
applaud aplaudir **14**
apple la manzana 3, **6**
appliance el aparato 6
apply for solicitar 3, 11
appointment la cita **10**, 11
appreciate apreciar 4
appreciated apreciado/a 11
appropriate apropiado/
   a 10
approve pasar 5
approximately
   aproximadamente 3
April abril **1**
aquatic acuático/a 9
aqueduct el acueducto 2
Arab el árabe 2
Arabic el árabe 2
archbishop el arzobispo 4
archeologist el arqueólogo 8
archipelago el archipiélago 8
architect el/la arquitecto/a
   2, **11**
architecture la arquitectura 7
area el área (*fem.*) 7
Argentine argentino/a **2**
Argentine cowboy el
   gaucho 11
argument el argumento 4; la
   discusión 8
aria el aria (*fem.*) 14
arise from provenir 9
arm el brazo **10**
armchair el sillón **5**
armed armado/a 15
army el ejército **15**
around alrededor 12
around here por aquí **9**
arrangement el arreglo 5
arrest detener (ie) 11
arrival la arribada 5; la
   llegada 2, 3, **9**
arrive llegar **2**
arrow la flecha 8
art el arte (*fem.*) **3**
arthritis la artritis 10
article el artículo 7, **13**
artifact el artefacto 5

artisan el/la artesano/a 3
as como 5
ascending ascendente 6
ashamed avergonzado/a 10
ashes la cenizas 9
ask pedir (i, i) 9; preguntar 6
ask for pedir (i, i) 6, 9, 10, 11
aspect el aspecto 8
aspiration la aspiración 15
aspirin la aspirina 10
assemble armar 8
assembly plant la
   maquiladora 15
assistant el/la asistente 7; el/la
   ayudante 6
associate asociar 2
association la asociación 7
as soon as en cuanto 11; luego
   que 11; tan pronto como 11
assure asegurar 5
asthma el asma (fem.) 10
at first al principio 5
at last por fin 6, 9
at least por lo menos 6
ATM (automatic teller
   machine) el cajero
   automático 4, 8, 12
atmosphere el ambiente 6; la
   atmósfera 3
attack atacar 10; el ataque 4
attend asistir (a) 2
at times a veces 5
attract atraer 6
attraction la atracción 9
attractive atractivo/a 3
attribute atribuir 14
audience el público 12, 13
audition la audición 14
auditorium el auditorio 3
August agosto 1
authentic auténtico/a 14
author el/la autor/a 2
authority la autoridad 14
autobiographical
   autobiográfico/a 2
autograph el autógrafo 14
autonomous autónomo/a 2
available disponible 5
avenue la avenida 12
average el promedio 11
avocado el aguacate 6
avoid evitar 10
awesome padre (adj.) 4

B

back la espalda 10
background el fondo 14
backpack la mochila 1
bad mal 1; malo/a 1, 10

bag el bolso 7, 8; la bolsa 7
baggage el equipaje 9
baggage claim el reclamo de
   equipaje 9; la sala de
   reclamación de equipaje 9
bake hornear 6
ballad la balada 13
ballet el ballet 1, 14
ballroom dancing el baile de
   salón 14
banana el plátano 6, 8; la
   banana 6
band la banda 4, 14
bank el banco 8; la orilla 5
banner el pendón 15
banquet el banquete 7
bar el bar 2
barbs la púas 12
bargain la ganga 8, 9;
   regatear 8
baritone el barítono 14
baseball el béisbol 4; la
   pelota 7
baseball player el beisbolista
   2
based basado/a 6
basket la cesta 3
basketball el básquetbol
   5, 7
Basque el eusquera 2
bass el bajo 3; el contrabajo
   14
bat el bate 7
bathe bañarse 5
bathroom el baño 5
battery la pila 9
battle la batalla 1
be estar 3, 5, 7, 9; ser 1, 2, 3, 7,
   8, 9
be . . . years old tener...
   años 3
be able poder (ue) 4, 7
be a bother molestar 6, 10
be accustomed to
   acostumbrar 13
beach la playa 5
bead la cuenta 6
beak el pico 8, 9
beans los frijoles 6
bear el oso 3
beat batir 6; latir 15
beautiful bello/a 2;
   hermoso/a 6
beauty la belleza 9
be behind retrasar 4
be born nacer 2
be called llamarse 5
because porque 2; pues 3
become ponerse 5

become accustomed
   acostumbrarse 8
become aware enterarse 15
become happy alegrarse (de) 5
become sick enfermarse 5
bed la cama 5, 10
bedroom el dormitorio 5
be enough bastar 8
beer la cerveza 3, 6
be extremely pleasing
   encantar 6
be familiar with conocer 4
be fascinating fascinar 6
before antes (de) 2, 11
be game animarse 5
begin comenzar (ie) 7;
   empezar (ie) 1, 3, 4, 7, 9;
   iniciar 9
beginning el comienzo 5; el
   inicio 4; el principio 3, 13
be glad alegrarse (de) 5, 10
behind atrás 7; detrás (de) 3;
   tras 15
be interesting interesar 6
be involved involucrar 13
belief la creencia 2
believe creer 2, 6, 10, 12
belly el buche 8
belongings la pertenencias 13
beloved amado/a 13
below debajo (de) 5
be missing faltar 8
bench el banco 8
benefit el beneficio 11
better mejor 3, 5, 9, 10
between entre 3
beverage la bebida 6
be worth valer 9
bicycle la bicicleta 2
big grande 1, 2
bilingual bilingüe 12
bill la cuenta 6
biography la biografía 2
biological biológico/a 10
biology la biología 3
biosphere la biosfera 3
bird el pájaro 5, 9; el ave 3
birth el nacimiento 1
birthday el cumpleaños 1
birthrate el índice de
   natalidad 4
black negro/a 1
blackboard la pizarra 1
blazer el saco 8; la americana
   (Spain) 8
bleachers las gradas 15
block el bloque 8; la cuadra 3;
   la manzana (Spain) 3, 6
blond rubio/a 2

blood la sangre 11
blood pressure la presión
   arterial 10
blouse la blusa 8
blow soplar 8
blue azul 1
blue-footed booby el booby
   con patas azules 8
board abordar 9; la tabla
   10, 12
boarding gate la puerta de
   embarque 9
boarding pass la tarjeta de
   embarque 9
board of trustees el
   patronato 1
boat el barco 5, 9
body el cuerpo 5, 10
bomb la bomba 15
bone el hueso 10
book el libro 1
bookcase el estante 5
bookstore la librería 3
boots la botas 8
border la frontera 3, 8
bore aburrir 6
boring aburrido/a 1
borrow pedir prestado 6
boss el/la jefe/a 9, 11
bottle la botella 7
bottom el fondo 14
bow el arco 8
box la caja 8
box office la taquilla 8
boy el chico 3; el muchacho 2
boycott el boicot 15
boyfriend el novio 3, 4
bracelet la pulsera 8
branch el ramo 7; la rama 10
brand la marca 12
Brazilian brasileño/a 2
bread el pan 6
break romper 12
break (a bone) romperse (un
   hueso) 10
break down dañarse 15
breakfast el desayuno 2, 6
breathe respirar 10
brief breve 6
briefcase el maletín 4
brightly colored colorido/a 9
brilliant brillante 3
bring traer 4, 7, 9, 11, 12
brochure el folleto 9
broken roto/a 2
brother-in-law/sister-in-law
   el/la cuñado/a 4
brother/sister el/la
   hermano/a 3, 4

brown castaño/a 2; color café 1; pardo/a 8
brunette castaño/a 2; moreno/a **2**
brush cepillarse 5
bucket la cubeta 5
Buddhist budista 14
building el edificio 8
bull el toro 2
bungee jump hacer salto en bungee 9
burn arder 15
bury enterrar (ie) 14
bus el autobús 5, **9**; el camión (*Mexico*) 8
business el negocio 3
business administration la administración de empresas 3
business letter la carta comercial 11
businessman el hombre de negocios 11
business section la sección financiera 13
businesswoman la mujer de negocios 11
busy ocupado/a 4
but pero 2, 3, **15**; sino 1, **15**
but rather sino 1, **15**
butter la mantequilla 6
buy comprar 2, **8, 9, 11**
by por **9**
by way of mediante 15

C

cabinet el gabinete 11
cable television la televisión (por cable) **13**
cadaver el cadáver 14
café el café 4
cafeteria la cafetería 2
caffeine la cafeína 6
cake el pastel 6; la torta 5
calcium el calcio **10**
calculate calcular 7
calculator la calculadora 1
calculus el cálculo 3
call llamar 5
call letters las siglas 7
calm down aquietar 15
calmly tranquilamente 8
calorie la caloría 6
camera la cámara 4
camp acampar 5; el campamento 9
campaign la campaña 12, **15**
can poder (ue) **4, 7**
Canada Canadá 6

Canadian canadiense 2
canal el canal **13**
cancel cancelar 9
cancer el cáncer 10
candidate el/la candidato/a 6, **15**
cap la gorra 8
capable capaz 11
capacity la capacidad 11
capital city la capital 1, **2**
car el auto **9**; el carro 3, **9**; el coche **9**
carbohydrates los carbohidratos **10**
cardiologist el cardiólogo 10
career la carrera 3
careful cuidadoso/a 9
careful, to be tener cuidado 3
Caribbean dance el merengue 7
carpenter el/la carpintero/a **11**
carrot la zanahoria 6
carry portar 15
carry out llevar a cabo 5; realizar 11
carved tallado/a 3
carving el tallado 3
cascades la cascadas 9, 11
cash register la caja 8
casserole la cazuela 6
castle el castillo 13
cat el/la gato/a 5, **8**
cathedral la catedral 9
Catholic católico/a 9
cause causar 5; la causa 7
cave la cueva 9
CD/DVD player el lector de CD/DVD **12**
celebrate celebrar 5
celebration la celebración 7; la fiesta **1**, 3
celebrity la celebridad 7
cello el chelo **14**
cellophane el celofán 14
cell phone el teléfono celular/móvil **1**
Celtic celta 2
cemetery el cementerio 14
censorship la censura 13
censure censurar 13
census el censo 13
centennial el centenario 5
century el siglo 1, 6
CEO el/la jefe/a ejecutivo/a **11**
ceramic la cerámica 4
ceremony la ceremonia 4
certain cierto/a 2, **10**; seguro/a 4, 5, **10**

chain la cadena **8**
chair la silla **1**
chalk la tiza **1**
challenge el desafío 3; retar 5
challenging exigente 3
champagne el champán 8
champion el/la campeón/campeona 7
change cambiar 4; el cambio 4
channel el canal **13**
chao chaito 14
chapel la capilla 8
character el carácter 13; el personaje 1
characteristic la característica 11
charade la charada 6
charge cobrar 4
charger el cargador 9
charitable benéfico/a 14; caritativo/a 9
charm el encanto 7
chauffeur el chofer 11
cheap barato/a 1
check revisar 1, 2, **10**, 12, **13**
check luggage facturar el equipaje 9
cheer animar 3
cheese el queso 6
chef el/la cocinero/a 6, **11**
chellist el/la chelista 14
chemistry la química 3
chest el pecho **10**
chick la cría 5
chicken el pollo **6**, 10
chief el cacique 9
childish infantil 8
children los/las niños/as 1, 7
Chilean chileno/a **2**
chill el escalofrío 10
chinchilla la chinchilla 14
Chinese el chino 2
chiropractor el/la quiropráctico/a 10
chocolate cake la torta de chocolate 6
cholera el cólera 5
cholesterol el colesterol **10**
choose elegir (i, i) 13, **15**; escoger 5
chop picar 6
choreograph coreografiar 14
choreographer el/la coreógrafo/a **14**
chores los quehaceres 5
Christian cristiano/a 9

christianize cristianizar 10
Christmas la Navidad 4
chronic crónico/a 10
chronology la cronología 11
chubby gordo/a 2, 5
church la iglesia 7
cinematographer el/la cinematógrafo 13
cinematography la cinematografía **13**
circulation la circulación 13
citizen el/la ciudadano/a **15**
citizenship la ciudadanía 12
city la ciudad 1, **2**
city map el plano de la ciudad 9
civilization la civilización 3
Civil War la Guerra Civil 3
clap la palmada 14
clarinet el clarinete **14**
class la clase **1**
classic clásico/a **14**
classical clásico/a 4
classified ads los anuncios clasificados **11**, 13
classmate el/la compañero/a de clase 8
clause la cláusula 10
clean limpio/a 6
clean (the house) limpiar, ordenar (la casa) 5
cleaning service el servicio de limpieza 5
clear claro/a **1**, 6; cristalino/a 5; despejado/a 8
clearance sale la liquidación 8
clear the table quitar la mesa 5
clever listo/a 9
client el/la cliente 2
climate el clima 4, 5
climb escalar 9; subir 6
clinic la clínica 11
clip recortar 13
clock el reloj **1**
close cerrar (ie) **1**; próximo/a 2, 7; unido/a 4
close (to) cerca (de) 2
closed cerrado/a 3
close-knit unido/a 4
closing la despedida 1, 4, **11**
cloth la tela 8, **14**
clothing la ropa 5, 8; la vestimenta 9
clothing size la talla 8
cloud la nube 8
cloudy nublado/a 7
coach el/la entrenador/a 7

coach class la clase turista **9**
coast la costa 2, 6
coat el abrigo **8**
coconut el coco 6
code el código 15
coffee el café 6
coffee maker la cafetera **6**
coin la moneda 8
coincide coincidir 13
coincidentally por casualidad 10
cold el resfriado **10**; frío **3**; frío/a 6
cold, it is hace frío **7**
collaborate colaborar 9
collar el cuello 15
colleague el/la colega 11
collection la colección 3
cologne la colonia **8**
Colombian colombiano/a 2
Colombian currency el bolívar 9
colonizer el/la colonizador/a 9
colony la colonia **8**
coloring colorido/a 9
comb el peine **5**
combat combatir 9, **15**
combatant el/la combatiente 4
combination la combinación 10
comb one's hair peinarse **5**
come venir (ie) **4, 7**
comedy la comedia 4, **13, 14**
comfort la comodidad 14
comfortable cómodo/a 9
comforts las comodidades 9
comic cómico/a 4
comic strip la tira cómica 14
command el mandato 11
commemorate conmemorar 3
comment comentar 5
commentary el comentario 3
commentator el/la comentarista 7, **13**
commerce el comercio 3
commission la comisión 8; la tarifa 10
commit cometer 14
commitment el compromiso 7, 11
committee el comité 4
common común 1
commonwealth el estado libre asociado 7
communications las comunicaciones 3
community la comunidad 3

compact disc (CD) el disco compacto 8
companion el/la acompañante 7
company la compañía 13; la empresa 2, **11**
compare comparar 5
comparison la comparación 5
compatriot el/la compatriota 5
compensation la recompensa 9
compete competir (i,i) 10
complain quejarse 14
complement complementar 3
complete completo/a 6; cumplir 1
complex complejo/a **10**
complicate complicar 11
complicated complicado/a 3
compliment el piropo 9
compose componer **14**
composer el/la compositor/a 7, **14**
composition la composición 2
comprehension la comprensión 13
computer la computadora 1, **3, 12**
computer (electronic) game el juego electrónico **12**
computer science la computación 3; la informática 3
conceited ufano/a 8
concept el concepto 4
concert el concierto 2, 3, **4**
conclusion el desenlace 11
concrete concreto/a 7
condemn condenar 11
condemned condenado/a 13
condition la condición 5
condor el cóndor 8
conduct dirigir 9, 14
conductor el/la conductora 15; el/la director/a 9, **11, 14**
confidence la confianza 10
conflict el conflicto 8, **15**
confront enfrentar 7
confuse confundir 10
congested congestionado/a 10
congress el congreso 15
congressman/woman el/la congresista 15
conjecture la conjetura 12
connect conectar 5
connection la conexión 12
connoisseur el conocedor 6

conquer vencer 11
conquest la conquista 3
consensus el consenso 14
consequences las consecuencias 15
conservative conservador/a 13
conserve conservar 7, 8, **12**
consider considerar 3
considerate considerado/a 15
considered considerado/a 15
construct construir 2
construction la construcción 2, **5**
construction worker el/la obrero/a de construcción 11
consult consultar 9
consultant el/la asesor/a 15
consume consumir 12
consumer el/la consumidor/a 1
consumption el consumo 6
contact contactar 10
contain contener (ie) 3
container el contenedor 13; el envase 12
contaminate contaminar 12
contemporaneous contemporáneo/a 6
content el contenido 10
contest el concurso 13
continue continuar 6
contract contratar 13; el contrato 9, **11**
contrast el contraste 6
contribute contribuir 9
contribution el aporte 15
control controlar 13
controversy la polémica 12
conventional convencional 13
conversation la conversación 7
converse conversar 3
convert convertir (ie, i) 9
conviction la convicción 15
convince convencer 2
cook cocinar **6**; el/la cocinero/a **6, 11**
cookies la galletas 6, 10
cool copado/a 12
cool, it is hace fresco **7**
cooler la heladera **7**
cooperate cooperar 8
coordinator el/la coordinador/a 11
copper el cobre 6
copy la copia 7
cord la cuerda 14
cordially yours cordialmente **11**
corduroy la pana **14**

corn el maíz **6**
corner la esquina 3
cornet la corneta **14**
correct acertado/a 12
correspondent el/la corresponsal 12
corridor el corredor 12
corruption la corrupción **15**
cosmopolitan cosmopolito/a 11
cost costar (ue) 2; el costo 13; valer 9
co-star el/la compañero/a de reparto 13
Costa Rican costarricense 3
costly costoso/a 7
costume el disfraz **14**
cotton el algodón 8
couch el sofá 5
cough la tos **10**; toser **10**
cough syrup el jarabe **10**
counter el mostrador 9
country el campo 5; el país **2, 8, 15**
countryman el paisano 15
coup d'état el golpe de estado 15
couple la pareja 4
course el curso 3; la materia **3**; of claro 4
court el tribunal **15**; la cancha 2, **3**
cousin el/la primo/a **4**
cover cubrir 8, **12**
covered cubierto/a 8
cover letter la carta de presentación **11**
cowardice la cobardía 1
crane la garza 8
crazy loco/a 7
cream la crema **5**
create crear 6
creativity la creatividad 2
creator el/la creador/a 8
credit card la tarjeta de crédito **8**
creole criollo/a 6
cricket la cigarra 8
crime el crimen 14
critic el/la crítico/a **13**
crocodile el cocodrilo 9
cross cruzar 14
crucial indispensable **9**
crude grosero/a 15
cruise el crucero **9**
crush machacar 11
cry el grito **11**; llorar 7
crystalline cristalino/a 5
Cuban cubano/a **2**

cuisine la cocina 3
culinary culinario/a 6
culture la cultura 4
cultured culto/a 14
cup/mug la taza 6
cure curar 10
curious curioso/a 7
current actual 10, **15**
current events la actualidad 13
curriculum vitae (vita) el
    curriculum vítae **11**
curtain el telón 11
curved curvado/a 9
custard dessert el flan **6**
custom la costumbre 6
customer el/la cliente 2
customer service la atención
    al cliente **8**
customs la aduana **9**
customs inspector el/la
    inspector/a de aduanas 9
cut cortar **6**
cute bonito/a **2**
cycling el ciclismo **7**
cypress el ciprés 14

D

daily diario/a 2
dairy products los productos
    lácteos 6
dam el embalse 10
damage dañar 15; el daño 15;
    perjudicar 12
dance bailar **2**; el baile 3, **14**;
    la danza 14
danceable bailable 9
dancer el/la bailarín/a **14**
danger el peligro 5, 9, **12**
dangerous peligroso/a 2
daring atrevido/a 12
dark oscuro/a 8
data el dato 1
date la fecha **1**, 5
daughter la hija 4, 6
daughter-in-law la nuera 4
dawn el amanecer 11; la
    madrugada 4
day el día **1**
day before yesterday anteayer
    6, 8
daycare center la guardería **11**
day laborer el jornalero 15
dear querido/a **4**
death la muerte 3
debate debatir 14, **15**; el
    debate 15
debut debutar 10; el debut 14;
    estrenar 13
decade la década 14

decaffeinated
    descafeinado/a 2
deceit el engaño 4
deceive engañar 13
December diciembre **1**
decide decidir **2**
declaration la declaración 6
decoration la decoración 3
decrease bajar 4, **12**
dedicate dedicar 7
dedicated dedicado/a 9
deep profundo/a **5**
defeat rendir (i, i) 13
defect el defecto 13
defend defender (ie) 7
define definir 4
deforestation la deforestación
    12
degree el grado 10; el título 2,
    6, 12; la licenciatura 3
delay la demora 9, **9**
delicious delicioso/a 2; rico/a
    2, 4, **6**; sabroso/a **6**
delight el encanto 7; encantar
    6; la delicia 6
Delighted. Encantado/a. **1**
delightful encantador/a 2, 4,
    14
deliver entregar 1;
    repartir **11**
demanding exigente 3
democracy la democracia 15
democratization la
    democratización 15
demographic demográfico/a
    13
denounce denunciar 4
dentist el/la dentista 10
deny negar (ie) **10**
deodorant el desodorante **8**
department el departamento
    8
department store el almacén
    8
departure la salida 2, 6, **9**
depopulation la despoblación
    12
deposit el depósito 9
derive derivar 6
descend descender (ie) 11
descendant el/la descendiente
    3
describe describir 1
description la descripción 5
desert el desierto 4
deserted desierto/a 5
deserve merecer (zc) 2
design diseñar 2; el diseño 3
designer el/la diseñador/a **14**

desire desear 3, **9**; el
    deseo 13
desk el escritorio 15
destination el destino 2
destroy destruir 12
detach desprender 10
detail el detalle 6
detain detener (ie) 11;
    retrasar 4
deteriorate deteriorar 12
detest detestar 11
develop desarrollar 3
developing en vías de
    desarrollo 4, 15
development el desarrollo
    6, **12**
diabetes la diabetes **10**
diagnosis el diagnóstico 10
diamond de diamantes **8**
dictator el/la dictador/a **15**
dictatorship la dictadura **15**
dictionary el diccionario **1**
die morir (ue, u) 7, 8, **12**
diet la dieta **10**; el régimen 10;
    la dieta 6, **10**
different diferente 8;
    distinto/a 6
difficult difícil 2, 6, **10**
dig cavar 14
dig up desenterrar 5
digital camera la cámara
    digital **9**
dignify dignificar 11
dignity la dignidad 4
dilemma el dilema 10
diminish disminuir 13
dining room el comedor **5**
dinner la cena 2, **6**
direct dirigir 9, 14
directed dirigido/a 13
directly directamente 7
director el/la director/a 9, **11**,
    14
dirty sucio/a 6
disabled person el/la
    discapacitado/a 3
disadvantage la desventaja 6,
    11
disappear desaparecer 9
disarm desarmar 15
disarmament el desarme **15**
discount el descuento **8**
discouraged desanimado/a 12
discover descubrir 6, **12**
discovered descubierto/a 13
discrete discreto/a 13
discussion la discusión 8
disguise el disfraz **14**
disgust asco 6

dishonest deshonesto/a 15
dishonor deshonrar 11
dishwasher el lavaplatos **5**
disillusion defraudar 15;
    desilusionar 15
disillusionment el
    desengaño 10
disorder el desorden 8
disorganized desordenado/a 5
disoriented desorientado/a **10**
disposed dispuesto/a 13, **14**
dispute disputar 7
distance la distancia 8
distant retirado/a 10
distribute repartir 11
diva la diva **14**
diversity la diversidad 2
divide partir 11
divorced divorciado/a **4**
do hacer 2, 3, 7, 9, **12**
doctor el/la doctor/a 10; el/la
    médico/a 10
doctorate el doctorado 3
doctor's office el consultorio
    10
documentary el documental
    13
dog el/la perro/a 4, 5, **8**
dog walker el/la paseador/a
    de perros 11
dollar el dólar 6
domestic doméstico/a 3
dominate dominar 12
Dominican dominicano/a **2**
donate donar 7
Don't worry. No te
    preocupes. **10**
door la puerta **1**
dossier el expediente 11
dot, on the en punto 2
double doble **9**
double room el cuarto
    doble **9**
doubt dudar 10; la duda **2**
doubtful dudoso/a **10**
download bajar 4, **12**
downtown el centro 3, **4**
dowry el/la dote 15
Do you want go to...?
    ¿Quieres ir a...? **4**
drama el drama 13
dramatic dramático/a 13
dramatize dramatizar 11
draw dibujar 5
drawing el dibujo 5
draw up encoger 8
dream el sueño 6, 12
dream (about) soñar (ue)
    (con) **4**

dress el vestido 7, **8**; vestir (i, i) **5**
dresser la cómoda **5**
drink tomar 2, **6**, **12**
drive clavar 15; conducir 2
drug la droga 14
drug addiction la drogadicción **15**
drum el tambor 14
drums la batería 8, **14**
dry seco/a 6
dryer la secadora **5**
duck el pato 8
durability la durabilidad 14
during durante 2; por **9**
dust sacudir 15
Dutch holandés/esa 7
duty el deber **15**
DVD el DVD 12
DVD recorder la grabadora de DVD **12**
dynamic dinámico/a 4

E
each cada 5
eager, to be tener ganas **3**
eagle el águila (*fem.*) 12
earbud el casco **12**
earbuds los auriculares **12**
early temprano/a 2
earn ganar 2, **4**, **7**
earrings aretes **8**
earth la tierra 10
earthquake el terremoto 14
easily fácilmente 9
easy fácil **2**, 6, 7, **10**
eat comer 2, **6**, **8**, 9, **10**, **11**, **12**
eat lunch almorzar (ue) 8
ecological ecológico/a 8
economic economíco/a 6
economy la economía 3
ecotourism el ecoturismo 4
eco-volunteering el eco voluntariado 5
Ecuadorian ecuatoriano/a **2**
edit editar 12
editing la redacción 13
edition la edición 13
editor el editor 13
editorial (page) el editorial **13**
editor-in-chief el/la director/a **13**
educate educar 10
education la educación 6; la formación **11**
effective efectivo/a 5
efficient eficiente 11
effort el esfuerzo 4, **15**
egg el huevo 5, **6**

eighth octavo/a **8**
either . . . or o... o 7
elaborate elaborar 15
elaborated elaborado/a 4
elaboration la elaboración 15
elastic el elástico **14**
elbow el codazo 15
elect elegir (i, i) 13, **15**
elected electo/a 6
election la elección 7
electrical eléctrico/a 3, **9**
electrical adaptor el adaptador eléctrico **9**
electric current la corriente 9
electrician el/la electricista 11
electricity la electricidad 10
electric razor la máquina de afeitar 5
electrifying electrizante 14
electronic electrónico/a 2, **12**
electronics los aparatos electrónicos **12**
elimination la eliminación 15
emanate emanar 15
embassador el/la embajador/a 7
embassy la embajada 15
emblem el logotipo 12
embrace abrazar 10; el abrazo 2
embroider bordar 4
emerald la esmeralda 9
emerge surgir 15
emergency room la sala de urgencias 10
emotion la emoción 8
emotional emocional 11
empire el imperio 8
employee el/la empleado/a 11
empty vaciar 5
enchanting encantador/a 2, 4, **14**
enclose encerrar 12
enclosed cubierto/a 8
encounter el encuentro 8
encourage animar 3
end el fin 7; el final **13**; eliminar **15**; terminar 6, 10
endangered species las especies en peligro de extinción **12**
end well salir bien 9
enemy el/la enemigo/a 3
energy la energía 7, **12**
engineer el/la ingeniero/a 3, 5, **11**
engineering la ingeniería 2, **3**
English el inglés **2**
enjoy disfrutar de 6; gozar de 9

enjoy oneself divertirse (ie, i) 5, 7
Enjoy your meal! ¡Buen provecho! 6
enormous enorme 3
entertain entretener (ie) 5
entertainment el entretenimiento 7
entertainment section la cartelera **13**
enthusiastic entusiasta 2
enthusiastically animadamente 9
environment el medio ambiente 5, **12**
environmental ambiental 10
epoch la época 4
equality la igualdad 5
equally igual de 7
equator la línea ecuatorial 8
equipment el equipo 5
equity la equidad 15
eradicate erradicar 6
eruption la erupción 5
escape escaparse 4
escort el/la acompañante 7
especially especialmente 8
essential esencial 13; preciso/a **9**
establish establecer (zc) 12
esteemed estimado/a **11**
eternal eterno/a 8
ethics la ética 11
ethnic étnico/a 10
ethnicity la etnia 13
even incluso 9
evening gown el traje de noche 14
event el acontecimiento 7; el evento 7; la función 4
even though aunque 7
every todo/a/os/as 2, **3**
everyone todo/a/os/as 3
evolution la evolución 8
exaggerate exagerar 6
exam el examen 3
example el ejemplo 2; **for** por ejemplo 6, **9**
excellent excelente 2
exceptional excepcional 7
excessive excesivo/a 12
excess weight el sobrepeso **10**
exchange el cambio 4; el intercambio 2; intercambiar 1
exciting emocional 11; emocionante 2
excursion la excursión 6, **9**
excuse la excusa 5

excuse oneself retirarse 11, 15
execution la ejecución 14
executive el/la ejecutivo/a 3
exercise ejercer 15; ejercicio; hacer ejercicios 7
exhausted exhausto/a 8
exhibit exhibir 14
exist existir 8
exotic exótico/a **1**, 5
expand ampliar 6
expense el gasto 5
expensive caro/a **1**; costoso/a 7
experience experimentar 2; la experiencia 5
expiration date la fecha de vencimiento 10
explain explicar 5; exponer 15
explicit explícito/a 13
exploit explotar 15
exploitation la explotación 7
export exportar 6
exposition la exposición 3
express expresar 15
express an opinion opinar 5
express oneself expresarse 11
extend to abarcar 14; extender (ie) 3
extensive extenso/a 3
extinction la extinción 5
extinguish (fires) apagar (fuegos/incendios) **11**
extraordinary extraordinario/a 11
extreme extremo/a 6
eye el ojo 5

F
fable la fábula 8
fabric la tela 8, **14**
fabricate fabricar 14
fabulous fabuloso/a 2, **7**
face afrontar 15; la cara 5
facilitate facilitar 5
facility la facilidad 11
facing enfrente de **3**, 14
factor el factor 10
factory la fábrica 12
fail (computer disk) fallar 12
fair la feria 9
fairly bastante 3
fall la caída 11
fall down caerse 15
fall asleep dormirse (ue, u) 5
fall in love (with) enamorarse (de) 5
falls la cataratas 11
false falso/a 2
familiarize oneself familiarizarse 14

family la familia 3, **4**
fan el/la aficionado/a **7**
fanatic el/la fanático/a **2**
fantastic fantástico/a **7, 10**
fantasy la fantasía 14
far lejos (de) 3
faraway lejano/a 11
farewell la despedida 1, 4, **11**
farm la granja 15
farmer el campesino 5; el granjero 15
fascinating fascinante **1**
fashion la costura 14; la moda **14**
fashion show el desfile de moda **14**
fat (*adj.*) gordo/a **2**, 5
fat (*noun*) la grasa 6, **10**
father el padre **4**
father-in-law el suegro **4**
fatigue el cansancio 10; la fatiga 10
favor of, in a favor 15
fear el temor 15; temer **10**; tener miedo **3, 10**
feature el reportaje **13**; resaltar 7
February febrero **1**
fee la comisión 8; la tarifa 10
feel sentirse (ie, i) 5, 8
feel like tener ganas 3
feminine femenino/a 6
femininity la feminidad 14
ferocious feroz 10
fever la fiebre 5, **10**
fiber la fibra 10
fiction la ficción 4
fifth quinto/a **8**
figure la figura 3, 9; la línea 5, **10**
file archivar **12**
fill completely rellenar 11
filled relleno/a 6
filling el relleno 4
fill out rellenar **11**
fill the dishwasher llenar el lavaplatos 5
film el cine 2, **13**; filmar **13**; la peli 4; la película **4**, 7; rodar 10
filming el rodaje 4; la filmación 13
film noir el filme negro 4
finally al final 5; por fin 6, **9**; por último **9**
finance las finanzas 3
financial financiero/a 3
financial section la sección financiera **13**

find encontrar (ue) 1, 3, **4**
fine la multa **12**; multar **12**
fine with me de acuerdo 4
finger (toe) el dedo (del pie) **10**
finish acabar (de) (+ *inf.*) 5, **11, 12**; terminar 6, 10
fire despedir (i, i) 11, **11**; el fuego 10; el incendio 11
firefighter el/la bombero/a 10, **11**
firetruck la bomba **15**
fireworks los fuegos artificiales 9
firm la compañía **13**; la empresa 2, **11**
first primer/o/a 2, **7, 8**
fish el pescado **6**; pescar **9**
fishing pesquero/a 6
fit encajar 8; quedar **6, 8**
fitting room el probador **8**
flame la llama 10
flamenco el flamenco **14**; flamenco/a 2
flamingo el flamenco 3
flank flanquear 15
flash drive la memoria USB **12**
flavor el sabor 1
fleamarket el mercado callejero 8
flee huir 14
flier el volante 5
flight el vuelo 4, **9**
flight attendant el/la asistente de vuelo 9
flip-flop la chancla **8**
floor el piso **5, 8**
flour la harina 6
flourish florecer 15
flower la flor 7, **9**, 10;
flower bed el cantero de jardín 14
flower shop la florería 8
flu la gripa (*Mexico*) 10; la gripe 10
flute la flauta 14
fly volar (ue) 7
fog la niebla 9
follow seguir (i, i) 9, **10**
following a continuación 6; siguiente 4
food la comida 2, 3, **4**, 6
foods los alimentos **10**
fool el/la necio/a 10
foot el pie 10
footwear el calzado 8
for para 1, **9**; por **9**
force la fuerza 15

forecast el pronóstico 4
foreign extranjero/a 7
foreigner el/la extranjero/a 7
forest el bosque **9**, 10, **12**
forget olvidar(se) (de) **5**, 7
fork el tenedor **6**
form el formulario **11**; formar 8
formula la fórmula 5
formulate formular 3
fortify afianzar (c) 15; fortalecer (zc) 6, **15**
fortress la fortaleza 7
forum el foro 7, **14**
found fundar 7
foundation la fundación 7, 13
founded fundado/a 9
founding la fundación 7, 13
fourth cuarto/a 2, **8**
fox el zorro **8**
fragment el fragmento 12
framework el marco 4
France Francia 2
fraud el fraude 15
free gratis 10; libre **4**
freezer el congelador 6
French el francés **2**; francés/esa **1**
French fries la papas fritas **10**
frequent frecuente 11
frequently con frecuencia 5, **8**; frecuentemente **8**
fresh fresco/a 6
Friday el viernes **1**
fried frito/a 6
friend el/la amigo/a 1
from desde 2
front, in enfrente 12
frontier la frontera 3, 8
front of, in delante de 2, **3**
front page la portada **13**; la primera plana **13**
fruit el fruto 10; la frutas 6
fry freír (i, i) 6
frying pan la sartén 6
fulfill cumplir 15
full-time a tiempo completo **11**
fun divertido/a 3
function funcionar 10, **12**; la función **4**
funds los fondos 14
funny gracioso/a 4
fur la piel 10, **14**
furnish armar 8
furnished amueblado/a 5
furniture los muebles 5
fury la furia 10

fuse fusionar 3
fusion la fusión 14
future el futuro 12

G

gabardine (lightweight wool) la gabardina 14
gain weight engordar **10**; subir de peso **10**
game el partido 5
game show el concurso 13
gang member el pandillero 12
garage el garaje 5
garbage can el basurero 5
garden el jardín 5
garlic el ajo 6
garment la prenda 9, **14**
gasoline la gasolina 12
gather congregar 15
gathering la recolección 10
GDP el PIB 9
genealogical genealógico/a 4
general, in por lo general 9
generalize generalizar 4
generally generalmente 9
generate generar 15
generation la generación 7
generous generoso/a 5
genetic genético/a 10
genre el género 4
geography la geografía 3
geology la geología 3
German el alemán 2
gesture el ademán 11; el gesto 14
get conseguir (i, i) 9, **11**
get angry (with) enojarse (con) **5**, 14
get better mejorarse **10**
get down (from) bajarse (de) **9**
get dressed vestirse (i, i) 5
get in shape ponerse en forma **10**
get involved in meterse 12
get off (of) bajarse (de) 9
get together juntarse 5
get-together la reunión 2
get up levantarse 5
get well mejorarse **10**
gift el regalo 4
girl la chica 3; la muchacha 2
girlfriend la novia 3, **4**
give dar 1, **6**
give a gift regalar 13
glance la mirada 13
glass el vaso 6
glass bowl el tazón de cristal 6
glasses la gafas 15; los lentes 12

globalization la globalización 4
global market el mercado global 15
global warming el calentamiento global 12
glory la gloria 7
glove el guante 7
go ir 1, 3, 8, 10, 12
goal el gol 7; el propósito 7; la meta 7, 11
go to a nightclub ir a una discoteca 7
go away alejarse 11; irse 5; marcharse 9
go to bed acostarse (ue) 5
go bike riding montar en bicicleta 7, 9
god el dios 8, 9
God willing Ojalá 9, 10
gold el oro 1, 8
gold ring el anillo de oro 8
golf el golf 2, 7
good bueno/a 1, 9, 10; el bien 6
Good afternoon. Buenas tardes. 1
Good-bye. Adiós. 1
good deal la ganga 8, 9
Good evening. Buenas noches. 1
good-looking guapo/a 2
Good morning. Buenos días. 1
goodness la bondad 7
goods los bienes 5
go on an outing ir de excursión 9, 9
go out dar un paseo 7; salir 4
go round recorrer 9
go shopping ir de compras 8
gossipy chismoso/a 5
go up subir 6
gourd la calabaza 11
government el gobierno 2, 6, 12, 15
governmental gubernamental 12
governor el/la gobernador/a 15
go well with hacer juego (con) 8
grab agarrar 11
grade la nota 3
grammar la gramática 13
granddaughter la nieta 4
grandfather/grandmother el/la abuelo/a 4

grandma la abuelita (*diminutive*) 4
grandmother la abuela 4
grandson/granddaughter el/la nieto/a 4
grant conceder 2; otorgar 13
grapefruit la toronja 6
grapes las uvas 6
grave el sepulcro 14
great fabuloso/a 2, 7; magnífico/a 7
Great Depression la Gran Depresión 3
greed la codicia 10
green verde 1
green beans las judías verdes 6
greeting/s el/los saludo/s 1, 11
grey gris 1
grey hair canas 4
grill la parrilla 6; la parrillada 11
grind moler (ue) 4
groceries los comestibles 9
groom/bride el/la novio/a 3, 4
group el conjunto 4, 8, 14; el grupo 5, 14
growing creciente 15
grow up criarse 4
Guarani language el guaraní 10
guarantee garantizar 15
guaranteed garantizado/a 5
guard el/la guardia 9
guess adivinar 5
guest el huésped 5
guests la visita 5
guide guiar 10
guidebook la guía turística 9
guitar la guitarra 3, 14
guitar-like instrument el charango 4
gymnasium el gimnasio 3
gymnastics la gimnasia 7
gypsy el/la gitano/a 14

H

habit el hábito 5
haggle over regatear 8
haggling el regateo 8
hair el pelo 5
hair dryer el secador 5
hairstylist el/la peluquero/a 11
half medio/a 2
hallway el pasillo 5
ham el jamón 6
hamburger la hamburguesa 6
hammock la hamaca 8
hand la mano 1, 5, 10; **by a** mano 4

handicraft la artesanía 3
hang colgar (ue) 3
hang-glide hacer parapente 9
happily alegremente 9
happiness la felicidad 4
happy contento/a 5; feliz 1
hard drive el disco duro 12
hard-working trabajador/a 1
harm el daño 15; perjudicar 12
harmful nocivo/a 15
harp el arpa (*fem.*) 5, 14
harvest la cosecha 15
hatchery el criadero 5
hatred el odio 10
have tener (ie) 1, 2, 2, 7
have a good/bad/wonderful time pasarlo bien/mal/de maravilla 7, 9
have a great time pasarlo bomba 15
have a picnic hacer un pícnic 7
have a point tener razon 3
have breakfast desayunar 4, 6
have dinner cenar 6
have fun divertirse (ie, i) 5, 7
have just (done something) acabar (de) (+ *inf.*) 5, 11, 12
hay el heno 11
he él 1
head encabezar 12; la cabeza 10
headache el dolor de cabeza 10
headline el titular 13
head office la sede 8, 11
health la salud 4, 7, 10
health insurance el seguro médico 11
healthy saludable 10
hear oír 6, 8, 12
heart el corazón 1
heartrending desgarrador/a 11
heat calentar (ie) 6
heaven el cielo 8
heaven's (*lit.* God's) sake, for por Dios 9
heavy pesado/a 12
heavy rain el chubasco 7
heel el tacón 8
height la estatura 5
helicopter el helicóptero 9
Hello Hola. 1
Hello? (*on the phone*) ¿Bueno? 4; ¿Diga? 4; ¿Dígame? 4
helmet el casco 12

help ayudar 2; el socorro 11; la ayuda 5
here aquí 1
heritage el patrimonio 10; la herencia 15
Hi. Hola. 1
high-definition television el televisor de alta definición 12
high fashion la alta costura 14
high plateau el altiplano 10
hike el trekking 9
hire contratar 11
Hispanic hispano/a 1
historical histórico/a 6
historical center el centro histórico 9
history la historia 3
hockey el hockey 7
Holy Week la Semana Santa 1
home el hogar 4
home (*website*) el inicio 4
homeopathy la homeopatía 10
homework la tarea 1
honest honesto/a 11; honrado/a 11
honesty la honestidad 15; la honradez 15
honored honrado/a 11
hood la capucha 8
hope la esperanza 8; **for** esperar 7, 10
horn el claxon, la coraneta 15
horoscope el horóscopo 13
horrified horrorizado/a 14
horseback riding montar a caballo 9
hospital el hospital 3
host/hostess el/la anfitrión/anfitriona 7
hot caliente 6
hot, it is hace calor 7
hot, to be tener calor 3
hotel el hotel 9
house albergar 3; la casa 4, 5
house specialty la especialidad de la casa 6
housing la vivienda 15
how cómo 1, 2
How . . . ? ¿Cómo...? 2
How about . . . ? ¿Qué tal sí... ? 4
How are you? (*for.*) ¿Cómo está usted? 1
How are you? (*inf.*) ¿Cómo estás? 1
How awesome! ¡Qué padre! 4

How do you spell . . . ? ¿Cómo se escribe...? **1**
how much/many cuanto/a **1**
How revolting! ¡Qué asco! **6**
How terrific! ¡Qué bárbaro! **9**
hug el abrazo **2**
human humano/a **10**
human being el ser humano **6**
humanist humanista **8**
humanity la humanidad **11**
human resources los recursos humanos **3**
human rights los derechos humanos **4, 8, 15**
humble humilde **6**
humidity la humedad **7**
humility la humildad **15**
humorous humorístico/a **4**
hundred cien(to) **5**
hundreds los centenares **4**
hunger el hambre **3**
hunting la caza **10**
hurricane el huracán **4**
hurry tener prisa **3**
hurt doler (ue) **10**
hurt oneself hacerse daño (*Spain*) **10**; lastimarse **10**
husband el esposo **1, 3, 4**
hybrid híbrido/a **3**
hyperlink el enlace **12**; el hipervínculo **12**
hypermarket el hipermercado **6**
hypothesis la hipótesis **3**
hypothetical hipotético/a **13**

I

I yo **1**
I am... Soy... **1**
Iberian ibero/a **2**
ice el hielo **7**
ice cream el helado **6**
ice cream shop la heladería **8**
ideal el ideal **1**
idealistic idealista **1**
identify identificar **7**
identity la identidad **13**
ideology la ideología **4**
I don't know. No sé. **1**
I don't understand. No comprendo. **1**
I have tengo **1**
I hope Ojalá **9, 10**
I like Me gusta... **2**
I'll come by for you. Paso por ti. **4**
illegality la ilegalidad **7**
illness la enfermedad **5, 6, 10**

illogical ilógico/a **10**
illuminate iluminar **8**
illusion la ilusión **9**
illustrate ilustrar **10**
image la imagen **8**
imagine imaginar **10**
immediate inmediato/a **9**
immediately inmediatamente **9**
immense inmenso/a **8**
immigration la inmigración **15**
immorality la inmoralidad **7**
immunology la inmunología **1**
impassion apasionar **6**
impatient impaciente **1**
implement implementar **12**
import importar **12**
important importante **9**
impossible imposible **9, 10**
impresario el empresario **10**
impress impresionar **6**
impressive impresionante **14**
improve mejorar **6, 7, 15**
improvise improvisar **14**
I'm sorry. Lo siento. **4, 5**
in addition además **4, 9**
in agreement de acuerdo **4**
inaugurate inaugurar **5**
Inca inca **15**
in case en caso de que **11**
in cash en efectivo **8**
incentive el incentivo **11**
include incluir **4**
including incluso **9**
incorporate incorporar **6**
increase aumentar **6, 15**; el aumento **4, 6, 11**
incredible increíble **7, 10**
indefinite indefinido/a **7**
index el índice **13**
indicate indicar **6**
indifferent indiferente **8**
indigenous indígena **3**
industry la industria **6**
inexpensive barato/a **1**
infection la infección **10**
inflation la inflación **15**
influence influir **2**; la influencia **3**
influenced influido/a **12**
influential influyente **9, 13**
inform informar **7**
information el dato **1**
ingredient el ingrediente **6**
inhabit habitar **6**
inhabitant el/la habitante **8**
iniciate iniciar **13**

initiated iniciado/a **9**
initiative la iniciativa **11**
injury la lesión **10**
injustice la injusticia **15**
ink la tinta **12**
in-laws la familia política **4**
inn el hostal **9**
in need necesitado/a **7**
inner ear el oído **10**
innovative innovador/a **14**
in order that a fin de que **11**; para que **11**
in order to para **1, 9**
insert insertar **8**
inside of dentro de **5**
insist (on) insistir (en) **9**
inspect inspeccionar **14**
inspiration la inspiración **6**
inspiring inspirador/a **14**
install instalar **12**
instance la vez **5**
instrument el instrumento **2, 14**
in style de moda **8**
intact intacto/a **3**
integration la integración **11**
intelligent inteligente **1**
intense intenso/a **8**
interest el interés **8**
interesting interesante **1, 3**
international internacional **2**
internship el internado **10**
interpreter el/la intérprete **4, 11**
intervention la intervención **15**
interview la entrevista **2, 11**
interviewer el/la entrevistador/a **7**
intimate íntimo/a **10**
intonation la entonación **14**
intrigue la intriga **10**
introduction la presentación **1**
introverted introvertido/a **1**
invasion la invasión **7**
invent inventar **5**
invest invertir **15**
investigate investigar **6**
investigation la investigación **3**
invitation la invitación **4**
invite invitar **3, 4**
Irish el/la irlandés/esa **9**
iron el hierro **6**; la plancha **5**; planchar **5**
iron grill la verja **12**
ironic irónico/a **14**
island la isla **2, 7, 9**
it lo/la **4**

Italian el italiano **2**
itinerary el itinerario **4**
It's all the same me. Me da igual. **7**
I would love to. Me encantaría. **4**

J

jacket la chaqueta **8**
jaguar el jaguar **9**
jail la cárcel **15**
January enero **1**
Japanese el japonés **2**
jealous celoso/a **11**
jealousy los celos **11**
jeans los jeans **8**; los mecánicos (*Cuba*) **8**; los pantalones de mezclilla (*Mexico*) **8**; los tejanos (*Spain*) **8**; los vaqueros (*Spain*) **8**
Jesuit el jesuita **10**
Jew el/la judío/a **2**
jewel la joya **8**
jewelry store la joyería **8**
Jewish judío/a **14**
job application la solicitud de empleo **11**
job candidate el/la aspirante **11**
job search la búsqueda de empleo **11**
jog hacer footing **7**; hacer jogging **7**
join incorporarse **7**
join together unirse (a) **4, 15**
joke la broma **11**
journalist el/la periodista **10, 11, 13**
judge el/la juez/a **8, 15**
juice el jugo **6**; el zumo **6**
July julio **1**
June junio **1**
jungle la selva **5, 9, 10, 12**
junk food la comida basura **10**; la comida chatarra **10**; la porquería **10**
jury el jurado **14**
just justo/a **11**
justice la justicia **7, 15**
justify justificar **14**
juvenile juvenil **7**

K

keep guardar **6, 10**
key la clave **11**; la llave **12**
keyboard el teclado **12**
kick patear **7**
kidnap secuestrar **4**

kill matar 10
kilogram el kilo 6
kind simpático/a 1, 8
king el rey 15
kingdom el reino 8
kiss el beso 4
kitchen la cocina 3, 5
kite el papalote 7
knee la rodilla 10
knife el cuchillo 6
knot el nudo 15
knotted anudado/a 15
know conocer (zc) 4; saber 2, 4, 6, 7, 9, 10
know-it-all el/la sabelotodo 4
knowledge el conocimiento 2
known conocido/a 6
Korean el coreano 2

L

laboratory el laboratorio 2, 3
lack faltar 8; la falta 12
lake el lago 8, 9
lamp la lámpara 5
lance la lanza 10
land aterrizar 9; el terreno 4; la tierra 10
landowner el terrateniente 5
landscape el paisaje 1
lane la vía 5
language el idioma 7; la lengua 2, 10
languish languidecer 11
laptop computer la computadora portátil 1
last durar 7; pasado/a 6; último/a 2, 4, 7
lasting duradero/a 15
last night anoche 6, 8
late tarde 2
lately últimamente 15
later luego 1
latest último/a 2, 4, 7
laugh reírse (i, i) 13
laughter la risa 13
launch lanzar 7
law el derecho 3, 15; la ley 6, 15
lazy perezoso/a 1
leader el/la líder 15
leadership el liderazgo 9
leading lady la primera actriz 13
leading man el galán 13
leaf la hoja 5
leaf through hojear 13
leap saltar 8
learn aprender 2, 7
leather el cuero 2, 8; la piel 10, 14

leave dejar (de) 3, 6, 10, 11; irse 5; salir 4
lecture la conferencia 2
leftovers los restos 10
leg la pierna 10
legend la leyenda 5
leisure el ocio 4
lemon el limón 6
lemonade la limonada 6
lend prestar 15
Lent la Cuaresma 9
less menos 2
less . . . than menos... que 5
lessen disminuir 13
lesson la lección 1
let go soltar (ue) 2
Let's get to work! ¡Manos a la obra! 11
let's go vamos 4
letter la letra 2, 3
letter of recommendation la carta de recomendación 11
lettuce la lechuga 6
level el nivel 10
lexicon el léxico 15
liberate liberar 9
librarian el/la bibliotecario/a 15
library la biblioteca 2
life la vida 2
lifeless desanimado/a 12
lift levantar 5
lift weights levantar pesas 7
light (color; adj.) claro/a 1, 6
light (noun) la luz 5
like gustar 2, 6
likewise igualmente 1
lily la azucena 10
limit el límite 6; limitar 10
limousine la limosina 14
line la cola 9; la línea 5, 10
linguistic lingüístico/a 13
lip el labio 5
lip gloss el brillo de labios 5
listen escuchar 1, 2
Listen. Oye. (command) 7
literature la literatura 3
little nun la monjita 14
live habitar 6; vivir 1, 2, 5, 6, 12
live television la televisión en vivo y en directo 13
living room la sala 3, 5
loan el préstamo 11
located ubicado/a 8
location la ubicación 5
logical lógico/a 5, 7, 10
long largo 5
long as, as mientras que 11

long-form pleno/a 13
look for buscar 1, 2
look at mirar 2
loosen desprender 10
lose perder (ie) 4
lose weight adelgazar 10; bajar de peso 10
loss la pérdida 10
lost perdido/a 4
love amar 6; el amor 6; querer (ie) 7, 8, 9
lover el/la amante 6
lower bajar 4, 12
lozenge la pastilla 10
luck la suerte 7
lukewarm tibio/a 7
lunch el almuerzo 2, 6
lungs los pulmones 10
luxurious lujoso/a 5
luxury el lujo 9
lying mentiroso/a 6
lyric la letra 2, 3

M

macaw el guacamayo 5
machine la máquina 11
magazine la revista 7, 13
magic la magia 14
mail el correo 2
mail carrier el/la cartero/a 11
maintain mantener 4, 12
make fabricar 14; hacer 2, 3, 7, 12
make a mistake equivocarse 9
make an appointment hacer una cita 10
make difficult dificultar 4
make matters worse, to para colmo 13
make sick enfermar 5
make the bed hacer la cama 5
make up confeccionar 15
makeup el maquillaje 5
mall el centro comercial 8
mama la mamá 4
man el hombre 1
manager el/la gerente 9, 11
manufacture fabricar 12
manufacturer el fabricante 12
many as, as tantos/as... como 5
map el mapa 1
maracas las maracas 14
marathon el maratón 6
Marathon in Madrid Mapoma 1
March marzo 1
Mardi Gras el carnaval 9

margin el margen 11
marimba la marimba 14
marine marino/a 6
mark marcar 7
marker el marcador 1
market el mercado 5, 8
married casado/a 4
marry casarse 4
marvelous maravilloso/a 4
marvelously maravillosamente 9
mash machacar 11
Mass la misa 7
the masses el pueblo 4, 10, 15
massive masivo/a 5
master/mistress el/la maestro/a 15
masterpiece la obra maestra 4
match el partido 5; with hacer juego (con) 8
mathematics las matemáticas 2, 3
matrimony el matrimonio 4
matter el asunto 15
mature maduro/a 6
May mayo 1
mayor el/la alcalde/sa 15; el/la intendente 15
me me 4; mí 6; with conmigo 4
meal la comida 2, 3, 4, 6
mean significar 13
meaning el significado 2
means los medios 13, 14
measure la medida 12; medir (i, i) 6
measurement la medida 12
meat la carne 6
mechanic el/la mecánico/a 11
media los medios 13, 14
medical médico/a 10
medical checkup el examen físico 10
medicine la medicina 3, 10
meeting la reunión 2
meet up with someone encontrarse (ue) con 5
meet with someone reunirse 11
member el miembro 4
memorize memorizar 10
memory el recuerdo 6, 9; la memoria 6
memory card la tarjeta de memoria 9
men's shirt typical of the Caribbean la guayabera 12
mention mencionar 6

menu el menú **6**
merit el mérito **11**
message el mensaje **2**
metal sheet la plancha **5**
meteorologist el/la hombre/mujer del tiempo **13**
meter el metro **8**
Mexican mexicano/a **2**
Mexican-American chicano/a **12**
microphone el micrófono **15**
microscope el microscopio **1**
microwave el microondas **6**
midnight la medianoche **2**
migrant migrante **15**
migration la migración **4**
mile la milla **15**
military militar **4**
milk la leche **6**
milky lácteo/a **10**
millennium el milenio **3**
million el millón **2**
mind, in en mente **15**
mine mío/a/os/as **13**
minimum (*adj.*) mínimo/a **9**
minimum (*noun*) el mínimo **5**
minimum wage el sueldo mínimo **11**
minister el/la ministro/a **4, 6, 15**
minority la minoría **13**
minute el minuto **6**
misery la miseria **8**
Miss la señorita (Srta.) **1**
miss (someone) extrañar **4**
mistaken equivocado/a **15**
mix amasar **10**; mezclar **5, 6**
mixed fibers de mezclilla **8**
mixed race mestizo/a of **4**
mixture la mezcla **2**
mobility la movilidad **6**
model el/la modelo **14**
mode of transportation el medio de transporte **5**
moderation la moderación **10**
moderator el/la presentador/a **12, 13**
modern moderno/a **3**
molar la muela **10**
monarchy la monarquía **15**
Monday el lunes **1**
monetary unit of Panama el balboa **5**
money el dinero **4**
monotonous monótono/a **11**

monounsaturated **(polyunsaturated) fats** las grasas monoinsaturadas (polliinsaturadas) **10**
month el mes **1**
monument el monumento **8, 9**
moon la luna **8**
Moor (Arab) el/la moro/a **13**
moral la lección **1**; la moraleja **8**
morality la moralidad **2**
more . . . than más... que **5**
More or less. Más o menos. **1**
morning la mañana **1, 2, 8**
mother la madre **4**
mother-in-law la suegra **4**
motivate motivar **13**
motive el motivo **10**
motto el lema publicitario **13, 15**
mount montar **11**
mountain la montaña **2, 9**
mountain climbing el alpinismo **6, 7**
mountainous montañoso/a **4**
mourning el luto **6**
mouse el ratón **12**
mouth la boca **10**
move la mudanza **14**
movement el movimiento **8**
move up ascender (ie) **11**
movie el papel **13**; la peli **4**; la película **4, 7**
movie theater el cine **2, 13**
mp3 player el reproductor de mp3 **12**
Mr. el señor (Sr.) **1**
Mrs. la señora (Sra.) **1**
much as, as tan... como **5**; tanto... como **5**
multinational multinacional **15**
muralist el/la muralista **3**
murderer el asesinato **15**
muscle el músculo **10**
muscular musculoso/a **13**
museum el museo **2, 3**
music la música **1, 14**
musician el/la músico/a **8, 14**
Muslim el/la musulmán/ana **13**
mutton el carnero **6**
mutual mutuo/a **6**
my mi/mis **1, 3**; mío/a/os/as **13**
My name is . . . Me llamo... **1**; Mi nombre es... **1**
mysterious misterioso/a **1**
mystery el misterio **1**
myth el mito **10**

N

name el nombre **1**; nombrar **7**
napkin la servilleta **6**
narration la narración **12**
narrator el/la narrador/a **14**
narrow angosto/a **12**; estrecho/a **5, 8**
nation la nación **1**
nationality la nacionalidad **2**
natural disaster el desastre (natural) **13, 15**
nature la naturaleza **5, 12**
nausea la náusea **10**
navigable navegable **5**
navigator el/la navegante **7**
nearby cerca (de) **2**; cercano/a **8**; próximo/a **2, 7**
necessary necesario/a **7, 9**
neck el cuello **15**
necklace el collar **8**
need necesitar **1, 9**
negative negativo/a **7**
neighbor el/la vecino/a **5**
neighborhood el barrio **3**
neither tampoco **7**
neither... nor ni... ni **7**
nervous nervioso/a **3, 5**
nest el nido **11**
network la red **6**
never jamás **4**; ninguna vez **7**; nunca **7**
nevertheless sin embargo **7**
new novedoso/a **12**; nuevo/a **2**
newlyweds los recién casados **4**
news las noticias **13**; la novedad **13**
newscast el noticiero **13**
newscaster el/la comentarista **7, 13**
news online las noticias en línea **13**
newspaper el periódico **2, 4, 7**
New Year's Eve la Nochevieja **9**
New Yorker neoyorquino/a **12**
next próximo/a **2, 7**
next to al lado (de) **3**
nice simpático/a **1, 8**
nickname el apodo **2**
night la noche **2**
nightstand la mesa de noche **5**
ninth noveno/a **8**
nobility la nobleza **15**
nobody nadie **7**
nomination la nominación **13**
none ningún/ninguna **7**; ninguno/a **6, 7**
noon el mediodía **2**
no one nadie **7**; ninguno/a **6, 7**

normally normalmente **9**
nose la nariz **5**
not believe no creer **10**
not be sure of no estar seguro/a (de) **10**
note anotar **5**; el apunte **5**
notebook el cuaderno **1**
not either tampoco **7**
nothing nada **6, 7**
notice el aviso **13**
notify notificar **14**
notion la noción **13**
not think no pensar (ie) **10**
noun el sustantivo **1**
nourish alimentar **11**
novel la novela **2, 7**
novelist el/la novelista **2**
November noviembre **1**
now ahora **2**; **for now** por ahora **9**
nowadays hoy en día **3**
nuclear plant la planta nuclear **12**
nucleus el núcleo **4**
number el número **5, 8**
nurse el/la enfermero/a **11**
nursery la guardería **11**
nutrition la alimentación **6**
nylon el nilón **14**

O

obesity el sobrepeso **10**
object el objeto **9**
objective el propósito **7**
obligation el compromiso **7, 11**; la obligación **15**
oblige obligar **6**
observatory el observatorio **3**
observe observar **5**
obtain conseguir (i, i) **9, 11**; obtener (ie) **11**
occupy ocupar **7**
occur ocurrir **5, 7**
ocean el mar **2, 6, 7**; el océano **5**
October octubre **1**
odor el olor **8**
of course por supuesto **7, 9**
offer la oferta **1**; ofrecer (zc) **3**
office el despacho **11**; la oficina **2**
official oficial **12, 13**
often menudo a **8**
oil el aceite **6**; el petróleo **9**
oil well el pozo de petróleo **12**
old antiguo/a **5**; viejo/a **2**
older mayor **4**
old person el/la anciano/a **12**

olive la aceituna 6
Olympic Games los Juegos Olímpicos 3
omelet la tortilla 2, 6
on sobre 5
once una vez 5
once in a while de vez en cuando 5
one un/o/a 1
one must hay que 8
one time una vez 5
onion la cebolla 3, 6
online newspaper el periódico digital 13
only solamente 3; solo 3; único/a 5, 8, 10
on one's own por su cuenta 7
on sale en rebaja 8; en venta 5
on the contrary por el contrario 8
on time a tiempo 3
open abrir 1, 2, 12
opera la ópera 1, 14
opinion la opinión 2
opponent el/la contrincante 15
opportune oportuno/a 13
opportunity la oportunidad 4
oppression la opresión 15
optimistic optimista 1
opulence la opulencia 4
or o 1
orange anaranjado/a 1; la naranja 6
orchestra la orquesta 4, 14
order el orden 4
organic orgánico/a 6
organization la organización 7
orginate from provenir 9
orientation la orientación 10
origin el origen 3
originality la originalidad 13
ornament el ornamento 8
other otro/a 2
our/s nuestro/a/os/as 3, 13
outer ear la oreja 10
outfit el conjunto 4, 8, 14
outgoing extrovertido/a 1
outrage la barbaridad 5
outside al aire libre 4; fuera 5
outskirts las afueras 9
outstanding destacado/a 12
oven el horno 6
overcome superar 12
overcoming la superación 11

overconsumption el sobreconsumo 12
overpopulation la sobrepoblación 13
overstuffed chair el sillón 5
owe (ought do something) deber (+ inf.) 2
own propio/a 13
owner el/la dueño/a 15
oxygen el oxígeno 10

P

pacifist el/la pacifista 15
pack (the suitcases) hacer (las maletas) 9
packaged empaquetado/a 10
page la página 1
pageant el concurso 13
pain el dolor 10
painted pintado/a 3
painter el/la pintor/a 1
painting el cuadro 5; la pintura 2
pair emparejar 5
pajamas la pijama 12
palace el palacio 3
Panamanian panameño/a 2
Panamanian embroidery la mola 5
pancakes los panqueques 10
pan pipe la zampoña 8
pants los pantalones 8
paper el papel 1
papier mâché el papel maché 3
parade el desfile 2
paradise el paraíso 2
paragraph el párrafo 5
parents los padres 2
park el parque 1; estacionar 11
parliament el parlamento 15
parody la parodia 13
parrot el loro 9
parsley el perejil 6
part la parte 3
participant el/la participante 1
participate participar 5
particularly particularmente 9
partisan partidario/a 4
partner la pareja 4
part-time tiempo parcial 11
party la fiesta 1, 3
pass (a test) pasar 5
passenger el/la pasajero/a 9
passion la pasión 4, 13
passport el pasaporte 9
pass through (. . .) pasar por (...) 9

past el pasado 15
pastime el pasatiempo 7
path el camino 2
patient el/la paciente 10; paciente (adj.) 1
patio el patio 5
pay (in cash) pagar (en efectivo) 8
pay attention hacer caso 13
payment el pago 3; la remesa 4
peace la paz 1, 4, 10, 15
pearls las perlas 8
peasant el campesino 5
pedicure la pedicura 10
peel pelar 6
pen el bolígrafo 1
pencil el lápiz 1
penguin el pingüino 6
penicillin la penicilina 10
peninsula la península 3
people, the el pueblo 2, 4, 10, 15; la gente 1, 8, 13
pepper la pimienta 6
perch posar 13
percussion la percusión 14
percussionist el/la percusionista 14
perfect perfeccionar 10; perfecto/a 2, 7
perform interpretar (Spain) 14; representar 6, 8, 13, 14
perfume el olor 8; el perfume 8
perfume shop la perfumería 8
perhaps quizás 10; tal vez 10
permanent permanente 3
permit el permiso 3; permitir 2, 7, 9
perseverance la perseverancia 13
person la persona 1
personality la personalidad 7
personnel el personal 11
pertaining to en torno a 3
Peruvian peruano/a 2
perversity la perversidad 7
pessimistic pesimista 1
pesticides los pesticidas 12
pet la mascota 6
pharmacy la farmacia 8
philharmonic filarmónico/a 14
philosophy la filosofía 15
photocopier la fotocopiadora 12
photocopy fotocopiar 12
photograph la foto 7

photographer el/la fotógrafo/a 1
phrase la frase 5
physical físico/a 5
physics la física 3
piano el piano 14
pick up recoger 5
pickup truck el camión 9; la camioneta 1
picture el cuadro 5
pie el pastel 6
piece el pedazo 6; la pieza 3, 14
pile el montón 11
pilgrim el/la peregrino/a 13
pill la pastilla 10
pilot el/la piloto 9
pinch la pizca 6
pink rosado/a 1
pirate el pirata 7; piratear 11
pity la pena 8
place el lugar 7; el sitio 4
plaid de cuadros 8
plains of Argentina las pampas 11
plan planear 14
plane el avión 9
plant plantar 12
plastic el plástico 3
plate el plato 6
platform la plataforma 15
play jugar (ue) a 4
play (an instrument) tocar (un instrumento) 3, 4
play (theater) la obra 2, 13
player el/la jugador/a 2
please complacer 11; por favor 1, 7, 9
Pleased meet you. Encantado/a. 1; Mucho gusto. 1
pleasure el gusto 5; el placer 6
plumage el plumaje 9
plumber el/la plomero/a 11
podcast listener el/la oyente de podcast 13
poet el/la poeta 2
point of view el punto de vista 6
point out señalar 12
police la policía 9
polish pulir 12
political político/a 6, 15
political cartoon la caricatura política 13
political post el cargo político 15
political science la ciencias políticas 3

politician el político 15
politics la política 15
poll la encuesta 10
pollute contaminar 12
pollution la contaminación 7
polyester el poliéster 14
pool la piscina 7
poor pobre 2
population la población 2
pork el cerdo 10
Portuguese el portugués 2
Portuguese person el/la portugués/esa 9
position el cargo 11; el puesto 2, 11
position (job) el puesto 11
possible posible 10
postcard la tarjeta postal 9
poster el cartel 7
post online enviar 12
potato chips la papas fritas 10
potatoes la papas 6
pound la libra 10
poverty la pobreza 6, 9, 15
power el poder 11, 15
practice (a sport) practicar (un deporte) 2
praise la alabanza 12
precious precioso/a 6
pre-Colombian precolombino/a 5
predecessor el/la predecesor/a 6
predictable predecible 4
predominant predominante 9
predominate predominar 8
prefer preferir (ie, i) 2, 4
preference la preferencia 5
prehispanic prehispánico/a 3
prehistoric prehistórico/a 3
preoccupation la preocupación 10
preparation la preparación 6
prepare preparar 2
prescription la receta 9, 10
present presenciar 14
present oneself acudir, presentarse 11
preserve conservar 7, 8, 12
preside presidir 15
presidency la presidencia 15
president el/la presidente/a 5, 15
president's office (Univ.) la rectoría 3
press la prensa 4, 13
press conference la conferencia de prensa 15
pretend fingir 11

pretty bonito/a 2; lindo/a 12
prevalent prevaleciente 15
preventable prevenible 7
previous previo/a 2
price el precio 2, 5, 8
prickly plant la ortiga 1
prince el príncipe 2
princess la princesa 7
print imprimir 12
printer la impresora 12
priority la prioridad 13
pristine prístino/a 9
privacy la privacidad 5
private privado/a 3
prize el premio 4, 5, 8, 13
probably probablemente 3
problem el problema 5
process el proceso 15
procession la procesión 1
produce producir (zc) 6
producer el/la productor/a 13
product el producto 2, 8
profession la profesión 11
professor el/la profesor/a 1
profile el perfil 1
profit el fruto 10
profound profundo/a 5
profoundly profundamente 10
program programar 4, 12
programmer el/la programador/a 12
programming la programación 13
progress el progreso 15
prohibit prohibir 8, 9
prohibited prohibido/a 6
project el proyecto 5, 9
prolific prolífico/a 2
prominent prominente 9
promise la promesa 6; prometer 6
promote ascender (ie) 11; impulsar 15; promocionar 10; promover (ue) 15
promotion la promoción 11
pronounce pronunciar 6
property la propiedad 10
proportion proporcionar 1, 10
propose proponer 6
protagonist el/la protagonista 13
protect proteger (j) 5, 6, 8, 12
protected protegido/a 6
protection la protección 10
proteins la proteínas 6, 10
protest la manifestación 15; protestar 15
proud orgulloso/a 2
prove comprobar (ue) 15

provide proporcionar 1, 10
provided (that) con tal (de) que 11
provisions los comestibles 9
provoke provocar 10
psychologist el/la psicológico/a 11
psychology la psicología 3
public el público 12, 13; público/a 3
public debt la deuda pública 15
public health la sanidad 15
publicist el/la publicista 7
publicity (*adj.*) publicitario/a 13
publicity (*noun*) la publicidad 6
publish publicar 6
Puerto Rican puertorriqueño/a 2
punctually puntualmente 9
punish castigar 10
punishment la penalización 15
pure puro/a 7
purity la pureza 1
purple morado/a 1
purse el bolso 7, 8
push impulsar 15
put poner 4, 7, 12
put in bed acostar (ue) 5
put out apagar (fuegos/incendios) 11, 12
pyramid la pirámide 3

Q

qualifications las calificaciones, caulificaciones 11
quality la calidad 13; la cualidad 14
quantity la cantidad 6
quarter cuarto/a 2, 8
quartet el cuarteto 14
queen la reina 15
question la pregunta 1
questionnaire el cuestionario 10
quit (doing something) dejar (de) 3, 6, 10, 11
quite bastante 3

R

race trazar; la raza 9
racket la raqueta 7
radioactivity la radioactividad 12
radio listener el/la radioyente 13
radio station la estación de radio 13, 13

radio station (business entity) la emisora 7
raging furibundo/a 14
rain la lluvia 7; llover (ue) 7
rain forest el bosque pluvial 12
raise criar 7; el aumento 4, 6, 11; subir 6
raise public consciousness concienciar al público 15
raisin la pasa 6
raising la cría 5
ranch la estancia 11
rapid rápido/a 2
rapidly rápidamente 9
rate la tasa 11
rate (of unemployment) la tasa (de desempleo) 15
rayon el rayón 14
razor blade la navaja de afeitar 5
reach alcanzar 2
reachable alcanzable 12
react reaccionar 7
reaction la reacción 7
read leer 1, 2, 7, 12
reader el/la lector/a 7, 13
ready dispuesto/a 13, 14; listo/a 9
real estate los bienes raíces 5
realistic realista 1
Really? ¿De verdad? 1
really realmente 6
really beautiful bellísimo/a 6
reason la razón 4
reasonable razonable 12
rebellion la rebelión 15
receipt el recibo 8
receive recibir 2
receiver el receptor 12
recently recientemente 6
receptionist el/la recepcionista 5
rechargeable recargable 12
recipe la receta 6
reciprocal recíproco/a 11
recognized reconocido/a 3
recommend recomendar (ie) 9
record grabar 7, 13
recorded grabado/a 13
recording la grabación 9
rectify rectificar 15
recuperate recuperar 2
recycle reciclar 7, 12, 12
recycling el reciclaje 12
red rojo/a 1
reduce reducir (zc) 15
refer referir (ie, i) 14
referee el árbitro 5
reflect reflejar 3

reforestation la reforestación 12
refreshment el refresco 3, 4, 6
refrigerator el frigorífico 6; el refrigerador 6; la nevera 6
refuge el refugio 3
region la región 6
regret lamentar 10; sentir (ie, i) 9, 10
regrettable lamentable 10
rehearsal el ensayo 10, 13
rehearse ensayar 11, 13
reincarnate reencarnar 13
reject rechazar 4
relate relatar 7
relation la relación 4
relationship la relación 6
relative relativo/a 15
relative (family) el/la pariente 4
relaxation el relajamiento 10
religious religioso/a 15
remain permancer 2; quedar 6, 8; quedarse 7, 9
remains los restos 10
remedy el remedio 10; remediar 13
remember recordar (ue) 7
remittance la remesa 4
remote remoto/a 4
remove quitar 5; remover (ue) 14
renewable renovable 11
renounce renunciar 11
renown el renombre 14
rent alquilar 5; el alquiler 15
repair reparar 11
repeat repetir (i, i) 1
Repeat, please. Repita por favor. 1
repentant arrepentido/a 10
repertoire el repertorio 14
repopulation la repoblación 12
report informar 13; reportar 13
reporter el/la reportero/a 4, 7, 13
represent figurar 2; representar 6, 8, 13, 14
representative el/la representante 15; representativo/a 2, 3
reproduce reproducir (zc) 5, 14
republic la república 15
request el pedido 9; pedir (i, i) 6, 9, 10, 11
requirement el requisito 3, 5

rescue el rescate 9
research investigar 8; la investigación 3
researcher el/la investigador/a 3
reservation la reservación 6; la reserva/reservación 9
residence la residencia 2
resource el recurso 12
respect el respeto 15; respetar 6
respectful respetuoso/a 12
respect to, with acerca de 8
respiratory respiratorio/a 10
respond responder 6
response la respuesta 1, 1
responsibilities las responsabilidades 11
responsible responsable 3
rest descansar 10; el descanso 10; the rest los demas 10; el resto 2
restaurant el restaurante 6
restock reponer 10
result el resultado 5, 6
retire jubilarse 11; retirarse 11, 15
retiree el/la jubilado/a 3
retirement plan el plan de retiro 11
return regresar 6; regreso de 11; volver (ue) 4, 7, 12
return (something) devolver (ue) 8, 9
reveal revelar 6
revenge la venganza 4
review el repaso 13; la reseña 4, 6, 13; revisar 1, 2, 10, 12, 13
revolutionize revolucionar 12
revolutionized revolucionado/a 12
revolver el revólver 11
reward premiar 11
rhythm el ritmo 1
rice el arroz 6
rich rico/a 2, 4, 6
richness la riqueza 9
ride montar 11
ridiculous ridículo/a 5, 6, 10
right el derecho 3, 15
right to be tener razón 3
right away enseguida 6
rigid rígido/a 10
risk el riesgo 10
river el río 2
road el camino 2
roast hornear 6
rock la roca 9

rocker el/la roquero/a 2
role el papel 1, 13
roll one's eyes poner los ojos en blanco 15
Roman romano/a 2
romantic romántico/a 1
roof el techo 3
room el cuarto 5; el salón 9; la habitación 9
root la raíz 10
rough grosero/a 15
round redondo/a 9
roundtrip el viaje de ida y vuelta 9
route la ruta 6
routine la rutina 5
royal real 15
rudeness la malcrianza 12
ruin la ruina 4
rule la regla 10
run correr 2
Russia Rusia 2
Russian el ruso 2
rustic rústico/a 3

S

sacred sagrado/a 11
sad triste 4, 5
sail navegar a vela 9
salad la ensalada 6
salary el salario 11
sale la rebaja 8; la venta 9
sales clerk el/la dependiente/a 8
salsa performer el/la salsero/a 12
salt la sal 6
salutation/s el/los saludo/s 1, 11
Salvadorian salvadoreño/a 2
same igual 7; mismo/a 5
sample la muestra 15; la prueba 4, 10
sandals las sandalias 8
sandstone la arenisca 9
sandwich el bocadillo 6; el sándwich 3, 6
Sanfermín festival los sanfermines 2
sanitation la sanidad 15
sassy atrevido/a 12
satellite dish la antena parabólica 12
satellite radio la radio por satélite 13
satellite television la televisión (por satélite) 13
satisfaction la satisfacción 9
satisfactory satisfactorio/a 6

satisfied satisfecho/a 8
saturated saturado/a 10
saturated (trans) fats las grasas saturadas (trans) 10
Saturday el sábado 1
sauce la salsa 6
sausage el chorizo 2
save ahorrar 12; archivar 12; guardar 6, 10; salvar 4
saxophone el saxofón 14
say decir (i) 6, 7
say good-bye despedirse (i, i) 4
scandal el escándalo 13
scanner el escáner 12
scarce escaso/a 10
scene la escena 8
schedule el horario 2, 3
scholastic escolar 12
school la escuela 5
School of Art la Facultad de Arte 3
School of Engineering la Facultad de Ingeniería 3
School of Law la Facultad de Derecho 3
School of Mathematics la Facultad de Matemáticas 3
School of Medicine la Facultad de Medicina 3
School of Sciences la Facultad de Ciencias 3
science la ciencia 2
science fiction la ciencia ficción 7
scientist el/la científico/a 1, 8
screen la pantalla 12
script el guión 12, 13
script writer el/la guionista 13
scuba dive bucear 9
sculptor el/la escultor/a 9
sculpture la escultura 8
sea el mar 2, 6, 7
seafood los mariscos 2, 6
sea lion el lobo marino 6
search la búsqueda 11
search engine el buscador 12, 13
season la estación 1, 8; la temporada 7
seat el asiento 9
seat of government la sede 8, 11
second segundo/a 7, 8
secondhand de segunda mano 8
secret el secreto 4
secretary el/la secretario/a 11
section la sección 6

security la seguridad **9**

security checkpoint el control de seguridad **9**

see ver **2, 7, 7, 8, 12**

seem parecer (zc) **6**

See you later. Hasta luego. **1**

See you soon. Hasta pronto. **1**

See you tomorrow. Hasta mañana. **1**

select seleccionar **10, 15**

selection la selección **7**

self-defense la defensa propia **14**

self-portrait el autorretrato **3**

sell vender **2**

semester el semestre **3**

senator el/la senador/a **15**

send enviar **12**; mandar **4, 6, 9**

sensation la sensación **11**

sensationalist sensacionalista **13**

sentence la oración **6, 7**

sentimental sentimental **4**

September septiembre **1**

sequins las lentejuelas **14**

series la serie **13**

serious grave **7**; serio/a **10**

servant el/la sirviente/a **4**

serve servir (i, i) **2, 3, 4, 5, 8**

service el servicio **2**; la prestación **2**

set the table poner la mesa **5**

seventh séptimo/a **8**

several varios/as **7**

severe severo/a **8**

shake sacudir **15**

shallot la cebolleta **6**

shame la lástima **10**

shampoo el champú **5**

shape, in en informa en **10**

share compartir **2**

sharp puntiagudo/a **9**

shave afeitarse **5**

she ella **1**

sheep la oveja **11**

shine brillar **8**; lucir **14**

shipment el envío **4**

shirt la camisa **8**

shoes los zapatos **8**

shoe store la zapatería **8**

shoot disparar **11**

shop la tienda **8**

shopping center el centro comercial **8**

shore la orilla **5**

short (in stature) bajo/a **2**

shortage la escasez **12**

short-/long-sleeved de manga corta/larga **8**

short time el rato **13**

shot la inyección **10**

shoulder el hombro **12**

Should we go...? ¿Vamos a...? **4**

shout el grito **11**

show la exposición **3**; la función **4**; mostrar (ue) **8**

show a movie poner una película **4**

show business el espectáculo **7**

shower ducharse **5**; el chubasco **7**; la ducha **5**

showy vistoso/a **9**

shrimp los camarones **6, 10**

shy tímido/a **1**

sickness/maternity leave licencia por enfermedad/maternidad **11**

side el lado **7**

sign el índice **13**; el letrero **9**; firmar **7, 15**

signal la señal **15**

signature la firma **11**

significant significante **13**; significativo/a **7**

silk la seda **8**

silver la plata **1, 8**; la platería **4**

similar semejante **8**

simple sencillo/a **5**

simplicity la sencillez **14**

since desde **2**; hace **5, 14**

sincerely yours atentamente **11**

sing cantar **5**

singer el/la cantante **1**

single soltero/a **4**

sister la hermana **3, 4**

sister-in-law la cuñada **4**

sit sentarse (ie) **5**

situated situado/a **8**

situation la situación **5, 6**

sixth sexto/a **8**

size el número **5, 8**; la talla **8**

skate patinar **7**

skating el patinaje **7**

ski esquiar **7**

skiing el esquí **7**

skilled diestro/a **15**

skillet la sartén **6**

skim through dar una mirada rápida **13**

skin la piel **10, 14**

skinny flaco/a **2**

skirt la falda **8**

skull la calavera **3**

sky el cielo **8**

slave el/la esclavo/a **9**

sleep dormir (ue, u) **4, 6, 9, 11**; sueño **3**

sleeve la manga **8**

sleeveless sin manga **8, 8**

slope la falda **8**

sloth el perezoso **5**

slow lento/a **9**

slowly despacio **5**; lentamente **9**

small pequeño/a **1**

small beer la caña **2**

smell el olor **8**

smile sonreír (i, i) **15**

smog contaminación **7**

smoke el humo **12**; fumar **8, 10**

snack la merienda **6**

snake la culebra **8**; la serpiente **6**

sneeze estornudar **10**

snorkel bucear **9**

snow nevar (ie) **7**

soap el jabón **5**

soap opera la telenovela **13**

soccer (football) el fútbol (americano) **2, 5, 7**

socialist el/la socialista **8**

social science las ciencias sociales **3**

social welfare programs los programas sociales **15**

sociology la sociología **3**

socks los calcetines **8**

sofa el sofá **5**

soft drink el refresco **3, 4, 6**

soldier el soldado **15**

solemn solemne **4**

solid sólido/a **6**

solitary solitario/a **11**

soloist el/la solista **7, 14**

solve resolver (ue) **15**

somber sombría **11**

some alguno/a/os/as **5, 7**

someday algún día **4**

someone alguien **7**

something algo **3, 6, 7**

sometimes a veces **5**

son/daughter el/la hijo/a **4, 6**

song la canción **2**

songwriter el/la cantautor/a **2**

son-in-law el yerno **4**

soon pronto **1**

sorrow la pena **8**

So-so Más o menos. **1**

so that para que **11**

soul el alma (*fem.*) **8**

soup la sopa **6**

source la fuente **13**

south el sur **6**

souvenir el recuerdo **6, 9**

spaghetti los espaguetis **10**

Spain España **2**

Spaniard el/la español/a **9**

Spanish (*adj.*) español/a **1, 2**

Spanish (*noun*) el español **2**

spark la chispa **10**

spatula la espátula **6**

speak hablar **2, 7, 8, 10**

speaker el altavoz **7**

speakers los audio parlantes **8**

special especial **5**

speciality store la tienda especializa **8**

specialize especializarse **6**

species la especie **3, 5, 12**

spectacular espectacular **5**

spectator el/la espectador/a **13**

speech el discurso **6, 7, 15**

speed la velocidad **9**

spelling la ortografía **6**

spend gastar **5, 8**

spend time in llevar **5, 6, 8**

spent gastado/a **10**

spicy picante **6**

spider la araña **8**

spirit el espíritu **11**

split partir **11**

sponsor el/la patrocinador/a **12**; patrocinar **13**

spoon la cuchara **6**

sport el deporte **1, 7**

sporting deportivo/a **7**

sportscaster el/la comentarista deportivo **13**

sports section el sección deportivo **13**

spreadsheet la hoja electrónica **12**

spring el manantial **10**; la primavera **1**

spy espiar **11**

square cuadrado/a **5**

squash la calabaza **11**

squid el calamar **2, 6**

squirrel la ardilla **8**

stadium el estadio **3**

stage el escenario **8, 14**; la etapa **3**

stage manager el/la director/a de escena **14**

stall el puesto **8, 11**

standard el estandarte **15**

stand in line hacer cola **9**

stand out destacar **4**

stand up levantarse **5**

star el/la protagonista **13**; la estrella **5**

state el estado **7**

statement la afirmación 12
station la estación 1, 8
stationery shop la papelería 8
statistics las estadísticas 3
statuary la imaginería 4
statue la estatua 9
stay (*noun*) la estadía 9
stay (*verb*) quedarse 7, 9
stay in bed guardar la cama 10
stay in shape guardar la línea 10; mantenerse (ie) en forma 10
steak el bistec 6
step el escalón 12; el paso 4; on pisar 11
stepbrother/stepsister el/la hermanastro/a 4
stepfather el padrastro 4
stepmother la madrastra 4
stereotype el estereotipo 12
stewpot la cazuela 6
still life la naturaleza muerta 6
stimulate estimular 9
stimulus el estímulo 11
stingy tacaño/a 5
Stockholm Estocolmo 4
stocking cap el gorro 8
stomach el estómago 10
stone la piedra 4, 9
stopover la escala 9
store la tienda 8
storm la tempestad 8
story el cuento 12
storyteller el/la cuentista 11
stove la estufa 6
straight ahead recto todo 3
strange extraño/a 10; raro/a 7
strategic estratégico/a 7
straw la paja 14
street la calle 2
street vendor el/la vendedor/a ambulante 8
strengthen afianzar (c) 15; fortalecer (zc) 6, 15
stress el estrés 10
strict estricto/a 6
strike el paro (*Latin America*) 15; la huelga 15
striker el/la huelguista 15
string beans las judías verdes 6
strip despojar 11
striped de rayas 8
stroll el paseo 1
strong fuerte 6
struggle la lucha 15
student el/la estudiante 1

student (*adj.*) estudiantil 6
student union el centro estudiantil 3
student teacher el/la pasante 3
studio el estudio 3, 13
study el estudio 3, 13; estudiar 1, 2
stuffy tapado/a 10
stunning impactante 5
stupid tonto/a 13
style el estilo 6, 14; la moda 14
substance la sustancia 15
success el éxito 5, 12
suckling pig el cochinillo 8
suddenly de golpe 12; de repente 8
suffer (from) padecer (zc) (de) 10; sufrir (de) 8
suffering el sufrimiento 15
sugar el azúcar 3, 6
suggest sugerir (ie, i) 9
suggestion la sugerencia 6
suit el traje 8
suitcase la maleta 4, 9
summarize resumir 7
summary el resumen 5; el sumario 2
summer el verano 1
sunbathe tomar el sol 7
Sunday el domingo 1
sunglasses los lentes de sol 7
sunny, it is hace sol 7
super chévere 7; guay 13
supernatural sobrenatural 10
supervision la supervisión 11
supervisor el/la supervisor/a 11
support apoyar 8, 15; el apoyo 4; mantener (ie) 15
supporter el/la partidario/a 13
supposed supuesto/a 9
sure seguro/a 4, 5, 10
surely seguramente 3
surf surfear 7
surname el apellido 2
surprise la sorpresa 6; sorprender(se) 10
surprised maravillado/a 4
surprising sorprendente 10
surround rodear 7
surrounded rodeado/a 12
survey la encuesta 10
survival la sobrevivencia 4
survive sobrevivir 5
suspend suspender 14
suspenseful suspensivo/a 4

suspicion la sospecha 11
sweater el suéter 8
sweatshirt la sudadera 8
sweets los dulces 10
swim nadar 5, 7
swim goggles los lentes de natación 7
swimming pool la piscina 5
swimsuit el traje de baño 7
swine flu la gripe porcina 10
symbolize simbolizar 10
sympathize simpatizar 8
sympathizer el/la simpatizante 15
symphony la sinfonía 14
symphony orchestra la sinfónica 14
symptom el síntoma 10
synthesis la síntesis 3
synthetic sintético/a 14

T

table la mesa 1; la tabla 10, 12
tablespoon la cucharada 6
tachograph el tacógrafo 9
tactic la táctica 10
take llevar 5, 6, 8; sacar 1, 5; tomar 2, 6, 12
take a cruise hacer un crucero 9
take advantage of aprovechar 12
take a walk dar un paseo 7; pasear 4
take blood pressure tomar la tensión 10; tomar la presión (*Latin America*) 10
take care (of oneself) cuidar(se) 6, 10
take hold apoderarse 15
take off despegar 9
take off (clothing) quitarse 5
take on encargar 14
take pictures sacar fotos 9
take turns turnarse 5
talcum powder el talco 8
talented talentoso/a 14
tall alto/a 2
tambourine la pandereta 8
tank el tanque 10
task la tarea 1
taste el gusto 5
tasting menu el menú de degustación 6
tasty sabroso/a 6
taxes los impuestos 11, 15
taxi driver el/la taxista 4

tea el té 6
teach enseñar 2, 7
teacher el/la maestro/a 15
teaching la docencia 13; la pedagogía 3
team el equipo 5
tear la lágrima 8
teary lloroso/a 10
teaspoon la cucharadita 6
technique la técnica 6
technological tecnológico/a 12
technology la tecnología 13
teeth los dientes 5, 6, 10
television la tele 6; la televisión 7, 13
television viewer el/la televidente 12, 13
tell decir (i) 9, 12
tell (a story) contar (ue) 4
temperate templado/a 6
temperature la temperatura 9, 10
temple el templo 8
temporary temporal 3
temptation la tentación 6
tend to tender a 6
tennis el tenis 2
tennis player el/la tenista 2
tense tenso/a 14
tension la tensión 13
tenth décimo 8
term el término 4
terms los términos 11
terrace la terraza 5
terrain el terreno 4
terrestrial terrestre 8
terrific estupendo/a 7
terrorism el terrorismo 15
test la prueba 4, 10
thank agradecer 13
Thank you. Gracias. 1, 4
that ese/a 4; que 15
that (over there) aquel/la 4; aquello 4
that one ese/a 4
that one (over there) aquel/la 4
that's why por eso 2, 7, 9
that which lo que 5, 15
the el; la; los; las 1
theater el teatro 3, 4, 13
their suyo/a/os/as 13
theme el tema 5
themselves entre sí 4
then entonces 7
theory la teoría 8
there allá 9
therefore por eso 2, 7, 9

there is/are hay **1, 7**
thermal termal **10**
these estos/as **4**
these ones estos/as **4**
they ellos/as **1**
thin delgado/a **2**
thing la cosa **1**
think pensar (ie) **3, 4, 9, 10, 11**
third tercer/o/a **8**
thirst la sed **10**
thirsty, to be tener sed **3, 7**
this este/a **4**
this one este/a **4**
this time esta vez **4**
thistle el cardo **1**
those esos/as **4**
those (over there) aquellos/as **4**
thought el pensamiento **3**
throat la garganta **10**
through mediante **15**; por **9**
throw arrojar **10**; echar **6, 12**; tirar **12**
thrust clavar **15**
thump golpear **14**
Thursday el jueves **1**
ticket el boleto **3, 4, 9**; la entrada **4**
tickle hacer cosquillas **7**
tie la corbata **8**
tie (the score) empatar **7**
tight (clothing) estrecho/a **5, 8**
tiled enlozado/a **12**
time el tiempo **2, 6, 7**; la vez **5**
timid tímido/a **1**
tip (monetary) la propina **6**
tire aburrir **6**; cansar **7**
tired cansado/a **4**
title el título **2, 6, 12**; titular **7**
toad el sapo **8**
toast tostar (ue) **6**
toaster la tostadora **6**
today hoy **2**
together juntos/as **4**
tomato el tomate **6**
tomb la tumba **15**
tomb stone la lápida **14**
tomorrow la mañana **1, 2, 8**
tongue la lengua **2, 10**
too también **1, 2, 7**
too much demasiado **9**
to/on the left a la izquierda **3**
to/on the right a la derecha **3**
toothbrush el cepillo de dientes **8**
toothpaste la pasta de dientes **8**
topography la topografía **4**

tortoise el galápago **8**
torture torturar **4**
tour ir de excursión **9**; la gira **9**
tour guide el/la guía **6, 7, 9**
tourism el turismo **5**
tourist el/la turista **2**
touristy turístico/a **9**
tournament el torneo **2**
toward hacia **7**
towards rumbo a **6**
towel la toalla **7**
town el pueblo **4, 10, 15**; la villa **15**
trace la huella **12**
track and field el atletismo **7**
trade comerciar **9**; el oficio **11**
tradition la tradición **4**
traffic el tráfico **13**; traficar **7**
tragedy la tragedia **7, 13**
train el tren **6, 9**; entrenar **6**
trainer el/la entrenador/a **7**
training el entrenamiento **4, 11**
trajectory la trayectoria **15**
tranquilizer el calmante **10**
transfer transferir (ie, i) **12**
transform transformar **10**
transition la transición **7**
translate traducir **11**
transmit transmitir **10, 13**
transportation el transporte **3**
trap atrapar **4**
travel viajar **2, 9**
travel agency la agencia de viajes **9**
travel agent el/la agente de viajes **9**
traveler el/la viajero/a **9**
traveling salesperson el/la viajante **11**
travel through/across recorrer **9**
treasure el tesoro **2**
treatment el tratamiento **10**
treaty el tratado **15**
tree el árbol **4**
tremendous tremendo/a **7**
trial la prueba **4, 10**
tribe la tribu **10**
trip el recorrido **6**; el viaje **1, 7, 9**
triumph el triunfo **5**
trombone el trombón **2, 14**
truck el camión **8**
true cierto/a **2**; verdadero/a **4**
truly verdaderamente **9**

trumpet la trompeta **14**
trust la confianza **10**
truth la verdad **6, 10**
try on probar (ue) **6, 8**
t-shirt (tank top) la camiseta (sin mangas) **8**
Tuesday el martes **1**
tulle el tul **14**
turkey el pavo **6**
turn dar la vuelta **6**
turn in entregar **1**
turn off apagar **12**
turn on encender (ie) **12**
turnover la empanada (empanadilla) **6**
turtle la tortuga **5**
tuxedo el esmoquin **14**
twin el/la gemelo/a **10**
twist torcer (ue) **10**
type el tipo **15**
typical típico/a **3**

U

ugly feo/a **2**
uhh . . . este... **5**
ulcer la úlcera **10**
umbrella la sombrilla **7**
UN la ONU **12**
uncle/aunt el/la tío/a **4**
uncomfortable incómodo/a **9**
uncommon raro/a **7**
under debajo (de) **5**
underscore subrayar **5**
understand comprender **2, 7**; entender (ie) **4**
unemployment el desempleo **6, 11, 15**; el paro (*Spain*) **15**
unexpected inesperado/a **15**
unfinished inacabado/a **13**
unforgettable inolvidable **7**
unfortunately desgraciadamente **5**
uniform el uniforme **7**
union el sindicato **12**
unionize sindicalizar **15**
unique único/a **5, 8, 10**
United Nations Las Naciones Unidas **7**
United States EE. UU. **6**
unity la unidad **4**
university la universidad **1**
unknown incógnito/a **7**
unless a menos (de) que **11**
unmarried soltero/a **4**
unnecessary innecesario/a **10**
until hasta **6**; hasta que **11**
upload subir **12**
urge instar **15**

urgent urgente **9**
urinate orinar **10**
us nos **4, 6**
use usar **4**; utilizar **4**
useful útil **15**; valioso/a **12**
usually usualmente **9**
utensil el utensilio **6**

V

vacancy la vacante **11**
vacation las vacaciones **5**
vaccine la vacuna **10**
vacuum pasar la aspiradora **5**
vacuum cleaner la aspiradora **5**
value el valor **10**
van el camión **9**; la camioneta **1**; la furgoneta **9**
variety la variedad **5**
various varios/as **7**
vary variar **6**
VCR la videograbadora **12**
vegetable la legumbre **3**
vegetables las verduras **6**
vegetarian el/la vegetariano/a **6**
velvet el terciopelo **14**
verify verificar **6**
versatile versátil **13**
version la versión **10**
very muy **1**; sumamente **7**
Very truly yours... Lo(s)/La(s) saluda atentamente... **11**
veteran el/la veterano/a **12**
veterinarian el/la veterinario/a **11**
veterinary science la veterinaria **3**
viceroyalty el virreinato **11**
victim la víctima **3**
video camera la cámara de video **9**
view la vista **2, 5, 9**
vigorous vigoroso/a **15**
vinegar el vinagre **6**
viola la viola **14**
violate violar **15**
violence la violencia **4**
violent violento/a **14**
violin el violín **14**
visa el visado **7**
visit la visita **5**; visitar **2**
visitor el/la visitante **9**
vitamin la vitamina **10**
voice la voz **8, 14**
volcano el volcán **4, 5, 9**
volleyball el voleibol **7**
voluntary voluntario/a **5**

volunteer el/la voluntario/a 5
voluptuous voluptuoso/a 9
vote el voto 13
vote (for) votar (por) 7, 15
voter el/la votante 13

W
wait for esperar 7, 9, 10
waiter/waitress el/la
   camarero/a 6; el/la
   mesero/a 3, 6
waiting area la sala de
   espera 9
wake up despertarse (ie) 5
walk caminar 2; el paseo 7
wall la muralla 9
wallet la billetera 8
want querer (ie) 7, 8, 9;
   want to tener ganas de 3
war la guerra 3, 5, 15
warm-up el calentamiento 10
warn advertir (ie, i) 14
warrior el guerrero 3
wash lavarse 5
wash clothes lavar la ropa 5
wash dishes lavar los platos 5
washing machine la
   lavadora 5
waste los desechos 12
watch el reloj 1; mirar 2;
   vigilar 15
watch (television/a movie)
   ver (la televisión/una
   película) 2, 7, 7, 8, 12
watch one's figure guardar la
   línea 10
water el agua (fem.) 6
waterfall el salto 9; las
   cataratas 9
wave la ola 5
way la manera 3, 6; la vía 5
we nosotros/as 1, 14
weak débil 10
wealth la riqueza 9
weapon el arma (fem.) 15
wear llevar 5, 6, 8

wear a shoe size calzar 8
weather el tiempo 2, 6, 7
weatherman/woman el/la
   meteorólogo/a 13
weave tejer 15
weaving el tejido 4
web page la página web 6, 12
website el sitio web 7, 12
wedding la boda 3
Wednesday el miércoles 1
week la semana 1
weight el peso 10
welcome la bienvenida 2
well bien 1; pues 3
well . . . bueno... 5
well-being el bienestar 6
well made bien hecho/a 14
what cómo 1, 2; lo que 5, 15;
   qué 1, 2
What? ¿Qué...? 2
What do you like do? ¿Qué te
   gusta hacer? 2
whatever you hear oyeres 13
whatever you see vieres 9
What luck! ¡Qué suerte! 2
What nonsense! ¡Qué
   barbaridad! 1
What's happening? ¿Qué
   pasa? 1
What students! ¡Qué
   estudiantes! 1
What's up? ¿Qué pasa? 1
What's up? (inf.) ¿Qué tal? 1
What's up? (Venezuela) ¿Qué
   húbole? 9
What's your name? (for.)
   ¿Cómo se llama usted? 1;
   (inf.) ¿Cómo te llamas?
What time is it? ¿Qué hora
   es? 2
when cuando 2, 11
When . . . ? ¿Cuándo...? 2
Where . . . ? ¿Dónde...? 2;
   From where . . . ? ¿De
   dónde...? 2; To where . . . ?
   ¿Adónde...? 2

which (one/s) cual/es 2
while el rato 13; mientras 5
whirlwind el remolino 9
white blanco/a 1
who que 15; quien 2, 15
Who . . . ? ¿Quién(es)...? 2
whom que 15; quien 2, 15
Whose . . . ? ¿De quién(es)...?
   2
Why . . . ? ¿Por qué...? 2, 9
wide amplio/a 10; ancho/a 5
widow/er el/la viudo/a 4
wife la esposa 1, 3, 4
will la voluntad 7
willing dispuesto/a 13, 14
win ganar 2, 4, 7
wind el viento 14
window la ventana 9; la
   ventanilla 9
windy, it is hace viento 7
wine (red, white) el vino
   (tinto, blanco) 6
winner el/la ganador/a 2
winter el invierno 1
wish desear 9
with con 1
within dentro de 5
without sin que 11
without a doubt sin
   duda 10
with you contigo 4
witness el/la testigo/a 13
wolf el lobo 8
woman la mujer 1
wonderful magnífico/a 7
wood la madera 3
wool la lana 8
word la palabra 2
work el trabajo 6, 11;
   funcionar 10, 12; la obra 2,
   13; trabajar 6
work (adj.) laboral 7
work (on commission)
   trabajar (a comisión) 2
worker el/la trabajador/a 1
workshop el taller 3

world el mundo 1
world (adj.) mundial 15
world-wide mundialmente
   9
worn out gastado/a 10
worry preocuparse 8
worse peor 5
Would you like (+ inf.) . . . ?
   ¿Te gustaría (+ inf.)? 4
wristwatch el reloj de pulsera
   8, 8
write escribir 1, 2, 8, 10,
   11, 12
write down anotar 5
writer el/la escritor/a 6

X
X-ray la radiografía 10

Y
yank arrancar 1
yard el patio 5
year el año 1
yearly anualmente 7
yearly bonus la bonificación
   anual 11
yell gritar 11
yellow amarillo/a 1
yesterday ayer 6
yogurt el yogur 6
you tú (inf.) 1; usted/es (for.)
   1; vosotros/as (inf. pl.
   Spain) 1, 4
you like Te gusta... 2
young joven 2
younger menor 4, 5
You're welcome. De nada. 1
your/s suyo/a/os/as (for.) 13;
   tu/tus (inf.) 1; tuyo/a/os/as
   (inf.) 7, 13; vuestro/a/os/as
   (inf. pl. Spain) 3, 13
youth el/la joven 6; la
   juventud 1

Z
zoo el zoológico 3

TEXT CREDITS

p. 279: "Los rivales y el juez," Ciro Alegría. Used by permission of Los Morochucos.

p. 379: "No hay que complicar la felicidad" by Marco Denevi. © Denevi, Marco, Falsificaciones, Buenos Aires, Corregidor, 1984, págs. 159–160. Used by permission.

p. 414: Cuando era puertorriqueña. New York: Vintage Español (Random House). 1994.

p. 478: © Anderson Imbert, Enrique, "El crimen perfecto", en *El gato de Chesire, Cuentos 2, Obras Completas*, Buenos Aires, Corregidor, 1999, pp. 101–102.

p. 508: "En solidaridad" (Fragment, edited by Eduardo Zayas-Bazán), *Más allá de mí* by Francisco Jiménez. © by Francisco Jiménez. Reprinted with author's permission.

PHOTO CREDITS

Photos in the Observaciones sections are stills from *¡Pura vida!* video to accompany *¡Arriba!, Comunicación y cultura*, 6th edition, ©2012.

COVER: © First Light / Alamy **p. 3 (left):** Salvador Dali (1904–1989), "The Discovery of America by Christopher Columbus, 1958-1959, oil on canvas, 410.2 × 310 cm. Salvador Dali Museum, St. Petersburg, Florida, USA. The Bridgeman Art Library International Ltd. © 2004 Salvador Dali, Gala-Salvador Dali Foundation/Artists Rights Society (ARS), NY.; **(right):** Diego Rivera, " Mexico from the Conquest to 1930". Mural.(Detail) Location: National Palace, Mexico City, Mexico. Photo: Leslye Borden/Photoedit. © Banco de México Diego Rivera & Frida Kahlo Museums Trust. Av. Cinco de Mayo No. 2, Col. Centro, Del. Cuauhtemoc 06059, Mexico, D.F. Reproduction authorized by the Instituto Nacional de Bellas Artes y Literatura.; **p. 5 (top):** Yuriy Chertok / Shutterstock; **(bottom):** © Jacom Stephens/istockphoto; **p. 9:** Susan M. Bacon; **p. 10:** Susan M. Bacon; **p. 11:** Susan M. Bacon; **p. 12:** Kim Sayer ©Dorling Kindersley; **p. 15:** Joanna B. Pinneo/Aurora Photos; **p. 16:** Jupiterimages/Thinkstock; **p. 18:** Copyright 2008 Getty Images; **p. 19:** © RD/Leon / Retna Digital/Retna Ltd./Corbis; **p. 21 (top):** © 2010 Photos.com, a division of Getty Images. All rights reserved.; **(bottom):** © 2010 Photos.com, a division of Getty Images. All rights reserved.; **p. 25 (left):** © Bettmann/CORBIS; **(right):** © Bettmann/CORBIS; **p. 33 (top, right):** Copyright © Siegfried Stolzfuss / eStock Photo; **p. 34 (top, left):** Susan M. Bacon; **(top, right):** © 2010 Photos.com, a division of Getty Images. All rights reserved.; **(bottom, left):** © 2010 Photos.com, a division of Getty Images. All rights reserved.; **(bottom, right):** Steffen Foerster Photography / Shutterstock; **p. 36 (top):** The Granger Collection, NYC; **(bottom):** Tania Zbrodko/Shutterstock; **p. 38:** Getty Images Inc. — PhotoDisc; **p. 41 (left):** © imageZebra / fotolia; **(right):** Lev Radin / Shutterstock; **p. 43 (top, right):** © Photos.com/ Thinkstock; **(center, right):** Hemera/Thinkstock; **(bottom, left):** Thinkstock; **p. 44:** SIME/eStock Photography; **p. 45 (left):** © Rune Hellestad/Corbis; **(center):** AP Images/Peter Kramer; **(right):** AP Images/Kathy Willens; **p. 49:** jorgedasi /Shutterstock; **p. 51:** © PCN Photography / Alamy; **p. 53:** sedat saatcioglu / fotolia; **p. 54:** Daniel BerehulakAllsport Concepts/Getty Images; **p. 56:** © Getty Images; **p. 57 (top):** William Fernando Martinez/PictureGroup/AP Images; **(bottom):** Ethan Miller/Getty Images Inc. RF; **p. 59 (top, right):** All contents © 2010 Thinkstock. All rights reserved.; **(center, right):** Artpose Adam Borkowski / Shutterstock; **(bottom, right):** Jupiter Images; **(bottom, left):** Jeanne Hatch/ Shutterstock; **p. 61:** Ir?ne Alastruey/Jupiter Images; **p. 64 (bottom):** Susan M. Bacon; **p. 66:** Susan M. Bacon; **p. 69 (top):** Susan M. Bacon; **p. 70 (top, left):** Luna Vandoorne / Shutterstock; **(top, right):** SIME/eStock Photography; **(center, left):** © Martyn Unsworth / istockphoto; **(center, right):** Susan M. Bacon; **(bottom, left):** Elena Aliaga / Shutterstock; **(bottom, right):** Rob Wilson/Shutterstock; **p. 72:** © Victor Lerena/epa /CORBIS. All Rights Reserved; **p. 73:** © Sony Pictures Classics/ Courtesy Everett Collection; **p. 74:** Carlos Alvarez/Getty Images Inc. RF; **p. 77 (left):** © ranplett / Shutterstock; **p. 77 (right):** Viva la Vida, 1954 (print), Kahlo, Frida (1910–54) / Private Collection / © DACS / The Bridgeman Art Library; **p. 79 (top):** Andresr / Shutterstock; **(center):** iStockphoto/Thinkstock; **(bottom):** Helder Almeida / Shutterstock; **p. 83:** Images.com; **p. 85:** © Lisa F. Young / istockphoto; **p. 88:** AP Images/Jorge Saenz; **p. 89:** Reuters / B Mathur / Landov; **p. 90:** © Stephen Coburn / Fotolia; **p. 91:** © CUARTOSCURO / ISAAC ESQUIVEL /epa / CORBIS All Rights Reserved; **p. 93 (top):** Brand X Pictures/Getty Images; **(top, center):** Goodshoot/Thinkstock; **(bottom, center):** Pixland / Thinkstock; **(bottom):** VisionsofAmerica/Joe Sohm/Getty Images; **p. 97:** AP Images; **p. 99:** Colman Lerner Gerardo / Shutterstock; **p. 102:** Howard Millard/Omni-Photo Communications, Inc.; **p. 103:** Courtesy of Nick Warren; **p. 104:** George Koroneos /Shutterstock; **p. 105 (top):** Courtesy of Marcie A. Bahn and Elizabethtown College; **p. 106 (top, left):** Susan M. Bacon; **(top, right):** Susan M. Bacon; **(center):** Susan M. Bacon; **(bottom, left):** © Charles & Josette Lenars/CORBIS; **(bottom, right):** Courtesy Metro de la Ciudad de México; **p. 108 (left):** David R. Frazier; **(center):** Ceremonial procession—detail of musicians. From Mayan fresco series found at Bonampak. (East wall, room 1). Museo Nacional de Antropología, Mexico City, D.F., Mexico. © SEF/Art Resource, NY; **(right):** ©Erich Lessing/Art Resource, NY; **p. 109:** Susan M. Bacon; **p. 113 (left):** AP/Wide World Photos; **(right):** Susan M. Bacon; **p. 115 (1st row):** Dick Luria / Thinkstock; **(2nd row, left):** Andresr / Shutterstock; **(2nd row, left center):** Phase4Photography / Shutterstock; **(2nd row, right center):** Chiyacat / Shutterstock; **(2nd row, right):** Tracy Whiteside / Shutterstock; **(3rd row, left):** Jacek Chabraszewski / Shutterstock; **(3rd row, center):** Phase4Photography/Shutterstock; **(3rd row, right):** Stuart Monk / Shutterstock; **p. 116:** Maria Teijeiro/Getty Images Inc. RF; **p. 120:** AP Images; **p. 122:** KennStilger47/Shutterstock; **p. 125:** Susan M. Bacon; **p. 126:** Susan M. Bacon; **p. 128:** Jack Hollingsworth / Thinkstock; **p. 129:** Courtesy of Guillermo Anderson, www.guillermoanderson.com; **p. 131 (top):** Susan M. Bacon; **(center):** Susan M. Bacon; **(bottom):** Susan M. Bacon; **p. 137:** Susan M. Bacon; **p. 140:** Honduras This Week; **p. 141 (left):** Comstock/Thinkstock; **(right):** BananaStock/Thinkstock; **p. 143 (top):** © Gisela Damm / eStock Photo; **p. 144 (top, left):** Susan M. Bacon; **(top, right):** Susan M. Bacon; **(center):** Susan M. Bacon; **(bottom, left):** Susan M. Bacon; **(bottom, right):** Susan M. Bacon; **p. 147:** © John Mitchell / Alamy; **p. 148:** JR Carvey/Streetfly Studio/Getty Images Inc.; **p. 151 (left):** Philippe Colombi; **(right):** Susan M. Bacon; **p. 153 (top):** Comstock Images / Thinkstock; **(top, center):** Alon Brik / Shutterstock; **(bottom, center):** prodakszyn/Shutterstock; **(bottom):** bart78 / Shutterstock; **p. 155:** Zedcor Wholly Owned / Jupiter Images; **p. 158:** Otto Greule Jr/Getty Images; **p. 159 (top):** beltsazar / Shutterstock; **(bottom):** © 2010 Photos.com, a division of Getty Images. All rights reserved.; **p. 163:** IT Stock Free/Thinkstock; **p. 164 (top to bottom):** ARMANDO ARORIZO/Landov; AP Images/Evan Agostini; © FEDERICO RIOS/epa/Corbis; AP Images; © KENA BETANCUR/Reuters/Corbis; Ben Hider/Getty Images; **p. 166:** Jupiterimages/Thinkstock; **p. 167:** Arnold Turner/WireImage/Getty Images; **p. 169 (top):** All contents © 2010 Thinkstock. All rights reserved.; **(center):** Mehmet Dilsiz / Shutterstock; **(bottom):** Jupiterimages / Thinkstock; **p. 172:** Susan M. Bacon; **p. 176:** Brand X Pictures / Thinkstock; **p. 177 (top):** Peter Wilson © Dorling Kindersley; **p. 178 (top, left):** Susan M. Bacon; **(top, right):** Jack Parsons/Omni Photo Communications, Inc.; **(bottom, left):** Sascha Burkard / Shutterstock; **(bottom, right):** D. Donne Bryant; **p. 180 (top, left):** Tom Brakefield / Thinkstock; **(top, right):** Poznyakov / Shutterstock; **(bottom, left):** Susan M. Bacon; **p. 181:** Susan M. Bacon; **p. 185 (left):** Andrew Gunners/Jupiterimages; **(right):** JUAN J. REAL/Newscom; **p. 187:** Jose Luis Pelaez Inc / Jupiterimages; **p. 189:** Fuse/Jupiterimages; **p. 191 (bottom):** AP Images/Santiago Llanquin; **p. 194:** Susan M. Bacon; **p. 195:** Susan M. Bacon; **p. 196 (top):** Mark Stout Photography / Shutterstock; **(bottom):** Susan M. Bacon; **p. 197:** El Comercio de Ecuador/Newscom; **p. 199 (top):** © Image Source / SuperStock; **(top, center):** Alain Schroeder/Jupiterimages; **(bottom, center):** Jupiterimages; **(bottom):** Denkou Images/Jupiterimages; **p. 201 (top):** © Sebastian Vera; **(bottom):** Jupiterimages; **p. 203:** Patty Orly/Shutterstock; **p. 204:** Eric Risberg/ASSOCIATED PRESS; **p. 207:** Susan M. Bacon; **p. 208:** Philip Lee Harvey/Jupiterimages;